Paris

1911

Neymarck, Alfred

Finances contemporaines

3

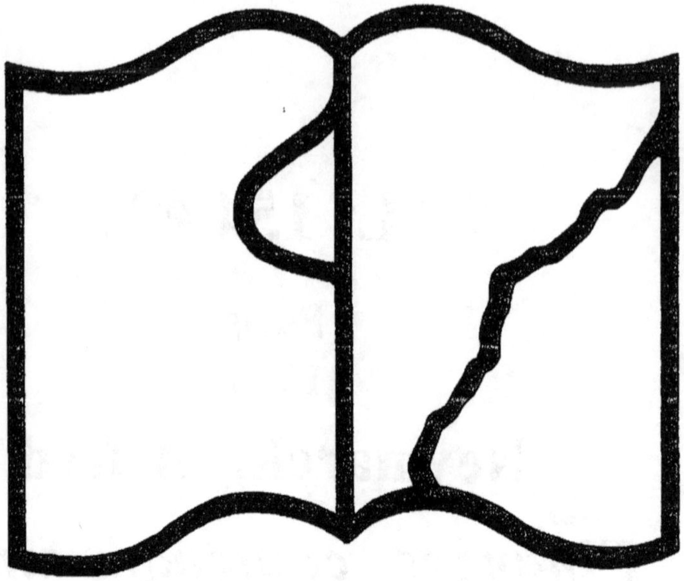

Symbole applicable
pour tout, ou partie
des documents microfilmés

Texte détérioré — reliure défectueuse

NF Z 43-120-11

Symbole applicable
pour tout, ou partie
des documents microfilmés

Original illisible

NF Z 43-120-10

ALFRED NEYMARCK

FINANCES CONTEMPORAINES

III

QUESTIONS ÉCONOMIQUES ET FINANCIÈRES

1872-1904

PARIS
Librairie GUILLAUMIN et Cie
ÉDITEURS DU JOURNAL DES ÉCONOMISTES,
DU DICTIONNAIRE DU COMMERCE, DE L'INDUSTRIE ET DE LA BANQUE,
DU DICTIONNAIRE D'ÉCONOMIE POLITIQUE
14 — Rue Richelieu — 14
1905

FINANCES CONTEMPORAINES

ALFRED NEYMARCK

FINANCES CONTEMPORAINES

III

QUESTIONS ÉCONOMIQUES ET FINANCIÈRES

1872-1904

PARIS
Librairie GUILLAUMIN et Cie
ÉDITEURS DU JOURNAL DES ÉCONOMISTES,
DU DICTIONNAIRE DU COMMERCE, DE L'INDUSTRIE ET DE LA BANQUE,
DU DICTIONNAIRE D'ÉCONOMIE POLITIQUE
14 — Rue Richelieu — 14
1905

Autres ouvrages de M. Alfred NEYMARCK

Vice-président de la Société d'économie politique
Ancien président de la Société de statistique de Paris

APERÇUS FINANCIERS, 2 vol. grand in-8°, 1868-1873.

COLBERT ET SON TEMPS, 2 vol. grand in-8°, 1877.

TURGOT ET SES DOCTRINES, 2 vol. grand in-8°, 1885.

UN CENTENAIRE ÉCONOMIQUE, 1789-1889, 1 vol. in-8°, 1889.

VOCABULAIRE MANUEL D'ÉCONOMIE POLITIQUE, 1 vol. in-12, 1898.

RAPPORT GÉNÉRAL fait au *Congrès international des valeurs mobilières* sur son organisation et ses travaux, 1 vol. gr. in-8°, 1900.

RAPPORTS SUR LA STATISTIQUE INTERNATIONALE DES VALEURS MOBILIÈRES présentés à l'Institut international de statistique : 1er rapport : session de Berne, 1895 ; — 2e rapport : session de Saint-Pétersbourg, 1897 ; — 3e rapport : session de Christiania, 1899 ; — 4e rapport : session de Budapest, 1901 ; — 5e rapport : session de Berlin, 1903 ; — 6e rapport : session de Londres, 1905 ; insérés dans le *Bulletin de l'Institut international de statistique*, TOMES IX, XI, XII, XIII, XIV, XV.

RAPPORT adressé au Garde des Sceaux, ministre de la justice, sur LES INVENTAIRES ET BILANS, fait au nom de la *Commission extraparlementaire de la réforme de la législation des sociétés*, in-4°, 1903.

RAPPORT GÉNÉRAL fait à la *Commission extraparlementaire du cadastre* sur les TRAVAUX DE LA SOUS-COMMISSION DES VOIES ET MOYENS, in-4°, 1904.

RAPPORT SUR LES CAUSES ÉCONOMIQUES DE LA DÉPOPULATION fait à la *Commission de la dépopulation, sous-commission de la natalité*, in-4°, 1905.

FINANCES CONTEMPORAINES. — TOME I. Trente années financières, 1872-1901 ; — TOME II. Les budgets, 1872-1903.

ÉTUDES DIVERSES sur l'histoire, l'économie politique, les valeurs mobilières, les impôts, les chemins de fer, les travaux publics, la statistique et la législation ; volumes ou brochures, 1873 à 1904.

AVANT-PROPOS

Le troisième volume des *Finances contemporaines* est consacré aux questions qui, depuis 1872, ont le plus vivement appelé l'attention des économistes et des financiers.

Comme aux études parues dans les deux précédents volumes, nous laissons à celles-ci leur marque d'*actualité* qui reflète l'impression du jour et l'idée des contemporains. Nous n'avons pas voulu, en les rééditant, en modifier le fond ou la forme pour ne pas changer l'expression de notre pensée. Nous avons ajouté aux chapitres de ce tome III les principales discussions qui ont eu lieu à l'Académie des sciences morales et politiques, à la Société d'Economie politique et à la Société d'Economie sociale, de 1872 à 1904 et, d'autre part, le relevé des cours des principales valeurs, groupés par périodes quinquennales, en vue de représenter par des chiffres l'influence que les divers événements ont eue sur la fortune mobilière de 1871 à 1904.

Le lecteur aura ainsi sous les yeux les questions théoriques, doctrinales ou pratiques qui, depuis la guerre de 1870, ont spécialement occupé l'opinion et qui l'occupent encore. On a dû se servir plusieurs fois des mêmes arguments. S'en étonnera-t-on ? Nous ne le pensons pas, car il est trop souvent indispensable à celui qui veut faire pénétrer dans l'esprit du public des idées qu'il croit justes et utiles d'insister, au risque peut-être de tomber dans des redites.

Ainsi composé, ce relevé de faits économiques et financiers sur lesquels, à des dates précises, nous avons exprimé notre opinion, pourra faciliter des recherches et des études nouvelles.

* * *

Au moment où s'ouvre ce volume, nous sommes en 1872, presque au lendemain de la guerre de 1870-1871 et de la Commune. La France, la « noble blessée » suivant l'expression de M. Thiers, est meurtrie ; l'ennemi campe sur son territoire et l'occupe en attendant le paiement complet d'une formidable rançon. Nos frontières restent ouvertes : nos soldats n'ont plus d'armes ; il n'y a plus d'artillerie ; nos arsenaux sont vides. Le trésor public est à sec : les départements, les villes, les plus petites communes, manquent de ressources; partout, des insuffisances budgétaires effroyables ; les billets de banque ont cours forcé. La rente 3 %, qui est l'expression du crédit de l'Etat, est tombée, le 28 mars 1871, à 50 fr. 35. Elle s'est relevée, le 29 janvier 1872, à 58 fr. 45 ; mais à la fin de cette même année, le 14 novembre, elle fléchit à 52 fr. 40, c'est-à-dire que sa valeur, en tenant compte de l'échéance du prochain coupon de janvier, n'est plus que de 52 francs.

On se demande avec inquiétude si notre pays pourra supporter ses charges ; le fardeau ne sera-t-il pas au-dessus de ses forces ? Pourra-t-il jamais reprendre son rang dans le monde ? Relever le crédit, le commerce, l'industrie ; reconstituer l'armée et l'administration ; tout organiser et réorganiser ; inspirer confiance pour restaurer les finances, contracter des emprunts dont le montant colossal fait douter de la possibilité même de trouver les capitaux nécessaires ; préparer et assurer la libération du territoire, telles sont les questions poignantes, du moment.

***

Le commerce, l'industrie, l'agriculture, les travaux de la paix, ne peuvent et ne doivent pas être oubliés : autres sujets d'études et de discussions. Les besoins du pays augmentent ; ils entraînent des charges nouvelles et croissantes auxquelles il faut pourvoir. La France ne doit pas, commercialement, rester isolée : développer ses rapports avec les autres puissances est un devoir qui s'impose.

Malgré les crises de la politique intérieure, crises inévitables, parfois nécessaires, malgré les luttes ardentes des partis, la France commence à se relever. Ce relèvement même de son activité, de son travail, de son épargne, de sa richesse, fait surgir des préoccupations nouvelles et des besoins nouveaux. Il faut étendre le réseau des chemins de fer, lignes d'intérêt général comme d'intérêt local ; améliorer les routes, accroître les voies navigables ; entreprendre des travaux publics. Il faut assurer la sécurité de nos possessions maritimes ; étendre notre empire colonial. Il est indispensable de développer l'instruction publique et, principalement, l'instruction primaire. Dans un pays de suffrage universel tout citoyen doit savoir lire et écrire ; le droit de vote étendu à tous entraîne, comme corollaire, la gratuité et l'obligation de l'enseignement. Les œuvres sociales d'assistance, de secours, de mutualité, sollicitent très vivement l'attention ; elles ne sauraient être négligées dans une démocratie.

***

Cette réorganisation, ces réformes, engendrent des dépenses : les anciens impôts doivent être conservés ; il faut encore les accroître et en créer de nouveaux. Les budgets gonflent d'année en année. On se plaint alors de cet accroissement des dépenses publiques et des charges fiscales qu'elles entraînent ; de nouvelles questions se posent, de nouvelles discussions surgissent. L'*obsession fiscale*, comme nous l'avons dénommée, apparaît ; la fiscalité devient, et elle est encore, une maladie parlementaire.

En traçant ce rapide aperçu d'ensemble, nous avons indiqué le cadre des matières que contient ce volume : agriculture, commerce, crédit, finances, industrie, instruction, travaux publics.

* * *

Les volumes qui compléteront cet ouvrage seront consacrés tout spécialement aux impôts et à l'obsession fiscale, aux chemins de fer, aux statistiques économiques et financières, à la fortune publique et privée, à la démocratisation de l'épargne, aux valeurs mobilières. Toutes ces questions vitales ont tenu une grande place dans les préoccupations de nos contemporains.

Nous espérons que le public accueillera ce volume avec autant de bienveillance qu'il a accueilli les deux premiers. S'il reconnaît que les *Finances contemporaines* sont un exposé de faits exacts, étudiés sans parti pris, et que notre seule pensée, notre seul désir ont été d'être utile aux intérêts du pays, notre but sera atteint.

Alfred NEYMARCK.

1872 - 1875

SOMMAIRE

1872-1875

LES ORIGINES DE LA RENTE FRANÇAISE

> La base des finances de tous les gouvernements, c'est l'économie ; la source du crédit, c'est la fidélité à remplir ses engagements.
>
> CASIMIR-PÉRIER.

Nous croyons qu'il n'est pas sans utilité et sans intérêt de dire ce qu'est la dette publique de la France et de retracer l'abrégé historique des diverses phases par lesquelles cette dette est passée depuis son origine.

Définition des dettes publiques.

On sait que la *dette publique* est formée des sommes dues par un Etat à ses créanciers. Mais pour qu'un Etat puisse avoir des créanciers, il est nécessaire que ces derniers aient confiance en lui, qu'ils soient sûrs que l'Etat remplira les engagements qu'il prendra envers eux ; cette confiance constitue ce qu'on nomme le *crédit public*.

Du crédit public.

Nous ne craignons donc pas de dire — ce qui peut paraître un aphorisme un peu risqué — qu'un Etat qui a des dettes est un Etat qui fait preuve de solidité, un Etat bien établi, riche, puissant, en un mot qui inspire la confiance. Mais ce serait mal interpréter notre pensée que de nous croire de l'avis de Voltaire qui, malgré son bon sens, osa avancer qu'un Etat, lors même « qu'il ne doit qu'à lui-même, ne s'appauvrit pas et que ses dettes mêmes sont un nouvel encouragement pour l'industrie ». Ce serait dire que plus un Etat a de dettes, plus il doit être riche.

Le crédit est une chose moderne.

Dans l'antiquité, le crédit public n'existait pas ; aussi, n'y avait-il pas de dette publique ; c'est ce que nous voyons aujourd'hui chez les nations peu ou non civilisées et cependant regorgeant de richesses. La dette publique n'a fait son apparition qu'avec l'abolition de l'esclavage, la liberté du travail, la confiance des citoyens dans leur gouvernement et des gouvernements entre eux.

La dette preuve du crédit.

On pourrait donc dire, non sans raison, mais seulement dans une certaine limite, que l'importance de la dette publique, preuve du crédit public, est un témoignage de la prospérité et de la civilisation avancée d'un Etat ; ce qui ressemble peu au dangereux axiome de Melon, cet économiste du règne de Louis XV, qui, antérieurement à Voltaire, avait écrit qu'un Etat ne peut jamais être affaibli par ses dettes parce que les intérêts sont payés par la main droite à la main gauche.

On y suppléait dans l'antiquité par des réserves de fonds.

Dans l'antiquité, les gouvernements, ignorant la puissance et l'usage du crédit, amassaient, durant la prospérité ou dans des invasions heureuses, des trésors employés ensuite aux besoins de l'Etat et dans les cas de guerre. Ce système, qui était celui des grands conquérants, d'Alexandre, de Ptolémée-Philadelphe, puis plus tard de Charles-Quint, du grand Frédéric, des papes Paul II et Sixte-Quint, des cantons suisses, et qui, en France, fut même employé par Henri IV et Napoléon Ier, est encore en usage dans les Etats chez lesquels le crédit n'est pas encore développé.

1er emprunt réalisé en France par Charles V.

Le premier emprunt public dont l'histoire de France fasse mention remonte à 1375, sous Charles V. Ce prince, pour faire face aux frais de la guerre contre l'Angleterre, effectua un emprunt forcé remboursable au moyen de rentes annuelles au denier douze, c'est-à-dire à un taux de plus de 8 %, rentes qui se payaient encore sous Henri IV, en 1604.

Emprunts de Charles VIII.

De 1494 à 1496, pendant son expédition en Italie, Charles VIII, pour subvenir aux frais d'entretien de ses troupes, fut aussi obligé de contracter divers emprunts à un taux s'élevant jusqu'à 40 %, emprunts dont profitèrent seulement les capitalistes italiens et les seigneurs de la suite du roi qui le souscrivirent.

Emprunts de François Ier.

En 1529, François Ier, pour soutenir sa lutte contre Charles-Quint et payer à l'Espagne une partie de la rançon de ses fils, dut également contracter un emprunt de près d'un million au taux de 5 %, hypothéqué sur les biens de Charles de Bourbon, duc de Vendôme.

Les premières rentes perpétuelles.

Ces emprunts n'étaient pas, en réalité, ce qu'on peut appeler des emprunts d'Etat, c'est-à-dire qu'ils n'étaient pas payables au moyen de rentes constituées sur divers revenus publics. Ce fut en 1522 que François Ier inaugura l'ère des emprunts d'Etat par la création des premières rentes perpétuelles payables à l'Hôtel de ville de Paris.

De 1522 à 1599, on fit de nombreux emprunts : les uns au nom de la ville de Paris, les autres sur les recettes des principales villes de France, moyennant de nouveaux droits et de nouveaux impôts. La confiance publique était alors si faible qu'en 1559, on fut obligé de recourir à un emprunt forcé sur les riches. Sous le règne d'Henri IV, avec l'administration financière consciencieuse et intelligente de Sully, la confiance revint et un emprunt volontaire de 1,200,000 livres fut couvert sans difficulté. Sully vérifia les créances antérieures, trouva une dette totale de 345 millions de livres et releva le crédit du pays en éteignant 6 millions de rentes, c'est-à-dire en payant 100 millions de dettes au taux de 6 %.

Sous Henri IV. L'administration de Sully.

Sous Louis XIII et Louis XIV.

Pendant le règne de Louis XIII et la première partie du règne de Louis XIV, le crédit public s'affaiblit de nouveau et l'Etat dut pratiquer à la fois des emprunts forcés, aux taux exorbitants de 20 à 25 %, et des emprunts en rentes viagères au moyen de loteries nommées tontines. Les dettes s'élevèrent au chiffre de

52 millions de rentes, chiffre énorme pour ce temps-là. L'arrivée de Colbert à la surintendance des finances mit un terme à ces abus, et le danger que courait le crédit de la France fut écarté.

L'administration de Colbert.

Ce grand économiste entreprit la liquidation de la dette publique ; toutes les rentes créées de 1655 à 1660, sous l'administration de Mazarin, furent remboursées au taux des acquéreurs de bonne foi. En 1674, la dette était presque complètement liquidée. On fit alors des emprunts, malgré Colbert, au moyen de rentes perpétuelles plusieurs fois proposées déjà. La création de la caisse d'emprunt n'empêcha pas la dette publique d'augmenter et, à la mort de Louis XIV, elle s'élevait à plus de 2 milliards, payables en rentes au denier 20, c'est-à-dire au taux de 5 %.

La dette était de 2 milliards en 1715.

Sous le Régent, au moyen de la fameuse combinaison dans laquelle entra la Compagnie des Indes, on crut diminuer la dette publique, mais on ne fit que l'augmenter ; à la fin de la régence (1723), elle s'élevait au chiffre de 2 milliards 471 millions de livres et le taux de la rente avait été abaissé, par arrêt du conseil, du denier 20 au denier 50, c'est-à-dire de 5 à 2 %.

Sans nous arrêter au bouleversement financier qui se produisit sous le règne de Louis XV, nous arrivons à l'année 1781. A cette date, la dette est énorme, la confiance publique a été detruite par les catastrophes du règne qui vient de finir ; nous trouvons dans le célèbre compte rendu de Necker que la dette totale de la France s'élevait, en rentes, à 207 millions de livres, dont 126 en rentes perpétuelles et 81 en rentes viagères. Quatre ans plus tard, en 1784, comme on avait reconnu la nécessité de consacrer un fonds spécial à l'extinction de la dette publique, on établit, à l'instar de l'Angleterre, une caisse de remboursement, remplacée plus tard par une création plus efficace : la caisse d'amortissement. Mais, jusqu'en 1789, malgré tous les avantages que le gouvernement offrit aux prêteurs, il ne put se relever du discrédit dans lequel il était tombé.

En 1789, la dette publique était à peu près de 3 milliards. L'Assemblée constituante proposa d'aliéner les biens du clergé pour l'acquitter; mais, ces biens ne pouvant être vendus immédiatement, on créa les *assignats*.

La dette était de 3 milliards en 1789.

L'établissement définitif de la *dette perpétuelle* date du 24 août 1793.

Le Grand-Livre.

La création du Grand-Livre correspond à la patriotique, à l'héroïque résolution de la levée en masse. Il fallait fournir aux dépenses de la guerre.

La première mesure que le génie de la nécessité inspira aux hommes qui s'étaient chargés du salut de la France, comme l'a dit M. Thiers, consista à mettre de l'ordre dans la dette, à l'uniformiser, selon l'expression de Cambon qui proposa de convertir tous les contrats des créanciers de l'Etat en une inscription sur un grand livre, qui serait appelé *Grand-Livre de la dette publique*.

L'avantage principal de cette institution était d'asseoir le crédit public. Le capital de chaque créance était converti en une rente perpétuelle, au taux de 5 %. Les anciennes dettes étaient ramenées à un intérêt uniforme et équitable. L'Etat, changeant sa dette en une rente perpétuelle, n'était plus exposé à des échéances et ne pouvait jamais être obligé de rembourser le capital, pourvu qu'il servît les intérêts.

La dette en rentes perpétuelles. Ses avantages.

Le capital de la dette ainsi uniformisée fut converti en une somme de rentes de 200 millions par an, réduite à 160 millions par suite d'une imposition foncière d'un cinquième.

Tout, dès lors, était simplifié et éclairci; la confiance renaissait. M. Thiers en donne la raison en disant qu'une banqueroute partielle, à l'égard de telle ou telle espèce de créances, ne pouvait plus avoir lieu, et qu'une banqueroute générale, pour toute la dette, n'était pas supposable.

La Caisse d'amortissement.

La deuxième Restauration, par la loi du 2 avril 1816, établit la Caisse d'amortissement, dont la première idée remonte au Consulat et qui fonctionna jusqu'en 1848, puis de 1867 à 1869.

De 1816 à 1825, dix emprunts furent successivement émis; ils donnèrent un capital nominal d'à peu près 2 milliards. Charles X y ajouta encore 1 milliard; la République de 1848, 1 milliard 300 millions environ. A cette date, la dette publique, y compris tous les accessoires, est portée au budget pour 384 millions de rentes; la dette consolidée figure dans ce chiffre pour 174 millions.

Sous le second empire, ont lieu quinze emprunts qui augmentent le capital nominal de la dette de 6 milliards 300 millions. Au 1er janvier 1870, le capital nominal de la dette consolidée s'élève à 11 milliards 500 millions, représentant 358 millions de rentes annuelles à payer.

A ces chiffres il faut ajouter 1 milliard 250 millions empruntés en 1870; l'emprunt Morgan de 250 millions effectué en 1871; enfin les deux derniers emprunts émis pour payer les milliards dus à l'Allemagne, et dont le total s'élève à 5 milliards 500 millions.

Une dette de 18 milliards.

La dette publique se fixe ainsi à DIX-HUIT MILLIARDS environ.

* * *

Développement de la dette.

Nous examinerons maintenant dans quelles conditions la rente française, sous ses diverses formes, s'est développée depuis la création du Grand-Livre.

La rente est pour l'Etat le moyen officiel et légal de payer sa dette, qui a pour garantie l'ensemble des revenus budgétaires.

Aujourd'hui, l'Etat emprunte sans être jamais tenu au remboursement du capital, dont, par contre, il doit perpétuellement l'intérêt ; c'est ce qu'on appelle la *dette consolidée.* Dette consolidée.

En 1793, parut la première loi qui admettait les titres des créanciers de l'Etat en payement des domaines nationaux. En 1797, il se trouva qu'on avait émis pour 3 milliards de bons en papier ; qu'on avait converti, en violation des contrats, des rentes viagères en rentes perpétuelles ; qu'on ne payait aux rentiers qu'un quart de leurs annuités ; le gouvernement, en un mot, se trouvait dans l'impossibilité absolue de se libérer. C'est alors que fut votée la loi du 9 vendémiaire an VI (30 octobre 1797), en vertu de laquelle on devait procéder à une liquidation générale. Chaque inscription au Grand-Livre de la dette publique, perpétuelle ou viagère, liquidée ou à liquider, devait être remboursée pour les deux tiers ; l'autre tiers devait demeurer inscrit sur le Grand-Livre, et ce tiers, qui devait seul subsister, reçut le nom de *tiers consolidé.* Les deux tiers déclarés remboursables devaient être acquittés en bons au porteur, admissibles en paiement des domaines nationaux pour la portion qui, d'après les lois en vigueur, était payable en titres de la dette publique. Les bons qui seraient restés en circulation après la vente des biens nationaux, étaient déclarés admissibles en paiement des biens que l'Etat possédait à Saint-Domingue et, en général, dans les colonies françaises. Le tiers consolidé de 1797.

En 1801, on permit aux porteurs des bons de deux tiers de les échanger contre des rentes perpétuelles dans la proportion de un quart % de la somme apportée en échange ; on reconnut alors qu'après avoir vendu un tiers du territoire français, après avoir fait une réduction de deux tiers sur les créances, il restait encore une charge annuelle de 180 millions.

Au 1er germinal an IX, des titres pour 198 millions de francs se trouvaient en circulation : cependant l'ordre se rétablissait, de véritables hommes d'Etat se trouvaient à la tête des affaires. En 1802, la dette publique fut l'objet d'une longue et intéressante discussion dans 200 millions de rentes en l'an IX.

les conseils du gouvernement ; on prit pour point de départ un maximum de crédit ; on établit en principe que ce maximum se produit dans un État lorsque les profits des fonds placés dans un emprunt public ne sont pas supérieurs aux profits que les mêmes fonds donneraient par un autre emploi dégagé de tout risque. On ajoutait que, dans ces termes, il est d'un égal intérêt pour le gouvernement et pour la nation de faire usage du crédit ; qu'une dette modérée, non seulement n'est pas une charge pour l'État, mais qu'elle est un moyen de rattacher toujours les fortunes privées à la fortune publique. On disait enfin qu'un gouvernement sage et bon ordonnateur du trésor public, après avoir déterminé le maximum de crédit, devait établir un ordre de remboursement tel que, du moment où la dette s'élèverait au delà de la somme fixée, l'excédent serait nécessairement et constamment amorti.

Le maximum de crédit.

L'amortissement.

En faisant l'application de ces principes à la France, on déclarait que la somme de 50 millions pouvait être regardée comme le maximum des rentes perpétuelles, attendu qu'elle était proportionnelle à la masse des richesses circulantes ainsi qu'aux forces des finances de l'État. Le maximum du 5 % consolidé fut donc fixé à 50 millions, chiffre au delà duquel l'amortissement devait fonctionner.

L'institution de l'amortissement était considérée comme une des découvertes les plus utiles ; on portait ce jugement sous l'influence des idées qui dominaient alors en Angleterre. La loi de 1802 substitua à la dénomination de tiers consolidé celle de 5 % consolidé, en vue d'effacer le souvenir de la liquidation de vendémiaire an VI. La dette connue au 1er vendémiaire an X (1802) était de 38,730,881 francs ; mais en tenant compte de 6 millions de francs de rentes non encore transférées et des liquidations de toute sorte montant à plus de 14 millions, la dette perpétuelle, s'élevait en réalité à 59 millions, et on attribuait par conséquent à la caisse d'amortissement, mais à partir de l'an XII seulement,

Le 5 % consolidé.

En 1802.

un fonds de 10 millions. On établissait le maximum des rentes viagères à 20 millions et, dans le cas où il y aurait eu excès, la différence devait être remboursée. Les comptables furent admis à fournir leur cautionnement en titres de rente perpétuelle ; on assura la bonne tenue des livres, la régularité des transferts et, en général, la marche économique de l'administration. La confiance renaissant, les fonds publics s'étaient élevés de 10 à 60 %.

De 1802 à 1812, la réunion de plusieurs Etats à la France apporta quelques modifications à la situation de la dette publique ; la dette de certains Etats imparfaitement liquidée fut inscrite au Grand-Livre ; pour certains autres, la Toscane, par exemple, et les Etats-Romains, on se réserva de prendre des mesures spéciales. De 1802 à 1812.

En 1811, le ministre des finances, fidèle aux principes consacrés par la loi de 1802, fixait, en raison de la grande étendue de l'Empire, le maximum de la dette perpétuelle à 80 millions et il portait au budget pour la dette inscrite et à inscrire, d'une part, 62,300,000 fr. ; d'autre part, pour la Hollande, 26 millions ; ensemble 88 millions ; mais les 8 millions excédant le maximum précité devaient être amortis en quinze ans, au moyen de rachats pratiqués avec un fonds attribué à la caisse d'amortissement. Le maximum des rentes viagères, fixé en 1802 à 20 millions, n'était pas dépassé ; elles ne figuraient au budget que pour 47 millions.

Après 1814, la France se trouva dans la nécessité de faire disparaître, dans la mesure du possible, les traces des douloureuses catastrophes qui accompagnèrent la guerre et l'invasion, et de liquider les dettes qu'elle avait dû prendre à sa charge dans la plupart des Etats de l'Europe. Par le traité du 25 avril 1818, il fut convenu que notre libération s'effectuerait au moyen d'une rente de 12,400,000 francs, et que chaque Etat se chargerait de répartir entre ceux de ses habitants qui Après 1814.

seraient reconnus créanciers de la France la somme qui lui était allouée.

Depuis 1815, l'histoire de la rente se confond avec celle des emprunts dont nous avons donné plus haut l'énumération.

***

Solidité du crédit de la France.

Les détails historiques que nous venons de rappeler ont une grande importance ; ils expliquent la solidité de la garantie qu'à la différence de ce qui se passait avant la création du Grand-Livre, l'Etat emprunteur offre aujourd'hui à ses créanciers. La dette de la nation est substituée à celle d'un monarque ou d'un règne. Quelles que soient les fautes politiques d'un gouvernement, cette garantie ne saurait être sérieusement ébranlée ; l'opinion, le marché des fonds publics peuvent en être momentanément impressionnés, mais il ne saurait plus y avoir, comme dans le passé, de craintes, d'inquiétudes sérieuses : l'Etat immuable, fidèle à lui-même, demeure prêt à faire face à tous ses engagements.

Nous ne savons si Cambon pressentait bien clairement les résultats considérables de la création du Grand-Livre, au point de vue du crédit futur de la France ; mais ces résultats sont évidents, ils n'ont cessé dans toutes les périodes de notre histoire politique de se faire sentir.

Aussi, malgré les événements malheureux que nous avons eu à subir à différentes reprises, nul fonds d'Etat ne peut aujourd'hui lutter, au point de vue de la sécurité et des avantages, avec la rente française. Le devoir de tous, celui du gouvernement comme celui des capitalistes, est de contribuer à son expansion par tous les moyens : car, ne l'oublions pas, la prospérité d'un Etat se mesure à la prospérité de ses finances, et sa vraie force est en raison directe de son crédit.

M. THIERS FINANCIER

M. Thiers a montré, dans les récentes discussions financières, les qualités les plus remarquables. On a pu constater que s'il est un ministère où le chef du pouvoir exécutif eût pu se passer du concours d'un homme spécial, c'est bien le ministère des finances, celui-là même où il avait, dès ses débuts, fait preuve des plus hautes et des plus brillantes capacités.

Depuis plus de quarante ans, en effet, M. Thiers est un de nos plus habiles financiers.

Thiers élève du baron Louis.

Après la révolution de 1830, à laquelle il prit une part si active, il fut admis au conseil d'Etat et attaché au baron Louis, alors ministre des finances. Quel maître et quel élève! Ce fut sous les auspices de ce merveilleux administrateur qu'il entra aux affaires ; il avait à peine 33 ans.

Il connaissait déjà tous les secrets de la richesse publique, tous les ressorts de cette puissance nouvelle qui venait à peine de naître : le crédit ! Il avait, dans une étude singulièrement instructive, l'*Histoire de Law*, tracé, à grands traits, le tableau des premières folies de la spéculation et d'une révolution financière qui, pour être désastreuse, n'en devait pas moins porter ses fruits et inaugurer en France l'ère des grandes entreprises.

Thiers sous-secrétaire aux finances.

Après avoir reçu les leçons du baron Louis, Adolphe Thiers put donner plus d'un conseil utile à Laffitte qu'il assista en qualité de sous-secrétaire d'Etat. Déjà l'on appréciait sa science profonde des matières économiques et son intelligence vraiment « encyclopédique », lorsqu'un véritable prodige de facilité vint révéler toute l'étendue de son talent et l'incroyable souplesse de son esprit.

Son premier exposé budgétaire.

Sous le ministère de Casimir-Périer, alors que celui-ci croyait avoir encore devant lui plusieurs jours pour préparer l'exposé de la loi de finances, la Chambre décida tout à coup qu'elle passerait immédiatement à la discussion du budget (22 janvier 1832). Rien n'était prêt. En vingt-quatre heures, M. Thiers rassembla tous ses documents, tous ses chiffres et, guidé seulement par quelques notes prises à la hâte, présenta à l'assemblée le résumé le plus complet, le plus éloquent de la situation financière de la France. Il emporta une victoire éclatante. Combien d'autres n'a-t-il pas remportées depuis ! Car, à dater de cette époque, il prit part à presque toutes les discussions auxquelles donna lieu le vote des budgets.

De 1832 à 1840.

En 1832, en 1840, il attacha son nom aux grandes entreprises de travaux publics, aux diverses opérations financières, effectuées pendant cette période, apportant dans tous les services l'ordre et la clarté. Nul n'est allé plus loin que lui dans l'étude de nos ressources et de notre production ; nul n'a mieux élucidé la question de l'impôt et, si l'on peut, sur bien des points, ne pas partager ses opinions, on ne saurait nier la science profonde qu'il a apportée dans la discussion de ces matières si complexes et si controversées. Il faut relire, dans son livre sur *la Propriété*, les pages claires, rapides et savantes en même temps, qu'il consacre à l'examen de nos diverses sortes de revenus. Il faudrait encore reprendre cette longue série de discours sur nos traités de commerce, sur la marine marchande, sur toutes les questions économiques de notre siècle.

Au Corps législatif.

Qui ne se rappelle ces brillantes improvisations, ces éloquents discours dans lesquels M. Thiers, parlant pendant plusieurs heures, discutait devant le Corps législatif les budgets de l'Empire !

Il nous souvient encore d'une séance à laquelle nous assistions en 1868 ; pendant cinq heures, M. Thiers, malgré l'aridité et la quantité des chiffres, discutait le budget avec une vigueur étonnante et tenait l'assemblée sous le charme de sa parole facile, simple, claire. Après 1870.

Au lendemain de nos désastres, c'est assurément un grand bonheur qu'il se soit rencontré un homme politique sur la personnalité duquel tous les partis se trouvaient d'accord. Mais c'est un bonheur plus grand encore que cet homme fût en même temps un financier d'une expérience consommée et de la première valeur. Car si les luttes de la politique étaient à redouter, bien plus redoutables étaient les difficultés de notre situation financière. Le Trésor était vide, on croyait la France ruinée ; notre crédit était profondément ébranlé et nous avions à payer des milliards pour notre rançon, des milliards pour couvrir les frais de la guerre, des milliards pour dompter une formidable insurrection et en effacer les traces.

Cependant, la puissance de notre crédit, deux fois éprouvée, s'est relevée tout entière. Les milliards dont nous avions besoin, nous les avons trouvés. L'équilibre de nos budgets se rétablit peu à peu. La France s'est remise au travail et, dès qu'on lui aura rendu l'ordre complet et le calme absolu, son commerce, son industrie, toutes les sources de la production nationale retrouveront leur activité féconde. Son œuvre.

Assurément, des fautes ont été commises et nous n'avons pas hésité à les signaler. Des critiques très vives ont été faites à propos de l'emprunt de 1872, contre les faveurs accordées aux souscripteurs étrangers, contre l'exclusion presque complète dont étaient frappées les petites souscriptions, contre les difficultés de classement qu'on s'était créées. Ce classement se réalise néanmoins ; tout ce qui s'est fait de bien porte ses fruits, tout ce qui s'est fait de mal n'a point de résultats funestes.

C'est en grande partie à M. Thiers qu'il faut attribuer le mérite d'une si prompte résurrection, et toutes les erreurs de détail, les fautes mêmes d'ensemble, s'effacent devant le nombre et la valeur des services rendus.

L'œuvre de réparation est en bonne voie. Il ne faut

La majorité du pays lui est acquise.

point qu'elle soit compromise par des luttes déplorables. Il ne faut point que l'administrateur habile, le financier expérimenté et puissant soient trahis par l'homme politique. La majorité du pays lui est acquise ; elle est formée par ceux pour qui, à l'heure où nous sommes, toute question de parti, toute conviction politique, toute affection personnelle si forte qu'elle soit, s'effacent devant la nécessité de reconstituer les richesses disparues : cette majorité est à la fois la sagesse, le patriotisme et le nombre. Avec elle seule on peut réorganiser et fonder d'une façon durable ; avec elle M. Thiers pourra achever la tâche qu'il a entreprise et mériter la reconnaissance que la nation lui promet et lui garde.

INDICES DE RELÈVEMENT

I. — LE MILLIARD DE LA BANQUE

L'encaisse métallique de la Banque de France a aujourd'hui dépassé le chiffre de 1 milliard ; la Banque de France a, dans ses caves, 1 milliard 6 millions d'espèces métalliques, or ou argent.

Ce fut le 12 décembre 1867 que, pour la première fois, l'encaisse de la Banque atteignit 1 milliard 1 million.

La grève du milliard.

« La grève du milliard, disait-on à cette époque, est l'indice du ralentissement des affaires et du commerce : c'est le signe évident d'une inquiétude et d'une défiance générales. » Jamais cependant, le commerce n'avait été plus actif, les affaires plus suivies. L'escompte, pendant toute l'année 1867, fut, en moyenne, fixé à 2,71 % ; la rente 3 % variait de 68 fr. 25 au plus bas, à 69 fr. 90 au plus haut. Et cependant, tous les journaux, tous les hommes politiques de l'opposition, prenaient pour thème favori de leurs articles, de leurs discours, de leurs critiques, ce mot que la foule ne comprenait guère, qu'elle regardait seulement comme un signe de défiance et d'inquiétude : « la grève du milliard ! »

Plus tard, le 9 juin 1870, un mois avant la déclaration de guerre, l'encaisse de la Banque était de 1 milliard 311 millions ; le 3 % variait de 72 fr. 25 à 74 fr. 80 : l'argent abondait. La guerre éclate : le 14 juillet 1870 l'encaisse n'est plus que de 1 milliard 240 millions ; après nos premiers revers, il tombe, le 11 août 1870, à 1 milliard 29 millions et le 8 septembre, à 808 millions.

L'encaisse est de 1,240 millions le 14 juillet 1870.

Après la guerre et la Commune, nous trouvons l'encaisse de la Banque, le 29 juin 1871, réduit à 550 millions, en présence d'une circulation de 2 milliards 213 millions de billets ; c'est-à-dire que, pour 400 francs de billets de Banque qui se trouvaient en circulation, la Banque avait seulement 100 francs d'espèces en caisse. A cette même époque, la rente 3 % oscillait de 51 fr. 55 à 53 fr. 80 ; le 5 % variait de 83 à 85 fr. 25.

De 550 millions le 29 juin 1871.

Que se passa-t-il alors ? Les mêmes esprits qui s'inquiétaient quelques mois auparavant de « l'accumulation des capitaux inactifs », de la « grève du milliard » pour nous servir des termes consacrés, ne s'occupèrent plus du tout de l'encaisse métallique de la Banque, ni de la proportion qui pouvait exister entre l'encaisse et la circulation, ni des moyens utiles, nécessaires et pratiques pour faire cesser l'énorme disproportion qui existait : ils ne songèrent plus qu'aux moyens légaux d'augmenter la circulation des billets pour la porter de 2 milliards 400 millions à 2 milliards 800 millions, puis à 3 milliards 200 millions.

La Banque de France, — ce n'est pas là un de ses moindres titres à la reconnaissance du pays — sut résister à tous les entraînements, à tous les conseils de ceux qui jetaient le cri d'alarme quand l'encaisse de la Banque était élevé et qui s'effrayaient encore quand ce même encaisse diminuait. Elle s'inspira des leçons de l'expérience et de ses propres actes. Sous le Premier Empire, sous la Restauration, la Banque n'avait pas hésité à acheter avec une prime fort élevée

La Banque reconstitue son encaisse métallique.

des matières d'or et d'argent pour reconstituer son encaisse : elle pensait, avec raison, comme nous avons déjà eu l'occasion de le faire remarquer (1), « que c'était justement aux époques de trouble et d'agitation que la plus grande prudence était nécessaire et, surtout, qu'il lui fallait maintenir la confiance du public dans ses billets, en montrant qu'ils avaient toujours une valeur équivalente à celle de la monnaie d'or et d'argent ».

La Banque de France s'est donc appliquée courageusement, depuis la fin de la guerre, à reconstituer son encaisse métallique. Cette reconstitution s'est faite sans bruit, lentement, sans même que le public s'en aperçût, et un tel résultat a été obtenu sans que le marché monétaire subît la plus légère secousse, sans provoquer la hausse des métaux et des matières d'or et d'argent.

Le milliard atteint. L'encaisse de la Banque dépasse aujourd'hui 1 milliard : la circulation des billets n'est plus que de 2 milliards 610 millions. N'est-ce pas là une situation incontestablement meilleure que celle que nous indiquions plus haut, à la date du 29 juin 1871 ? N'est-ce pas là une situation véritablement remarquable, au lendemain d'une guerre qui a coûté au pays 10 milliards, sur lesquels plus de 5 milliards ont dû être payés en espèces ? Ne pouvait-on pas craindre que les ressources monétaires du pays ne fussent taries pour toujours, après de semblables paiements ?

Sa signification. Si autrefois le milliard de la Banque était un signe de découragement et de crainte, un indice d'inquiétude et de défiance, il n'a plus aujourd'hui, la même signification. Il veut dire au contraire que peu à peu toutes les forces vives du pays se reconstituent et que l'or et l'argent, qu'on croyait à tout jamais bannis de la France après des paiements aussi considérables que ceux qui ont été faits à l'Allemagne, reviennent dans les caisses publiques et sont assez abondants pour pouvoir s'y agglomérer tranquillement, sans que le pays puisse

(1) Voir *Aperçus financiers*, tome 1er, page 370.

souffrir de cette accumulation d'espèces métalliques. Il veut dire que le public a toute confiance, confiance absolue dans le billet de la Banque de France, puisqu'il le prend et l'accepte en paiement au même prix, sur le même pied que l'or ou l'argent. Le milliard de la Banque indique enfin que le jour est proche où notre premier établissement de crédit pourra recommencer ses paiements en espèces, et abolir le cours forcé de ses billets.

Confiance public.

La fin du cours forcé.

II. — LES VERSEMENTS SUR L'EMPRUNT DE TROIS MILLIARDS CINQ CENTS MILLIONS

La totalité des versements mensuels est maintenant effectuée sur l'emprunt de 3 milliards 500 millions et les titres de cet emprunt ne se négocient plus que libérés entièrement. On peut donc dire que cette grande opération financière est terminée puisque tous les versements sont faits et que, par conséquent, le classement est accompli. Il n'est pas, croyons-nous, sans intérêt de jeter un coup d'œil en arrière, de suivre les diverses phases traversées par cette vaste opération qui, faisant suite à un précédent emprunt de 2 milliards, est la plus colossale affaire de crédit des temps modernes.

Tous les versements effectués.

La souscription à l'emprunt de 3 milliards 500 millions fut ouverte en juillet 1872. Les titres firent leur première apparition à la cote officielle des bourses de Paris, Lyon, Marseille, Bordeaux, le 30 juillet 1872. Le premier cours coté fut de 88 fr. 50 au comptant et de 88 fr. 50 à terme. Le lendemain, 31 juillet, l'emprunt ouvrait à 89 fr. 50 et finissait à 89 fr. 25; c'était déjà 5 francs de hausse par 5 francs de rente, puisque le prix d'émission avait été de 84 fr. 50. Ajoutons que le plus bas cours de l'emprunt, pendant l'année 1872, fut de 85 fr. 25.

La souscription.

Le premier cours : 88 fr. 50.

Voilà l'emprunt souscrit ; la répartition des demandes est faite ; ses titres sont admis aux négociations officielles des bourses françaises et étrangères : voyons maintenant comment s'est effectué le travail de classement, quels avantages les spéculateurs et les souscripteurs ont pu retirer de leurs achats à terme ou de leurs souscriptions.

Le classement.

Le prix des reports.

Les cours de compensation et le prix moyen des reports à chaque liquidation mensuelle sont, au point de vue de la spéculation, intéressants à consulter. En voici le tableau exact :

DATES	COURS MOYEN du REPORT	COURS de COMPENSATION
	fr. c.	fr. c.
1872 2 septembre	0 09 ½	88 60
1er octobre	0 14	86 50
— 2 novembre	0 18	87 20
— 2 décembre	0 21 ½	85 40
1873 2 janvier	0 21	87 30
— 1er février	0 21 ½	90 35
— 1er mars	0 22	[illegible]
— 1er avril	0 26	90 65
— 1er mai	0 27	88 65
— 2 juin	0 35 ½	91 00
— 1er juillet	0 25	91 00
— 1er août	0 36	91 55
— 1er septembre	0 35	92 05
— 1er octobre	0 40 ½	92 40
— 1er novembre	0 60	91 30
— 1er décembre	0 48 ½	93 20
1874 2 janvier	0 55	93 20
— 2 février	0 43	93 45
— 2 mars	0 31	98 35
— 1er avril	0 36 ½	94 85

Bénéfices des reporteurs.

Si nous additionnons le montant des reports payés à chaque liquidation mensuelle, depuis le 2 septembre 1872, nous trouvons un total de 6.36 1/2 ; c'est-à-dire qu'un spéculateur qui, depuis cette époque, aurait fait reporter sa position de mois en mois, aurait payé 6 fr. 36 1/2 de report ; il faut ajouter à ce chiffre le courtage de l'agent de change : 0 fr. 05 par chaque liquidation et par 5 francs de rente, soit pour 20 liquidations 1 franc de courtage. Par contre, il aurait bénéficié des coupons trimestriels de l'emprunt, soit 1 fr. 25 par 5 francs de rente, à partir du 16 août 1872, soit en tout 6 coupons d'intérêt à 1 fr. 25, ce qui forme un total de 7 fr. 50, et il pourrait revendre au-dessus de 95 francs, prix actuel du 5 %, ce qu'il aurait souscrit à 84 fr. 50, ou acheté à 88 fr. 50 le premier jour de la cote de l'emprunt. Pour le spéculateur, les bénéfices sont, on le voit, considérables.

Pour le capitaliste qui s'est borné à souscrire et à conserver son titre, les bénéfices ne sont pas moins grands. A 95 francs, il gagne 10 fr. 50 par 5 francs de rente, sans compter les intérêts qu'il a reçus trimestriellement et qui représentent un revenu des plus élevés. Bénéfices des capitalistes.

En effet, on versait en souscrivant 14 fr. 50 par 5 francs de rentes demandés; les autres versements étaient échelonnés sur 20 termes égaux de 3 fr. 50 chacun. Le Trésor payait l'intérêt intégral sur la portion des versements effectués. En sorte que, trois mois après le premier versement, le souscripteur avait versé 25 francs et avait reçu déjà 1 fr. 25 d'intérêts, soit 20 %; six mois après, il avait versé 35 fr. 50 et avait reçu 2 fr. 50 d'intérêts, soit 14.08 %; neuf mois après, il avait versé 46 francs et avait reçu 3 fr. 75 d'intérêts, soit 10.86 %. Au douzième mois, sur un versement de 56 fr. 50, le Trésor avait payé 5 francs d'intérêts, soit 8.84 %. Au quinzième mois, sur un versement de 67 francs, les intérêts payés s'élevaient à 6 fr. 25, soit 7.46 %. Au dix-huitième mois, sur un versement de 77 fr. 50 les intérêts payés s'élèvent à 7 fr. 50, soit 6.45 %. Aujourd'hui enfin, les versements totaux s'élevant à 84.50 l'intérêt à recevoir est de 5 francs, soit 5.92 %.

Au moment où ces immenses emprunts étaient contractés, on ne pouvait prévoir assurément des résultats aussi favorables. Tous ceux qui s'y sont intéressés ont fait une excellente opération, en même temps que Opérations excellentes.

leur concours a permis au gouvernement d'acquitter la lourde rançon qui avait été imposée au pays.

III. — LA SITUATION

Situation favorable.

La situation générale du pays, au point de vue financier, est donc satisfaisante. Qu'on la compare à celle qui nous avait été léguée par les événements de 1870, et qu'on juge sans parti pris. Au lendemain de la guerre et de la Commune, nous avions un Trésor public à sec ; 5 milliards à payer ; des impôts à créer ; une crise monétaire à redouter ; un budget en déficit considérable ; le 3 % à 50 francs. Aujourd'hui, les 5 milliards sont payés ; les impôts aussi lourds qu'ils puissent être, se paient et se perçoivent régulièrement ; pas de crise monétaire ; pas de prime sur l'or ; pas de perte sur le billet de banque. Le budget, sauf quelques millions qui seront facilement trouvés, est en équilibre. La rente 3 % est à 60 francs, les rentes 5 % font 10 et 12 % de prime sur leurs cours d'émission. Comme nous venons de le voir, l'encaisse de la Banque se reconstitue ; le chiffre de 1 milliard en espèces métalliques, qu'on avait vu pour la première fois le 12 décembre 1867 et qui depuis le 11 août 1870 semblait à jamais perdu, est atteint de nouveau.

Ce sont là certainement des faits dont le marché financier devra, avant peu, ressentir les heureuses influences.

COMMENT ON A TROUVÉ LES CINQ MILLIARDS DE L'INDEMNITÉ DE GUERRE

DÉVELOPPEMENT PROGRESSIF DE LA RICHESSE PUBLIQUE

Le rapport de M. Léon Say.

Nous avons sous les yeux le rapport que M. Léon Say vient de rédiger, au nom de la commission du budget de 1875, sur le paiement de l'indemnité de guerre et sur les opérations de change auxquelles ce paiement a donné lieu. Ce document est, au point de vue économique, particulièrement intéressant à consulter. Il montre, en effet, comment les versements des sommes considérables que nous devions à l'Allemagne ont été faits, comment le gouvernement français s'est procuré les valeurs que l'Allemagne acceptait en paiement, comment a été employé le produit des deux grands emprunts de 1871 et de 1872. Il donne le détail des matières d'or et d'argent et des lettres de change remises en paiement. C'est, en un mot, un exposé des procédés que le Trésor a employés pour réunir les ressources destinées à payer les 5 milliards de l'indemnité de guerre, transformer ces ressources en valeurs étrangères, en faire passer le montant en Allemagne après les avoir transformées.

Ses constatations.

Nous trouvons aussi, dans le rapport de M. Léon Say, la constatation officielle de l'unité financière de l'Europe, ce fait nouveau dans l'histoire économique dont nous avons indiqué, dans de précédents écrits, les principaux caractères.

Unité financière de l'Europe.

Lors de l'emprunt de 3 milliards, au mois de juillet 1872, le gouvernement français traita avec un syndicat de banquiers pour la fourniture de 700 millions de francs en changes étrangers.

Toutes les grandes maisons de banque de l'Europe, ayant à leur tête MM. de Rothschild frères qui ont été les initiateurs de cet immense groupement des forces financières européennes, ont concouru à cette opération et il suffit, pour en montrer l'étendue et la grandeur, de dire que le nombre des maisons qui ont signé le traité ou qui y ont adhéré était de cinquante-cinq. Plusieurs d'entre elles représentaient des syndicats de banquiers ; ce qui portait le nombre des intéressés à un chiffre bien plus considérable encore.

La concentration des efforts de toutes les maisons de banque de l'Europe a produit des résultats inespérés.

Toutes les autres affaires ont été suspendues pendant un temps et les capitaux de toutes les banques privées et de tous leurs clients ont concouru à assurer le succès du placement des emprunts français et le passage à l'étranger des capitaux réalisés.

* * *

Choses dites. Comment nous avons payé.

Toutefois, à ce rapport qu'il faut lire et qui se termine par un éloge mérité des efforts laborieux de M. Thiers, « du gouvernement nouveau institué par l'Assemblée nationale le 24 mai 1873 » et de ceux des agents du Trésor qui, dans une situation unique où tout était à créer et où il fallait improviser chaque jour, devaient se transformer « en banquiers, en cambistes, en acheteurs et vendeurs de métaux précieux, » à ce rapport, disons-nous, il manque — on nous permettra de le dire — une conclusion pratique, dégageant l'enseignement sérieux qui en résulte pour nos finances publiques, pour la direction de nos affaires commerciales, industrielles et financières. Sans doute, il est intéressant de savoir comment des billets de banque français ont été transformés en billets anglais, belges, hollandais, etc., pour devenir finalement des billets prussiens ou bien de l'or et de l'argent monnayés ; sans doute, il est juste de signaler avec quelle prévoyance les versements à faire à l'Allemagne étaient combinés avec les encaissements provenant des souscripteurs de nos emprunts ; avec quelle sagesse les achats d'or et d'argent ont été faits, comment on a pu se procurer — et à quel prix — les lettres de change dont on avait besoin. Mais quel plus grand intérêt eût présenté le rapport de M. Léon Say, s'il eût mis également en lumière les sources de travail et de richesse auxquelles la France a puisé ces 5 milliards !

Choses à dire.

Sources de travail et de richesse auxquels on a puisé.

Comment a-t-on pu les trouver dans un pays que l'on disait épuisé, anéanti, et qui en avait déjà dépensé cinq autres en frais de guerre ? A quelles causes faut-il attribuer cette véritable richesse publique ? Quels ont été les procédés employés pour enrichir le pays au point de tirer de son sein près de 10 milliards ?

La France, disait-on autrefois, est assez riche pour payer sa gloire. Les tristes événements de 1870, les désastres de la guerre, ont prouvé que la France était assez riche pour payer ses malheurs. Comment a-t-elle trouvé cette richesse ? Quels moyens l'ont développée ? A quelles mesures doit-on cette transformation ? Quels sont les actes politiques ou financiers qui ont mis le mieux en œuvre les ressources du pays ?

Voilà de nombreuses questions sur lesquelles se tait le rapport de M. Léon Say, questions délicates, sans doute, mais sur lesquelles le public eût été bien aise d'être renseigné. Après nous avoir montré de quelle façon et de quelle manière nous avons payé, il eût été utile de nous dire aussi comment nous avons pu payer, comment nous étions devenus assez riches pour le faire.

Comment nous avons pu payer.

* * *

Quelle étude attrayante, quelle histoire instructive que celle du développement progressif de la richesse publique de la France ! Nous essaierons, par quelques chiffres puisés à des sources sûres, de donner un résumé des progrès accomplis par l'industrie et le commerce au moment où éclatait la guerre. Peut-être alors s'étonnera-t-on moins de la facilité avec laquelle la France a payé ses dépenses de guerre et sa rançon.

Développement progressif de la richesse publique.

Les progrès de l'agriculture, le développement du commerce et de l'industrie, l'impulsion donnée aux chemins de fer et aux grands travaux publics, soit pour l'embellissement et l'assainissement des villes, soit pour l'édification de monuments ; la multiplication des voies de commucation ; l'amélioration des canaux et des rivières ; l'agrandissement des ports ; l'extension donnée aux services postaux et télégraphiques ; les

Ses causes.

encouragements à l'agriculture ; la création de chambres consultatives, de comices et de concours agricoles ; le reboisement des montagnes ; la mise en valeur des biens communaux ; la création des institutions de crédit, de la caisse de la boulangerie et de nombreuses sociétés coopératives ; les traités de commerce avec l'Angleterre et presque tous les pays du monde ; la suppression de l'échelle mobile ; la création de la grande navigation à vapeur transatlantique ; les progrès accomplis dans la législation : abolition de la mort civile ; loi sur les coalitions ; liberté de l'enseignement et organisation d'un enseignement secondaire spécial ; fondation et augmentation de bibliothèques communales ; encouragements aux missions scientifiques, à l'archéologie, aux lettres, aux sciences, aux arts : voilà, en une rapide énumération, les causes du développement progressif de la richesse du pays : voilà la source et l'explication des progrès accomplis en France depuis moins de vingt-cinq ans, progrès que tout le monde peut, comme nous, évaluer par des chiffres.

* * *

La propriété foncière.

L'agriculture est entrée dans une voie nouvelle : elle a substitué à la grande propriété, souvent trop indifférente, la petite, qui s'acharne après la terre pour lui faire produire tout ce qu'elle peut donner.

Avant 1789, le clergé et la noblesse étaient propriétaires des deux tiers du territoire. Aujourd'hui, les grandes propriétés qui paient 500 francs d'impôt et davantage sont très loin d'atteindre 1 % de l'ensemble du territoire ; la moyenne propriété est d'environ 8 % ; la petite propriété, celle qui est cotée de 10 à 50 francs d'impôt, peut être évaluée à 26 %. En 1868, le nombre total des cotes foncières était de 14,317,005 ; en 1870, il atteignait 14,485,282.

En 1821, on estimait la valeur vénale du sol à 39 milliards, 514 millions ; en 1851, à 83 milliards 744 millions. Aujourd'hui, les terrains d'une qualité inférieure, morcelés et acquis presque exclusivement par des cultivateurs, ont quadruplé et même quintuplé de prix.

En 1815, le rendement par hectare était de 8,59 % ; en 1868, il atteignait 16 %.

En 1851, la surface cultivée en froment était de 5.999,376 hectares ; en 1867, de 6,960,425 hectares, soit un accroissement de 961.049 hectares ou de 16 %.

De 1843 à 1852, la production moyenne annuelle du blé par tête d'habitant avait été de 1 hectolitre 97 ; de 1863 à 1867, elle s'éleva à 2 hectolitres 20.

En 1789, la France possédait 1 million et demi d'hectares plantés en vigne ; en 1869, elle en avait 2,200,000.

En 1852, la production des vins jaugeait 28,460,001 hectolitres ; en 1866, 63,838,000 hectolitres ; en 1869, 70 millions.

Le commerce extérieur de la France s'est développé dans des proportions considérables, ainsi que le montre le tableau suivant, dressé d'après les états de douane : Le commerce extérieur.

PÉRIODES	IMPORTATIONS	EXPORTATIONS
	millions de francs	millions de francs
Moyenne de 1827 à 1836	479.9	521.4
— 1837 à 1846	778.4	712.9
— 1847 à 1856	1.077.1	1.223.7
— 1857 à 1866	2.200.5	2.430.1
Année 1867	3.025.5	2.825.9
— 1868	3.303.7	2.789.9
— 1869	3.153.1	3.074.9

Ainsi, en 1869, les importations et les exportations s'élevaient au chiffre de 6 milliards 228 millions ; c'est-à-dire six fois plus haut que dans les meilleures années de Charles X ou de Louis-Philippe.

Importations.

Les importations du commerce spécial étaient en :

	francs.
1831	374.188.539
1849	879.795.145
1869	3.153.071.227

Les importations de notre commerce général ne sont pas moins considérables :

	francs.
1831 de	512.825.554
1849	1.142.257.704
1869	4.008.690.695

Exportations.

Quant aux exportations, les résultats comparatifs sont tout aussi frappants.

Les exportations du commerce général de la France étaient en :

	francs.
1831 de	618.169.911
1849	1.422.333.917
1869	3.993.578.498

Appareils à vapeur.

En 1851, l'industrie française employait 10,384 chaudières à vapeur d'une force de 70.031 chevaux ; en 1866, elle en employait 51,190 représentant une force de 274,936 chevaux.

Production houillère et métallurgique.

Pendant la même période, la production de la houille s'était élevée de 44 millions de quintaux métriques à 122 millions.

En 1851, la production métallurgique avait été de 8,548,538 quintaux métriques, pour une valeur de 235 millions de francs ; on la trouve, en 1866, à 25,280,848 quintaux métriques, pour une valeur de 520 millions.

Ainsi, en moins de quinze ans, la puissance productive de notre industrie avait triplé.

Impôts.

Les impôts directs et indirects, les produits domaniaux, les postes et les recettes de diverses origines, produisaient au Trésor :

	millions de francs.
1815	735,0
1831	986,2
1847	1.334,3
1869	2.230.3

Faut-il parler des chemins de fer et examiner le développement qu'ils ont reçu, les produits qu'ils ont donnés, le bien qu'ils ont fait ? Chemins de fer.

En 1848, à la chute du gouvernement de Juillet, les chemins de fer en exploitation accusaient

une longueur de	1,830 kil.
les chemins de fer en construction, de	2,872 »
Total du réseau	4,702 kil.

Au 31 décembre 1866, les lignes en exploitation s'élevaient à	14,514 kil.
celles en construction à	6,526 »
Total	21,040 kil.

De 1852 à 1866, il a été livré à l'exploitation 10.804 kilomètres de chemins de fer, soit exactement 2 kilomètres par jour pendant 15 années consécutives.

En 1869, la longueur des lignes exploitées était de 16.200 kilomètres,

En 1851, le revenu net était de	58.568,181 fr.
En 1867, il s'élevait déjà à	308,200,028

En 1851, le nombre des voyageurs transportés à toute distance n'était que de	19,930,309
En 1867, ce nombre s'est élevé à	101,610,000

A la fin de 1873, d'après un rapport présenté à l'Assemblée nationale par M. de Montgolfier au nom de la commission d'enquête sur les chemins de fer, 23.300 kilomètres étaient concédés à titre définitif et à titre éventuel ; 10,138,500,000 francs avaient été déjà dépensés pour la construction de ces voies ferrées ; l'État, engagé pour 1,638,500,000 francs, avait déjà payé en garanties et subventions 1,005,904,000 francs.

Ajoutons que, d'après M. de Montgolfier, les profits particuliers retirés annuellement par l'État de l'exécution des chemins de fer, soit en recettes perçues, soit en économies réalisées, se fixent à 162,767,800 francs.

La Banque de France et l'escompte.

La Banque de France escomptait, à son origine, 112 millions d'effets de commerce : le chiffre de ses escomptes est successivement passé de 1,814,750,000 fr., en 1847, à 1,824,469,000 fr., en 1852 ; 5,431,000,000 fr., en 1862 ; 6,574,900,000, en 1866 ; 6 milliards 082 millions, en 1867.

La fortune mobilière.

Il est facile, d'ailleurs, de dégager des documents budgétaires l'importance de la fortune mobilière de la France.

Les recettes attendues de la perception de la taxe de 3 % sur le revenu des valeurs mobilières avaient été évaluées, pour l'année 1873, à 24 millions : elles se sont élevées à 31,760,000 francs. Pour que ce résultat ait été obtenu, il a fallu que le revenu total annuel des valeurs mobilières taxées atteignît le chiffre de 1 milliard 58 millions. Si nous capitalisons à 6 % ce revenu de 1 milliard 58 millions, l'opération donne exactement un capital de 17 milliards 633 millions, soit, en chiffres ronds, près de 18 milliards de valeurs mobilières circulant en France et appartenant à des Français.

Le service des rentes 5 %, 4 1/2 %, 4 %, 3 % entre lesquelles se répartit notre rente consolidée exige une annuité de 748,593,642 francs. Les annuités diverses afférentes aux canaux, à la Société algérienne, aux obligations trentenaires et à celles de l'emprunt Morgan, sont inscrites au budget pour une annuité de 4,141,859 francs. La dette française nécessite donc un crédit annuel de 752,735,501 francs, représentant à 5 % un capital de 15 milliards 45 millions.

Sa valeur en capital.

Ces 15 milliards 45 millions de rentes françaises et les 18 milliards de valeurs mobilières taxées forment un total de 33 milliards, équivalent de la fortune mobilière de la France, sans compter toutefois les valeurs étrangères, qui se trouvent dans le portefeuille des capitalistes français et les placements faits à l'étranger.

Son revenu.

On peut, croyons-nous, évaluer à plus de 2 milliards le revenu annuel que donnent aux capitalistes français les valeurs mobilières françaises et étrangères, abstraction faite, bien entendu, d'une quantité de valeurs locales non cotées, ou se négociant à l'étranger, et, par là, échappant à tout contrôle rigoureusement exact.

* * *

Conclusions à tirer des chiffres produits.

Ces chiffres, tous tirés de documents officiels, expliquent que la France ait pu trouver aussi facilement les 5 milliards de sa rançon et les 5 milliards des dépenses de la guerre.

Ces chiffres prouvent que, depuis vingt-cinq ans, une impulsion extraordinaire avait été imprimée à la prospérité publique et que le pays en avait obtenu des résultats féconds.

Ces chiffres prouvent que les grands travaux publics, les encouragements donnés à l'agriculture, les dépenses faites pour l'extension des chemins de fer, des télégraphes, des canaux et des routes, ont développé le commerce et l'industrie dans des proportions vraiment considérables : les grands travaux de la paix sont donc une source certaine de richesse pour le peuple.

Ces chiffres prouvent qu'un gouvernement ne doit jamais hésiter à faire les dépenses nécessaires à ces grands travaux, à ces œuvres fécondes, sous prétexte d'économies. Ces économies-là sont mauvaises, parce qu'elles peuvent tarir la source du travail, du commerce et de l'industrie, la source de la production.

Ces chiffres prouvent encore qu'en matière économique et financière, il convient de demeurer fidèle au système économique et financier que des esprits éminents ont mis en œuvre malgré les attaques passionnées des uns, les injustes défiances des autres.

Le développement du commerce et de l'industrie, la prospérité de nos finances publiques, le relèvement de notre crédit, tels sont aujourd'hui nos véritables éléments de revanche. Ce sont les économies réalisées, grâce à notre prospérité d'autrefois, qui nous ont permis de payer les 10 milliards que la guerre a coûtés. Grâce à cette prospérité, nous pouvons faire face à un budget qui exige annuellement 2 milliards 800 millions, c'est-à-dire plus de 233 millions par mois, près de 8 millions par jour. Il faut donc que la France travaille et produise : qu'elle travaille pour récupérer ce qu'elle a perdu, qu'elle produise pour retrouver son ancienne prospérité.

Conduite à suivre.

Nous avons montré comment nous avions trouvé les 5 milliards : puisse le passé nous servir d'exemple pour l'avenir ! Le maintien de l'ordre, la sécurité de la propriété, les facilités les plus larges données à la liberté du travail ; la multiplication, le perfectionnement des différents moyens de communication ; l'exécution de grands travaux d'utilité publique ; le développement des institutions de crédit, voilà le système financier que nous devons hardiment mettre en œuvre; voilà le système qui nous aidera à retrouver les milliards que nous avons payés et une situation prospère que nous avons perdue ; voilà le programme que nous voudrions voir adopter par les pouvoirs publics, programme financier modeste, mais dont les résultats, qu'on en soit convaincu, seront plus féconds pour le pays que les discussions politiques.

LA RENTE 5 % AU PAIR

La rente et la crise politique.

Le 15 juillet 1874, il y a dix jours, la rente 5 % était à 97.60, le 3 % était à 61.65.

Depuis ce moment les événements se sont succédé avec rapidité et nous avons vu coup sur coup la retraite si regrettable de M. Magne, l'adoption de la malencontreuse proposition Wolowski, la démission de M. de

Fourtou, la nomination de l'honorable M. Mathieu Bodet au ministère des finances, celle de M. le général de Chabaud-Latour au ministère de l'intérieur, le rejet de la proposition républicaine de M. Casimir-Périer, l'échec des dissolutionnistes, l'ajournement de la discussion des lois constitutionnelles, enfin la déclaration de l'urgence sur la proposition de prorogation de M. Malartre.

Voilà bien des choses en dix jours, bien des nouveautés, et qui ont naturellement entraîné bien des inquiétudes, bien des émotions, beaucoup d'incertitudes surtout.

Qu'a fait la Bourse pendant ce temps ? *Que fait la Bourse ?*

La rente 5 % est à 99.45, le 3 % est à 63 francs.

Rien, pendant ces dix longues journées, n'a pu un instant ébranler la ferme volonté de la Bourse de porter nos rentes vers les hauts cours. Elle n'a eu ni un instant de crainte, ni une heure d'hésitation et, quoi qu'il se passât au dehors, elle a poursuivi sa tâche avec une imperturbable ténacité.

Nous avons déjà signalé à l'attention cette indifférence si remarquable et, disons-le, si nouvelle de la Bourse, pour la politique. Elle s'est manifestée d'une façon vraiment admirable pendant cette dernière période si agitée et si pleine d'incidents.

Elle poursuit le pair.

La Bourse voulait gagner le pair ; bien plus, elle veut aujourd'hui le franchir et rien ne l'a arrêtée, rien ne l'arrêtera. Elle était disposée à continuer la hausse, quelles que fussent les conjonctures, à cette seule condition que l'ordre matériel ne fût pas troublé. Et nous n'oserions pas affirmer qu'elle se fût mise à la baisse si la proposition Casimir-Périer avait été adoptée. Non, elle n'eut pas cessé de continuer son œuvre.

Eh bien, il faut le reconnaître et le dire hautement, cette œuvre est bonne, excellente entre toutes.

La rente au pair ! Dans un pays qui, il y a trois ans, inclinait vers la ruine ! Dans un pays qui a essuyé les plus grands désastres : tous ceux de la guerre étrangère, tous ceux de la guerre civile ! La rente au pair dans un pays qui, en moins de trois années, a emprunté et payé 5 milliards et demi, qui a élevé ses impôts jusqu'à l'extrême limite et en supporte de si nombreux qu'on ne sait plus comment en créer ! La rente au pair ! Ce 5 % émis il y a juste deux ans à 82.50 et 84.50 !

Vraiment, certains peuvent se réjouir de nos discordes politiques et prendre en pitié nos discussions stériles et nos tristes passions ; mais, qu'on le croie bien, ce cours du pair atteint, sans doute dépassé, sur une si énorme quantité de rentes, sur une dette si considérable, ce cours du pair étonnera et édifiera les autres nations.

Conséquences morales.

Ce qu'a fait la bourse depuis 1872 a singulièrement contribué à relever la France aux yeux de l'Europe et à lui rendre une part, au moins, du prestige qu'elle avait perdu.

Et qu'on ne dise point que ces résultats sont factices ! Si les cours de la rente se sont non seulement maintenus, mais ont monté, toujours monté, c'est que le

Résultats financiers.

comptant achetait toujours, c'est que, sans cesse, l'argent s'échangeait contre des titres de rentes, c'est qu'il s'empresse encore autour de ces rentes malgré leur prix élevé.

Nous avons donné l'exemple d'un marché financier où la spéculation à la baisse, si favorisée par les circonstances et qui avait pour elle tant de chances de succès, a partout et sans cesse été découragée, vaincue, brisée. Et, nous le répétons ; c'est là une œuvre bonne, une œuvre excellente sur laquelle peuvent s'exercer les méditations de nos ennemis comme celles de nos alliés.

LE DROIT PUBLIC ET L'EUROPE MODERNE

Sous ce titre : *le Droit public et l'Europe moderne*, M. le vicomte de la Guéronnière vient de publier un ouvrage d'une haute portée politique et qui emprunte aux événements contemporains un intérêt aussi élevé que puissant. On croira peut-être que c'est une entreprise vaine d'élever la voix au nom du droit dans un temps où la force seule triomphe et règne. Il nous semble au contraire que nul moment ne pouvait être plus opportun. C'est à l'heure même où les principes les plus fermement établis sont violés, où toutes les notions de justice et de droit sont méconnues, où les traditions des peuples sont brisées, c'est à cette heure même, disons-nous, qu'il était utile, nécessaire et bon de rassembler ces lois augustes, manifestations élevées de la conscience humaine, ne fût-ce que pour n'en point altérer l'essence dans cette perversion générale. Ces lois étaient devenues assez précises et assez complètes pour pouvoir constituer un corps de doctrine et former un véritable code des nations ; elles paraissaient être assurées du consentement universel et l'on pouvait entrevoir le jour où leur salutaire autorité serait assez puissante pour résoudre la plupart des conflits et rendre de plus en plus inutile, désormais, le recours à la fortune des armes. C'est au moment où l'on se croyait près de ce but désiré que deux grandes catastrophes, qui se sont succédé à moins de quatre ans d'intervalle, ont renversé l'œuvre accomplie et anéanti le droit public européen. L'esprit cependant en doit survivre avec les formules et c'est là, certainement, ce qui a décidé M. de la Guéronnière à publier son bel ouvrage, conçu dans des temps moins troublés. Opportunité de cette publication.

La méthode adoptée par l'auteur soulèvera probablement quelques critiques. Le lecteur, après avoir Plan de l'auteur.

Méthode chronologique.

retrouvé avec son guide les origines du droit public, eût aimé à en suivre les développements graduels à travers les âges, jusqu'à l'entier épanouissement de ces grands principes dans les temps modernes. Sans doute toutes les parties d'une telle matière, distinctes entre elles, se fussent trouvées quelque peu confondues, mais cet inconvénient eût été amplement racheté par l'intérêt que devait offrir le spectacle des progrès presque simultanés et, en quelque sorte, parallèles de toutes ces grandes questions nées, il y a des siècles, et qui, hier encore, semblaient résolues. Il est bon de remarquer que ces questions, si diverses et si nettement scindées qu'elles paraissent, offrent une étroite connexité que la succession des événements les plus proches de nous a clairement marquée.

Méthode analytique.

Un autre plan pouvait être tracé. Il eût consisté, après avoir indiqué les principales divisions du droit public, à en traiter isolément chaque partie. Cette méthode analytique se recommandait par son extrême simplicité.

Méthode épisodique adoptée par l'auteur.

M. de la Guéronnière n'a cru devoir adopter ni l'une ni l'autre de ces méthodes. Son dessein participe cependant de l'une et de l'autre et sa méthode, si méthode il y a, est en quelque sorte épisodique. Au lieu de chercher dans les dédales de l'histoire l'origine plus ou moins obscure des grands problèmes de notre temps et de reconstituer de siècle en siècle la trame des faits jusqu'à notre époque, c'est le procédé contraire qui paraît l'avoir séduit. Ce ne sont pas les lumières de l'histoire qui lui servent à éclairer les événements contemporains, ce sont ces événements eux-mêmes qui semblent l'avoir attiré tout d'abord et lui avoir révélé les enseignements du passé. Plutôt que l'historien, c'est donc le publiciste, l'homme politique, le diplomate qui nous apparaît, et aussi, disons-le, l'économiste.

La partie économique.

La partie économique du livre, celle qui, par son côté spécial, doit surtout nous attacher, est traitée de main de maître. Le premier chapitre qui, à ce point de vue, attire l'intérêt est celui que M. de la Guéronnière a consacré aux capitulations. Il l'a fait précéder d'une étude sur les croisades. Ces deux sujets se lient l'un à l'autre plus étroitement qu'on ne le pourrait croire à première vue. L'auteur a parfaitement marqué le rôle civilisateur de celles-ci : Croisades et capitulations.

> Dans l'ordre économique dont on ne soupçonnait alors aucune loi, cette grande manifestation du christianisme facilitait l'affranchissement en commun et la création des classes intermédiaires, en obligeant les nobles à s'obérer ou à engager leurs biens pour faire face aux frais de cette guerre qui était l'honneur des chevaliers... La prépondérance de la France fut établie dès l'abord sans conteste sur toutes les contrées d'Orient, sa langue se répandit et devint la langue officielle.

Par les musulmans, tous les croisés furent considérés comme des Français. Cette tradition survécut ; elle facilita sans doute la conclusion des traités qui intervinrent successivement entre les villes françaises ou italiennes de la Méditerranée et les divers états mahométans, et certainement ces souvenirs n'avaient point complètement disparu quand François Ier eut la pensée audacieuse, enserré qu'il était par Charles-Quint, de l'enfermer à son tour dans un cercle d'ennemis en concluant avec Soliman le Grand le traité de 1535 : Le traité de 1535

> Ce traité, dit M. de la Guéronnière, fut d'abord un acte de haute politique ; il fut, en outre, une œuvre de progrès et de civilisation qui préparait le rapprochement des nations chrétiennes et des races conquérantes dont les invasions, après avoir menacé le centre et le sud du continent européen, créaient des causes permanentes de perturbations et de conflits.

La France, dans les premières capitulations, resta absolument fidèle à la tradition nationale ; elle couvrit de son influence, non seulement les Français, mais tous les chrétiens d'Europe établis en Orient, et c'est grâce à elle que, plus tard, toutes les nations de l'Occident durent de jouir des mêmes privilèges : liberté de commerce dans le Levant, liberté religieuse, exemption de certains impôts, réduction des droits de douane, juridiction spéciale dans les conflits entre Européens, assistance du drogman devant les tribunaux indigènes. La France protectrice des chrétiens d'Orient.

Ce sont ces capitulations qu'on propose aujourd'hui de réformer. Sans doute l'expérience des temps modernes a pu démontrer la possibilité de certaines améliorations, mais ce n'est qu'avec une extrême circonspection qu'il convient de toucher aux stipulations de traités qui renferment pour nos nationaux, comme pour ceux de tous les États de l'Occident, des garanties précieuses. On doit se montrer d'autant plus prudent que les conditions politiques se sont profondément modifiées. Le traité de 1535 a été conclu avec un empire puissant gouverné par un Soliman : en 1875, il n'y a plus de Soliman et on sait l'état de la Turquie.

La liberté des mers.

La France avait fondé sur des bases presque indestructibles la liberté des Européens en Orient ; c'était elle encore qui devait proclamer la liberté des mers. Si Grotius dans son *Mare liberum*, auquel Selden avait répondu par le *Mare clausum*, avait le premier formulé les principales règles du droit maritime, c'était la France qui la première devait les appliquer :

Les déclarations du 1er septembre 1778, relatives au traité de commerce signé le 6 février de la même année entre la France et les États-Unis de l'Amérique du Nord, portaient que les vaisseaux libres rendaient les marchandises libres.

Il était interdit aux croiseurs français de saisir des vaisseaux neutres, même s'ils naviguaient d'un port ennemi à un autre port ennemi, à moins toutefois que ces ports ne fussent bloqués. Les vaisseaux neutres chargés de contrebande de guerre, pouvaient être pris et la contrebande de guerre saisie ; mais le vaisseau et la cargaison non contrebande de guerre devaient être rendus.

Le droit des neutres.

L'exemple donné par la France fut bientôt suivi ; le droit des neutres fut reconnu, même lorsque les vaisseaux libres transportaient des marchandises appartenant aux sujets des nations belligérantes; l'état de blocus fut défini avec précision et on n'ignore pas que le fameux blocus continental ne fut qu'une réponse au système anglais du blocus non effectif.

Plus tard, en 1856, lors des négociations qui amenèrent la conclusion du traité de Paris, ce fut encore la France qui eut l'honneur de rappeler les nations aux véritables principes du droit public maritime. Le comte Walewski se fit en cette circonstance l'interprète de la tradition nationale. La France toujours à l'avant-garde du progrès.

Le congrès de Westphalie, disait-il, a consacré la liberté de conscience; le congrès de Vienne, l'abolition de la traite et la liberté de la navigation des fleuves. Il serait vraiment digne du congrès de Paris de poser les bases d'un droit maritime uniforme en temps de guerre, en ce qui concerne les neutres.

Le 16 avril 1856, les plénipotentiaires réunis arrêtèrent une déclaration solennelle qui stipulait : que la course était abolie ; que le pavillon neutre couvrait la marchandise ennemie ; que la marchandise neutre n'était pas saisissable sous pavillon ennemi; enfin, que les blocus devaient être effectifs.

On alla plus loin encore dans cette voie à la suite de la France et, aujourd'hui, plusieurs nations inclinent à reconnaître l'inviolabilité de la propriété privée sur mer.

Enfin, le principe de la liberté des mers, incontesté aujourd'hui en théorie, mais limité encore dans la pratique, est définitivement entré dans le droit public. Cependant, un fait qui s'est produit tout récemment semble renfermer une menace pour l'avenir. Nous voulons parler de l'achat fait par l'Angleterre d'une quantité considérable d'actions du canal de Suez et de l'autorité prépondérante qu'elle a naturellement acquise dans cette entreprise toute française. A la nouvelle de cet événement politique, plus encore que financier, la France s'est sentie atteinte, mais, que les autres nations le sachent bien, elles le sont toutes en elle et, si l'on a pu dire éloquemment que « partout où se montre le drapeau de la France une grande cause le précède et un grand peuple le suit », il n'est pas moins juste de dire qu'on ne frappe jamais la France sans que la civilisation soit blessée. La civilisation n'a pas seule- Le canal de Suez. L'influence anglaise.

La France blessée, la civilisation atteinte.

ment été blessée, elle a été refoulée et il nous est donné de voir, en plein XIXe siècle, toute l'Europe en armes et tous les États transformés en camps retranchés.

La force productive et la richesse de la France lui ont permis l'espérance.

Mais comment, après de si terribles épreuves, a-t-il été permis encore à la France d'espérer ? Comment, après tant de désastres peut-elle encore avoir foi dans l'avenir ? Elle puise cette espérance et cette foi dans la conscience qu'elle a de sa force productrice et de sa richesse. Sa richesse vient tout entière de sa puissance économique et, cette puissance elle-même, elle la doit aux fortes institutions dont elle est dotée depuis vingt-cinq ans.

Les traités de commerce, leurs résultats.

Les traités de commerce, dit M. de la Guéronnière, n'ont pas empêché les malheurs de la guerre, mais du moins ils ont aidé à les réparer. C'est grâce à l'immense développement qu'ils ont donné à notre production nationale, aux épargnes accumulées et au crédit universel dont ils nous ont dotés, que la France doit d'avoir payé avec cette merveilleuse facilité sa dette de guerre, en sorte que l'on peut dire que si la liberté commerciale n'a pu empêcher la guerre, elle a du moins contribué à la libération du territoire français.

Opinion de M. de la Guéronnière sur Colbert.

C'est par ces paroles que M. de la Guéronnière termine une très belle et très brillante étude sur la liberté commerciale. Dans ces pages, où sont retracées à grands traits toutes les phases de notre développement commercial, la critique la plus sévère ne trouverait rien à reprendre. Peut-être reprocherait-elle seulement à l'auteur de n'avoir pas rendu à Colbert toute la justice qu'il méritait et de ne l'avoir pas montré aussi libéral en matière économique qu'il l'était réellement. Proclamer la pleine liberté du commerce eût été sans doute très beau, mais il est bien difficile de rendre libre ce que l'on n'a pas, et avant de songer à affranchir le commerce, il était nécessaire de le créer et de l'organiser en France ; il y avait à éviter ce danger qui s'est abattu sur l'Espagne, de devenir une nation qui reçoit et ne produit plus, qui achète toujours et ne vend jamais. Ici la question d'opportunité était tout et il serait téméraire d'affirmer que, même au temps de Turgot, la

France était mûre pour la liberté commerciale. Il importe de tenir compte plus qu'on ne l'a fait de ce qu'a tenté Colbert en faveur du commerce, de la marine, de la navigation, de l'agriculture; il est d'ailleurs au moins douteux, à en juger par les difficultés qu'ont rencontrées les réformes poursuivies par le grand ministre de Louis XIV, il est douteux, disons-nous, qu'il eût pu tenter beaucoup plus. Mais ce n'est là qu'une critique de détail et M. de la Guéronnière, nous le reconnaissons, n'a point méconnu la vraie pensée de Colbert.

Une omission.

Il nous reste à présenter une observation beaucoup plus grave. Dans ce tableau du droit public moderne, il reste un vide regrettable. Après avoir étudié toutes les parties du droit public politique, le droit public maritime, le droit public hospitalier, le droit public commercial, il eût été intéressant de rechercher et de fixer les règles du droit public financier. C'était là un champ inexploré, un sujet aussi nouveau que les faits mêmes d'où est sortie cette nouvelle forme du droit public. Depuis quelques années seulement, le crédit des États a pris une extension considérable : ils s'empruntent les uns aux autres, ou pour être plus précis, la plupart des États empruntent aux nationaux d'un autre État. De là des rapports nouveaux qu'il est devenu urgent de réglementer. Le droit public financier n'est pas encore formulé : il est nécessaire qu'il le soit et il n'eût peut-être pas été impossible d'en définir les principes en constatant la nature des violations que ce droit a subies. Ce droit naissant n'a pas éprouvé moins de vicissitudes que le droit public politique de la vieille Europe et les rudes atteintes qu'il a déjà reçues font prévoir pour l'avenir des dangers redoutables.

Le droit public financier.

Les atteintes apportées à ce droit par plusieurs pays.

Ce droit public financier, l'Autriche l'a-t-elle respecté lorsqu'elle a imposé ses rentes de 15 %, frappant aussi bien les étrangers que les nationaux ?

L'Italie l'a-t-elle respecté lorsqu'elle a imposé ses rentes de 13.20 % et lorsqu'elle a fait subir aux compagnies de chemins de fer et à leurs actionnaires ses volontés les plus arbitraires?

L'Espagne l'a-t-elle respecté, lorsqu'elle a suspendu le paiement même de ses rentes?

La Turquie l'a-t-elle respecté, lorsque, tout récemment, elle a pris la mesure que l'on sait ?

Et les grandes puissances mêmes l'ont-elles respecté, quand, dans une commission internationale, elles ont imposé à la Compagnie du canal de Suez des tarifs particuliers, frustrant ainsi l'entreprise de ses bénéfices légitimes?

Il semblait cependant que ce droit public financier avait déjà reçu un commencement de sanction, lorsque la Tunisie lésant ses prêteurs, les gouvernements intéressés durent intervenir pour protéger les intérêts de leurs nationaux ? Ne pouvait-on poursuivre dans cette voie et n'était-il pas facile d'ajouter une dernière page au code des nations ?

Qu'on prenne la cote de la bourse : à chaque ligne on y lira d'éloquentes protestations contre ces violations du droit public financier, partout outragé, sauf dans un pays, un seul, la France, qui a commandité tous les pays étrangers, payé sa rançon, remboursé ses dépenses de guerre, et n'a jamais failli à ses engagements.

L'auteur ne peut manquer de combler cette lacune.

C'est là une lacune importante, facile à combler d'ailleurs : nous la signalons à l'auteur du remarquable ouvrage dont nous n'avons pu donner qu'une trop rapide analyse. Cet ouvrage est écrit dans un style limpide et harmonieux. Partout les idées y sont clairement exprimées, puissantes et élevées : il circule enfin à travers cette œuvre un souffle de patriotisme et de généreuse liberté.

LES CINQ MILLIARDS DE L'INDEMNITÉ DE GUERRE ONT-ILS ENRICHI L'ALLEMAGNE? (1)

Deux provinces, 5 milliards de frais et 5 milliards d'indemnité, tel est le bilan de la guerre de 1870. Pour payer ces 10 milliards, des emprunts ont été nécessaires; pour payer les intérêts de ces emprunts, il a fallu créer des impôts nouveaux et augmenter ceux qui existaient déjà. Avant la guerre, le budget normal de la France était environ de 1 milliard 900 millions; il atteint aujourd'hui 2 milliards 800 millions. Il a donc fallu trouver 900 millions de ressources nouvelles pour subvenir annuellement aux charges qui incombaient au pays. Le bilan de la guerre.

Nous avons montré comment la France avait pu faire face à d'aussi formidables engagements; recherchons maintenant si les sommes que nous avons payées ont enrichi l'Allemagne, si ces 5 milliards, mis ainsi à sa complète disposition, ont aidé au développement de son crédit et augmenté ses ressources industrielles et financières, ou encore s'ils ont servi à alléger les dettes publiques des gouvernements allemands, soit de la Prusse en particulier, soit des autres Etats confédérés. Les gains de l'Allemagne.

* * *

La dette publique de la Prusse s'élevait, à la fin de 1864, à 208,671,204 thalers; en 1867, après la guerre contre l'Autriche, cette dette était de 378,300,000 thalers, soit 100 millions de thalers d'augmentation. En 1870, la progression de la dette continue: 424,380,000 thalers; en 1871, nouvelle progression: 466,861,666 thalers. De 1864 à 1871, la dette publique de la Prusse a donc aug- Les dettes publiques. Prusse.

1 Voir *suprà*, page 22.

menté de 178,100,461 thalers, soit de plus de 600 millions de francs.

Nos milliards n'ont donc pas servi à diminuer la dette publique de la Prusse : cette dette, au contraire, accuse une augmentation constante. D'un autre côté, non seulement les impôts créés pour soutenir cette guerre n'ont pas été abolis, mais il a fallu en créer de nouveaux pour faire face à une progression constante des charges publiques. Enfin, tout récemment, le ministre des finances, en présentant son exposé financier au parlement allemand, a demandé l'autorisation d'émettre un emprunt pour subvenir à des charges et à des dépenses imprévues.

Bavière. Est-ce la Bavière qui a trouvé, dans nos 5 milliards, un allégement pour sa dette publique ? Pas davantage. Cette dette s'élevait à 534,405,151 florins, en mai 1866 ; elle était de 493 millions de florins, en 1871 ; elle se chiffre à 495,490,588 florins, en 1873.

Wurtemberg. La guerre a-t-elle diminué les charges du royaume de Würtemberg ? Nullement. La dette publique de ce pays était de : 75,514,020 florins en 1865 ; elle passait à 183,804,550 florins en 1871 ; et à 189,089,420 florins en 1873.

Bade. Le grand-duché de Bade, dont la dette publique s'élevait, en 1866, à 83,500,107 florins, a une dette de 134,838,423 florins en 1873.

Saxe. La Saxe, dont la dette était de 67,992,517 thalers en 1863, voit ce chiffre presque doublé en 1872 ; elle est en effet, à cette époque, de 104,253,400 thalers, sans compter une circulation de 12 millions de thalers de papier-monnaie.

Les petites principautés. Faut-il parler du duché d'Oldenbourg, des duchés de Brunswick, de Mecklembourg-Schwerin et Mecklembourg-Strelitz, en un mot de toutes les petites principautés inféodées à la Prusse ? Faut-il donner les chiffres exacts de leur dette publique et montrer combien, pour ces humbles États, la progression de la dette a été plus grande encore ? En 1870, la dette du duché de Brunswick était de 13,974,740 thalers ; en 1872, elle atteint 26 millions de thalers, soit une augmentation de 100 %. Dans le duché d'Oldenbourg, qui compte à peine 350,000 habitants, la dette publique s'élevait à 3 millions 143,900 thalers en 1864 ; en 1872, elle atteint 12 millions de thalers, cette dette a quadruplé en sept années.

Toutes ces dettes se sont accrues.

Nous pourrions multiplier ces exemples. Ils prouvent que, malgré deux guerres heureuses, malgré le paiement entre ses mains d'indemnités considérables, l'Allemagne n'a nullement diminué les charges qui pèsent sur ses peuples. Toutes les dettes publiques des divers États qui composent l'empire allemand ont suivi une constante progression et, lorsque les dettes augmentent, les impôts, loin de diminuer, augmentent dans des proportions non moins considérables.

Les impôts ont augmenté.

Nous trouvons, dans un travail récent (1), une preuve évidente de ce que nous avançons. Le total des contributions provinciales, d'arrondissement et communales, s'élevait, en Prusse, à 16 millions de thalers en 1849 ; à 20,750,000 thalers en 1857 et à 46 millions de thalers en 1867.

Cette progression des impôts est, on le voit, écrasante ; et elle a été sans cesse en s'accélérant, puisque, depuis 1867, la dette publique a encore augmenté de plus de 80 millions de thalers.

* * *

Commerce et industrie.

Si l'Allemagne, malgré les 5 milliards qu'elle a reçus, n'a pu ni alléger sa dette, ni diminuer ses impôts, ni même empêcher l'augmentation de cette dette et de ces impôts, a-t-elle du moins encouragé la finance, le commerce, l'industrie ? Les 5 milliards ont-ils aidé à leur développement ? Les commerçants allemands ont-ils vu leurs affaires prospérer ?

(1) *Revue du Bureau de la statistique de Prusse* (*Zeitschrifft*, etc.), dirigée par le conseiller intime Engel. (Année 1871.)

Lorsqu'on sut, en Allemagne, que la France devait payer 5 milliards, ce fut un cri de joie, car, il n'y avait peut-être pas un seul Allemand qui ne se crût appelé à en recevoir une parcelle quelconque. On pensait que cette énorme rançon serait lancée dans le commerce et l'industrie et qu'elle donnerait ainsi les plus larges facilités aux affaires du pays. On vit alors s'élever par toute l'Allemagne une incroyable fièvre de spéculation : sur les valeur de bourse, sur les terrains, sur les maisons ; c'était de la fureur, c'était un véritable délire. De juillet 1871 à juin 1872, 42 banques par actions furent fondées ; 104 sociétés industrielles, dont 87 représentaient ensemble un capital de 80,262,750 thalers (près de 300 millions de francs), furent créées.

Ces diverses sociétés se répartissaient ainsi :

OBJET DES SOCIÉTÉS	NOMBRE	CAPITAL
		thalers
Exploitation de mines	9	13.130.000
Exploitation de brasseries	16	6.880.000
Exploitation d'usines métallurgiques	14	19.950.000
Exploitation de fabriques de produits chimiques	6	2.689.000
Exploitation de fabriques de papiers	5	1.000.000
Fabriques diverses	37	33.842.160

Crise financière.

Ce qu'il advint de toutes ces spéculations, ce fut une ruine à peu près complète. Une crise financière des plus intenses sévit en Allemagne, apportant chaque jour de nouveaux sinistres, de nouvelles faillites. Aujourd'hui encore, les marchés allemands se ressentent de cette violente crise ; les affaires sont des plus restreintes sur toutes les places ; elles sont des plus difficiles. C'est ainsi que la ville de Naples s'étant adressée à des banquiers allemands pour contracter un emprunt de 50 millions, les négociations entamées n'ont pu aboutir, vu le mauvais état des marchés financiers de l'Allemagne.

Emploi des 5 milliards.

Quel a donc été l'emploi de nos 5 milliards, puisqu'ils n'ont servi ni à alléger les charges des populations allemandes, ni à développer leurs affaires ? La chancellerie fédérale s'est expliquée à ce sujet dans le mémoire qu'elle a distribué au parlement.

Ce que l'Allemagne a réellement encaissé : 5.142.067.280 fr.

Mais combien l'Allemagne a-t-elle reçu réellement ? D'abord les 5 milliards, puis des intérêts à 5 % pour une somme de 301,191,959 francs, soit ensemble et en monnaie allemande 1,413,651,189 thalers. Il convient ensuite de faire état, d'une part, de la contribution de guerre de la ville de Paris, soit de 53,500,865 thalers, et, d'autre part, des contributions levées sur un grand nombre d'autres villes ; mais, de ces dernières sommes, la plus notable partie a été absorbée par des dépenses militaires immédiates et, toutes déductions faites, il en reste seulement 17,394,220 thalers environ. Le total serait, dès lors, de 1,484,551,274 thalers, si l'Allemagne ne nous avait versé 325 millions de francs, soit 86 millions 666,666 thalers, pour le rachat des chemins de fer du territoire annexé. En fin de compte, on doit chiffrer à 1,397,884,008 thalers, ou 5,142,067,280 francs le montant total des sommes encaissées par elle.

Dépenses militaires.

Quel a été l'emploi de ces ressources qui peuvent bien être qualifiées d'extraordinaires ? 600,836,627 thalers ont été consacrés à des dépenses militaires d'intérêt fédéral (1) ; — 114,715,810 thalers ont été absorbés par

Dépenses diverses.

(1) En voici le détail, du moins pour les dépenses ostensiblement avouées :

	thalers.
1. — Fonds des invalides, restauration et armement des forteresses de l'Alsace-Lorraine, chemins de fer alsaciens-lorrains et Guillaume-Luxembourg, trésor militaire, administration de la marine, avance permanente pour l'administration militaire, dotations de généraux et d'hommes d'État, secours aux Allemands expulsés de France, frais du quartier général	480.778.029
2. — Indemnités de guerre	37.700.000
3. — Indemnités aux armateurs allemands	5.000.000
4. — Médailles commémoratives	300.000

Attributions aux États confédérés.

des dépenses urgentes ; — enfin, le solde, soit 670,295,190 thalers ont été répartis entre les États confédérés (1).

Il suit de là que, sur cette somme énorme de 5 milliards, l'Allemagne n'a absolument rien prélevé, soit pour alléger sa dette, soit pour diminuer ses impôts, soit pour encourager son commerce ou son industrie ?

Dette non allégée. Impôts non diminués. Rien au commerce et à l'industrie.

Une guerre heureuse lui a fourni le moyen de demander 5 milliards d'indemnité. 5 milliards ! chiffre que jusqu'alors l'imagination avait peine à concevoir, et pas un centime de ces 5 milliards n'a servi à augmenter le bien-être des populations allemandes ! Tout a passé en dépenses de guerre, faites ou à faire.

Pas de diminution d'impôts ; pas de diminution de la dette publique ; pas d'amélioration dans la situation financière, commerciale et industrielle. C'est vraiment un profit négatif, si nous pouvons nous exprimer ainsi,

	thalers
5. — Pensions aux invalides pendant l'année 1872	10.089.774
6. — Invalides pour le temps où le fonds spécial qui leur est assigné ne sera pas placé	5.980.000
7. — Armement et désarmement des forteresses	9.857.187
8. — Administration maritime	9.352.512
9. — Construction ou reconstruction de chemins de fer stratégiques	4.791.986
10. — Télégraphie militaire	262.791
11. — Frais de l'administration civile en France	3.783.714
12. — Indemnités à l'administration des postes et des télégraphes	815.000
13. — Supplément de dépenses pendant l'occupation des territoires français	21.000.000
14. — Frais divers à la charge de la caisse de l'empire	1.025.631
Total	660.836.627

(1) La répartition a été ainsi effectuée :

	thalers.
Confédération du Nord	530.116.053
Bavière	90.200.411
Würtemberg	28.500.870
Bade	20.144.182
Hesse	9.333.671
Ensemble	670.295.190

que l'Allemagne a tiré de la colossale rançon qu'elle nous a imposée : nos milliards ne l'ont pas enrichie. Aussi peut-on se demander ce qu'il serait advenu d'elle, si, au lieu d'être victorieuse, elle avait été vaincue et obligée de nous payer ces 5 milliards qu'elle a si âprement exigés de nous, avec l'espoir de nous épuiser à tout jamais ? Profit négatif.

UNITÉ FINANCIÈRE DE L'EUROPE

S'il s'agissait de décrire les habitudes financières de la France et d'expliquer les règles qui président aujourd'hui à ses opérations de crédit, il nous faudrait remonter bien haut dans l'histoire de notre pays et raconter les nombreux efforts, pour la plupart couronnés de succès, que des esprits sages, honnêtes, profondément français, ont tentés pour établir sur des bases solides les finances publiques. Il nous faudrait parler de Sully, de Colbert, de Turgot, du baron Louis, du comte de Villèle, et, dans des temps plus près de nous, de MM. Fould et Magne. Quelle étude intéressante ! Quelle histoire instructive que cette longue succession d'abus supprimés, de réformes effectuées, de systèmes renversés ! Quelles réflexions utiles nous viendraient à l'esprit, en voyant au prix de quels efforts et de quel travail, la science financière et économique a pu faire quelques progrès, et comment ces progrès ont totalement changé les mœurs et les usages financiers ? Les artisans de nos finances publiques.

On croit rêver, lorsqu'on constate qu'autrefois les variations dans le prix des monnaies étaient extrêmement fréquentes. Sous Philippe-le-Bel, on n'en comptait pas moins de vingt-deux ; sous le roi Jean, la livre tournois changea 71 fois de valeur en moins de neuf ans, de 1351 à 1360. On croit rêver, lorsqu'on parcourt Les événements d'autrefois.

la longue liste des taxes aussi nombreuses que diverses que le pays supportait avec un courage véritablement prodigieux. Sully commença l'œuvre de réforme de l'impôt et la restauration des finances françaises : Colbert porta une main hardie sur tous les abus, sur toutes les fausses mesures, sur tous les usages qui entravaient le développement de la prospérité du pays. Les successeurs de Colbert profitèrent des réformes déjà faites et s'inspirèrent, pour la plupart, des exemples que ce récent passé leur léguait.

Inégalité, privilège et arbitraire.

Néanmoins, avant 1789, l'inégalité était encore complète en matière d'impôt. Des classes entières étaient exemptes de contributions : la bourgeoisie, le commerçant, le peuple, travaillaient et payaient pour tous.

Le privilège et l'arbitraire étaient partout. Le pouvoir réglait à sa fantaisie revenus et dépenses. Le contrôle était nul, la volonté du maître absolue : « car tel est notre bon plaisir », disait la formule royale.

On voit, sans qu'il soit besoin d'insister, quels progrès ont été accomplis en matière de finances, d'impôts et de crédit public. Quel gouvernement oserait altérer les monnaies pour se procurer des ressources ? Quel État oserait prendre pour base de son système financier les errements du passé ? Aujourd'hui, dans tous les États civilisés, sous quelque forme de gouvernement que ce soit, les recettes et les dépenses sont votées par les représentants du pays, en pleine connaissance de cause. Hier, en un mot, c'était le désordre ; aujourd'hui, c'est l'unité, l'ordre, l'honnêteté. On arrive insensiblement à établir le budget des États comme un particulier soucieux de sa fortune établit son propre budget, en évaluant les ressources qu'il doit employer pour faire face aux dépenses qu'il prévoit.

L'ordre et l'harmonie aujourd'hui.

Il nous a fallu des siècles et une longue succession d'hommes d'État, doués d'un véritable génie, pour arriver à ce point de perfectionnement dans notre organisme financier, perfectionnement qui n'est certainement pas l'idéal, mais qui marque cependant un progrès si considérable sur le passé. Que de crises politiques traversées pour en arriver là ? Et de ces crises mêmes que d'hommes ont surgi qui devaient, plus tard, illustrer et enrichir notre pays ?

Il n'y a guère plus qu'un pays en Europe où nous retrouvions encore aujourd'hui les errements que nous révèle l'histoire financière de la France d'autrefois : c'est la Turquie, dont l'organisation économique et financière suit une si lente transformation. Qu'elle n'hésite pas, puisque, chaque jour, elle entre davantage dans le courant des mœurs occidentales, à réformer d'une main vigoureuse et résolue des abus dont l'Europe ne s'explique plus l'existence. Nous ne doutons pas que ses efforts ne soient couronnés de succès : nous le désirons surtout au point de vue de l'intérêt général européen.

En Europe, la Turquie seule reste en arrière.

Il est incontestable que, plus nous allons, plus les différences tendent à s'effacer d'un pays à l'autre : cela est vrai surtout dans les matières économiques et financières, car les besoins des hommes sont partout les mêmes, quelles que soient leur nationalité, leur culte, leurs habitudes.

Unification financière. Sa réalisation presque obtenue.

Les mœurs financières tendent à s'unifier, à se solidariser et à faire de toutes les nations européennes, au point de vue financier bien entendu, une seule et même grande famille. Chaque jour, à Paris, Londres, Berlin, Francfort, Amsterdam, Florence, Hambourg, Constantinople, Vienne, New-York même, et tant d'autres places, sous le nom d'arbitrages, des opérations financières se font et se défont le même jour, comme elles n'auraient jamais pu s'effectuer autrefois sur un seul de ces marchés. Tous les banquiers de ces différentes villes sont en relations journalières : la même pensée les anime et on peut dire que leurs mœurs, leurs tendances, leurs coutumes, sont les mêmes dans la pratique des affaires. Aucune nation ne doit rester en dehors de ce grand courant auquel l'Orient semble avoir voulu, trop longtemps et systématiquement, rester étranger. Les réformes que l'influence européenne essaie de réaliser en ce moment en Turquie, sont donc au point de vue philosophique et économique où nous nous plaçons, en dehors de toute considération d'intérêt particulier, absolument désirables et il n'est pas téméraire d'espérer que dans un avenir prochain elles seront réalisées. Ce sera la véritable unité financière de l'Europe.

* * *

Opérations ayant amené cette unification.

Si, comme nous venons de le dire, les mœurs financières de l'Europe et du Nouveau-Monde tendent chaque jour à s'unifier et à se solidariser ; si l'unité financière de l'Europe, à part quelques rares exceptions, peut être considérée comme un fait accompli, il faut reconnaître que ces heureux résultats ont été facilités et obtenus par l'exécution d'opérations presque inconnues il y a moins d'un quart de siècle. Nous voulons parler des arbitrages et des syndicats.

Arbitrages et syndicats.

L'influence que les arbitrages et les syndicats ont exercée sur les marchés européens est immense. La force, l'activité, le développement qu'ils ont donnés à toutes les affaires de crédit sont considérables. Pour apprécier comment ce genre d'opérations, répété chaque jour sur une vaste échelle, a contribué aussi puissamment à faire du monde des affaires une seule et même grande famille, il nous suffira de donner quelques explications sur le mécanisme de ces opérations.

Différents arbitrages.

Le mot « arbitrage » a plusieurs significations. Vous possédez un titre de rente qui vous coûte, par exemple, 1,000 francs et vous rapporte 50 francs ; vous l'échangez contre une valeur du même pays, aussi solide, aussi bien garantie, vous coûtant moins cher et donnant le même revenu. Voilà un premier exemple d'arbitrage.

A Paris, le papier sur Londres vaut 25 fr. 20 la livre sterling ; à Marseille, ce même papier est coté 25 fr. 10 ;

en Allemagne, on le négocie à 25 fr. 69. Un banquier qui aurait à acheter du papier sur Londres choisira certainement, étant donnés les cours de ces divers marchés, la ville où le Londres coûtera le moins cher ; il achètera donc à Marseille ; a-t-il, au contraire, à vendre du papier sur Londres ? il négociera ce papier sur la place où il est coté le plus haut ; il vendra donc en Allemagne. Second exemple d'arbitrage.

Le véritable arbitrage : négociation des valeurs sur toutes les places où elles sont cotées.

Mais, les véritables arbitrages sont ceux qui consistent à négocier des valeurs mobilières sur toutes les places où elles sont cotées ; à les vendre ou à les racheter simultanément sur chacune de ces différentes places et à profiter ainsi des différences de cours qui existent sur ces mêmes valeurs cotées le même jour sur plusieurs marchés financiers. Tels sont les véritables arbitrages qui, chaque jour, sont exécutés sur toutes les places de l'Europe et du monde entier. Le 5 % français, par exemple, se négocie à Londres, à Bruxelles, à Francfort, à Berlin, à Paris ; les chemins de fer autrichiens se négocient à Paris, à Vienne, à Berlin, à Francfort, à Hambourg ; les chemins de fer lombards se négocient en France, en Angleterre, en Allemagne ; le 5 % turc a un marché ouvert dans presque toute l'Europe. Que font les arbitragistes ? Ils vendent, par exemple, de la rente française à Londres, qu'ils rachètent immédiatement à Paris, selon que les cours se prêtent le mieux à leurs opérations. Un arbitragiste, en même temps qu'il achète des actions de chemins lombards à Paris, envoie l'ordre de les revendre le jour même à Berlin ; en même temps, peut-être rachètera-t-il à Francfort, pour revendre le même jour sur une autre place. En un mot, ses achats et ses ventes sont aussi variés que peuvent être divers les cours cotés sur ces différents marchés. Acheteur à Paris d'une valeur vendue plus cher à Berlin, il revendra encore cette même valeur à Francfort, si les cours de Vienne lui font espérer qu'il peut la racheter à meilleur compte, sur cette dernière place.

Comment procèdent les arbitragistes.

Ce n'est pas seulement à Paris que ces opérations ont pris un développement considérable : toutes les places étrangères font de nombreux arbitrages. Chacun cherche à profiter de la situation de tel ou tel marché pour que l'opération qu'il effectue soit traitée dans les meilleures conditions. On peut comprendre dès lors combien doit être grande la solidarité, l'union de tous les banquiers arbitragistes, comment cet échange continu d'affaires entre places étrangères, aide au développement des bonnes relations internationales. Bien mieux, le banquier arbitragiste est obligé de se rendre un compte exact des événements politiques ou financiers qui peuvent exercer sur une place une influence quelconque : il faut que l'arbitragiste sache chaque jour sur quel marché il peut opérer avec le plus grand avantage et la plus grande sécurité, car ses arbitrages devant se défaire presque immédiatement et au plus tard le lendemain, ne peuvent supporter aucun retard, aucune hésitation dans l'exécution.

Qualités que réclament les affaires d'arbitrage

Ces affaires qui semblent n'être au premier abord, qu'un jeu, qu'une spéculation intelligente et raisonnée, reposent cependant sur une base sérieuse et, au point de vue général, ont produit d'heureux résultats. C'est à ce genre d'opérations qui demande une longue expérience, une grande rapidité de conception, et des aptitudes particulières, que de puissantes maisons de banque doivent leur fortune, leurs relations, leur crédit. Intelligemment conduites, elles sont, de toutes celles qui s'effectuent à la bourse les seules qui fassent courir de petits risques. Celui qui étudie philosophiquement la bourse, et en examine attentivement les rouages, les mœurs, les habitudes, aura sans doute remarqué plus d'une fois que ceux qui s'y ruinent sont les spéculateurs jouant à la hausse ou à la baisse, absolument comme dans une maison de jeu ils joueraient à la rouge ou à la noire, sur un tapis vert ; l'arbitragiste, au contraire, ne s'engage jamais obstinément sur une valeur : ce qu'il vend à Paris, il l'achète à Londres ou sur toute autre place ; et réciproquement. Ses risques sont donc forcément limités ; un grave événement imprévu peut seul déjouer ses calculs.

Conséquences de ces opérations au point de vue du commerce et de l'industrie.

Les opérations d'arbitrages entre les diverses places étrangères sur les fonds publics et les valeurs mobilières, ont également contribué beaucoup à développer les relations internationales au point de vue du commerce et de l'industrie. En effet : en même temps qu'un arbitragiste achète ou vend une valeur sur une bourse étrangère, il faut qu'il se procure le papier de change qui devra lui servir à payer la valeur qu'il aura achetée, ou qu'il vende celui qui lui aura été envoyé de l'étranger en paiement de la valeur qu'il aura vendue. C'est alors que les opérations d'arbitrages sur valeurs se combinent avec les arbitrages sur papier : et ce papier, qu'il faut acheter ou vendre, suivant que le banquier doit payer ou recevoir, n'est rien autre que la représentation d'opérations conclues entre des commerçants et des industriels des divers pays étrangers. Un négociant français qui aura vendu ses grains, par exemple, à un négociant anglais, fera traite sur ce négociant. Cette traite, il la remettra à son banquier qui lui-même s'en servira probablement pour payer un négociant anglais d'un achat de valeurs qu'il lui aura fait. C'est le développement d'un immense engrenage : c'est une série continue d'affaires qui se font et se défont chaque jour, à chaque heure, à chaque seconde. Les arbitrages ont donc développé le crédit par les facilités de négociations qu'ils ont créées sur les places financières du monde entier : ils ont donné une extension plus active, un développement plus énergique aux relations commerciales et industrielles en facilitant également les paiements et les échanges commerciaux. C'est ainsi que les peuples et les individus ont appris à se mieux connaître, à s'apprécier, à se juger avec plus d'équité et de bienveillance : et, à ce point de vue, ces opérations ont contribué bien plus que toutes les lois internationales, bien mieux que tous les

Arbitrages sur papier.

Conséquences de ces opérations au point de vue des relations internationales.

codes, bien mieux que toutes les mesures gouvernementales, à abolir des préjugés et des haines que le temps même n'avait pu éteindre.

* * *

Syndicats financiers.

Les syndicats ont également contribué très largement à amener l'unité financière de l'Europe.

Ce sont des associations de capitalistes.

Pour le commerce et l'industrie, le mot syndicat a une tout autre signification que pour la Bourse et le monde financier. Pour le commerce, un syndicat représente les opérations malheureuses par lesquelles se règlent les litiges d'un négociant vis-à-vis de ses créanciers ; pour la Bourse, c'est une association de riches capitalistes, de puissants établissements financiers, intéressés dans une même entreprise et mettant en commun leur crédit, leurs capitaux, leur influence pour retirer les plus grands avantages d'une affaire qu'ils patronnent. Dire d'un négociant qu'il a un syndicat, c'est annoncer la mauvaise situation de sa maison ; dire d'un banquier qu'il fait *partie d'un* syndicat, c'est constater qu'il participe à une affaire qui peut lui donner des bénéfices. Pour l'un, c'est la *ruine* ; pour l'autre, c'est une opération presque toujours avantageuse.

Les syndicats sont récents.

Il y a moins de trente ans, les syndicats étaient, pour la Bourse, chose inconnue. Seules les grandes maisons de banque avaient le monopole de la négociation des emprunts ; elles étaient alors de véritables puissances, dont le concours était indispensable à tous ceux, gouvernements ou particuliers, qui avaient besoin d'emprunter. Peu à peu, sous le nom d'établissements de crédit, se sont créées, à côté d'eux, de nouvelles forces financières, de véritables associations formées par la réunion des petits capitaux. Puis, dans ces derniers temps, on vit des banquiers et des établissements de crédit prendre une part commune dans une affaire, s'y intéresser dans d'égales proportions et la présenter au public sous leur patronage. Autrefois, un gouvernement avait-il besoin d'argent, il s'adressait aux maisons qui monopolisaient ce genre d'affaires, soit à la maison Rothschild, soit à MM. Hottinguer ou Laffitte. Il donnait la préférence au banquier qui lui offrait les meilleures conditions. Quand l'emprunt était fait, quand les fonds étaient versés, les banquiers qui s'en étaient chargés, le plaçaient sans bruit, dans leur propre clientèle. On ignorait alors l'influence des annonces et des réclames ; on ne connaissait pas ces mille combinaisons diverses en usage aujourd'hui pour faire appel au public. Les affaires que les banquiers avaient conclues et qu'ils rétrocédaient ainsi à leur clientèle étaient d'autant plus sérieuses qu'eux-mêmes s'y étaient intéressés, en y con[illegible]ant leurs propres capitaux.

Opérations des syndicats.

Que se passe-t-il aujourd'hui ? Les gouvernements ou les sociétés qui désirent emprunter, s'adressent directement au public. Les banquiers ne participent plus à ces [illegible] que comme simples intermédiaires ; ils se bornent à prêter leurs guichets pour recevoir les souscriptions, moyennant commission, et les transmettre. Rarement, ils souscrivent à l'avance un emprunt et s'engagent à le payer en totalité, c'est-à-dire à le prendre ferme. Le plus souvent, ils s'engagent à en payer une partie à un prix fixé à l'avance et se réservent le droit de demander le solde de l'emprunt au même prix. C'est ce qu'on appelle traiter à option. C'est dans ces derniers cas que les syndicats remplissent leur office. On voit d'abord apparaître la maison de banque ou l'établissement de crédit qui a négocié l'emprunt : puis, lorsque l'émission de cet emprunt a lieu, on apprend que les banquiers contractants ont avec eux un groupe de maisons de banque et la souscription s'effectue simultanément dans les maisons qui ont pris part à l'affaire.

On se rappelle comment procéda le Crédit mobilier pour placer l'emprunt ottoman 1873. Les souscriptions étaient reçues à Paris, au Crédit mobilier français, et à Londres, à la Banque ottomane. Ces deux institutions, après avoir traité avec le gouvernement turc, formèrent un syndical composé de plusieurs banquiers français et étrangers. Elles rétrocédèrent à ce syndicat une part de l'emprunt qu'elles avaient conclu, aux conditions mêmes de leur traité avec le gouvernement turc. En formant ce syndicat, les maisons contractantes de l'emprunt s'assuraient à l'avance, en cas d'échec de la souscription publique, les sommes qu'elles étaient engagées à payer au gouvernement turc ; le syndicat, de son côté, bénéficiait de la différence de prix existant entre le cours auquel l'emprunt avait été conclu et celui auquel il était offert au public.

Tout récemment, le gouvernement hongrois a effectué un emprunt avec la maison Rothschild. Or, celle-ci a immédiatement rétrocédé cet emprunt à un syndicat composé de diverses maisons de banque.

L'emprunt turc qui vient d'être émis à Londres par la Banque ottomane, avait, lui aussi, un syndicat composé des plus puissantes maisons financières de l'Europe ; actuellement encore, les emprunts des villes d'Amsterdam, Anvers, Prague, ont été traités avec un syndicat qui compte à sa tête de grands banquiers et des établissements de crédit de tous les pays.

Conséquences des opérations des syndicats.

L'existence et le fonctionnement des syndicats est assurément la plus grande preuve que l'on puisse donner de la solidarité et de l'union financière de l'Europe et du monde entier. Il ne se passe pas de mois, pas de jours, sans qu'il ne se traite des opérations auxquelles participent à la fois des banquiers français, anglais, turcs, hollandais, belges, italiens. Les syndicats ont été, pour ainsi dire, la conséquence inévitable des relations qui, chaque jour, s'établissaient entre les marchés et les banquiers étrangers, grâce aux opérations d'arbitrages.

Développement du crédit public.

Ils donnent aux affaires de finance des forces immenses autrefois inconnues ; ils ont aidé, dans des proportions considérables, au développement du crédit public.

LES CINQ MILLIARDS DE L'INDEMNITÉ DE GUERRE ONT-ILS APPAUVRI LA FRANCE? (1)

La France a pu trouver, grâce au développement progressif de la richesse publique, les 5 milliards des frais de la guerre et les 5 milliards de sa rançon. Le paiement de ces 5 milliards, qui n'a pas enrichi l'Allemagne, a-t-il réellement appauvri notre pays ? Quelle a été sur notre commerce, notre industrie, nos finances, notre crédit, la répercussion de cette perte considérable ?

Il n'est certainement pas douteux, si le paiement des 5 milliards a appauvri la France, que son commerce extérieur et intérieur aura sensiblement diminué, que les relevés des douanes constateront une notable diminution dans les échanges commerciaux.

Si les 5 milliards ont appauvri la France, le taux de l'argent sera plus élevé qu'autrefois ; les capitaux disponibles seront moins considérables dans les caisses des établissements de crédit.

Si les 5 milliards ont appauvri la France, les impôts, aussi bien les impôts directs que les impôts indirects, seront difficilement recouvrés ; notre situation financière et économique sera complètement déprimée.

Il n'en est rien et nos adversaires eux-mêmes ont dû le reconnaître.

Au cours de la discussion relative à la création d'une banque impériale allemande, nous avons pu entendre, en effet, l'éloge qui a été fait en plein parlement allemand, de la situation financière de la France : « La nation française, a dit M. de Kardoff, député au Reichstag, nous a fourni un exemple de puissance financière comme aucune nation n'en a fourni jamais (2) ». « Nous avions tous cru, s'est écrié un autre député, M. Sie- *Notre situation jugée en Allemagne.*

(1) Voir *suprà*, pages 22 et 43.
(2) Séance du 18 novembre 1874.

mens, que les 5 milliards payés d'État à État, avaient été payés de peuple à peuple et nous nous sommes étonnés ensuite de ne pas en avoir chacun notre part. »

Notre situation d'après les documents officiels.

Pour payer ces 5 milliards qui — ces aveux le prouvent une fois de plus — n'ont pas enrichi l'Allemagne, nous avons dû augmenter nos impôts et accroître notre dette. Les 5 milliards sont payés, sommes-nous ruinés, ou *même* sommes-nous sensiblement appauvris ? Examinons et comptons.

Commerce extérieur.

Depuis 1870, le commerce extérieur et intérieur de la France s'est-il ralenti ? Pour répondre à cette question, il nous suffit de donner, comme premier point de comparaison, le relevé général de nos importations et de nos exportations pendant les neuf premiers mois des exercices qui se sont succédé depuis l'année 1870.

Nous avons reçu de l'étranger et expédié à l'étranger, pendant les neuf premiers mois des cinq dernières années, pour les chiffres suivants :

	millions de francs.
1870	4.231,0
1871	4.178,0
1872	5.373,0
1873	5.528,9
1874	5.020,6

Le tableau des douanes nous donne les mouvements du commerce spécial et du commerce général pour les marchandises pendant l'année entière.

Le total des importations et exportations du commerce général était de 6 milliards 953 millions en 1870 ; il était de 9 milliards 258 millions à la fin de 1872.

Le total des importations et exportations du commerce spécial est non moins important. En voici les chiffres exacts :

	millions de francs.
1870	5.669,0
1871	6.139,0
1872	7.331,0
1873	7.526,0

Les quantités de marchandises entreposées ont suivi la progression du mouvement commercial. Les entrées en entrepôts, qui s'élevaient à 427 millions de francs en 1870, tombaient à 195 millions en 1871, pour remonter à 400 millions en 1872 et dépasser 500 millions en 1873. Marchandises en entrepôt.

Le tableau des importations et des exportations du commerce français pendant les années 1870, 1871, 1872, 1873. et pendant les neuf premiers mois de ces mêmes années y compris l'année 1874, les relevés des douanes, les relevés des marchandises entrées en entrepôts, prouvent donc clairement que l'industrie et le commerce français ont pris, en général, un nouvel essor depuis la guerre.

Certaines industries ont particulièrement acquis un développement inattendu. On en jugera par quelques exemples. Quelques exemples.

L'exportation des tissus, tulles, passementeries s'élevait annuellement : Tissus.

	kilogrammes.
De 1827 à 1836 à	725.003
De 1837 à 1846 à	900.000
De 1847 à 1853 à	1.500.000
De 1857 à 1866 à	3.316.616
En 1872 à	3.992.693

Le mouvement des importations et exportations de fer, fonte et acier, n'est pas moins intéressant à suivre depuis 1870 : Métallurgie.

	IMPORTATIONS millions de francs.	EXPORTATIONS millions de francs.
1870	7,9	2,2
1872	21,2	30,3
1873	20,5	37,3

Les exportations des produits de l'industrie céramique, tels que poterie, faïence, porcelaine, glaces, miroirs, verres à lunettes, bouteilles, cristaux, se sont Céramique.

considérablement développées. Elles s'élevaient à 42 millions 8, en 1869 ; elles ont atteint 67 millions 4 en 1873.

Tabletterie. Bimbeloterie.

A Paris, la fabrication de la tabletterie et de la bimbeloterie qui était de 9 millions en 1870, et de 9 millions 9. en 1871, arrivait en 1873 au chiffre de 19 millions 9.

Papiers et livres.

Les exportations de papiers blancs, livres français, gravures, lithographies, ont éprouvé les variations suivantes :

ANNÉES	PAPIER BLANC	LIVRES FRANÇAIS	GRAVURES LITHOGRAPHIES
	millions de francs	millions de francs	millions de francs
1869	11.3	12.5	5.7
1870	8.6	8.9	3.6
1871	8.9	9.8	4.4
1872	12.2	12.5	5.9
1873	15.3	12.8	6.3

Il nous serait facile de produire d'autres chiffres. Nous pourrions indiquer la progression des matières premières entrées en France depuis 1870 ; nous pourrions donner les chiffres de la consommation sans cesse croissante de la houille, cette autre matière première dont la consommation correspond au plus ou moins d'activité de l'industrie. Nous nous bornerons à constater les mouvements de la poste et du télégraphe et les recettes des chemins de fer, ces trois agents du commerce et de l'industrie.

Mouvement postal.

Voici quel a été le nombre de lettres, journaux, articles d'argent, transportés par la poste pour chacune des années indiquées :

	millions.
1869	364
1870	281
1871	305
1872	349

Les recettes des postes ont été les suivantes :

	millions de francs.
1869	94,2
1870	72,3
1871	91,2
1872	107,9

Les télégraphes accusent les transmissions et produits ci-après. Mouvement télégraphique.

ANNÉES	NOMBRE DE DÉPÊCHES TRANSMISES			PRODUITS
	A L'INTÉRIEUR	A L'ÉTRANGER	TOTAL	
				millions de francs
1869	4.055.408	699.235	4.754.643	10.2
1870	5.042.302	621.550	5.663.852	9.5
1871	4.463.982	498.744	4.962.725	8.3
1872	5.395.562	827.781	6.223.343	12.5

Les recettes des chemins de fer, sur l'ancien réseau des six grandes compagnies sont également en augmentation. Or, si, en 1873, les chemins de fer ont fait des recettes supérieures à celles des années précédentes, il faut évidemment en conclure que l'activité intérieure et le mouvement commercial du pays tendent à se développer depuis la guerre. Chemins de fer.

Voici les recettes kilométriques des anciens réseaux pour 1869 et 1873 :

DÉSIGNATION DES COMPAGNIES	1869	1873
	francs	francs
Est	63.916	81.166
Midi	44.746	56.832
Nord	85.113	91.113
Ouest	66.509	71.121
Paris à Lyon et à la Méditerranée	59.272	75.818
Paris à Orléans	44.252	45.566

Dépenses de luxe.

Quant aux dépenses de luxe, aux sommes consacrées au plaisir, au superflu, ont-elles diminué ? Voici la réponse : pendant la saison théâtrale 1859-1860, les recettes des théâtres se sont élevées à 9,067,149 francs ; pendant la saison théâtrale 1871-1872, ces mêmes recettes se sont élevées à 9,957,870 francs.

Ainsi, depuis la guerre : développement et augmentation du commerce intérieur et extérieur de la France, c'est-à-dire des importations et des exportations ; — augmentation du trafic postal ; — augmentation des dépêches télégraphiques ; — augmentation des recettes kilométriques sur les anciens réseaux des six grandes compagnies de chemins de fer, tels sont les faits qui se dégagent des chiffres que nous avons cités.

Le paiement des 5 milliards n'a donc pas appauvri la France, puisqu'au lieu d'arrêter le développement de son commerce et de son industrie, ce commerce et cette industrie ont pris, au contraire, un plus grand essor.

* * *

Encaisse de la Banque de France.

Ce qui est non moins remarquable, c'est l'abondance des capitaux disponibles, le bon marché de l'argent, la continuation d'achats considérables faits pour le compte de l'épargne.

L'encaisse de la Banque de France atteignait :

			millions de francs.
Le 23 novembre	1871		634
21 —	1872		790
20 —	1873		732
19 —	1874		1.288

Dépôts dans les établissements de crédit.

Ainsi, en trois années, l'encaisse métallique de la Banque de France a augmenté de 654 millions, c'est-à-dire a plus que doublé.

Si, aux 1 milliard 288 millions d'encaisse de la Banque de France, nous ajoutons le total des fonds disponibles dans les caisses des établissements de crédit, soit en comptes courants, soit en dépôts, soit en comptes de chèques avec ou sans intérêts, nous trouvons qu'il existe actuellement, en France, plus de 2 milliards disponibles, sans compter les capitaux déposés dans les banques particulières, dans les maisons de commerce, chez les particuliers.

Au 31 août 1874, les fonds en dépôt à la Banque de France, au Crédit foncier, au Crédit agricole, au Crédit industriel, à la Société de dépôts et comptes courants, au Comptoir d'escompte, à la Société générale, au Crédit lyonnais, s'élevaient au chiffre de 872,982,544 fr. 12.

Au 31 août 1873, ces mêmes sommes disponibles s'élevaient seulement au chiffre de 620,347,002 fr. 05.

L'escompte.

Cette grande abondance de capitaux a exercé naturellement son influence sur le taux de l'escompte et sur les prix de nos fonds publics.

Le tableau suivant en donnera une idée exacte :

INDICES	DATES				
	21 Nov. 1870	23 Nov. 1871	21 Nov. 1872	20 Nov. 1873	19 Nov. 1874
Taux d'escompte	6 o/o	6 o/o	5 o/o	6 o/o	4 o/o
Cours du 3 %	63 25	56 70	53 00	58 05	61 47
Cours du 5 %	»	90 20	83 80	90 75	98 85
Prime de l'or	»	18 1/2 o/o	14 o/o	10 o/o	Pair
Change sur Londres	»	25 80	25 67	25 49	25 14

Le cours des rentes.

Il suit de là que, de novembre 1870 à 1874, le taux de l'escompte a baissé de 6 % à 4 % ; le 3 % a monté de 56 fr. 70 à 61 fr. 47, soit 4 fr. 77 de hausse ; — le 5 % est passé de 90 fr. 20 à 98 fr. 85 : hausse 8 fr. 65 ; — enfin, l'or qui faisait 18 fr. 50 de prime par 1,000 francs est au pair et s'échange au même titre que les billets de banque.

Nous pouvons donc dire encore que le paiement des cinq milliards n'a pas appauvri la France, au point de l'empêcher de retrouver de l'argent à bon marché et de relever le cours de ses fonds publics.

Les opérations en rentes faites par les trésoriers généraux.

Nous terminerons cette longue série de tableaux et de chiffres, par un relevé des rentes achetées et vendues par les trésoriers-payeurs généraux des départements pendant les neuf premiers mois des années 1871, 1872, 1873, et par le détail des obligations des six grandes compagnies de chemins de fer émises et vendues du 31 décembre 1871 au 30 septembre 1874.

Pendant les neuf premiers mois des années 1871, 1872, 1873, il a été acheté, au total, 46 millions 9 de rentes françaises, pour un prix global de 852 millions 7.

Pendant les neuf premiers mois de ces mêmes années, il a été vendu 5 millions de rentes ayant produit 72 millions 6.

L'excédent des achats sur les ventes a donc été de 780 millions.

Nous n'avons pas les chiffres exacts pour les neuf premiers mois de l'année 1874 : tout le monde sait que les achats des trésoriers généraux ont été plus considérables de beaucoup cette année que les années précédentes (1). Nous sommes plutôt au-dessous de la vérité en évaluant à 1 milliard 200 millions le chiffre des rentes achetées pendant les neuf premiers mois des années 1871 à 1874, soit environ 1 milliard 600 millions pour le total de ces quatre années.

Les émissions d'obligations de chemins de fer.

Voici le chiffre exact des obligations de chemins de fer 3 % émises par les compagnies de Lyon, du Nord, du Midi, d'Orléans, de l'Ouest, de l'Est, du 31 décembre 1871 au 30 septembre 1874 :

(1) Dans le rapport que nous avons déjà cité, M. Léon Say évalue à 1 milliard 275 millions, le montant en capital des rentes achetées (3, 4 1/2, 5 et 6 p. 100, Morgan), du 1er juillet 1871 au 1er janvier 1874.

DÉSIGNATION des OBLIGATIONS	NOMBRE de TITRES NÉGOCIABLES		CHIFFRE TOTAL des obligations émises du 31 déc. 1871 au 30 sept. 1874
	au 31 Déc. 1871	au 30 Sep. 1874	
Fusion 1858	1.080.200	2.810.639	
Nord	1.125.000	1.754.763	
Midi	1.869.067	2.068.221	
Orléans	2.972.518	3.269.997	
Ouest	2.878.589	3.346.000	
Est	1.500.000	1.979.840	
TOTAUX	12.025.374	15.229.506	3.204.132

Ainsi, du 31 décembre 1871 au 30 septembre 1874, les six grandes compagnies de chemins de fer ont livré à leurs guichets, ou directement sur le marché de la Bourse, 3,204,132 obligations. En en calculant le prix au taux moyen 275 francs, nous trouvons que ces émissions ont produit 881 millions, qui ont été fournis par les achats de l'épargne. Ajoutant à ce chiffre le montant des achats de rentes, nous trouvons que, depuis la guerre et malgré nos deux grands emprunts, aujourd'hui classés et presque au pair, les capitalistes français ont acheté, soit en rente française, soit en obligations des grandes lignes, pour environ 2 milliards 500 millions : et nous ne comptons que pour mémoire les émissions faites depuis quatre ans et les placements effectués sur des valeurs autres que les rentes 3 et 5 %, et les obligations de chemins de fer.

Ces derniers chiffres prouvent mieux que tous les raisonnements possibles la puissance et la richesse de notre pays. Si le paiement des 5 milliards l'avait appauvri, eût-il pu trouver des capitaux aussi considérables pour effectuer de nouveaux placements ? L'argent serait-il aussi abondant ? Que pourrions-nous ajouter à de pareilles constatations ? Les chiffres parlent d'eux-mêmes.

Il est un autre fait qui prouve clairement la vitalité de la France et le non-appauvrissement du pays : c'est

Le rendement des impôts.

la rentrée des impôts. Depuis la guerre, il en a été créé plus de 800 millions.

Résultats comparés : 1869-1874.

Nous ne saurions mieux montrer l'accroissement des recouvrements qui a été la conséquence des nouvelles lois d'impôt qu'en mettant en regard, pour les recettes de cette catégorie, les résultats des années 1869 et 1874 :

DÉSIGNATION DES RECETTES	MONTANT des RECOUVREMENTS 1869	MONTANT des RECOUVREMENTS 1874	DIFFÉRENCES à 1874 en plus	DIFFÉRENCES à 1874 en moins
	millions de francs	millions de francs	millions de francs	millions de francs
Budget général				
§ 1. IMPÔTS				
Contributions directes	332.4	379.5	47.1	»
Taxes assimilées	7.1	23.8	16.7	»
Enregistrement	367.7	430.5	62.8	»
Timbre	89.3	152.2	62.9	»
Taxe sur le revenu des valeurs mobilières	»	34.2	34.2	»
Douanes	73.7	157.2	83.5	»
Contributions indirectes — Boissons	249.6	347.2	97.6	»
Contributions indirectes — Transports	38.2	80.6	42.4	»
Contributions indirectes — Droits divers (1)	28.9	88.0	59.1	»
Sucres	113.7	152.4	38.7	»
Sels	32.9	28.2	»	4.7
ENSEMBLE	1.333.7	1.874.0	545.0	4.7
§ 2. MONOPOLES ET EXPLOITATIONS INDUSTRIELLES DE L'ÉTAT				
Tabacs	254.7	298.8	44.1	»
Poudres	13.1	12.3	»	0.8
Postes	94.6	113.9	19.3	»
Télégraphes	11.3	16.3	5.0	»
ENSEMBLE	373.7	441.3	68.4	0.8
TOTAL DES §§ 1 et 2	1.707.4	2.315.3	En plus : 607.9 (2)	

(1) Y compris le produit du monopole des *allumettes*, inscrit alors dans les *produits divers* des *contributions indirectes*.

(2) Il n'y a pas contradiction entre ce résultat et l'indication que nous avons donnée du chiffre des nouveaux impôts créés ou augmentés (800 à 900 millions). Plusieurs lois datent de 1874 et n'auront un plein effet que pour les exercices postérieurs.

Ces charges sont facilement supportées.

Si la France avait été appauvrie, eût-elle pu supporter de semblables charges ? Pourrait-elle les payer ? Ne succomberait-elle pas sous le poids de ces impôts écrasants ? Ne verrait-on pas des troubles éclater à l'occasion de la perception de ces impôts ? N'entendrait-on pas, tout au moins, des réclamations plus ou moins vives ? N'a-t-on pas encore présentes à la mémoire les récriminations que souleva, en 1848, l'établissement des 45 centimes ? combien fut grande l'impopularité de cette mesure et de son promoteur, M. Garnier-Pagès (1).

Eh bien, que voyons-nous, au contraire ? les impôts rentrent ; ces formidables impôts, dont la guerre est la cause, s'acquittent et se paient, non seulement sans difficulté, sans réclamation, mais avec ponctualité, par avance même. La proportion des douzièmes recouvrés sur les contributions directes à la fin du dernier exercice, est, en effet, plus élevée que par le passé.

Les impôts sont donc supportés par les contribuables plus facilement qu'on ne pouvait l'espérer.

* * *

Les économies d'autrefois ont permis d'acquitter les lourdes charges d'aujourd'hui.

Développement du commerce intérieur et extérieur, abondance et bon marché de l'argent, achats considérables faits par l'épargne, augmentation dans le rendement des impôts indirects, paiement facile des taxes nouvelles : tels sont les faits qui prouvent jusqu'à l'évidence que les 5 milliards payés à l'Allemagne n'ont pas appauvri la France. Comme nous l'avons dit plus haut, ce sont les économies réalisées autrefois, grâce à une prospérité sans égale, à un développement prodigieux du commerce et de l'industrie, qui nous ont permis d'acquitter cette énorme rançon et les frais de la guerre. Ces économies étaient représentées soit par des placements faits en France et à l'étranger, soit par

(1) Voir dans le tome II, page 429, l'étude que nous avons consacrée à cet expédient financier.

La France était créditrice de l'étranger.

des placements effectués sur certaines valeurs industrielles, soit par des avances commerciales dues à nos compatriotes sur les différents points du globe. Lorsque nos deux emprunts furent émis, des ventes nombreuses de fonds étrangers et de valeurs industrielles eurent lieu ; la France, créditrice de l'étranger grâce à ses exportations, rentra dans les fonds qui lui étaient dus et tous ces capitaux réalisés furent, pour la majeure partie, employés à souscrire à nos emprunts de libération.

Les choses se sont passées comme si les 5 milliards avaient été remis à l'Allemagne en titres de rente française et comme si les Français avaient envoyé leurs épargnes à Berlin pour racheter ces titres de rente, de même qu'ils les envoyaient auparavant à l'étranger pour acheter des valeurs étrangères, fonds d'Etats ou titres industriels. En un mot, les capitalistes français ont remplacé par de la rente française : une partie des valeurs étrangères qu'ils possédaient ; une partie des économies qu'ils avaient disponibles ; une partie, enfin, des créances dont ils disposaient sur l'étranger.

Toutefois, si le commerce et l'industrie se sont développés depuis la guerre, si, au point de vue financier, notre situation est incontestablement meilleure qu'il y a quatre années, il ne faudrait pas en conclure que le commerce et l'industrie sont dans une situation matériellement aussi avantageuse qu'avant. Leurs bénéfices, en effet, malgré l'accroissement des affaires, sont moindres, car il faut acquitter des charges et des impôts, qui n'existaient pas il y a quatre ans ; et les impôts ne sont, en définitive, qu'un prélèvement opéré sur la fortune privée, sur les économies ou sur le travail des particuliers. C'est déjà beaucoup cependant, que le paiement des milliards de la guerre n'ait pas enlevé au commerce et à l'industrie les capitaux qui leur sont nécessaires ; c'est déjà beaucoup qu'on puisse encore aujourd'hui trouver de l'argent à bon marché ; c'est déjà beaucoup que nous voyions, après des catastrophes aussi terribles, la France remise au travail, ayant conscience de ses forces et envisageant l'avenir avec confiance. Non seulement nos 5 milliards n'ont pas enrichi l'Allemagne ; mais ils ne nous ont pas appauvris.

* * *

En faisant cette constatation, nous n'avons pour but ni de faire un vain étalage des forces de notre pays, ni de placer sous les yeux d'un adversaire jaloux toutes les richesses que nous possédons encore. Nous avons cru qu'il n'y avait nul danger à dire ici ce que l'Allemagne connaît à merveille : nous avons pensé même que, si au delà du Rhin on le savait trop bien, en France on ne le savait pas assez et qu'il importait que nous connussions toutes nos ressources, afin de n'en laisser perdre aucune. Conclusion.

Non, la France n'a point perdu sa richesse ; elle n'a point vu son commerce et son industrie péricliter ; elle a encore de puissants éléments d'action, un grand crédit, des capitaux abondants.

Cette richesse accumulée, cette richesse dont naguère encore nous ignorions l'étendue, comment a-t-elle été acquise ? Par vingt ans d'un travail paisible, constamment poursuivi. Un système économique libéral et largement appliqué, de grands travaux publics entrepris, de nouveaux chemins de fer tracés, des routes, des canaux, des ports créés ou augmentés, tels ont été les puissants stimulants grâce auxquels notre pays avait pris un essor rapide que nos revers et nos fautes n'ont pu sérieusement ralentir.

Il convient maintenant de reprendre l'œuvre interrompue, de réorganiser notre armée, de reconstituer notre matériel de guerre et de mettre ainsi notre territoire à l'abri des attaques du dehors. Il nous faut, d'un autre côté, renouveler et développer largement notre outillage social, industriel, commercial, faire toutes les dépenses salutaires et productives qui doivent rendre fructueux le travail national.

Que les pouvoirs publics n'hésitent pas à demander à la France l'argent nécessaire pour les grands travaux de la paix. Qu'on se hâte même ; il ne faut pas laisser à l'épargne tout entière le temps de trouver un autre emploi ; qu'on ne la laisse pas se détourner de nos fonds d'Etat. L'instant est propice, l'œuvre grande et belle, le succès certain. Nous avons trouvé les 10 milliards de la guerre ; nous trouverons, sans difficulté, le milliard de la paix.

LES TRAVAUX DE LA PAIX

La France veut travailler.

La France demande avant tout du travail ; il est nécessaire de lui en donner assez pour suffire à son ardente activité. Si les éléments de ce travail indispensable manquent, il faut les créer sans hésitation.

L'initiative de l'Etat.

L'initiative de l'Etat aurait pu exercer une influence puissante sur la prospérité industrielle et commerciale de la France, en faisant appel aux capitaux du pays pour reprendre l'œuvre interrompue en 1870 et rouvrir l'ère des grandes entreprises. Mais, en ces temps d'incertitude politique, les gouvernements manquent peut-être de la liberté d'action et des garanties de stabilité nécessaires.

L'initiative privée.

A défaut de l'Etat, qui, bientôt sans doute, pourra stimuler plus efficacement le développement économique de la nation, il est permis d'espérer que l'initiative privée, confiante en ses propres forces, tentera de ranimer l'esprit de création et d'entreprises.

Déjà, il y a peu de temps, nous avons vu des départements, des villes, associer leurs efforts et offrir au Trésor public de lui avancer les ressources nécessaires pour reconstituer dans l'Est notre régime de canaux tronqué par la perte de deux de nos provinces. L'emprunt contracté par les syndicats des cinq départements s'est effectué au moyen d'une émission d'obligations du Crédit foncier, émission qui a obtenu un succès légitime. La plupart des émissions qu'a nécessitées la création des nouvelles lignes ou l'extension de chemins déjà exploités ont également réussi ; d'autres émissions sont annoncées qui recevront sans doute le même accueil. Ce sont là des signes excellents du réveil prochain de la vitalité industrielle du pays. On ne doute plus aujourd'hui de la réalité et de l'étendue de nos ressources et, certain de trouver facilement les capitaux nécessaires, on ose, et l'on réussit. Que cette constance s'affermisse et, bientôt, les tentatives se multiplieront ; déjà, des entreprises modestes on passe aux grandes conceptions.

Le tunnel sous la Manche.

Il y a quelques jours à peine, à l'Assemblée nationale, comme la séance, tout entière employée à la discussion de la loi sur les cadres, allait être levée, M. Caillaux, ministre des travaux publics, prit la parole, au milieu des conversations particulières et de l'inattention générale :

J'ai l'honneur, dit-il, de déposer sur le bureau de l'Assemblée, un projet de loi ayant pour objet la déclaration d'utilité publique et la concession d'un chemin de fer partant d'un point à déterminer sur la ligne de Boulogne à Calais, pénétrant sous la mer et se dirigeant vers l'Angleterre jusqu'à la rencontre d'un pareil chemin de fer partant de la côte anglaise dans la direction du littoral français.

Cette déclaration a passé presque inaperçue, peu l'ont entendue, quelques-uns à peine l'ont écoutée. Telle aura été, cependant, l'origine plus que modeste d'une œuvre qui sera peut-être une des plus considérables du siècle.

Un tunnel sous la Manche ! A peine quelques minutes de chemin entre l'Angleterre et le continent ! Les éléments vaincus, un détroit supprimé ! C'était là ce qu'annonçait avec si peu de solennité la courte phrase officielle que nous venons de citer.

On a bien fait le canal de Suez.

On criera à l'invraisemblance, à l'impossibilité du fait, on voudra douter : que n'a-t-on pas dit ou écrit, lorsqu'il y a vingt ans, on apprit qu'un homme, un Français, voulait réunir deux mers et séparer deux continents que la nature avait joints? Et cependant nos vaisseaux parcourent le canal creusé par M. de Lesseps.

L'œuvre gigantesque qu'on entreprend aujourd'hui a été préparée par de longues et opiniâtres études. Un de nos ingénieurs distingués, M. Thomé de Gamond, a consacré toute sa vie à ce projet et l'un de nos économistes les plus illustres, M. Michel Chevalier, s'en est fait le promoteur; les hommes spéciaux les plus compétents, les plus autorisés, en France et en Angleterre, ont examiné, discuté ce projet à tous les points de vue, sous toutes ses faces; ils l'ont déclaré réalisable. Deux grandes Compagnies, l'une anglaise, l'autre française, se sont organisées; les deux gouvernements sont intervenus et se sont mis d'accord; les dernières études vont être faites et la période d'exécution commencera.

Réveil de l'esprit d'entreprise.

Nos malheurs, on le voit, n'ont pas tellement abattu les courages qu'ils aient détruit dans la nation la force d'initiative et le ressort moral. Nous assistons évidemment à un réveil de l'esprit d'entreprise : canaux, chemins de fer, mines, travaux d'intérêt local, général international, tout semble sur le point de retrouver l'activité d'autrefois et tout se ranimera, en effet, dès que le pays sera assuré, au moins pour quelques années, de la stabilité de ses institutions politiques.

TROIS DISCOURS

Notre situation favorablement jugée.

Il serait permis de douter de la richesse de la France et de sa puissance productive qu'on serait bien vite rassuré par les nombreuses déclarations que les personnages les plus considérables et les plus autorisés ont faites publiquement dans ces derniers jours. On s'est plaint longtemps, avec raison peut-être, que le pays ignorait l'étendue réelle de ses ressources ; cette ignorance doit être dissipée aujourd'hui, car ce ne sont certes pas les voix éloquentes qui auront failli à la mission d'éclairer la France sur sa véritable situation économique. Tout récemment, MM. Buffet, le duc de Broglie et Louis Passy, sous-secrétaire d'Etat aux finances, se sont plu, dans des discours d'une grande élévation, à proclamer cette prospérité si admirable de la nation.

M. Buffet a affirmé hautement « l'activité féconde du pays et les remarquables progrès de la richesse publique attestés par des faits irrécusables » (1). M. Buffet.

M. le duc de Broglie pense que, pour se faire apprécier, l'Assemblée nationale n'aura qu'à dire dans quel état elle a trouvé la France et dans quel état elle la laisse : Le duc de Broglie.

Elle dira qu'elle a trouvé le Trésor vide et qu'elle laisse le budget en équilibre, sans que les impôts qu'elle a prescrits aient ni découragé le travail en opprimant le pauvre, ni tari les sources de la fortune nationale en vexant le riche, ni même gêné l'essor du commerce en chargeant les matières premières de l'industrie (2).

Enfin, M. Louis Passy, dans un tableau rapide de la situation politique, constate que « la politique des affaires, qu'il a toujours regardée comme la politique du patriotisme, a remporté une victoire décisive », et il nous signale les hauts cours de la rente, le bas prix des capitaux, la réapparition de l'or et de l'argent qui « chassent de la circulation des billets que la Banque retire peu à peu », la régularité avec laquelle s'effectue la rentrée des impôts qui, pour les huit premiers mois de l'année, ont donné sur les prévisions un boni de 60 millions. L'honorable sous-secrétaire d'Etat aux finances montre avec quelle rapidité le commerce a repris son essor, puisque l'ensemble des exportations, au commerce spécial, qui était de 5 milliards 600 millions de M. Louis Passy.

(1) Discours prononcé au comice agricole de Mirecourt.
(2) Discours prononcé au comice agricole de Beaumesnil.

francs en 1870, s'est élevé à 7 milliards 600 millions en 1874 (1).

Certes, ces résultats sont magnifiques ; il est utile de les faire connaître, ne fût-ce que pour rassurer les esprits et relever les courages, et nous ne pouvons que partager, au point de vue économique, les convictions exprimées par des hommes aussi éminents (2).

Enseignement à en tirer.

De ces chiffres et de ces faits que chaque parti a cru devoir interpréter en faveur de sa cause, nous devons tirer un enseignement pour l'avenir.

C'est, à notre sens, des institutions économiques d'un pays que dépend vraiment le sort de son agriculture, de son commerce et de son industrie. Si la France, après tant de désastres, s'est relevée aussi rapidement, si elle a vu son mouvement commercial retrouver toute son activité et la multiplier même, si son industrie, loin de périr, est devenue plus puissante, plus productive, assurément la nation ne doit pas cette heureuse fortune aux crises politiques qu'elle a traversées. Si sa richesse a repris un essor aussi rapide, c'est que des lois économiques libérales et sages en avaient assuré les bases et préparé l'avenir.

Il ne suffit pas de faire de la politique.

Si les gouvernements qui se sont succédé en France n'avaient eu que des préoccupations purement politiques, jamais la nation n'eût pu constituer son immense épargne, développer ses ressources, en créer de nouvelles, ni demander aux nations étrangères des bénéfices considérables qui, depuis 1860, année des traités de commerce, sont, chaque année, attestés par nos tableaux de douane.

Il faut satisfaire aux nécessités économiques.

Quand un gouvernement, quel qu'il soit, a satisfait aux nécessités politiques du temps, il n'a accompli que la moindre partie de sa tâche, la plus incertaine en tout cas. Il faut qu'il satisfasse aux nécessités économiques, autrement impérieuses, bien qu'elles se manifestent moins bruyamment. Ce sont désormais les idées

(1) Discours prononcé au comice agricole de Gisors.

(2) Voir *suprà*, page 16, ce que nous avons déjà écrit à ce sujet.

de cet ordre qui doivent nous solliciter. Nous ne devons chercher à mesurer exactement l'étendue de nos ressources que pour les employer mieux, toujours mieux, et les accroître. Nous devons nous attacher à appliquer toutes les réformes, à édicter toutes les mesures susceptibles d'augmenter l'expansion de notre commerce, de consolider et d'étendre notre crédit.

MOINS DE PRÉSOMPTION !

Après les discours de MM. Buffet, de Broglie et Louis Passy, vraiment encourageants pour l'avenir de nos finances publiques, nous devons signaler celui que M. Léon Say, ministre des finances, vient de prononcer dans son château de Stors. Ce discours, qui, au point de vue politique, a failli déchaîner l'orage, est, au point de vue financier, des plus satisfaisants. C'est un tableau éloquent des progrès de la richesse publique. Abondance des capitaux ; augmentation du produit des contributions indirectes ; excédent de 70 millions sur les prévisions budgétaires pour les huit premiers mois de l'année ; reconstitution de l'épargne recherchant des placements solides et fructueux : tels sont les points principaux que M. Léon Say a mis en lumière et que, plusieurs jours après, le ministre des travaux publics accentuait, à son tour, affirmant à nouveau que « jamais la prospérité dans ce pays n'a été plus grande » (1). L'opinion de M. Léon Say sur la situation financière.

Depuis un certain temps déjà, nous avions été amené, nous-même, à constater, par l'évidence des faits et des chiffres, les résultats favorables que les récentes harangues ministérielles se plaisent à mettre en lumière ; mais dont il ne faudrait pas cependant exagérer, non plus, la portée. Constatations favorables.

(1) Discours prononcé au comice agricole du Mans.

Conclusions à en tirer : ni optimisme, ni pessimisme.

Nous sommes, en effet, trop prompts, en France, à nous désespérer et, malheureusement aussi, trop enclins à exagérer nos forces et nos ressources. Avant la guerre, qui eût osé douter de nos succès ? prévoir les désastres de cette guerre fatale? Et, à cette même époque, connaissions-nous toute l'étendue de nos richesses ; soupçonnions-nous l'existence de toutes les épargnes accumulées dans le pays par un travail opiniâtre pendant plusieurs années prospères? Avant la guerre, lorsqu'on marchandait au gouvernement quelques millions pour le développement de l'instruction publique, pour l'extension des travaux publics et même pour l'armement, sous prétexte d'économies budgétaires, se doutait-on que peu de mois après, il faudrait créer près de 800 millions d'impôts nouveaux? Qui eût osé, à cette époque, prétendre qu'il était possible d'augmenter les contributions dans une semblable proportion? Après la guerre, lorsqu'on sut qu'il fallait trouver 10 milliards : 5 milliards de frais de guerre, 5 milliards d'indemnité pour l'Allemagne, ne vit-on pas les personnages les plus considérables, et les plus confiants pourtant, douter de la possibilité de réunir et de trouver ces milliards? N'a-t-on pas vu les meilleurs esprits douter de la possibilité de trouver les impôts absolument nécessaires pour faire face à l'augmentation des charges publiques ? Puis, n'a-t-on pas craint, à chaque instant, des crises politiques et financières? N'a-t-on pas douté de voir jamais le 5 % au pair? Dieu merci, ces craintes et ces doutes étaient exagérés, et si nous rappelons ces souvenirs, c'est que nous semblons tomber maintenant dans l'excès contraire : après avoir poussé la défiance à l'extrême, nous devenons tout à coup vraiment trop confiants. Ne serait-il pas plus sage de modérer un peu cet élan de confiance et d'enthousiasme? Ne serait-il donc pas plus sage de modérer ces sentiments qui nous portent toujours à exagérer le bien et le mal? Un jour, nous disons et nous répétons partout que la France est ruinée ; le lendemain, nous faisons étalage de ses forces et de ses ressources. Sans doute la France est dans une position incontestablement meilleure qu'au lendemain de la guerre : le pays travaille en paix et ne demande qu'à travailler pour accroître sa richesse et augmenter ses économies. Sans doute, l'argent est abondant. Jamais la Banque de France et les établissements de crédit n'ont regorgé à ce point de dépôts. Il existe, en effet, actuellement des capitaux nombreux sans emploi. Est-ce un bien? Est-ce un mal? Avant de considérer comme un bien cette situation, il faut se demander s'il ne conviendrait pas mieux de voir ces capitaux employés dans l'industrie, dans le commerce, dans les affaires, au lieu de rester ainsi inactifs. Il faut rechercher ensuite pourquoi ces capitaux se tiennent ainsi à l'écart, aussi bien de la bourse que des affaires?

Les importations et les exportations du commerce français ont considérablement augmenté : sur ce point encore, il faut se demander si le commerçant, en faisant plus d'affaires, gagne autant qu'autrefois, alors qu'il travaillait ou produisait moins? Il faut se demander si le commerce et l'industrie, malgré leur continuel développement, sont dans une situation matérielle aussi avantageuse qu'avant la guerre? Il faut se demander si, pour certaines industries, les bénéfices d'aujourd'hui compensent l'augmentation des charges, des impôts et l'accroissement du travail.

Il y a encore beaucoup à faire.

Félicitons-nous assurément de voir la France remise à l'œuvre, pansant ses blessures et cicatrisant ses plaies : félicitons-nous du développement du commerce et de l'industrie, et du retour du pays à une vie normale et régulière : mais devons-nous nous contenter de ces félicitations, de cette satisfaction de nous-mêmes? Nous ne le pensons pas. Si, depuis la guerre, de grands et heureux résultats ont été obtenus, s'il a été beaucoup fait, il reste autant encore à faire, sinon davantage. La France s'est relevée d'elle-même, grâce à sa propre vitalité, à sa propre énergie. Il ne suffit pas de constater ce relèvement, cette vitalité, cette énergie ; il suffit encore

Des lois économiques libérales sont nécessaires.

moins de s'en réjouir. Ce qu'il faut, c'est aider par des lois économiques et financières libérales, soit en améliorant celles qui existent, soit en en faisant de nouvelles, ces confiantes dispositions du pays et tâcher, s'il est possible, d'obtenir des résultats plus favorables encore.

LE CANAL DE SUEZ

ACHAT PAR L'ANGLETERRE DES ACTIONS DU KHÉDIVE

Un fait grave.

Un fait grave, au point de vue français, le plus grave peut-être qui ait eu lieu depuis la guerre de 1870-1871, vient de se produire. La nouvelle de la convention intervenue entre le vice-roi d'Egypte et le gouvernement anglais a éclaté sur nous comme un coup de foudre. Elle a causé, dans le monde politique et financier, une vive et légitime émotion. L'Angleterre achetant pour 100 millions et traitant l'opération avec une rapidité extraordinaire, les 176,602 actions du canal de Suez appartenant au vice-roi, c'est-à-dire se rendant maîtresse de la moitié environ du capital-actions de cette grande entreprise, vient, elle aussi, d'inaugurer cette politique « des sûretés » que préconisait M. de Bismarck. Elle s'est assurée la route des Indes et, avec Gibraltar et Malte, elle a conquis la libre disposition de la mer Méditerranée. La question d'Orient, pour laquelle la France a dépensé son sang et son argent, n'est plus à Constantinople. Elle est à Suez, elle est en Egypte et, désormais, le canal de Suez est devenu une possession anglaise, un nouveau Gibraltar, fermant ou ouvrant, à la volonté de l'Angleterre, l'une des portes de la Méditerranée, dont le vrai Gibraltar garde l'autre.

Ses conséquences.

Une œuvre française.

L'entreprise du canal de Suez est une œuvre grandiose. Un Français en a eu l'initiative et a eu le bonheur de la conduire à bonne fin. Elle coûte aux capitaux français plus de 400 millions. Dans la réalisation de cette œuvre que nous considérions hier encore comme une affaire nationale, c'est-à-dire devant profiter aux intérêts de notre pays, les difficultés ont été *grandes, presque insurmontables. Le canal de Suez* n'avait pas de plus chauds partisans que les Français ; mais ses ennemis les plus ardents étaient les Anglais. L'Angleterre, en effet, jusque dans ces derniers temps, avait suscité les plus grands embarras à la compagnie : *elle n'avait jamais voulu croire à la possibilité* de réunir les deux mers : ses premiers ministres, ses plus illustres ingénieurs avaient déclaré l'œuvre irréalisable. Il a bien fallu se rendre à l'évidence. Lorsque le canal fut livré à l'exploitation, ce fut l'Angleterre qui souleva les plus vives critiques : puis, lorsqu'elle vit que l'œuvre de M. de Lesseps marchait et prospérait quand même, elle voulut l'atteindre dans son développement matériel, dans ses résultats financiers. Ce fut à son instigation, qu'une commission internationale, *n'ayant d'autres droits que ceux que prennent la force* et l'arbitraire, s'installa à Constantinople, remania les tarifs de la compagnie de Suez, lui en imposa de nouveaux, malgré la résistance, malgré les protestations de la compagnie. On avait voulu empêcher le canal de Suez d'exister : on avait voulu ruiner les actionnaires de cette entreprise et l'entreprise elle-même : rien ne put réussir. Tous les navires, tous les vapeurs, toute la marine marchande du monde entier prennent aujourd'hui la voie de Suez qu'on considère comme la route la plus sûre, la plus directe *conduisant aux Indes et* dans l'Extrême-Orient. Depuis deux années, les recettes du canal augmentent dans de grandes proportions. On voit, enfin, l'Angleterre elle-même obligée de se rendre à l'évidence, transformer ses navires à voiles en navires à vapeur pour se servir du canal de Suez. Aujourd'hui, par une décision aussi prompte qu'inattendue, le gouvernement anglais s'empare du canal en en devenant le premier et le plus fort actionnaire.

Tous les profits à l'Angleterre

Ce qui a motivé de la part de l'Angleterre un tel changement, ce sont assurément des raisons politiques de la plus haute portée. Nous avions hier, par le canal de Suez, une clé de la Méditerranée et cette clé pouvait ouvrir ou fermer, à notre volonté, la grande route des Indes. Cette clé nous a été reprise. Ce n'est pas, en effet, une opération financière que le gouvernement anglais a voulu faire ; s'il avait désiré aider le Khédive, il n'avait qu'à lui laisser le libre accès de ses marchés ; si l'Angleterre n'avait vu dans le canal de Suez qu'une excellente affaire industrielle, ce n'est pas le gouvernement anglais, ce seraient des banquiers de Londres qui auraient prêté des capitaux au Khédive ou qui lui auraient acheté la part d'intérêts qu'il possédait dans l'entreprise du canal de Suez. En réalité, l'acte de vente des 176,602 actions du Khédive, c'est la prise de possession de l'Egypte par l'Angleterre ; c'est la route des Indes et de l'Extrême-Orient qui passe des mains de la France dans celles de la Grande-Bretagne.

Avantages politiques.

Profits financiers.

Au point de vue financier, le gouvernement anglais a fait une excellente opération. Le Khédive a vendu ferme ses 176,602 actions pour le prix de 100 millions ; mais comme ses actions sont démunies de leurs coupons jusqu'en 1894, le dividende et l'intérêt de ces actions ayant été cédés pendant dix-neuf ans, aux porteurs des obligations du canal, le Khédive s'est engagé à payer l'intérêt de 5 % au gouvernement anglais sur cette somme de 100 millions jusqu'au jour où les actions rentreront dans le droit commun. L'achat des 176,602 actions du Khédive coûte fort peu, on le voit, à l'Angleterre ; car, en admettant qu'elle veuille emprunter le montant de ces 100 millions, elle les trouverait facilement à 3 % ou 3 1/2 % étant donnée la solidité de son crédit. Si elle paie ces 100 millions de ses ressources et de ses réserves budgétaires, c'est un placement de fonds qu'elle aura fait à 5 % tout en s'assurant la possession complète des 176,602 actions qui lui donnent de si grands avantages politiques.

Un échec pour la France.

Est-il besoin de dire que ce qui vient de se passer est un grave échec pour notre politique, pour notre pays, pour son influence à l'extérieur ? L'émotion que tout le monde a ressentie en apprenant cette nouvelle, le prouve clairement. Cette opération a d'ailleurs été conduite avec une rare prudence et une grande habileté. Les précautions prises par l'Angleterre, ce secret, ce silence, puis ce brusque dénouement ne rappellent-ils pas les circonstances dans lesquelles s'est conclu, en 1860, le traité de commerce avec l'Angleterre, ce traité que MM. Rouher et Michel Chevalier avaient préparé à l'insu de tous ? C'était là une grande œuvre, dont les résultats furent féconds pour les deux pays et qui, lorsqu'elle fut divulguée, produisit dans le monde entier une aussi grande émotion que celle ressentie dans ces derniers jours. Mais aujourd'hui les temps sont changés. Nous sommes loin, bien loin, des traités de 1860. L'Angleterre vient d'accomplir un acte contraire aux vrais intérêts français.

Le plus fort actionnaire est le gouvernement anglais.

Quoi qu'il en soit, les récriminations seraient vaines, il n'y a malheureusement plus qu'à s'incliner devant ce grand fait accompli et en envisager toutes les conséquences. Le capital social de la compagnie de Suez est représenté par 400,000 actions. Pour avoir la majorité dans les assemblées, il faut disposer de 200,000 actions plus une. Le gouvernement anglais en possède aujourd'hui 176,602 : les capitalistes anglais imiteront leur gouvernement, qu'on en soit convaincu, et voudront, eux aussi, devenir actionnaires de la compagnie de Suez. Avant un an, la majorité des actionnaires sera composée d'Anglais. A l'assemblée des actionnaires de Suez, en 1874, 497 actionnaires représentant 57,714 actions assistaient à la séance ; à la dernière assemblée, en 1875, 34,348 actions étaient déposées par 248 actionnaires. Ne voit-on pas que, dès aujourd'hui, le plus fort actionnaire est le gouvernement anglais ? et que désormais, que ce soit dans un an, dans dix ans, ou dans dix-neuf ans, qu'il ait dès aujourd'hui ou dans dix-neuf ans le droit de vote aux assemblées générales, il est libre, dès maintenant, de proposer toutes les modifications qu'il jugera convenables et, au besoin, il les imposera ! Qui pourra empêcher l'Angleterre de faire établir des droits de transit très minimes pour ceux de ses bâtiments qui traverseront le canal et d'augmenter, au contraire, les droits pour tous les navires étrangers et conséquemment pour les nôtres ? Qui empêchera l'Angleterre de changer complètement l'administration française du canal de Suez et de la remplacer par des hommes qu'elle aura choisis ? Qui l'empêchera de transporter le siège social de la compagnie en Angleterre, au lieu de le laisser en France ? Le gouvernement anglais, en un mot, est aujourd'hui maître absolu d'une entreprise que la France a créée de ses propres ressources : il pourra en faire ce qu'il jugera le plus convenable à ses intérêts commerciaux et à sa politique. A son gré, il pourra ruiner ou enrichir les capitalistes français, suivant les mesures qu'il adoptera ; dans tous les cas, l'intérêt politique qui lui a fait acquérir la plus forte part du canal de Suez, est contraire, absolument contraire, aux intérêts généraux de notre pays. « Il faut, disait Napoléon Ier à Sainte-Hélène, il faut que la Méditerranée soit un lac français. » Aujourd'hui, la Méditerranée est un lac anglais.

Graves conséquences possibles.

La Méditerranée lac anglais.

Doit-on maintenant s'étonner que les spéculateurs, aussi bien que les capitalistes, aient salué par une hausse considérable sur toutes les valeurs du Suez, la nouvelle de la convention intervenue entre le Khédive et le gouvernement anglais ? Non, assurément. La bourse n'a envisagé, dans cette question, que le côté purement spéculatif. Elle s'est dit que si l'Angleterre achetait pour 100 millions, c'est-à-dire environ 570 fr. chacune, 176,602 actions qui ne doivent rapporter quelque intérêt que dans dix-neuf années, ce n'était pas acheter trop cher à 700, 750 et 800 francs, le titre entier, c'est-à-dire muni de tous ses coupons d'intérêt et de dividendes pendant dix-neuf ans. Ce raisonnement

Opinion des capitalistes.

paraîtra peut-être exagéré : il repose cependant sur des données sérieuses. Le cours de la délégation Suez est de 650 francs. Le prix d'émission de la délégation a été 270 francs. Or, la délégation représente, pour la bourse, la valeur des coupons à recevoir pendant dix-neuf ans. Si donc le gouvernement anglais estime que la nue propriété d'une action Suez vaut dès maintenant 570 francs, le monde financier a fait ce simple calcul; c'est que l'action Suez, avec tous ses coupons, vaut au moins ce prix de 570 francs, augmenté de la valeur de la délégation, soit 650 francs, c'est-à-dire 1.220 francs, si l'on base ses calculs sur les cours actuels de la bourse. Si, au contraire, — et, à notre avis, c'est là le vrai calcul, — on estime que la délégation Suez ne doit être évaluée qu'à 270 francs, c'est-à-dire son prix d'émission, l'action Suez entière vaut 570 francs + 270 francs, soit au total 840 francs.

A un autre point de vue, on comprend la satisfaction des actionnaires du Suez. Ils espèrent qu'avec un aussi puissant intéressé que le gouvernement anglais, leurs intérêts financiers seront sauvegardés. Ils ne voient, dans l'acte du gouvernement anglais, qu'une opération financière, bien mieux qu'une spéculation politique. Ils se disent que le gouvernement anglais voudra encore, tôt ou tard, se rendre acquéreur de nouvelles actions et, dans cette prévision, ils pensent que les titres monteront à des cours plus élevés. Nous ne disons pas qu'au point de vue du patriotisme, les actionnaires du Suez ne sont pas affectés comme nous le sommes; mais, au point de vue de leurs intérêts matériels, ils ne peuvent que constater avec une réelle satisfaction l'importante plus-value que leurs titres viennent d'acquérir.

M. Ferdinand de Lesseps déclare qu'il considère comme un fait heureux cette solidarité puissante qui va s'établir entre les capitaux français et anglais pour l'exploitation, « purement industrielle et nécessairement pacifique », du canal. Opinion de M. de Lesseps.

Les événements la confirmeront-ils?

Nous souhaitons que le vœu et l'espoir de M. de Lesseps soient confirmés par les événements ; nous souhaitons que l'entreprise du canal de Suez ne soit qu'une exploitation purement industrielle et pacifique : car, dans ce cas, les résultats financiers seront grandioses ; mais, qui ne comprend, en présence de ce que vient de faire l'Angleterre, en présence de l'émotion que cette *nouvelle a causée, tant en France qu'à l'étranger*, qui ne comprend que maintenant seulement, les destinées financières ou politiques du canal de Suez commencent ? Qui peut prévoir ce que veulent faire les Anglais ? Qui peut prévoir ce que l'avenir réserve aux actionnaires d'une entreprise achetée, dans un but politique, par un gouvernement étranger ?

QUESTIONS ÉCONOMIQUES ET FINANCIÈRES
DE 1872 A 1875.

I. — ACADÉMIE DES SCIENCES MORALES ET POLITIQUES.

Capital. — De son bon emploi [M. Hippolyte Passy] (18 décembre 1875).

Expositions. — L'exposition universelle de Vienne [M. Wolowski] (2, 16, 30 août 1873).

Industrie. — Rapport sur le concours relatif à l'instruction et au salaire des femmes dans l'industrie [M. Reybaud] (18 juillet 1874).

Prix. — Leurs variations [M. Emile Levasseur] (2 novembre 1873).

Travail. — Utilité du repos hebdomadaire [M. Baudrillart] (4 janvier 1874).

II. — SOCIÉTÉ D'ÉCONOMIE POLITIQUE DE PARIS

Assurances. — Des assurances par les communes, l'État ou les compagnies (juin 1873).

Banques d'émission. — Unité du signe fiduciaire, des petites coupures de billets de banque (mai 1872).

Capitulations. — Le projet de réforme judiciaire en Egypte et les capitulations (février 1875).

Céréales. — Le blé et les chemins de fer aux Etats-Unis (octobre 1873).

Chemins de fer. — Du régime des chemins de fer. Les compagnies et l'État (à propos du rachat) (décembre 1875).

Coalitions. — Des moyens d'y remédier (mars 1872).

Coopération. — L'expérience des sociétés coopératives (septembre 1874).

Crises. — La crise financière à Vienne (août 1873).

Dette publique. — De la libération du territoire (mars 1872). — Les souscriptions publiques, à propos de l'emprunt de 3 milliards (mars 1872).

Douanes. — Les droits compensateurs (janvier 1873).

Economie politique. — Des rapports de la géographie avec l'économie politique (août 1875). — La soi-disant nouvelle économie politique (août 1875).

Emigration. — De ses avantages et de ses inconvénients (octobre 1875).

Enseignement. — Du meilleur mode d'enseignement en général et de l'enseignement économique en particulier (avril 1874). — La liberté de l'enseignement (janvier 1875).

Impôts. — Des droits sur les matières premières (janvier 1872). — L'impôt sur les matières premières et l'impôt sur le sel (avril 1872; février 1874). — L'impôt sur les boissons (juin 1872). — L'impôt sur le capital et sur le revenu (juillet 1872). — L'impôt foncier (janvier 1873). — Les impôts déjà votés par l'Assemblée nationale (janvier 1873). — L'impôt sur le revenu (avril 1873). — La contribution des patentes, son développement excessif en France (mai 1873). — L'impôt foncier au delà des Pyrénées (septembre 1873). — Des taxes spéciales dans les villes (juillet 1874). — Des divers systèmes d'impôts directs (mars 1875).

Loteries. — Des loteries, maisons de jeu et emprunts à lots (mai 1872).

Monnaie. — La question monétaire, l'or et l'argent (décembre 1872). — L'étalon unique, les deux étalons et les étalons alternatifs (décembre 1873).

Salaires. — Le salaire est-il le juste prix du travail? (décembre 1874).

Situation économique. — Des causes économiques de l'insurrection espagnole (juillet 1873). — La situation économique et financière en Hongrie (septembre 1874).

Socialisme. — Est-il de l'essence du suffrage universel de développer le socialisme? (octobre 1874).

Statistique. — De la statistique officielle (décembre 1872).

Travaux publics. — A quelles conditions les travaux publics sont-ils rémunérateurs? (novembre 1875).

COURS DES PRINCIPALES VALEURS

A LA FIN DE CHACUNE DES ANNÉES 1871 A 1875

NATURE DES VALEURS	1871	1872	1873	1874	1875
Rentes françaises.	fr. c.	fr. c.	fr. c.	fr. c.	fr. c.
3 %	56,00	53,20	58,30	62,05	65,70
4 %	67,00	67,50	73,00	73,00	80,50
4 ½ %	81,25	77,00	84,00	90,25	96,00
5 %	87,65	84,90	93,40	99,72	104,20
Fonds d'États étrangers.					
3 % anglais (consolidés)	»	»	94,00	93,00	92,50
5 % autrichien	67,00	67,00	67,00	62,50	62,50
7 % égyptien, 1870	386,25	422,50	345,00	395,00	350,00
3 % espagnol	23,75	28,50	17,37	18,75	20,12
6 % des États-Unis	109,50	108,00	108,00	105,87	108,00
2 ½ % hollandais	79,75	57,50	»	64,12	»
5 % hongrois	244,00	240,00	219,00	230,50	234,00
5 % italien	69,50	67,60	61,60	63,50	73,60
3 % portugais	33,00	40,50	41,50	46,50	52,00
5 % roumain, 1875	»	»	»	»	59,00
4 % russe, 1867	375,00	385,50	405,00	420,75	420,00
6 % tunisien	»	218,75	218,25	273,75	287,50
5 % turc	51,40	58,00	48,00	46,75	23,80

COURS DES PRINCIPALES VALEURS

A LA FIN DE CHACUNE DES ANNÉES 1871 A 1875

NATURE DES VALEURS		1871	1872	1873	1874	1875
Chemins de fer.		fr. c.	fr. c.	fr. c.	fr. c.	fr. c.
Actions	Est	490,00	507,50	492,50	513,75	[illegible]76,00
	Lyon	862,50	830,00	890,00	892,50	963,7
	Midi	630,00	580,25	616,00	657,50	776,25
	Nord	978,75	995,00	1,037,50	1,097,50	1,207,50
	Orléans	825,00	817,50	831,25	880,00	993,7
	Ouest	490,00	512,50	620,00	565,00	625,0
Obligations	Est (ancien)	280,00	267,50	270,50	287,25	310,25
	Fusion	297,50	276,00	280,25	305,00	320,00
	Midi	298,50	277,50	278,00	299,00	317,00
	Nord	305,00	288,50	287,50	304,75	327,0
	Orléans	302,50	277,00	283,75	305,75	323,25
	Ouest	297,00	276,00	276,50	294,50	319,0
Crédit foncier de France.						
Obligations foncières	1853 4 %	432,00	455,00	433,75	492,50	500,0
	— 3 %	385,00	415,00	410,00	475,00	487,50
	1877	435,00	423,75	422,50	477,50	480,0
Obligations communales	1860	350,00	328,75	330,00	395,00	417,00
	1872	»	»	283,75	286,00	290,0
	1875	»	»	»	»	467,5
Ville de Paris.						
Emprunt 1855-1860		384,00	390,00	422,50	442,50	495,0
— 1865		442,50	435,00	447,00	475,00	500,00
— 1869		280,00	280,00	290,00	311,50	369,5
— 1871		261,50	248,00	255,50	282,50	344,5
— 1872		»	»	»	1,022,50	1,047,5
— 1875		»	»	»	»	493,7

1876 - 1880

SOMMAIRE

1. — *La science des finances.*
2. — *La démonétisation de l'argent.*
3. — *Des conversions de rentes.*
4. — *La question monétaire.*
5. — *La conversion du 5 %.*
6. — *L'enquête utile : Situation économique et financière.*
7. — *La banqueroute des États.*
8. — *Un programme économique.*
9. — *La Banque de France et les emprunts des départements et des villes.*
10. — *Les grands travaux publics.*
11. — *M. Magne.*
12. — *La législation sur les sociétés.* — Quelques réformes pratiques.
13. — *Les traités de commerce.*
14. — *L'État et les emprunts étrangers.*
15. — *Les souscriptions publiques.*
16. — *Le tunnel sous la Manche.*
17. — *Questions économiques et financières de 1876-1880.*
18. — *Cours des principales valeurs mobilières à la fin de chacune des années 1876 à 1880.*

1876-1880

LA SCIENCE DES FINANCES

Progrès accomplis depuis 25 ans.

Les vingt-cinq dernières années que la France a traversées ont été fécondes en expériences et en enseignements de toute nature. Ces expériences et ces enseignements ont sans doute coûté beaucoup à la nation ; mais ce n'est pas une vaine consolation de penser que tant de sacrifices ont été utiles au pays, à l'Europe, et qu'ils ont largement contribué aux progrès de la civilisation moderne.

Réformes économiques.

Parmi les faits de l'ordre économique, il s'en est produit de tels qu'on doit les regarder comme la plus heureuse et la plus admirable des révolutions.

Les grandes réformes de 1860 ont ouvert une nouvelle ère au commerce et à l'industrie du monde entier. Les résultats donnés par la pratique de la liberté des échanges pendant une période de dix-sept années ne permettent plus de douter de la valeur des principes formulés par la science de l'économie politique. Les progrès réalisés ont été si rapides, si manifestes, qu'il ne paraît plus possible aujourd'hui de revenir en arrière.

Faits financiers.

Dans l'ordre des faits financiers, si les expériences ont été souvent moins concluantes, elles n'ont été ni moins nombreuses, ni moins utiles. Les modifications successivement apportées à la confection de nos budgets, les emprunts contractés à différentes reprises sous les formes et dans les conditions les plus diverses, les conversions effectuées dans différentes circonstances avec des avantages plus ou moins marqués, soit pour l'Etat, soit pour le public : tels sont les événements financiers auxquels notre génération a assisté et qu'elle a pu juger, et en eux-mêmes, et dans leurs conséquences.

Expérimentations et déductions.

Toutefois, il faut bien le dire, les opérations financières de l'Etat avant 1870 ne fournissaient qu'un champ limité d'observations. Bien autrement vastes ont été les horizons ouverts aux études expérimentales des finances depuis l'année 1871. Des milliards à payer à l'étranger, des milliards dus pour les frais de la guerre, d'énormes emprunts, d'immenses opérations en numéraire et en papier, un gigantesque mouvement de fonds : qui donc eût cru tout cela possible au mois de juillet 1870? Savait-on bien, auparavant, quelle était la richesse du pays et le crédit de l'Etat? Avait-on mesuré cette puissance, nouvelle dans les temps modernes, qui a permis à la France, après ses désastres, de faire face, presque sans crise, à tous ses engagements, à toutes ses charges, à tous les besoins du Trésor public?

Il y a eu là une série de faits financiers que jadis nul n'eût pu prévoir et qui ont singulièrement multiplié les éléments de discussion et d'appréciation.

La science des finances.

Les phénomènes financiers qui se sont produits, dans cet ordre d'idées, ont-ils été l'objet d'observations et de constatations assez nombreuses pour que les inductions qu'on en a pu tirer aient permis d'établir des règles fixes, des principes assurés, des lois certaines? En un mot, à côté de l'*art* d'administrer les deniers publics, existe-t-il une *science* des finances, c'est-à-dire un corps de doctrine compact, fait de toutes pièces, avec une méthode et des procédés scientifiques? Oui, nous le croyons. Cette science est-elle connue; l'a-t-on constituée; en a-t-on formulé les lois? Non, assurément, mais l'heure est venue de la créer. C'est ce que vient

Le traité de M. Paul Leroy-Beaulieu.

de tenter un économiste distingué, M. Paul Leroy-Beaulieu qui, dans des travaux remarquables, dans des leçons toujours écoutées, dans des publications nombreuses, a déjà élucidé, éclairé plusieurs des questions spéciales que la science des finances doit désormais résoudre, par la publication d'un *Traité de la science des finances.*

Œuvre considérable.

Cet ouvrage n'est pas seulement un « livre nouveau », c'est un « livre neuf ». Il est, en même temps, le plus étendu et le plus complet qui ait encore été écrit sur ce vaste sujet. Les deux volumes qui le composent ne contiennent pas moins de 1350 pages d'un texte extrêmement condensé. Nous n'avons donc pas, on le comprend, la prétention d'en donner, dans cette courte étude, une analyse suffisante. Nous devons nous borner à appeler sur cette œuvre considérable l'attention non seulement des spécialistes, mais de toute cette partie du public que les questions financières *doivent* intéresser ; car c'est un devoir aujourd'hui, pour tous les citoyens soucieux de la prospérité de la nation, de savoir comment sont administrées les finances de l'Etat et surtout comment elles devraient l'être.

Une maxime de Colbert.

Le livre de M. Leroy-Beaulieu s'ouvre sur une maxime qui eût pu lui servir d'épigraphe et que, pour bien des raisons, nous sommes heureux d'y rencontrer. Cette maxime est de Colbert : « Il faut rendre, disait-il, la matière des finances si simple qu'elle puisse être *facilement* entendue par toutes sortes de personnes. »

La mise en œuvre.

Telle est la pensée qui a guidé M. Leroy-Beaulieu ; il ne pouvait vraiment avoir un guide plus sûr que le grand ministre de Louis XIV. Hâtons-nous de dire que l'auteur du *Traité de la science des finances* n'a point failli à sa tâche et que son livre, en dépit de l'aridité des questions qu'il discute, est simplement et clairement écrit, très nettement divisé, accessible à tous.

Accessible à tous, ne faut-il pas l'être, dans un pays où, comme le fait remarquer l'auteur, le maniement des finances publiques est, d'une manière indirecte, dans les mains de 9 ou 10 millions d'électeurs et, d'une manière directe, dans celles des 800 députés et sénateurs, des 4,000 conseillers généraux, des 250,000 conseillers municipaux de France ?

Sans tenir compte de la masse des électeurs, n'apparaît-il pas qu'il y a chez nous plus de 300,000 citoyens auxquels leurs charges, leurs fonctions ou leurs emplois font un devoir de s'initier à la science des finances.

Définition de la science des finances.

Cette science, quelle est-elle ; quel est son objet ? La définition qu'en donne M. Leroy-Beaulieu est concise et claire : « C'est la science des revenus publics et de la mise en œuvre de ces revenus. »

Pour qui connaît notre organisation financière, il n'est pas difficile d'apercevoir le lien qui rattache toutes les parties de notre système financier et de quelle utilité la possession de cette science peut être à tous ceux qui, dans une mesure plus ou moins grande, prennent part à l'administration de nos revenus publics. Il y a dans les budgets de la commune, du département et de l'Etat une chaîne non interrompue d'opérations qui, si différentes qu'elles soient en apparence, sont dominées par les mêmes principes et assujetties aux mêmes règles.

Les grandes divisions de l'ouvrage de M. Leroy-Beaulieu en indiquent nettement le dessin.

Des revenus publics.

Dans le premier volume, qui traite des revenus publics, l'auteur recherche les origines du système actuel, fixe l'étendue du domaine public de l'Etat, domaine industriel ou financier ; il examine tour à tour, toutes les questions que soulève l'impôt : impôt proportionnel ou progressif, unique ou multiple, direct ou indirect, sur les personnes, sur les biens, sur les bénéfices industriels, sur les affaires, sur le luxe, sur le revenu ou le capital, sur les mutations et les transactions, sur les correspondances et les transports, sur les douanes, sur les consommations à l'intérieur. Le sujet est presque épuisé ; il le serait complètement si l'auteur ne croyait devoir aborder la question des dégrèvements d'impôts.

La conclusion de ce premier volume est simple et large :

Les générations futures jouiront gratuitement des puissants instruments de travail que nous avons créés, les chemins de fer, les canaux, les routes, les ports : la richesse publique se développant sans cesse, le domaine industriel et financier de l'État et des villes augmentant dans de grandes proportions, l'allégement des charges publiques deviendra chaque jour plus facile pourvu qu'on ait la paix. C'est la paix qui est la condition indispensable de toute réforme fiscale. Tant que la paix n'est pas assurée, les lois économiques ne sont pas respectées. Si l'Angleterre est aujourd'hui la nation dont le système financier présente le moins d'incorrections et d'iniquités, ce n'est pas seulement à l'intelligence de ses chanceliers de l'Echiquier qu'elle le doit, c'est à la sagesse et à la fortune qui l'ont préservée pendant cinquante ans de tourmente extérieure. Nous regardons, quant à nous, comme facile, la réforme des impôts en France, pourvu qu'on ait ces deux collaborateurs indispensables : le temps et la paix.

Mise en œuvre des revenus publics.

Dans le second volume, M. Leroy-Beaulieu traite de la mise en œuvre des revenus publics. Il trace l'historique des budgets, dont il retrouve l'origine dans les états de prévoyance ; il examine les principes qui doivent présider à la confection des budgets, tels que nous les connaissons actuellement ; étudie les causes qui contribuent à les accroître et discute la question de savoir si nos énormes budgets foulent plus la nation que les humbles budgets d'autrefois. Enfin il embrasse par ses mille côtés la vaste et capitale question des finances dans les temps modernes : le crédit public, question complexe, infinie, pleine de replis et de détours, question qui en contient cent autres discutées, discutables et dont il établit quatre grandes divisions : les trésors métalliques, les emprunts publics, l'amortissement et les conversions.

Respect des droits des contribuables.

La conclusion de ce volume, c'est-à-dire, celle de l'ouvrage tout entier est l'expression d'un sentiment vraiment patriotique. C'est un éloquent appel à l'économie, au respect des droits du contribuable, de celui dont le labeur incessant ou l'épargne prévoyante alimente le Trésor public :

Il est un secret, dit l'auteur en terminant, que la science économique ne possède pas et ne possédera jamais, c'est celui de fonder un bon système de finances sur une autre base que l'économie, pas plus que la médecine ne découvrira le moyen d'assurer aux hommes une bonne santé *malgré un mauvais régime.*

Nous nous associons pleinement à cette conclusion.

LA DÉMONÉTISATION DE L'ARGENT

Une des questions économiques les plus graves est depuis longtemps soulevée et discutée dans le monde financier; elle y cause assurément une agitation qui n'est pas sans danger pour les affaires. Nous voulons parler de la substitution de l'étalon unique (or), au maintien du double étalon (or et argent). En un mot, la question est de savoir aujourd'hui si on doit conserver uniquement l'or, comme monnaie d'échange et moyen libératoire, et démonétiser l'argent, ou bien continuer à se servir de ces deux métaux sans se soucier des arguments de ceux qui prétendent que l'argent est devenu tellement abondant, que son prix doit forcément s'avilir et que, par conséquent, la seule monnaie d'or doit être acceptée et tolérée.

Nous avouons ne pas partager ces craintes; nous demeurons partisan du double étalon, c'est-à-dire de l'emploi simultané de l'or et de l'argent : de l'or, comme monnaie d'échange et de paiements internationaux; de l'argent, comme monnaie à l'intérieur et d'appoint. Pour nous servir de l'expression nouvelle, du néologisme mis à la mode par de récentes discussions, nous sommes partisan du « bimétallisme » et nullement du « monométallisme ».

Arguments alternatifs.

Les arguments qu'on emploie aujourd'hui pour attaquer la monnaie d'argent, sont absolument les mêmes que ceux qu'on adoptait autrefois pour attaquer la monnaie d'or. Il y a vingt ans, lorsque les mines d'or de la Californie et de l'Australie furent découvertes, lorsqu'on se rendit compte de l'immense production d'or que ces mines allaient fournir, la valeur de ce métal, par rapport à l'argent et à toutes les denrées, subit, sur tous les marchés, une baisse considérable. Cette baisse de l'or jeta la perturbation dans les esprits ; on vit les économistes les plus distingués, les financiers les plus compétents, demander la démonétisation de l'or pour empêcher l'exportation de l'argent au profit des commerçants de métaux précieux. La Belgique et la Hollande entrèrent dans cette voie et décrétèrent la démonétisation de l'or au profit de l'argent. Cet exemple, heureusement, ne fut pas suivi. Le gouvernement français sut résister aux conseils de ceux qui voulaient le pousser dans la même voie ; il laissa les choses dans le *statu quo*, se bornant à faire frapper des pièces de 5, 10, 50 et 100 francs, afin de faciliter la substitution de la monnaie d'or à celle d'argent.

Or, que se passe-t-il aujourd'hui? Il paraît qu'on vient de découvrir un amas considérable de mineral d'argent dans la Névada. L'exploitation, dit-on, est très facile ; il n'y a qu'à se baisser pour ramasser l'argent. On fait remarquer que si, de 1852 à 1875, les productions d'or ont été quatre fois plus considérables que les productions d'argent, en 1874 et 1875 la production de l'argent, au contraire, a atteint les trois quarts de la valeur de la production aurifère. Il y a donc urgence, disent les partisans de l'étalon unique, à démonétiser l'argent, car, avant peu, ce métal sera tellement abondant que sa valeur deviendra presque nulle ; il n'est que temps de prendre les mesures nécessaires pour empêcher la perturbation que jetterait dans les affaires un semblable événement.

Ces arguments ne nous paraissent guère convaincants ; car, aux découvertes de minerais d'argent de la Névada, nous pourrions opposer celles de minerais d'or qu'on vient de constater en Guyane. A en croire, en effet, la *Gazette de Bombay*, le sol de la Guyane est aurifère et l'Inde renferme des gisements d'or considérables. Si donc aujourd'hui on s'effraie d'une prétendue inondation d'argent par suite de la production des mines de la Névada, il n'y a pas de raisons pour que, dans six mois ou un an, on ne s'effraie pas de même de la production des mines d'or de l'Inde.

On inquiète ainsi le public.

Ces arguments sont véritablement trop spécieux pour qu'on puisse s'y arrêter longtemps. Ce qui est regrettable, c'est qu'on effraie le public outre mesure et qu'on lui fasse perdre la confiance qu'il doit avoir et conserver dans la valeur relative de l'or et de l'argent.

On manque plutôt d'argent.

L'Europe, et la France en particulier, ont-elles donc une si grande abondance d'argent qu'on puisse même, sans inconvénient, en décider la suppression comme valeur d'échange, comme instrument libératoire? C'est au moment où en Italie, en Autriche, en Russie, les billets de banque ont le cours forcé, c'est-à-dire lorsque ces pays sont dans l'impossibilité de convertir leurs billets en espèces, pas plus en monnaie d'or qu'en monnaie d'argent, qu'on craint une trop grande production de l'argent ? La circulation des billets de banque à cours forcé dépasse en Europe 10 milliards de francs, contre un encaisse métallique de 2 milliards à peine. En Amérique, plusieurs Etats ont été également obligés de recourir au papier-monnaie ; c'est ce moment que nous choisirions pour démonétiser l'argent et employer uniquement, pour nos échanges, la monnaie d'or ?

Le statu quo à conserver.

Nous espérons que le gouvernement saura, comme autrefois, résister aux entraînements et aux conseils de ceux qui, il y a peu de temps encore, l'engageaient à démonétiser l'or, comme aujourd'hui ils l'engagent à démonétiser l'argent. Le *statu quo*, et c'est l'avis de M. Léon Say, nous semble préférable à toute mesure inconsidérément prise. Rien n'empêcherait d'ailleurs de suspendre momentanément la fabrication des pièces de 5 francs en argent et de limiter la quantité d'argent que le créancier devra recevoir en paiement. Mais dans des questions de semblable importance, mieux vaut ne rien faire que de risquer de se tromper. On ne joue pas avec le crédit : il faut craindre de troubler la confiance du public dans ses deux plus puissants représentants : l'or et l'argent. « La monnaie ne remplit jamais mieux son rôle que lorsqu'elle ne fait pas parler d'elle ».

DES CONVERSIONS DE RENTES

Définition de la conversion.

Qu'est-ce qu'une conversion ? Une conversion est une opération qui consiste à substituer à une rente d'Etat une autre rente du même Etat, portant un intérêt moins élevé. Généralement, le rentier a la faculté d'opter entre l'échange de son titre et le remboursement de ce titre au pair.

Les gouvernements se sont toujours servi de ce moyen pour réduire, dans des temps prospères où le crédit est large, l'intérêt des emprunts faits dans des temps moins favorables.

Une explication très claire de la conversion a été donnée par un des plus illustres économistes, M. Rossi : « Je trouve, disait-il, tout l'argent que je puis désirer à 3 ou 4 % ; votre capital est entré dans les coffres du Trésor au taux de 50, de 60, de 80 ou de 85 au maximum ; je vous le rembourse au taux de 100, si mieux vous n'aimez accepter une autre constitution de rentes moins désavantageuse pour moi. »

* * *

Légitimité des conversions.

La légitimité du remboursement au pair aboutissant à une conversion volontaire de la rente et à une réduction de l'intérêt ne saurait être contestée : c'est le droit commun du pays. Les dettes perpétuelles, « c'est-à-dire les plus mauvais et les plus absurdes des contrats aléatoires, ne sont pas admises dans notre droit naturel (1) ».

1 Rossi, t. IV, page 231.

On a prétendu que ces conversions violaient la propriété des rentiers, mais la majorité des jurisconsultes et des financiers s'est prononcée en faveur du droit de l'Etat.

Rentes perpétuelles et rentes viagères.

Si les rentes sont appelées *perpétuelles*, n'est-ce pas par opposition aux rentes *viagères* et pour indiquer que le créancier s'interdit le droit de réclamer le remboursement du capital, autrement que par la voie de l'amortissement promis ? Quant à l'Etat débiteur, il va de soi que le législateur de 1793, qui a formé le grand livre de la dette publique, a voulu lui conserver le droit de se libérer en temps opportun. Dans son rapport sur la dette publique, Cambon s'exprimait ainsi : « En ne faisant pas mention du capital, la nation aura toujours dans sa main le taux du crédit public, un débiteur en rentes perpétuelles ayant toujours le droit de se libérer. »

Quoi de plus légitime, en effet, quoi de plus naturel qu'en temps de prospérité, lorsque la richesse cherche des débouchés et va d'elle-même à l'Etat, ce dernier veuille réduire les intérêts de dettes lourdes contractées à des époques malheureuses ?

Option nécessairement réservée.

L'option entre la réduction de l'intérêt et le remboursement de la créance doit toujours être réservée aux créanciers. Autrement la conversion ne saurait être ni licite ni morale ; ce ne serait qu'une spoliation détournée, qu'une confiscation déguisée. « Lorsque l'Etat emprunte, ce sont les particuliers qui fixent le taux de l'intérêt ; lorsque l'Etat veut payer, c'est à lui à le fixer », a dit très bien Montesquieu.

Droit incontestable de l'Etat.

Discuter aujourd'hui la légalité du remboursement par l'Etat, argumenter du mot perpétuel dont s'était servi la loi du 9 vendémiaire an VI, parler de la constitution du tiers-consolidé et prétendre en conséquence que l'Etat avait renoncé implicitement au droit de les racheter, c'est-à-dire de jamais se libérer, serait peine perdue. Le droit de l'Etat est incontestable et nous ajoutons que, si le moment où cette opération s'effectue est bien choisi, on peut être assuré que la plupart des porteurs accepteront la conversion de leurs titres, parce que, vu la situation du marché des capitaux, ils ne sauraient mieux placer, à sécurité égale, les sommes qui leur seront remboursées. A moins de tentatives intempestives ou mal conduites, il n'est pas de gouvernement qui ait jamais eu plus de 10 % à rembourser en cas de conversion. Le rentier a toujours accepté de préférence la réduction de l'intérêt.

Prudence indispensable.

Mais on ne saurait trop insister sur ce point : la conversion ne doit être exécutée qu'avec la plus grande précaution. Bien combinée, exécutée à temps, cette opération a pour résultat de procurer des économies ; la masse des intérêts se trouve réduite et on peut arriver, par une succession de semblables opérations, sinon à l'extinction totale de la dette, du moins à une réduction du quart, du tiers, de la moitié de l'intérêt, selon l'état plus ou moins prospère du pays.

* * *

Conversions anciennes.

On trouve de nombreuses réductions et conversions de rentes dans le passé.

En France, sous l'ancien régime.

En 1607, Sully s'attache à rembourser les rentes constituées au denier 12 ; malgré de nombreux obstacles, ce remboursement fut effectué en partie et le droit ne fut pas contesté.

Colbert réduisit de plus d'un cinquième les intérêts de la dette publique, en remboursant de 1680 à 1682, avec des fonds obtenus presque en totalité au denier 20, des rentes constituées au denier 14, 15 et 16.

Sous Louis XVI, Turgot fit une réduction de rentes au denier 25 en 4 %.

En Hollande.

Dans les Provinces-Unies, le droit de remboursement était admis sans conteste et on le proposait aux Etats comme la chose la plus simple. En 1665, les Hollandais convertissaient le 5 % en 4 %.

En Angleterre.

En Angleterre, où le respect des intérêts et des fortunes privées est au moins aussi grand que chez nous, des réductions successives sont venues alléger le fardeau de la dette. Le 3 % consolidé est le résultat de plusieurs réductions. La première opération remonte à 1716. Le gouvernement français empruntait alors à 6 %. Un crédit législatif de 1,365,000 francs avait été accordé à ce taux pour l'intérêt d'un emprunt de 22,750,000 francs ; mais, dans la même session, un nouvel acte du parlement réduisit la somme à 1,137,500 francs, ce qui ramenait la rente à 5 %. Cette conversion fut suivie d'une autre en 1729, et d'une troisième effectuée de 1750 à 1757. Ces trois opérations procurèrent une économie annuelle de 31,675,000 fr.

De 1822 à 1834, on y a réalisé la diminution d'intérêts d'un capital dépassant 9 milliards, en opérant deux fois sur un capital de près de 4 milliards. Depuis 1822, les économies obtenues sur les intérêts de la dette, par ces conversions successives, ont dépassé 3 millions de livres sterling, c'est-à-dire plus de 75 millions de francs.

En Prusse.

En Prusse, en 1842, le 4 % fut converti en 3 1/2, et en Belgique, pour la première fois en 1844, la rente 5 % fut réduite à 4 1/2 %.

* * *

Conversions françaises au XIXe siècle.

Les grandes conversions de rentes faites jusqu'ici en France, sont celles de 1825, 1852, 1862 et 1875 (emprunt Morgan). Nous rappellerons succinctement l'économie de ces conversions et les résultats qu'elles ont produits.

Conversion de 1825.

Sous le ministère de M. de Villèle, en 1825, les porteurs de rente 5 % eurent, pendant trois mois, à dater de la publication de la loi du 1er mai 1825, la facilité de convertir leurs titres de 100 francs de capital et de 5 francs de rentes annuelles en 4 1/2 au pair, avec garantie contre le remboursement pendant dix ans, ou en titres de rentes 3 % avec un capital reconnu de 133 francs.

Sur 140 millions de rentes 5 % déclarées réductibles, 30,574,106 francs passèrent dans le 3 %, et 1,149,840 fr. dans le 4 1/2 %, ce qui procura une économie de 6,230,157 francs.

L'opposition combattit cette mesure et prétendit qu'elle équivaudrait à une banqueroute. Laffitte faillit perdre sa popularité en essayant d'en démontrer la légalité et la possibilité pratique (1).

Aux attaques dont la conversion de 1825 était l'objet, M. de Villèle répondit en proclamant cette vérité trop méconnue, qu'il ne fallait pas seulement se proposer par la conversion du 5 % une économie annuelle de 30 millions d'arrérages sur le budget, mais que le but principal de cette grande mesure était de briser l'obstacle opposé à l'essor du crédit public dans un fonds parvenu au-dessus du pair, et de lui ouvrir le plus tôt possible une carrière sans limites par la création du 3 %, destiné à ne pas dépasser de longtemps son taux nominal.

L'opération eut un plein succès. Le *Moniteur universel* du 24 septembre 1825 contient le procès-verbal de la commission chargée de constater les résultats de la conversion (2).

On y lit que :

La conversion en 3 % avait été demandée pour une somme de rente 5 % s'élevant à...........	30,688,268 fr.
et qu'il a été définitivement converti pour	30,574,116 fr.
Le total des rentes 3 % provenant de cette conversion montait à...................	24,459,035 fr.
Les demandes de conversion en 4 1/2 s'élevaient à..	1,176,704 fr.
Il fut converti pour......	1,080,345 fr.

(1) On veut faire de l'État un simple individu quand on a des droits sur lui, et on ne veut plus qu'il le soit quand il a des droits sur les autres. Il n'y a là ni raison ni justice. (Jacques Laffitte, *Réflexions sur la réduction de la rente.*)

(2) Ce procès-verbal est du 23 septembre 1825.

Les rentes 4 1/2 % inscrites en représentation s'élevèrent à........................ 972,228 fr.

A cette constatation officielle, il n'est pas sans intérêt d'ajouter un aperçu des cours de ces diverses rentes, à différentes dates, avant, pendant et après la conversion.

En voici le relevé exact :

DATES	NATURE DES RENTES		
	5 0/0	4 1/2	3 0/0
	fr. c.	fr. c.	fr. c.
1824. — 1er mai....................	103 80	»	»
1825. — 1er avril....................	102 30	»	»
— 1er mai....................	101 16	»	»
— 6 mai....................	101 65	»	75 00
— 1er juin....................	101 25	»	74 60
— 1er juillet....................	103 35	»	76 30
— 7 juillet....................	103 70	103 20	76 10
1826. — 1er mai....................	98 50	»	64 60
— 11 mai....................	98 30	90 50	64 45

Conversion de 1852.

La conversion de 1852, exécutée au commencement du second empire, sous le ministère Bineau, peut être citée comme exemple de bonne opération financière réalisée avec le plus grand succès.

Par décret du 14 mars, tout porteur de 5 % a été tenu d'opter entre un remboursement au pair de 100 francs ou une réduction d'intérêt de 5 à 4 1/2 %.

Au moment de la conversion, le 5 % représentait un capital de 3 milliards 587 millions et une rente de 179 millions.

Le 4 1/2 résultant de la conversion représentait un capital de 3 milliards 587 millions et une rente de 161 millions 1/2.

L'économie annuelle fut donc de 17 millions et demi, qui, au taux de 4 1/2 %, représentent un capital de 390 millions.

Les porteurs du nouveau 4 1/2 ont été garantis pendant dix ans contre toute nouvelle réduction.

Voici les cours qui ont été cotés sur les rentes 5 %, 4 1/2 %, et 3 %, un an avant et un an après la conversion, ainsi qu'à l'époque même où le décret de conversion fut publié :

DATES	NATURE DES RENTES		
	5 %	4 %	3 %
	fr. c.	fr. c.	fr. c.
1861. — 14 mars	96 25	81 15	57 80
1862. — 14 février	103 80	92 25	65 60
— 14 avril	»	101 10	71 90
1863. — 14 mars	»	104 00	80 80

Conversion de 1862.

La conversion de 1862 fut prescrite par une loi du 12 février de la même année.

Cette conversion avait pour objet d'échanger contre des titres 3 % les rentes 4 1/2 et 4 %, revenu pour revenu, moyennant le paiement au Trésor d'une soulte.

Il fallait verser au Trésor comme indemnité une soulte de 5 fr. 40 par 4 fr. 50 de rente 4 1/2 % et de 1 fr. 20 par 4 francs de rente 4 %. Cette soulte était payable par sixième, de juillet 1862 à octobre 1863. Une bonification de 4 % par an était accordée à celui qui versait de suite l'intégralité de la soulte.

Les rentes 4 1/2 et 4 % se sont échangées, jouissance du 22 mars 1862, contre le 3 % nouveau, jouissance du 1er avril 1862.

Les obligations trentenaires furent échangées, revenu pour revenu, sans bonification pour le Trésor, c'est-à-dire sans soulte. Ces titres furent acceptés par l'Etat, jouissance du 20 janvier 1862.

Le *Moniteur universel* du 10 mars 1862 contient le rapport officiel du ministre des finances sur cette conversion.

Le chiffre réel des rentes 4 1/2 susceptibles d'être converties était de 172,062,516 francs. Sur ce chiffre, une somme de 129,696,901 francs a été présentée à la conversion et il ne reste plus aujourd'hui que 42 millions 306,615 francs de rente 4 1/2 %.

Pour la rente 4 %, 1,561,840 francs de rentes ont été présentées à la conversion ; le solde est de 527,001 fr.

Quant aux obligations trentenaires, il en avait été émis 700,000 ; mais l'amortissement en avait réduit le nombre à 675,160. 602,575 ont été converties ; 72,585 sont demeurées en circulation.

Voici les cours cotés sur ces différentes valeurs avant, pendant et après la conversion :

DATES	NATURE DES RENTES				OBLIGATIONS TRENTENAIRES
	3 %	4 1/2 % ancien	4 1/2 % 1852 (1)	4 %	
	fr. c.	fr. c.	fr. c.	fr. c.	fr. c.
1861. — 15 février....	68 05	95 00	98 00	87 00	»
1862. — 15 janvier....	69 00	91 00	97 15	83 60	447 50
— 1er février....	71 10	96 00	99 30	88 25	465 00
— 15 mars.....	69 70	97 20	97 70	92 00	460 00
— 1er avril.....	69 65	97 00	97 25	93 00	457 50
1863. — 15 février....	70 60	99 25	»	91 95	457 50

(1) Non remboursable pendant dix ans.

Conversion de 1875.

Enfin, la conversion la plus récente est celle de l'emprunt Morgan.

Le gouvernement de la Défense nationale, par un traité du 25 octobre 1870, avait contracté à Londres, avec la maison Morgan, un emprunt de 250 millions. L'émission de cet emprunt eut lieu le 27 octobre 1870 et produisit, brut, 208,899,770 francs et, net (défalcation faite de frais s'élevant à 6,875,000 francs) 202,024,770 francs. Cet emprunt était remboursable en trente-quatre années au moyen d'une annuité de 15 millions.

La conversion de cet emprunt fut effectuée sans création de nouvelles rentes.

M. Léon Say la réalisa en maintenant au budget des dépenses, pendant trente-neuf années au lieu de trente-quatre, l'annuité nécessaire pour le service de l'emprunt Morgan. Avec le montant de cette annuité, devenue libre par la suppression de l'emprunt de 1870, il paya à la Caisse des dépôts et consignations le coût de 15.541,780 francs de rentes 3 % qu'elle avait achetées en nantissement des fonds déposés par les caisses d'épargne. Cette rente 3 % fut affectée à convertir les obligations Morgan non amorties (484,726 obligations de 500 francs). Mais comme il résultait de ce mode de procéder une perte de 30 francs de rente par obligation et que 30 francs de 3 % représentaient au cours de la bourse une somme plus élevée que 500 francs, le ministre des finances demanda aux détenteurs de ces titres une soulte de 124 francs pour jouir de ces 30 francs de rente 3 %, et de la sorte, il lui resta un capital de 60,106,024 francs.

L'opération fut aussi avantageuse pour le Trésor que pour les capitalistes : elle obtint un heureux succès.

La rente 3 % est, en effet, aujourd'hui au-dessus de 70 francs.

Les 30 francs de rente remis en échange d'une obligation Morgan représentent donc un capital de		700 fr.
Au moment de la conversion l'obligation Morgan valait	505 fr.	
Montant de la soulte	124 fr.	
Total	629 fr.	ci 629 fr.
Différence		71 fr.

Cette différence constituait le bénéfice du porteur d'obligations Morgan qui avait accepté l'échange proposé en versant la soulte de 124 francs par titre.

* * *

Avantages procurés aux rentiers par les conversions.

Il est à remarquer, d'ailleurs, en étudiant les différentes conversions effectuées en France depuis 1825, qu'au moment de la conversion et longtemps encore après, la hausse de la nouvelle rente, remise en échange de celle convertie, permet à ceux qui acceptent l'opération de réaliser des bénéfices appréciables.

En voici la preuve :

Le 1er mai 1825 — au moment de la conversion faite par M. de Villèle — le 5 % qui devait être échangé contre du 4 1/2 % ou contre 4 fr. 50 de rente 3 %, valait 101 fr. 15.

Le 1er juillet 1825 — trois mois après — le 5 % était à 103 fr. 35, soit une hausse de 2 fr. 20; le 3 % était coté 76 fr. 30, ce qui, pour 4 fr. 50 de rentes, représentait un capital de 114 fr. 45.

Par conséquent, le porteur de 5 % qui avait accepté la conversion, pouvait réaliser un capital de 114 fr. 45 avec les 4 fr. 50 de 3 % reçus en échange de 5 francs de 5 %, tandis qu'en conservant les 5 francs de rente 5 %, il ne pouvait, à la même époque, les réaliser que pour 103 fr. 35.

Passons à la conversion de 1852. D'après cette conversion, 5 francs de 5 % furent échangés contre 4 fr. 50 de 4 1/2 %.

Un an avant la conversion, le 14 mars 1851, 5 francs de 5 % étaient cotés 95 fr. 25; un mois après la conversion, le 14 avril 1852, le 4 1/2 était coté 101 fr. 10; et un an après, le 14 mars 1853, 104 francs. La valeur réalisable de la rente 4 1/2 était donc égale, sinon supérieure à celle de la rente 5 %.

La conversion de 1862 ne donna pas des résultats différents.

Le 15 février 1861, le 4 1/2 était coté 95 francs, d'où 4 fr. 50 de rentes coûtaient 95 francs.

Le 15 février 1863, le 4 1/2 était coté 99 fr. 25 et le 3 % 70 fr. 60.

Conséquemment, 4 fr. 50 de 3 % valaient, à 70 fr. 60, 105 fr. 90.

Le porteur de rentes 4 1/2 qui avait échangé ses rentes contre du 3 %, en versant une soulte de 5 fr. 40 par 4 fr. 50 de 4 1/2 %, voyait donc, en deux ans, son capital amélioré de 10 fr. 90.

En déduisant de ces 10 fr. 90 :

1° La soulte de 5 fr. 40 ;

2° La différence de 1 franc d'intérêts en moins perçus pendant deux ans sur 4 fr. 50 de rentes au lieu de 5 francs, soit au total 6 fr. 40.

Il lui restait encore un bénéfice net de 4 fr. 50 par chaque 4 fr. 50 de rentes ainsi échangées.

Nous avons vu plus haut les avantages que la conversion des obligations de l'emprunt Morgan a procurés à ceux qui l'ont effectuée. Au cours de 70 francs, 30 francs de rentes 3 % valent 700 francs, capital que peut réaliser celui qui a remis au Trésor son obligation Morgan avec une soulte de 124 francs, soit au total 624 francs.

Le bénéfice que peuvent réaliser actuellement les anciens porteurs d'obligations Morgan avec les rentes qu'ils ont reçues en échange peut être comparé à celui qu'ils pourraient obtenir, si leurs obligations étaient cotées 576 francs, puisque, en tenant compte du paiement de la soulte, ils ont payé 624 francs une valeur actuellement réalisable à 700 francs, soit 76 francs de bénéfice par titre.

Bénéfices procurés à l'Etat.

Si, à l'époque de ces différentes conversions, les rentiers qui les ont acceptées, ont pu améliorer leur capital et atténuer, en quelque sorte, par cette amélioration, la diminution de leur revenu, diminution imposée par l'Etat, ce dernier, de son côté, a trouvé toujours, dans ces différentes opérations, des avantages certains, des bénéfices immédiats.

La conversion de 1825 a procuré au Trésor une économie annuelle de 30 millions d'arrérages en moins à payer ; celle de 1852, une économie annuelle de 17 millions 1/2.

La conversion de 1862 donna net un bénéfice supérieur à 150 millions ; celle de l'emprunt Morgan, une somme de 60,100,024 francs.

* * *

Conclusion. La conclusion et les enseignements à tirer de ces faits et de ces chiffres peuvent ainsi se résumer :

1° Quelques mois avant et quelques mois après une conversion, les cours de la rente nouvelle remise en échange de la rente ancienne, tendent à s'élever, tandis que les cours de cette dernière baissent ou restent stationnaires ;

2° Pour qu'une conversion réussisse et soit acceptée du public, si, par exemple, on remet 4 fr. 50 de 4 1/2 % contre 5 francs de rentes 5 %, il faut que, d'après les cours cotés à la bourse, la valeur de 4 fr. 50 de rentes 4 1/2 % soit supérieur à la valeur de 5 francs de rentes 5 %, de telle sorte que le rentier qui accepte la conversion trouve, dans l'amélioration de son capital, un dédommagement à la diminution de son revenu ;

3° Dans toutes les conversions, le bénéfice de l'Etat est certain : soit qu'il diminue le revenu, et, dans ce cas, il économise sur les arrérages à payer annuellement ; soit qu'il fasse payer une soulte pour donner le même revenu que par le passé. Dans ce cas, c'est un véritable capital qu'il encaisse, sans augmenter les intérêts à payer annuellement. On peut dire aussi que c'est un emprunt que l'Etat contracte d'une façon indirecte et qui ne lui impose aucune charge nouvelle.

LA QUESTION MONÉTAIRE

Doit-on conserver le double étalon ou bien un seul, l'or ? Faut-il démonétiser l'argent au profit de l'or ?

Discussions passionnées.

La plupart des publicistes ont donné leur avis sur cette question qui passionne, en ce moment, l'opinion. Pour nous, toute mesure radicale serait regrettable ; nous pensons qu'il faut, en cette matière, agir avec la plus grande réserve et la plus grande prudence. Démonétiser l'argent, c'est, en jetant le trouble dans les esprits, faire pis que le mal lui-même.

Arguments des monométallistes.

Les partisans de cette mesure soutiennent que, par suite de l'exploitation facile de nouvelles mines d'argent, nous sommes menacés d'une invasion de ce métal : on nous prendra tout notre or en échange d'un métal qui se déprécie chaque jour et dont la dépréciation menace de s'aggraver. Donc, nous ne devons plus avoir qu'une seule monnaie, l'or ; nous devons, sans hésiter, abandonner et rejeter l'argent.

Réponse facile.

Il nous paraît facile de répondre à cette argumentation.

L'agitation et le trouble qui se produisent aujourd'hui ne sont pas chose nouvelle.

Mêmes arguments autrefois mis en avant contre l'or.

Lors de la découverte des mines d'or de la Russie septentrionale, de la Californie et de l'Australie, on soutenait, avec la même énergie, avec la même conviction, que ces productions d'or devaient entraîner la valeur de ce métal dans une baisse profonde et causer une révolution dans les intérêts économiques et commerciaux du pays.

En Angleterre, on se demandait, pour éviter des désastres probables, s'il ne fallait pas abandonner l'étalon d'or pour revenir à l'étalon d'argent.

En France, en présence de la prime de 7 ‰ que faisait l'argent sur l'or, on demandait également la démonétisation de l'or. On craignait que, sous l'influence de l'extraction considérable dont toutes les nouvelles mines d'or étaient devenues le siège, on craignait, disons-nous, une perturbation générale des prix, le dérangement profond de différents intérêts, la modification plus ou moins radicale des différents rapports sociaux.

Qu'est-il advenu de toutes ces craintes?

Productions plus fortes tantôt de l'or, tantôt de l'argent.

Peu de temps après, on découvrait des mines d'argent ; ce métal baissait et l'équilibre se rétablissait facilement entre l'or et l'argent. Aujourd'hui, on a découvert des mines argentifères d'une richesse incalculable : l'argent baisse. Mais que demain — l'hypothèse n'est nullement irréalisable — de nouvelles mines d'or soient découvertes, la valeur de l'or baissera sur le marché général.

Ce va-et-vient s'est toujours produit ; il se continuera indéfiniment. Les deux métaux sont, en effet, exposés à l'action de causes quelquefois très énergiques qui modifient profondément le rapport entre l'offre et la demande et tendent, par cela même, à changer la valeur, tantôt de celui-ci, tantôt de celui-là.

On ne voit donc pas de raison — à moins que la crainte et la peur ne soient des arguments — pour que, systématiquement, un pays qui s'est constamment servi, pour ses échanges, des deux métaux, se mette à répudier l'un des deux et à réserver absolument à l'autre l'attribution monétaire.

Débouchés assurés à l'argent.

En admettant même une production d'argent dans des proportions bien plus considérables que celles qu'on prévoit et qu'on annonce, cette production trouverait facilement des débouchés nouveaux et des emplois certains.

Cinq grands pays ont le cours forcé.

En effet, à l'heure actuelle, cinq grands pays, la Russie, l'Autriche, l'Italie, l'Espagne, les Etats-Unis sont au régime du cours forcé et ont une circulation de 13 milliards de francs non convertibles en espèces. Tout récemment encore, le Brésil, l'Uruguay et le

Pérou ont dû recourir au cours forcé. La monnaie d'argent, par le fait même de cette situation, prendra certainement une part de plus en plus grande dans les échanges internationaux. Bientôt, elle se trouvera de pair avec la circulation de ce papier à cours forcé. Quel est le pays qui, au lieu de posséder du papier-monnaie, ne préférera avoir dans ses caisses des espèces sonnantes en argent ?

Retraits du papier.

Déjà les Etats-Unis profitent de cette situation. Un projet de loi sur *l'émission des monnaies d'argent* a été soumis au congrès. Il a reçu l'assentiment des deux Chambres et n'attend plus, pour être mis en vigueur, que l'approbation du président Grant. Aux *termes* de cette loi, le papier-monnaie divisionnaire, actuellement en cours aux Etats-Unis, devra, qu'il soit déjà dans les caisses de l'Etat ou qu'il y rentre, être remplacé par des monnaies divisionnaires. Plus de 200 millions de papier-monnaie vont ainsi être remplacés par des pièces d'argent ; dans cette opération, le trésor américain bénéficie *tout à la fois* et de la *baisse* de l'argent, et de l'économie qui résultera pour lui de la non-fabrication du papier-monnaie, fabrication qui lui coûtait plus de 5 millions par an.

Que cet exemple soit suivi par les autres pays qui emploient le cours forcé, on peut être assuré que la production des mines d'argent ne pourra satisfaire aux demandes. On peut être assuré, dans tous les cas, que, si la dépréciation de l'argent continue, ce métal est appelé à remplacer, dans une large part, le papier-monnaie. Du reste, dans un pays comme le nôtre, où existent de grands établissements financiers comme la Banque de France, le Crédit foncier, la Société générale, le Crédit industriel, le Crédit lyonnais, qui disposent de capitaux considérables, qu'ils peuvent avoir à rembourser du jour au lendemain dans un moment de crise, l'existence d'une monnaie double a une utilité incontestable : celle d'augmenter les garanties contre la suspension des paiements en espèces de ces grands établissements

Facilités de payement.

de crédit. Lorsqu'on peut s'acquitter avec deux matières, on est plus assuré d'en trouver ce qu'on veut, que si l'on ne pouvait payer qu'avec une.

Une trop grande abondance d'argent serait-elle un mal? A notre avis, ce serait un grand bien. Comme le faisait remarquer récemment M. Michel Chevalier, on n'a plus à redouter l'abondance et le bon marché d'une denrée, quelle qu'elle soit : blé, laine, soie ou métal.

Lorsqu'en 1817, le prix du blé s'éleva jusqu'à 73 francs l'hectolitre, il se trouva des gens pour célébrer cette calamité comme un bienfait et l'on en a vu verser des larmes lorsque, depuis, il est tombé au taux d'une vingtaine de francs, d'où il ne s'écarte guère, fort heureusement. On est revenu de ces aberrations et, pour tout le monde aujourd'hui, l'abondance est une bénédiction du Ciel. Si donc l'argent devient abondant, tant mieux pour tout le monde, tant pis seulement pour ceux qui le thésaurisent : ce serait tant pis, par exemple, pour la Banque de France, qui a 500 millions d'argent sur son encaisse métallique totale de 1,700 millions.

L'expérience, dit-on, a démontré qu'il est impossible de maintenir un rapport fixe entre les deux métaux précieux dans le système monétaire des Etats. Le point important, en effet, à déterminer, c'est la plus ou moins grande fixité de la valeur de l'un ou de l'autre. A cette objection nous répondrons que c'est là une question de fait : qu'on découvre des mines d'or — et, nous l'avons dit, on vient d'acquérir la certitude de grands gisements aurifères à la Guyane, — on donnera la préférence à l'argent; qu'on découvre les mines d'argent, on donnera la préférence à l'or. Devons-nous, chaque fois qu'une de ces découvertes se produira, modifier notre système monétaire et préférer tantôt l'or, tantôt l'argent ?

Statu quo nécessaire.

On ne saurait, à notre avis, apporter trop de réserve et de prudence dans des questions aussi graves. Mieux vaut ne rien faire, mieux vaut rester dans le *statu quo* que de risquer de se tromper. Et, pour le moment, il est préférable de laisser patiemment les événements suivre leur cours et de se borner à limiter, momentanément, la fabrication des pièces d'argent de 5 francs. C'est là, du reste, ce que propose le gouvernement. Toucher inconsidérément à la monnaie, c'est, dirons-nous avec un illustre maître, « toucher à la propriété, au rapport des fortunes privées les unes avec les autres, aux obligations réciproques du débiteur et du créancier... (1) » Limitation de la frappe.

Les idées que nous défendons sur la question monétaire sont conformes aux résolutions proposées par le gouvernement. Le projet de loi présenté au Sénat par le ministre des finances, M. Léon Say, nous paraît sage, prudent et, pour le moment, suffisant. Lorsque ce projet de loi sera discuté, nul doute qu'il ne soulève de vifs débats. La question monétaire a le don de passionner ceux qui s'occupent de finances et d'économie politique. Les partisans du *statu quo*, du maintien du double étalon, sont nombreux ; non moins nombreux sont les partisans de l'unique étalon d'or. Ces derniers comptent à leur tête M. Michel Chevalier et l'éminent économiste, dans un mémoire des plus remarquables (2), vient d'apporter, dans la discussion, le poids de son talent, l'autorité qui s'attache à tous ses écrits. Projet conforme de M. Léon Say.

M. Michel Chevalier examine tour à tour les différents termes de la question. Après avoir défini la monnaie, il explique ce que c'est que le simple et le double étalon : puis, prenant la défense de l'étalon d'or contre ceux qui préconisent les deux étalons d'or et d'argent, il fait l'historique complet — un véritable cours de législation — des différentes lois monétaires discutées ou adoptées en France depuis 1789. Il examine les révolutions successives qui se sont produites dans le rapport des deux métaux à la suite des découvertes, Les monométallistes, M. Michel Chevalier

1. Michel Chevalier, *de la Monnaie*, page 150.
2. Michel Chevalier, *le Système monétaire*. — Le simple et le double étalon.

tantôt de mines d'or, tantôt de mines d'argent. Puis, revenant aux arguments et aux propositions des défenseurs du double étalon, il discute, point par point, chacun de ces arguments et conclut en faveur du simple étalon.

Thèse brillante.

Il est impossible, dans des questions aussi arides, d'être plus précis, plus net, plus clair. En lisant le travail de M. Michel Chevalier on est entraîné par son argumentation rapide et brillante ; il est impossible d'apporter, dans la défense d'une cause, plus de talent, plus de vigueur, plus de conviction ; c'est une véritable séduction qui fascine et captive le lecteur. Les défenseurs de l'étalon d'or ne pouvaient avoir un meilleur champion et, nous le disons sans crainte d'être démenti, si M. Michel Chevalier ne rallie pas tout le monde à la cause qu'il défend si brillamment, il y a cependant deux points qu'il a mis en pleine lumière, hors de discussion, et qui sont, à notre avis, irréfutables : d'une part,

Destinées de la monnaie.

les destinées de la monnaie, destinées bien précaires en présence des variations nombreuses qui se produiront dans la production des deux métaux ; d'autre part, le

Rapport fixe des deux métaux.

rapport arbitraire de 1 gramme à 15 grammes 1/2 entre l'or et l'argent dans le double étalon et qui peut devenir une cause d'embarras, de pertes et de difficultés dans

Théorie et pratique.

l'avenir. Au point de vue théorique, M. Michel Chevalier a raison ; mais, dans la situation présente, dans la pratique, les faits se dresseraient contre ses théories. Supposons, en effet, l'argent écarté de la circulation. Par quoi le remplacer ? Par de l'or. Mais, où le trouver, où le demander? Si l'argent était, de par une loi, écarté de la circulation, il subirait une baisse autrement considérable que celle qu'il éprouve aujourd'hui, sous l'influence surtout des discussions auxquelles on se livre, et, d'un autre côté, l'or éprouverait un vif mouvement de hausse par suite des demandes dont il serait l'objet. Les Banques d'Angleterre et d'Allemagne, dont les réserves sont en or, fermeraient immédiatement leurs guichets. Dans les pays où le système monétaire est basé sur la circulation des billets de banque, qui, à leur tour, sont garantis par un dépôt proportionnel d'or et d'argent, c'est la réunion des deux métaux qui a permis l'émission d'une si grande masse de papier-monnaie. Otez un des facteurs de la circulation des billets, par quoi le remplacerez-vous? Comment pourrez-vous remédier au trouble que produirait une semblable mesure? Et les pays qui ont encore le cours forcé, comment pourraient-ils jamais reprendre leurs paiements en espèces s'ils se trouvaient en présence de l'or seul? Les besoins d'or seraient tellement grands qu'il s'ensuivrait une hausse considérable de ce métal sur les marchés. Nous aurions donc, d'une part, l'argent, d'autant plus avili qu'il serait plus discrédité ; d'autre part, l'or, d'autant plus cher qu'il serait plus recherché. Avant de démonétiser l'argent, il faudrait, ce nous semble, démontrer que l'abondance de l'or est telle qu'elle peut suppléer au vide qui se produirait à la suite de la démonétisation de l'argent. Que cette démonstration soit faite, nous n'hésitons pas à déclarer que tout le monde sera partisan de l'étalon d'or. Jusque-là, il convient d'agir avec prudence et circonspection et de s'en tenir aux propositions présentées par M. Léon Say dans le projet de loi soumis au Sénat. Adoptons des mesures de précaution, rien de mieux : mais qu'on se garde de mesures trop radicales. La démonétisation de l'argent augmenterait les embarras de la situation : le bien que cette mesure pourrait peut-être procurer, dans l'avenir, ne compenserait pas le mal qu'elle créerait dans le présent.

Circulation fiduciaire. Double facteur nécessaire.

Circonspection à conserver.

LA CONVERSION DU 5 %

Probabilités de conversion.

La conversion du 5 % nous paraît prochaine.

De toutes parts, en effet, l'argent abonde et ne sait où trouver un emploi sûr et avantageux. Les institutions de crédit paient à peine 1/2 % ou 3/4 % à leurs comptes de dépôts ; les bons du Trésor sont recherchés même à 1/2 et 1 % ; les premières signatures trouvent preneurs à 1 %. Il est assurément certain que, si l'Etat voulait emprunter aujourd'hui, il trouverait facilement à 4, 4 1/2, 5 % au plus cher, tout l'argent qu'il désirerait. Les anciennes obligations de la ville de Paris rapportent moins de 3 % ; les obligations nouvelles ne donnent pas 4 %. Le moment paraît donc particulièrement favorable pour réaliser cette opération.

* * *

Conditions de cette conversion.

Dans quelles conditions s'effectuera cette conversion ?

Cette conversion se fera-t-elle en 4 1/2 ou en 3 % ?

Quels avantages procurera-t-elle à l'Etat ?

Quels avantages le public pourra-t-il en retirer ?

Quelles sont les mesures à prendre, aussi bien par l'Etat que par le capitaliste, en prévision de la conversion ?

La grande quantité de rentes à convertir est-elle une difficulté insurmontable ?

Doit-on procéder par séries ?

Telles sont les questions que nous allons examiner.

Détail de la dette consolidée.

La dette consolidée, représentée par des titres de rentes cotés et se négociant à la bourse, se divise ainsi qu'il suit :

	francs.
Rente 5 %	346.001.605
Rente 4 1/2 %	37.450.476
Rente 4 %	446.096
Rente 3 %	354.100.689
Total	746.908.886

Tel est le montant des arrérages que l'État doit payer annuellement. Ce qui frappe tout d'abord dans ce relevé, c'est la faible quantité existante de rentes 4 1/2 et 4 %, et la proportion presque égale des rentes 5 % et 3 %.

Les rentes 5 % exigent annuellement 346,001,605 fr. d'intérêts à payer.

Ces rentes, il est à peine besoin de le rappeler, proviennent de l'emprunt de 2 milliards effectué en vertu de la loi du 20 juin 1871, et de l'emprunt de 3 milliards réalisé en conséquence de celle du 15 juillet 1872.

		fr. c.
Le produit brut de l'emprunt de 2 milliards fut de		2.225.994.045 00
Le produit brut de l'emprunt de 3 milliards, de...		3.498.744.039 00
Total....................		5.724.738.084 00
Dont il faut déduire :	fr. c.	
Frais de l'emprunt de 2 milliards..........................	83.671.193 28	167.410.839 72
Frais de l'emprunt de 3 milliards..........................	84.739.343 34	
Produit net des deux emprunts........		5.557.328.144 28

Les arrérages annuels inscrits au budget pour le service de ces deux emprunts s'élèvent :

	fr. c.
Pour l'emprunt de 2 milliards à (1)..........	134.908.730 00
Pour celui de 3 milliards à..................	207.026.310 00
Total..................	341.935.040 00

Il ressort de ces chiffres que : pour l'emprunt de 2 milliards, l'État a emprunté à 6.29 % ; pour l'emprunt de 3 milliards, l'État a emprunté à 6.07 %. Le taux auquel, pour les deux emprunts réunis, ressort le produit net est de 6.17 1/2 %. L'État a emprunté à 6.17 ½ %.

(1) Non compris une somme de 4.066.865 francs pour arrérages de rentes souscrites par les porteurs de livrets des caisses d'épargne.

Or, il est bien évident, aujourd'hui, que le crédit de l'État s'est amélioré d'une façon sensible et qu'il pourrait emprunter à des conditions moins onéreuses qu'en 1871 et 1872.

En effet :

le 3 % est à 70 francs ; il rapporte 3 francs soit 4.28 %.
le 4 1/2 % est à 100 francs ; il rapporte 4 fr. 50 soit 4.50 %.
le 5 % est à 106 francs ; il rapporte 5 francs soit 4.71 %.

Il pourrait emprunter à 4 ½ %.

Le taux moyen du revenu des rentes à 3, 4 1/2 et 5 % est donc compris entre 4.28 % et 4.71 %, soit à 1/2 centime près, 4 1/2 %.

C'est donc assurément à ce taux que l'Etat pourrait emprunter, s'il le jugeait convenable ; et, en présence de l'abondance des capitaux, de l'extrême bon marché de l'argent, nul doute que ses emprunts ne soient largement couverts.

Entre le taux de 6.175 %, prix auquel l'Etat a emprunté en 1871 et 1872, et celui de 4 1/2 %, auquel son crédit est coté par le cours moyen de ses rentes, et auquel aussi il pourrait trouver tout l'argent nécessaire, il existe donc un écart de 1 fr. 67 %.

Cet écart représente exactement l'amélioration du crédit de l'Etat depuis ses deux grands emprunts de 1871 et 1872.

Dans des circonstances difficiles, l'Etat a emprunté à 6.175 %.

Les circonstances sont tout autres : l'argent est devenu abondant ; le crédit de l'Etat s'est raffermi. Et maintenant il peut emprunter à 4 1/2 %.

La conversion s'impose.

L'Etat doit-il continuer à servir un intérêt de 6.175 %, quand il peut se procurer de l'argent à 1.67 % meilleur marché ? Evidemment, non.

Il n'a que deux choses à faire : emprunter à 4 1/2 % pour rembourser ses premiers prêteurs à 6.175 % ; rembourser au pair de 100 francs le montant de ces emprunts ou réduire l'intérêt primitivement servi.

L'idée de la conversion des rentes s'impose, on le voit, d'elle-même à l'esprit des gouvernants.

* * *

Économie pour l'État : 35 millions.

Quel que soit le système adopté pour réaliser la conversion, la base même de celle-ci sera, dans tous les cas, la réduction de 1 1/2 % dans l'intérêt payé aux porteurs de rentes 5 %, et conséquemment, économie pour l'Etat de 34,600,160 fr. 50 de rentes annuelles à payer.

Qu'on offre aux porteurs de rentes 5 %, 4 fr. 50 de rentes 4 1/2 % ; ou 4 fr. 50 de rentes 3 % contre 5 francs de rentes 5 % ; qu'on leur donne, moyennant le paiement d'une soulte, le même revenu que celui qu'ils avaient précédemment, le résultat final, pour l'Etat, sera toujours le même :

Économie dans les rentes annuelles à payer, ou bien, même chiffre de rentes à payer par an, mais disponibilité de capitaux considérables obtenus par la réalisation immédiate, ou par le versement d'une soulte, des 34 millions 600,160 fr. 50 de rentes économisées. Dans ce dernier cas, le procédé adopté pour l'emprunt Morgan pourrait être encore mis en pratique.

4 1/2 %, 4 % ou 3 %.

La conversion de la rente 5 % se fera-t-elle en 4, en 4 1/2 ou en 3 % ?

4 % à écarter.

Nous écartons complètement l'idée de la conversion en 4 %. Cette catégorie de rentes est, en effet, presque inconnue à la Bourse et n'y donne lieu à aucune négociation. En ce qui concerne les rentes 4 1/2 et 3 %, les opinions sont partagées et les arguments ne manquent pas pour défendre ces deux modes de conversion.

4 1/2 %. Conditions nécessaires. Difficultés de les réaliser.

Pour que la conversion du 5 % en 4 1/2 pût aboutir, il faudrait, à notre avis, que les cours, du 4 1/2 fussent à la hauteur de ceux cotés sur le 5 %, et que, d'après les cours de la bourse, 4 fr. 50 de rentes 4 1/2 valussent autant que 5 francs de rentes 5 %. En un mot, il serait nécessaire que la rente 4 1/2, remise en échange du 5 %, représentât au moins une somme égale à celle que produirait la vente de la rente 5 %. En ce moment, le 5 % est à 106 francs. Supposons que, au moment de la conversion, ce soit là le cours coté. En échange d'un titre de 5 francs de 5 %, l'État remettrait un titre de 4 fr. 50 de rentes 4 1/2. A 106 frans, 5 francs de rentes 5 % représentent un capital de 106 francs.

A quel cours faudrait-il que le 4 1/2 fût coté pour faire produire un capital de 106 francs à une rente de 4 fr. 50? Également à 106 francs.

Ces seuls cours indiquent combien serait grande la difficulté pour le Trésor de faire échanger un titre de rente au-dessus du pair, contre un autre titre de rente également au-dessus du pair; ajoutons qu'avec la rente 4 1/2 %, il serait impossible d'obtenir une soulte ainsi qu'on pourrait le faire en employant la rente 3 %. Enfin, le rentier qui, en échange de 5 francs de rentes 5 % cotés 106 francs, recevrait seulement 4 fr. 50 de rentes 4 1/2. cotés 106 francs, — en admettant que l'obtention de ce cours fût possible, — craindrait, non sans quelque raison, d'être exposé plus tard à une nouvelle conversion. En 1852, on garantissait le 4 1/2 contre toute conversion pendant dix années. Ces dix années étaient à peine écoulées qu'en 1862, une conversion du 4 1/2 avait lieu en 3 %.

Avec ces craintes continues de conversion, le rentier ne verrait aucune chance de hausse pour son titre et, dès lors, l'opération que voudrait faire le Trésor risquerait fort d'être compromise. Or, quand il s'agit d'une opération se chiffrant par milliards, on n'a pas le droit de laisser une part à l'imprévu, au hasard. On ne doit proposer et faire la conversion qu'autant qu'on est sûr qu'elle réussira. Il ne faut, en un mot, tenter cette opération qu'en ayant toutes les chances de succès et en ne laissant au hasard que ce qui, dans toutes les affaires humaines, ne peut être ni prévu ni évité.

Il faudrait donc que le 4 1/2 % fût au moins à 106 fr., pour qu'un détenteur de 5 francs de rentes 5 % à 106 francs se décidât à échanger ses 5 francs de rentes contre 4 fr. 50 de 4 1/2 %. Le 4 1/2 % est actuellement à 100 francs, en tenant compte du prochain coupon qui va être détaché. On devrait provoquer ou attendre une hausse de 6 unités pour tenter cette opération. Signaler ces chiffres, c'est indiquer de suite les inconvénients du système proposé par ceux qui voudraient voir la conversion du 5 % s'effectuer en 4 1/2 %.

En adoptant le type de rente 3 %, ces inconvénients disparaissent. Il nous sera facile de le prouver en choisissant, pour exemple, les mêmes chiffres que ceux que nous avons pris pour la rente 4 1/2. 3 %. Ses avantages.

Supposons également qu'au moment de la conversion, la rente 5 % soit à 106 francs, et que la conversion en rentes 3 % soit décidée, c'est-à-dire que, en échange d'un titre de 5 francs de rentes, le Trésor doive remettre un titre de 4 fr. 50 de rentes 3 %. Pour faire réussir l'opération, il suffirait de conduire le 3 % au cours de 72 francs, ou bien de le maintenir au prix de 70 francs, en faisant fléchir le 5 % à 104.

En effet, à 72 francs, 4 fr. 50 de rentes 3 % représenteraient un capital de 108 francs, tandis qu'à 106 francs, 5 francs de 5 % représentent seulement un capital de 106 francs.

Si, au contraire, le 5 % était coté seulement 104 francs au moment de la conversion et que le 3 % fût maintenu à 70 francs, la conversion serait encore réalisable.

5 francs de 5 % à 104 francs représentent 104 francs, tandis que 4 fr. 50 de 3 % à 70 francs représentent 105 francs. Qui donc refuserait d'effectuer la conversion, si, au moment où elle était proposée, le 5 % était à 104 ou 106 francs, et le 3 % à 70 ou 72 francs ?

Personne : car le capital produit par la vente de 5 francs de rentes serait moins élevé que celui des 4 fr. 50 de rentes 3 % remis en échange. De plus, le 3 % aurait encore devant lui des éléments nombreux de hausse. Le public se rappellerait que le 3 % se négociait à 75 francs avant la guerre, que précédemment et pendant longtemps son cours normal a oscillé entre 75 et 80 francs.

5 % et 3 % cours comparés.

Il n'est pas inutile de rappeler, en effet, les cours du 3 % aux diverses époques auxquelles les cours du 5 % ont approché, atteint, ou dépassé le niveau actuel. Le tableau suivant offre à ce point de vue quelque intérêt :

ÉPOQUES	NATURE DES RENTES	
	5 %	3 %
	fr. c.	fr. c.
1825	106 25	76 00
1830	109 85	85 35
1835	106 40	78 75
1845	122 85	86 40
1852	106 50	86 00

Il résulte de ces chiffres que lorsque le 5 % a été coté aux environs du cours de 106 francs, le 3 % a valu au moins 76 francs et souvent beaucoup plus. Or, notre 5 % a regagné ce cours de 106 francs et le 3 % à 72 francs vaut encore 4 francs de moins que son ancien cours de 1825 et 14 francs de moins qu'en 1845 et 1852.

Cette combinaison serait avantageuse pour l'Etat et pour le public.

Pour l'Etat : il gagnerait 1/2 % par chaque 5 francs de rentes échangés, puisque contre 5 francs de 5 % il remettrait 4 fr. 50 de 3 %.

Pour le public : puisque ce dernier recevrait 4 fr. 50 de rentes 3 %, pouvant être vendues plus cher que 5 francs de rentes 5 %.

Pour que cette combinaison réussisse, il est nécessaire, disons-nous, que le 3 % soit à 72 francs et le 5 % à 106 francs, ou bien le 3 % à 70 francs et le 5 % à 104 francs.

Pour que la combinaison en rentes 4 1/2 % ait quelque chance de succès, il faudrait que le 4 1/2 fût coté 106 fr. Or, n'est-il pas plus facile de faire monter le 3 % à 72 francs que de faire monter le 4 1/2 à 106 francs ?

D'ailleurs, le jour où le ministre des finances aura arrêté la conversion du 5 % en 3 %, les banquiers qui seront intéressés à la réussite de l'opération sauront bien mettre les cours de nos deux fonds d'Etat au niveau qui doit s'établir pour faciliter le succès. On verra se produire, d'une part, des ventes de rentes 5 % et, d'autre part, des rachats de rentes 3 %.

Qu'on se rende compte de ce qui s'est passé au moment de la conversion de l'emprunt Morgan : ce qui, à cette époque, a été fait sur une échelle restreinte, sera effectué alors en grand, qu'on en soit convaincu : le 3 % montera, tandis que le 5 % restera stationnaire, de même que le 3 % montait et a continué depuis son mouvement de hausse, tandis que les obligations Morgan restaient à leur prix pendant la conversion et baissaient aussitôt leur conversion terminée.

Avantages réalisés avec la conversion en 3 %.

En effectuant la conversion du 5 % en 3 %, en donnant 4 fr. 50 de 3 % pour 5 francs de rentes 5 %, l'Etat bénéficie, avons-nous dit, de 50 centimes par 5 francs de rentes ainsi échangées.

Cette différence représentera une économie de 34 millions 600,160 francs de rentes.

On voit, tout de suite, quels bénéfices énormes fera l'Etat, s'il capitalise cette rente, soit en la négociant au cours de la bourse, soit en la remettant aux rentiers moyennant paiement d'une soulte.

A 100 francs en 4 1/2 %, 34,600,160 francs de rentes représentent un capital de 768,892,444 francs.

A 70 francs en 3 %, 34,600,160 francs de rentes représentant un capital de 807,337,066 francs.

Rien ne sera plus facile pour l'Etat que de se procurer cette somme au moment de la conversion, en faisant verser une soulte à ceux qui voudront avoir la même quantité de rentes 3 % que celles qu'ils possédaient en rentes 5 %. Si, à cette époque, 3 francs de rentes 3 % valent 70 francs, 5 francs de rentes 3 % à ce cours vaudront 116 fr. 66. A 72 francs, 5 francs de rentes

3 % valent 120 francs. La soulte à verser pourrait donc être la différence qui existe entre le prix de 5 francs de rentes 3 % et le cours auquel nous supposons que le 5 % se négociera au moment de la conversion ; c'est-à-dire de 12 à 14 francs par 5 francs de rentes.

Cette soulte serait-elle trop considérable, trop lourde ? Les chiffres répondent pour nous.

A 70 francs, 5 francs de 3 % représentent 116 fr. 66, c'est-à-dire la somme que chacun pourrait se procurer en vendant son titre à la bourse et, si le 3 % se négocie au-dessus de 70 francs, l'opération devient de plus en plus avantageuse et pour ceux qui se borneront purement et simplement à convertir leur 5 % en 3 %, et pour ceux qui augmenteront leur chiffre de rentes 3 % par le paiement de cette soulte.

Nous ne prétendons pas que les chiffres de 104 francs et 106 francs pour le 5 % et de 70 francs et de 72 francs pour le 3 %, soient absolument ceux qui seront cotés au moment de la conversion. Nous avons voulu exposer simplement quels avantages évidents, certains, palpables, l'Etat doit retirer de la conversion du 5 % en 3 %, comment on devra faire pour arriver à faciliter la conversion ; comment enfin il sera plus facile de diriger le marché du 3 % que celui du 4 1/2 %.

Cours respectif des rentes au moment de la conversion.

Pour que la conversion des rentes soit opportunément effectuée, tout en tenant compte des divers incidents que nous avons indiqués, il faut que le 3 % soit coté 72 francs si le 5 % est à 106 francs, ou bien 70 francs si le 5 % est à 104 francs.

Entre le cours coté sur le 5 % et le 3 %, il devra exister, au moment de la conversion, un écart de 34 unités entre les deux rentes.

Moins l'écart sera grand, plus les cours du 3 % seront élevés et conséquemment plus grands seront les avantages des rentiers qui feront la conversion.

Ce résultat sera-t-il facile à obtenir ? Nous le croyons fermement. Lorsque la conversion du 5 % en 3 % sera tout à fait décidée, il sera aisé de faire monter le 3 % et de maintenir simplement les cours du 5 % : on verra le 3 % s'élever progressivement et le 5 % rester stationnaire.

Dans tous les cas, quelles que soient les variations futures du 5 % et du 3 %, il faudra, lorsque l'heure de la conversion aura sonné, que l'écart entre le 5 % et le 3 % soit au minimum de 34 unités : c'est-à-dire : 104 et 70 — 105 et 71 — 106 et 72 — 107 et 73 — 108 et 74 — 109 et 75 — 110 et 76.

Il est indispensable, en un mot, qu'au moment de la conversion, 4 fr. 50 de rentes 3 % puissent, au cours de la Bourse, se vendre au moins aussi cher que 5 francs de rentes 5 %. Dans ce but, il faut absolument que l'écart indiqué ci-dessus dans le cours des rentes 5 % et 3 %, se réalise et soit maintenu.

***

Résumons-nous : Résumé et conclusions.

La conversion est un acte légitime de l'Etat. Tout débiteur peut se libérer quand il le juge convenable, s'il trouve à contracter le même emprunt à de meilleures conditions. — La conversion doit avoir pour unique objet une réduction d'intérêt. — Elle doit être pratiquée au milieu de circonstances politiques et financières qui en assurent le succès ; une conversion exige des temps calmes aussi bien à l'intérieur qu'à l'extérieur du pays. — Elle ne doit pas être partielle et réalisée par voie de séries ou d'annuités. Ce serait créer des inégalités qui provoqueraient des plaintes ; ce serait favoriser un stérile agiotage et se mettre à la merci des circonstances en prolongeant une opération qui ne saurait s'accomplir trop rapidement.

Au taux nominal de 100 francs, nos rentes 5 % représentent un capital de 6,920,032,100 francs. Etant donné le développement acquis par le crédit public, une conversion s'opérant sur un chiffre semblable n'a absolument rien d'impossible à réaliser (1).

Convertir en 3 %. La conversion doit être effectuée en 3 %.

Nous avons dit pourquoi cette rente devait le plus favoriser le succès de l'opération. Le 3 %, ajouterons-nous encore, est préférable au 4 1/2 dans l'intérêt du crédit public et dans celui des rentiers ; le crédit public a besoin de stabilité et des opérations de conversion trop fréquentes l'ébranleraient profondément ; d'autre part. les rentiers ont besoin de sécurité. Or, il est clair que la rente 3 % à 70 ou 72 francs étant plus éloignée de 100 francs, pair nominal, que le 4 1/2 % qu'il faudrait faire monter au-dessus de 100, est, par suite, à l'abri d'une nouvelle réduction d'intérêts pour un plus grand nombre d'années (2).

La conversion en rente 3 % est la seule qui puisse être pratiquée, surtout si l'échange doit être effectué avec soulte.

Sans soulte. Et ici, qu'il nous soit permis d'insister. Ce procédé de la soulte, nous ne le proscrivons pas absolument ; nous entendons seulement en restreindre l'emploi dans de justes limites. L'Etat ne doit y avoir recours que dans des circonstances exceptionnelles et seulement alors qu'il ne pourrait, par tout autre moyen, se procurer des ressources, dont la nécessité absolue serait démontrée.

Si l'Etat se borne à effectuer la conversion, sans soulte, c'est-à-dire si, contre un titre de 5 francs de rentes 5 %, il remet en échange 4 fr. 50 de rentes 4 1/2 ou 3 francs de rente 3 %, son bénéfice certain sera une économie annuelle de 34,600,160 francs de rentes à payer.

(1) En 1822, l'Angleterre effectua en peu de jours une conversion de près de 4 milliards. Le chancelier de l'Echiquier en donna le premier avis aux porteurs de rentes le 22 février ; le 25, la communication fut portée au parlement, et du 4 au 16 mars. l'option des rentiers fut connue; le 18, l'opération était terminée sans secousse, bien qu'il s'agît d'une réduction d'intérêt annuel de 30 millions et d'un capital de 3 milliards 746.051.000 francs.

(2) « Plus la dénomination d'intérêt est faible, plus elle est avantageuse aux détenteurs de rente. » (E. de Girardin, *Questions financières*.)

Si, au contraire, il capitalise immédiatement cette rente, ainsi qu'il l'a fait pour l'emprunt Morgan, l'État peut se procurer, par le paiement de la soulte, un capital de près de 800 millions.

Ce procédé ne nous paraît admissible qu'autant que les 800 millions ainsi obtenus serviraient à des dépenses productives, à celles réclamées par l'instruction publique, les grands travaux, l'amélioration des routes et des canaux ; ou bien serviraient encore à doter, en partie, le compte de liquidation, qui représente notre trésor de guerre et où l'on puise les millions nécessaires à la réorganisation de notre armée.

Enfin, il est indispensable qu'entre les cours cotés sur le 5 % et le 3 %, il existe, au minimum, un écart de 34 unités, c'est-à-dire, par exemple, 106 francs et 72 francs. Par conséquent, tant que l'écart entre les deux rentes est supérieur à 34 unités, la rente à convertir, c'est-à-dire le 5 %, est toujours avantageuse à vendre pour acheter du 3 %. Écarts de cours.

A quelque solution que s'arrête le Gouvernement, il ne saurait considérer comme absolument arbitraire l'époque à laquelle la conversion devra avoir lieu. Nous dirons plus : il n'est pas le maître d'en reculer à sa volonté l'exécution ; il doit, dès à présent, en prévoir *d'une manière approximative* le *terme fixe* et s'y préparer. Le gouvernement doit prévoir l'époque de la conversion et s'y préparer.

L'ENQUÊTE UTILE

La Chambre des députés a décidé, en inaugurant ses travaux, de faire procéder à une enquête minutieuse sur les actes administratifs qui se sont produits pendant la période électorale. Une enquête politique.

Cette mesure est-elle utile ? on peut le contester, car l'intérêt général n'y gagnera certainement rien et la Mesure contestable.

Enquête économique nécessaire, au contraire.

marche et le progrès des affaires n'en seront pas modifiés dans un sens favorable. C'est une tout autre enquête que nous voudrions voir ouvrir et, avec nous, tout ce qui travaille en France, enquête autrement utile, autrement nécessaire, enquête unanimement réclamée, enquête portant sur les questions les plus diverses, les plus complexes et les plus délicates. Cette enquête éclairerait tous les points restés obscurs ou douteux des grands problèmes de la solution desquels dépend la prospérité de la nation; problèmes nombreux, d'une égale portée et présentant chacun un caractère d'urgence incontestable.

Marine marchande.

Il est bien certain, par exemple, que la prospérité de notre marine marchande intéresse au plus haut point l'avenir du commerce d'exportation et d'importation qui s'effectue par nos frontières maritimes. C'est une industrie considérable qui en alimente une foule d'autres. Partout, sur nos côtes, elle languit et décline graduellement. Nous n'avons plus pour l'alimenter les vastes établissements coloniaux que nous possédions autrefois. Nous n'avons plus le Canada, nous n'avons plus la Louisiane, nous n'avons plus Saint-Domingue, ni nos possessions dans ces Indes, que jadis nous disputions à l'Angleterre. Nous n'avons plus ces puissantes et prospères colonies, dont aujourd'hui la production suffirait à entretenir l'activité d'une marine nombreuse. Nous nous préoccupons peu de ce que nous avons gagné en territoire colonial et nous ignorons presque complètement ce que nous avons perdu depuis un siècle.

Dépourvue de ces éléments d'action, notre marine marchande appelle d'énergiques encouragements. Elle réclame un outillage nouveau, des ports plus nombreux, des quais mieux aménagés, des facilités plus grandes. Parmi les marines des autres nations, elle n'occupe que le sixième rang, place indigne d'un grand pays qui possède une si vaste étendue de côtes et de grandes villes maritimes, si admirablement situées sur l'Océan et sur la Méditerranée.

Sur les besoins généraux de notre marine, sur ses besoins de détail, sur les réformes fiscales qu'elle réclame, une grande et minutieuse enquête peut seule nous éclairer ; les résultats d'une investigation de cette nature intéressent et notre commerce et notre industrie et notre agriculture.

Au point de vue du développement des voies ferrées, la France n'occupe encore que le sixième rang entre les nations. Ses grandes compagnies seules sont prospères. Ses compagnies secondaires agonisent et se ruinent. Ses lignes d'intérêt local ne se développent plus. Il y a là stagnation complète, tandis que les autres nations progressent toujours. Chemins de fer.

Les grands réseaux appellent encore bien des voies complémentaires ; le réseau local à exécuter mesure près de 4.000 lieues d'étendue. Pour combler ces vastes lacunes, il faudra compter et sur l'initiative de l'industrie et sur le concours de l'Etat, des départements et des villes.

Mais comment de si vastes travaux pourront-ils s'exécuter ? Dans quel délai devront-ils être achevés ? Auxquels donnera-t-on la priorité ? Quels sont les plus urgents pour l'avenir de nos ports, de notre marine, de notre production industrielle et commerciale ? C'est ce que, seule, une grande enquête peut nous apprendre ; enquête nécessaire qui démontrera enfin, avec évidence, que le pays recouvre avec usure toutes les dépenses consacrées aux grands travaux d'utilité publique. Elle démontrera que les emprunts ne ruinent pas les villes qui emploient les ressources ainsi obtenues en grands travaux d'édilité. Elle démontrera encore que l'Etat, en compensation des avances faites par lui aux compagnies de chemins de fer, réalise de ce chef, en recettes diverses ou en économies effectives, un produit de 170 millions de francs.

Le système de nos voies navigables ne réclame-t-il pas de promptes et larges améliorations ? Ne reconnaît-on Voies navigables.

Rivières et canaux. pas la nécessité d'effectuer de grands travaux sur le cours de nos fleuves et de nos rivières et sur la presque totalité de nos canaux ? Transformations urgentes dans un pays aussi étendu que le nôtre et qui doit utiliser avec grand profit un moyen de transport peu coûteux, très favorable à toutes les marchandises et denrées offrant beaucoup de volume et peu susceptibles de détérioration.

Sur les rivières, sur les fleuves, c'est le lit qu'il faut creuser, les eaux qu'il faut rendre plus profondes en multipliant les barrages ; les quais et les ports qu'il faut créer ou transformer.

Nos canaux, dont la construction présente de si étranges disparates, dont le système offre de si vastes lacunes, doivent être complétés, unifiés. Il importe de les transformer de telle sorte que les bateaux d'un même tirant d'eau puissent y naviguer facilement, sans que la différence de profondeur ou de largeur entraîne des transbordements longs et coûteux.

L'enquête que nous désirons nous apprendrait dans quelle mesure ces réformes seraient possibles, avec quelle rapidité elles pourraient être effectuées et quels sacrifices elles entraîneraient.

Régime des eaux. Cette enquête porterait aussi sur le régime général des eaux, qui intéresse à un si haut point notre agriculture. On saurait enfin ce qu'il convient de faire pour développer les canaux d'irrigation et par quels aménagements, ou par quelles précautions on parviendrait à conjurer les désastres presque périodiques que causent les inondations.

Liberté des échanges. Ainsi armée et outillée pour lutter sans trop d'inégalité avec les nations rivales, la France pourrait sans doute pratiquer enfin la liberté absolue des échanges. Dès à présent elle peut et doit déjà s'efforcer de donner une plus large extension aux principes consacrés par les réformes économiques de 1860. L'exécution énergique, mais cependant prudente et sage de ces réformes, a certainement accru la richesse de la France, imprimé à son industrie et à son commerce une activité, un essor, que ni les conséquences de la guerre étrangère, ni celles de nos luttes intestines n'ont pu arrêter. Cette transformation économique, qui sera l'éternel honneur des hommes qui y ont attaché leur nom, a ouvert la voie en dehors de laquelle la nation ne pourrait que s'égarer pour revenir ensuite en arrière. Si rapidement qu'elle ait été accomplie, les événements ont montré combien cette œuvre était solide, durable et féconde. Elle a résisté à toutes les guerres européennes, à toutes les tempêtes politiques, à toutes les crises financières.

Une grande enquête économique nous apprendra jusqu'à quelles justes limites il convient d'étendre l'esprit de la réforme de 1860, en tenant compte de la situation de nos industries et des charges qui pèsent sur elles, et de la réciprocité sur laquelle nous sommes en droit de compter. Extension de la réforme de 1860.

Cette enquête enfin nous apprendrait quels sont ceux de nos impôts qui grèvent le plus le commerce, la production industrielle et l'industrie des transports. Elle nous désignerait les taxes qu'il convient de réduire ou d'abolir dans le plus bref délai ; elle nous ferait prévoir quels résultats ces réductions ou suppressions auraient sur la consommation, sur les recettes du Trésor public, sur le bien-être général. Incidence des impôts grevant le commerce et l'industrie.

Sur cette question des impôts, la nécessité et la facilité de dégrèvements n'ont pas trouvé un seul contradicteur. La Chambre des députés, le Sénat, M. Léon Say, M. Gambetta, M. Caillaux, ont tour à tour reconnu qu'il fallait absolument alléger le lourd fardeau de taxes qui pèse sur le commerce et l'industrie. Qu'attend-on ? Dégrèvements à effectuer. Avis unanimes

Telle serait l'enquête vraiment utile, la seule que nous voudrions voir ouvrir et se poursuivre dans le pays. Certes celle-là ne causerait ni appréhensions, ni troubles, ni agitations. Pendant qu'elle s'effectuerait, on ne se demanderait pas si les faits qu'elle constaterait pourraient être invoqués pour renverser un ministère, un chef d'État ou un gouvernement tout entier. On se réjouirait de voir les élus de la nation rechercher curieusement les causes de sa misère et de sa richesse, afin d'atténuer l'une et de développer l'autre ; et chacun, encouragé par l'exemple d'un si noble zèle, oublierait nos divisions politiques pour reprendre avec plus d'ardeur que jamais l'œuvre de reconstitution économique et sociale.

Les intérêts du pays commandent cette enquête.

Des deux enquêtes, l'une purement politique, l'autre purement financière et économique, quelle est celle dont les résultats seraient les plus avantageux pour le pays ? Avons-nous besoin de répondre à cette question ? Nous craignons bien malheureusement que la Chambre des députés ne se préoccupe avant tout que de la politique pure au détriment de la vraie politique, celle des affaires, et que pendant longtemps encore les commerçants, les industriels, les contribuables ne pâtissent des dissentiments politiques de ceux dont le premier devoir serait de faire les affaires du pays.

LA BANQUEROUTE DES ÉTATS

Besoins croissants des États.

Les besoins financiers des gouvernements sont immenses ; ils s'accroissent chaque jour dans des proportions inouïes. Partout, il faut de l'argent et toujours de l'argent, et cela pour entretenir des armées nombreuses, pour perfectionner et multiplier les armements. Les dépenses des budgets de la guerre se soldent, chaque année, par milliards. Ces milliards, à qui les gouvernements les demandent-ils ? A ceux-là mêmes qui souffrent de ces armées, à ceux-là mêmes contre lesquels ils doivent servir. Quand ces milliards ont été employés, quand le moment de les rembourser ou seulement d'en payer l'intérêt arrive, le Trésor est à sec.

Dépenses militaires démesurées.

les caisses de l'État sont à vide. De nouveaux emprunts s'effectuent; on veut combler l'arriéré, on obère le présent et on engage l'avenir ; on veut combler un gouffre et on l'élargit.

Quel remède les États apportent-ils à une semblable situation ? Vont-ils réduire leurs dépenses, renoncer à des rêves insensés d'agrandissements de territoires, renoncer à la guerre qui n'enfante que ruines et malheurs, maintenir la paix qui produit la richesse et le bien-être ? Erreur : ils poursuivent tous la même politique : ils continuent leurs dépenses, empruntent tant qu'ils le peuvent et marchent droit à la ruine, car au bout de ce système fatal se trouve la banqueroute des États. Pour certains pays, cette banqueroute a déjà commencé : les autres y marchent à grands pas. Toujours l'emprunt. La banqueroute.

***

Comment qualifier la mesure prise, il y a quelques années, par l'Autriche, qui, sous prétexte d'unifier sa dette, a frappé ses titres de rente d'un impôt de 16 % ? Procédés financiers abusifs.

Comment qualifier la mesure prise par l'Italie, frappant également ses rentes d'un impôt de 13.20 % ?

Qu'est-ce autre chose que déchirer le titre primitif et le remplacer par un autre de moindre valeur, imposer à ses créanciers un contrat qu'ils n'eussent pas accepté de plein gré, qu'ils ne subissent que contraints et forcés ? Qu'est-ce autre chose que faire ce que dans toutes les langues on appelle une banqueroute ?

Comment s'étonner, dès lors, quand on se rappelle les procédés employés à l'égard de leurs créanciers par deux pays comme l'Autriche et l'Italie, comment s'étonner des procédés financiers de l'Espagne, de la Turquie, du Pérou, de l'Égypte ? Attirer les capitaux par des primes énormes, des intérêts considérables, et quand on les tient, ne payer ni ces intérêts ni ces primes, ou bien rogner de son seul fait et de sa propre volonté le capital de sa dette, ou bien encore, en ajourner le paiement sans plus de façons ni soucis, comment cela doit-il se qualifier ?

Et cependant, voilà de vastes Etats qui entretiennent à grands frais des armées nombreuses, sont représentés à l'étranger par des ambassadeurs, des chargés d'affaires, des ministres ; on doit respecter leur puissance, tandis que, par eux, les engagements contractés sont déchirés, violés, méconnus !

Comment le crédit privé ne s'autoriserait-il pas de semblables exemples ? Que dirait-on d'un négociant qui se permettrait de semblables... abus ? Quels recours n'exercerait-on pas contre lui ? Que voyons-nous cependant ?

On les subit sans protester.

On a laissé faire l'Autriche et l'Italie ; on a accepté, sans mot dire, que l'Espagne, depuis 1869, suspendit le paiement des intérêts de sa dette ; on laisse la Turquie ruiner imperturbablement et avec une tranquillité tout à fait orientale, ses nombreux créanciers, réduire d'abord sa dette de 50 %, puis, six mois après, ne pas même payer ces 50 % ; on laisse le Pérou agir à sa guise ; on attend le bon vouloir du gouvernement égyptien. Et pendant ce temps, les capitalistes trop confiants, aussi bien en France qu'en Angleterre, en Allemagne comme en Italie, assistent à l'effondrement de leurs épargnes.

* * *

Crédit international à réformer.

Ces désastres appellent impérieusement une réforme du crédit international et, pour l'obtenir, il faut que tous les gouvernements se concertent entre eux et en prennent l'initiative.

Cette réforme doit-elle être celle que préconisait récemment M. Emile de Girardin, la création d'une grande institution de crédit se nommant : « La Banque des Etats. »

La banque des Etats de M. de Girardin.

D'après M. de Girardin, cette banque procéderait à l'égard des Etats emprunteurs comme la Banque de France procède à l'égard des commerçants qui présentent leurs bordereaux à l'escompte. Elle apporterait la même vigilance dans la recherche de ses renseignements et s'entourerait des mêmes garanties, de telle sorte que, pour les souscripteurs, la sécurité fût entière lorsqu'elle émettrait les titres d'un fonds d'Etat.

L'idée que met en avant M. de Girardin n'est pas neuve. Il y a quelques années, M. Mirès s'en fit le champion ardent et convaincu. Il ouvrit même une souscription publique à l'émission des actions de cette « Banque des Etats », souscription qui échoua complètement.

***

Résultats négatifs.

En quoi une Banque des Etats entourée de patronages aussi puissants que possible, pourrait-elle empêcher un gouvernement étranger d'imposer ses rentes, de faire une banqueroute partielle ou une faillite complète ?

Est-ce que le patronage de MM. de Rothschild a empêché l'Autriche et l'Italie d'imposer leurs rentes ? Et cependant, quand MM. de Rothschild firent l'émission de l'emprunt italien, est-ce qu'ils n'avaient pas confiance entière dans la loyauté du gouvernement de ce pays ? Est-ce qu'ils pouvaient supposer qu'un jour viendrait où ce gouvernement, au lieu de payer 5 francs à ses créanciers, ne paierait plus que 4.34 ?

Lorsque le Crédit mobilier, le Comptoir d'escompte, la Banque ottomane, firent les émissions successives des emprunts ottomans, est-ce qu'ils n'avaient pas confiance entière dans la loyauté, la solvabilité du gouvernement ottoman ? Et cependant, ont-ils pu empêcher la Turquie d'agir comme l'on sait ?

Lorsque la Société générale émit l'emprunt égyptien 1868 et, plus tard, les différents emprunts péruviens, est-ce que les administrateurs de cette grande institution de crédit, n'avaient pas pleine et entière confiance dans la loyauté et la solvabilité des gouvernements égyptien et péruvien ? L'intervention de la Société générale a-t-elle empêché le Pérou de suspendre le paiement des intérêts de sa dette ?

Lorsque MM. Oppenheim émirent les emprunts égyptiens est-ce qu'ils n'avaient pas pleine confiance dans la loyauté et la solvabilité du gouvernement pour le compte duquel ils empruntaient ? Or, quel cas le gouvernement égyptien fait-il de l'appui qu'il a trouvé près de cette puissante maison ?

Supposez que ces grandes institutions financières au lieu d'agir isolément, séparément, se fussent syndiquées et groupées sous le titre de « Banque des Etats », est-ce que cette Banque des Etats aurait jugé défavorablement des opérations que tous les banquiers, toutes les institutions de crédit, ont jugées favorables et avantageuses, puisque tous leur ont donné leur appui ? Est-ce qu'elle n'aurait pas effectué les mêmes opérations et n'aurait-elle pas éprouvé les mêmes déceptions, les mêmes déboires ? Qu'aurait-elle pu faire contre le mauvais vouloir, l'impuissance ou la déloyauté des gouvernements auxquels elle aurait consenti des prêts ?

* * *

Mesures nécessaires.

Il est cependant nécessaire que des mesures soient prises dans l'intérêt de tous, pour empêcher, autant que possible, le retour de semblables scandales.

Ces *mesures sont, à notre avis, tout à la fois* de l'ordre financier et de l'ordre politique.

Dépôt de garantie préalable.

Au point de vue financier, nous voudrions qu'à l'avenir pas un emprunt étranger ne pût être émis en France sans un dépôt préalable au Trésor public pour la garantie de la reconstitution du capital prêté. Le gouvernement français, en adoptant cette prudente mesure, augmenterait sa considération intérieure en mettant les citoyens à l'abri de tous risques ; sa considération extérieure, en devenant la caution et le patron des puissances étrangères qui s'adressent aux épargnes des capitalistes français ; sa considération générale, en intervenant alors forcément dans l'examen des conditions de toute opération étrangère pour en surveiller la moralité *avant* et l'exécution *après* le contrat passé.

Quand on réfléchit, en effet, aux conditions auxquelles tous les gouvernements étrangers sont venus emprunter en France, ce qui frappe tout d'abord, c'est le taux énorme de leurs emprunts, variant tous de 10 à 15 %, quand les meilleures valeurs françaises rapportaient à peine 5 1/2 et 6 %. On peut dire assurément que l'écart moyen de l'intérêt accordé par les fonds étrangers et celui des valeurs françaises a toujours été de 4 à 6 %. Si donc, autrefois, alors que les emprunts turcs, péruviens, égyptiens, espagnols, commençaient à faire leur apparition sur nos marchés, le gouvernement français était intervenu et avait dit au public : « J'autorise l'émission de tous ces emprunts ; mais les souscripteurs au lieu de recevoir, 10, 12 ou 15 %, se contenteront de toucher un revenu annuel de 6 à 8 %, et le surplus des charges imposées aux états étrangers emprunteurs sera déposé dans les caisses du Trésor public pour constituer un fonds de garantie et d'amortissement », il est bien évident que les porteurs de titres auraient vu leurs capitaux ainsi prêtés remboursés déjà rien que par le jeu rapide de l'amortissement, indépendamment des intérêts rémunérateurs qu'ils auraient perçus sur leurs valeurs.

Pourquoi ce qui n'a pas été fait autrefois, ne serait-il pas appliqué à l'avenir ?

* * *

Au point de vue politique, des mesures efficaces peuvent être également prises. Toutes les nations civi- Entente internationale.

lisées sont aujourd'hui réglés par un véritable code qui touche à toutes les branches du droit et qui embrasse toutes les questions dans lesquelles leurs rapports sont fréquents. Le droit public politique, le droit public maritime, le droit public hospitalier, le droit public commercial, ont été l'objet de conventions spéciales que toutes les nations respectent, que toutes observent ; leur manquement est une cause de guerre. Qu'une puissance franchisse le territoire d'une puissance voisine, qu'elle s'empare de ses vaisseaux, qu'elle viole les clauses d'un traité de commerce, ce sont là autant d'atteintes au droit public politique, au droit public maritime, au droit public commercial. Or, seul, le droit public financier n'est pas défini. Une nation peut ruiner impunément les sujets d'une autre nation. Les Etats s'empruntent les uns aux autres, ou pour être plus précis, la plupart des Etats empruntent aux nationaux d'un autre Etat. De là des rapports nouveaux qu'il est devenu urgent de réglementer. Le droit public financier n'est pas encore formulé ; il est nécessaire qu'il le soit, et il n'est pas malheureusement difficile d'en définir les principes en constatant la nature des violations que ce droit a subies. Il nous semble impossible que, dans un intérêt commun, les nations ne s'entendent pas pour ajouter une dernière page au code des nations, en formulant les règles et les principes du droit public financier, car il est vraiment honteux qu'en plein XIXe siècle, de grands pays, de grands peuples, tels que l'Espagne, la Turquie, le Pérou, l'Egypte, adoptent la banqueroute comme moyen de salut, répudient le paiement de leurs dettes, méprisent leurs engagements, agissent enfin à leur guise, sans qu'aucune nation fasse entendre une protestation, au nom du droit méconnu, et les rappelle au respect des contrats librement consentis et trop audacieusement violés.

Droit public financier à formuler.

UN PROGRAMME ÉCONOMIQUE

On s'accorde généralement à attribuer la stagnation prolongée des affaires tant aux inquiétudes causées par la politique extérieure, qu'aux vaines émotions de la politique intérieure. Il n'est pas douteux, en effet, que les craintes de guerre ont exercé une influence fâcheuse sur notre mouvement commercial. Il est vrai, malheureusement aussi, que nos bruyantes discussions parlementaires, les questions irritantes soulevées au sein de nos Chambres, les crises ministérielles répétées, les agitations électorales, ont contribué à arrêter l'essor de notre activité industrielle, commerciale et financière. Marasme commercial. Inquiétudes politiques, cause partielle.

Ce serait singulièrement s'abuser cependant de croire que ce soient là les seules causes du marasme dans lequel on languit depuis plus d'un an. Sans doute les incertitudes politiques ont rendu les esprits circonspects à l'excès et les capitaux craintifs ; mais, qu'on en soit bien convaincu, les incertitudes de notre régime financier, de notre régime économique ont été et sont actuellement pour beaucoup dans cette situation fâcheuse qui menace de se prolonger. Incertitudes économiques, cause principale.

Ce n'est pas tout pour un pays tel que le nôtre, qui travaille, commerce, navigue et laboure, de savoir si la paix est plus ou moins compromise, si ses représentants s'accordent plus ou moins ; il faut aussi qu'il sache où on le mène au point de vue industriel, commercial et financier, si son travail est encouragé et protégé ; si on songe à ses véritables intérêts et de quelle façon l'on y songe. Le pays veut savoir comment on entend administrer ses finances, ordonner ses voies de communication, régler ses rapports avec les pays étrangers.

Nécessité d'un programme d'affaires.

Ce ne sont assurément pas les programmes politiques qui ont manqué en France depuis quelques années ; on sait du reste ce que veut, ce que demande, ce que poursuit tel ou tel parti, tel ou tel groupe, tel ou tel candidat. Ce qui depuis longtemps fait absolument défaut, c'est un programme d'affaires.

Quel programme financier ?

Sait-on quel est le programme du ministre des finances ; connait-on son plan d'ensemble, ses projets de réformes ? Croit-on même qu'il en ait un? Non. L'ère des emprunts est-elle fermée? L'émission des bons du Trésor se poursuivra-t-elle toujours dans les mêmes proportions ? La conversion se fera-t-elle ? La veut-on quand on nie qu'elle soit prochaine ? Ne la veut-on pas quand on laisse dire qu'elle est imminente ?

Quel programme de travaux ?

Sait-on quel est le programme du ministre des travaux publics ? En a-t-il un ? L'a-t-il exposé, ou même l'a-t-il laissé deviner ? A-t-il dévoilé ses idées en matière de chemins de fer ? Connait-on sa pensée sur le monopole, sur les grandes compagnies, sur les petites lignes, sur les tarifs, sur les questions si graves, si diverses, si complexes qu'il a le devoir d'étudier et de s'efforcer de résoudre ?

Quel programme commercial ?

Sait-on enfin, et c'est là, en ce moment, la question capitale, impérieuse, brûlante, sait-on ce qu'en matière de douanes, pense notre ministre du commerce? Sait-on dans quel esprit il négocie les bases d'un nouveau traité de commerce ? Sait-on s'il veut aller en avant, rester sur place, ou revenir en arrière ? Va-t-il favoriser les protectionnistes, maintenir tous les anciens droits, ou consacrer largement les grands principes de la liberté commerciale ?

C'est un signe bien inquiétant, disons-le, que le doute puisse encore planer sur une question de cette importance et qu'on ait à craindre de voir compromettre, amoindrir, anéantir l'œuvre de 1860.

Il est déplorable aussi de voir comment on a mené cette grande affaire. Le premier soin qu'on eût dû avoir, ce nous semble, était de s'entourer des conseils les plus autorisés, les plus sages, les plus spéciaux surtout. On devait s'adresser à ceux-là mêmes qui avaient conçu, préparé, exécuté les magnifiques et heureuses réformes de 1860. A-t-on consulté les Rouher, les Michel Chevalier, eux qui ont créé notre système économique actuel, les a-t-on fait entrer dans les commissions, les a-t-on appelés à donner leur avis sur la marche qu'on devait imprimer aux négociations avec l'Angleterre ? En aucune façon. Ce sont eux seuls, cependant, qui savent, eux seuls de qui l'on peut apprendre. Mais on ne voit pas qu'on veuille s'éclairer, se fixer une ligne de conduite, agir d'après un principe arrêté, suivre un plan bien conçu, bien dressé, sagement mûri. On va entamer les négociations les plus graves sans rien préparer, sans rien prévoir, sans rien savoir.

Eh bien, c'est en voulant éviter ce danger de se déclarer ou protectionniste ou libre-échangiste, c'est en voulant éviter de contrarier quelque parti ou quelques personnes, c'est en voulant échapper à toutes les responsabilités, qu'on assume sur soi la plus grave de toutes : celle d'avoir livré au hasard l'existence de nos plus précieuses institutions et déserté la cause des plus grands intérêts du pays.

Indécision regrettable du ministère.

Qu'on ne croie pas qu'un esprit d'hostilité — qui est bien loin de nous — inspire nos paroles. Les amis du Cabinet actuel (nous parlons de ses sages amis bien entendu) ne lui épargnent pas la vérité. Ils regrettent avec nous et comme nous l'indécision du ministère, l'incertitude qui plane sur sa pensée, sur ses tendances, sur les idées qui peuvent prévaloir dans les négociations. Ils n'y trouvent rien de précis, rien de consolant, rien de fortifiant.

Il est impossible d'imaginer un document plus incolore, plus vulgaire, plus routinier que l'exposé des motifs qui précède le projet de loi sur le nouveau tarif général des douanes. C'est une œuvre d'une médiocrité honnête où l'on ne voit que de petits desseins, aucune idée d'ensemble.

Qui parle ainsi ? M. Paul Leroy-Beaulieu. Et il ajoute ces mots qui nous serviront de conclusion :

Le traité de commerce de 1860 n'est plus à justifier : ce n'est pas après dix-sept années d'une prospérité inouïe, dont la catastrophe la plus effroyable du XIXe siècle a pu à peine arrêter le développement, ce n'est pas après ce grand laps de temps qu'on peut retourner en arrière. Aussi l'opinion publique en France et encore moins en Europe, ne comprendrait-elle pas qu'un seul des droits inscrits au traité de 1860 fût relevé.

LA BANQUE DE FRANCE ET LES EMPRUNTS DES DÉPARTEMENTS ET DES VILLES

Les emprunts départementaux: 131 millions.

Le ministre des finances a fait distribuer en annexe au projet de budget de l'exercice 1878 un document qui nous a paru particulièrement intéressant ; c'est le tableau des emprunts départementaux autorisés par des lois spéciales, ou réalisables en exécution de la loi du 10 août 1871.

Cette liste ne comprend pas moins de 67 départements.

Parmi ces emprunts, quelques-uns seulement remontent aux années qui ont précédé la guerre : ils ont été, pour la plupart, contractés depuis 1870.

Le montant des sommes empruntées s'élève à 131 millions 61,500 francs, dont 63,353,400 francs réalisés avant 1877 ; 22,759,000 francs à réaliser au cours de la même année, et 44,949,100 francs après 1877.

Ces chiffres suffisent à montrer l'importance du mouvement de capitaux auxquels ces emprunts ont donné lieu et l'extension des opérations de crédit effectuées pour les départements.

* * *

Les emprunts des villes. Quelle est leur importance ?

Ce tableau en appelait un autre que le ministre ne nous a pas donné. Depuis la dernière guerre surtout, nos villes, en grand nombre, ont dû, pour faire face à des charges nouvelles ou à des nécessités urgentes, avoir recours au crédit. Pourvues de l'autorisation législative, elles ont placé les titres de leurs emprunts sur notre marché financier ou se sont bornées, pour obtenir des capitaux, aux ressources purement locales.

Le total de ces emprunts doit, on s'en rend facilement compte, s'élever à une somme énorme, représentée par un nombre considérable de titres qui sont aujourd'hui, en partie dans la circulation, en partie dans les portefeuilles de province, mais dont il est difficile de déterminer le quantum exact. Un grand nombre de villes, en effet, soit qu'elles ne l'aient pas cru nécessaire, soit qu'elles aient voulu éviter des frais relativement lourds pour elles, n'ont point recherché l'admission à la cote de la bourse des titres de leurs emprunts.

* * *

Avances sur ces titres par la Banque de France à autoriser.

Il existe, on peut l'affirmer, une catégorie considérable de capitalistes, de porteurs de titres, clientèle très sérieuse, très sûre qui mérite assurément qu'on tienne grand compte d'elle.

Or, jusqu'ici les seuls titres d'emprunts de villes sur lesquels la Banque de France ait été autorisée à faire des avances sont les obligations de la ville de Paris.

De telle sorte, que le porteur d'obligations de la ville de Marseille, pour citer une émission récente, ne pourrait en ce moment trouver des ressources sur ces titres auprès de notre grande institution de crédit. Encore sont-ce là des valeurs facilement négociables sur notre marché. Mais, s'il s'agit d'emprunts souscrits dans les localités mêmes, à Reims, à Châlons, par exemple, s'il s'agit d'obligations non admises à la cote et par conséquent difficilement négociables, on voit quelles difficultés le porteur de titres trouve à se procurer des fonds. Il est tel cas où l'obligataire d'un de ces emprunts, détenteur de titres excellents représentant un capital considérable, pourra se trouver littéralement sans ressource.

En examinant les conditions auxquelles se sont effectués les divers emprunts contractés par les principales villes de France, on est cependant amené à reconnaître que, s'ils présentent quelques différences dans la forme, ils offrent, au fond, des garanties identiques et une sécurité égale.

Avantages pour les porteurs et la Banque.

Il semble donc qu'il n'y ait aucune raison de les exclure d'un mouvement d'opérations qui procurent à la Banque de France des bénéfices importants et qui fournissent à la fois aux capitalistes, aux commerçants et aux industriels, des ressources précieuses en de nombreuses circonstances.

Et, en effet, on ne saurait trouver de motifs d'exclusion ni dans les risques que pourrait courir la Banque de France, ni dans la nature même des titres dont nous parlons.

L'autorisation donnée à notre grand établissement national de crédit de faire des avances en premier lieu et avant tout sur nos titres de rentes, puis sur les titres émis par nos compagnies de chemins de fer, n'a pas eu seulement pour objet de fournir un nouvel élément d'activité à la Banque ; elle devait avoir surtout pour effet d'assurer aux détenteurs de ces titres la facilité de se procurer des capitaux, en cas de besoin, sans être contraints à se séparer de leurs valeurs. Les affaires devaient grandement profiter de semblables mesures, qui, en même temps, contribuaient au bon classement des titres qui jouissaient du privilège des avances.

L'admission des obligations de la ville de Paris aux avances de la Banque n'eut pas d'autre objet, et la clientèle de ces titres dut s'accroître avec d'autant plus de rapidité qu'elle était toujours certaine d'obtenir, à un moment donné et à des conditions modérées, des capitaux contre le dépôt de ces valeurs.

Avantages pour les villes elles-mêmes.

Les opérations d'avances sur titres des emprunts de villes doivent donc être favorables à la fois au public, aux villes et à la Banque de France.

On ne doit pas perdre de vue que le montant total de ces emprunts est considérable. On en peut facilement juger par les chiffres connus de la dette de nos principales villes. Marseille, pour son dernier emprunt de conversion, n'a pas émis moins de 259,426 obligations qui, remboursables à 400 francs, représentent un capital de plus de 100 millions de francs. Lyon, Lille, Rouen, Bordeaux sont dans une situation analogue.

Quant aux villes de moindre importance, elles ont, pour la plupart, contracté, elles aussi, des emprunts ; les unes pour faire face aux charges nouvelles nées de la guerre, d'autres pour pourvoir aux travaux d'édilité, ou réaliser des capitaux avancés par elles à l'Etat afin de hâter certaines créations qui les intéressaient.

Toutes ces émissions, sans exception, ont été faites avec succès. Les titres ont été garantis par des ressources certaines, par des recettes fixes. L'Etat, d'ailleurs, avant d'autoriser ces emprunts, a dû exercer sa tutelle et surveiller de très près les opérations tentées par les communes. Il est utile enfin d'observer que plusieurs de ces emprunts sont garantis par des annuités que l'Etat lui-même doit payer.

* * *

Avances sur les titres départementaux.

Ce que nous disons des emprunts des villes s'applique exactement et avec la même force aux emprunts départementaux qui, nous l'avons dit plus haut, ne s'élèvent pas actuellement à moins de 130 millions, en chiffres ronds.

La sécurité attachée aux titres d'emprunts départementaux et de villes est donc entière, qu'ils aient été émis sur notre marché financier ou souscrits grâce aux seules ressources locales ; que les obligations qui les représentent se négocient officiellement à la bourse ou restent classées dans les portefeuilles de province.

Pourquoi jusqu'ici ces titres n'ont-ils pas été admis aux avances de la Banque de France ? Pourquoi existe-t-il à cet égard une telle lacune dans les opérations de cette grande institution ? C'est ce dont on peut s'étonner, bien que l'explication en soit facile.

On ne pouvait guère, alors que la ville de Paris se transformait, prévoir que la plupart de nos villes importantes seraient rapidement gagnées de la même fièvre d'embellissement et de travaux publics. On ne pouvait prévoir surtout, avant les années 1870 et 1871, que nos grandes villes, nos villes secondaires, nos petites villes mêmes, auraient de si nombreuses ruines à réparer, de si lourdes charges à supporter. On ne pouvait prévoir enfin la puissance d'expansion énorme que devait acquérir cette force toute moderne : le crédit. On n'aurait pas cru il y a vingt ans, quinze ans, dix ans même, que tant de villes devraient emprunter et qu'elles pourraient le faire sans danger, sans inconvénient, sans difficulté.

Réforme utile et urgente.

Aujourd'hui on est en présence d'une situation nouvelle, de faits financiers nouveaux, qui appellent des transformations, des réformes financières. Celle que nous signalons et qui est réclamée par une catégorie considérable de capitalistes grands et petits nous paraît facile à effectuer ; elle peut être réalisée promptement. Elle ne saurait rencontrer de résistance ni auprès des administrateurs éclairés de la Banque de France, ni auprès de ses actionnaires qui comprendront leurs vrais intérêts, ni enfin auprès du ministre des finances qui saura apprécier l'utilité et l'urgence d'une semblable amélioration.

LES GRANDS TRAVAUX PUBLICS

I. — LES PROJETS DU MINISTRE DES TRAVAUX PUBLICS

Lorsqu'au mois de décembre 1877, le président de la République crut devoir consacrer le vote du 14 octobre en choisissant son ministère parmi les membres des divers groupes de la gauche, on annonça, un peu bruyamment peut-être, qu'un essor énergique allait être imprimé aux grands travaux destinés, sinon à compléter, du moins à développer notre outillage économique.

Assurément, on ne saurait reprocher au nouveau ministre des travaux publics d'avoir manqué d'initiative et d'activité. Dans deux rapports fort amples, il vient d'exposer l'ensemble de ses vues sur le régime de nos chemins de fer et de nos voies navigables, estimant à environ 4 milliards la dépense que doit entraîner l'exécution de ses projets. Les projets de M. de Freycinet. 4 milliards de dépenses.

Les plans de M. de Freycinet, il faut bien le reconnaître, n'ont pas reçu du public l'accueil espéré par les partisans des grandes réformes administratives, financières, économiques, par les partisans des grands travaux d'utilité publique. Et cependant, cette dépense de 4 milliards que le ministre juge nécessaire pour la mise en état de notre outillage de transport, soit par terre, soit par eau, avait de quoi séduire ceux qui aiment qu'on fasse grand ; il n'en a rien été, c'est plutôt avec incrédulité que les exposés de M. de Freycinet ont été accueillis.

* * *

Pourquoi cette incrédulité ? Pourquoi cette froideur ?

C'est à ces questions que répondait à l'avance le ministre des finances lui-même, quand l'honorable M. Léon Say, si nous avons bonne mémoire, déclarait, l'année dernière, à la Chambre des députés, qu'il serait peu difficile à un ministre de faire un programme où les millions pourraient être dépensés par centaines, mais, qu'en tout, il fallait agir avec mesure, avec sagesse, sans précipitation. Désireux de dissuader les députés de déposer des propositions pouvant obérer le Trésor, M. Léon Say faisait distribuer en même temps aux membres du parlement, un petit volume — véritable *vade mecum* disait le ministre — qui contenait Objections anticipées de M. Léon Say.

le détail et l'ensemble des divers engagements contractés par le Trésor pour le remboursement d'avances faites à l'Etat, ou pour le fonctionnement de certains services publics. M. Léon Say, persuadé que la connaissance exacte de ses engagements s'impose à tous ceux qui participent, soit à la direction, soit au contrôle de nos finances, a donné ainsi discrètement aux députés et aux sénateurs une véritable leçon de choses.

Le jeu des milliards.

Autant le ministre des finances, dans l'application des ressources du pays, se montre timide, réservé et désireux de ne pas voir créer brusquement de trop lourdes charges, autant le ministre des travaux publics paraît entreprenant et audacieux. D'après lui, les 4 milliards nécessaires à la réalisation de ses projets, ne sont pas « au-dessous des richesses de la France ». A entendre M. de Freycinet, il semble, en vérité, qu'il n'y ait qu'à frapper du pied pour faire sortir les milliards du sol et à emprunter pour que les contribuables payent sans mot dire, malgré l'accumulation des charges qui, depuis huit ans, pèsent sur eux.

Sans doute, la France est riche, ses ressources sont grandes; mais le ministre sait parfaitement qu'on ne réaliserait pas un emprunt de 4 milliards en une seule fois et qu'il ne pourrait effectuer une semblable opération qu'en la répartissant sur un grand nombre d'années, dix ans peut-être, ce qui équivaudrait à une dépense de 400 millions par an.

Le crédit des nations.

Quand l'Allemagne est obligée d'emprunter 125 millions; quand l'Italie fait appel à toutes les banques du continent pour trouver les capitaux nécessaires au rachat de ses voies ferrées; quand la Russie voit son papier perdre 40 % et a, de nouveau, besoin de recourir aux emprunts, sans savoir quel accueil le public fera à ses appels; quand l'Autriche émet chaque jour de nouvelles rentes et qu'elle est obligée de s'adresser à toutes les banques de l'Europe pour obtenir quelques millions; quand enfin l'Angleterre, elle-même, examine avec la plus sévère attention l'état de son crédit, il nous paraît imprudent de parler de 4 milliards avec une aussi grande facilité et comme s'il ne s'agissait, en vérité, que d'une bagatelle.

Sage réserve de M. Thiers.

M. Thiers était plus sage, plus fin, mieux avisé, quand, ayant à traiter les deux emprunts les plus colossaux qui aient jamais été émis, l'emprunt de 2 milliards en 1871, celui de 3 milliards en 1872, il savait dire, sans aucune exagération de langage et tout simplement, que la France pouvait faire face à ces énormes charges. M. Thiers a certainement bien plus aidé au succès de ces grands emprunts libératoires en présentant un exposé financier modeste, qu'il n'eût fait en étalant avec ostentation les richesses et les ressources de la France.

M. de Freycinet, dont on connaît la compétence spéciale et qui a déjà fait ses preuves, n'a pas échappé, nous le craignons, dans son désir de beaucoup faire, aux dangers des illusions.

***

Utilité des grands travaux publics.

Sans doute — et nous l'avons nous-même fréquemment demandé — il est indispensable que nous développions nos chemins de fer et nos canaux et que nous exécutions des travaux publics productifs. Mais, pour cette grande œuvre, on ne saurait procéder avec trop de mesure et de sagesse et il ne s'agit pas de dépenser de l'argent en pure perte. Sur ce point encore, nous partageons entièrement l'avis qu'émettait M. Léon Say, en répondant, il y a un an, à M. Le Cesne, qui venait de soutenir à la tribune les théories que M. de Freycinet est en voie d'appliquer aujourd'hui, il disait :

Je demande à l'honorable M. Le Cesne de ne pas croire que nous pouvons perdre des milliards, sauf à les retrouver dans une augmentation de production et de richesse.

Je reconnais avec lui que notre outillage des chemins de fer n'est pas assez développé et qu'il faut chercher, par tous les moyens acceptables, à le développer. Cependant, s'il est partisan de cette doctrine qu'il n'y a pas de dépenses trop élevées pourvu qu'elles soient utiles, ne voit-il pas tous les jours que nous refusons des dépenses même utiles, parce que nous ne pouvons y faire face? L'utilité de la dépense n'est pas la justification de la dépense; il faut encore y ajouter la nécessité... (1).

Dépenses utiles et dépenses nécessaires.

En effet, il ne suffit pas de construire des chemins de fer qui ne rapporteraient rien, ni de creuser des canaux qui rapporteraient moins encore.

En ce qui concerne ces derniers, si nous consultons le budget de 1878, nous voyons que, pour certains d'entre eux, les frais d'entretien sont supérieurs aux produits qu'ils donnent. On est donc en droit de demander à un ministre qui propose d'effectuer 4 milliards de travaux, quelle est la nature et la catégorie de ces travaux, s'ils doivent être productifs ou improductifs, s'ils doivent profiter aux particuliers et à l'Etat, et comment ces produits peuvent être évalués. Sur ce point, les rapports de M. de Freycinet sont muets; il n'est pas plus explicite sur les voies et moyens à employer pour l'exécution de ces projets.

Les voies et moyens.

Il importe cependant d'insister sur cette question des voies et moyens. Dans la gestion des affaires d'un pays, tout s'enchaîne, aussi bien en politique qu'en finances; aussi bien en finances que dans l'exécution des grandes réformes commerciales ou industrielles. Un gouvernement peut avoir d'excellentes intentions; il peut désirer de grands travaux utiles, il peut s'efforcer de faire beaucoup pour le développement de l'instruction. Mais que peut-il, si sa situation financière ne le permet pas, si le ministre des finances, chargé, en définitive, de l'emploi des ressources du pays, ne peut disposer des capitaux qui seraient nécessaires pour exécuter les réformes que ses collègues veulent réaliser?

L'accord ministériel est-il fait?

Eh bien, M. Léon Say, ministre des finances, et M. de Freycinet, ministre des travaux publics, sont-ils d'accord sur cette importante question des voies et moyens? Nous ne pouvons le croire. N'est-ce pas, en

(1) Chambre des députés. *Débats parlementaires*, 18 mars 1877.

effet, M. Léon Say, qui, dans la discussion que nous rappelions plus haut, disait encore :

> Si vous voulez, purement et simplement, considérer tout ce qu'il est possible de faire, si vous voulez faire le compte de tous les chemins de fer qui peuvent être utiles, des ports qui doivent être agrandis, des routes nationales qui doivent être achevées, des chemins vicinaux qui doivent être complétés, si vous voulez faire le compte de tout ce qu'il serait bon de faire, mais ce compte serait infini et je serais très étonné qu'on pût le *limiter à 4 milliards de francs*. Il nous est impossible de faire tout ce qui serait utile et, par conséquent, il ne faut pas songer à mettre à la disposition, pour ainsi dire, de la nation des capitaux illimités, que d'ailleurs vous n'avez pas.

* * *

Admettons, cependant, que les deux ministres soient d'accord et qu'il ne s'agisse plus que de réaliser les 4 milliards demandés par M. de Freycinet. Comment procédera-t-on ? *Comment se procurer des ressources ?*

Les engagements du Trésor sont considérables et M. Léon Say a, en toute occasion, insisté sur ce point important.

Émettra-t-on de nouveaux bons du Trésor ? Le ministre des finances sait, par expérience, que ce genre de titres est peu goûté du public, non seulement du public français, mais du public étranger. Sans l'intervention de MM. de Rothschild, la dernière émission des bons du Trésor ne serait pas encore placée, ce fait est de notoriété publique. Les capitalistes étrangers ont en portefeuille des rentes françaises 5 % et 3 %, rentes qui sont cotées sur leurs marchés ; mais ils ne savent même pas ce que c'est qu'un bon du Trésor. C'est un titre nouveau auquel ils ne sont pas habitués. *Émettre des bons du Trésor ?*

Si, au contraire, on émet des obligations semblables à celles que les compagnies de chemins de fer émettent chaque jour à leurs guichets, c'est l'Etat qui viendra lui-même faire concurrence aux compagnies qu'il subventionne. Si, comme cela est certain, le public préfère les obligations émises directement par l'Etat, comment les grandes compagnies pourront-elles se pro- *Émettre des obligations ?*

curer les ressources qui leur sont nécessaires pour terminer les travaux dont l'Etat les a chargées? Est-il admissible que le Trésor fasse de lui-même concurrence au Trésor? C'est là cependant ce qui arriverait si les compagnies étaient menacées; l'Etat serait le premier à en souffrir.

Emprunter à la Banque?

Empruntera-t-on à la Banque? Prorogera-t-on les dates du paiement des 300 millions lui restant dus? D'excellents esprits croient cette solution favorable. Sur ce point, nous nous bornerons à rappeler que M. Thiers était d'un avis absolument contraire (1) et que plus tard, M. Magne s'opposa énergiquement à toute modification aux traités intervenus avec la Banque; tout récemment enfin, M. Léon Say lui-même combattit une proposition analogue signée par plusieurs députés.

Emettre encore des rentes?

Empruntera-t-on par voie d'émission de rentes 5 % ou 3 %? Si c'est 5 %, que devient la conversion naguère recommandée par un des financiers les plus expérimentés, M. Germain, conversion qui devait au bas mot, suivant lui, procurer une économie annuelle de 50 millions?

Si c'est en 3 %, que devient cette question de l'unité de la rente, de l'unité de la dette, si chaleureusement et si savamment recommandée autrefois par un des députés les plus inventifs de la Chambre actuelle, M. Emile de Girardin?

* * *

Quelle est la pensée du gouvernement?

On conçoit combien il importe ici de connaître la pensée du gouvernement, de savoir de quelle façon il considère ces dépenses dont le ministre des travaux publics parle assez allègrement.

Croit-il qu'elles doivent être effectuées dans un délai plus ou moins restreint? En ce cas, elles auraient le caractère de dépenses extraordinaires auxquelles néces-

(1) Assemblée nationale. *Débats parlementaires*, 15 et 16 mars 1872.

saircment on devrait faire face à l'aide de ressources extraordinaires. Cette hypothèse entraîne l'idée d'un emprunt considérable ou d'une conversion prochaine.

Croit-il, au contraire, que ces dépenses peuvent n'être effectuées que graduellement et réparties sur une longue période d'années ? En ce cas, elles acquerraient un caractère de permanence qui, forcément, les ferait classer parmi les dépenses ordinaires, celles qu'on inscrit dans les lois de finances annuelles, celles auxquelles on pourvoit à l'aide de ressources ordinaires, normales, c'est-à-dire de l'impôt. Dans cette hypothèse, que deviennent les cinq cédules de M. Gambetta ? Que deviennent surtout les projets et les promesses de réductions d'impôts ?

Il est, on le voit, bien difficile de juger, au point de vue financier, les brillantes propositions de M. de Freycinet. Il faut, pour le faire en toute connaissance de cause, avoir l'avis de M. Léon Say, le seul ministre vraiment responsable et presque souverain en cette matière. Croit-il pouvoir charger le budget ordinaire ? Croit-il pouvoir ajouter au compte de liquidation un second budget extraordinaire ? C'est là vraiment qu'est le nœud de la situation, là qu'est la question pratique tout entière.

II. — LES PROJETS DU MINISTRE DES FINANCES

L'étude des projets financiers du ministre des finances ne saurait être faite avec trop de soin. Elle intéresse, en effet, tout le monde : les contribuables d'abord, qui, depuis si longtemps surchargés d'impôts, peuvent craindre que de nouveaux emprunts n'éloignent le jour du dégrèvement des taxes qui pèsent sur eux ; les rentiers, qui, par l'émission de nouvelles valeurs d'Etat, doivent redouter pour les titres qu'ils possèdent la concurrence des nouveaux titres ; l'Etat, enfin, qui a le plus grand intérêt à tout ce qui touche aux finances Les projets de M. Léon Say.

publiques ; car, de leur prospérité, dépend la prospérité du pays entier.

La France riche mais endettée.

Nous ne sommes pas à une époque où l'on peut, sans danger, se désintéresser de ce qui a rapport au crédit de l'Etat ; nous savons tous que la France est riche, très riche, et peut-être le répétons-nous trop souvent, oubliant trop souvent aussi que notre pays est un des plus endettés du continent, un de ceux qui supportent les plus lourdes charges. Nous ne devons pas perdre de vue que le budget de l'Etat grossit, chaque année, à vue d'œil. Bientôt, il atteindra 3 milliards ; ces 3 milliards sont même depuis longtemps déjà dépassés, si nous ajoutons au budget de l'Etat les budgets départementaux. Tous les ans, la France doit économiser et payer 3 milliards pour satisfaire aux charges publiques. Où et comment ce chiffre formidable pourra-t-il s'arrêter ? Nul ne le sait, nul ne pourrait le dire. N'insistons donc pas trop sur cette richesse de la France. N'en tirons pas vanité surtout, car il faut que la France soit riche pour payer ce qu'elle doit et elle ne l'est pas encore assez pour diminuer ses charges.

* * *

Le mirage des milliards se dissipe.

Nous avions raison de ne pas nous laisser éblouir par ce chiffre fantastique de 4 milliards, qui, au dire de M. de Freycinet, n'était pas « au-dessous des richesses de la France ». M. Léon Say vient de faire justice de ces affirmations téméraires.

En quelques mots, en quelques lignes, le ministre des finances détruit cet échafaudage de milliards qui devaient être employés à l'exécution des grands travaux publics. Sans doute, avec le temps, dans l'avenir, sans précipitation, on pourra les entreprendre, mais, dans l'esprit du ministre, il convient aujourd'hui de proportionner chaque année la création des ressources nécessaires à l'importance des opérations qu'on a en vue, de telle façon que les Chambres soient constamment maîtresses de ralentir ou d'activer, selon les circonstances, l'exécution du programme développé, sur une certaine suite d'années. *D'où, comme conséquence,* dit M. Léon Say, « l'exclusion des grandes émissions à époques fixes, engageant l'avenir et obligeant, pour ainsi dire, à poursuivre les travaux, quoi qu'il arrive, sous peine de grever le Trésor d'une charge énorme d'intérêts stériles ».

Nous sommes heureux de nous rencontrer, sur ce point, en communauté d'idées avec le ministre des finances et tout le monde approuvera « cette marche à la fois hardie et prudente, qui tend résolument vers l'achèvement du programme que le pays réclame et qui, cependant, ne *compromet rien* et laisse toujours la décision où elle doit être, c'est-à-dire au sein du Parlement, seul juge, en dernier ressort, des efforts dont la nation est susceptible ». Ces paroles sont, on le voit, absolument conformes au vœu que nous exprimions plus haut, lorsque *nous disions que pour* exécuter les grands travaux dont parlait M. de Freycinet, « on ne saurait procéder avec trop de mesure et de sagesse ».

Autant les projets du ministre des travaux publics étaient grandioses, autant ceux du ministre des finances sont modestes. M. Léon Say, en effet, se borne à demander l'ouverture au ministre des travaux publics d'un crédit de 331 millions de francs pour le rachat de chemins de fer et l'autorisation pour le ministre des finances d'émettre, pour la même somme, des rentes 3 % amortissables et de convertir les obligations pour travaux publics. M. de Freycinet, hardi. M. Léon Say, prudent.

En résumé, le ministre des finances demande les sommes nécessaires pour le rachat des compagnies secondaires de chemins de fer, soit environ 500 millions, travaux d'achèvement compris, ce qui, d'après lui, « nécessite une rente annuelle de 25 millions ». Nous sommes loin, bien loin, on le voit, des 4 milliards de M. de Freycinet. M. Léon Say a ramené la question à ses proportions réelles et à la vérité, en indiquant qu'il s'agissait uniquement, pour le moment, du rachat de certaines lignes de chemins de fer et en demandant les ressources nécessaires pour effectuer ce rachat.

* * *

Le rachat des chemins de fer nullement justifié.

Réduite à ces proportions, la demande du ministre des finances est facilement appréciable, mais est-elle à l'abri de toute critique ? Nous ne le pensons pas. Voilà l'Etat qui rachète des lignes de chemins de fer, sans savoir à l'avance ce qu'il en fera ; s'il les exploitera lui-même, ou s'il les fera exploiter ; s'il les gardera pour lui, ou s'il les rétrocédera à d'autres compagnies. On commence par demander de l'argent pour acheter une chose dont on ne saura peut-être que faire lorsqu'on l'aura payée. Et il n'est pas difficile de démontrer que l'opération faite par l'Etat n'est pas plus avantageuse pour le Trésor qu'elle ne l'est pour les contribuables et pour les porteurs des titres de compagnies de chemins de fer que l'on prétend sauver de la ruine.

Opération onéreuse pour le Trésor.

Elle n'est pas avantageuse pour le Trésor. En effet, les 500 millions demandés coûteront annuellement 25 millions, soit 5 %. On se rappelle qu'un des grands arguments invoqués en 1877, pour empêcher le rachat des petites lignes par les grandes compagnies, était que l'Etat pourrait se procurer à meilleur compte les capitaux nécessaires à ce paiement. Les compagnies, disait-on, auraient payé ces lignes avec de l'argent provenant des ventes de leurs propres obligations, qui, garanties par l'Etat, coûteraient à celui-ci 4,65 %. Pourquoi donc l'Etat ne ferait-il pas lui-même ce que les compagnies auraient fait?

On voit aujourd'hui les conséquences de ce calcul.

Si la Compagnie d'Orléans, par exemple, n'avait pas vu repousser sa convention passée avec la Compagnie des Charentes, les obligataires des Charentes auraient reçu, en échange de leurs titres, des obligations Orléans valant aujourd'hui 340 francs ; les actionnaires auraient reçu une valeur minimum de 450 francs. Quelles eussent été les charges, pour l'État, résultant de ce rachat ? Rien de plus que les 4,65 % que l'État garantit aux obligations d'Orléans.

Avec le système proposé, le gouvernement emprunte à 5 %, soit 35 centimes % *plus cher* ; *les obligations des* Charentes recevront environ 280 francs par titre ; quant aux actions, les calculs les plus optimistes ne font pas prévoir qu'il leur sera attribué une somme supérieure à 170 francs ou 200 francs. Ces calculs peuvent aussi bien s'appliquer aux autres petites lignes rachetées par l'État. Acquises par les grandes compagnies, les actions et obligations des petites lignes auraient reçu une valeur supérieure à celle qui leur sera répartie, en sorte que cette combinaison est, à la fois : désavantageuse pour l'État, *puisqu'il paye* 5 % *l'argent qu'il emprunte*, là où sa garantie d'intérêt de 4,65 % aurait suffi (1) ; désavantageuse pour les nombreux porteurs de titres des lignes rachetées, puisqu'ils recevront de l'État des sommes inférieures à celles qu'ils auraient reçues des grandes compagnies.

Opération désavantageuse pour les porteurs de titres des compagnies rachetées.

(1) En émettant lui-*même* 500 millions d'obligations, aux lieu et place des grandes compagnies, l'État se prive, en outre, de revenus annuels importants.

Pour se procurer 500 millions, les grandes compagnies auraient pu émettre 1,492,537 obligations au prix moyen de 335 francs.

De là, pour le Trésor, la perception des droits ci-après :

	francs.
1° *Droits de transmission sur le capital des titres* ...	*1.000.000*
2° Droits de timbre par abonnement (30 cent. par obligation)	147.611
3° Taxe sur le revenu des obligations	675.000
Total..............................	2.122.611

Donc, en émettant directement, l'État emprunte à 5 %, là où sa garantie aurait coûté seulement 4.65 %, et il se prive annuellement d'un revenu de plus de 2 millions qui serait entré tous les ans dans ses caisses, si l'on eût continué à procéder comme par le passé.

Opération onéreuse pour les contribuables.

Cette opération est, enfin, désavantageuse pour les contribuables. En effet, toutes les lignes rachetées suffisent à peine à couvrir leurs frais. Ce résultat viendra augmenter d'autant la dépense du rachat. Pour que ces lignes puissent prospérer et, par conséquent, rapporter au Trésor, il faut, pour plusieurs d'entre elles, des modifications de tarifs, des adjonctions de nouveaux réseaux. Dans ce dernier cas, ce sera au détriment des grandes compagnies et ce que l'Etat gagnera d'un côté, il le perdra de l'autre en faisant lui-même une concurrence à des sociétés qu'il subventionne et dont l'actif doit lui revenir un jour. Si, admettons-le cependant, sans modification de tarifs, sans adjonction de nouveaux réseaux, sans concurrence aux grandes compagnies, les lignes rachetées deviennent prospères, si leur revenu annuel devient une source de profits, les porteurs d'actions et d'obligations de toutes ces compagnies que l'Etat rachète aujourd'hui, viendront plus tard se plaindre et ils diront que celui-ci, qui a, de lui-même, fixé le prix du rachat, s'est enrichi à leurs dépens.

Désavantageux pour l'Etat, désavantageux pour les contribuables, désavantageux pour les porteurs de titres, tel est le résultat de cette opération de rachat.

* * *

Le 3 % amortissable.

Il est un autre fait, non moins grave, que nous signalerons dans les projets du ministre des finances.

Pour se procurer les 500 millions qu'il demande, le gouvernement émettra des obligations 3 %, rapportant 15 francs d'intérêt annuel, nets d'impôts, remboursables à 500 francs, en 75 années, et jouissant de toutes les immunités attachées aux rentes de l'Etat, c'est-à-dire qu'elles seront exemptes d'impôts, insaisissables conformément aux lois des 8 nivôse et 22 floréal an VII, et qu'elles pourront être affectées aux emplois et placements spécifiés par l'article 29 de la loi du 26 septembre 1871. De plus, elles ne seront pas convertibles.

Eh bien, ces titres sont appelés à faire concurrence aux obligations émises par les grandes compagnies de chemins de fer. Le gouvernement pense assurément que le public préférera toujours un titre dont les intérêts sont payés directement par l'Etat, à un autre titre émis par une compagnie particulière et jouissant de la garantie indirecte de l'Etat.

Concurrence dangereuse faite par l'Etat aux grandes compagnies.

On calcule que, chaque année, les grandes compagnies émettent, à leurs guichets, environ 200 millions d'obligations. Pendant l'année 1877, par exemple, la Compagnie du Nord a émis 134,277 obligations ; — la Compagnie de l'Est, 102,074 ; — la Compagnie du Midi, 86,094 ; — la Compagnie d'Orléans, 30,813 ; — la Compagnie de l'Ouest, 89,094 ; — ce qui représente, pour les 5 grandes compagnies, 442,952 obligations émises, en moyenne, à 330 francs, soit un capital de 146 millions. En ajoutant le produit des émissions d'obligations fusion nouvelle faites par la Compagnie de Lyon (nous n'avons pas encore le total exact de l'émission de cette dernière compagnie), on peut dire que l'émission des obligations de chemins de fer faite en 1877, par les grandes compagnies, ne s'éloigne pas beaucoup d'un chiffre total de 200 millions.

Or, croit-on que les émissions ultérieurement faites par ces compagnies deviendront aussi faciles lorsque l'Etat, à son tour, émettra pour 500 millions de titres similaires? De deux choses l'une : ou bien, le public continuera, comme par le passé, à rechercher les obligations des grandes compagnies et, alors, que deviendra l'emprunt de l'Etat, ou bien, le public préférera les obligations de l'Etat et, dans ce cas, les grandes compagnies souffriront de la concurrence ; ou elles placeront moins de titres, ou elles en placeront à de plus bas prix. Si elles placent moins d'obligations, elles auront moins de ressources pour effectuer les travaux dont elles sont chargées, ce qui amènera forcément une diminution dans les recettes du Trésor ; si elles placent autant d'obligations que par le passé, mais à des prix

Le Trésor public lésé dans tous les cas.

inférieurs, ce sera pour les compagnies une augmentation de charges dont l'État sera le premier à supporter les conséquences.

* * *

Enfin, ce projet d'emprunt, dans les conditions que nous venons d'exposer, démontre d'une façon évidente la mobilité extrême qui existe dans notre système financier et avec quelle facilité on passe d'une résolution à une autre.

Instabilité de notre régime financier.

L'année dernière, en effet, le gouvernement crée des obligations trentenaires remplaçant elles-mêmes des obligations quinzenaires. Aujourd'hui, on demande le rappel de cette mesure, on veut changer de système, on crée des obligations remboursables en 75 ans, pour remplacer, à leur tour, celles remboursables en 15 ans et 30 ans. Le gouvernement a-t-il bien réfléchi à tout ce qu'avait de fâcheux ce perpétuel changement dans la nature des titres qui sont l'expression même du crédit de l'Etat? Et ne faut-il pas regretter de voir s'introduire, dans l'ordre financier, des modifications aussi nombreuses?

Que devient l'unité de la rente? Que devient l'unité de la dette? Quelle est la valeur d'Etat qui représente exactement le taux du crédit public?

Multiplicité excessive de nos types de fonds d'Etat.

Nous avons, en effet, aujourd'hui, une variété infinie de titres d'Etat, se capitalisant tous à des taux différents.

Le 3 % rapporte 4,05 % ; le 5 %, 4,55 % ; le 4 1/2 %, 4,30 %. Les bons de liquidation rapportent 4,80 % ; les obligations des chemins de fer garanties, 4,25 % ; les bons du Trésor, de 1 à 4 %.

Enfin, les nouvelles obligations vont rapporter de 4 à 4 1/2 ou de 4 1/2 à 5 %, suivant le taux auquel le ministre les émettra.

Quelle est, de ces six valeurs, toutes également solides, toutes également garanties par l'Etat, celle qui représente exactement le crédit de celui-ci ? Cette inégalité d'intérêts des fonds publics n'est-elle pas véritablement choquante? Quelle nécessité de venir encore, par la création d'une nouvelle valeur, faire concurrence aux anciennes, sans profit pour personne, ni pour l'Etat, ni pour le public, ni pour le contribuable?

Nécessité d'un type unique de rente.

Pense-t-on que cette multiplicité de titres divers de rentes françaises soit favorable à la négociation courante de nos fonds publics sur les marchés étrangers ? Multiplier les types de rentes, c'est créer une complication qui éloigne la clientèle des grandes bourses européennes, c'est créer un obstacle au classement de nos fonds d'Etat dans les portefeuilles des pays voisins. Et c'est cet écueil que M. Thiers avait évité, lorsqu'à l'époque de nos grands emprunts, il assurait à nos rentes l'accès des marchés étrangers, s'efforçant de faire de ces rentes une valeur internationale. C'est grâce à lui que notre 3 % et notre 5 % se négocient aujourd'hui sur toutes les grandes places financières.

M. Thiers et la rente française.

* * *

L'Etat et la Banque de France.

A ces considérations, nous ajouterons encore quelques mots. Nous constatons, avec regret, les modifications que l'Etat apporte, presque tous les ans, dans ses contrats avec la Banque de France : tantôt on demande de nouvelles avances à des taux réduits ; tantôt on proroge les échéances des paiements à effectuer ; tantôt on fait augmenter le chiffre des avances, sans intérêt, consenties à l'Etat par cet établissement financier.

Incertitudes économiques.

Notre système économique n'est pas davantage à l'abri de ces changements continus. Que savons-nous des traités de commerce? Seront-ils renouvelés?

Que deviennent les réductions d'impôts tant de fois promises et le remaniement de toute notre organisation fiscale ? Nous voyons, d'un autre côté, reparaître, sous des titres divers, cette multiplicité des budgets et cette dette flottante contre lesquelles, sous l'empire, M. Thiers,

Multiplicité des budgets.

M. Léon Say et tant de bons esprits se sont si vivement récriés. Nous avons le compte de liquidation ; nous avons le compte des bons du Trésor ; nous avons maintenant le compte des travaux publics sous forme d'obligations remboursables par annuités.

Les douzièmes provisoires.

Enfin, il paraîtra au moins singulier, qu'on dispose des ressources financières du pays, qu'on parle de grands travaux et de grandes réformes à exécuter, sinon dans le présent, du moins dans l'avenir, alors qu'à l'heure actuelle, nous vivons sous le régime des douzièmes provisoires et que nous ne savons pas encore si la Chambre se décidera à voter le budget des recettes en entier, ainsi que le commande tout régime financier bien ordonné. Il nous semble cependant que c'est par là qu'on aurait dû commencer.

III. — CE QU'IL CONVIENT DE FAIRE

En résumé, nous approuvons l'intention du gouvernement de développer les grands travaux publics, pourvu que ce soit opportunément, avec modération et prudence. Nous pensons, en effet, qu'un gouvernement, quel qu'il soit, se consolide d'autant plus en France qu'il donne satisfaction aux intérêts généraux du pays ; mais le plan financier, tel qu'il est présenté, est loin de nous satisfaire.

A quoi bon emprunter et pourquoi emprunter à 5 % ?

Puisque l'Etat voulait venir en aide aux petites compagnies de chemins de fer, deux partis à prendre s'offraient à lui :

La fusion des compagnies.

1° Il pouvait les laisser fusionner avec les grandes compagnies. Cette solution aurait coûté seulement 4,65 % à l'Etat, peut-être même un chiffre inférieur, car nous ne doutons pas que, vu leur situation prospère, les grandes compagnies ne se fussent contentées d'une garantie d'intérêt inférieure même à 4,65 %. Les actionnaires et les obligataires des lignes rachetées par l'Etat auraient, dans ces conditions, touché des sommes plus élevées que celles qu'ils recevront du Trésor ;

2° Ou, si l'État voulait quand même racheter ces petites lignes, pourquoi ne pas avoir accordé directement la garantie de 4,65 % aux titres des petites compagnies? La Compagnie des Charentes, par exemple, ne sollicitait même pas cette garantie d'État ; elle se bornait à demander — ce qui lui avait été promis, du reste — la concession de ses têtes de lignes, c'est-à-dire son entrée à Nantes et à Bordeaux. Le jour, en effet, où le réseau des Charentes eût été terminé dans ces conditions, non seulement la compagnie se croyait bien certaine de faire face aux charges de ses obligations, mais elle comptait même distribuer des dividendes à ses actionnaires. Ce n'était qu'une question de temps. Le rachat par l'État.

Il eût été plus simple, à notre avis, dans les circonstances actuelles, de ne pas compliquer notre situation financière de ces questions de rachat de chemins de fer et il était préférable de laisser les grandes compagnies s'entendre purement et simplement avec les petites.

* * *

Il convenait, enfin, de faire entrevoir, lorsque les circonstances le permettraient, l'application du programme économique et financier dont M. Germain, un des députés les plus compétents en matière de finances, se faisait, il y a peu de temps encore, le défenseur énergique, programme qui reposait sur la conversion du 5 % en 3 %. La conversion du 5 % en 3 %.

D'après M. Germain, l'État pourrait se procurer une économie annuelle de 1 % sur les intérêts qu'il paye annuellement sur la rente 5 %. Nous n'irons pas aussi loin, mais nous pensons qu'en l'état actuel du crédit, il serait facile à l'État de réaliser une réduction de 1/2 % sur sa dette 5 %.

En effectuant la conversion du 5 % par la remise à chaque porteur de 4,50 de rente 3 % en échange de

5 francs de 5 %, l'État économiserait annuellement 34,000,000 francs.

Le meilleur programme. Ces 34 millions d'arrérages de rentes permettraient à l'État de se procurer, en suivant le système adopté lors de la conversion de l'emprunt Morgan, un capital de près de 800 millions, sans augmenter les intérêts à payer annuellement et sans aggravation d'impôts.

Avec ces 800 millions, on rembourserait les 300 millions dus à la Banque de France ; les sommes inscrites au budget pour faire face à ces paiements devenant libres seraient appliquées aux travaux publics ; enfin, les 300 millions dus à la Banque étant remboursés, il resterait au gouvernement une disponibilité de 500 millions qu'il pourrait appliquer encore à des dépenses productives, soit en dotant largement le budget de l'instruction publique, soit en dotant le budget des travaux publics pour réaliser le programme de M. de Freycinet.

Tel est le système qui nous paraît le meilleur. Peut-être trouvera-t-on ce programme trop simple ; et, en effet, il est moins compliqué que celui qui consiste, en somme, à créer de nouveaux titres de rente d'un genre tout à fait spécial pour payer des chemins de fer dont on ne sait même pas ce qu'on fera une fois payés ; — modifier des traités passés avec la Banque, ce qui est fâcheux ; — être obligé de diminuer les sommes nécessaires au compte de liquidation ; — enfin, n'avoir pas de ressources nouvelles pour entreprendre de nouveaux travaux, une fois les 500 millions dépensés.

IV. — LE 3 % AMORTISSABLE ET LA CONVERSION

Conduite à suivre si le 3 % amortissable est créé. Notre pensée sur la création d'un nouveau type de rente, le 3 % amortissable, n'est donc pas douteuse. Nous n'avons cessé de réclamer l'unification de la dette et l'unité de la rente par la conversion du 5 % en 3 %, projet dont nous pouvons revendiquer l'initiative et qui paraît aujourd'hui universellement accepté (1).

(1) Voir *suprà*, page 120.

Que les projets du ministre des finances, présentés avec la grande autorité qui s'attache au nom de M. Léon Say, soient accueillis avec faveur par les Chambres, c'est là une éventualité qu'il faut prévoir.

Nous avons montré que leur adoption pouvait entraîner de graves inconvénients : cependant, si c'est là un fait inévitable, encore est-il permis de rechercher et d'indiquer les moyens d'atténuer les conséquences qu'il peut entraîner.

* * *

Pourquoi déclarer le 3 % non convertible.

Dans l'exposé qu'il a fait à la Chambre des députés, à propos de la rente 3 % amortissable dont il propose la création, M. Léon Say disait :

> La seule différence qui pourrait subsister entre cette rente nouvelle et les autres rentes émises par l'État, c'est que les rentes 3, 4, 4 1/2 et 5 % sont rachetables, remboursables et convertibles, mais ne sont pas amortissables par tirages annuels, tandis que la nouvelle rente sera amortissable, ainsi que nous l'avons déjà dit, par tirages annuels, mais ne sera pas convertible. Elle jouira, d'ailleurs, de toutes les immunités qui appartiennent aux rentes inscrites.

Ainsi, cette nouvelle rente *« ne sera pas convertible »*.

Nous ne saurions trop insister sur la gravité d'une semblable déclaration, qui ne réserve pas l'avenir, qui lie absolument les mains aux futurs ministres des finances. Lorsque ceux-ci, plus tard, reconnaîtront que les nouvelles obligations créées par M. Léon Say, constituent une trop lourde charge pour le Trésor, ils voudront sans doute les échanger contre d'autres titres moins onéreux ; comment pourront-ils le faire?

Silence du projet sur ce point.

Nous voulons croire que cet engagement a passé inaperçu du ministre, car, dans le projet de loi qu'il a soumis à l'approbation des Chambres, ce grave engagement « de la non-convertibilité » de la nouvelle rente ne se retrouve plus (1).

(1) L'article 3 est, en effet, ainsi conçu : « Tous les privilèges et immunités attachés aux rentes sur l'État sont assurés aux rentes 3 % amortissables, qui jouissent, notamment, des exemptions d'impôt garanties actuellement aux titres de la dette consolidée par les lois en vigueur. Ces rentes seront insaisissables, conformément aux dispositions des lois des 8 nivôse et 22 floréal an VII, et pourront être affectées aux emplois et placements spécifiés par l'article 29 de la loi du 26 septembre 1871. »

Si le 3 % amortissable est créé, dans quelles conditions il doit l'être.

Enfin, si ces obligations amortissables sont créées, nous pensons qu'il serait bon d'adopter certaines mesures en ce qui touche les tirages et le paiement des arrérages.

Tirages semestriels et coupons trimestriels

Nous voudrions qu'on substituât au remboursement par tirages annuels, le remboursement par tirages semestriels qui serait de beaucoup préférable. Cette modification ne coûterait rien au Trésor ; elle donnerait un attrait de plus au titre nouveau.

Nous désirerions, d'un autre côté, qu'on décidât que les arrérages seront payés par trimestre, comme pour les rentes 3 et 5 %, au lieu de l'être semestriellement. Tous les capitalistes savent quel attrait exerce l'approche du paiement d'un coupon et combien ces paiements rapprochés sont une cause de bon classement et de fermeté pour les titres.

Nous demanderions aussi que les coupons d'intérêts des nouveaux titres fussent payés en juin, septembre, décembre et mars. De cette façon, le rentier qui aurait sa fortune placée en rentes sur l'Etat, aurait tous les mois des intérêts à recevoir au Trésor.

En effet, les intérêts de la rente 3 % se payent en janvier, avril, juillet et octobre ; — ceux des rentes 5 %, en février, mai, août et novembre ; — ceux des rentes 4 1/2 %, en mars et septembre. On remarquera donc que, pendant les mois de juin et de décembre, le Trésor n'a aucune échéance pour les titres de fonds publics. C'est cette échéance qu'il serait bon d'adopter pour les obligations amortissables.

Création de coupures de 15 francs de rentes.

Enfin, au lieu de créer des titres d'obligations rapportant 15 francs, remboursables à 500 francs, nous demandons qu'on crée aussi, soit des titres ou des coupures d'obligations rapportant 5 francs remboursables à 166 fr. 66, soit des coupures rapportant 3 francs, remboursables à 100 francs, pour les mettre à la disposition des plus petites épargnes : ce serait la véritable démocratisation des titres de rentes et il est superflu de rappeler ici les avantages que l'Etat a retirés, pour son crédit, de la création des petites coupures de rentes 3 et 5 %.

La création de coupures inférieures à 15 francs de rentes serait d'autant plus utile, d'autant plus efficace, que, *si plus tard on voulait convertir la rente 5 % et même la rente 3 % en titres amortissables à longue échéance*, les premières bases du Grand-Livre de la dette unique seraient, dès à présent, posées. Il est bien clair que la coupure unique de 15 francs de rentes est trop élevée, car le ministre des finances sait combien est considérable la quantité de petites coupures de rentes 3 et 5 % inférieures à ce chiffre. En créant des coupures de 3 ou de 5 francs de rentes amortissables, on obtient donc l'avantage considérable d'intéresser à ces titres la plus petite épargne ; et, en même temps, on ménage l'avenir, si, plus tard, répétons-le, on veut employer la rente amortissable pour la conversion des rentes perpétuelles.

La rente amortissable base d'une conversion future des rentes perpétuelles.

M. MAGNE

M. Pierre Magne vient de mourir. Cette mort laisse un vide difficile à combler dans la politique, dans le parlement et dans l'administration ; elle affecte vivement aussi tous ceux auxquels il fut donné d'approcher cet homme éminent, dont le caractère inspirait autant de sympathie que d'estime et dont la bienveillance n'avait d'égale que la bonté. M. Magne fut un esprit à la fois libéral, énergique et aimable.

Nous ne retracerons pas ici sa longue et laborieuse carrière : sa vie fut tout entière consacrée au pays. La légitime ambition qu'il eut toujours de le servir avec honneur ne coûta rien à sa dignité. Lorsque aux débuts du second empire, la confiscation des biens de la famille d'Orléans fut décidée, M. Magne crut devoir protester contre cet acte en sortant d'un ministère dans lequel il venait d'entrer un mois auparavant. Cette résistance honorable le grandit en considération. Il rentra bientôt aux affaires où il apportait de rares et précieuses qualités : une grande puissance de travail, une étonnante faculté d'assimilation. Ce qui frappait surtout en lui, c'était l'extrême lucidité de son intelligence. Ce fut là aussi la qualité caractéristique de son éloquence. Nul comme lui, sauf peut-être M. Thiers avec lequel il eut plus d'un point d'affinité, ne savait éclairer une question de finances, l'expliquer, la simplifier jusqu'au point de la rendre facilement compréhensible aux esprits les plus rebelles à ces matières. Dans les discussions économiques et financières qui vont s'ouvrir bientôt, on comprendra sans doute toute l'étendue de la perte que l'on vient de faire et l'on regrettera de n'avoir plus pour guide ce grand talent appuyé sur l'expérience, le bon sens et la raison.

LA LÉGISLATION SUR LES SOCIÉTÉS

QUELQUES RÉFORMES PRATIQUES

Urgence de revision.

Parmi les questions économiques et financières que la Chambre des députés a manifesté le désir d'étudier et de résoudre promptement, il n'en est peut-être pas une qui ait un caractère d'urgence aussi évident que la revision de la loi de 1867 sur les sociétés. Les lacunes de cette législation se sont successivement révélées depuis douze ans qu'elle est en vigueur et la nécessité de les combler est unanimement reconnue aujourd'hui.

* * *

La crise des banques étrangères.

Les catastrophes qui ont frappé le marché anglais montrent combien il importe à la sécurité des intérêts d'un pays de ne rien négliger pour régler aussi complètement que possible le régime des sociétés qui s'y fondent.

Ces catastrophes ont causé sur toutes les places financières une vive émotion et cette émotion n'est pas encore calmée. Comment pourrait-il en être autrement, quand on a vu des sociétés aussi puissantes que la Banque de Glasgow, le West England, sombrer tout à coup, entraînant leurs actionnaires dans la ruine la plus complète et faisant perdre des sommes considérables aux nombreux capitalistes qui avaient mis leur fortune en dépôt dans les caisses de ces banques. En Angleterre.

Cependant, la législation anglaise, si sévère en ce qui concerne la responsabilité des actionnaires, — puisque cette responsabilité est en certains cas illimitée, — cette législation si sévère, disons-nous, n'a pu empêcher de semblables sinistres de se produire. Bien mieux : ce principe de la responsabilité illimitée des actionnaires était pour le public, pour les déposants, un gage de sécurité.

Cette sécurité était si grande que, la veille encore de la suspension de paiements de la Banque de Glasgow, les actions de cette institution se négociaient à 25,000 fr. chacune !

Cette crise ne paraît malheureusement pas terminée. Chaque jour, on craint de nouvelles suspensions de paiements, de nouvelles faillites. Cette crise rappelle celle qui, il y a quinze ans, éclatait subitement lorsque « le vendredi noir » toutes les caisses de ces banques étaient obligées de fermer leurs guichets, parce qu'elles se trouvaient dans l'impossibilité absolue de payer et de rembourser de suite les fonds reçus en dépôt ; elle rappelle encore celle qui, dans ces dernières années, a troublé les marchés allemands et autrichiens. Depuis 1873, en effet, les places de Vienne, Berlin, Francfort, pansent leurs blessures et en attendent toujours la guérison. En Allemagne et en Autriche.

* * *

Confiance inspirée par nos établissements de crédit.

Ce qu'il convient tout particulièrement de noter, c'est, en ce qui concerne notre pays, que si ces sinistres ont assurément causé de l'émotion dans notre grande communauté financière (et il n'en pouvait être autrement, car dans les affaires de finances et de crédit, il existe toujours une certaine solidarité), toutes nos grandes banques, tous nos grands établissements financiers ont supporté, du moins sans broncher, le contre-coup de ces crises violentes qui sévissaient au dehors.

Ces établissements indemnes.

Quand on passe la revue de tous ces sinistres qui, depuis quelques années, ont frappé tour à tour l'Allemagne, l'Autriche, l'Italie, la Russie, les Etats-Unis, la Belgique, l'Angleterre, il est consolant de voir qu'aucun de nos grands établissements financiers n'est atteint ; que tous jouissent du plus grand crédit ; que la confiance du public ne leur a jamais fait défaut ; enfin, que leur situation est restée prospère.

La revision de notre législation n'en est pas moins nécessaire.

Est-ce à dire cependant que les événements financiers qui se passent au dehors ne doivent pas augmenter la vigilance de tous ?

Est-ce à dire que des réformes ne pourraient pas être apportées dans notre législation sur les sociétés, dans les règles qu'il conviendrait de suivre, à l'avenir, pour améliorer encore et réglementer, nous dirions même moraliser, s'il est possible, ce que nous pourrions appeler les mœurs financières du pays !

Nous ne nous occupons pas des sociétés financières ou industrielles existantes ; la confiance que ces sociétés inspirent au public est grande, elle est légitime, elle est fondée : mais c'est précisément en raison de cette confiance qu'elles ont su inspirer qu'il nous paraît à craindre que, grâce à notre législation actuelle, d'autres sociétés ne se fondent, ne s'établissent et n'arrivent un jour, par leur mauvaise gestion, à compromettre, à ébranler le crédit public, le crédit d'autres établissements tout à fait honorables.

* * *

Révision projetée en 1875 par M. Dufaure.

Cette situation a, d'ailleurs, préoccupé depuis longtemps le gouvernement. Déjà, en 1875, à la suite d'une interpellation portée à la tribune de l'Assemblée nationale, un arrêté de M. Dufaure, ministre de la justice, institua une commission chargée de rechercher les améliorations que pouvait recevoir la loi de 1867 sur les sociétés et d'en faire l'objet d'un projet de loi qui serait soumis au parlement (1).

Cette commission a tenu de nombreuses séances ; elle a fait de sérieuses enquêtes... mais le projet de loi qu'elle avait élaboré n'a jamais été déposé. On s'est tellement occupé de politique pure qu'on n'a pas trouvé le temps de mener à bien l'œuvre commencée. La loi sur les sociétés, comme la plupart de nos lois d'affaires, a été oubliée : la commission s'est dispersée, et peut-être ne se souviendrait-on même plus qu'elle a existé pendant quelques mois, si, dans une publication très remarquable, M. Vavasseur n'avait eu l'heureuse idée de condenser les notes et les procès-verbaux des séances de la commission dont il était le secrétaire.

* * *

Objet de notre examen.

Nous n'avons pas l'intention de traiter ici cette importante question de la loi sur les sociétés, au point de vue du droit et de la jurisprudence pure.

C'est au point de vue pratique que nous entendons examiner la loi de 1867 ; nous voulons prendre celle-ci

(1) Le président de cette commission était M. Ernest Picard ; parmi les membres se trouvaient M. de Courcy, administrateur de la Compagnie d'assurances générales, M. Levavasseur, directeur général de l'enregistrement, des domaines et du timbre, M. Vavasseur, un des avocats les plus distingués de la cour d'appel de Paris, l'auteur du *Traité des sociétés civiles et commerciales*.

telle qu'elle est, telle qu'elle fonctionne, montrer l'usage qu'on en fait, l'abus qu'on en peut faire, les excès qui se peuvent glisser sous le couvert de ses dispositions. C'est là une étude purement financière, nullement théorique.

Nous examinerons successivement : la question du capital social, les apports, les versements, les commissaires; — l'impunité que la prescription pénale peut procurer aux fondateurs de mauvaise foi ; — les moyens pratiques de remédier à ces divers abus ; — la question des assemblées générales d'actionnaires ; — les émissions d'obligations et les droits des obligataires ; — la publication des bilans des sociétés.

* * *

Constitution des sociétés.

Une société se fonde au capital de 10 millions, par exemple.

Capital social.

Ses fondateurs se rendent chez un notaire et déclarent que ces 10 millions sont divisés en 20,000 actions de 500 francs. Sur ces 20,000 actions, les fondateurs se sont attribué 19,800 actions, en représentation de leurs apports. Il reste à souscrire 200 actions sur lesquelles la loi exige que le quart soit versé : soit, à raison de 500 francs l'action, 125 francs par titre et, pour les 200 actions, 25,000 francs.

Apports et souscriptions.

A l'appui de leur déclaration, les fondateurs déclarent que sept personnes composent cette société anonyme; — que parmi elles, cinq ont accepté de faire partie du conseil d'administration ; — que la sixième a accepté d'être commissaire de surveillance de la société ; — qu'un rapport a été fait par ledit commissaire approuvant les avantages que les fondateurs se sont réservés, et que l'assemblée générale des actionnaires a également ratifié ce rapport et les avantages attribués aux fondateurs et administrateurs ; — enfin, la liste des actionnaires ayant souscrit les 200 actions est donnée au notaire qui constate qu'on lui a représenté le montant du versement exigible sur lesdites actions.

La société est donc définitivement constituée ; elle est en règle avec la loi ; elle peut fièrement s'intituler : « Société anonyme au capital de 10 millions. » En réalité, que représentent ces 10 millions ? 1° Des apports pour 9,975,000 francs ; 2° 25,000 francs en espèces.

A qui profitent les versements.

Admettez maintenant que les fondateurs de la dite société disposent d'une grande clientèle et qu'ils parviennent, après la fondation de leur société, à placer leurs actions au taux de 500 francs, on voit de suite que le premier bénéfice de ces fondateurs sera de recevoir en espèces 9,975,000 francs en représentation des apports qu'ils se sont attribués. Mais, dira-t-on, la loi a voulu précisément empêcher que des gens de mauvaise foi pussent s'attribuer, sous forme d'apports, des avantages exagérés et c'est pour cela qu'elle a exigé qu'un commissaire fût nommé par les actionnaires à l'effet d'examiner la valeur de ces apports.

Eh bien, cette garantie est absolument illusoire.

Commissaires de surveillance.

Qui donc, presque toujours, choisit ce commissaire ? Les fondateurs, ou bien les administrateurs, ou bien les actionnaires. Or, quand on se trouve en présence d'une société, formée dans les conditions que nous avons dites, composée de sept personnes, dont un fondateur, par exemple, cinq administrateurs qui sont à la fois actionnaires et amis du fondateur de la société, et un actionnaire, qui donc empêche de choisir comme commissaire précisément cet actionnaire unique ?

Le capital d'une société ne consiste pas toujours en argent : il y a le plus souvent un capital apporté en nature ; c'est précisément et surtout celui-là qui trouve moyen de s'enfler d'une manière dangereuse ; quelquefois aussi, ce capital d'apport est presque complètement fictif.

Ne voit-on pas, par l'exemple que nous avons choisi, que, dans une société formée seulement entre associés faisant tous des apports en nature et n'ayant qu'un actionnaire souscripteur du petit solde d'actions à émettre, il est vraiment trop facile de se conformer au texte de la loi, tout en faisant des dupes ?

* * *

Tout peut être fictif

On nous objectera que, dans une société composée comme nous venons de l'indiquer, si réellement les apports de 9,975,000 francs sont fictifs, dès la première année, au lendemain même de sa fondation, on ne pourra pas payer un centime d'intérêts aux actionnaires qui se seront laissé entraîner à acheter des actions de cette société. Il nous suffira de répondre que les gens qui fondent de semblables sociétés, prévoient tout, même la prescription pénale de trois ans pour le délit qu'ils commettent. Rien ne peut les empêcher, en effet, de distribuer, non pas un dividende, mais un intérêt aux actionnaires, pendant trois ans, et de commencer par prélever le montant de ces intérêts qu'ils paieront, sur les sommes de 9,975,000 francs qu'ils auront encaissées par la vente de leurs actions. Si, par exemple, sur un capital de 10 millions, ils paient, à titre d'intérêts, 500,000 francs par an, ils auront gagné 500,000 francs de moins ; voilà tout. Les trois ans écoulés, la société croule. La prescription est acquise.

Prescription et impunité.

Sur cette question du capital social des sociétés anonymes et des apports, il y aurait, à notre avis, des réformes à introduire dans la législation ; il y aurait à prendre certaines précautions. Qu'on remarque bien, en effet, que cette question des apports est la cause principale du bon ou du mauvais fonctionnement des sociétés : les faux apports engendrent les faux actionnaires : les faux actionnaires, les fausses assemblées ; les fausses assemblées, les faux dividendes.

Faux apports, faux actionnaires, fausses assemblées, faux dividendes ! ne sont-ce pas là les grands périls que doit éviter toute loi convenablement faite sur les sociétés ?

Nous avons montré le mal ; nous indiquerons les mesures pratiques qui nous paraissent de nature à l'empêcher.

Moyens pratiques de remédier à ces abus.

Si une société se fonde en déclarant que le capital social a été versé effectivement en espèces, en tout ou en partie, il faut prescrire aux notaires, qui se bornent aujourd'hui à constater que les versements ont été régulièrement faits par les souscripteurs, d'exiger le dépôt entre leurs mains du montant des sommes versées pour être déposées par leurs soins, soit à la Caisse des dépôts et consignations, soit à la Banque de France. De plus, ces officiers publics ne remettraient le récépissé de dépôt aux administrateurs et fondateurs de la société que trois mois après la constitution légale de leur société et la publication des statuts. De cette façon, plus de fraudes à craindre.

Dépôt des fonds au notaire rédacteur qui les consignera à la Caisse des dépôts, ou à la Banque de France. — Récépissé.

Il est évident, en effet, que, quand on saura qu'une société a été fondée au capital de 10 millions et que le quart ou que la totalité de ces 10 millions est obligatoirement déposée pendant trois mois à la Banque ou à la Caisse des dépôts, au nom de chacun des souscripteurs d'actions, pour le compte de la société lorsqu'elle sera définitivement constituée, les versements fictifs et les fausses déclarations ne pourront plus s'effectuer avec autant de facilité qu'il est possible de le faire aujourd'hui.

Dans le cas où le capital nominal mentionné aux statuts se compose d'un capital-apports et d'un capital-espèces, tous les titres, tous les documents, émanant de la société doivent indiquer très nettement cette situation.

Mentions à inscrire sur tous titres et documents des sociétés.

Une société, par exemple, se constitue au capital de 10 millions, composé de 9,975,000 francs en apports et 25,000 francs en espèces. — et qu'on ne croie pas cette hypothèse irréalisable ; pour en avoir la preuve, il suffit de jeter un coup d'œil sur les comptes rendus de procès insérés dans les journaux judiciaires ; — cette société.

Composition du fonds social.

disons-nous, devrait être obligée d'inscrire sur les titres la mention suivante :

Capital social :	Apports........................	9,975,000 fr.
	Espèces versées..........	25,000

De cette manière on évitera que les tiers qui croient avoir traité avec une société disposant de 10 millions soient trompés par une fausse apparence et se figurent qu'ils ont devant eux une société disposant de 10 millions espèces, quand il y a seulement, en réalité, 25,000 francs versés et que le solde, soit 9,975,000 francs représente les prétendus apports des fondateurs.

Commissaires vérificateurs désignés par justice.

La nomination des commissaires chargés d'évaluer la valeur des apports d'une société qui se fonde avec un capital apporté en nature devrait être faite en dehors absolument des fondateurs, des administrateurs et des actionnaires de la société.

On devrait examiner si ces commissaires ne devraient pas être nommés, soit par la chambre de commerce, soit par les tribunaux civils ou de commerce, et si le dépôt des actes et documents propres à justifier l'évaluation des apports et des avantages particuliers ne devrait pas être fait en même temps que la déclaration passée devant le notaire, au secrétariat de la chambre de commerce et au greffe des tribunaux civils ou de commerce. Le rapport de l'expert ainsi désigné, devrait être obligatoirement inscrit à la suite des statuts de la société et lecture devrait en être donnée aux actionnaires réunis en assemblée constitutive.

Pour justifier cette mesure on fait remarquer que la plupart du temps, c'est lorsque leur société est en déconfiture, que les actionnaires apprennent que cette société était déjà, dès sa fondation, dans de mauvaises affaires et que le capital social avait été considérablement majoré. Quand une de ces sociétés vient à sombrer, la plupart du temps aussi, les tribunaux nomment des experts chargés de vérifier les écritures et d'expliquer les causes de la chute de la société. Si, au moment même de la fondation de la société, cet expert avait été mis à même de se rendre compte de la valeur des apports qui ont été faits, de sa situation réelle au moment où elle naissait, que de ruines auraient été évitées !

* * *

L'intérêt public, des tiers, des actionnaires eux-mêmes, exige donc qu'on ne statue pas à la légère sur la nature et la valeur des apports sociaux. Par la fixation et l'acceptation de ces apports, on pose, pour ainsi dire, les bases de l'entreprise. La gravité d'un tel acte, sur lequel il est ensuite impossible de revenir, n'a actuellement aucune sanction réelle. Les mesures que nous avons indiquées pourraient remédier aux abus qu'entraîne un semblable état de choses.

Assemblées générales d'actionnaires.

La question relative aux assemblées générales d'actionnaires n'est pas moins importante. Sur ce point également, de nombreuses réformes sont urgentes.

Y admettre tous les actionnaires.

Il serait nécessaire que tous les actionnaires, ou le plus grand nombre d'entre eux, quel que fût la quantité de leurs titres, fussent admis aux assemblées. Actuellement, certaines assemblées sont valides quand un petit nombre d'actionnaires, représentant un quart ou un cinquième du capital, sont réunis. La conséquence de ce fait est que 5, 10, 20, 100 personnes peuvent décider d'un capital s'élevant parfois à plusieurs centaines de millions.

Le Crédit foncier, par exemple, compte à l'heure actuelle 11,500 actionnaires possédant 260,000 actions, représentant un capital de 130 millions, libéré de 65 millions. Or, depuis quinze ans, le nombre maximum des actionnaires présents a été de 150, disposant au maximum de 50,000 actions.

Dans les sociétés qui, à côté de leur capital-actions, ont un capital-obligations considérable, et c'est le cas du Crédit foncier (1300 millions d'obligations émises contre un capital-actions de 65 millions versés), on comprend quels abus peut engendrer cette omnipotence d'un petit nombre d'actionnaires.

Il importe de donner satisfaction aux petits intérêts et d'abolir le cens industriel comme on a détruit le cens politique. Point de catégories parmi les actionnaires ; point de privilèges : l'égalité.

Limiter les votes multiples.

Tout actionnaire, fût-il porteur d'une seule action, doit avoir le droit d'assister et de voter dans les assemblées, soit qu'on lui donne ce droit direct, soit qu'on accorde aux « petits » actionnaires celui de se grouper pour être représentés à l'assemblée par l'un d'eux : si les statuts accordent plusieurs voix aux possesseurs d'un grand nombre de titres, il convient de stipuler que le même actionnaire ne peut avoir un nombre de voix supérieur à dix ; — enfin, à l'effet d'éviter que les actionnaires fictifs, les actionnaires de passage, les reporteurs, en un mot, puissent se glisser dans une assemblée et y délibérer, il importe d'interdire tout droit de vote à toute personne ne justifiant pas de la possession de ses actions depuis six mois au moins (1).

Exiger la possession des titres depuis un temps déterminé.

Comment procèdent les reporteurs.

(1) Voici, en effet, comment, au moyen des reports, on peut assister à une assemblée et y délibérer sans avoir aucun intérêt dans l'affaire.

Une assemblée d'actionnaires se réunit en avril. Pour en faire partie, il faut déposer ses titres au siège social au mois de janvier ou de février.

En décembre : j'achète 100 actions de la société X... au comptant;	En décembre, le même jour que mon achat au comptant, je vends immédiatement 100 actions de ladite société X... fin courant.
Je prends livraison de 100 actions achetées au comptant; je dépose ces titres au siège social pour assister à l'assemblée.	Lors de la liquidation de fin décembre, ne pouvant livrer les 100 actions de la société X... vendues, je donne l'ordre à mon agent de les reporter jusqu'au jour où je pourrai les lui livrer.
	Mon agent continue mon opération pendant les mois de janvier, février, mars, avril.
L'assemblée a lieu en avril; aussitôt après l'assemblée, les actions déposées en mon nom me sont rendues.	En liquidation d'avril, je livre purement et simplement mes actions vendues fin courant, en prenant celles que j'avais déposées pour assister à l'assemblée.

* * *

Émissions d'obligations. Garanties à accorder aux obligataires.

En ce qui concerne les émissions d'obligations, le législateur, qui a protégé les actionnaires, doit également édicter des mesures propres à protéger les obligataires et à sauvegarder leurs droits.

Nous avons vu des compagnies de chemins de fer se fonder, n'ayant pour tout capital qu'un capital d'apports. Et en quoi consistaient ces apports ? Uniquement dans l'idée de la création de ce chemin, les plans et les devis que comportait son exécution future. Ces compagnies, qui ne disposaient pas d'un centime pour leur capital-actions, ont pu émettre des obligations que le public croyait gagées et garanties par un actif quelconque. En réalité, il n'y avait d'autre capital que celui fourni par les émissions d'obligations.

On a vu aussi des compagnies, après avoir englouti tout leur capital-actions, émettre des obligations n'ayant absolument aucun gage, ne présentant aucune garantie.

Conditions d'émission.

Voici quelques précautions qui, suivant nous, pourraient être prises : une société ne devrait pas être autorisée à émettre des obligations pour un chiffre supérieur à son capital-actions, à moins que des garanties complémentaires ne soient assurées aux obligataires ; — les sociétés dont le capital-actions ne serait pas entièrement libéré ne pourraient pas émettre d'obligations ; — toute émission d'obligations devrait être soumise à la ratification d'une assemblée des souscripteurs ; — les obligataires devraient avoir le droit de déléguer une commission composée d'autant de membres qu'il en existe au conseil d'administration de la société, à l'effet de vérifier l'emploi des fonds prêtés.

Commissaires-vérificateurs.

J'ai assisté à une assemblée comme actionnaire ; j'ai délibéré et voté, en cette qualité, et comme porteur de titres.	La même quantité de titres qui me servait pour assister à l'assemblée, était vendue le jour même, en liquidation.

Actionnaire de passage ou, pour mieux dire, actionnaire fictif, dégagé de tous les intérêts de la société, j'ai pu, par mon vote, exercer une certaine influence sur le présent et l'avenir de cette société.

A défaut de nomination de commissaires par l'assemblée des obligataires, ou en cas d'empêchement ou de refus d'un ou de plusieurs des commissaires nommés, il serait procédé à leur nomination ou à leur remplacement, par ordonnance du président du tribunal de commerce du siège de la société, à la requête de tout intéressé ; — les obligataires pourraient s'opposer à toute distribution d'intérêt ou de dividende aux actionnaires, dans le cas où l'examen de la situation de la société, examen fait par la commission des obligataires un mois avant la réunion de l'assemblée annuelle des actionnaires, indiquerait que l'actif social a subi une dépréciation évaluée au quart du montant total de cet actif.

Opposition à distribution de dividende.

* * *

Bilans périodiques.

Aux termes de la loi de 1867, toute société anonyme doit dresser, chaque semestre, un état sommaire de sa situation active et passive.

Établissement et publication.

Nous voudrions que ce mot « dresser » fût remplacé par le mot « publier ». Qu'importe, en effet, qu'un inventaire soit dressé, s'il ne parvient pas, par une publication légale, à la connaissance de tous les intéressés ?

Ensuite, toutes les sociétés anonymes, quelles qu'elles soient, que leurs actions soient cotées ou non cotées à la bourse de Paris, devraient être astreintes à la publication mensuelle de leurs bilans. Cette obligation devrait être imposée à toutes les sociétés, françaises ou étrangères, à partir du jour où leurs titres sont admis aux négociations de la bourse de Paris.

Renseignements détaillés. Portefeuille social.

Il serait à désirer aussi que les bilans mensuels publiés par ces sociétés fussent plus détaillés, plus clairs, en ce qui concerne particulièrement la composition du portefeuille social.

Une société, par exemple, indique, dans ses bilans, qu'elle possède 100 millions de capital : dans le bilan qu'elle publie elle fait connaître chaque mois qu'elle a en caisse 20 millions espèces et en portefeuille 80 millions. L'actionnaire pense que l'actif social est toujours intact : il voit au passif 100 millions ; à l'actif 100 millions : il est tranquille sur l'avenir de la société ; il apprend, un jour, que la ruine est consommée, que tout est perdu. Pourquoi ? Parce que les 80 millions de valeurs composant le portefeuille étaient représentés par des titres dépréciés et irréalisables.

Quel inconvénient verrait-on à obliger les sociétés à donner, dans leurs bilans mensuels, des renseignements plus clairs, plus précis, sur la nature des valeurs qui composent le portefeuille social ?

Les tiers doivent avoir la possibilité de se rendre compte à tout moment de l'état de la société, du régime qu'elle a institué, des garanties qu'elle a stipulées, des chances qu'elle fait courir à ceux qui traitent ou ont traité avec elle. Jusqu'à présent, avec la législation en vigueur, ce contrôle demeure impossible.

Comptes annuels.

On devrait enfin imposer au conseil d'administration de toute société anonyme le devoir de publier, dans le mois qui suit la clôture de l'exercice annuel, l'état général des comptes sociaux, les résultats définitifs de l'année et le rapport qui sera lu à l'assemblée.

Publication dans le mois de la clôture de l'exercice.

La plupart du temps voici ce qui se passe : une société clôture ses comptes le 31 décembre et convoque ses actionnaires au mois d'avril. Jusqu'au jour de la réunion de cette assemblée, personne autre que les administrateurs ne connaît le chiffre du revenu, du dividende qui sera proposé.

Quoi de plus facile que de profiter de ce silence pour se livrer à toutes sortes de spéculations sur les titres d'une société qui sont cotés et se négocient à la bourse à terme et au comptant ?

L'assemblée est enfin réunie. On lit le rapport, ses conclusions sont mises aux voix et votées ; les comptes sont approuvés et les propositions du conseil adoptées.

Croit-on que ce vote ait été donné en pleine connaissance de cause ? Evidemment non.

Pour toute personne qui n'est pas versée dans la comptabilité — c'est la majorité du public — un bilan est un assemblage d'hiéroglyphes; un inventaire est une énigme. Ce n'est pas avec des éléments d'informations aussi sommaires qu'on peut se renseigner sur la situation d'une entreprise. La lecture du rapport en assemblée générale est d'ailleurs trop rapide pour que l'auditoire en puisse apprécier la portée. Ce document devrait être publié dans les journaux légaux, deux mois avant toute réunion d'actionnaires.

Dividendes annoncés dans le même délai.

Quant au dividende qui est proposé à une assemblée, il devrait être annoncé dans le mois qui suit la clôture de l'exercice social.

* * *

Conclusions.

Nous avons limité cette étude aux traits principaux de la question, nous croyons avoir démontré les périls de la loi sur les sociétés et indiqué au moins quelques-unes des réformes principales que cette loi réclame. Ces réformes accomplies, on aurait certainement fait un grand pas.

Nous reconnaissons d'ailleurs volontiers que le législateur ne pouvait prévoir qu'en accordant une liberté plus grande pour la fondation des sociétés, il allait, par cela même, faire naître de graves abus, à la faveur même de cette loi plus libérale que ses devancières.

Nous ne désirons pas, certes, restreindre la liberté des transactions, des associations, des sociétés. Nous demandons seulement que les abus auxquels la loi de 1867 a donné lieu, abus qu'on ne prévoyait pas à cette époque, mais qui, depuis, ont pu être facilement constatés, soient désormais empêchés. C'est au nom de la liberté même, que le gouvernement et les législateurs doivent remplir avec vigilance leur rôle naturel de protecteurs des droits des faibles, des incapables, des mineurs et des minorités. Ils feront ainsi de la bonne et saine démocratie !

LES TRAITÉS DE COMMERCE

La situation économique de la France révèle un état de souffrance qui va s'aggravant de plus en plus. C'est une sorte de décomposition dont les effets, lents d'abord à se produire, se sont manifestés ensuite avec plus d'intensité et se sont enfin multipliés de toutes parts sous l'influence de la crise générale extérieure qui a fini par s'étendre jusqu'à nous. Situation économique déprimée.

Ces conséquences se sont révélées dans toute leur étendue en 1878, et avec une évidence que n'ont pu atténuer ni le prestige ni l'éclat de l'exposition universelle. On avait cru, sans doute, que cette grande solennité industrielle, commerciale, agricole, artistique, ranimerait l'activité de la production et des échanges. On a pu se faire un instant illusion et se bercer d'espoir. Les circonstances ont été plus puissantes que l'effort tenté et il faut reconnaître qu'en dépit de l'immense succès de cette exposition, en dépit des bénéfices qu'elle a pu procurer à certains commerçants, l'année 1878 doit être considérée comme une des plus mauvaises que nos producteurs de tout ordre et de toute nature aient traversées depuis vingt ans. 1878 est l'année la plus mauvaise depuis 20 ans.

Cette désorganisation dont nous signalions, dès 1872, les premiers symptômes, a eu deux causes principales, également actives mais non pas également destructives. Causes de cette désorganisation.

La première résidait dans la nécessité où la France se trouvait de faire face aux charges que lui avaient léguées la guerre étrangère et la guerre civile. Il fallait recourir à l'impôt, puis à l'emprunt, et par conséquent encore à l'impôt. On n'avait point le loisir d'imposer bien, d'imposer mieux : c'était déjà beaucoup de découvrir la matière imposable. Il fallait imposer avant tout. Charges fiscales.

On frappait un peu partout, au hasard, et il arrivait que les coups tombaient souvent au même endroit, que c'était très souvent, trop souvent, l'industrie et le commerce qui étaient atteints.

Les charges de la production devinrent considérables; elles devinrent accablantes. Mais c'était la nécessité, chacun s'y résigna. On s'arma de courage et l'on s'efforça de conjurer l'effet d'une répartition si défectueuse, si déplorable des taxes. On espérait bien qu'un jour prochain viendrait où l'on chercherait à mettre l'ordre, l'équité et la justice dans cet ensemble de contributions créées à la hâte.

On sait tout ce qu'un pareil abus d'expédients si divers, si promptement improvisés, a jeté de perturbation dans les affaires. Cette fiscalité trouva pourtant son remède dans la résolution et l'énergie dont le pays fit preuve à ce moment. Cette cause de malaise eut certainement des conséquences multiples ; mais grâce aux efforts de chacun et à l'union des efforts de tous elle pouvait être combattue. Elle le fut, en effet, et avec succès jusqu'à la fin de 1875.

Régime économique incertain.

La seconde cause de désorganisation fut et elle est encore autrement dangereuse, autrement nuisible. Contre elle, point de défense. Efforts de chacun, efforts de tous n'y pouvaient rien. Cette cause qui, à l'heure même où nous sommes, sévit avec rigueur, est dans l'incertitude qui plane sur l'avenir industriel et commercial du pays, dans l'absence de tout plan de gouvernement, — non pas au point de vue politique ! A cet égard ce ne sont pas les projets qui manquent, — mais au point de vue économique.

Le manque de lien, le défaut d'esprit d'unité caractérisent l'ensemble des impôts nouveaux. Mais que dire de la confusion des idées, de la perversion des principes, de l'inanité des programmes économiques?

Matières premières.

On n'a pas oublié la discussion de l'impôt sur les matières premières, de ce projet soutenu avec ténacité au moment même où notre exportation prenait un essor inespéré, discussion bizarre qui rejeta un instant les protectionnistes dans le camp libre-échangiste. On se souvient encore de l'oubli des traités de commerce existants, du désir qu'on éprouvait de les tenir pour lettres mortes, de l'essai de rétablissement de la surtaxe de pavillon sur lequel il fallut revenir ensuite. On se souvient aussi du fameux retour aux traités consacré par la loi du 14 mars 1873 qui prescrivait que « les tarifs conventionnels resteraient en vigueur jusqu'à l'application des tarifs nouveaux, votés ou *à voter* par l'*Assemblée nationale* ».

Surtaxe de pavillon.

Loi du 14 mars 1873.

Et depuis, que de fluctuations en tous sens ! L'Assemblée nationale ne résolvant rien ; les commissions s'éternisant ; les projets sur la marine marchande s'accumulant sans cesse ; le Sénat poursuivant une enquête industrielle et agricole absolument vaine. Un premier projet de tarif général est déposé en 1877 après délibération du conseil supérieur du commerce ; puis, l'avis de ce conseil méconnu et dédaigné, un nouveau tarif est dressé sans son concours avec des aggravations sensibles. Enfin une aventure économique sans précédent : l'annulation brusque du traité franco-autrichien, les modifications soudaines qu'elle jetait dans le tarif, le recul forcé du gouvernement français et la réparation tardive accordée aux intérêts lésés !

Fluctuations incessantes.

Projet de tarif douanier de 1877.

Le traité franco-autrichien.

Tant d'insouciance, de laisser-aller, seraient peu excusables, même en des temps où la prospérité générale, la sécurité universelle, permettent un certain abandon. Il est difficile d'imaginer qu'il ait pu en être ainsi dans un pays éprouvé comme le nôtre l'a été, et cela au moment où une grande guerre éclatait en Orient, jetant l'anxiété dans l'Europe entière ; alors que des crises financières, commerciales, industrielles éclataient successivement et en Allemagne et en Angleterre.

Guerre d'Orient.

Crises à l'étranger.

Croyait-on donc que notre industrie, notre commerce fussent à ce point invulnérables, qu'aucun de ces graves événements ne pût exercer d'influence sur eux ? C'est un miracle que les crises du dehors n'aient pas atteint

Répercussions en France.

plus tôt et plus cruellement la France qu'elles ne l'ont fait jusqu'ici. Une crise économique était probable à court terme ; les avertissements du dehors l'annonçaient ; on n'a rien fait pour la prévenir.

L'insécurité économique paralyse l'activité nationale.

Tant que l'industrie et le commerce ont conservé quelque sécurité, tant qu'ils ont trouvé dans l'intégrité des traités de commerce une garantie suffisante, ils ont continué à lutter. Dès que l'incertitude sur le régime économique a pris une certaine consistance, dès qu'on a pu penser que, du jour au lendemain, les conditions des échanges pourraient être profondément modifiées, l'inquiétude est devenue générale. Elle menace aujourd'hui de paralyser toute l'activité nationale.

Anarchie économique.

M. Paul Leroy-Beaulieu caractérisait fort justement cette situation lorsqu'il l'appelait « l'anarchie économique ». Le mot anarchie est ici employé dans son sens primitif qui est le vrai : absence de gouvernement. Et, en effet, les gouvernements, depuis huit ans, ont sans doute fait acte de présence en beaucoup de matières, en matière politique surtout, mais en toute question économique ils ont été trop souvent absents. Toute direction a fait défaut et aussi tout esprit de direction. Nous ne parlons pas seulement ici de l'action des divers ministères qui se sont succédé, mais aussi de celle du parlement. M. Leroy-Beaulieu a fort bien dit : « Notre état économique est un état *anarchique*. »

Devoirs des pouvoirs publics.

Quand on ambitionne le pouvoir, quand on y trouve accès, quand on prend part à la gestion de la chose publique, on doit remplir avant tout une condition : avoir des principes, des idées sur les diverses pièces de l'ordre social. Ministre ou législateur, majorité ou minorité, il faut avoir des idées, les préconiser, les exprimer et les faire prévaloir.

Leurs tendances.

Jusqu'à ces derniers temps, on a pu douter des tendances des pouvoirs publics, des dispositions des deux Chambres ; on en douterait encore si les esprits ne s'étaient rassurés en voyant arriver aux affaires M. Tirard, qui professe les doctrines économiques les plus libérales et qui pourra plus efficacement que tout autre, comme ministre du commerce, les faire prévaloir. La tâche qu'a acceptée M. Tirard est difficile à remplir : il aura beaucoup à faire pour dissiper le chaos qui règne autour de lui, pour convaincre les indécis, pour entraîner les hésitants, les indifférents, les insouciants.

Questions discutées sans méthode.

L'ordre même dans lequel certaines questions économiques ont été abordées récemment atteste bien la confusion des idées. On discute la question de la marine marchande avant de savoir quelles solutions on adoptera pour les questions de douanes, de tarifs, de traités de commerce. On discute le classement d'une foule de chemins de fer et l'exécution de travaux publics considérables sans être fixé sur les conditions dans lesquelles se trouveront ultérieurement placés les industries et les commerces que ces travaux pourront stimuler et développer.

Il fallait, avant tout, résoudre la question des échanges, déterminer le régime économique du pays, puis faire le nécessaire pour encourager la marine marchande et donner, en travaux utiles, des compensations aux industries les moins favorisées. Ces questions se tiennent ; il ne faut pas les séparer ; c'est leur union étroite qui crée la solidarité des ministres entre eux ; c'est là le vrai fondement de la responsabilité collective.

Le problème économique s'impose.

Aujourd'hui, il n'y a plus à reculer : l'inquiétude et le trouble des esprits sont si vifs, l'agitation protectionniste est devenue si ardente, les libre-échangistes ont enfin une si claire conscience du danger, que le problème économique s'impose de lui-même. On ne peut l'ajourner sans péril, même pour l'avenir des institutions actuelles, et, qu'il soit ou non attrayant, il faut le résoudre.

* * *

Faits économiques.

Ces considérations seraient vaines si elles n'étaient fondées sur des faits. Quand il s'agit d'intérêts matériels, ce sont des témoignages matériels qu'il convient d'invoquer.

Nous relèverons donc, pour les justifier, les principaux faits de notre vie économique depuis l'époque où la France, après ses désastres, a pu se remettre au travail.

Nous avons signalé deux grandes causes de perturbations économiques : l'accroissement excessif et nécessairement ruineux des taxes accumulées sur l'industrie ; l'incertitude de notre régime économique. La première s'est exercée seule, pendant un certain temps. On a lutté et avec succès. Toutes deux ont agi simultanément du jour où, les traités de commerce et les principes sur lesquels ils reposent étant remis en question, la sécurité commerciale a été atteinte, menacée, presque anéantie.

Résultats : 1871-1878.

Les résultats économiques des sept années qui se sont écoulées, depuis 1871 attestent et démontrent l'exactitude de cette appréciation. Ces sept années comprennent, en effet, deux périodes très tranchées. De 1871 à 1874, en dépit du poids des impôts, la production nationale fait des prodiges de courage, se défend, lutte et réussit. L'année 1875 est une transition entre les deux périodes : elle a toute l'activité de la première, mais révèle déjà les dangers de la seconde, où à l'action des impôts s'ajoute l'effet de l'incertitude et du chaos économique, et qui comprend les années 1876, 1877 et 1878.

C'est ce que font clairement apparaître les mouvements de nos importations et de nos exportations pendant ces sept années.

Portée réelle des importations et des exportations.

Faisons remarquer, en passant, qu'on attribue généralement aux résultats de l'importation et de l'exportation une portée excessive. Toutes les importations ne sont pas nuisibles ; il en est de fort avantageuses, d'indispensables, dont l'abondance est un signe excellent. Toutes les exportations ne sont pas profitables, toutes ne laissent pas des bénéfices effectifs.

Il est excellent qu'il soit importé beaucoup de matières premières ; c'est un indice d'activité de notre industrie. Il est heureux, quoi que prétendent de nombreux agriculteurs, qu'il soit, dans les années de disette, importé assez de céréales pour combler le déficit de la récolte, assez de bestiaux pour parer à l'insuffisance de la production. Mais il serait désastreux qu'en temps normal on importât plus d'objets fabriqués que nous n'en fabriquons nous-mêmes ; il serait dangereux qu'en temps de récolte satisfaisante on importât des quantités considérables de céréales ou de vins analogues aux nôtres. Ce qui mesure, très approximativement, la puissance de notre production et l'intensité de la concurrence étrangère c'est l'importance de l'importation et de l'exportation des objets fabriqués, des produits manufacturés.

Voici le mouvement de ce double courant de 1871 à 1878 : Leur mouvement global de 1871 à 1878.

ANNÉES	IMPORTATIONS	EXPORTATIONS	DIFFÉRENCE
	millions de francs	millions de francs	millions de francs
1872	487.4	2.078.0	1.590.6
1873	343.9	2.143.6	1.799.7
1874	378.3	2.096.6	1.718.3
1875	446.8	2.138.9	1.692.1
1876	463.4	1.894.3	1.430.9
1877	419.4	1.814.5	1.396.1
1878	447.1	1.867.1	1.420.0

Ce tableau, dressé d'après les documents officiels, résume d'une manière exacte l'histoire de la production industrielle en France pendant les sept dernières années. Grâce à la sécurité économique, trois années heureuses, d'une activité inespérée ; en dépit d'impôts écrasants, trois années vraiment remarquables au point de vue de la puissance productive d'un pays, qui vient de traverser les plus cruelles épreuves : 1872, 1873, 1874. Puis une année intermédiaire, 1875, qui donne une exportation énorme, mais qui indique déjà le malaise par un accroissement marqué d'importation. Enfin la période d'incertitude, d'inquiétude, celle où tous les principes sont flottants, où l'on ne sait ce qui va advenir de notre régime économique et où la crise extérieure nous gagne peu à peu : importations considérables, exportations plus faibles : 1876, 1877, 1878.

Résultats particuliers. Ce tableau permet de se former une idée suffisante de la situation générale. Les résultats constatés pour certaines industries spéciales font mieux ressortir encore l'influence que le défaut de politique économique a exercée.

Soies. Prenons, par exemple, l'industrie des soies et soieries, industrie éminemment nationale et, on peut le dire, une des gloires de la production française.

Le mouvement de l'importation et de l'exportation des tissus de soie depuis sept années est le suivant :

ANNÉES	IMPORTATIONS	EXPORTATIONS
	millions de francs	millions de francs
1872	49.3	435.8
1873	30.5	477.7
1874	32.8	414.9
1875	37.2	375.7
1876	38.0	295.7
1877	32.5	259.2
1878	41.8	288.7

Ainsi, pendant les trois années 1872, 1873, 1874, l'industrie de la soie soutient énergiquement la lutte ; en dépit d'une crise prolongée, elle exporte encore pour 375 millions de francs en 1875. Mais ensuite la chute est rapide, précipitée ; on retombe, malgré de grands efforts, à 288 millions, tandis que l'importation augmente. En 1869, l'industrie de la soie avait exporté pour

117 millions de francs. — Notons qu'il s'agit ici d'une industrie qui ne réclame point de protection.

Prenons maintenant celle des tissus de laine, une de nos industries les plus vaillantes, une de celles qui ont le plus à lutter contre la concurrence : Laines.

ANNÉES	IMPORTATIONS	EXPORTATIONS
	millions de francs	millions de francs
1872	100.0	314.5
1873	59.7	325.9
1874	66.6	328.0
1875	78.1	346.4
1876	79.0	316.4
1877	68.6	325.1
1878	68.4	317.7

L'année 1872, exceptionnelle comme importations, apporte les stocks accumulés des tissus de laines de l'étranger ; l'industrie française accroît successivement ses exportations, depuis 1872 jusqu'à 1875, de 314 millions à 346 millions. Elle retombe ensuite à des chiffres cependant supérieurs encore à ceux de 1860, mais l'importation moyenne s'accroît.

Nous ne pouvons embarrasser cette rapide étude d'une accumulation fastidieuse de tableaux et de chiffres. Mais, si nous passions ainsi en revue nos diverses industries et particulièrement celles qui sont le moins protégées, les résultats nous démontreraient que très actives pendant les quatre premières années de la période que nous parcourons, elles ont été cruellement éprouvées pendant les trois dernières années. C'est au désordre, c'est au chaos économique qui a régné pendant ce laps de temps dans les régions gouvernementales qu'il faut attribuer leurs souffrances et l'état de détresse dans lequel elles s'agitent actuellement.

Ce n'est pas l'excitation extrême des partis protectionniste et libre-échangiste qui oblige les pouvoirs publics à aborder enfin le problème économique, c'est la langueur, la souffrance, l'épuisement de nos principales industries, — de celles pour lesquelles on demande une protection aussi bien que de celles pour lesquelles on n'en réclame aucune, — qui font au gouvernement un devoir de se prononcer et d'exprimer enfin des intentions, des idées, des opinions.

* * *

Portée des traités de commerce.

Les traités de commerce ne sont pas seulement des actes économiques dont les conséquences multiples sont considérables ; ce sont aussi des actes diplomatiques dont la portée politique est immense.

Si nous les considérons tout d'abord au seul point de vue économique, ils nous apparaissent sous deux faces différentes : leur valeur peut être appréciée selon la nature des principes économiques sur lesquels ils reposent et selon la quantité et l'étendue des avantages matériels qu'ils procurent.

Opinions : J.-B. Say. — Léon Say.

A l'époque où écrivait J.-B. Say, les économistes libéraux pouvaient, non sans raison, condamner les traités de commerce. Ils ne devaient y voir en effet que des conventions destinées à affermir l'empire de la prohibition et de la protection et à liguer entre elles certaines nations en vue d'une hostilité ou d'une tyrannie commerciale à exercer envers les autres pays.

L'illustre fondateur de l'économie politique eût certes modifié profondément son jugement, s'il eût pu prévoir que les traités de commerce offriraient, plus tard, le plus puissant moyen de faire entrer dans la pratique, dans l'application, le grand principe de la liberté commerciale. J.-B. Say, qu'on n'en doute pas, serait aujourd'hui, comme son petit-fils Léon Say, un partisan déclaré des traités de commerce.

Les traités de 1860.

Ce sera l'honneur des hommes qui ont attaché leur nom au fécond traité de commerce de 1860, d'avoir, en devançant courageusement l'opinion publique, réalisé la première grande réforme économique de notre temps et préparé tous les progrès qui devaient suivre.

Leur influence heureuse.

Aux jours de prospérité, on a pu juger de l'influence heureuse que le régime libéral inauguré en 1860 avait exercée sur notre système industriel et commercial. Bien d'autres traités avaient suivi le premier. Notre industrie stimulée, aiguillonnée, galvanisée, s'était réorganisée tout entière avec un nouveau matériel, des moyens d'exécution plus perfectionnés, des éléments d'action infiniment plus puissants. Après les jours de désastre et de deuil, quand partout ce n'était que ruines en notre pays, on put encore mieux apprécier quelle sève nouvelle, quelle force et quelle vitalité, la réforme économique avait en quelque sorte infusées à la nation.

Prospérité et sécurité.

C'est que les traités n'avaient pas uniquement donné une satisfaction platonique aux aspirations libérales des théoriciens ; ils avaient donné à notre industrie, à notre commerce cet esprit d'émulation qui vivifie, qui anime, qui multiplie les forces. Ces traités leur avaient donné, pour un large espace de temps, un bien inestimable entre tous : véritable capital, garantie précieuse, encouragement constant : la sécurité.

Toutes les grandes opérations commerciales et industrielles sont des opérations à long terme, entraînant des avances considérables, qui ne sont recouvrées, avec le bénéfice, qu'au bout d'un certain temps plus ou moins étendu. Croit-on que les industriels, les commerçants osent aventurer leurs capitaux et courir les risques habituels, s'il ne leur est donné aucune sécurité, si rien ne leur assure que tel marché ouvert aujourd'hui le sera encore dans un an, que tel droit perçu aujourd'hui ne sera pas quintuplé demain ?

Pas de sécurité sans traités.

C'est, en dehors des avantages purement matériels, l'avantage capital des traités de donner à l'industrie et au commerce cette assurance que pendant un nombre déterminé d'années le régime des échanges ne subira aucune modification grave et soudaine. Cette sécurité on ne l'obtiendra jamais sans traités. Tous les tarifs généraux du monde n'y feront rien : si les nations étrangères ne nous garantissent pas régulièrement l'accès ordinaire de leurs marchés, notre industrie, notre commerce ne peuvent compter sur rien.

Conséquences financières.

L'essor de notre industrie et de notre commerce, sous l'influence du régime des traités, se mesure exactement sur les résultats successifs des vingt dernières années. Nous donnons ci-après l'ensemble de ces résultats en divisant cet espace de vingt années en quatre périodes quinquennales. Les chiffres de l'année 1858 représentent l'état de nos échanges avant la réforme économique ; ceux de l'année 1863 au moment où cette réforme n'a encore produit qu'une partie de ses effets. Les chiffres de 1868 traduisent nettement notre situation économique avant que nul événement grave soit venu la troubler ; ceux de 1873 expriment les résultats de la première année normale après nos malheurs, l'année 1872 ayant à son actif l'écoulement exceptionnel de stocks antérieurs ; enfin les chiffres de 1878 traduisent et résument les conséquences de l'état d'incertitude dans lequel on languit depuis 1875 (1) :

Résultats comparés : 1858-1878.

ANNÉES	IMPORTATIONS	EXPORTATIONS
	millions de francs	millions de francs
1858	1.562.8	1.887.4
1863	2.426.4	2.642.6
1868	3.303.7	2.789.9
1873	3.554.8	3.787.3
1878	4.461.0	3.309.8

Accroissement, 1858-1868.

Ainsi, de 1858 à 1868, l'accroissement de la force d'expansion de notre industrie et de notre commerce se traduisait par une augmentation de près d'un milliard dans nos exportations. De 1868 à 1870, en dépit de la guerre

(1) Nous ne donnons, bien entendu, que les chiffres du commerce spécial.

étrangère, de la guerre civile, de nos discordes politiques, de nos impôts écrasants, nos exportations s'étaient accrues d'*un nouveau milliard* et cette augmentation s'est maintenue en 1874 et en 1875. Ce n'est que depuis cette époque que le ralentissement s'est produit ; et cependant, malgré cette désastreuse inquiétude que l'incurie des pouvoirs publics a laissé se développer, malgré l'état précaire de notre industrie et de notre commerce, nos exportations excèdent encore celles de 1858 d'un milliard et demi.

Avance maintenue, 1875.

Déclin, 1878.

Faut-il jeter ce milliard et demi à la mer ? Faut-il revenir à 1858 ? Faut-il reculer de vingt ans ? Réaliser un anachronisme inouï ? Et cela, à quel moment ? Au lendemain d'une grande solennité industrielle et commerciale préparée par nous, d'une exposition universelle à laquelle nous avons invité toutes les nations à prendre part, comme pour les réunir sur un terrain d'entente, d'union, de concorde ! Et nous serions les premiers à démontrer l'inanité d'une manifestation pacifique aussi noble et aussi grandiose ! Nous serions les premiers à nier l'utilité économique des traités de commerce !

Mais, nous l'avons dit, ces traités de commerce ne sont pas seulement des actes économiques ; ils cimentent aussi des alliances durables qui, fondées sur des intérêts matériels, préparent dans l'avenir des unions politiques dont nous n'avons pas ici à prévoir les conséquences.

Intérêt politique des traités de commerce.

Les traités de commerce ! Mais nous leur devons tout ce que la fortune adverse des armes nous a laissé de prestige en Europe ! Nous avons, hélas ! dû renoncer à exercer, pendant un certain temps tout au moins, une action effective sur la politique européenne. (Les négociations du traité de Berlin ne nous en ont que trop fourni la preuve.) Jusqu'à ce que nous puissions reprendre parmi les peuples le rang auquel peut légitimement prétendre une nation forte, de quelle puissance et de quelle grandeur la France se prévaudra-t-elle ? De la puissance de son crédit, de l'énergie de son travail, de la

Nous leur devons notre prestige en Europe.

grandeur de ses efforts : puissance, énergie, grandeur, constatées par le développement de sa production qui, grâce aux traités de commerce, rayonne sur le monde entier. Ce sont ces traités de commerce qui nous ont fait rentrer et nous ont maintenu dans le concert des nations européennes. Il ne faudrait pas l'oublier.

Il ne faut pas l'oublier.

L'ÉTAT ET LES EMPRUNTS ÉTRANGERS

Sauvegarde de l'épargne.

Le législateur doit-il et peut-il sauvegarder l'épargne nationale placée dans les emprunts étrangers ?

Cette question, extrêmement importante au point de vue financier, revient à examiner dans quelle mesure l'Etat peut protéger utilement vis-à-vis des gouvernements étrangers les intérêts financiers de ses nationaux.

Action de l'État.

Nous sommes, en principe, hostiles à toute intervention de l'Etat en dehors des droits et des devoirs que lui crée le mandat social. Ici l'action de l'Etat doit être considérée à deux points de vue différents. Il peut agir comme législateur à l'intérieur du pays, ouvrant ou fermant ses marchés aux gouvernements étrangers. Il peut agir aussi, en tant que puissance intéressée, en exerçant une légitime influence sur les résolutions et les actes des autres Etats.

Il ne faut pas restreindre le marché.

Avons-nous besoin de dire que nous regarderions comme déplorable toute mesure législative qui aurait pour effet de restreindre la liberté de notre marché ? Il serait dangereux à tous égards, croyons-nous, d'imposer aux autres nations, qui peuvent solliciter le concours de nos capitaux, des formalités vexatoires et un contrôle soupçonneux qui ne décourageraient peut-être pas les emprunteurs de mauvaise foi et de crédit douteux, mais qui éloigneraient tous les Etats soucieux de leur dignité. Les mesures de cette nature, qui seraient une prohibition mal déguisée, appelleraient certainement des représailles et fermeraient à nos capitaux des débouchés utiles, nécessaires même, surtout dans les années où se ralentit notre activité industrielle et commerciale.

Comment d'ailleurs s'exercerait ce contrôle de l'Etat sur les garanties et les promesses d'un gouvernement emprunteur ? Exigerait-il de ce gouvernement qu'il lui fournît des statistiques exactes de sa richesse et de sa puissance productive ? Où sont ces statistiques admirables ? Comment en vérifier la sincérité et l'exactitude ? Par l'intermédiaire de nos agents diplomatiques ? Comment ceux-ci se procureraient-ils des renseignements complets que ne peuvent recueillir les gouvernements mêmes auprès desquels ils sont accrédités ?

Exigera-t-on des gouvernements emprunteurs l'obligation de constituer un fonds d'amortissement par un prélèvement préalable sur le montant de l'emprunt ? On peut regarder une telle précaution comme fort sage et il peut sembler prudent d'élever une telle exigence : mais qui s'y soumettra ?

Supposons que la nécessité fasse accepter aux Etats en quête d'argent tous les contrôles, toutes les mesures de précaution et de sûreté que le législateur aura imaginées, qu'arrivera-t-il ? Il sera avéré, dès que les conditions exigées auront été remplies, que les titres du gouvernement emprunteur offrent toute sécurité ; on devra les considérer comme aussi bien garantis que nos emprunts nationaux et, pour peu qu'ils donnent un revenu élevé, ils auront promptement pris le pas sur nos rentes et sur nos valeurs les plus solides et les plus recommandables. D'autre part l'Etat, en déclarant suffisants les gages offerts par les gouvernements emprunteurs, n'aura-t-il pas assumé une responsabilité que les créanciers auraient le droit d'invoquer plus tard ? Est-ce bien à lui à se porter en quelque sorte garant du crédit des autres nations et à assurer le succès de leurs emprunts ?

Non, assurément. Et à quelque point de vue que nous nous placions, l'intervention de l'Etat par des mesures législatives ne peut être que pernicieuse dans la plupart des cas, inefficace toujours.

Intervention diplomatique.

Plus utile sans nul doute doit être son action politique à l'extérieur et nous admettons fort bien son intervention diplomatique : non pas que chaque emprunt étranger doive faire l'objet d'un traité spécial dont la violation créerait nécessairement un *casus belli*, si bien que toute échéance de coupon deviendrait une époque redoutable. Nous ne pensons pas que, même dans cet ordre d'idées, on puisse trouver une mesure préventive qui soit pratique. La protection de l'Etat ne nous paraît devoir et pouvoir s'exercer qu'au moment où les intérêts des nationaux sont réellement menacés. C'est alors seulement que le gouvernement français peut user de son influence directe et provoquer ce qu'on nous permettra d'appeler une agitation diplomatique en invitant à s'associer à ses efforts les nations lésées, comme la France, par l'infidélité du débiteur. Cette entente, ce concert des pays atteints par un même mécompte financier sont, à notre avis, le seul remède sérieux et efficace qui puisse être employé.

Accord facile des pays intéressés.

Cette entente s'établirait facilement dans les cas les plus graves, si les éventualités de cette nature étaient prévues. Actuellement il n'est pas, en Europe, entre les nations, de droit public financier ; il serait temps cependant qu'on en posât les principes. C'est là une question fort importante sur laquelle nous avons déjà appelé l'attention. Elle devrait être l'objet des travaux d'une commission internationale qui la discuterait sous ses diverses faces. Une étude de ce genre, faite dans les conditions que nous indiquons, conduirait certainement à des résultats considérables. Désormais les nations qui détiennent la plus grande masse de capitaux et qui sont, d'ordinaire, les créancières des autres peuples seraient à l'avance d'accord sur les moyens à employer chaque fois que se produirait un grave événement financier.

D'un autre côté, il est aujourd'hui certain et démontré que c'est notre législation sur la constitution des sociétés qui favorise — et fera pulluler, si l'on n'y prend garde — les affaires douteuses, pleines de périls pour les capitalistes. Nous avons fait ressortir dans une autre étude (1) tous les inconvénients de ce régime. Il faut éviter qu'il puisse se créer avec impunité des associations financières qui substitueraient aux capitaux de l'épargne et aux bonnes valeurs de placement que le public a recherchées jusqu'ici, non seulement des titres d'emprunts d'Etats insolvables, mais des valeurs de dernier ordre, sans consistance, sans garanties et sans réalité. La multiplication redoutable d'entreprises de ce genre peut faire une concurrence dangereuse à nos sociétés les plus recommandables, à nos établissements de crédit les mieux considérés, qui prêtent leur patronage aux affaires sérieuses et honorables. Il y a là un danger menaçant qu'on doit s'efforcer de conjurer. Améliorer notre législation sur les sociétés.

LES SOUSCRIPTIONS PUBLIQUES

L'emprunt émis en obligations communales de 500 fr. 3 %, avec lots, par le Crédit foncier de France a obtenu un éclatant succès. Plus de 10 millions d'obligations ont été demandées et les souscriptions ont subi une réduction considérable : pour avoir une obligation, il aura fallu en demander 30 ; pour en avoir quatre, en souscrire 120. L'emprunt du Crédit foncier.

Nous avons pensé qu'il n'était pas sans intérêt de comparer les brillants résultats de cette souscription à ceux réalisés par les émissions les plus importantes de valeurs à lots, soit par la ville de Paris en 1860, 1865, 1869, 1871, 1875, 1876, soit par le Crédit foncier lui-même, en 1877, pour les obligations foncières. Emprunts à lots. Leur succès.

1. Voir *suprà*, page 173.

Ville de Paris: 1862. Un avis, en date du 20 octobre 1862, informait le public que la totalité des obligations municipales émises par la ville de Paris, pour le solde d'emprunt autorisé par la loi du 1er août 1860, ayant été souscrite, le comité du conseil municipal avait prononcé la clôture de ladite souscription.

Dans cette émission, tous les souscripteurs reçurent donc la totalité des titres qu'ils avaient demandés. Le prix moyen de placement avait été de 460 francs.

* * *

1865. En 1865, la ville de Paris fit un nouvel emprunt en obligations à lots, émises au nombre de 600,000 et au prix de 450 francs.

Le premier jour de l'émission la souscription fut déclarée close.

Dans cette seule journée 85,596 souscripteurs s'étaient présentés et le nombre d'obligations demandées fut réduit de 38 %.

* * *

1869. Au mois de mai 1869, la ville de Paris émettait un emprunt public divisé en 753,629 obligations remboursables à 400 francs, rapportant 12 francs, donnant droit à 4 tirages de lots par an.

Le montant total de l'emprunt était de 260 millions.

Le prix d'émission des obligations était fixé à 345 fr.

418,727 souscripteurs se présentèrent.

Les demandes s'élevèrent au chiffre énorme de 26,747,488 obligations représentant un capital nominal de 10,698,995,200 francs.

Il ne put être attribué qu'une obligation à chacun des 392,357 souscripteurs qui avaient souscrit de 1 à 36 obligations.

La répartition proportionnelle des 301,206 obligations restantes entre les demandes au-dessus de 36 obligations fut faite sur la base de 1,49 %.

* * *

En septembre 1871, la ville de Paris émet un emprunt de 250 millions, divisé en 1,296,000 obligations remboursables à 400 francs et émises à 277 francs. Ville de Paris 1871.

Le succès fut tellement considérable qu'on dut créer des coupures représentant un quart d'obligation.

La répartition officielle attribua 1/4 d'obligation aux souscripteurs de 1 à 7 obligations et 3/4 d'obligation aux souscripteurs de 13 à 17 obligations. Les souscripteurs de 18 à 28 obligations reçurent seulement une obligation ; aux demandes de 99 à 117 obligations furent attribuées seulement 6 obligations, et ainsi de suite sur le taux de 5 à 6 dixièmes pour cent.

* * *

L'emprunt de la ville de Paris de 1875 continue la série des succès d'émission. 1875.

La ville de Paris demandait 220 millions ; l'emprunt fut couvert 40 fois ; on souscrivit près de 10 milliards.

Voici les principaux chiffres de la répartition des 300,000 obligations émises :

De 1 à 102	obligations	souscrites	il fut attribué	1	obligation
De 239 à 306	—	—	—	4	—
De 511 à 578	—	—	—	8	—
De 919 à 986	—	—	—	14	—
De 987 à 1054	—	—	—	15	—

et ainsi de suite à raison d'une obligation attribuée pour 68 obligations souscrites.

Ces obligations avaient été émises à 440 francs.

* * *

En 1876, la ville de Paris émettait encore 258,065 obligations du même type que celles de l'emprunt de 1875, 1876.

à 165 francs, soit 25 francs plus cher que les obligations de l'année précédente. La répartition fut à peu près la même que pour l'emprunt de 1875. Les souscripteurs de 1 à 99 obligations reçurent une obligation ; les demandes de 980 à 1,046 obligations obtinrent 15 titres.

* * *

Crédit foncier, 1877.

En ce qui concerne les obligations de l'emprunt du Crédit foncier de 1877, les 625,000 obligations qui composaient cet emprunt furent mises en souscription publique le 24 juillet.

La répartition suivante eut lieu :

Les souscripteurs de	1	obligation	reçurent	1 obligation
—	de 2 à 7	—	—	2 —
—	de 46 à 51	—	—	9 —
—	de 95 à 101	—	—	17 —

et ainsi de suite à raison de 1 obligation pour 0.25.

* * *

Système de souscription défectueux.

Quelles conclusions tirer des faits que nous venons de rappeler, d'après des documents officiels ? Ces faits démontrent jusqu'à l'évidence, les imperfections du système le plus en usage chez nous pour les souscriptions publiques. Il y a plusieurs années déjà qu'à cet égard nous nous sommes élevé contre ce système qui favorise trop la spéculation, les spéculateurs, les gros capitalistes, au détriment de la petite épargne sérieuse, au détriment aussi des villes et des établissements emprunteurs.

Droit de priorité.

Il nous semble cependant qu'à l'avenir, il serait bien simple de prévenir tous ces embarras qui se sont invariablement produits dans toutes les grandes émissions en donnant aux souscripteurs un droit de priorité dans la répartition, dans l'ordre suivant : 1° aux souscriptions nominatives entièrement libérées ; — 2° aux souscriptions nominatives libérées du versement de souscription ; — 3° aux souscriptions au porteur entièrement libérées. — Quant aux autres souscriptions, elles seraient admises à la suite de celles que nous venons d'indiquer et suivant leur importance.

De cette façon, on déjouerait, en grande partie du moins, les combinaisons de la spéculation. On assurerait en même temps le classement de l'emprunt ; car, autre chose est d'avoir un emprunt souscrit ; autre chose est d'avoir un emprunt classé, et cette dernière partie de l'opération est pour les emprunteurs de la plus grande importance.

* * *

Cours minimum d'émission.

Il y aurait encore un procédé qu'on pourrait employer, procédé fort en usage en Angleterre et qui a été adopté depuis quelques années avec grand succès par plusieurs de nos municipalités. Ce procédé consiste à fixer un cours minimum d'émission, en laissant aux souscripteurs le soin de déterminer eux-mêmes leur prix d'achat et en commençant les attributions de titres par les demandes faites aux plus hauts prix.

Voilà, par exemple, la ville de Paris qui, en 1875, avait fixé à 440 francs le taux d'émission de ses obligations. Or la souscription était à peine close que ces mêmes titres étaient recherchés en bourse à 450 et 455 francs. Aujourd'hui ils valent 530 francs.

Supposez que la ville eût dit au public : « Je ne veux pas céder les obligations que j'émets à un taux inférieur à 440 ; mais toutes les demandes qui me seront faites seront servies, jusqu'à concurrence du nombre de titres dont je dispose, en commençant par les souscriptions faites au taux le plus élevé. » Il n'est pas douteux, à notre avis, que ceux qui achetaient en bourse à 450, 455, 460 francs ces mêmes obligations émises à 440, en eussent volontiers offert directement 442, 445, 450 francs et peut-être même un prix plus élevé pour être sûrs d'obtenir sans aucune réduction, le nombre de titres qu'ils désiraient avoir.

Enchères automatiques.

Nous avons vu dernièrement une ville de province employer ce système d'adjudication publique pour la réalisation de son emprunt et obtenir ainsi des capitaux à moins de 3 1/2 % et même à 3 %. Avec cette méthode, les répartitions se font toutes seules ; ce n'est plus qu'une liste d'enchères à dresser et plus les titres sont demandés, plus les bénéfices des villes ou des sociétés qui empruntent s'accroissent.

* * *

Excellents résultats en Angleterre.

Comme nous le disions plus haut, ce mode d'émission est employé sur une très large échelle en Angleterre ; dans quelques autres pays, il a donné d'excellents résultats. Mais s'habituerait-on, en France, à un tel procédé ? Les villes, les établissements financiers, les sociétés qui empruntent aiment à entendre dire que les emprunts qu'elles effectuent sont couverts, largement couverts. Il semble que ce soit là la consécration de leur crédit, une garantie, une sécurité de plus ajoutées à la valeur des titres eux-mêmes. Le public, lui aussi, est habitué à entendre dire que tel ou tel emprunt est souscrit plusieurs fois.

S'habituerait-il aussi facilement à voir un emprunt souscrit une seule fois, immédiatement réparti sans bruit ?

Réformes nécessaires.

Quoi qu'il en soit, il est évident que des réformes sont nécessaires dans le mode actuellement en usage pour les émissions publiques, principalement lorsqu'il s'agit d'emprunts d'États, d'emprunts de grandes municipalités ou de grandes sociétés financières. Laisser les choses en l'état, ce sera, croyons-nous, éloigner, avant qu'il s'écoule beaucoup de temps, les capitalistes sérieux de toute souscription sérieuse ; quand on verra que, pour obtenir une obligation, il faudra déplacer des capitaux considérables, attendre des répartitions minuscules, on s'abstiendra de souscrire, on se lassera. Nous savons bien que la tradition l'emporte souvent sur les meilleurs raisonnements ; on croit qu'il vaut mieux, en finances surtout, suivre les sentiers battus que de frayer des routes nouvelles ; mais nous savons aussi combien le public d'épargne, les petits capitalistes sont las de ces systèmes d'émission actuellement en usage et nous croyons que tôt ou tard — mais, à notre avis, le plus tôt serait bien préférable, — il faudra réaliser quelque réforme.

LE TUNNEL SOUS LA MANCHE

Projet repoussé par l'Angleterre.

Le projet du tunnel sous la Manche est revenu, il y a quelques semaines, devant la Chambre des communes qui, sur l'invitation du ministre du commerce anglais parlant au nom du gouvernement tout entier, l'a repoussé par une forte majorité.

On sait qu'une compagnie française et une compagnie anglaise ont, de concert, il y a une douzaine d'années, commencé d'un commun accord des deux côtés de la Manche des travaux d'essais ayant pour objet de démontrer la possibilité de la construction d'un tunnel propre à l'exploitation d'un chemin de fer sous-marin, en établissant sur toute l'étendue du trajet une galerie d'exploration destinée ensuite à être agrandie et élargie aux dimensions définitives du tunnel. Du côté de l'Angleterre, cette galerie a été poussée jusqu'à trois kilomètres, soit environ le dixième du trajet total. C'est l'autorisation de continuer ces travaux qui était demandée au parlement anglais et qui a été rejetée.

Motifs politiques et militaires.

La détermination du parlement a été uniquement motivée par des motifs politiques et militaires. Il n'a été question dans tout le débat que du danger d'une invasion française.

Les adversaires du canal eux-mêmes ne doutent pas de la possibilité matérielle de sa construction. Il a été démontré, en outre, que l'objection tirée d'une différence de voie entre les chemins de fer anglais et les chemins de fer français, qui aurait rendu impossible le raccordement, est purement chimérique : cette différence n'existe pas.

Opinions favorables : M. Gladstone.

M. Gladstone, qui avait été précédemment opposé à la construction du tunnel, a été, dans la séance en question, l'avocat le plus chaleureux de ce projet. Son intervention au débat a été due à une lettre que M. Léon Say, président de la Compagnie du chemin de fer sous-marin entre la France et l'Angleterre, lui avait adressée quelques jours auparavant et dont voici un passage qui résume l'état de la question :

> La compagnie française est prête, elle a terminé ses études préparatoires ; le temps qui s'est malheureusement écoulé depuis qu'elle a obtenu la concession de la partie française lui a permis de perfectionner ses procédés techniques et de réduire au minimum le montant des dépenses probables.
>
> Il ne nous manque plus, pour pouvoir travailler avec fruit, que de trouver en face de nous des ingénieurs et des capitalistes anglais munis comme nous de pouvoirs suffisants.
>
> Il dépend du gouvernement anglais de donner un caractère légal à une entente préparée depuis longtemps, et qui produirait immédiatement, aussitôt qu'elle serait officiellement réalisée, les meilleurs résultats.

L'entreprise a un caractère privé et les promoteurs ne demandent ni subsides, ni garantie des gouvernements. La seule autorisation d'agir est ce qu'ils réclamaient du gouvernement anglais.

M. John Bright.

Outre M. Gladstone, M. John Bright s'est prononcé hautement pour le projet, et il ne faut pas douter que, dans un temps plus ou moins rapproché, lorsque l'état d'esprit qui s'est manifesté depuis quelques années en Angleterre aura fait place à des dispositions plus confiantes et plus réfléchies, l'opinion anglaise reviendra à son appréciation primitive, qui était tout à fait favorable au resserrement des relations avec la France par l'établissement d'une communication ininterrompue sous le détroit qui sépare les deux pays et qu'un vote subséquent du parlement lèvera l'interdiction qui vient d'être prononcée.

Ce vote ne peut être définitif.

QUESTIONS ÉCONOMIQUES ET FINANCIÈRES

DE 1870 A 1880

I. — ACADÉMIE DES SCIENCES MORALES ET POLITIQUES

Combustibles. — La houille [M. Emile Levasseur] (1877).

Moyens d'existence. — Renchérissement de ces moyens (M. Wolowski] (30 août 1876).

Titres négociables. — Modifications introduites en France et à l'étranger depuis 1800 dans les lois relatives aux titres négociables par la voie de l'endossement et aux titres au porteur [M. Massé] (18 juin 1880).

II. — SOCIÉTÉ D'ÉCONOMIE POLITIQUE DE PARIS

Assistance. — Du rétablissement des tours pour les enfants abandonnés (octobre 1877).

Banques populaires. — Des banques populaires en Italie (juillet 1876).

Céréales. — Du prix de revient des blés aux États-Unis (novembre et décembre 1880).

Chambres syndicales. — Des chambres d'ouvriers et de patrons (février 1877).

Chemins de fer. — Du régime des chemins de fer (décembre 1876). — Les compagnies et l'État (à propos du rachat) (mai 1878). — Du rachat des chemins de fer et de leur mode d'exploitation (juin 1880).

Commerce. — De la réglementation du commerce des vins (septembre 1876).

Conversions. — De la justice et de l'utilité des conversions de rentes (janvier 1880).

Crises. — Des causes de la crise actuelle (décembre 1877).

Dettes publiques. — L'amortissement de la dette est-il préférable à la réduction des impôts (janvier 1877). — Des dettes publiques et du papier-monnaie (septembre 1878).

Douanes. — D'une union douanière de l'Europe occidentale et centrale (février et novembre 1879). — Une chambre législative est-elle apte à discuter un tarif général de douane ? (avril 1880).

Economie politique. — Les questions économiques en Suisse (octobre 1876). — Du mouvement économique en Danemark (mai 1877). — L'économie politique en Hongrie (août 1877).

Enseignement. — L'enseignement agricole (août 1878). — La liberté de l'enseignement (septembre 1879).

Epargne. — De la sauvegarde de l'épargne nationale dans les emprunts étrangers (mai 1879).

Expositions. — Les républiques de l'Amérique du Sud à l'exposition universelle (février 1878).

Fonctions économiques. — De l'équivalence de ces fonctions (novembre 1877).

Grèves. — Les grèves d'ouvriers de chemins de fer et de métallurgie aux Etats-Unis (août 1877).

Industrie. — L'industrie du tissu et le protectionnisme (avril 1878).

Libre-échange. — Le libre-échange aux Etats-Unis (août 1878). — Les agitations libre-échangistes et protectionnistes (juin 1879). — L'expérience sur les effets de la liberté du commerce est-elle complète ? (février 1880).

Loteries. — Des loteries, maisons de jeu et emprunts à lots (octobre 1879).

Monnaie. — La question des deux métaux (avril 1876). — L'étalon unique, les deux étalons et les étalons alternatifs (novembre 1876). — De l'écart entre la pièce d'argent de 5 francs et les lingots d'argent (décembre 1878).

Monopoles. — La poste doit-elle faire concurrence aux banquiers et aux messageries ? (juillet 1880).

Pêche. — L'industrie et le commerce de la pêche en Norvège (mars 1877).

Poids et mesures. — Le système métrique en Suède (juin 1876). — La commission du mètre (juillet 1877).

Population. — De la population en France (février 1873). — Du prochain recensement (août 1880).

Propriété. — Du fondement du droit de propriété (février 1876).

Protectionnisme. — De l'agitation protectionniste (septembre 1877). — Du protectionnisme agricole (mars 1879). — Les agitations protectionnistes et libre-échangistes (juin 1879).

Richesse. — Des signes d'enrichissement pour les nations (février 1878).

Situation économique. — Canada (février 1878). — Italie (octobre 1878). — Russie (juillet 1879). — Suisse (octobre 1876).

Statistique. — De la statistique générale en France (août 1876).

Sucres. — De l'opportunité du dégrèvement de l'impôt des sucres en France (octobre 1879).

Traités de commerce. — Le régime du tarif général et celui des traités de commerce (mai 1876). — Du renouvellement des traités de commerce (juin 1877). — Le traité de commerce franco-italien (juillet 1877 et octobre 1878) et du sophisme de la réciprocité (juillet 1878). — De la clause de la nation la plus favorisée dans les traités de commerce (novembre 1878). — Le traité franco-américain (octobre 1878, juillet et novembre 1879, août 1880).

Travail. — La question des Chinois en Californie et des juifs en Roumanie (mai 1880). — Le congrès ouvrier du Havre (décembre 1880).

Travaux publics. — Le Simplon et le Saint-Gothard (août 1878).

Usure. — La loi de 1807 (novembre 1878).

COURS DES PRINCIPALES VALEURS

A LA FIN DE CHACUNE DES ANNÉES 1876 A 1880

NATURE DES VALEURS	1876	1877	1878	1879	1880
	fr. c.	fr. c.	fr. c.	fr. c.	fr. c.
Rentes françaises.					
3 %........................	71,25	71,60	76,67	81,50	85,00
3 % amortissable..............	»	»	80,00	88,75	87,80
4 %........................	90 00	86,50	96,00	101,00	104,25
4 1/2 %......................	101,80	102,00	107,75	113,00	115,90
5 %........................	105,70	107,55	112,95	116,80	119,65
Fonds d'États étrangers					
3 % anglais (consolidés).......	94,75	95,75	96,00	98,37	99,75
5 % autrichien	62,00	61,90	63,10	58,75	62,25
Égypte unifiée................	242,50	166,25	260,00	277,00	303,0.
3 % espagnol..................	16,60	12,50	14,25	15,56	21,31
6 % de Cuba..................	»	»	448,75	403,75	475,00
6 % des États-Unis (5 % 1879).	104,55	106,12	105,62	107,00	105,43
2 1/2 % hollandais............	»	»	»	67,25	67,00
5 % hongrois.................	206,00	212,50	225,00	258,00	275,00
5 % italien..................	72,75	72,90	76,20	81,60	88,90
3 % portugais.................	53,00	49,75	51,00	53,75	53,00
5 % roumain 1875.............	40,00	49,00	62,30	68,25	78,50
4 % russe 1867	363,75	346,25	365,25	387,00	393,75
5 % tunisien..................	229,00	183,00	230,00	224,50	358,75
5 % turc......................	12,25	8,70	11,67	10,00	12,35

COURS DES PRINCIPALES VALEURS

A LA FIN DE CHACUNE DES ANNÉES 1876 A 1880

NATURE DES VALEURS		1876	1877	1878	1879	1880
Chemins de fer.		fr. c.	fr. c.	fr. c.	fr. c.	fr. c.
Actions	Est	620,00	625,00	675,00	710,00	737,50
	Lyon	1007,50	1035,00	1,075,00	1,137,50	1,615,00
	Midi	792,00	775,00	862,50	875,00	1,145,00
	Nord	1250,25	1305,00	1,395,00	1,431,25	1,732,50
	Orléans	1060,00	1077,50	1,166,25	1,121,25	1,300,00
	Ouest	680,00	690,00	755,00	763,75	831,25
Obligations	Est (ancien)	325,00	327,50	350,50	330,00	358,00
	Fusion	335,00	337,50	366,00	387,50	393,50
	Midi	332,50	337,00	363,00	387,00	396,00
	Nord	337,50	347,25	370,75	393,75	399,75
	Orléans	336,00	347,50	372,00	388,50	390,00
	Ouest	335,00	337,50	364,00	389,00	395,00
Crédit foncier de France.						
Obligations foncières	1853 4 %	487,50	495,00	505,00	508,50	515,00
	1853 3 %	492,00	503,75	520,00	531,00	550,00
	1863	482,00	485,50	503,00	508,00	512,50
	1877	»	380,50	378,00	512,00	517,00
	1879	»	»	»	484,25	467,00
Obligations communales	1860	415,00	440,00	462,50	474,00	463,75
	1873	304,00	305,00	310,00	322,00	»
	1875	485,00	485,00	508,00	512,00	517,00
	1879	»	»	»	483,50	468,00
Ville de Paris.						
Emprunts	1855-1860	498,75	505,00	519,00	518,00	508,00
—	1865	510,00	518,00	532,00	529,00	521,00
—	1869	387,50	397,25	415,00	410,00	406,00
—	1871	376,00	383,50	408,00	405,00	401,50
—	1872	1075,00	1035,00	»	»	»
—	1875	483,00	495,00	515,00	516,00	512,00
—	1876	486,50	485,00	513,00	516,00	510,50

1881 - 1885

SOMMAIRE

1. — *La baisse du taux de l'intérêt.*

2. — *Une bourse à Alger.*

3. — *La répartition des richesses.*

4. — *Le public spéculateur.*

5. — *La question monétaire.*

6. — *La limite des attributions de l'Etat.*

7. — *Le paupérisme.*

8. — *Les intérêts français en Égypte.*

9. — *La crise de spéculation.*

10. — *Les grands travaux du siècle : Panama, Suez, etc.*

11. — *Un congrès commercial.*

12. — *France et Angleterre.* — Relations politiques et commerciales.

13. — *Les loteries et les valeurs à lots.*

14. — *Les conséquences financières des conventions de chemins de fer.*

15. — *Laissez faire. Laissez passer.*

16. — *Les intérêts européens en Chine.*

17. — *La législation sur les sociétés.* — Réformes nécessaires.

18. — *L'agriculture et les droits protecteurs.*

19. — *Garanti par l'État et garantie de l'État.*

20. — *Le régime douanier des colonies.* — Ce qu'on voit et ce qu'on ne voit pas.

21. — *Le privilège de la Banque de France.* — Son renouvellement.

22. — *Questions économiques et financières de 1881-1885.*

23. — *Cours des principales valeurs mobilières à la fin de chacune des années 1881 à 1885.*

1881-1885

LA BAISSE DU TAUX DE L'INTÉRÊT

Le 4 septembre 1874, la rente 5 %, créée au lendemain de la guerre et de la Commune, fut, pour la première fois, cotée au pair, c'est-à-dire, au cours de *100 francs*. A partir de ce moment, des changements profonds se sont produits, sur les marchés français et étrangers, dans le taux de capitalisation des principales valeurs à revenu fixe. Successivement, d'année en année, lentement d'abord, puis par étapes vigoureusement franchies, les valeurs de premier ordre, de première sûreté, descendirent de 5 % d'intérêt à 4 1/2 % ; les valeurs de second ordre qui rapportaient 6 1/2, 7 et 8 % descendirent à 5 % et même au-dessous. A mesure que le capital de ces valeurs augmentait, leur revenu devenait naturellement moins élevé.

Le 5 % au pair.

Décroissement continu.

* * *

Le chemin parcouru, depuis le jour où la rente 5 % a atteint le pair, est vraiment considérable. Pour s'en rendre un compte exact, pour juger de l'importance des résultats obtenus, il convient de comparer les cours actuels de la plupart des grandes valeurs à revenu fixe, à ceux de la période qui s'ouvre avec le cours du pair.

En septembre 1874, le 5 % valait 100 francs ; le 3 %, 64 fr. 75 ; les obligations de chemins de fer étaient à 300 francs ; les obligations de la ville de Paris 1871 valaient 280 francs ; les obligations du Gaz parisien

Valeurs à revenu fixe.

405 francs ; les obligations 5 % du Crédit foncier, 405 ; celles des Omnibus, 450.

A cette époque, la rente 5 % donnait 5 % net de revenu ; le 3 % et les obligations de chemins de fer, plus de 4.00 % ; les obligations de la ville de Paris près de 4 % ; les obligations foncières 5 % et les obligations des grandes compagnies industrielles rapportaient près de 5 %.

A quel taux se négocient aujourd'hui ces mêmes valeurs et quel est leur revenu ?

La rente 5 % est à 120 francs ; le 3 % à 86 francs ; les obligations de chemins de fer sont à 395 francs ; les obligations de la ville de Paris valent 400 francs. Les obligations foncières 5 % ont été converties et remplacées par des obligations à lots qui rapportent net à peine 3 % ; les obligations des grandes compagnies industrielles, Gaz, Omnibus, Messageries, Transatlantique, etc., etc., se négocient toutes à 20 et 25 francs au-dessus du pair de 500 francs, c'est-à-dire de leur taux de remboursement.

A l'heure actuelle, le 5 %, dont les jours sont comptés, rapporte un peu plus de 4 % ; le 3 % ne donne plus que 3.47 % ; les obligations de chemins de fer rapportent moins de 3 1/2 ; les obligations de la ville de Paris et du Crédit foncier, moins de 3 % ; les obligations des compagnies industrielles, à peine 4 1/4 à 4 1/2 %, encore faut-il tenir compte de la perte que ces derniers titres infligent à leurs détenteurs, dans le cas où ils se trouvent remboursés au pair de 500 francs.

Ainsi, pendant que la rente 5 % montait de 20 francs, le 3 % de 16, les obligations de la ville de Paris de 120 francs, celles des chemins de fer de 100 francs, le revenu de ces titres de premier ordre descendait : de 5 à 4 % ; de 4.00 % à 3.47 % ; de 4 % à moins de 3 % ; de 5 à 3 1/2 %.

Valeurs à revenu variable.

Parmi les valeurs à revenu variable qui donnent aujourd'hui le même revenu qu'il y a sept ans, nous trouvons que l'Est, avec le même revenu de 33 francs, a monté de 530 à 875 francs ; l'Orléans, avec le même revenu de 56 francs, a monté de 855 à 1,420 francs ; le Midi, avec le même revenu de 40 francs, a monté de 640 à 1,330 francs.

Valeurs étrangères.

Ce n'est pas seulement sur les valeurs françaises de premier ordre que ce mouvement s'est étendu : il s'est produit également sur les obligations et les rentes étrangères les plus connues de nos capitalistes, ainsi que le constate le tableau suivant :

DÉSIGNATION DES VALEURS	INTÉRÊTS	COURS	
		5 Septembre 1871	Actuel
	fr. c.	fr. c.	fr. c.
Rente italienne 5 %	4 34	67 15	95 60
Obligations domaniales	15 00	280 00	311 00
— hongroises	15 00	228 00	300 00
— Saragosse (priorité)	15 00	220 00	335 00
— Nord de l'Espagne	15 00	215 00	360 00
— — à revenu variable	15 00	160 00	330 00
— portugaises	15 00	240 00	335 00
— lombardes	15 00	250 00	»
	13 00	»	293 00

* * *

Capitaux à débourser pour un même revenu.

Quelle est la première observation qui s'impose à l'esprit en présence de tels rapprochements de chiffres ? C'est qu'il faut aujourd'hui débourser sensiblement plus de capitaux pour obtenir le même chiffre de revenu qu'il y a peu d'années. Quelques rapprochements suffiront à le démontrer.

Il y a sept ans, un capital de 100,000 francs en rentes 5 % aurait produit 5,000 francs de rentes ; le même capital, placé aujourd'hui sur la même rente, ne produirait plus que 4,166 francs.

Il y a sept ans, un capital de 100,000 francs placé en actions du chemin de fer de l'Est aurait donné près de

6,000 francs de revenu ; le même capital, placé aujourd'hui sur la même valeur, ne donne plus que 4,000 fr. à peine.

Un capital de 100,000 francs placé en obligations de priorité du chemin de fer du Nord de l'Espagne, il y a sept ans, aurait rapporté 7,500 francs de rentes ; il n'en donnerait plus aujourd'hui que 4,350 francs.

La diminution du revenu est donc d'environ 1 % sur la rente 5 % ; 2 % sur les actions de chemins de fer ; 3 % environ sur les obligations de chemins de fer étrangers que nous venons de citer.

En d'autres termes pour avoir un revenu de 5,000 fr. en 5 % il faudrait débourser maintenant 120,000 francs, soit 20,000 francs de plus ; pour avoir un revenu de 6,000 francs en actions de l'Est, il faudrait débourser près de 60,000 francs de plus qu'il y a sept ans : pour avoir un revenu de 7,500 francs en obligations du Nord de l'Espagne, il faudrait débourser aujourd'hui 172,500 francs, soit 72,500 francs de plus qu'il y a sept ans.

* * *

Accentuation du décroissement.

Mais c'est principalement depuis quatre ans, depuis le commencement de l'année 1877, que le changement du taux de capitalisation des valeurs s'est de plus en plus accentué. De 1874 à 1877, on s'est habitué à voir les rentes 5 % pivoter autour du pair, tantôt se négocier quelques francs au-dessus, tantôt revenir aux environs du cours de 100 francs pour le dépasser à nouveau. Lorsque ces prix furent bien consolidés, bien acquis, lorsque le public eut pris l'habitude de ces nouvelles cotes, la hausse de tous les fonds d'État français et étrangers, de toutes les grandes valeurs à revenu fixe, valeurs de premier et de second ordre, devint vertigineuse.

Nombreuses conversions effectuées.

Grâce à cette hausse, à cette plus-value constante des cours, des opérations de conversion qui, auparavant semblaient irréalisables, furent exécutées dans tous les pays : en France, les principales villes, les principaux départements, remboursèrent leurs emprunts contractés à des taux d'intérêt élevés pour en émettre d'autres consentis à des taux plus bas. Depuis cette époque, le 6 % américain a disparu ; converti d'abord en 5 %, puis en 4 %, enfin en 3 1/2 % attendant le jour prochain d'une nouvelle conversion en 3 %. En 1870, le 6 % américain valait 108 ; aujourd'hui, le 4 % converti vaut 122 !

Le 4 1/2 belge, les fonds allemands tels que les 5 % badois, bavarois, wurtembergeois, etc. ont, sur la cote, cédé la place à des titres de moindre rapport. Chiffres actuels

Dans l'Europe entière, les rentes 4 % qui ont été créées en remplacement de rentes 5 % sont au pair et même au-dessus.

En France, nous voyons le 4 1/2 à 115 ; le 4 % à 106, en progression marquée, mais cependant à des prix moins élevés qu'elles ne pourraient l'être si ces rentes n'étaient arrêtées par la préoccupation de ce cours de 100 francs auquel elles peuvent être remboursées ; par contre, nous voyons les deux 3 % se hisser peu à peu à des hauteurs qui les rapprochent du pair de 100 fr., hauteurs qu'ils n'ont atteintes que pendant bien peu de temps et à des époques déjà éloignées, 1840, 1845 et 1852 !

Des fonds étrangers, exotiques, comme l'on dit en Bourse, arrivent maintenant au taux moyen auquel se négociaient anciennement de bons crédits européens de second ordre. Les cotes anglaises nous donnent, à cet égard, de curieux exemples.

Voici, notamment, le 7 % japonais qui valait 100 fr. fin 1870 et qui vaut maintenant 113 ; à pareille date, le 6 % argentin 1868, coté aujourd'hui 101 à 102, valait 60 ; le 5 % brésilien valait, fin 1870, 87 à 88 ; il est maintenant à 103, trois points au-dessus du pair : il se capitalise à un taux moins élevé que les rentes portugaises !

Voilà donc des fonds étrangers qui se capitalisent encore à 6 et à 5 %, c'est-à-dire à un taux inférieur à celui auquel se capitalisaient, il y a peu d'années encore, les fonds autrichiens, italiens et autres.

Le 3 % espagnol qui rapporte 1 se négocie maintenant à 24 ; c'est absolument comme si 5 francs de rente valaient 120 francs. Il est vrai de dire que ces cours ne s'expliquent que par l'espérance que l'on a de voir l'Espagne augmenter successivement de 1/4 % par an le revenu de sa rente, jusqu'à ce qu'elle soit revenue au taux de 1 1/2 au maximum.

Le 5 % italien, qui rapporte net 4.34, valait fin 1876, 72 francs; il est maintenant à 93 fr. 50, c'est-à-dire qu'il est juste 11 francs plus cher que le prix auquel nous émettions en 1871 notre rente française 5 %.

Le 5 % roumain, qui valait 40 francs fin 1876, et qui rapportait par conséquent 8 %, vaut maintenant 92. On évalue donc aujourd'hui le crédit de la Roumanie à un taux bien supérieur à celui auquel notre propre crédit était estimé en 1871 et 1872, puisque, dans ces deux années, la France émettait ses rentes 5 % à 82.50 et 84 fr. 50.

La rente autrichienne en or, cotée aujourd'hui 83 fr. pour 4 francs de revenu, donne net 4.90 %. C'est, à quelques centimes près, le revenu que donnaient nos rentes françaises 3 % en 1874 et en 1876.

* * *

La hausse est considérable.

Par ces quelques exemples, on voit combien la hausse de toutes les valeurs a été considérable et quelles modifications profondes ont été, par conséquent, apportées dans le taux des revenus.

Nos prévisions réalisées.

Il nous sera bien permis de rappeler que ce qui se passe aujourd'hui, et qui peut être considéré comme excessif, nous n'avons cessé de l'indiquer comme devant inévitablement, fatalement, arriver.

Depuis plus de sept ans, du jour où la rente 5 % a atteint le pair, nous avons constamment fait prévoir que les revenus de 5 %, puis de 4 1/2 %, puis de 4 %, allaient peu à peu et successivement disparaître ; nous avons sans cesse fait prévoir la hausse de toutes les grandes valeurs à revenu fixe, hausse qui devait avoir pour conséquence la diminution du taux de l'intérêt, et nous avons répété à satiété que les rentiers prudents, que les capitalistes prévoyants ne devaient pas perdre de vue la conversion inévitable et prochaine, en France et à l'étranger, des emprunts contractés à des taux élevés, et surtout l'éventualité de la conversion de notre rente 5 %, opération retardée jusqu'ici bien plus par des motifs politiques que par des motifs financiers et économiques.

Si les faits nous donnent raison, combien doivent se féliciter ceux qui, partageant les mêmes idées, ont agi en conséquence. Avantages obtenus par ceux qui ont agi dans ce sens.

Le rentier qui, fin 1876, par exemple, eût acheté du 3 % à 70 francs et conservé imperturbablement ses titres, sans jamais se lasser, sans vouloir suivre les mouvements de hausse et de baisse, sans se laisser impressionner par toutes les nouvelles politiques, sans croire à des raisonnements intéressés, aurait, en somme, effectué l'opération suivante : il aurait placé son argent à 4.28 % et gagné plus de 20 % sur son capital, comme plus-value, de 1877 à 1881, c'est-à-dire en cinq ans. A l'heure actuelle, s'il réalisait, il aurait fait un placement qui lui aurait rapporté en moyenne plus de 8 %.

Actuellement, s'il conserve ses titres, il obtiendra toujours 4.28 % de revenu dû par un débiteur du plus haut crédit, revenu qu'il ne trouverait plus nulle part, en aucun fonds d'Etat étranger de premier ordre, car ni les consolidés anglais, ni les fonds badois, bavarois, belges, danois, américains, hollandais, norvégiens, prussiens, etc., etc. ne pourraient lui donner semblable revenu !

Taux actuel du revenu.

Il est presque impossible maintenant de placer son argent en fonds d'Etat de premier ordre et de recevoir 4 % net. C'est presque à ce taux que se capitalisent les crédits de second ordre ; c'est vers ce taux qu'ils convergent tous ; ce n'est qu'une question de temps, pour peu que l'Europe reste en paix.

Les fonds autrichiens, italiens, espagnols donnent moins de 5 % et à peine un peu plus de 4 1/2 %. Les fonds hongrois et portugais donnent encore 5 %.

Pour trouver en un fonds de premier ordre un revenu supérieur à 4 %, c'est à la rente française 5 % qu'il faut encore se tenir. Après tous les exemples de conversion qui nous ont été donnés par les autres pays, cette rente restera-t-elle longtemps encore à son taux d'origine ? On ne saurait raisonnablement l'espérer.

UNE BOURSE A ALGER

Au moment où des efforts sérieux, sincères et qui, nous n'en doutons pas, seront efficaces, sont tentés pour imprimer une impulsion décisive au développement de notre grande colonie algérienne, nous croyons opportun de demander pour elle la création d'une institution nécessaire, indispensable et dont, par un singulier oubli, elle est restée privée jusqu'à ce jour : une bourse à Alger.

Nécessité de sa création.

Comment la capitale de l'Algérie, de ce vaste pays qui a coûté tant de sacrifices, dont l'avenir fait concevoir de si grandes espérances, dont les richesses encore mystérieuses attendent que l'activité humaine vienne les féconder, comment la ville d'Alger, centre de la vie coloniale, n'a-t-elle pas, depuis longtemps, une bourse et une chambre syndicale d'agents de change, c'est ce qu'on ne saurait s'expliquer.

L'insuffisance des capitaux, le défaut presque absolu des ressources du crédit, l'isolement de tout mouvement financier, telles sont les causes indéniables de la langueur relative dans laquelle notre colonie est restée pendant tant d'années.

C'est dans ces derniers temps seulement qu'on est entré résolument dans la vraie voie, dans la voie féconde qui doit conduire à la prospérité, à la pleine expansion de toutes les forces et de toutes les richesses locales. On a été promptement récompensé des expériences tentées, par les résultats obtenus.

Période de début.

Que l'Algérie, déserte, sans sécurité, insuffisamment soumise, dépourvue de moyens de communication, d'éléments de production, de colons, d'ouvriers, de travailleurs, ait pu n'inspirer qu'appréhension et défiance aux capitalistes français ; que les plus hardis industriels, les commerçants les plus entreprenants mêmes, ne s'y soient établis tout d'abord qu'avec crainte et timidité, on le comprend. C'est le sort de toute conquête nouvelle, dont la sécurité n'est encore garantie que par la rigueur toujours vigilante d'un régime militaire absolu.

Mais l'Algérie n'en est plus là.

Développement de la vie économique.

Elle est maintenant ouverte tout entière à la vie industrielle, à la vie commerciale, à la grande production agricole. Elle a de belles routes ; elle a de nombreuses voies rapides, de longs réseaux de chemins de fer qui relient entre elles ses principales villes : lignes d'une importance considérable à tous les points de vue : les unes aux mains de la Compagnie de Paris-Lyon-Méditerranée, les autres aux mains de compagnies puissantes, jouissant de subventions étendues, dont certaines mêmes ont obtenu des garanties exceptionnelles que des considérations à la fois économiques et politiques ont commandées. Les lignes de Bône à Guelma, de l'Est-Algérien, de l'Ouest-Algérien, de la Compagnie franco-algérienne, leurs embranchements et prolongements, portent déjà à travers les contrées productives et colonisées du territoire algérien, l'animation, le mouvement, tous les stimulants de la vie européenne, tous les moyens de mise en œuvre, tous les éléments d'exploitation.

De grandes sociétés industrielles s'y sont fondées dans des conditions de prospérité très heureuses, comme, par exemple, la Compagnie de Mokta-el-Hadid; d'importantes entreprises forestières y deviennent florissantes.

On n'hésite plus à y créer de vastes travaux d'art, entraînant des dépenses considérables, pour assurer la fécondité de plaines admirablement fertiles. On sait aujourd'hui tout ce qu'on peut tirer de ce sol merveilleux, sur lequel les cultures les plus fructueuses réussissent lorsqu'elles sont dirigées par des colons pourvus de ressources suffisantes.

Richesse de l'Algérie.

L'Algérie a des mines riches, des marbres, des onyx, de vastes forêts; elle a le blé et déjà des vignes étendues; elle a ses troupeaux et ses laines; elle a le coton qui s'y récolte dans sa plus rare qualité; elle a ses précieux alfas qui entreront promptement sans doute dans la consommation industrielle de l'Europe; elle a ses fruits et ses primeurs; elle a enfin tout ce qui peut alimenter un mouvement d'exportation considérable, une activité d'échanges incessante, soit avec la métropole, soit avec l'étranger.

Elle a trop longtemps manqué de capitaux, manqué d'argent.

Cette faute de la métropole se répare aujourd'hui. Les bienfaits du crédit vont pouvoir désormais se répandre sur toute l'étendue de la colonie.

Banque de l'Algérie.

La Banque de l'Algérie, déjà ancienne, pourvue de privilèges étendus, d'une circulation qui lui est propre, administrée par des hommes éminents, affermie tout récemment encore par d'habiles réformes, est une institution précieuse pour le pays tout entier.

Compagnie algérienne.

La Compagnie algérienne a également rendu de très nombreux et très importants services.

Il y avait dans ces premières créations tous les principes des développements futurs.

Et voici, maintenant, l'Algérie ouverte au crédit immobilier, aux prêts hypothécaires, grâce à la fondation du Crédit foncier et agricole algérien qui, dès aujourd'hui, représente, au delà de la Méditerranée, la grande institution foncière métropolitaine, le Crédit foncier de France. L'exemple est promptement suivi : à peine cette société toute spéciale est-elle fondée, que se forme le Crédit algérien auquel assurément le champ d'opération ne fera pas défaut. Et après cette dernière création, d'autres viendront encore qu'il faut appeler, qu'il faut encourager, et qui, bien conçues et solidement fondées, sauront se faire une place proportionnée aux besoins auxquels elles répondront.

Crédit foncier algérien.

Crédit algérien

On a donc enfin compris que ce qu'il fallait donner à l'Algérie, à ses grands centres, à sa capitale avant tout, c'était la vie financière, le mouvement du crédit, l'abondance des capitaux.

Mais, quoi ! Une vie financière, de l'argent, des affaires, du crédit, et pas de Bourse ! Pas de chambre d'agents de change ! Pas d'existence propre, au point de vue financier, pour cette vaste colonie, pour une colonie séparée de la France par une mer ! Toujours la dépendance de la métropole, l'assujettissement colonial dans toute sa rigueur : lenteur des négociations, difficulté des ventes et des achats, incertitude des prix ; c'est là une situation anormale qui ne saurait se perpétuer.

La vie financière comporte une Bourse des valeurs mobilières.

On a souvent reproché et non sans raison aux Français d'être peu colonisateurs. C'est que, par une politique coloniale étroite, la France, bien éloignée en cela de sa voisine l'Angleterre, a toujours craint de laisser à ses colonies une somme suffisante de liberté d'action. Sans qu'on puisse réclamer pour des terres conquises sur un peuple belliqueux et remuant une autonomie dangereuse, encore doit-on souhaiter, à tous égards, une certaine indépendance dans le jeu des institutions locales. En un mot, si on veut réellement, sincèrement, complètement, une Algérie prospère et active, il faut la doter de tous les éléments indispensables d'activité et de prospérité.

Toutes les grandes villes de France ont une bourse ouverte aux négociations des valeurs nationales et aussi aux valeurs locales parmi lesquelles il en est d'excellentes et de fort recherchées. Les cotes de Lyon, Marseille, Bordeaux, Lille sont attentivement consultées et suivies à Paris même. D'autres villes de moindre importance, Rouen, Troyes, Reims, ont leurs agents de change.

Alger et l'Algérie n'ont point de bourse, point d'agents de change.

Cette création ne saurait être retardée davantage.

Qu'on ait pu, jusqu'à présent, fermer les yeux sur cette anomalie et laisser une telle lacune subsister, le fait est assez extraordinaire en lui-même pour qu'il cause quelque surprise. Mais qu'en présence des efforts faits par l'Etat, par la métropole, en présence des tentatives faites aussi par l'initiative privée pour stimuler l'essor de la production algérienne, on ne se hâte pas de combler un vide si regrettable, c'est ce qu'il n'est pas possible de supposer.

Nous sommes donc convaincu que la création dont nous signalons la nécessité et l'urgence, ne se fera pas longtemps attendre, soit que le commerce et l'industrie de la colonie la réclament et la provoquent, soit que spontanément les pouvoirs publics s'en assurent le seul mérite et le premier honneur.

LA RÉPARTITION DES RICHESSES

M. Leroy-Beaulieu, succédant à Michel Chevalier au Collège de France, choisit, pour premier sujet de cours, la répartition des richesses.

On sait qu'à la mort de Michel Chevalier, la chaire d'économie politique, qu'il avait si glorieusement occupée, échut à M. Paul Leroy-Beaulieu à qui les suffrages les plus autorisés et les titres les plus considérables donnaient des droits incontestés à recueillir cette succession. La place laissée vide par la mort du célèbre économiste était certes difficile à remplir ; la soudaineté même de l'événement devait accroître les craintes du nouveau maître qui dut, en quelques jours, choisir et désigner un sujet pour le cours d'une année.

Le choix de M. Leroy-Beaulieu fut prompt autant qu'il fut hardi. Il se porta immédiatement sur le terrain le plus inexploré, le moins sûr, le plus mouvant de l'économie politique : la répartition des richesses ; sujet souvent traité sans doute, en quelques-unes de ses parties, mais presque toujours à un point de vue spécial, dans un esprit et un intérêt de parti qui laissaient plus de place à la passion, à la déclamation et au sentiment qu'à la raison. La part de la science en tout cela avait été presque absolument nulle. En tout cas, on peut affirmer, du moins, que cette matière économique si vaste n'avait été jusqu'ici l'objet d'aucune investigation scientifique sérieuse.

Méthode et précision.

C'est la méthode et la précision de la science que M. Paul Leroy-Beaulieu s'est proposé d'apporter dans cette grande étude. Il ne s'agit plus d'affirmer *a priori* et de déduire à outrance sans s'être assuré de la valeur du principe ou de l'idée qui sert de point de départ ; il s'agit, au contraire, sans abandonner aucune des ressources du raisonnement, de ne rien considérer comme solidement établi qui ne soit justifié et vérifié par un nombre suffisant d'observations.

Des erreurs nombreuses à réfuter, des préjugés à combattre, des jugements à réformer et qui n'étaient fondés que sur des circonstances passagères et contingentes, des théories vaines ou surannées à détruire, telle était la première partie de la tâche de l'économiste dans cette haute question de la répartition des richesses ; ce n'était pas la moins ardue.

Opinions ayant cours.

A ces préjugés, à ces prétendus axiomes érigés en lois, à ces vérités d'un jour que des faits nouveaux ont démenties promptement, restaient attachés des noms si imposants qu'il était certainement permis d'hésiter avant de tenter ces redressements pourtant nécessaires.

C'était le grand Turgot, le sagace Ricardo, l'audacieux Malthus, l'attentif Stuart-Mill, puis Proudhon, puis Lassalle. Venir, non pas à la suite de ces hommes puissants, mais après eux, et déclarer, prouver, démontrer qu'en l'état actuel de la question, telle qu'ils l'avaient laissée, il n'y avait qu'à faire table rase, c'était là une entreprise très hardie, très courageuse, très méritoire surtout et devant laquelle M. Paul Leroy-Beaulieu n'a pas reculé.

Table rase à en faire.

La question sociale.

Il ne faut pas ici s'arrêter à l'expression technique et il est inutile de jouer sur les mots ; sans tenir compte des définitions préliminaires, de l'exposition des principes et des termes du problème scientifique, en écartant tout ce qui appartient à la partie pédagogique, dogmatique du sujet, la recherche des lois de la *Répartition des richesses*, c'est la « question sociale » elle-même.

Le sous-titre inscrit par M. Leroy-Beaulieu à la suite du titre apparent de son livre exprime nettement la vraie préoccupation de l'auteur et son véritable objet; il l'explique en même temps qu'il en fait prévoir les conclusions ; il annonce, dès l'abord, la *Tendance à une moindre inégalité des conditions*.

La question sociale ne réside pas tout entière dans le désir que les philantrophes, certains économistes et quelques chefs de parti peuvent éprouver plus ou moins sincèrement en faveur d'une classe unique, fort intéressante il est vrai, mais qui, en somme, ne constitue pas toute l'humanité. Pour ceux qu'on a appelés jusqu'ici les socialistes et qui sont, même entre eux, fort divisés, la question sociale peut bien être renfermée dans ces limites étroites, mais l'homme de science voit de plus haut et plus loin ; il confond dans un même intérêt, dans une même sympathie, toutes les classes de la société moderne, et ce n'est point seulement le progrès pour quelques-uns qu'il observe et souhaite, mais la prospérité de tous. Ses constatations peuvent être contraires à ses vœux, mais ses préoccupations embrassent tout ce qui est humain et rien de ce qui est humain ne peut lui être indifférent.

Évolution des classes.

L'évolution des diverses classes, les unes s'élevant au bien-être désiré, les autres déclinant peu à peu, jusqu'à la condition moyenne et satisfaisante qu'on peut espérer pour tous ceux qui forment le corps social, tel est le phénomène intéressant, captivant, très complexe en ses manifestations, que M. Leroy-Beaulieu a suivi et étudié avec l'attention la plus perspicace et un esprit véritablement scientifique.

Les erreurs, parfois énormes, des économistes qui ont marqué la fin du dernier siècle et la première moitié de celui-ci ne doivent pas leur être trop amèrement reprochées. La faute commune c'est la généralisation excessive, la tendance à traduire en lois des faits trop rares, insuffisants en nombre, en portée, en signification.

Turgot, le profond et généreux Turgot, eût plus appris dans ces trente dernières années que pendant toute sa vie et pendant les soixante années qui suivirent sa mort. Il renoncerait assurément aujourd'hui à sa théorie sur le salaire. Et Malthus, Ricardo, Stuart-Mill, éclairés par tant d'observations nouvelles, par tant de documents et de constatations qui leur ont fait défaut, modifieraient profondément leurs jugements, leurs prédictions ou leurs utopies.

Développement social depuis 1840.

Il est certain, ainsi que le fait remarquer M. Leroy-Beaulieu, que le dernier quart de siècle que nous venons de parcourir est plus fécond en enseignements économiques que toute autre époque antérieure. Il semble qu'en cet ordre spécial d'idées et de faits, les ramifications du moyen-âge se soient étendues jusqu'au milieu même du XIXe siècle et que l'ère économique moderne ne s'ouvre réellement qu'entre 1840 et 1850. Fonder les prévisions du développement social sur le petit nombre de faits connus et constatés auparavant était une œuvre vaine, dont l'impossibilité ne pouvait apparaître à ceux qui l'ont tentée.

Question reprise.

Sans se montrer trop rigoureux pour ceux qui l'ont précédé dans cette difficile étude, M. Leroy-Beaulieu a donc dû tout d'abord faire place nette, débarrasser le terrain de toutes les herbes folles qui l'encombraient, éliminer tout ce que l'expérience condamnait comme faux, écarter même ce qui semblait douteux. Il a ainsi repris la question tout entière, intacte, neuve pour ainsi dire, après ces éliminations ; il l'a clairement posée, telle qu'elle doit l'être, et l'a traitée avec cette grande sûreté de méthode et cette heureuse lucidité d'expression que nous nous plaisions à reconnaître dans son remarquable *Traité de la science des finances* (1).

Propriété foncière.

Les six premiers chapitres du nouvel ouvrage de M. Paul Leroy-Beaulieu sont consacrés à l'étude de la propriété foncière, du revenu foncier, des diverses parties de la classe agricole et de l'influence que la civilisation a eue jusqu'ici et peut avoir à l'avenir sur la répartition de la terre et la tendance à une plus grande égalité dans les campagnes.

Propriété rurale.

Cette première partie a reçu tous les développements que comportent le nombre et la valeur des faits dans un pays où la propriété foncière rurale et l'agriculture ont conservé, quels qu'aient été les progrès industriels, une importance primordiale. Rien de plus intéressant, après les réfutations nécessaires, que le tableau de la situation et du personnel agricoles de la France, constamment comparés à ce qu'ils sont dans les autres pays.

L'auteur, après avoir produit tout ce qui peut appuyer ses arguments, conclut qu'en France, à de rares exceptions près, la grande propriété collective a peu d'avenir, que la moyenne et la petite propriété prédomineront de plus en plus, et que la baisse de la rente de la terre déterminera une moindre inégalité des fortunes dans les campagnes, une moindre dissemblance d'habitudes, une plus grande abondance de capitaux et un essor de l'instruction parmi les populations rurales.

(1) Voir *suprà*, page 93.

Dans le chapitre unique, mais si bien rempli, consacré à la propriété foncière urbaine, l'auteur examine les causes du développement des grandes villes, la hausse des terrains, les variations du prix des loyers, et l'intéressant problème du logement de la classe ouvrière. Ici encore l'auteur entrevoit, dans un avenir plus ou moins éloigné, un rapprochement graduel des diverses classes de la société, et plus prochainement sans nul doute une amélioration notable du sort de la population laborieuse des villes. Propriété urbaine.

Les cinq chapitres qui suivent eussent pu être groupés plus étroitement ; ils embrassent des faits de même ordre et forment une série naturelle complète. C'est là qu'il est traité de la propriété mobilière, du produit du capital, des variations du taux de l'intérêt, de l'action de l'Etat sur le loyer de l'argent, des bénéfices du commerce et de l'industrie, des grandes associations de capitaux et de forces et plus généralement des sociétés anonymes. Propriété mobilière.

M. Leroy-Beaulieu reconnait, il est vrai, que la baisse du taux de l'intérêt, baisse qui le fera peut-être descendre jusqu'à 1 1/2 %, doit avoir pour conséquence immédiate une plus grande inégalité des fortunes. Mais cet effet ne saurait, selon lui, être durable ; il serait essentiellement passager. La baisse du taux de l'intérêt doit diminuer l'épargne dans les classes supérieures tandis qu'au contraire elle l'augmenterait dans les classes inférieures. Il se produirait une dépossession graduelle des avantages dont jouissent les capitalistes et rentiers. D'une part le capital s'avilirait tandis que de l'autre le travail gagnerait en valeur. Le taux de l'intérêt.

La baisse de l'intérêt deviendrait aussi à la longue défavorable aux industriels et aux commerçants dont les bénéfices seraient certainement amoindris. Cependant l'ouvrier, quoi qu'on en dise, continue et continuera à s'élever assez facilement, s'il le veut, au-dessus de sa condition première. Ici encore les deux classes se mettent en marche l'une vers l'autre et iront sans cesse en se rapprochant.

Sociétés anonymes.

Quant aux sociétés anonymes, si elles ont pu favoriser l'élévation de vastes fortunes, procurer à quelques-uns des gains énormes et des profits excessifs, ce ne sont là que des effets dont la durée ne doit pas dépasser notre époque d'organisation et de transition. Par le groupement des capitaux de tout ordre elles devront faire participer la masse de l'épargne, la foule, le public, aux bénéfices du commerce et de l'industrie, jadis réservés à une seule classe.

Les fonctionnaires. Les professions libérales.

En examinant la situation actuelle des fonctionnaires et des hommes qui exercent des professions libérales, on est amené à reconnaître que leur rétribution et leurs profits vont s'amoindrissant. Seules les capacités hors ligne et exceptionnelles, jouissant d'une sorte de monopole naturel, restent assurées d'un gain très élevé. Mais les hommes d'intelligence moyenne et de talent n'excédant pas la commune mesure gagnent de moins en moins; il en doit être ainsi dans une nation où les progrès constants de l'instruction effacent peu à peu l'infériorité créée par l'ignorance.

Parmi les fonctionnaires, les gros traitements tendent à s'amoindrir et l'on se préoccupe très sérieusement, au contraire, d'améliorer le sort des petits employés qui, d'ailleurs, deviennent moins nombreux. L'inégalité des conditions, là encore, doit s'atténuer graduellement.

La classe ouvrière.

On conçoit qu'en un tel sujet une part considérable de l'ouvrage ait été réservée à l'examen de la condition de la classe ouvrière, à la discussion des théories auxquelles elle a donné lieu, aux modifications qu'elle peut successivement éprouver dans l'avenir. M. Leroy-Beaulieu a apporté tous ses soins et tous ses efforts à cette utile et passionnante étude. Quelle influence la civilisation a-t-elle sur les salariés ? Quelle action le législateur peut-il exercer en faveur de l'ouvrier sans léser le patron ? Quelle est la portée réelle des grèves ? Quelle est la situation de l'ouvrier vis-à-vis du patron ? Sa dépendance s'est-elle accrue et doit-elle s'accroître ainsi qu'on le prétend ? Ce sont là autant de questions que M. Leroy-Beaulieu examine tour à tour et qu'il s'efforce de résoudre avec une impartialité d'autant plus louable qu'elle a toujours été fort rare parmi ceux qui les ont traitées.

L'étude comparative du paupérisme en France, en Angleterre, en Écosse, en Irlande, dans les contrées purement agricoles, conduit l'auteur à cette conclusion que l'industrie a plutôt diminué qu'accru le paupérisme. Il démontre que le salaire réel de l'ouvrier s'est élevé et tend encore à s'élever ; que son bien-être s'est augmenté ; que l'accroissement de la consommation de la viande et de diverses denrées depuis cinquante ans atteste ce fait d'une manière irréfragable. Il prouve enfin que les progrès survenus dans la destinée de l'ouvrier ne consistent pas seulement dans sa plus grande somme de liberté, dans l'élévation de son profit, dans l'amélioration de sa subsistance matérielle, mais aussi dans l'accroissement de ses loisirs. La distance qui sépare la classe ouvrière des autres classes devient de plus en plus courte et l'inégalité des conditions de moins en moins choquante. Le paupérisme

L'ouvrage se termine par deux chapitres pleins de faits et de renseignements, l'un sur l'augmentation constante de la richesse commune et indivise, l'autre sur la répartition des richesses et des revenus dans les sociétés modernes. Ces deux remarquables études couronnent dignement un ouvrage dont nous avons pu à peine indiquer ici les grandes lignes. La richesse dans les sociétés modernes.

Le livre de M. Paul Leroy-Beaulieu, si important qu'en soit le sujet, si ardue qu'en paraisse la matière, est accessible à tous. Celui qui sait peu y apprendra non seulement ce que l'auteur y a voulu démontrer, mais encore la substance de tout ce qui a été dit, avant lui, sur la question. Ceux qui savent déjà, les hommes spéciaux eux-mêmes, y rencontreront beaucoup de vues neuves et hardies, d'aperçus nouveaux, de faits jusqu'ici

Livre opportun, actuel et utile.

négligés, laissés dans l'ombre ou mal interprétés. Ce livre est opportun et actuel autant qu'il est utile ; il était temps enfin que justice fût faite des vaines amplifications, des déclamations emphatiques et haineuses auxquelles jusqu'ici la question sociale avait servi de thème.

LE PUBLIC SPÉCULATEUR

Tendances croissantes à la spéculation.

C'est une vérité, malheureusement démontrée par d'innombrables faits, qu'à aucune époque les opérations de spéculation pure n'ont été plus nombreuses et plus ardemment pratiquées qu'aujourd'hui.

Grâce à la multiplicité des banques et des établissements financiers de tout ordre qui installent des succursales jusque dans les moindres villes de province, grâce aux journaux, bulletins et circulaires qui, chaque jour, sont envoyés à profusion dans les plus humbles bourgades, les opérations de bourse ont été mises à la portée de tout le monde.

Des gens qui, naguère encore, ne connaissaient ni le premier mot, ni le premier élément du langage et des choses de la bourse, qui peut-être seraient encore hors d'état d'expliquer clairement en quoi une action diffère d'une obligation, sont devenus, très rapidement, des spéculateurs émérites.

Des négociants qui ne trouvaient pas à employer tous leurs capitaux dans leur commerce par suite du marasme des affaires, sont venus tenter la fortune à la Bourse : ils ont commencé par chercher, soi-disant, une valeur de placement ; puis, ils ont voulu faire des reports ; puis, ils ont acheté ou vendu à terme : les voilà spéculateurs, et il n'y en a pas de plus hardis, de plus âpres au gain.

Enfin de petits rentiers qui se bornaient autrefois à placer leurs économies en bonnes valeurs « de tout repos » comme les rentes, les actions et les obligations de chemins de fer, des titres de vieux établissements financiers, ont été, eux aussi, entraînés à jouer. Ils ne se sont plus contentés des modestes revenus qu'ils recevaient ; ils ont entendu dire que tel ou tel de leurs amis, qui s'est adressé à une banque voisine, avait fait fortune en achetant à terme ou en vendant en liquidation des titres qui avaient monté ou baissé de plusieurs centaines de francs ; ils ont appris que tel autre sait admirablement « faire valoir » ses capitaux et ses titres ; qu'au lieu de recevoir simplement ses coupons, d'avoir les ennuis de les encaisser, tantôt il vendait ses titres pour en racheter d'autres, tantôt il empruntait sur ses valeurs pour pouvoir en acheter encore, et que, par suite de ces opérations successives, il avait doublé, triplé sa fortune.

A côté de la haute banque, des spéculateurs de « profession », est venue s'adjoindre toute cette masse de petits bourgeois, de « gens du monde » qui, eux aussi, se sont dit qu'ils n'étaient pas plus maladroits que d'autres ; qu'ils pouvaient bien agir comme ceux qui s'étaient enrichis.

Tous ces spéculateurs d'un nouveau genre ont donc spéculé et spéculent sur toutes les valeurs, sans distinction aucune.

Valeurs de spéculation.

Sous l'empire, pendant la grande période d'affaires de 1852 à 1856 ; plus tard, dans les années qui suivirent Sadowa, c'est-à-dire après 1866, quand les opérations financières internationales prirent un large développement ; plus récemment encore, de 1871 à 1875, la haute spéculation semblait être tacitement d'accord pour ne baser ses opérations que sur quelques rares valeurs. On jouait principalement sur le Turc, l'Italien, l'Extérieure, le Mobilier espagnol, les Autrichiens, les Lombards ; on jouait aussi, dans de moindres proportions, sur certaines petites valeurs : ainsi, pendant quelques mois, la spéculation s'est donnée libre carrière sur les chemins espagnols. Mais il semblait qu'il y eût démarca-

Extension nouvelle. tion faite, pour les opérations de spéculation, entre les titres de placement, à revenu fixe, et ceux qui offraient quelque aléa.

Depuis plusieurs années, au contraire, et plus particulièrement en ce moment, les valeurs de placement sont devenues, du moins pour une bonne part, valeurs de spéculation, de telle sorte qu'on se trouve embarrassé pour tracer la limite exacte qui sépare les premières des secondes. Maintenant, on spécule avec le même entrain sur la Banque de France, sur le Crédit foncier, sur le Nord, le Lyon, tout aussi bien que sur les fonds turcs, espagnols et autres.

Des revenus, le public ne se soucie plus guère. Il semble ne désirer qu'une chose : une plus-value immédiate ou à courte échéance.

Tous ces spéculateurs fraîchement éclos achèteront telle valeur aujourd'hui ; demain, ils la vendront pour en acheter une autre qu'ils ne tarderont pas à abandonner en faveur d'une troisième.

On veut des différences. Ce qu'il faut, c'est obtenir une « différence de cours », la réaliser et passer ensuite à d'autres opérations. Peu importe le revenu, pourvu que l'occasion se présente de profiter de larges différences.

Les placements stables, de longue durée, sur des valeurs sûres, peu sujettes aux fluctuations brusques, sont de plus en plus abandonnés. Au comptant aussi bien qu'à terme, ce qu'on observe, c'est une fièvre presque universelle de spéculation.

* * *

Causes de cet état d'esprit. Comment cette fièvre a-t-elle éclaté ? Quelles en sont les causes ?

Elles sont de diverses natures et tiennent à des faits sociaux et économiques très complexes.

Accroissement des charges. En première ligne, il convient de placer l'accroissement des charges qui pèsent sur tout le monde, accroissement qui a malheureusement coïncidé avec l'élévation progressive des dépenses privées.

Il y a peu d'années encore, on était à l'aise avec un faible revenu ; avec ce même revenu, on est gêné maintenant et on cherche à l'accroître par des bénéfices demandés à des opérations plus ou moins chanceuses. Ces bénéfices, on ne peut guère les attendre de valeurs sérieuses, solides, dont les cours varient peu, et l'on abandonne celles-ci pour des valeurs moins sûres, plus souples, plus flexibles, sujettes enfin à de larges écarts dont chacun espère bien profiter.

Les gains douteux doivent donc, dans la société telle qu'elle se présente actuellement, combler les vides laissés à la fois par les charges obligatoires qui se sont multipliées et les charges volontaires qu'imposent le désir d'un plus grand bien-être et la satisfaction d'appétits plus impérieux.

Absence d'affaires sérieuses.

Une autre cause a agi non moins énergiquement : l'absence d'affaires sérieuses attirant à elles les capitaux et les détournant de la voie aventureuse qu'ils semblent s'accoutumer à suivre. Verrait-on autant de capitalistes, autant d'industriels et de commerçants, s'adonner aux opérations de bourse, s'ils trouvaient dans de bonnes entreprises industrielles et commerciales l'emploi régulier et fructueux de leurs fonds ? Ils délaissent leurs propres affaires parce qu'elles sont ou insuffisantes ou trop peu productives.

Politique économique et financière incertaine.

Et au-dessus de ces causes très actives, il en est une d'un ordre plus élevé qui s'exerce sur l'universalité des intérêts de la nation, nous voulons parler de l'incertitude dans laquelle on reste depuis plusieurs années sur la politique économique et financière du gouvernement.

Tantôt on parle de la conversion comme devant être immédiatement effectuée ; tantôt on dit que cette mesure est ajournée. Un jour, on parle du rachat des chemins de fer ; le lendemain, il n'en est plus question. A-t-on réfléchi que, rien qu'en ce qui touche la conversion du 5 % et le rachat des chemins de fer, il s'agit là de plus de 20 milliards de valeurs, disséminées dans les plus petits portefeuilles : 8 milliards de 5 %, 4 milliards 1/2 d'actions de chemins de fer, 9 à 10 milliards d'obligations ?

Combien de capitalistes, combien de porteurs de titres hésitent aujourd'hui, en raison de ces incertitudes, à acheter soit des rentes, soit des actions et obligations de chemins de fer, ces vraies valeurs de « père de famille » ?

Combien de porteurs de titres, effrayés, alarmés, cherchent, au contraire, à réaliser ces solides placements et vont ensuite tenter la fortune, au risque de trouver la ruine, achètent des valeurs à grandes fluctuations, à grand aléa, courent après l'incertain et abandonnent le certain ?

Combien de ces rentiers resteraient fidèlement attachés à leurs rentes, à leurs actions et obligations, augmenteraient même leurs placements sur ces catégories de titres, si, à chaque instant, ils ne se sentaient troublés, menacés, par les projets, sans cesse renaissants et sans cesse abandonnés, de conversion et de rachat ?

* * *

Telles sont, à notre avis, les causes principales de cette spéculation qui a atteint aujourd'hui un degré d'intensité qui autorise toutes les appréhensions.

Perspectives de crise.

Nous ne sommes certes pas pessimistes ; mais il semble bien difficile que tout cela n'aboutisse point à une crise : non point une crise financière dans la pleine acception du mot; — il est probable que l'abondance des capitaux conjurerait promptement cette catastrophe redoutable ; — mais une crise de bourse qui ferait de nombreuses victimes. Et ce ne seraient sans doute pas les « spéculateurs de profession » qui en souffriraient le plus ; mais bien tous ces spéculateurs de nouvelles couches, tous ces néophytes plus ou moins inexpérimentés, qui se précipitent maintenant en si grand nombre vers l'agiotage et le jeu.

Le marché français pourra vraisemblablement, grâce à ses puissantes ressources, éviter un de ces effondrements, un de ces kracks tels qu'en ont éprouvé les places autrichiennes et allemandes ; mais nombre d'esprits sérieux, sages et d'ordinaire très perspicaces, prévoient, à une échéance plus ou moins éloignée, quelque violente secousse. Pour eux, c'est une question de temps et leur avis doit éveiller la vigilance et la prudence. Les capitalistes que la spéculation n'a pas encore absolument entraînés, que le jeu n'a pas totalement conquis, devront avoir assez de fermeté et de courage pour rompre résolûment avec toutes les valeurs douteuses, aléatoires, aux variations fréquentes, aux soubresauts soudains et violents. Ils devront, sans regretter les bénéfices douteux, chanceux, fussent-ils même probables, revenir entièrement aux vraies valeurs de placement, aux titres bien sûrs, bien garantis, et se contenter sagement d'un revenu sans doute très réduit, mais dont la faiblesse se trouve compensée par la sécurité. C'est là, croyons-nous, un sacrifice nécessaire dont l'avenir paiera largement et avec usure le prix à ceux qui s'y seront résignés.

Il faut renoncer à ces errements.

LA QUESTION MONÉTAIRE

Il n'est peut-être pas sans intérêt de dire quelques mots de cette « question monétaire » dont on exagère certainement les causes et les conséquences et qui, par cela même, finirait par causer au pays tout entier un mal plus grand que le mal lui-même.

Il y a une question monétaire.

Qu'on le veuille ou qu'on ne le veuille pas, il y a aujourd'hui « une question monétaire » et cette question sert de prétexte à des discussions, à des déclamations sans fin. Il en était de même lorsque, dans les dernières années de l'empire, on parlait de la « grève du milliard » et, précédemment, lorsqu'en 1856 et 1857 on nous menaçait d'une invasion d'or et qu'on préconisait la démonétisation de ce métal avec la même chaleur qu'on préconise aujourd'hui celle de l'argent.

L'encaisse de la Banque de France.

Il est incontestable que, depuis plusieurs années, l'encaisse or de la Banque de France a diminué dans de grandes proportions et que, par contre, l'encaisse argent a beaucoup augmenté. Fin 1877, la Banque de France avait 1 milliard 163 millions en or : elle n'en a plus aujourd'hui que 600. Le même fait s'est produit en Angleterre, où, en deux ans, l'encaisse or a fléchi de 900 à 575 millions. Dans plusieurs pays étrangers, les encaisses des banques ont supporté de nombreux retraits d'or et reçu d'importantes rentrées d'argent.

Excédent d'importations.

Bien des causes, passagères à notre avis, expliquent cet état de choses ; la principale est l'excédent des importations sur les exportations. Nous avons eu, en France particulièrement, des achats importants à faire à l'étranger : nous avons payé avec de l'or ; de là, les diminutions d'encaisse. L'étranger nous a moins acheté que d'habitude : l'or ne nous est pas revenu ; d'où sa pénurie apparente. D'autre part, la frappe des monnaies d'argent a augmenté dans tous les pays qui se servent du double étalon, entraînant par cela même l'abondance des monnaies d'argent. La pénurie de l'or a fait rechercher ce métal : conséquence, hausse du prix de l'or. L'abondance de l'argent a fait offrir ce métal sur tous les marchés : conséquence, baisse de l'argent.

Abondance de la monnaie d'argent.

Que cette situation se modifie, c'est-à-dire que les échanges internationaux favorisent plutôt les exportations que les importations, la proportion qui, jusque dans ces dernières années, existait entre l'or et l'argent dans les encaisses des banques se rétablira rapidement.

La question monétaire passionne les esprits.

De tous temps, la question de l'or et de l'argent a passionné les esprits : on s'effraie aujourd'hui de l'abondance de l'argent comme, il y a peu d'années, on s'effrayait de l'abondance de l'or. En 1857, le gouvernement avait nommé une commission chargée « de rechercher les principales causes de la situation monétaire ; d'étudier les diverses questions qui en dérivent et de donner son avis sur les solutions que peuvent réclamer les intérêts généraux du pays ». Les conclusions émises dès 1858, par cette commission, ne peuvent manquer d'étonner les personnes qui demandent aujourd'hui la démonétisation de l'argent : elle est de nature aussi à rassurer ceux qui s'effraient par trop facilement : nous croyons utile de la rappeler, car les exemples du passé sont souvent des leçons pour l'avenir.

C'était la question de l'or en 1857.

En substance, la commission concluait ainsi :

La cause principale au moins de la perturbation éprouvée depuis quelques années par le système monétaire de la France résiderait dans la demande inusitée du métal-argent pour l'Extrême-Orient.

Cette demande extraordinaire aurait déterminé la hausse de l'argent par rapport aux autres marchandises.

Quant à l'or, il n'aurait pas baissé nonobstant la grande production de la Californie et de l'Australie. Le meilleur moyen de lever la difficulté qu'on rencontre serait de maintenir de vive force en France le rapport de 1 à 15 1/2 établi ou plutôt constaté par le législateur en l'an XI. Pour empêcher le marché extérieur d'exercer, à cet égard, de l'influence sur le marché français, il n'y aurait qu'à frapper d'un droit l'exportation de l'argent et à établir des peines contre les chefs d'industrie qui se livrent à cette exportation ou la facilitent. Il faut donc que l'exportation de l'argent soit frappée d'un droit élevé.

C'est aujourd'hui celle de l'argent.

Ainsi, il y a vingt-cinq ans, on voulait défendre, par tous les moyens possibles, la sortie de l'argent : aujourd'hui, au contraire, on veut s'en débarrasser.

Il y a vingt-cinq ans, on voulait démonétiser l'or : aujourd'hui, on veut démonétiser l'argent.

Il y a vingt-cinq ans, on voulait maintenir de « vive force » le rapport de 1 à 15 1/2 établi entre l'or et l'argent : aujourd'hui, on demande un changement absolu dans ce rapport, changement au détriment de la valeur de l'argent, cela va sans dire.

Il y a vingt-cinq ans, les hommes les plus compétents disaient, écrivaient, affirmaient que la France devait subir prochainement un enchérissement général, qu'elle marchait à sa ruine, si l'on maintenait à l'or, dans notre système monétaire, la place qu'il y occupe. Aujourd'hui, l'argent est la source de tous nos maux présents et futurs : c'est l'argent qu'on exorcise.

Sans doute, nous aimerions mieux que l'encaisse de la Banque fût composée d'une partie or plus considérable que d'une partie argent, mais parce que cela n'est pas, parce que cette situation, due à des causes passagères, paraît difficile, s'ensuit-il qu'on doive s'effrayer, s'alarmer ?

Inopportunité d'un changement d'étalon. Lorsqu'un Etat, quel qu'il soit, a fait choix de deux métaux pour l'étalon de sa monnaie, ce n'est pas légèrement qu'il peut substituer l'un à l'autre. Toucher à la monnaie, c'est toucher à la propriété, aux rapports des fortunes privées entre elles, aux obligations réciproques du débiteur et du créancier. Un des cas où l'on est le moins autorisé à changer d'étalon — c'est notre situation — est justement celui où l'un des deux métaux jusque-là investi de cette attribution conservant peu à peu sa valeur relative, l'autre, auquel il s'agirait de faire passer cette qualité, éprouve ou, selon la vraisemblance, se trouve au moment d'éprouver une variation marquée.

La substitution proposée alors du second au premier pour l'emploi d'étalon serait non seulement inopportune mais au rebours de l'équité; ce serait le renversement des notions les mieux établies sur la nature de la monnaie, et sur les conditions requises d'une substance, pour qu'elle puisse prétendre à en servir (1).

Quels sont donc les risques que la situation monétaire actuelle fait courir à notre pays ?

Nous avons trop d'argent, nous dit-on ; l'encaisse métallique de la Banque qui ne formait, il y a trois ans, que les deux cinquièmes environ de cet encaissé, en forme aujourd'hui plus des deux tiers.

Tant que le public, répondrons-nous, aura confiance dans les billets de la Banque, tant qu'il ne se souciera pas plus d'avoir chez lui des billets au lieu d'avoir de l'or ou de l'argent, nous ne craindrons pas de graves

Avantages du double étalon. périls. Et, ajouterons-nous, dans les pays où il y a de

(1) Michel Chevalier. *De la Monnaie*, page 157.

grandes institutions comme la Banque d'Angleterre ou la Banque de France, l'existence d'une monnaie d'or et d'argent, d'une monnaie double a l'utilité d'augmenter les garanties contre la suspension des paiements en espèces de ces grands établissement régulateurs, sinon dispensateurs de crédit. Lorsqu'on peut s'acquitter avec deux matières, on est plus assuré d'en trouver ce qu'on veut que si l'on ne pouvait payer qu'avec une.

L'encaisse actuelle de la Banque de France.

A l'heure actuelle, la Banque de France a 2 milliards 258 *millions de billets en circulation* ; son encaisse or et argent s'élève à 1 milliard 846 millions ; la proportion entre l'encaisse et la circulation des billets est de 73 %. Où donc est le danger ?

Cette encaisse de 1870 à 1875.

En 1870, 1871, 1872, 1873, 1874, 1875, nous avions de bien plus grands périls à redouter. On ne se demandait pas si nous n'avions pas trop de papier, trop de billets de banque en circulation. Nous avons recherché dans les bilans de la Banque de France quelle était la situation de l'encaisse et de la circulation des billets pendant le *mois de septembre des années 1870 à 1875*. Voici les résultats relevés :

DATES	ENCAISSE	CIRCULATION	PROPORTION entre L'ENCAISSE et la CIRCULATION
	millions de francs	millions de francs	%
8 septembre 1870	808	1.745	47
11 — 1871	609	1.967	31
12 — 1872	780	2.396	32
11 — 1873	709	2.881	24
10 — 1874	1.271	2.490	51
9 — 1875	1.619	2.352	68
15 — 1881	1.846	2.528	73

Situation favorable.

Que prouvent ces chiffres ? C'est que la situation monétaire de notre pays est telle que si, par impossible, la Banque de France avait à rembourser du jour au lendemain tous ses billets, elle pourrait le faire jusqu'à concurrence de 73 % en espèces métalliques, alors qu'en

1870, 1871, 1872, 1873, elle ne l'aurait pu que dans la proportion de 47 %, 31 %, 32 %, 24 %.

La situation n'était-elle donc pas plus périlleuse à cette époque ? Ne sommes-nous pas comparativement dans une situation plus prospère ?

Statu quo à conserver. Les craintes soulevées par la question monétaire nous semblent donc absolument exagérées et nous espérons *bien* que le gouvernement saura, comme autrefois, résister aux entraînements et aux conseils de ceux qui l'engageaient, il y a peu de temps encore, à démonétiser l'or, comme ils l'engagent maintenant à démonétiser l'argent.

Le *statu quo* est préférable à toute mesure inconsidérément prise.

LA LIMITE DES ATTRIBUTIONS DE L'ÉTAT

Rôle de l'État. L'Etat doit-il intervenir pour modifier, par l'impôt, la situation de telle ou telle catégorie de citoyens ? Doit-il intervenir pour assurer à telle ou telle classe des logements plus sains ou plus confortables, une nourriture plus abondante ? Doit-il intervenir dans les questions qui touchent au commerce, à l'industrie ? Doit-il intervenir dans les affaires de banque, telles que l'émission de billets fiduciaires, telles que le placement des fonds des caisses d'épargne, ou bien encore dans les affaires d'assurances sur la vie, contre le chômage ou l'incendie ? Doit-il intervenir dans les questions de travail, règlements de salaires, participations aux bénéfices, questions d'enseignement ? Tous ces sujets ont été discutés ; ils montrent combien sont nombreuses les causes d'intervention de l'Etat. Attributions fiscales, commerciales, industrielles, financières, religieuses, sociales, partout nous trouvons la main de l'Etat. C'est un vaste engrenage et, au lieu de rechercher « quelle doit être la limite des attributions de l'Etat », il y aurait plutôt lieu de se demander quelles sont les affaires dans lesquelles l'Etat n'est pas intervenu, dans lesquelles il n'a pris aucune attribution ? L'Etat est, en effet, partout : nous le trouvons à notre naissance et à notre mort ; plus nous avançons dans la vie, plus nous le voyons entrer profondément dans nos affaires et se mêler à nos occupations.

Comment s'étonner, dès lors, de cette propension d'esprit qui conduit les citoyens à réclamer presque toujours l'intervention de l'Etat ? Y a-t-il une industrie en souffrance ? Existe-t-il des particuliers qui souffrent ? Les affaires vont-elles mal ou moins bien, les travaux publics ont-ils besoin d'être activés, on trouve tout naturel de s'adresser à l'Etat. Nous voyons aujourd'hui l'Etat entrepreneur de transports ; l'Etat banquier, commerçant, professeur. Ces attributions, ces interventions, sont-elles un mal ou un bien ? Et que nous enseignent, sur ces points, les grands maîtres de la science économique ?

D'après Turgot, l'intervention de l'Etat ne doit pas exister dans les questions qui intéressent la liberté du travail, du commerce, de l'agriculture. Cette liberté, c'est la conséquence du droit de propriété. Opinion de Turgot.

La liberté du prêt à intérêt doit exister : l'Etat n'a pas à se mêler de ces questions d'argent ; chacun a le droit d'agir comme il lui plaît, par cette seule raison que cet argent est à lui, est sa propriété.

La liberté d'importer et d'exporter doit exister, de pays à pays, de province à province. Le commerce doit être libre, absolument, entièrement libre. L'Etat ne doit pas s'en occuper, car « ses opérations sont nécessairement fautives et guidées par une théorie vague et incertaine ». Il ne doit pas plus intervenir qu'on ne saurait lui demander son intervention pour « fournir des bourrelets aux enfants qui pourraient tomber ».

Turgot est, enfin, l'ennemi des monopoles, des privilèges : il veut la liberté pour tous. La liberté pour tous.

Donc, en toutes ces questions qui touchent aux intérêts privés, l'intervention de l'Etat est nuisible ou inutile, ses attributions doivent être nulles.

Ce que doit être et ce que doit faire l'Etat.

Le rôle de l'Etat doit consister dans la garantie de la propriété, de l'ordre, de la sécurité ; dans la suppression des abus et des entraves à la liberté individuelle ; il doit avoir une administration sage et économe, une magistrature impartiale, une force publique pour faire respecter les lois à l'intérieur, l'honneur et les droits du pays à l'extérieur ; telles sont, suivant Turgot, les limites dans lesquelles peuvent s'exercer les attributions de l'Etat.

Voilà la théorie absolue, telle que ce grand maître l'a définie ; mais cette théorie et ces principes ont-ils toujours été maintenus dans toute leur sévérité ? Turgot, lui-même, ne leur a-t-il pas fait subir de dures atteintes? La rigueur des principes de l'économiste a souvent fléchi devant les difficultés que rencontrait l'administrateur, devant les nécessités politiques auxquelles l'homme d'Etat était obligé d'obéir.

Interventions acceptées.

Turgot, en effet, admettra l'intervention de l'Etat quand il s'agira de rendre à la société entière des services dont tous doivent profiter et que de simples particuliers ne pourraient parvenir à rendre : l'entretien des routes, les travaux de salubrité et d'hygiène, la création d'établissements d'instruction et de charité. Il admettra que l'Etat intervienne quand il faudra apporter des secours à des provinces trop pauvres, victimes de quelque fléau. Il admettra que l'Etat, pour favoriser le développement des sciences et des arts, accorde des récompenses et des subventions aux savants et aux artistes qui peuvent, par leurs travaux, être l'honneur et la gloire du pays tout entier.

Il admettra même que l'Etat, à défaut des particuliers, aide les ouvriers à trouver du travail et crée même des travaux factices. Il s'occupera de faire donner du travail aux femmes et, pour tous les malheureux, si les cotisations volontaires ne suffisent pas, il imposera des cotisations forcées. Il dira que « la nature a donné à tous le droit d'être heureux », il dira que l'ouvrier a droit à quelque chose de plus qu'à la subsistance, à un certain bien-être, à un excédent de profits. Il obligera, dans les temps de crise, les propriétaires, les riches, à garder les fermiers qu'ils occupent, les ouvriers qu'ils emploient. On voit que, dans cet ordre d'idées, Turgot est allé aussi loin que possible.

Opinion de Colbert.

Que faut-il donc conclure de tous ces faits ? C'est qu'il faut éviter d'avoir une opinion absolue, dans un sens ou dans un autre. Un siècle avant Turgot, un autre grand ministre, Colbert, avait, en économie politique, des idées diamétralement opposées à celles du ministre de Louis XVI. Et, à l'heure présente, ne voyons-nous pas près de nous, en Allemagne, le socialisme d'Etat préconisé par le chancelier de Bismarck, et n'y aurait-il pas un curieux rapprochement à faire entre les idées économiques et sociales de Turgot et celles du ministre allemand ?

Interventions nécessaires.

Sous le prétexte que l'Etat ne doit jamais intervenir dans nos affaires, pourrait-on soutenir, par exemple, qu'il n'a pas le droit de surveiller la fabrication et la vente de la poudre, de la dynamite ?

Quand se produisent des fléaux semblables à ceux qui viennent de désoler plusieurs villes de l'Espagne, pourrait-on soutenir que l'Etat ne doit pas intervenir par quelques secours, par des travaux, par des subventions ?

Interventions utiles.

Nous fondons, en ce moment, de nouvelles colonies; nous ouvrons de nouveaux débouchés au commerce ; dans ces pays neufs où tout est à faire, croit-on que l'Etat, entreprenant lui-même des travaux publics, construisant des routes, des chemins de fer, creusant des ports, n'est pas un puissant élément de richesse et n'engage pas l'industrie privée à suivre son exemple ?

En résumé, il peut se rencontrer des cas où l'intervention de l'Etat et ses attributions peuvent être justifiées et rendues nécessaires.

Dans les questions commerciales, industrielles, financières, partout où l'initiative privée, partout où les simples particuliers peuvent agir, être utiles, discuter leurs intérêts, l'intervention de l'Etat n'est pas justifiée.

A l'initiative privée, ce qu'elle peut réaliser ; à l'Etat, les intérêts généraux.

Tout ce qui touche, au contraire, aux intérêts généraux d'une société, questions de salubrité, d'hygiène, de sécurité publiques, tout ce qui concerne, en un mot, des services utiles à tous et pouvant être rendus par tous au profit de tous, peut être, dans certaines circonstances et suivant l'opportunité, accompli par l'Etat.

LE PAUPÉRISME

Concours Isaac Pereire.

Le 12 janvier 1880, le journal *la Liberté* annonçait l'ouverture d'un concours solennel, magnifiquement doté, auquel M. Isaac Pereire conviait tous les écrivains spéciaux qui avaient étudié les questions sociales et les invitait à rechercher et à proposer les moyens les plus propres à diminuer et à éteindre le paupérisme.

En traçant le programme de ce concours, Isaac Pereire ne se bornait pas à désigner le but à atteindre; il indiquait lui-même la voie à parcourir, les traces à suivre, et montrait au loin les solutions probables qu'avec sa merveilleuse justesse de coup d'œil il avait découvertes. Et tout d'abord il avait éliminé du terrain des recherches, le moyen le plus généreux peut-être en même temps que le moins efficace : la charité.

De nombreux auteurs répondirent à l'appel de M. Isaac Pereire. Malheureusement, ce fut lui qui manqua à ceux dont il devait être le juge le plus compétent et le plus élevé : avant que le concours ne fût fermé, la mort avait frappé l'homme éminent à qui la France, l'industrie, la science économique devaient tant de reconnaissance.

555 mémoires retenus.

L'excellente composition du jury assurait une autorité complète au jugement qui devait intervenir. La tâche de ce jury était fort lourde et fort difficile. Il n'avait pas été envoyé moins de 555 mémoires dignes d'être admis à un premier classement, sans compter deux ou trois cents autres qui furent tout d'abord éliminés.

Le mémoire d'Adolphe Coste couronné.

Parmi les ouvrages couronnés en première ligne, il convient de signaler le remarquable travail de M. Adolphe Coste qui a obtenu un prix de cinq mille francs. M. Coste vient de publier son œuvre sous ce titre : *Hygiène sociale*, titre qui pourrait sembler au premier abord quelque peu énigmatique, si l'auteur n'avait pris le soin de l'expliquer dès le début de son livre. « Il ne lui a pas paru possible, dit-il, de s'attacher à une solution unique du mal populaire ; il croit que le remède est aussi multiple qu'il y a de fonctions diverses dans la société et que la guérison doit venir de tous les côtés à la fois. »

Hygiène sociale.

Aussi le champ d'études parcouru par M. Adolphe Coste est-il très étendu. En s'attachant au grand problème du paupérisme, il a abordé l'examen de tous les problèmes partiels et subsidiaires qui se sont rencontrés sur sa route.

Série de tableaux du paupérisme

Le livre s'ouvre sur un exposé des idées de M. Isaac Pereire et des tendances Saint-Simoniennes. L'auteur présente ensuite, afin de bien poser et de bien faire comprendre son sujet, une série intéressante de tableaux du paupérisme, tableaux pris sur le vif et en pleine vie populaire : ce sont les personnages mêmes de M. Zola, Gervaise et Coupeau ; c'est le « sublime » de M. Denis Poulot ; ce sont les ouvriers observés dans les ateliers de Paris ou les workhouses de Londres ; c'est enfin la misère agricole de l'Irlande.

L'épargne, remède à ces maux.

Cherchant les remèdes à appliquer aux maux qu'il a si bien dépeints, M. Coste étudie l'épargne sous ses diverses formes : l'épargne-travail, l'épargne en numéraire, l'épargne-placement ou à fonds perdus. Il est ainsi amené à étudier toutes les combinaisons qui se sont réalisées sous des formes si diverses dans les centres manufacturiers, parmi les associations ouvrières, dans les sociétés de secours et les caisses de retraite ou de prévoyance. Ces chapitres forment un recueil attrayant d'observations, de renseignements et de faits, judicieusement groupés et habilement ordonnés en vue de l'argumentation générale. Sociétés de consommation en Angleterre, sociétés coopératives en France, mutualité de crédit en Allemagne et dans notre pays, trade-unions au delà de la Manche, syndicats professionnels de Paris, sont autant de sujets que l'auteur étudie et éclaire tour à tour au grand profit du lecteur attentif.

Ses différentes formes.

Il examine le rôle du crédit dans la répartition des richesses, observe les difficultés du crédit populaire et la façon dont les banques d'Ecosse les ont surmontées. Il s'attache surtout à montrer comment ce crédit peut être mis en œuvre et quelle est la nature précise de ses opérations.

Le crédit.

Enfin après avoir consacré à l'organisation du travail et à la réforme des impôts une partie de son étude, il aborde le point, qui est selon nous capital, celui de l'enseignement, de l'éducation morale, de l'instruction professionnelle.

Le travail.

L'enseignement.

Le livre de M. Adolphe Coste, on en peut juger par cette analyse sommaire et bien insuffisante, embrasse un vaste ensemble de questions et de solutions. Mais de celles-ci, il n'en est aucune qui puisse être exclusivement attribuée au problème posé.

Progrès incessants ; solutions jamais définitives.

Est-ce que ce problème est insoluble ? Restons dans le doute sur ce point. Ne disons pas que la recherche est vaine lorsqu'on se propose l'extinction du paupérisme, car il est utile, il est nécessaire que ce but soit sans cesse visé, dût-il n'être jamais atteint. Le désir généreux d'abolir la misère humaine a certainement provoqué des efforts, des tentatives qui ont eu pour effet, sinon la guérison, du moins le soulagement de bien des souffrances sociales.

I

LES INTÉRÊTS FRANÇAIS EN ÉGYPTE

Les événements qui s'accomplissent dans ce pays rendent opportuns quelques renseignements, aussi succincts que possible, sur ce qu'on appelle « les intérêts français en Egypte », au point de vue commercial, industriel et financier.

Tout d'abord, une question se pose. Quel est le nombre des européens qui résident en Egypte ? On en compte actuellement, 70,000. La colonie grecque est la plus nombreuse : environ 30,000. Viennent ensuite les Français, avec 14,500 personnes ; les Italiens, 14,500 ; les Anglais, 4,000 ; les Autrichiens, 2,500 ; les Espagnols, 1,000 ; les Allemands, 900 ; divers, 1,500. Européens en Egypte.

Ces étrangers peuvent donc être classés, par leur nombre, dans l'ordre suivant : Grecs, 30,000 ; Français, 14,500 ; Italiens, 14,500 ; Anglais, 4,000 ; Autrichiens, 2,500 ; Espagnols, 1,000 ; Allemands, 900 ; Nationalités diverses, 1,500. Classement numérique par pays

Au point de vue commercial, ce classement change complètement. L'Angleterre, d'après l'importance de son commerce avec l'Egypte (importation et exportation réunies), tient le premier rang ; la France vient ensuite. Après elle, l'Autriche, la Turquie, l'Italie, la Russie, les pays de l'Extrême-Orient, l'Amérique, la Grèce, les contrées diverses. C'est parmi ces dernières que l'Allemagne est classée, le mouvement commercial de ce pays avec l'Egypte étant presque sans importance. Rang commercial.

Pendant l'année 1880, les importations et exportations réunies de ces diverses pays avec l'Egypte se sont élevées à 1,953,113,624 piastres (1), savoir : Commerce extérieur en 1880.

(1) La piastre vaut environ 0 fr. 2562 : elle est la 100e partie de la livre égyptienne dont la valeur est de 25 fr. 62.

PAYS	Année 1890
	piastres
Angleterre	1.256,248,060
France	224,802,862
Autriche-Hongrie	125,632,891
Turquie	86,903,995
Italie	81,690,296
Russie	81,060,307
Pays de l'Extrême-Orient	39,316,025
Amérique	17,293,056
Grèce	18,961,316
Contrées diverses	25,933,677

— d'où résulte, la répartition proportionnelle suivante :

PAYS	PROPORTION	PAYS	PROPORTION
	%		%
Angleterre	64 31	Russie	4 15
France	11 49	Extrême-Orient	2 02
Autriche	6 43	Contrées diverses	1 37
Turquie	4 46	Amérique	0 86
Italie	4 16	Grèce	0 76

Capitaux français en Égypte.

Au point de vue financier, les intérêts français et anglais ne sont pas moins considérables ; on peut affirmer que toutes les valeurs égyptiennes se trouvent par moitié dans les portefeuilles des capitalistes français et anglais.

Valeurs égyptiennes.

L'ensemble de la dette égyptienne, comprenant les deux catégories distinctes de la dette de l'État et des dettes particulières du vice-roi ou de la Daïra, se compose à ce jour des emprunts suivants, cotés à la bourse de Paris : 1° dette égyptienne unifiée ; — 2° obligations privilégiées sur les chemins de fer égyptiens et le port d'Alexandrie ; — 3° obligations de la dette consolidée de la Daïra-Sanieh ; — 4° obligations de la Daïra-Kassa ; — 5° obligations domaniales 5 % 1878.

Le tableau suivant indique le montant et le nombre de titres de ces divers emprunts, leur taux d'émission, leur valeur au cours actuel, leur intérêt annuel.

DÉSIGNATION des EMPRUNTS	MONTANT des EMPRUNTS au taux de remboursem^t	NOMBRE de TITRES d'obligations	VALEUR AU COURS actuel Bourse du 20 juin 1883	INTÉRÊT ANNUEL par titre	INTÉRÊT annuel sur tout l'emprunt
	francs		francs	francs	francs
obl. unifiées....	1.475.000.000	2.950.000	885.000.000	20	59.000.000
obl. privilégiées	425.000.000	850.000	340.000.000	25	21.250.000
— Daïra-Sanieh	220.386.000	440.772	182.231.660	25	11.019.300
— Daïra-Kassa.	17.436.600	34.873	10.461.940	25	871.825
— Domaniales.	214.625.000	140.590 coup. div.	171.700.000	25	10.731.250
TOTAUX......	2.352.447.600		1.589.393.600		102.872.375

Il résulte de ces chiffres que le montant nominal des divers emprunts égyptiens cotés à la bourse de Paris et émis en France dépasse 2 milliards 350 millions ; que la valeur de ces divers titres d'après les cours de la bourse du 20 juin dépasse 1 milliard 500 millions ; que les sommes annuelles dues par l'Egypte pour intérêt de ces divers emprunts s'élèvent à environ 103 millions.

Valeurs de Suez.

Au tableau qui précède nous pourrions ajouter celui des valeurs diverses du Canal de Suez, entreprise française s'il en fût, créée avec des capitaux français, qui a produit brut, pour l'exercice dernier, 54,672,189 francs et dont les titres, aux cours actuellement cotés, représentent une valeur de plus d'un milliard.

Cet exposé suffit à indiquer l'importance des intérêts français engagés en Egypte : nos nationaux y sont au nombre de 14,500 ; — le commerce de la France avec l'Egypte atteint environ 60 millions, c'est environ la dixième partie du commerce total de ce pays ; — la valeur actuelle des divers titres égyptiens, cotés en France, dépasse 1 milliard et demi ; — les intérêts financiers et commerciaux engagés dans le canal de Suez sont considérables.

Intérêts anglais.

L'Angleterre a, dans ce pays, des intérêts aussi importants que les nôtres. Si ses nationaux qui résident en Egypte, sont près de quatre fois moins nombreux, le montant du commerce anglais est six fois plus élevé que celui de la France. D'autre part, les capitalistes anglais possèdent une grande partie (la moitié, dit-on), des valeurs égyptiennes cotées à notre bourse ; le gouvernement anglais s'est rendu acquéreur, en 1875, des 176,612 actions du canal de Suez appartenant au khédive, actions payées 100 millions ; c'est la marine anglaise, c'est le commerce anglais qui utilisent le plus souvent la voie du canal de Suez. Sur 100 bateaux qui transitent par le canal maritime, 75 appartiennent à la marine marchande ou militaire de l'Angleterre.

Prépondérance des intérêts français et anglais.

Ces chiffres prouvent jusqu'à l'évidence que les intérêts anglais et français sont et doivent être prépondérants en Egypte ; aucune puissance européenne n'a dépensé autant d'argent, ne possède autant de relations commerciales avec ce pays. L'importance des intérêts engagés explique l'émotion que les affaires égyptiennes ont causée dans notre pays, dans le monde politique et financier, émotion également partagée en Angleterre. On comprend facilement avec quelle prudence, quelle réserve, des questions aussi graves doivent être discutées et résolues.

LA CRISE DE SPÉCULATION

Crise prévue

La crise, prévue depuis longtemps par les gens sages et prudents, a éclaté sur le marché de Paris et dépasse, en gravité, les plus mauvais jours de l'histoire financière de notre époque. C'est par centaines de millions que se chiffrent les pertes subies ; sur quelques titres, il s'est produit un véritable effondrement.

Depuis moins d'un mois, l'Union générale est tombée de 3,000 francs à 1,000 francs ; le Suez, de 3,500 francs à 2,000 francs ; la Banque des pays autrichiens, de 1,200 à 500 francs ; les rentes ont perdu près de 2 francs ; les fonds d'Etat étrangers, plusieurs unités ; les valeurs de placement de tout repos, telles que les obligations de la ville de Paris, du Crédit foncier, des compagnies de chemins de fer, n'ont pas échappé à ce courant vertigineux qui entraînait tous les titres à la dérive, les bons comme les mauvais, les valeurs d'épargne, comme celles qui étaient le plus recherchées par la spéculation. Importance de la baisse.

Pendant la Bourse du 19 janvier 1882, notamment, on a vu l'Union générale baisser de 1,100 francs ; les actions du groupe de cette société, fléchirent dans des proportions considérables, entraînant à leur suite, l'ensemble des valeurs de la cote. A Lyon, les affaires sont suspendues ; les pertes sont incalculables ; les ruines se sont accumulées. La Bourse du 19 janvier 1882.

* * *

Certes, le marché français a subi et traversé de nombreuses crises. Sans remonter à des époques trop éloignées de nous, on peut citer celles du 5 juillet 1866, après Sadowa ; de mai 1867, au moment de l'affaire du Luxembourg ; de juillet 1870, lors de la déclaration de la guerre contre l'Allemagne. On se rappelle la gravité de la situation du marché pendant les versements des emprunts nationaux, pendant le fameux et tristement célèbre krach viennois ; les liquidations embarrassées qui suivirent, en octobre 1879, la liquidation des affaires Philippart ; les paniques du mois d'avril 1881, lors du conflit franco-tunisien. Aucune de ces époques agitées, fiévreuses, troublées, ne peut cependant être comparée à la situation actuelle, car jamais les engagements à la hausse n'ont été plus considérables, jamais les pertes n'ont été plus grandes, jamais la spéculation n'avait fait plus de victimes car elle n'avait jamais eu non plus d'aussi nombreux adeptes. Quelques crises précédentes.

Le krach de Vienne.

Quelques mois après le krach de Vienne, le *Journal des Débats*, publiait, sous la signature de M. Jacques de Reinach, un travail sur l'étendue des pertes que cette catastrophe occasionnait. Il évaluait à 1 milliard 234 millions la dépréciation des valeurs à la suite de cette crise : la dépréciation était de 270 millions sur les fonds d'Etat, de 615 sur les actions des différentes banques, de 132 sur les actions de chemins de fer, de 212 sur les principales actions industrielles.

Le krach de Paris.

Si l'on établissait les mêmes calculs sur la dépréciation subie depuis un mois seulement par toutes les valeurs de la cote, on arriverait malheureusement à un total aussi effrayant que celui que nous venons de rappeler.

L'Union générale.

Rien que sur l'Union générale, les 2,000 francs de baisse que ces actions subissent sur les cours cotés au commencement du mois, représentent, sur les 300,000 titres, anciens et nouveaux, dont se compose le capital de cette société, une dépréciation de 600 millions. Sur les titres du groupe de Suez, tant sur les actions que sur les parts civiles, parts de fondateurs et délégations, la différence, entre les plus bas cours actuellement cotés et ceux inscrits à la cote au 31 décembre dernier, n'est pas moindre de 300 millions.

Le groupe Suez.

Les rentes.

En ajoutant à ces chiffres le montant de la perte éprouvée par les rentes françaises, les rentes étrangères, les actions des institutions de crédit françaises et étrangères, celles des chemins de fer français et étrangers, on se fera une idée de l'étendue de la crise que les excès de la spéculation ont causée sur notre marché.

Sans doute, l'expression numérique de la dépréciation subie par les valeurs pendant tout ce mois n'est pas rigoureusement exacte pour les capitalistes et les porteurs de titres qui ont gardé leurs valeurs en portefeuille ; leurs titres sont actuellement cotés plus bas qu'ils ne l'étaient il y a trois ou quatre semaines ; s'ils réalisaient aujourd'hui, ils vendraient moins cher, ils subiraient une moins-value ; mais, tant qu'ils ne vendent pas, cette dépréciation ne peut être assimilée, à vrai dire, à une perte réelle, accomplie, définitive.

Mais, pour les spéculateurs, pour les acheteurs à terme, pour tous ceux qui jouent à la bourse — et on sait combien malheureusement leur nombre s'en est accru depuis plusieurs années, — les prix actuellement cotés constituent une perte réelle, effective, qu'ils doivent payer aux agents qui ont exécuté leurs ordres. Le spéculateur qui, au commencement de ce mois, a acheté du Suez à 3,400 ou 3,500 francs, de l'Union générale à 3,000 francs, de la Banque des pays autrichiens à 1,200 francs, de la Banque des pays hongrois à 800 fr., des Banque ottomane à 900 francs, perd, à l'heure actuelle, des sommes considérables. En supposant que chacun des 60 agents de change de la bourse de Paris soit acheteur, pour ses clients, de 500 actions seulement de chacune des compagnies que nous venons d'énumérer, ce serait encore par centaines de millions que se chiffreraient les pertes de la spéculation. Tous ces spéculateurs, grands et petits, seront-ils en mesure, lors de la liquidation de fin de mois, de payer ce qu'ils doivent ? Combien s'en trouve-t-il, parmi eux, qui auraient pu supporter une perte de quelques mille francs et qui ne pourront payer des différences se soldant par centaines de mille francs !

Les pertes de la spéculation.

L'expérience prouve, en effet, que la spéculation perd toujours beaucoup plus qu'elle ne gagne. Un spéculateur réalise 50, 100 francs, 200 francs de bénéfice par titre dans une opération heureuse ; quand, au contraire, l'opération qu'il a entreprise lui cause une perte, il hésite longtemps avant de se liquider ; la perte s'accroît, s'aggrave et tel qui croyait risquer peu de chose se trouve le plus souvent engagé au delà de ses ressources et ne peut payer.

* * *

Crise grave.

La crise est donc grave, très grave ; et ce n'est pas en en dissimulant l'intensité qu'on en atténuera les conséquences.

Ses conséquences.

Ses conséquences sont malheureusement faciles à prévoir et à déduire. Il faudra : liquider les positions à la hausse des acheteurs qui n'auront pu solder leurs différences ; liquider les positions à la hausse de ceux qui, pouvant payer leurs différences, ne trouveront pas, cependant, à faire reporter leurs positions ou bien encore ne voudront plus courir de nouvelles aventures ; réaliser enfin de nombreuses valeurs de premier ordre, telles que rentes, actions et obligations de chemins de fer, pour se créer des ressources, soit pour prendre livraison de valeurs achetées à terme, soit pour payer les sommes énormes qui seront dues.

En présence de tels faits, est-il nécessaire d'ajouter que la hausse des valeurs, quelles qu'elles soient, serait intempestive tant que la situation de place ne sera pas entièrement liquidée, que les comptes en souffrance n'auront pas été apurés et qu'on ne se trouvera plus en présence que de crédits indiscutables et indiscutés ? C'est alors que la haute banque, nos anciennes et honorables institutions financières, tous ces banquiers de vieille roche dont la nouvelle école financière semblait depuis plusieurs années mépriser les conseils de prudence, c'est alors, disons-nous, que cette puissante et riche communauté financière pourra efficacement venir en aide à notre marché, si profondément troublé.

Vieux errements, sages errements.

Le marché retrouvera alors le calme qui lui est nécessaire : capitalistes et spéculateurs reviendront peut-être aux vieilles doctrines financières, aux errements d'autrefois ; on comprendra enfin qu'on ne fait pas fortune en un jour et qu'on ne doit jamais abandonner les titres de tout repos, à revenu fixe, de père de famille, pour courir après ces valeurs « à la mode », comme nous les dénommions, il y a peu de semaines encore.

***

Nous savons bien que, pour certains esprits peu au courant des affaires financières, la débâcle qui a eu lieu paraît être le résultat d'une coalition de vendeurs obstinés. On fera sagement d'en finir, une fois pour toutes, avec ces légendes. Il n'y a pas plus de coalitions à la baisse, dans les circonstances actuelles, qu'il n'en existait, il y a quelques semaines, quand on semblait justifier la hausse extravagante de certains titres, par les rachats obligés de vendeurs à découvert. C'était, disait-on alors, la lutte de la « banque juive » contre la « banque catholique »; c'était une guerre de race et de religion transportée sur le terrain de la Bourse. Qu'y a-t-il de vrai, maintenant, dans tous ces racontars qui ont servi de thème à de brillantes déclamations, à des articles spirituels et à de perfides insinuations ? Il serait vraiment trop commode de dire, quand une valeur monte exagérément, que la faute en est aux spéculateurs à la baisse, et que c'est encore les spéculateurs à la baisse qu'il convient de rendre responsables, quand la baisse vient à se produire ! Si ces vendeurs à découvert, dont on a tant parlé, avaient existé autre part que dans l'imagination de ceux qui les ont inventés, jamais nous n'aurions assisté à des bourses aussi lamentables : les rachats de ces vendeurs auraient arrêté la dépréciation des cours. **Prétendues coalitions.**

La vérité est que la place de Paris, comme celle de Lyon, était surchargée à la hausse : tout le monde était acheteur. Quand on a voulu commencer à réaliser, les offres étaient trop nombreuses ; les demandes, nulles ; le marché s'est effondré sous son propre poids et, pour le relever, pour arrêter tout au moins le courant qui l'entraînait, il a fallu l'intervention de la haute banque dont nous parlions plus haut, de cette banque sérieuse, de la vieille école, qui comprend les personnalités les plus éminentes du monde financier, qu'il soit catholique, **La vérité : surcharge à la hausse.**

D'où est venu le salut.

protestant ou israélite. Tous se sont rencontrés dans la même pensée de secours et d'allégement à apporter au marché. C'était une œuvre de salut à accomplir, toutes les divergences d'opinion disparaissant.

* * *

Leçon à méditer.

Si, du moins, les désastres qui viennent de frapper le marché pouvaient servir de leçon, ce ne serait encore que demi-mal. Si les spéculateurs devenaient moins hardis, si les capitalistes abandonnaient résolument les valeurs aléatoires pour se porter sur nos rentes nationales, nos valeurs de placement stable et sérieux, la crise actuelle, quelle que soit l'étendue des pertes subies, pourrait servir de salutaire exemple.

Malheureusement, on recommencera de plus belle quand le marché sera rentré dans l'ordre. La spéculation trouvera toujours à s'exercer et aura toujours de nombreux partisans.

Les époques se suivent et se ressemblent.

Nous rappelions plus haut les crises successives que le marché de Paris avait traversées. Les exemples du passé n'ont pu empêcher les folies du temps présent. Et, quand on s'étonne des cours fantastiques auxquels certaines valeurs étaient parvenues, quand on gémit sur la dépréciation qu'elles ont subie, faut-il rappeler des chutes retentissantes et oubliées aujourd'hui ?

Vieilles valeurs.

Beaucoup d'actionnaires savent-ils que les mines d'asphalte de Pyrimont Seyssel, émises à 1,000 francs en 1837 ou 1838, ont été négociées publiquement à 10,900 francs (dix mille neuf cents francs) l'une, pour tomber l'année suivante à 1,550 francs, cinq ans plus tard, à 375 francs et, en 1856, à 60 francs. Depuis, on n'en a plus entendu parler. — Et les actions de la compagnie de Galvanisation du fer ? 3,000 francs en 1838 ; 230 francs en 1841. — Les mines de Decazeville? 6,500 fr. en 1846 ; et depuis ? — Et toutes ces actions diverses, Seyssel allemand, Seyssel belge, Bitume végéto-minéral et de couleur noire, dont la valeur a dépassé, en bourse,

2,000 francs ? et les actions du Mastic bitumeux végétal dont les prix se sont élevés jusqu'à 2,150 francs ! Que de ruines, que de désastres !

* * *

Situation à envisager avec calme.

Espérons encore que, grâce aux interventions puissantes qui se produisent, notre marché financier pourra se relever et réparer les nombreuses ruines qu'il a consommées. Les capitalistes, les porteurs de titres ne doivent pas, à notre avis, exagérer le mal et les dangers et venir follement jeter leurs valeurs sur la place. Que des spéculateurs embarrassés ne puissent payer leurs différences, que d'autres ne soient pas payés de ce qu'ils ont à recevoir, ce ne sont pas encore de tels désastres qui empêcheront les rentes françaises de payer leurs coupons ; les compagnies de chemin de fer, d'encaisser leurs recettes ; les sociétés de crédit sérieuses, de faire leurs opérations courantes, normales, statutaires. Il n'y a donc pas lieu de s'effrayer outre mesure ; le mal est déjà assez grand sans que ceux qui n'ont jamais spéculé et ne connaissent même pas le premier mot des opérations de la spéculation, se figurent que tout est perdu et crient « au feu » au lieu de se tenir cois.

Quant au gouvernement, nous ne pouvons croire qu'il se désintéresse de ce qui se passe sur notre marché financier et qu'il assiste, impassible, à la baisse des rentes françaises, au désarroi qui règne parmi les actionnaires et les obligataires des compagnies de chemins de fer, à la crise que traverse la bourse. Son propre intérêt est en jeu ; on dira que c'est la mauvaise politique qui a causé les mauvaises affaires ; on soutient un gouvernement sous la protection duquel les particuliers augmentent leurs profits ; on le combat, on vote contre lui, quand on perd de l'argent, même par sa propre faute.

***

Responsabilité du gouvernement.

Sans doute, il serait souverainement injuste d'accuser le gouvernement d'être la cause de cette crise de spéculation qui bouleverse notre marché, de cette fièvre de jeu, de fortune rapide, de ce désir de bien-être excessif, qui est le trait caractéristique de notre époque. Mais lorsque, sans parti pris, on examine la situation actuelle, en remontant à ses causes premières, on peut se demander si le gouvernement et les Chambres ont bien fait tout ce qu'ils avaient le droit et le devoir de faire dans la limite où leur influence et leur action doivent s'exercer.

Incertitude de sa politique d'affaires.

Depuis longtemps déjà, on cherche à connaître, mais en vain, la politique commerciale, industrielle et financière du gouvernement. La politique pure a pris le pas sur les affaires et ce sont naturellement les intérêts qui en souffrent.

Les incertitudes, les tergiversations, les hésitations des pouvoirs publics sur la conversion de la rente, sur la question des chemins de fer, sur les traités de commerce à conclure avec les puissances étrangères, notamment avec l'Angleterre, ont depuis longtemps troublé de nombreux intérêts.

Combien de capitalistes et de rentiers ont vendu les titres de rente qu'ils possédaient, par crainte de la conversion ?

Combien d'autres ont hésité et hésitent encore à en acquérir et se sont laissés entraîner par les valeurs à brusques fluctuations, par les espérances de gains rapides ?

A un autre point de vue, est-ce que les crises financières qui se sont succédé depuis dix ans, sur les marchés étrangers et sur les nôtres, n'auraient pas dû montrer aux pouvoirs publics l'urgence qu'il y avait à apporter de profondes modifications à l'organisation financière, vraiment surannée, de notre marché, à nos lois d'affaires et, surtout, à la législation de 1867 qui régit les sociétés ?

Notre politique financière et commerciale a manqué de netteté, d'esprit de suite, de ligne de conduite ; on est arrivé aujourd'hui à ce résultat, c'est que la conversion, après avoir été pendant longtemps chose facile, est devenue, à l'heure actuelle, impossible à réaliser ; les rentes ont tellement baissé qu'on se demande à quel taux elles baisseraient encore si le gouvernement continuait à émettre des rentes amortissables pour l'exécution du programme Freycinet ; et c'est dans de pareils moments, que l'on menace les grandes compagnies de chemins de fer d'un rachat total ou partiel, ou bien encore qu'on laisse se répandre le bruit de réductions considérables dans les tarifs, réductions qui, si elles s'accomplissaient dans les conditions dont on parle, seraient la ruine de millions d'actionnaires et d'obligataires ! Ses résultats négatifs.

Nous espérons, répétons-le encore, que le marché financier se relèvera de la crise qu'il traverse ; mais, on le voit, ce ne sera pas trop que de réclamer la bonne volonté et l'énergie de tous ; la haute banque et les capitalistes doivent surtout et avant tout compter sur eux-mêmes ; mais ils ont le droit de demander au gouvernement et aux Chambres une politique financière et commerciale exempte de tergiversations et d'incertitudes, une législation financière nouvelle en rapport avec les faits et les besoins nouveaux. Politique nette et réformes.

LES GRANDS TRAVAUX DU SIÈCLE

Le XIXe siècle occupera certainement une large place dans l'histoire de la civilisation. Il tient sa gloire littéraire d'œuvres qui ont été non seulement d'une beauté puissante, mais aussi d'une haute utilité morale. Sa gloire scientifique est consacrée par les progrès les plus Le XIXe siècle et le progrès.

rapides et les créations les plus étonnantes, navires à vapeur, chemins de fer, télégraphes; la science a triomphé non seulement par ses découvertes spéculatives et théoriques, mais encore et surtout par ses merveilleuses applications. Il aura enfin une gloire qui lui est propre, que nulle autre époque ne saurait lui disputer, celle d'avoir multiplié les rapports entre les diverses parties du globe, entre les races qui l'habitent, d'avoir créé des liens plus étroits entre les nations et contribué ainsi, au milieu même des plus grandes catastrophes politiques, à rapprocher le monde de cet idéal encore lointain, la paix universelle.

Grands travaux réalisés.

Grandes lignes internationales de chemins de fer sillonnant l'Europe d'une extrémité à l'autre; vastes entreprises de navigation couvrant les océans de vaisseaux rapides et sûrs; vastes voies maritimes ouvertes à travers les continents, canal de Suez, canal de Panama; réseaux télégraphiques enveloppant la terre presque tout entière : tels sont les grands travaux du siècle, ceux du moins qui sont déjà réalisés ou que nous voyons s'achever sous nos yeux.

D'autres non moins grands, non moins hardis sont projetés et seront accomplis sans nul doute quand le siècle se fermera. Notre temps aura bien mérité des générations futures auxquelles il aura légué un admirable outillage, d'un entretien facile, d'une valeur énorme, d'une utilité universelle.

Progrès et richesse.

On a fait ressortir — et avec raison — ce caractère général d'utilité des grands travaux de notre époque, soit au point de vue matériel, soit au point de vue moral. Il est encore un autre trait qui leur est propre, qui les distingue de la plupart des œuvres léguées par les autres siècles : c'est que, loin de ruiner ceux qui y ont pris part, ils leur ont été profitables et les ont enrichis.

Ceux qui se sont intéressés dans les grandes entreprises de chemins de fer et, depuis le début, sont restés fidèles à leurs compagnies, ont vu leurs capitaux s'accroître et produire des revenus élevés.

Canal de Suez.

Le canal de Suez, cette tentative si audacieuse, si contestée à l'origine, a largement récompensé les actionnaires courageux et persévérants qui ont donné le concours de leurs capitaux à l'exécution de ce magnifique ouvrage. Voici qu'aujourd'hui la clientèle de ce canal s'accroît dans de telles proportions qu'on craint de le voir devenir insuffisant, qu'on réclame un autre canal et que, dès à présent, on peut réduire les tarifs, en prévision des futurs accroissements de trafic. On a vu se réaliser les promesses de M. de Lesseps lors de sa création, les produits s'augmenter graduellement, la prospérité annoncée grandir au point d'inspirer l'envie et les regrets des nations qui, jadis, attaquaient l'entreprise. L'Angleterre a cru nécessaire de s'y attacher dans la plus large mesure en achetant les actions possédées par le khédive d'Egypte, en réclamant sa part d'influence dans les conseils de la compagnie. Et l'on comprend si bien maintenant la valeur industrielle d'une œuvre de ce genre, que le gouvernement anglais se montrerait disposé à fournir des fonds pour le creusement d'un second canal et que M. de Lesseps déclarait tout récemment pouvoir l'exécuter avec les seules ressources de ses actionnaires.

Canal de Panama

Le canal de Panama ne paraît pas devoir donner de moindres résultats que ceux obtenus par le canal de Suez. Celui-ci a été une première expérience qui a eu sa période d'essais difficiles et de tâtonnements laborieux. C'est avec une sûreté d'exécution bien plus grande qu'on peut procéder aujourd'hui. On en juge déjà facilement par la rapidité avec laquelle ont été effectuées successivement les études, l'organisation des chantiers, l'accumulation du matériel et la mise en œuvre définitive. En ce moment, les travaux sont poussés avec une activité qui permet de prévoir que l'époque primitivement fixée pour l'achèvement du canal pourra être devancée.

Ce résultat est, à tous égards, désirable ; il est du plus grand intérêt pour l'entreprise que la période d'exploitation soit ouverte aussi promptement que possible ; car on peut affirmer que, dès que le canal aura été livré à la circulation, armateurs et marins se hâteront de l'utiliser.

Panama doit bénéficier de ce que nous a appris Suez.

Lorsqu'on exécuta le canal de Suez, certains doutes, entretenus par les adversaires de l'œuvre, planaient encore sur son utilité future, sur les facilités qu'il devait offrir, sur la sécurité qu'on y trouverait. Il y avait, pour le promoteur de l'entreprise, une longue initiation préalable du public qu'il fallait convaincre et, pour les futurs clients du canal, une sorte d'éducation à faire. Le succès, même assuré, ne pouvait d'ailleurs être complet dès le début ; l'ouverture de la nouvelle voie maritime devait apporter des modifications sensibles dans le régime de la navigation entre l'Europe et l'Extrême-Orient. Ce ne fut, en effet, qu'après avoir observé, constaté les conditions dans lesquelles allaient se pratiquer désormais les relations maritimes à travers le canal, que nombre d'armateurs se décidèrent à s'en servir, à adopter le nouveau parcours, à transformer leur flotte, à augmenter la rapidité et le tonnage de leurs navires.

Le canal de Panama n'aura vraisemblablement pas ce long stage à subir. Il trouvera, dès son inauguration, une clientèle toute prête. Les armateurs n'hésiteront pas à l'utiliser ; il sera, d'ailleurs, aussi avantageux aux voiliers qu'aux navires à vapeur, donnant accès sur deux mers pleinement ouvertes et exemptes des dangers que présente la mer Rouge. L'initiation est achevée, l'éducation complète ; la grande et la petite marine se hâteront de profiter des avantages que leur offrira la voie interocéanique. Il est donc permis d'espérer que le gain sera immédiat, que la période productive s'ouvrira avec le canal même et que les capitaux engagés n'auront pas longtemps à attendre les dividendes désirés et mérités.

Il semble donc qu'il soit habile autant que sage de hâter l'achèvement du canal ; les intéressés seraient ainsi appelés à recueillir plus tôt les bénéfices de l'exploitation, tandis que d'autre part une économie considérable serait réalisée sur les intérêts des capitaux engagés dans l'entreprise.

Or, d'après les renseignements récemment publiés, d'après les prévisions du directeur général des travaux, il paraît certain que le temps antérieurement fixé pour l'exécution du canal pourrait être sensiblement abrégé. Il importe en effet, à tous les points de vue, que l'activité universelle jouisse bientôt de ce nouvel agent de prospérité et de civilisation.

Grands travaux projetés.

Toute grande œuvre nouvelle en provoque d'autres ; elle stimule l'esprit d'entreprise ; elle inspire une généreuse émulation. Alors que des millions de navires franchissent le canal de Suez, alors qu'on veut réaliser le percement de l'isthme de Panama, peut-on tarder plus longtemps à réaliser des projets non moins utiles peut-être, mais assurément moins coûteux ?

Percement du Saint-Bernard, du Mont-Blanc ou du Simplon.

Pour ce qui touche particulièrement les intérêts de la France, on doit hâter l'exécution d'une grande voie ferrée internationale qui préserve notre pays de la concurrence redoutable créée par l'ouverture du Saint-Gothard. Que les hommes spéciaux se prononcent entre les projets en présence : Petit-Saint-Bernard, Grand-Saint-Bernard, Mont-Blanc ou Simplon ; mais qu'on se décide enfin et, dût-on se borner aux seules ressources de l'industrie privée, qu'on se décide à ouvrir une route qui nous est nécessaire et qui doit, en même temps, être utile aux pays voisins.

Tunnel sous la Manche.

Faut-il dire enfin qu'il n'y aura jamais de réseau européen complet tant qu'un chemin de fer n'aura pas relié la terre française au sol anglais ? Le tunnel sous la Manche a été reconnu praticable ; les dépenses qu'il peut entraîner n'ont rien qui excède les forces des deux plus grandes puissances financières du monde. Il doit s'exécuter. L'idée, il est vrai, rencontre de l'opposition en Angleterre ; mais cette opposition tient à des causes et à des impressions purement passagères. Les susceptibilités nationales s'apaisent, les animosités se calment et se taisent ; ce qui triomphe à la fin, c'est la conscience des intérêts réciproques et des communes destinées.

L'exécution de ce bel ouvrage compléterait dignement l'ensemble des grands travaux de notre temps et donnerait un remarquable caractère d'unité à l'histoire industrielle du XIXe siècle.

UN CONGRÈS COMMERCIAL

Une idée préconisée bien des fois déjà.

S'il est vrai qu'il ne se fonde rien de stable sans le concours du temps, il faut croire que les idées justes qui se réalisent enfin après une longue période d'étude et d'efforts répétés, sont celles dont le triomphe final et la durée doivent être le plus complètement assurés. Nous espérons fermement que tel sera le sort d'une idée que nous avons émise, il y a déjà de longues années, que nous n'avons cessé, depuis, de soutenir et de développer et qui semble enfin entrer dans le domaine de l'application.

Nous voulons parler de notre projet de congrès commercial, qui, peu à peu, a réuni des suffrages aussi imposants par leur nombre que par leur valeur et trouvé les concours les plus précieux et les plus dévoués.

* * *

Que de fois, depuis le jour où nous avons formulé ce projet, ne sommes-nous pas revenu sur cette question à nos yeux si importante? Notre idée n'a pas mis moins de dix ans à faire son chemin ; mais enfin elle arrive ; et ce n'est pas sans une vive satisfaction que nous nous reportons par le souvenir jusqu'à son point de départ. Progrès tangibles.

Cette idée n'est point née seule. Elle était dans notre esprit liée en quelque sorte à celle d'un conseil supérieur des finances, dont nous réclamons encore la création (1). Bien que fort dissemblables, les deux projets étaient sortis d'une même préoccupation ; leur conception a été simultanée ; c'est une même étude qui les a produits en même temps.

Ils furent en effet formés, puis mûris ensemble dès 1870 et 1871, alors que nous rassemblions les matériaux de notre ouvrage sur *Colbert et son temps*. Conseil des finances et congrès commercial.

Il nous semblait déplorable que certaines créations du grand ministre eussent été abandonnées et qu'après tant de progrès réalisés, on se privât volontairement de lumières et de secours dont cet homme de génie avait cru nécessaire de s'entourer. Ce qui avait paru bon et utile à Colbert et à son temps, ne nous semblait indigne ni de nos institutions, ni de nos contemporains.

Ce fut donc à Colbert, que nous empruntâmes d'un même coup et l'idée d'un conseil supérieur des finances, et celle d'une représentation commerciale sur de larges bases. Depuis cette époque, nous n'avons, pour ainsi dire, plus séparé les deux idées jumelles ; nous les avons conduites et développées de front. Si l'une d'elles reste en arrière, ce n'est certes pas notre faute. Nous n'avons depuis 1872 laissé échapper aucune occasion de ramener l'attention sur ces deux questions.

* * *

En 1873, lorsqu'à propos du budget nous déplorions l'incertitude de la politique économique et financière de l'Assemblée nationale, nous insistions sur le peu de parti qu'on tirait des Chambres de commerce et Efforts successifs.

(1) Voir, tome II, p. 188.

des excellents éléments d'information et de jugement qu'elles devaient fournir. Et nous tracions à grands traits le plan sur lequel pouvait être promptement constitué ce congrès, cette assemblée centrale du commerce telle que nous la concevions (1), telle qu'elle se fondera sans doute.

Un peu plus tard, nous dressions une liste des grandes réformes que l'Assemblée nationale et le gouvernement devaient s'efforcer d'accomplir et nous placions parmi les plus nécessaires cette représentation des chambres de commerce, souvent consultées, donnant toujours leurs avis et les donnant toujours en vain. Nous faisions ressortir, d'une part la force et l'autorité des décisions prises par le congrès commercial et, d'autre part, le point d'appui que les ministres y trouveraient pour faire prévaloir dans le Parlement les solutions jugées les meilleures par des hommes compétents.

Espoir déçu. Quelque temps après, dans une étude spéciale sur le conseil supérieur des finances, nous revenions, incidemment cette fois, sur ce projet de congrès commercial ; désormais, nous devions le rappeler presque périodiquement, à des intervalles plus ou moins rapprochés.

Au risque de tomber dans la satiété, en traitant si souvent une même question, sous des formes diverses il est vrai, nous pensions que cette insistance ne serait pas inutile. Et un moment, en effet, nous eûmes l'illusion du succès. Le 5 août 1877, divers journaux répan-

(1) Quand on consulte les chambres de commerce, écrivions-nous alors, on fait assurément fort bien ; mais le mode employé pour cette consultation nous paraît vicieux. On ne recueille ainsi qu'une série d'avis isolés, contradictoires, dont on tire rarement quelque lumière.

Il faudrait en quelque sorte centraliser ces conseils commerciaux, leur créer des liens communs, des rapports, des relations suivies, une organisation enfin analogue à celle que se sont donnée les sociétés savantes. Lorsqu'il s'agirait de statuer sur une question importante, chaque chambre de commerce, après avoir délibéré et pris une résolution, enverrait à Paris un délégué chargé de la représenter. Les délégués des chambres de commerce formeraient ainsi un conseil consultatif qui serait bien la représentation exacte des intérêts divers de l'industrie et du commerce et dans lequel une entente pourrait s'établir sur les points en litige.

dirent le bruit que le ministre du commerce, — c'était M. de Meaux, croyons-nous, — avait consulté les chambres de commerce sur l'opportunité et l'utilité de la réunion de ce congrès que nous réclamions.

La nouvelle n'était malheureusement pas exacte. Mais notre idée avait marché ; elle avait avancé ; on la discutait, donc elle vivait.

* * *

Les adhérents augmentent.

Notre projet comptait déjà, en effet, des adhérents dans les conseils du gouvernement, dans les chambres de commerce et les autres corps spéciaux. Aussi revenions-nous à la charge, mettant en évidence les côtés par lesquels notre projet devait le plus frapper l'attention des trois ministères compétents : finances, travaux publics et commerce. Et nous renouvelions nos arguments, nous perfectionnions l'idée première, la reprenant sous toutes ses faces, tantôt en la faisant entrer dans un programme économique, tantôt à propos d'une discussion parlementaire ou d'une réunion spontanée de commerçants et d'industriels.

Pendant l'Exposition de 1878.

Lorsque l'Exposition universelle de 1878 eut lieu et que les commerçants français et étrangers se trouvèrent réunis, nous pûmes, encore une fois, penser que notre projet touchait au terme de ses vicissitudes. On annonça en effet que des réunions ultérieures seraient convoquées. Mais, l'exposition finie et ses hôtes dispersés, on n'y songea plus.

Tentatives des protectionnistes.

Cependant, une tentative toute privée fit soupçonner ce qui pouvait être accompli avec un peu de persévérance et beaucoup de volonté. On se rappelle le mouvement que les chefs du parti protectionniste excitèrent, aux mois de mars et d'avril 1882. Ils convoquèrent une réunion des délégués des chambres de commerce qui partageaient leurs doctrines et leurs désirs. Ces industriels éminents sans doute, mais ne disposant cependant que de leurs propres forces, avaient compris le parti qu'on pouvait tirer d'une manifestation ainsi provoquée. Cette tentative ne fut pas vaine. Quarante-quatre chambres de commerce répondirent à l'appel qui leur était adressé.

Succès partiel.

Ce succès obtenu par des influences toutes personnelles, pour un objet exceptionnel et étroitement limité, nous faisait prévoir celui qui était réservé à notre projet le jour où une action collective habilement conduite s'exercerait, non plus en vue d'un résultat tout passager, d'une réunion accidentelle et éphémère, mais afin de créer une institution solide, régulière, ayant la consistance que donnent la périodicité, la permanence et la durée.

* * *

Moment favorable.

Cette expérience, tentée en dehors de nous, suffisait à démontrer combien était pratique et facilement réalisable notre projet, s'il était exécuté comme il a été conçu, c'est-à-dire sans aucune préoccupation de système, d'école, ou d'intérêts particuliers.

L'idée nous sembla véritablement mûre à ce moment. On l'accueillait favorablement dans des centres commerciaux fort divers ; au Havre, elle était très chaudement appuyée par des hommes considérés, par des journaux écoutés. A Lille, à Bourges, les chambres de commerce émettaient des vœux conformes à notre pensée.

La question portée devant la chambre des industries diverses.

C'est alors que nous nous sommes décidé à faire de notre projet une communication spéciale à la chambre syndicale des industries diverses, qui avait déjà vu adopter et réaliser plusieurs réformes étudiées et patronnées par elle. Nous expliquâmes l'économie du projet et la chambre syndicale des industries diverses, à l'unanimité, mit la question à son ordre du jour.

Projet accepté.

Dans la séance du 20 février 1883, nous lui soumettions l'exposé des motifs qui justifiaient notre proposition et, après avoir adopté nos conclusions, cette chambre, afin d'assurer l'exécution de notre projet, décidait qu'elle se chargerait des démarches à faire pour la réunion du congrès et votait l'impression de notre travail afin qu'il fût envoyé aux tribunaux et chambres de commerce, aux chambres des arts et manufactures, aux conseils de prud'hommes et aux chambres syndicales de patrons.

Enquête poursuivie. Réponses.

Les chambres commerciales et industrielles invitées à se prononcer sur l'utilité du congrès projeté ont fait le meilleur accueil à la communication qui leur était adressée. La chambre syndicale des industries diverses a rapidement reçu un grand nombre de réponses (1). De ce côté, le succès paraît assuré et l'on peut déjà espérer qu'on obtiendra la presque unanimité des suffrages.

Dans la presse.

La presse à son tour a fait à l'idée du congrès commercial le plus favorable accueil ; *le National*, *la France*, le *Journal des chambres de commerce*, le *Journal des transports*, plusieurs autres organes politiques ou spéciaux ont prêté à notre projet un concours précieux dont nous leur sommes profondément obligé.

Aux Sociétés savantes.

Aujourd'hui cette question est partout discutée et, disons-le, résolue partout selon nos désirs. A la Sorbonne, au récent congrès des Sociétés savantes, la section des sciences économiques et sociales avait fait figurer dans son programme l'étude des assemblées représentatives du commerce sous l'ancien régime ; de la discussion s'est dégagée la possibilité de rappeler

(1) Parmi les adhésions déjà recueillies, citons celles : de la chambre de commerce et du tribunal de Brest, de la chambre de commerce de Valenciennes, du tribunal de commerce de Bagnères, des conseils de prud'hommes de Marseille, Nantes, Besançon et Avignon, des chambres syndicales de Versailles, de Rouen, de Rochefort, du Puy, de Melun, et, enfin, à Paris, des chambres des négociants-commissionnaires, des chapeaux de paille, de l'industrie des cheveux, des fleurs, plumes et modes, etc., etc.

ces premières assemblées par quelque institution similaire (1).

A l'étranger. A l'étranger même, dans les pays encore privés d'une représentation du commerce, des tentatives sérieuses sont faites dans ce sens. En Autriche, une chambre de commerce propose aux autres chambres la formation d'une association libre des chambres de commerce autrichiennes qui chargeraient leurs secrétaires de les représenter dans des réunions trimestrielles.

En bonne voie. En présentant ici l'historique rapide d'un projet dont nous avions pris l'initiative il y a de longues années, nous avons voulu préciser l'état actuel de la question, les progrès, lents sans doute, mais décisifs qu'elle a faits depuis que nous l'avons soulevée. Nous avons tenu surtout à remercier tous ceux qui ont, avec nous, contribué à jeter les bases d'une institution utile, nécessaire, destinée à rendre les plus grands services.

FRANCE ET ANGLETERRE

RELATIONS POLITIQUES ET COMMERCIALES

Tous les esprits soucieux des intérêts de la France, à l'intérieur comme à l'extérieur, n'ont pu considérer sans inquiétude les événements qui, dans ces dernières années, ont rendu presque complet l'isolement de notre pays.

Notre isolement en Europe. Il est évident que tout ce qui s'est accompli d'important en Europe, s'est fait sans nous et en dehors de nous. On a réservé, il est vrai, à nos ambassadeurs, une place distinguée dans les congrès et les conférences diplomatiques ; mais la part d'action qu'on leur y a laissée était en quelque sorte nominale et n'avait de réalité

(1) Voir l'intéressant mémoire présenté dans cette séance par M. Pierre Bonassieux et les observations de MM. Levasseur, Tranchant et Ameline. Ce dernier a réclamé une fédération des chambres de commerce ; M. Lyon-Caen, une institution analogue pour l'agriculture.

que juste ce qu'il en fallait pour que notre gouvernement se trouvât engagé par les traités internationaux.

Depuis dix ans et tout récemment encore, la France a vu se préparer et se conclure sous ses yeux des alliances qui, si elles ne sont pas faites contre elle, semblent du moins l'exclure de toute grande combinaison politique. Il n'est que trop visible, et ce n'est point là un fait nouveau, que nous n'avons rien à attendre de l'Europe continentale et que le concours des nations qui nous sont le plus sympathiques est fort douteux, sinon chimérique. Alliances étrangères.

Il restait cependant, en dehors du continent une nation qui, elle, n'avait nulle raison de s'éloigner de nous, qu'une longue alliance, tantôt politique, tantôt économique, nous avait attachée et que ses intérêts bien compris engageaient à maintenir une union dont l'un et l'autre pays n'avaient eu qu'à se louer. Sans qu'on pût attendre de l'Angleterre, dans des circonstances graves, un secours assuré, il était cependant certain qu'elle devait, dans la plupart des cas, se montrer favorable à la France et qu'elle n'avait nulle raison de désirer, au point de vue purement politique, l'anéantissement de notre influence en Europe. On peut même dire que l'Angleterre a un intérêt considérable à l'existence d'une France suffisamment puissante pour balancer, en un cas donné, des ambitions séculaires qu'a toujours combattues la politique anglaise. L'Angleterre.

Il était donc vraisemblable que, sans beaucoup d'efforts, nos diplomates et nos hommes d'Etat conserveraient à la France et consacreraient à nouveau une amitié d'autant plus facile à garder qu'on avait moins à exiger d'elle. Ajoutons que la force de l'habitude acquise depuis trente ans, contribuait à maintenir excellents des rapports devenus presque indispensables.

Or, il apparaît aujourd'hui de la façon la plus évidente, que cette Angleterre, si bien disposée naguère en notre faveur, non seulement s'est détachée de nous, mais nous témoigne des sentiments bien différents de Mauvaise humeur.

la cordialité d'autrefois. Sans doute elle ne nous est pas encore ouvertement hostile, d'une hostilité officielle, déclarée et publique, mais on devine, on sent, dans les déclarations de ses hommes d'Etat, dans le langage de ses journaux, dans les actes de son gouvernement, une sourde irritation qui, pour ne pas éclater au grand jour, ne s'en traduit pas moins par des effets matériels et parfaitement tangibles.

Nos intérêts combattus. On peut dire qu'à cette heure il n'est pas une seule des entreprises de la France ou de celles dont elle a eu l'initiative qui ne soient, au delà du détroit, l'objet d'une opposition et d'une résistance opiniâtres. Aucune affaire française, aucune de nos tentatives à l'extérieur, ne trouve grâce devant une animadversion qui ne prendra bientôt plus la peine de se dissimuler.

Il n'est reproches, critiques, menaces que n'ait subis l'entreprise du canal de Suez qui, fondée par des Français, est pourtant une œuvre universelle ; mais qui ne se fait pardonner son origine que par des sacrifices importants.

Le projet du tunnel sous la Manche, qui profitera plus encore à l'Angleterre qu'à la France et qui, au point de vue de la défense nationale, ne peut soulever, d'une part comme de l'autre, que des objections enfantines, ce magnifique projet éveille chez nos voisins des susceptibilités, une circonspection, des appréhensions même qui, si elles n'étaient quelque peu affectées, seraient dignes d'une autre époque.

La vérité est qu'il en sera du tunnel de la Manche comme il en a été du canal de Suez, ce seront surtout les Anglais qui en useront ; mais c'est une idée française et, dans les dispositions actuelles de nos voisins, cela suffit pour qu'ils la combattent — jusqu'à ce qu'ils en profitent.

Difficultés coloniales. Dans ces derniers temps, la France a cherché dans le développement de son empire colonial un aliment à son activité qu'on ne saurait, sans de graves périls, empêcher de se déployer. Peut-être est-ce là un acte de politique intérieure plutôt qu'une manifestation d'un désir très vif de s'étendre au loin. De quelque façon qu'on juge nos essais de colonisation, de protectorat, ou d'extension commerciale, il est certain qu'aucun d'entre eux ne peut sérieusement porter ombrage à la puissance maritime et à la prospérité coloniale de l'Angleterre. Or il n'en est précisément aucun qui n'ait soulevé à Londres, sinon des difficultés diplomatiques, du moins des observations, des récriminations de tout genre.

En quelque endroit que nos missions commerciales ou géographiques se portent avec un certain appareil, nos voisins les voient d'un mauvais œil.

Qu'on envoie de hardis voyageurs au Congo, des marins à Madagascar, des soldats au Tonkin ou des juges à Tunis, on froisse également le sentiment anglais et l'*orgueil britannique*.

Motifs vrais de cette attitude.

Lorsqu'on se rend compte du peu d'inconvénients et de dangers que nos entreprises coloniales peuvent faire courir à la Grande-Bretagne, lorsqu'on considère combien peu de tort elles peuvent lui causer, on est naturellement amené à soupçonner que l'attitude de l'Angleterre à notre égard est motivée par quelque cause plus sérieuse que des craintes puériles ou feintes. On se demande si c'est bien du canal de Suez, du tunnel sous la Manche, du royaume d'Annam ou du Congo que nos voisins ont réellement souci et l'on demeure convaincu qu'ils ont contre nous d'autres griefs autrement importants.

Traité de commerce en suspens.

C'est qu'en effet on a montré bien peu d'empressement à entretenir et à améliorer encore des relations qui, dans l'isolement de notre pays, eussent dû nous être précieuses. On a fait bien peu de chose pour empêcher de se rompre les liens qui unissaient les deux nations. Avec quelle lenteur, quelles hésitations, quelles intermittences, n'a-t-on pas conduit les négociations en vue d'un nouveau traité de commerce ! Quelle indifférence n'y a-t-on pas apportée ? Comment douter que l'accord se fût fait, si, des deux parts, on l'avait ardemment cherché et voulu ? Tous les ministères qui se sont succédé n'ont pas la même responsabilité dans cette malencontreuse affaire ; il s'est trouvé des ministres, sincèrement animés du désir de conclure une nouvelle union économique, qui eussent obtenu cet heureux résultat, s'ils eussent eu la durée et, certes, le ministère qui se croirait assuré de l'avoir, qui pourrait compter sur un certain avenir, ferait acte de sagesse et de haute politique en reprenant la tâche interrompue là où ses prédécesseurs l'ont abandonnée.

Cet état de choses peut s'améliorer.

Il y a très probablement, dans la conduite de l'Angleterre envers la France, plus de mauvaise humeur que d'animosité. L'impression que lui ont causée l'incertitude de nos dispositions et la rupture des négociations a pu être sensible ; elle ne saurait encore être profonde ; elle peut être facilement effacée. Pourquoi ne pas le tenter ? Quelle fausse vanité nous retient ?

L'amitié de l'Angleterre a son prix ; si un nouveau traité exige quelques sacrifices, il offre aussi de nombreux avantages et les assure pour un temps déterminé. Il est favorable à l'une et à l'autre nation aussi bien au point de vue économique qu'au point de vue politique et cette dernière considération est peut-être la plus importante pour nous en ce moment. Qu'on fasse donc une nouvelle tentative, qui ne peut avoir rien que d'honorable car elle répond aux intérêts bien compris du pays.

Il suffirait de mener à bien les traités de commerce.

La conclusion prochaine d'un traité de commerce avec l'Angleterre apaiserait de nombreuses difficultés, donnerait aux anciennes relations entre les deux pays une cordialité qui n'existe plus et aiderait beaucoup à la reprise des affaires commerciales et industrielles. Un traité de commerce, conçu sur de larges bases, serait profitable à la France, aussi bien au point de vue commercial et financier qu'au point de vue politique.

Après avoir mené à bien et résolu l'importante question des chemins de fer, après s'être occupé des moyens de développer à l'intérieur et à l'extérieur le commerce français, le ministère actuel ferait une grande œuvre en renouant nos relations commerciales avec l'Angleterre le plus promptement possible.

LES LOTERIES ET LES VALEURS A LOTS

Sollicitations incessantes.

Il est fort difficile, en ce moment, d'échapper à la tentation qu'exercent sur nous en tous lieux et à toute minute les innombrables affiches, réclames, annonces des loteries les plus attrayantes. Lots considérables, primes multipliées, chances de gain très probables, tirages plus ou moins prochains : tous les appâts sont réunis pour séduire le public et attirer, franc par franc, beaucoup plus de *millions qu'il n'en sera finalement* distribué.

Autorisations facilement accordées.

Nous n'irons pas jusqu'à dire qu'on abuse des loteries ; nous nous bornons à faire observer qu'on en use très largement et que l'autorisation d'en ouvrir s'octroie aujourd'hui beaucoup plus libéralement qu'autrefois.

Autrefois les autorisations fort rares, fort difficiles à obtenir, semblaient être exclusivement réservées aux œuvres charitables ; le cercle de la tolérance s'est élargi et les loteries peuvent avoir pour objet, non seulement des fondations de bienfaisance, mais des créations municipales, artistiques, archéologiques même. Nous n'en désignons ni n'en réprouvons aucune : leur but est utile et la destination des capitaux qu'elles appellent justifient les facilités qu'elles ont trouvées à se produire.

Buts louables d'ailleurs.

Elles offrent, en faveur des œuvres qu'elles doivent entretenir, cet avantage très digne de considération qu'elles permettent d'obtenir, grâce à l'appât d'un gain aléatoire, mais énorme, des richesses que ne parviendront jamais à attirer les charmes sévères de la vertu, de la charité, de l'art ou de la simple utilité.

Celui qui joue à ces loteries peut excuser ses entraînements en arguant du bien auquel il contribue, de l'art qu'il encourage, des palais à l'édification desquels il collabore. Il a donc droit à une grande indulgence, sinon à une entière absolution.

Conséquences des loteries. Perte totale des mises par tous les non-gagnants.

Il ne faut toutefois pas perdre de vue ce qui caractérise la loterie et ce qui l'a rendue justement suspecte à plusieurs gouvernements, pourtant fort tolérants. C'est que pour des gains, considérables il est vrai mais fort peu nombreux, elle inflige à la masse presque tout entière des souscripteurs une perte absolue, intégrale, définitive, de la somme engagée.

Qu'on ait pris dix, vingt, cent, mille ou deux mille billets, si l'on n'est point favorisé par un des rares numéros sortants, on perd d'une façon irrémédiable — qu'on soit riche ou pauvre — 10, 20, 100, 1,000 ou 2,000 francs. Si l'on a souscrit, et nous croyons le cas peu fréquent, par pure générosité envers telle œuvre charitable ou telle création artistique, on garde du moins la satisfaction d'avoir participé à une entreprise pieuse ou utile. Mais ceux qui n'ont, en prenant des billets, obéi qu'au seul désir et au mirage des gros lots — c'est, croyons-nous, l'immense majorité — ceux-là restent, sans satisfaction, en présence d'une perte sèche et irrémédiable.

Selon qu'ils ont été plus ou moins attirés, plus ou moins séduits, ils se trouvent plus ou moins atteints dans leurs ressources, dans leurs économies, dans l'épargne du ménage ou de la famille.

Différence entre les loteries et les valeurs à lots.

On voit tout de suite les conséquences, même alors qu'il s'agit de loteries dignes d'autorisation, de tolérance, de protection et l'on devine aussi, dès maintenant, la distinction qu'il convient de faire entre la loterie et les valeurs à lots.

Les valeurs à lots, telles qu'elles se présentent en général, n'exposent le souscripteur, le porteur de titres, quel qu'il soit, père de famille, homme d'épargne et de travail, capitaliste sérieux ou joueur endurci, qu'aux pertes résultant de la variation des cours ; elles n'entraînent point la perte totale du fonds. A de rares exceptions près, elles produisent un revenu annuel et, à moins d'événements politiques ou financiers d'une certaine gravité, le détenteur peut toujours recouvrer le montant de la somme déboursée. Nous ne parlons, bien entendu, que des valeurs à lots créées par des Etats, des villes ou des institutions offrant des garanties sérieuses.

Les non-gagnants n'éprouvent aucune perte.

Que, tentés par l'appât des lots, n'ayant en vue que les chances des tirages, des travailleurs, des capitalistes, des chefs de famille, achètent dix, vingt, cent, mille obligations à lots, leur fortune, leur épargne, leurs ressources, ne sont nullement compromises. Si le sort ne les favorise pas, ils n'ont point gagné sans doute, mais ils n'ont rien perdu. Le seul sacrifice qu'ils aient consenti en échange des espérances de gain qui leur étaient offertes, c'est l'abandon d'une minime partie de revenu annuel.

Il y a eu dans la création des valeurs à lots, qui sans conteste tiennent de la loterie, une tentative heureuse, très pratique et fort salutaire de conciliation entre les mouvements d'une passion qu'on ne supprime pas et le souci des fortunes privées, des patrimoines, de l'épargne individuelle.

Chances de gain et pas de risques.

Dans la combinaison d'où sont sorties les valeurs à lots une part a été faite à l'espoir hasardeux, à l'illusion aventureuse, au désir téméraire, mais en assurant au joueur imprudent, comme au souscripteur sage et avisé, le retour de la somme engagée dans son intégralité et presque toujours avec un intérêt annuel assuré. Il est, en effet, fort peu de valeurs à lots qui ne soient pas productives d'intérêt. On peut dire de la plupart d'entre elles qu'elles offrent ces deux conditions rarement réunies : des chances de gains et pas de risques. Du moins les risques qu'elles peuvent faire courir ne tiennent-ils pas à leur caractère *spécial* ; lorsqu'elles sont mauvaises et dangereuses, ce n'est point parce qu'elles sont « à lots », mais parce que ceux qui les ont émises, États, municipalités ou établissements financiers, sont sans crédit et sans solvabilité.

C'est cette distinction profonde entre le caractère essentiel de la loterie et celui des valeurs à lots qu'il convient toujours d'établir lorsqu'on veut confondre les unes avec les autres.

Interprétation exagérée de la loi de 1836.

Les valeurs à lots méritent donc, on ne saurait le contester, au moins autant d'indulgence et de tolérance que la loterie à laquelle on ne saurait les assimiler. Aussi semble-t-il que la jurisprudence qui a fait cette assimilation soit bien rigoureuse dans son interprétation de la loi de 1836.

C'est au nom de cette loi qu'elle interdit, sous les peines les plus graves, aux journaux de tout ordre, politiques ou financiers, de faire aucune publicité relative aux valeurs à lots non cotées officiellement, d'en faire connaître la nature et les conditions, d'en publier les tirages.

En étendant aux valeurs à lots, dont le législateur de 1836 ne prévoyait certes pas l'existence, les dispositions de cette loi contre les loteries, il semble qu'on en a, sinon méconnu l'esprit, du moins exagéré la portée.

Législation à modifier.

Il est nécessaire que cette loi reçoive une interprétation et une application plus restreintes, ou que les valeurs à lots soient soumises à une législation spéciale.

C'est là une réforme que nous réclamons depuis longtemps et nous ne regrettons pas qu'il se soit produit récemment tant de loteries variées, puisqu'elles nous ont fourni l'occasion de renouveler une requête que nous croyons juste et bien fondée.

LES CONSÉQUENCES FINANCIÈRES DES CONVENTIONS DE CHEMINS DE FER

Les discussions qui viennent d'avoir lieu devant le Sénat sur les conventions intervenues entre l'Etat et les six grandes compagnies de chemins de fer mettent fin à cette question brûlante qui, depuis trop longtemps, a troublé les esprits et porté atteinte au crédit public de même qu'aux intérêts privés. Dès le vote des conventions par la Chambre haute, les actionnaires des compagnies ont été convoqués en assemblée extraordinaire pour se prononcer sur leur adoption ; la loi, approuvant les traités intervenus, a été promulguée : bientôt nous n'entendrons plus parler, il faut l'espérer, de ces luttes et de ces conflits, sans cesse renaissants depuis plusieurs années.

La question des chemins de fer enfin solutionnée.

Cependant, avant que la question ne soit définitivement close, nous voudrions établir, d'une façon aussi succincte que possible, les conséquences financières des conventions, en les envisageant au point de vue des intérêts des compagnies et de leurs actionnaires.

Quand on a suivi attentivement les débats de la Chambre des députés et du Sénat, quand on a écouté les solides et brillants discours du ministre des travaux publics, ainsi que les arguments mis en avant, dans l'intérêt de l'Etat, par les défenseurs actuels des conventions, il est une impression dont on ne peut se défendre.

Cette impression, nous la traduirons en peu de mots : Si l'Etat, dit-on, est aussi satisfait des traités qu'il a signés, s'il est vrai qu'il doive y recueillir des économies et des bénéfices considérables, ces heureux résultats ne seraient-ils donc pas obtenus au détriment des compagnies, de leurs actionnaires, du public ?

Les conventions avantageuses pour l'Etat, ne sont-elles pas désavantageuses pour la partie adverse ?

Les charges auxquelles l'Etat se soustrait aujourd'hui, après avoir sans cesse menacé les compagnies de les assumer tout entières, après avoir parlé et du rachat et de la création de compagnies fermières, etc., etc., ces charges, disons-nous, ne vont-elles pas maintenant retomber de tout leur poids sur ces sociétés ? En un mot, si l'Etat a fait une excellente affaire, les compagnies n'auraient-elles pas accepté un traité désastreux ?

* * *

Premières impressions des intéressés.

C'est contre ces impressions premières qui répondent, qu'on n'en doute pas, à une préoccupation générale, qu'il convient de réagir.

Certes, l'émotion du public est légitime.

Voilà des années que dure cette question des chemins de fer et que, suivant la solution entrevue, les plus brusques mouvements se succèdent sur leurs titres.

Les six grandes compagnies comptent plus de 300,000 actionnaires ; les actions et les obligations qu'elles ont émises représentent le capital énorme de 13 milliards.

Comment tous ces capitalistes, petits et grands, ne seraient-ils pas émus quand ceux-là mêmes qui, depuis plusieurs années, se montraient les plus hostiles à toute entente, sont les plus empressés maintenant à énumérer les avantages que l'Etat obtient par ces conventions?

Pendant plusieurs années, la hausse de leurs titres se continuait presque sans interruption : ils voient maintenant la baisse succéder à cette hausse et s'accentuer encore depuis le jour où les conventions ont été adoptées par la Chambre des députés ?

Ils ne savent plus aujourd'hui que croire, que penser. Telle est la situation d'esprit des porteurs de titres ; quant aux capitalistes, ils hésitent à effectuer quelques achats et plus ils voient la baisse frapper des titres de premier ordre, plus ils s'abstiennent, espérant toujours qu'une baisse plus grande encore se produira.

Il ne s'agit plus aujourd'hui de théories : à ce point de vue, la question des chemins de fer est bien close et le sujet est véritablement épuisé. Le mieux à faire, dans l'intérêt de ces milliers d'actionnaires dont nous venons de résumer les impressions, c'est de laisser parler le langage pratique des chiffres. Nous emprunterons nos arguments à ceux mêmes que le ministre des travaux publics et les rapporteurs des deux commissions de la Chambre et du Sénat, MM. Rouvier et Bazille, ont si éloquemment développés.

Quant aux obligataires, nous n'en dirons qu'un seul mot : avant les conventions, ils possédaient un titre d'une sécurité incontestée et incontestable ; les conventions nouvelles ajoutent encore, s'il est possible, à l'ensemble de leurs sécurités. Si, en effet, les actionnaires sont garantis par l'Etat contre toute réduction de dividende au delà d'un certain chiffre, à plus forte raison, les obligataires n'ont-ils même pas l'ombre d'un risque à courir. Les obligations de chemins de fer seront toujours les valeurs de placement par excellence, celles auxquelles le père de famille le plus prudent, le plus soucieux de l'avenir, pourra sans danger confier sa fortune et celle des siens.

* * *

Quelle est donc la situation faite aux compagnies et à leurs actionnaires ? **La situation.**

On les menaçait sans cesse dans leur présent et dans leur avenir. Tantôt, c'était la question des tarifs qui était soulevée ; tantôt, c'était le rachat ; tantôt, c'était la création de compagnies fermières. Elles n'avaient même pas la sécurité du lendemain. A quoi bon développer leurs réseaux, réaliser certaines améliorations, effectuer même des dépenses, qui, plus tard, auraient été productives ? Elles ressemblaient à un fermier qui, **Sécurité des compagnies.**

sans cesse menacé d'éviction par son propriétaire, aurait certainement songé bien plutôt à défendre son bien et sa propriété qu'à se surcharger de dépense pour amender des terres dont il ne bénéficierait pas.

Tarifs. Pour le moment, la diminution des tarifs, en dehors des réserves faites dans les nouvelles conventions, est devenue impossible. On ne pouvait demander tout à la fois aux compagnies d'exécuter de grosses dépenses et de réduire leurs revenus. C'est ce que le rapporteur de la commission et le ministre des travaux publics ont reconnu. D'autre part, l'Etat, qui est intéressé pour 66 % au lieu de 50 % dans les bénéfices des compagnies au delà d'un chiffre convenu, doit désirer, pour ses budgets, que leurs bénéfices soient très élevés et le plus rapidement obtenus.

Droit de rachat. Quant au rachat, l'Etat conserve, il est vrai, ce droit, mais c'est un droit platonique : les conditions dans lesquelles il pouvait en user ont été tellement modifiées qu'on peut affirmer qu'il ne sera pas exercé.

D'après l'article 17 des conventions, dans le cas où le gouvernement voudrait racheter la concession entière, la compagnie pourra demander que toute ligne dont la mise en exploitation remonterait à moins de quinze ans soit évaluée, non d'après son produit net, mais d'après le prix réel de premier établissement. Et ces frais de premier établissement devront être payés non pas seulement si l'opération a lieu dans les quinze ans qui ont suivi la concession, comme cela existait dans la loi Montgolfier de 1874, mais bien dans quinze ans à partir de l'exploitation. « C'est donc, comme l'a dit M. Bazille, rapporteur des conventions devant le Sénat, un délai bien plus long pendant lequel le coût du rachat sera beaucoup plus élevé. C'est un avantage éventuel considérable accordé aux compagnies (1).

Lignes nouvelles. Restent les charges que les compagnies assument pour construire des lignes nouvelles. C'est une des

(1) Sénat. *Débats parlementaires*, 15 novembre 1883, page 1307.

clauses qui effraient le plus le public. Ce troisième réseau, dit-on, sera tellement improductif qu'il absorbera les bénéfices des lignes qui rapportent.

Sur cette question, il ne faut pas perdre de vue deux points : le premier, l'expérience le prouve, c'est que des lignes improductives, au début de leur exploitation, donnent quelques années plus tard des résultats qui dépassent les espérances. On oublie ces vérités parce que, comme le déclarait le ministre des travaux publics au Sénat (1) : « Ceux qui étaient autrefois fort optimistes en matière de chemins de fer sont singulièrement troublés ou hésitants depuis les exercices 1882 et 1883. Ces deux années sont médiocres, surtout sur certaines lignes, et, par conséquent, elles éloignent pendant quelque temps cette époque du partage ; mais est-ce donc la première fois qu'on voit se produire une gêne momentanée, une réduction passagère des recettes? Est-ce que le ministre des finances ne vous rappelait pas hier et avec beaucoup de raison qu'à toute époque ce phénomène s'est présenté ? »

Un accroissement normal des recettes se produit peu à peu.

Nous avons voulu rechercher dans le passé s'il n'y avait pas des exemples qui pourraient inspirer la confiance dans l'avenir en démontrant, par des chiffres, l'augmentation normale qui se produisait dans les recettes des voies de transport.

Voici, à différentes dates, les résultats kilométriques de l'exploitation de plusieurs grandes compagnies :

(1) Sénat. *Débats parlementaires*, 10 novembre 1883, page 1321.

RÉSULTATS KILOMÉTRIQUES DE L'EXPLOITATION

Produit net par kilomètre

NOMS DES COMPAGNIES	ANNÉES	ANCIEN RÉSEAU
		francs
Orléans	1858 1873 1882	26.611 27.128 37.698
Nord	1858 1873 1881	37.660 48.498 54.638
Est	1858 1873 1881	26.064 36.814 49.714
Midi	1864 1873 1881	22.071 35.794 52.603
Ouest	1864 1873 1882	28.498 34.508 52.608
Lyon	1858 1873 1881	36.847 38.173 41.120

Chiffres probants.

Ces résultats, étudiés sur une période de vingt-cinq ans, ne sont-ils pas probants ? Ne permettent-ils d'espérer qu'au fur et à mesure de la mise en exploitation des nouvelles lignes, les recettes suivront une marche progressive ? Le ministre des travaux publics est, sur ce point, encore plus affirmatif que nous ne le sommes ; « on a le droit de soutenir, a-t-il dit, que la situation actuelle est absolument provisoire et que les accroissements de recettes ne tarderont pas à reparaître » (1).

Mais, en supposant, contrairement à l'opinion du ministre, que ces accroissements de recettes ne se produisent pas, en admettant que les lignes nouvelles, loin d'apporter des profits, ne causent que des déceptions, est-ce que les actionnaires des six grandes compagnies peuvent avoir un mécompte à subir ? N'ont-ils pas,

(1) Sénat. *Débats parlementaires*, 16 novembre 1881, page 1321.

quels que soient les événements, un minimum de revenu qui leur est absolument garanti ? C'est encore, on le voit, un des côtés de la question qu'on ne doit pas perdre de vue, car il a une importance très grande pour les actionnaires.

S'il en était autrement, les actionnaires ne subiraient pas de mécompte.

* * *

Le minimum de revenu garanti par l'Etat a été fixé ainsi qu'il suit :

Minimum de revenu garanti.

	fr. c.		fr. c.
Est	35 50	Ouest	38 50
Midi	50 00	Nord	54 10
Lyon	55 00	Orléans	56 00

Quelles que soient les insuffisances de recettes, quels que soient les événements qui pourraient survenir, les porteurs d'actions de chemins de fer ont donc, à l'heure actuelle, un revenu minimum absolument garanti.

Quelles que soient les éventualités de l'avenir, ces porteurs n'ont pas à craindre désormais une diminution dans leur revenu. L'action devient une valeur à revenu fixe en ce qui concerne le minimum qu'elle peut recevoir ; c'est une valeur à revenu variable, quant au maximum auquel elle peut prétendre. Car, et c'est bien sur ces excédents de recettes et de revenus que l'Etat compte ; dans quelques années plusieurs de ces compagnies pourront augmenter leurs dividendes : l'Etat alors interviendra et entrera avec elles en partage de bénéfices, dans la proportion de 66 % pour lui et de 33 % pour les actionnaires. Mais ce partage ne pourra s'opérer qu'à partir du jour où les compagnies auront obtenu les dividendes suivants :

	fr. c.		fr. c.
Est	50 00	Ouest	50 00
Midi	50 00	Orléans	72 00
Lyon	75 00	Nord	88 50

Partage des bénéfices avec l'État.

Or, d'après le ministre des travaux publics, « pour beaucoup de ces compagnies, le moment du partage est très prochain. »

Plus loin encore, que dit M. Raynal ?

« En 1887 ou 1888, nous pourrons commencer à partager les bénéfices et la part de l'Etat s'élèvera pour l'ensemble du réseau à 2 millions environ ; pour l'année suivante, 5 millions ; pour 1889, 8 millions ; pour 1890, 12 millions ; pour 1891, 19 millions ; pour 1892, 25 millions ; pour 1893, 30 millions ; pour 1894, 26 millions. »

Nous pourrions encore nous reporter aux déclarations qu'au mois de juillet dernier, l'honorable M. Raynal a faites à la Chambre; on y trouverait la preuve que, dans les prévisions du ministre, dans quatre ou cinq ans au plus tôt, dans dix ans au plus tard, les compagnies pourraient commencer à faire bénéficier l'Etat de leurs excédents de recettes. Pour le Lyon, notamment, le ministre estime « qu'en 1890, la part de l'Etat dans les bénéfices sera de 27 millions et que le dividende par action sera à ce moment de 92 francs... Si je fais le calcul pour 1895, la part de l'Etat sera de 41 millions. A ce moment, le dividende sera de 100 francs pour les actionnaires... Voilà quelle sera, en tenant compte de toutes les charges qui incombent à la compagnie et en prenant toujours la même base d'évaluation des recettes, voilà quelle sera la situation aux termes de la convention soumise à votre ratification (1). »

En ce qui concerne l'Orléans, le ministre n'a pas été moins explicite ; il a déclaré « qu'en 1886 probablement, 1887 sûrement, l'Etat aura sa part des excédents de recettes » (2).

* * *

Situation favorable des actionnaires.

Quelle est la conclusion que nous devons tirer des faits et des chiffres que nous venons de citer ? C'est que, quels que soient les avantages que l'Etat s'est

(1) Chambre. *Débats parlementaires*, 20 juillet 1883, page 1779.
(2) *Idem*, 20 juillet 1883, page 1780.

réservés dans les conventions, les actionnaires des compagnies de chemins de fer auraient tort de se décourager et de ne pas avoir confiance dans le présent et dans l'avenir de leurs titres. Ils possèdent, en portefeuille, des valeurs de premier ordre, qui ne peuvent rapporter moins que le revenu minimum fixé par les conventions ; dans quelques années — les déclarations du ministre sont précises à cet égard, — ces titres donneront des revenus de beaucoup supérieurs. Le capitaliste qui achèterait aujourd'hui une action de chacune des six grandes compagnies, aurait un revenu minimum garanti de 289 fr. 10 ; mais ce revenu s'élèvera à 385 fr. 50 à partir du jour où le partage des bénéfices commencera avec l'Etat.

Cette situation est meilleure que celle des détenteurs de 4 1/2 %.

A ce seul point de vue, les actionnaires des grandes compagnies de chemins de fer sont dans une situation bien plus enviable que les détenteurs de rentes 4 1/2. Ces derniers sont exposés, dans dix ans, à subir encore une diminution de revenu. Plus longtemps ils garderont leurs rentes, plus se rapprochera d'eux l'époque d'une nouvelle conversion, plus leurs titres baisseront. Plus longtemps, au contraire, les actionnaires des compagnies conserveront leurs titres, plus rapprochée sera pour eux l'époque d'une augmentation dans leurs revenus ; plus leurs titres hausseront.

Que les actionnaires de nos grandes compagnies de chemins de fer restent donc convaincus qu'ils ont toujours entre les mains des titres du plus grand avenir et qu'ils se gardent de céder aux sollicitations de ceux qui leur conseillent de les vendre, sous le prétexte que les conventions intervenues avec l'Etat leur sont des plus nuisibles.

Les conventions ont été un mariage de raison.

La vérité, c'est que, comme l'a dit si justement le rapporteur de la commission du Sénat, M. Bazille, « les conventions ont été un mariage de raison ». L'Etat et les compagnies ont préféré sagement se faire de mutuelles concessions, dans l'intérêt supérieur du pays et du crédit public, au lieu de continuer une lutte qui aurait été préjudiciable à tous. Cet accord a été obtenu non sans difficulté ; mais, pourrions-nous dire : tout est bien qui finit bien.

Les actionnaires peuvent être assurés que leurs intérêts ont été soigneusement sauvegardés par les conseils d'administration qui avaient mission de les défendre ; l'Etat, de son côté, ne pouvait avoir de plus habile et intelligent négociateur que le ministre actuel des travaux publics.

LAISSEZ FAIRE ! LAISSEZ PASSER !

Véritable sens de cette formule : la liberté.

Laissez faire ! Laissez passer ! Cette maxime qui nous vient de nos premiers économistes, des physiocrates, de Quesnay, de Turgot, des précurseurs et des vrais maîtres de notre école économique contemporaine, cette maxime ne signifie pas qu'il faut tout laisser faire et tout laisser passer. Elle exprime cette loi de commerce souveraine que la liberté est le plus sûr et le plus profitable régime des échanges entre les nations ; que cette liberté doit être toujours recherchée ; qu'on doit tendre à s'en rapprocher de plus en plus parce qu'elle est, au point de vue commercial et industriel, le stimulant le plus puissant de la production et de la prospérité des Etats et, au point de vue social, le plus sûr agent du bien-être universel.

Liberté des échanges.

Laissez faire ! Laissez passer ! ne veut pas dire qu'il faut laisser pénétrer dans notre pays des matières insalubres, des produits falsifiés, des substances dangereuses pour la sûreté et la santé publiques ; cela ne veut pas dire qu'il ne doit plus y avoir à nos frontières ni police, ni surveillance, ni vigilance d'aucune sorte ; mais, simplement, qu'au dedans comme au dehors, toute liberté est accordée à l'échange des produits de l'industrie humaine honnêtement et loyalement pratiquée.

L'Amérique du Nord nous envoie-t-elle des céréales et des farines : si céréales et farines sont saines, elles doivent pénétrer librement et librement se vendre sur nos marchés.

L'Amérique du Sud nous envoie-t-elle du bétail, qu'elle produit en si grande quantité : si ce bétail, après un long voyage, se trouve sain et peut sans danger être livré à la consommation, il doit être admis aux négociations commerciales sans subir d'autres droits que ceux auxquels nos nationaux sont assujettis sur les marchés français.

C'est ce principe formulé depuis plus d'un siècle, consacré par des traités de commerce qui furent un premier pas fait dans la voie de la liberté entière, c'est ce principe libéral et généreux qui se trouve menacé aujourd'hui par un projet de loi dont on annonce l'apparition prochaine. Principe menacé.

* * *

Le Gouvernement doit proposer aux Chambres de relever les droits d'entrée sur les farines et sur le bétail. Les farines, assure-t-on, paieraient désormais un droit de 3 fr. 20 ; les bœufs, 30 francs au lieu de 15 francs ; les moutons, 4 francs au lieu de 2 francs. Relèvement de droits proposé sur les farines et le bétail.

Le régime actuel, qu'on le note bien, est loin d'être celui de la liberté absolue. Or, il ne s'agit point de l'améliorer, mais au contraire de l'aggraver et de revenir violemment en arrière.

Pour justifier, disons mieux, pour motiver un recul si inattendu on allègue la cause de l'agriculture ; on invoque son salut même. Il faut, à tout prix, sauver, en France, la culture des céréales et l'élevage des bestiaux. Prétendues justifications.

L'agriculture souffre : Qui en doute ? Et qui ne le déplore ? Mais, quelle industrie ne souffre pas en ce moment ? Quelle autre source de production n'a pas diminué ? Quelle branche du commerce intérieur ou L'agriculture.

extérieur n'est pas atteinte ? Dans l'agriculture même, notre industrie viticole et vinicole n'est-elle pas plus frappée encore par la nature que par la concurrence étrangère ? Le phylloxéra n'est-il pas un ennemi autrement redoutable que l'importation des vins espagnols ? Faudra-t-il qu'à chaque maladie qui viendra s'abattre sur tel ou tel des produits de notre sol, nous relevions aussitôt les droits sur les produits similaires des autres pays : aujourd'hui sur les vins, demain sur les blés, plus tard sur les pommes de terre, les betteraves, etc. ?

L'industrie.

La récente enquête économique a suffisamment démontré qu'il n'est pas en France une seule industrie qui ne soit menacée, non seulement sur les marchés étrangers, mais sur nos propres marchés. L'industrie de l'ameublement et tous les métiers accessoires qui s'y rattachent résistent difficilement aux envahissements de l'étranger. Les maîtres menuisiers se plaignent que l'Allemagne envoie, non des bois, mais des produits ouvrés, absolument achevés, des pièces prêtes à être posées. Les soieries de Lyon, naguère sans rivales, trouvent, dans les qualités inférieures il est vrai, une concurrence très sérieuse. L'industrie sucrière, celles du papier, des cotonnades, des fers, de la houille et cent autres luttent avec peine et toutes, toutes sans exception, ont un droit égal, non seulement à être aidées, secourues et consolées, mais encore à être protégées, puisque c'est à la « protection » qu'on semble vouloir revenir.

Deux politiques : protection ou liberté.

Il n'y a pas trois politiques économiques ; il n'y en a que deux : la « protection » ou la « liberté ». La protection, c'est tout ce qu'on a brûlé en 1860 ; la liberté, c'est tout ce qu'on prépare de fécond pour l'avenir par ces acheminements graduels, par ces transitions progressives qu'on appelle traités de commerce ou tarifs généraux de plus en plus réduits.

Toutes les industries du pays ont, sinon une égale importance, du moins des droits égaux à l'existence, à l'activité, à la prospérité. Sous le régime de la liberté, elles doivent tout attendre d'elles-mêmes et des effets d'une bonne gestion gouvernementale et administrative ; sous le régime de la protection, elles doivent naturellement attendre de l'Etat un secours constant, justement réparti entre elles. Si l'on en protège une, toutes doivent être protégées. Quelle est, en effet, l'industrie française qui, aujourd'hui, ne trouve à l'étranger une concurrente habile et active ? Quelle est celle qui semble assez inutile ou assez méprisable pour être moins favorisée que les autres ? Dès qu'on s'engage dans la voie des surtaxes, des aggravations de droits à l'entrée, pour une, deux, trois industries, il faut s'attendre à les voir toutes élever des plaintes et, ajouterons-nous, des plaintes qui toutes devront paraître et seront légitimes.

Le projet de loi relatif aux droits sur les farines et les bestiaux nous ramène au régime protectionniste. Le ministre de l'agriculture peut porter allègrement cette responsabilité. Mais que dira demain le ministre du commerce aux métallurgistes, aux filateurs, aux papetiers, aux imprimeurs sur étoffes, à tous les industriels qui viendront lui demander protection, qui lui prouveront, chiffres en mains, que, s'ils produisent et s'ils vendent, c'est sans bénéfice, qu'ils parviennent à peine à entretenir leur personnel et que, s'ils ne sont pas soutenus, une multitude immense d'ouvriers, hommes, femmes, enfants, se trouveront à bref délai sans travail et sans pain ? Tous auront d'excellentes raisons à donner, des statistiques et des tableaux émouvants à fournir.

***

L'effet immédiat de la protection, on le connaît, c'est d'assurer au producteur, au commerçant, la libre disposition des prix ; c'est organiser la cherté ; c'est vouer tous les consommateurs en général et le consommateur pauvre en particulier à la plus lourde sujétion, celle qui pèse sur tous les besoins de la vie quotidienne. Effet de la protection : le consommateur sacrifié.

Un relèvement des droits à l'importation des principales substances alimentaires, ne fût-il considéré que comme mesure essentiellement provisoire, peut-il du moins paraître opportun ? C'est ce qu'on ne saurait soutenir, alors que la commission d'enquête économique n'a pas encore étendu ses recherches aux départements, c'est-à-dire aux populations agricoles, et ne connaît encore que la détresse et la misère des grandes villes.

Cherté générale constatée.

Partout on se plaint du haut prix des denrées, de la cherté des choses les plus nécessaires à la vie, et c'est ce moment qu'on choisit pour surélever les droits à l'entrée des farines et des bestiaux, pour livrer les prix au producteur ! On proclame comme un signe de progrès, de bien-être général, de civilisation même, l'extension continue de l'usage de la viande dans les classes pauvres, et l'on va augmenter l'impôt de douane, car c'est bien un impôt qui frappe la viande ! Et cela, à l'instant où les dernières constatations de la statistique démontrent que la consommation de la viande à Paris en 1883 est en diminution notable sur les résultats de 1882, à l'instant où l'on constate qu'en dépit de la liberté limitée laissée jusqu'ici à l'importation, le prix de la viande, bœuf, veau ou mouton, dépasse tous les cours antérieurement cotés. Et l'on sait, à n'en pas douter, que l'élévation croissante de ce prix, malgré une diminution dans la consommation, tient surtout au maintien de droits à l'importation et des taxes qui pèsent sur la viande.

Répercussion sur le producteur.

Cette guerre de tarifs qu'on semble vouloir entreprendre, ce sont les consommateurs qui vont en faire les frais. Mauvais calcul, même pour les producteurs favorisés qui seront obligés de restituer leur profit éphémère en surélévation de salaires, en augmentation de toutes choses usuelles, car à tout accroissement de la valeur des subsistances correspond un renchérissement général. Le producteur riche ne gagnera que bien peu à la protection qu'on va lui accorder, mais elle se fera sentir durement sur les classes pauvres et laborieuses. Quant au budget, ce n'est pas la goutte d'eau que laisseront échapper les droits de douane violemment pressés qui le remettra à flot.

Pour le budget, comme pour l'agriculture, pour l'industrie et le commerce, il faut plus et mieux.

Il faut une politique sage et économique, au dehors comme au dedans, politique ferme suivie avec persévérance, qui abaisse les obstacles devant nos producteurs, qui seconde les efforts de nos agriculteurs et de nos industriels pour améliorer leurs procédés, transformer leur outillage, modifier leur exploitation. La vraie solution.

Il faut s'efforcer d'arriver par une administration habile, par une économie scrupuleuse, à rendre possible l'extinction des charges qui accroissent considérablement le prix de revient de nos produits de toute nature et nous constituent dans un état d'infériorité marquée vis-à-vis des autres nations.

Il faut stimuler l'initiative privée, provoquer la création d'institutions que, de toutes parts, réclament nos chambres de commerce, faciliter l'ouverture de nouveaux débouchés, nouer avec les nations voisines des relations commerciales toujours plus étroites et plus sûres.

Telle est la vraie protection, la seule efficace, la seule féconde, que l'Etat doive à l'agriculture, à l'industrie et au commerce. C'est la seule qui soit utile à tous, la seule juste, car elle ne favorise aucune classe aux dépens d'une autre ; enfin la seule fructueuse pour l'Etat lui-même dont le budget s'alimente non pas des maigres recettes que peuvent donner quelques surtaxes abusives, mais des larges ressources qu'assurent en abondance une production qui se développe régulièrement et une consommation qui s'accroît sans cesse. La vraie protection.

LES INTÉRÊTS EUROPÉENS EN CHINE

L'incident de Lang-Son. Ses conséquences.

L'agression perfide, dont a été victime la colonne française chargée d'occuper Lang-Son, a eu de graves conséquences. Il a fallu, à la fois, rappeler le gouvernement chinois au respect du traité conclu par son représentant et réclamer d'elle la juste indemnité due aux familles des soldats tombés à Bac-Lé. En présence des résistances opiniâtres opposées à nos légitimes réclamations, il a fallu cette fois agir, non plus seulement au Tonkin mais directement contre la Chine, et prendre, vis-à-vis d'elle, des sûretés qui garantissent l'accomplissement des réparations exigées. On a beaucoup discuté sur la portée politique de l'intervention active à laquelle la France vient de recourir. On a surtout insisté sur le trouble qu'une telle action pourrait jeter dans les intérêts commerciaux que les divers Etats de l'Europe ont en Extrême-Orient.

Quelle est l'étendue de ces intérêts ? Dans quelle mesure les nations européennes participent-elles à l'activité des grands ports commerciaux de la Chine ? Quelles sont les ressources dont le Céleste-Empire pourrait disposer dans l'éventualité d'une guerre prolongée? Où trouverait-il des capitaux ? Ce sont là des questions sur lesquelles on nous saura peut-être gré de donner quelques renseignements précis d'après les documents officiels.

* * *

Ports chinois ouverts au commerce étranger.

Les ports chinois ouverts aujourd'hui au commerce étranger, en vertu des traités de 1842, 1858 et 1860, sont au nombre de 22 en droit, mais 16 seulement, en fait, forment les centres principaux de l'activité maritime de l'Europe et de l'Amérique.

Parmi ces ports, plusieurs sont de vastes cités qui comptent une population considérable : elle est de 1,600,000 âmes à Canton, de 950,000 âmes à Tientsin, de 630,000 à Fou-Tchéou, la ville voisine de l'arsenal que notre flotte vient de détruire ; les plus importantes sont ensuite : Hankow avec 600,000 âmes, Shang-Haï avec 350,000, Ningpo 260,000, Ta-Kou 235,000, Amoy 95,600 ; les autres varient entre 90,000 âmes (Tamsin) et 25,000 âmes (Pakhoï).

Population étrangère dans ces ports.

La population étrangère des ports ouverts se répartit comme suit entre les principales nationalités : l'Angleterre compte 2,402 résidents pour 298 maisons ; l'Allemagne, 474 résidents pour 56 maisons ; les Etats-Unis, 410 résidents pour 24 maisons, le Japon 472 résidents pour 12 maisons ; la France ne vient qu'au cinquième rang avec 335 résidents pour 12 maisons ; la Russie n'a que 78 résidents, mais 17 maisons ; l'Espagne 202 résidents pour 7 maisons. Le reste est absolument insignifiant. En somme, le nombre des résidents étrangers dans les ports ouverts est en tout de 4,894 résidents pour 440 maisons. La part de l'Angleterre est donc de moitié de l'ensemble des autres nationaux pour le nombre des résidents et de plus de moitié pour celui des établissements.

Influence anglaise prédominante. Situation des autres pays.

Cette supériorité de l'influence anglaise dans les ports chinois se manifeste d'une façon bien plus éclatante encore dans la répartition du commerce de la Chine entre les divers pavillons étrangers. Voici comment se sont distribuées, par pavillons, pour l'année 1882, les valeurs importées et exportées : Angleterre seule, 110,379,037 taëls (1) ; France, 14,512,178 taëls ; Japon, 7,712,204 taëls ; Allemagne, 6,749,966 taëls ; Russie, 4,735,828 taëls ; Amérique, 1,048,035 taëls ; pour les autres pays on descend ensuite à des sommes fort minimes (2).

(1) Le taël est évalué à 7 fr. 24.

(2) *Bulletin de statistique et de législation comparée du ministère des finances*, 1883, II, page 371.

D'après ces chiffres, qui traduisent assez exactement l'importance des intérêts des différentes nations en Chine, la proportion respective de leur part d'activité dans le commerce qui se fait par les ports ouverts de la Chine se fixe ainsi : Angleterre, 74,26 % ; France, 9,70 % ; Japon, 5,19 % ; Allemagne, 4,54 % ; Russie, 3,19 %.

Ces chiffres sont assez éloquents par eux-mêmes ; il n'est pas besoin d'y ajouter de longs commentaires : on saisit immédiatement l'énorme infériorité dans laquelle se trouvent, vis-à-vis de l'Angleterre, non seulement chacune des autres nations, mais l'ensemble même de toutes ces nations réunies.

* * *

Ressources du Céleste-Empire.

Voyons maintenant quelles sont les ressources ordinaires ou extraordinaires du Céleste-Empire.

On n'a sur les revenus permanents du gouvernement chinois que des renseignements peu sûrs et fort divergents : d'après les uns, ces revenus ne s'élèveraient qu'à 500 millions de francs ; d'autres les portent à 660 millions environ. Ces calculs sont établis sur des données qu'il est impossible de contrôler et d'après lesquelles les principales recettes seraient celles de l'impôt foncier pour 18 millions de taëls, de l'impôt sur les marchandises (likin) pour 20 millions de taëls, des diverses douanes étrangères ou indigènes pour 15 millions de

Rendement des impôts.

taëls. L'ensemble des impôts payés en argent s'élèverait à 66,400,000 taëls ; il existe, en outre, un impôt foncier qui se paie en nature et qu'on a évalué à un peu plus de 13 millions de taëls.

Les seuls documents précis que nous ayons à cet égard sont ceux que l'administration des douanes chinoises, dirigée par des Européens, a publiés. Ces états indiquent l'importance des droits de douane perçus dans les ports ouverts pour le compte du gouvernement chinois. De 1868 à 1882, ces perceptions se sont élevées de 9,448,474 taels à 14,085,672 taels. C'est donc là, pour le gouvernement chinois, une recette de plus de 100 millions de francs. Droits de douane.

Quoi qu'il en soit des véritables ressources annuelles du gouvernement chinois, ce qui paraît indéniable, c'est sa gêne habituelle et la situation toujours précaire de ses finances. Si réfractaire qu'il se soit toujours montré à la civilisation de l'Occident, il n'en a cependant pas dédaigné tous les progrès ; il a su apprécier les mérites des emprunts à l'européenne et en a contracté lui-même un en 1874, pour un capital de 627,675 *livres sterling, au taux de 95 % et portant intérêt à 8 %*. Cet emprunt s'est d'ailleurs très bien classé ; il est coté au-dessus du pair sur les marchés anglais. Il n'est pas téméraire de prévoir qu'en cas de guerre effective et prolongée, la Chine n'hésiterait pas à recourir de nouveau au crédit et à conclure un nouvel emprunt extérieur. Emprunts.

Tels sont les principaux éléments en présence desquels le gouvernement français se trouve au début de l'action militaire de notre flotte en Chine : d'une part, des intérêts considérables qu'il convient de ménager, mais qui sont presque exclusivement concentrés entre les mains de l'Angleterre ; d'autre part, la pénurie réelle, évidente, du Céleste-Empire qui cependant saura trouver, assez facilement même, sur le marché anglais les ressources qui lui seraient nécessaires. Situation précaire des finances de la Chine.

LA LÉGISLATION SUR LES SOCIÉTÉS

RÉFORMES NÉCESSAIRES

Dans la constitution d'un nouveau régime des sociétés, *les préoccupations du législateur doivent porter sur* trois ordres d'idées et de faits qui, tout en étant connexes et étroitement liés l'un à l'autre, se distinguent, cependant, d'une façon toute naturelle. On a, d'abord, à Bases d'un régime des sociétés.

examiner tout ce qui concerne la constitution des sociétés ; puis, tout ce qui se rapporte à leur vie, à leur fonctionnement ; on a, enfin, à fixer les responsabilités diverses qui sont encourues lorsque la société a périclité, soit par suite d'erreur grave ou de faute lourde, soit par suite de fraudes commises à un moment quelconque de l'existence sociale. Nous suivrons, dans cette étude, cette marche logique, indiquée par la nature même du sujet.

Autorisation ou liberté.

Dans la discussion de cette grande question, les avis se partagent entre trois opinions tranchées : les uns sont partisans de la restriction complète, du retour pur et simple au régime de l'autorisation et de la tutelle étroite ; d'autres s'accommodent d'une demi-liberté et souffriraient volontiers quelque dépendance, une intervention de l'Etat dans des cas définis, une certaine surveillance exercée à propos ; d'autres enfin, demandent la liberté illimitée.

Liberté réglementée.

Nous avons la conviction que le régime de la liberté est le plus fécond pour l'avenir et la prospérité des sociétés par actions, pour le développement des intérêts économiques du pays, pour l'activité et l'extension du mouvement des affaires. Mais cette liberté dont nous parlons est, bien entendu, celle qui s'exerce régulièrement sous la sauvegarde de la loi, — *sub lege libertas* suivant la belle devise de M. le procureur général Dupin, — qui s'arrête là où la liberté et les droits d'autrui s'exercent aussi légitimement, qui ne souffre et n'autorise d'atteinte à aucun intérêt et qui, si elle laisse au délit la possibilité de se commettre, ne lui assure, en aucun cas, l'impunité.

Car il est nécessaire de répondre à l'objection de ceux qui s'étonnent qu'en même temps qu'on préconise la liberté, on puisse enfermer cette liberté dans certaines règles.

Lorsqu'un propriétaire veut construire sur son terrain, il peut le faire comme il lui plaît ; il use pleinement de son droit de propriété. C'est la liberté. Toutefois, les ouvriers qui construisent, les voisins du bâtiment nouveau, les passants, ont, eux, le droit de n'être ni menacés, ni empêchés, ni blessés ou tués par les travaux de ce libre propriétaire. On impose donc à celui-ci, par des règlements plus ou moins stricts, l'obligation de prendre toutes les précautions de nature à ce qu'aucun dommage ne soit porté à autrui.

La liberté de la propriété est-elle violée par de tels règlements? Assurément non. Pas plus que la liberté des routes n'est compromise par la surveillance des gendarmes ; pas plus que la liberté des mers n'est outragée par la répression de la traite.

C'est cette liberté pleine et juste que nous demandons pour les sociétés, n'admettant l'intervention de la loi que là où le public ne peut se préserver lui-même, par sa propre vigilance ; nous repoussons donc absolument toute ingérence, toute intrusion de l'Etat dans l'existence des sociétés commerciales qui n'ont point pour objet quelque grand service public. C'est celle que nous demandons.

Cette déclaration de principe formulée, entrons dans le sujet même et étudions les solutions que comporte la matière complexe qui nous occupe et celles que les projets actuellement élaborés, proposent de donner aux divers problèmes qu'elle soulève.

* * *

Les premières réformes auxquelles le législateur doit s'attacher sont celles relatives à la constitution des sociétés. Constitution des sociétés. Conditions nécessaires.

Lorsqu'on recherche dans quelles circonstances et pour quels motifs se sont produits les plus fameux sinistres commerciaux et financiers, on reconnaît promptement qu'ils ont été, pour la plupart, causés par les défectuosités ou les irrégularités du début, par les vices originels contractés, par les sociétés dès leur naissance même.

C'est donc faire beaucoup pour les sociétés futures, beaucoup pour le public, d'assurer, dans la mesure du possible, la régularité, la réalité des fondations nouvelles. Ce résultat, qui est le premier à poursuivre, est aussi le plus important de tous.

Formalités du début.

Est-ce exagérer de dire que, dans une société anonyme, tout ou presque tout dépend du début, de l'honorabilité des fondateurs, de la sincérité de leurs déclarations, de l'exactitude des constatations, enfin de la bonne foi de tous ceux qui participent dans une mesure quelconque à sa création ?

Aussi les plus graves reproches qui aient été élevés contre la législation actuelle portent-ils sur cette période initiale. Et ici, il faut bien l'avouer, le public, qui certes est souvent bien négligent, se trouve réellement exposé. sans défense, à d'inévitables duperies.

Comment, par exemple, un particulier qui achète une action quelques années après la formation de la société, peut-il soupçonner les vices mystérieux et irrémédiables de l'origine ? Comment les découvrirait-il ? A l'aide de quels renseignements ? de quelles investigations ? Les formalités mêmes de la constitution ne lui offrent aucune sécurité, aucun élément d'appréciation. Il n'a commis aucune des légèretés des premiers actionnaires ; il n'a point partagé les entraînements du début ; il ne sait rien des premières fraudes, des premiers mensonges, il se trouve cependant, un jour, en présence d'une société ruinée, épuisée, qui l'a même toujours été et n'a eu qu'une existence apparente. Quand la catastrophe se produit, on reconnaît que tout était illusion dans l'entreprise, que tout y était fictif : fictifs les apports, fictifs les versements, fictifs les actionnaires, fictifs les dividendes.

C'est donc sur ces questions fondamentales, sur les conditions constitutives des sociétés, que l'attention doit se fixer avec persistance. Cette première partie de la tâche est certes la plus difficile car, des solutions adoptées, doivent découler les conséquences les plus heureuses ou les plus redoutables ; c'est la pièce maîtresse de l'œuvre et l'on peut hardiment affirmer que les difficultés rencontrées sur les autres points, sont, à quelques rares exceptions près, d'une portée bien moindre.

* * *

Division du capital social.

Doit-on conserver quant à la division du capital social la disposition de l'article 1er de la loi de 1867 stipulant que les actions ou coupons d'actions ne peuvent être de moins de 100 francs quand le capital n'excède pas 200,000 francs ni de moins de 500 francs quand il est supérieur à ce chiffre ?

Nous ne le pensons pas. C'est là une mesure qui ne nous paraît pas libérale ; elle constitue une restriction qu'aucun motif sérieux ne justifie ; elle paraît surannée à une époque où le groupement des petits capitaux est justement considéré comme un stimulant précieux des affaires et un élément puissant d'activité.

Coupures d'actions.

Il serait, croyons-nous, conforme à l'esprit de notre temps et à une saine appréciation des besoins économiques du pays, de laisser ici les particuliers seuls juges de leurs intérêts. On ne saisit pas bien quelle garantie sérieuse cette clause restrictive a jusqu'ici donnée au public et pourra lui donner par la suite. On ne songerait évidemment pas à imposer à un négociant quelconque de limiter son capital, possédé ou emprunté par lui, à tel chiffre plutôt qu'à tel autre ; on ne songerait pas plus à lui interdire de demander des ressources à cent personnes, plutôt qu'à vingt, plutôt qu'à dix. Pourquoi, dès qu'il fonde une société et qu'il cherche des adhérents, intervient-on pour l'empêcher de répartir son capital au mieux de ses intérêts, de le diviser en grosses ou en petites parts, de s'adresser aux gros capitalistes ou aux petits rentiers ? Cette clause a un caractère antidémocratique ; nous regretterions qu'elle fût maintenue. Elle a déjà eu et elle aurait certainement pour effet d'empêcher la création de sociétés anonymes modestes, limitant leurs ressources à l'étendue de leur objet ; elle paraîtrait plus propre à favoriser la fondation de grandes sociétés pour des objets insignifiants.

Souscription intégrale du capital.

Dans quelles conditions doivent s'effectuer la souscription et la libération des actions ? L'obligation de la souscription intégrale du capital social et du versement du quart sur chacune des actions souscrites, doit, à notre avis, être maintenue. Cette disposition de la législation actuelle n'a d'ailleurs prêté qu'à de rares critiques ; la plus sérieuse l'accuse de permettre la constitution de sociétés n'ayant réellement qu'un faible capital versé, tandis qu'elles tirent une importance apparente très grande du chiffre élevé du capital nominal.

Versement du quart.

Il est certain qu'on a vu se créer un très grand nombre de sociétés avec un capital social, dont, à la vérité, le quart seulement était suffisant pour faire face aux opérations de l'entreprise. Il y a eu incontestablement excès et abus dans ce sens ; la création de titres nombreux, libérés seulement du quart, au lieu d'un nombre restreint de titres entièrement libérés a pu favoriser la spéculation. Le fait n'est pas douteux et les fondateurs des sociétés devraient n'user qu'avec modération, et lorsque la nature des opérations sociales le comporte, de cette faculté que la loi leur accorde et qu'il est, nous le répétons, nécessaire de maintenir. Mais on ne saurait, pour éviter un inconvénient contre lequel, en somme, le public peut se prémunir, renoncer aux sérieux avantages d'une clause qui, à certains moments, peut permettre de sauver une société passagèrement en péril, et qui, d'autre part, fournit des garanties notables aux créanciers et aux tiers qui traitent avec la société. On comprend, par exemple, qu'une compagnie d'assurances puisse fonctionner avec succès sans avoir besoin de réunir tout son capital social ; la part versée tout d'abord lui suffit en général ; ce qui reste à appeler sert de garantie aux assurés ; mais, on conçoit aussi qu'il est nécessaire, pour que cette garantie soit effective et réelle, que l'action reste nominative jusqu'à parfaite libération,

Actions nominatives jusqu'à libération.

de telle sorte qu'on puisse toujours recouvrer le montant du gage des assurances.

Aussi convient-il d'imposer aux actions, comme par le passé, la forme nominative jusqu'à ce qu'elles aient été entièrement libérées.

Responsabilité des souscripteurs primitifs. Limitation.

La limitation à deux ans, après la cession d'un titre nominatif, de la responsabilité de celui qui l'aura cédé, constituerait, par contre, une réforme à la fois très libérale et très sage ; elle aurait pour effet immédiat de prévenir les nombreux et interminables procès que soulève, à cet égard, l'interprétation de la loi de 1867. Ce délai de deux années est d'ailleurs parfaitement suffisant en toute hypothèse.

Dépôt obligatoire du premier versement.

Il est également désirable ; disons plus, il est indispensable que, si on donne libéralement aux sociétés la faculté de limiter au quart le premier versement sur le capital social, on ait la certitude que ce versement a eu réellement lieu, qu'il a été autre chose qu'un simulacre, une simple exhibition de valeurs ou d'espèces devant des yeux indifférents. Le dépôt des fonds dans une caisse publique pendant un certain délai nous semble une garantie nécessaire des intentions de ceux qui créent une société. C'est une opinion que nous ne perdons pas l'espoir de voir partagée par le législateur, bien que celui-ci l'ait écartée jusqu'à présent.

Il y aurait là une négligence grave, une large lacune qui permettrait à des fraudes cent fois signalées de se reproduire avec la plus grande facilité.

Si on se borne à exiger uniquement, comme sous le régime actuel, la constatation de la souscription du capital et le versement du quart dans une déclaration notariée avec annonce de la liste des souscripteurs et des versements effectués, quel contrôle aura-t-on sur ces actes ? Qui garantira que tout s'est bien passé comme il aura été déclaré et mentionné ? On n'en aura pour seul garant que la bonne foi présumée des déclarants et la crainte des responsabilités encourues. Mais, s'ils sont déloyaux ; s'ils ne les craignent pas ces responsabilités ?

Ce vice de la législation actuelle n'avait pas échappé au rapporteur même de la loi de 1867. M. Mathieu avait dû reconnaître, lui qui possédait à la fois la science du droit et l'expérience des grandes affaires, que les précautions stipulées par la loi étaient de pure forme et que les versements pouvaient être fictifs, que le notaire n'avait pas même à constater la présence des fonds, mais seulement à donner acte d'une déclaration.

Serait-il donc si difficile, écrivait-il, de remédier au mal et, sans porter atteinte à la liberté, de s'assurer du versement effectif du quart, sinon de la sincérité absolue de la souscription du capital? Pourquoi, par exemple, ne pas exiger le dépôt du quart versé par les souscripteurs à la Banque, ou dans toute autre caisse publique, et la constatation de ce fait par acte notarié? Sans doute, il y aurait présomption seulement et non la preuve certaine de la réalité de la souscription. Mais un obstacle aurait été mis à la fraude et une garantie de plus ajoutée à toutes celles que présente la loi, le versement du quart, dont le dépôt pourrait être prolongé assez longtemps pour déjouer la ruse et rendre impossible toute comédie (1).

Publicité pleine et entière.

Rendre la fraude difficile alors qu'on ne peut la rendre impossible, n'est-ce pas là un résultat très digne de recherche ?

D'excellents esprits estiment, et nous partageons cette opinion, que le moyen le plus efficace pour moraliser les affaires, pour détourner les sociétés et ceux qui les fondent de manœuvres coupables, c'est de répandre sur elles des flots de lumière, de les exposer à l'épreuve souveraine de la publicité. Faire en sorte qu'il n'y ait pas, qu'on nous permette l'expression, un seul coin d'une affaire, un seul repli d'une société, où ne pénètrent le jour et la clarté, tel est sans doute le remède le plus puissant pour conjurer les catastrophes.

Tout ce qui peut contribuer à faire ressortir, en matière d'associations commerciales, la vérité et la bonne foi de ceux qui les dirigent, doit être recherché avec sollicitude. Les solutions qu'on paraît disposé à accueillir dans ce sens donnent déjà satisfaction à quelques-uns de nos desiderata.

(1) *Des Sociétés par actions* (à propos de l'affaire du Crédit mobilier).

C'est ainsi que tout bulletin de souscription devrait, désormais, contenir l'indication sommaire de l'objet de la société ; le montant du fonds social ; la partie du capital social représentée par des apports en nature ; la partie de ce capital à réaliser en numéraire ; les avantages particuliers réservés aux fondateurs. Bulletins de souscription.

Dans cette publicité, rendue obligatoire, les sociétés trouveront cet avantage et cette sûreté, qu'on ne pourra leur reprocher de faire mystère de leurs intentions, des opérations qu'elles se proposent, et de dissimuler ce qu'elles attribuent à des tiers. De leur côté, les souscripteurs, mis à même de n'entrer dans une affaire qu'en pleine connaissance de cause, n'auront qu'à s'en prendre à eux-mêmes si, alors que leur vigilance aura été stimulée par ces déclarations, ils ont cru devoir confier leurs capitaux à la société qui les sollicite.

Cette publicité à l'origine même des sociétés, au moment où elles font leur premier appel aux capitaux, constitue, à notre avis, la précaution la plus sûre, la garantie la plus sérieuse, et cela sans aucune atteinte, sans aucune restriction à cette liberté que nous désirons.

Là, déjà, apparaît le premier remède aux fraudes tant de fois constatées dans la vérification et l'estimation des apports.

On ne paraît que bien imparfaitement satisfaire sur ce point, dans les projets actuels, aux vœux de l'opinion publique, aux conseils émis par les esprits les moins enclins à l'illusion, enfin aux intérêts des actionnaires.

Mentionnons tout de suite celles des solutions proposées qui ne soulèvent pas d'objections.

Les avantages consentis aux fondateurs pourraient être représentés par des titres cessibles et négociables. On pourrait émettre des actions correspondant pour partie à des apports en nature. C'est en réalité, la reconnaissance de ces nouveaux titres appelés « parts de fondateurs » qui, depuis quelques années, jouent un si grand rôle sur notre marché. Parts de fondateurs.

Actions d'apport.

Les actions créées en représentation des apports pourraient en vertu des statuts, n'être libérées qu'en partie ; cette libération partielle pourrait être imputée sur le versement du quart de chaque action nécessaire à la constitution de la société et, le cas échéant, sur les versements ultérieurs.

Ces clauses ne font que reconnaître la liberté des contrats et le droit légitime de toutes les sociétés de rémunérer comme il leur convient les concours moraux et matériels qui leur ont été apportés.

Vérification des apports par un expert.

Le fond même de la question n'est pas là ; il est tout entier dans le mode de vérification des apports et dans la qualité de ceux qui seront chargés de cette importante mission.

C'est pour ce motif que, dans une précédente étude, nous demandions qu'on chargeât obligatoirement de cette opération de véritables experts, désignés par un juge quelconque ou choisis sur une liste officielle, ayant qualité, caractère et aptitude nécessaires pour évaluer en toute sincérité et en dehors de toute influence intéressée (1).

Cette mesure apporterait-elle la moindre entrave au mouvement et à l'essor des affaires ? Empêcherait-elle les bonnes de s'effectuer ! Empêcherait-elle même les mauvaises ? Certes non. Il y aura éternellement de mauvaises affaires. Une affaire excellente, d'ailleurs, en elle-même, mal conduite, mal dirigée, traitée par des mains inhabiles, peut promptement devenir détestable. Mais une précaution semblable serait réellement efficace contre la fraude ; elle empêcherait certainement qu'il ne se produisît de ces duperies gigantesques où viennent s'engloutir des sommes énormes, elle supprimerait du moins plusieurs de ces causes initiales de ruine que tant de sociétés, constituées dans des conditions semblables, portent en elles-mêmes.

Cette réforme compte de nombreux partisans dans le monde des affaires ; elle n'a rien d'anti-libéral ; elle n'en-

(1) Voir *suprà*, page 172.

traine ni ingérence de l'État, ni intervention étrangère à la société ; elle allégerait d'autant la responsabilité lourde des administrateurs et des commissaires et procurerait pour l'avenir une grande sécurité.

On l'a cependant repoussée en reconnaissant toutefois, d'une façon bien timide il est vrai, ce qu'elle présentait d'utile et de vraiment salutaire. On a décidé qu'il n'y avait pas lieu d'adjoindre obligatoirement au commissaire des experts nommés par le tribunal. On s'est borné à proposer que les commissaires soient tenus d'énumérer, dans leur rapport, le détail des apports, d'en justifier l'évaluation et d'y apprécier les avantages particuliers. On n'admet l'intervention d'experts que « sur la demande qui en aura été faite par le quart des actionnaires présents à la seconde assemblée constitutive, » dans ce cas le rapport des commissaires serait soumis à l'appréciation d'un ou de trois experts nommés par le président du tribunal de commerce.

Pas de demi-mesures.

Ce sont là des demi-mesures inutiles, des précautions plus apparentes que réelles et dont on ne saurait tirer aucun profit. Nous persistons à penser qu'on reconnaîtra la nécessité d'assurer la réalité et la juste estimation des apports en attribuant le soin de ces constatations à des hommes notoirement et incontestablement aptes à les effectuer.

Ajoutons qu'immédiatement après avoir émis cet avis, on a reconnu qu' « il y avait lieu d'étudier un système de garanties répressives pour arrêter les majorations d'apports. »

Ce n'est pas, quand le mal a produit tous ses effets, qu'il faut intervenir. On réprime, on punit, c'est bien, c'est juste ; mais ce qui est vraiment utile, vraiment libéral, c'est d'élever des obstacles contre les fraudes au moment où elles se produisent, au moment où, constituant déjà un véritable délit, elles n'ont pu encore causer de dommages irrémédiables.

Parmi les tentatives de répression imaginées, on a proposé de décider que les actionnaires primitifs qui auraient fait des apports, resteraient responsables pendant trois ans à dater du jour de la constitution de la société et passibles de dommages-intérêts s'il était établi que la valeur des apports était inférieure à la moitié de l'évaluation portée dans les déclarations relatives à l'organisation sociale. C'est là une mesure impuissante, qui n'aurait jamais que des effets douteux, tardifs, le plus souvent nuls, puisque ceux qu'ils devaient atteindre auraient pu prendre toutes les précautions nécessaires pour se mettre à l'abri des recherches et des responsabilités.

Publication des actes de société. Création d'un recueil spécial.

Ces observations faites, on approuvera sans réserve le projet de création d'un recueil spécial destiné à la publication des actes et des délibérations des sociétés. Ce recueil aidera au déploiement de cette publicité que nous désirons aussi complète que possible. Il devra, si le plan en est dressé avec ordre, clarté et méthode, réunir nécessairement toutes les pièces de nature à renseigner et à éclairer le public. Les recherches y devront être faciles, avantage précieux si l'on considère quelle peine on éprouve à trouver aujourd'hui les actes de sociétés dans plusieurs journaux différents. Ce recueil pourra, dans certaines circonstances, être délivré gratuitement aux souscripteurs d'actions et d'obligations. Il devra, en tout cas, être d'un prix fort réduit et d'une grande clarté d'exécution.

Enfin nous aurons épuisé la liste des solutions de quelque importance qui ont spécialement trait à la constitution des sociétés en reconnaissant l'utilité d'ajouter, à la déclaration relative aux souscriptions et aux versements, une déclaration complémentaire mentionnant le lieu où les versements auront été effectués.

* * *

La vie des sociétés.

Nous devons maintenant nous arrêter aux actes qui suivent la formation des sociétés et qui constituent les principaux faits de la vie de celles-ci.

Leur fondation et la souscription intégrale de leurs titres a souvent pour conséquence, même à bref délai, une mise en vente publique d'actions effectuée pour le compte d'un ou de plusieurs souscripteurs. Mise en vente d'actions.

Il nous paraît nécessaire de fixer les conditions légales dans lesquelles devraient se produire des opérations de ce genre qui, embrassant en général un grand nombre de titres, peuvent avoir une influence considérable sur la situation et le crédit des sociétés.

Ces mises en vente publiques ont été avec raison assimilées aux souscriptions elles-mêmes et on a reconnu la nécessité de les entourer des mêmes précautions, des mêmes garanties de publicité. Les affiches, prospectus, insertions, circulaires, bulletins d'achat devront contenir toutes les mentions obligatoires pour les bulletins de la souscription primitive, indiquer la date de la constitution définitive de la société, enfin le montant par action de la somme restant à verser. Formalités nécessaires.

Ces indications sont autant de renseignements utiles aux capitalistes, autant d'appels, pour ainsi dire, adressés à leur prudence, à leur réflexion, à leur sagacité. Ainsi éclairés, il leur appartiendra d'apprécier à leur juste valeur les indications que la loi mettra de la sorte à leur disposition.

Dans le même ordre d'idées, l'augmentation du capital social, qui est comme une nouvelle période dans l'existence de la société, paraît devoir exiger des mesures identiques à celles prescrites pour le capital originaire. Les actionnaires qui fournissent ce nouveau capital, soit en apports en nature, soit en espèces, doivent recevoir les mêmes garanties qui ont été assurées par la loi aux actionnaires primitifs. Augmentation de capital.

On doit d'ailleurs, en matière d'augmentation de capital, se montrer très libéral et laisser aux sociétés la plus grande latitude. Les opérations de cette nature leur fournissent les ressources qu'exigent les développements qu'elles ont acquis et qu'elles ne pourraient, sans de graves inconvénients, demander à un appel de fonds sur les actions partiellement libérées. On a eu, il est vrai, à constater l'abus d'augmentations souvent inutiles, uniquement destinées parfois à alimenter la spéculation. Mais ici le remède se trouve dans l'efficacité et l'étendue des droits attribués aux actionnaires, dans les moyens que la loi et leurs propres statuts leur fourniront de résister aux propositions inopportunes, aux pressions intéressées, aux modifications sociales non fondées sur des motifs vraiment décisifs.

Les droits des actionnaires.

Cette question des droits des actionnaires et de la part qui doit leur être attribuée dans l'activité sociale, est complexe ; elle présente d'assez sérieuses difficultés.

D'une part, il est dangereux autant qu'injuste de laisser les actionnaires désarmés en présence d'administrateurs téméraires, déloyaux, ou simplement incapables, et il est de toute nécessité de leur attribuer des droits réels en assurant l'exercice complet de ce droit. D'autre part, il ne faut pas, par un excès de libéralité non moins périlleux, qu'on munisse l'actionnaire de pouvoirs tels que sa seule opposition suffise pour arrêter le mouvement social et condamner la société d'abord à l'immobilité, puis à la ruine.

On ne nous paraît pas avoir su éviter jusqu'ici ce dernier écueil.

L'unanimité des votes des actionnaires ne doit pas être exigée pour modifier le pacte social.

Tandis que, d'une main, on accorde généreusement aux sociétés toutes les facilités que celles-ci pouvaient désirer, on les leur retire de l'autre en soumettant les principales modifications qu'une société peut éprouver à la sanction d'un vote unanime. Pour augmenter le chiffre du capital social, pour prolonger la durée de la société, pour changer la quotité de la perte qui rend la dissolution obligatoire, pour décider sa fusion avec une autre société, pour modifier le partage des bénéfices, on exigerait l' « unanimité ».

On sent tout ce qu'une pareille exigence a d'excessif. C'est assurément arrêter les abus puisqu'en même temps cette résolution s'applique aussi bien aux bonnes qu'aux mauvaises décisions que des sociétés pourraient prendre ; mais c'est aussi, et le plus souvent, élever un obstacle infranchissable à toutes les tentatives utiles, opportunes, fécondes. Exiger l'unanimité, c'est constituer une impossibilité presque absolue. Le rapporteur de la loi de 1867 l'avait bien compris :

Eh quoi ! s'écriait M. Mathieu, l'unanimité moins une voix aura jugé que telle modification aux statuts est indispensable, que, de son adoption, dépend la vie ou la mort, la prospérité ou la ruine de la société; et la raison voudra que cette voix dissidente suffise pour tout enrayer, pour tout détruire !... Ce droit d'un seul, érigé en dogme, pour ainsi dire, c'est, qu'on le veuille ou non, le triomphe de l'individualisme, de l'entêtement absurde, du calcul malhonnête, des rivalités hostiles, que toute entreprise rencontre fatalement sur son chemin.

Formalité inapplicable et parfois dangereuse.

Quelles facilités, en effet, ne trouverait pas, dans une telle disposition de la loi, un ennemi de la société, un actionnaire de passage, qui, sachant que son vote, sa voix, est indispensable, saurait en fixer le prix aux administrateurs et pourrait, si on repoussait ses propositions, faire échouer une mesure utile aux intérêts de tous ! Bien d'autres qui font autorité ont condamné l'obligation de l'unanimité bien qu'il s'agisse réellement d'un nouveau contrat à conclure lorsqu'on modifie les statuts ou la situation d'une société. Le principe du consentement général facile à appliquer lors de la constitution de la société a été reconnu absolument inapplicable, par la suite, au cours de la durée de cette société.

La majorité doit suffire.

Il faut en revenir à la loi des majorités ; mesurer, si on veut, la majorité exigible à l'importance de la résolution à prendre, exiger la représentation d'une part plus ou moins étendue du capital social ; mais enfin n'imposer que des choses pratiques.

Actionnaires de passage et reporteurs.

On se montre aussi, croyons-nous, trop disposé à laisser s'introduire dans les assemblées des actionnaires passagers, éphémères, n'ayant aucun lien réel, aucun intérêt commun avec la société. On pourrait, pour assurer la sincérité des assemblées et la fidèle représentation des actionnaires sérieux, exiger que tous ceux qui doivent y prendre part fissent la preuve qu'ils possèdent leurs titres depuis un certain temps. On objecte qu'il appartient aux sociétés de prendre d'elles-mêmes cette précaution en en faisant l'objet d'une clause spéciale des statuts. Nous pensons qu'il n'y a rien à perdre et beaucoup à gagner à insérer dans la loi une disposition en ce sens. Nous avons expliqué, plusieurs fois, comment l'esprit et le vote d'une assemblée peuvent être faussés, au grand dommage des actionnaires sérieux, par l'intrusion d'actionnaires de rencontre, actionnaires de passage, vraiment fictifs, qui, par des combinaisons d'achats et de ventes à terme, se sont assurés le droit d'assister à l'assemblée qu'on se propose d'influencer.

Nous ne saurions trop appeler l'attention sur ce point, qui est d'une importance majeure, puisque, des résolutions prises dans l'assemblée, dépendent les destinées de la société.

Indications obligatoires sur les titres.

Il est également nécessaire que les actionnaires trouvent sur leurs titres toutes les indications générales relatives à la société elle-même. Les actions provisoires ou définitives devront, désormais, contenir des mentions analogues à celles qui auront été portées sur les bulletins de souscription. Tout ce qui peut apporter plus de clarté dans la situation d'une société et dans l'esprit des porteurs de titres doit être considéré comme excellent.

Fonds de prévoyance.

Il serait évidemment désirable que toutes les sociétés anonymes fussent pourvues d'un fonds de prévoyance constitué au moyen de prélèvements sur les bénéfices; mais on a pu trouver excessif de faire de cette précaution utile une obligation stricte et nous reconnaissons volontiers qu'une telle mesure peut être laissée à l'initiative des sociétés et des intéressés.

Émission d'obligations.

Mais il serait prudent de ne pas laisser aux sociétés la faculté d'émettre, en grand nombre, des obligations avant l'entière libération des actions; il serait sage et prévoyant de fixer une proportion entre le capital-actions et le capital-obligations de telle sorte que celui-ci ne dépasse pas démesurément la valeur présumée des garanties qui lui sont attribuées. Nous espérons qu'au

Proportion entre le capital-action et le capital-obligation.

cours de la discussion législative, on se rangera à cette opinion.

Rachats d'actions par les sociétés.

Les projets à l'étude sont, à notre avis, fort rigoureux pour les sociétés en leur interdisant l'achat de leurs propres actions. Nous ne méconnaissons pas la valeur et la portée des motifs d'ordre élevé qui paraissent justifier une semblable restriction. On sent vivement combien la morale et la bonne foi ont à souffrir des spéculations auxquelles certaines sociétés peuvent se livrer sur leurs propres titres et nous sommes convaincu de l'excellence des intentions et des sentiments qui inspirent l'interdiction proposée. Malheureusement, il n'est que trop certain, qu'au point de vue moral cette mesure est impuissante, inefficace, qu'au point de vue purement financier elle est inapplicable, qu'enfin, dans des cas qui se présentent fréquemment, elle serait plutôt funeste aux sociétés.

Nous ne voyons pas par quels moyens on pourrait empêcher une société d'acheter de ses titres pour son propre compte. Si elle ne le fait pas ouvertement elle-même, elle le fera faire au nom d'un ou plusieurs de ses administrateurs, elle en chargera des tiers. Où, à quel moment, surprendra-t-on, constatera-t-on cette manœuvre ? Restriction et répression seront à la fois inutiles et impossibles à exercer.

Bien plus, si cette interdiction devait être efficace, si elle devait être observée, elle aurait souvent des conséquences désastreuses. Comment, en effet, les sociétés se défendraient-elles contre les intrigues, contre les manœuvres et les combinaisons qui parfois menacent leur crédit ?

On imagine facilement l'ardeur de la concurrence que peuvent se faire, dans une même contrée et pour une même industrie, deux usines par exemple. Chacune des deux entreprises désire naturellement l'emporter sur sa rivale, obtenir les plus grandes commandes, passer les marchés les plus considérables. L'une d'elles trouve habile et profitable de jeter la déconsidération et le discrédit sur son antagoniste ; par des opérations de bourse faciles à conduire, elle détermine une dépréciation violente sur les actions de l'usine concurrente. Que feront les directeurs, les administrateurs de cette dernière ? Comment sauver la réputation de leur entreprise, son crédit, son influence? Comment persuaderont-ils qu'elle n'a pas cessé d'être *prospère, solvable*, quand chaque jour les cours officiels de la bourse indiquent une nouvelle *dépréciation* de leurs titres? Ce ne sera sans doute pas avec des discours, avec des paroles ? Non, ils n'ont qu'un seul moyen à leur disposition : soutenir les cours en rachetant des actions.

Il est des cas où la résistance, le salut même, pour une société, ne sont possibles que grâce à ce procédé, qui a bien sans doute le caractère d'un expédient, mais qui est, en pareille circonstance, le seul moyen défensif dont les sociétés puissent disposer. Il doit paraître vraiment draconien d'interdire à un des deux adversaires le rachat des actions, alors que l'autre peut se livrer librement aux manœuvres les plus dangereuses et les plus condamnables.

Les gouvernements soutiennent le cours de leurs rentes.

Comment d'ailleurs empêcher les sociétés de soutenir les cours de leurs actions dans un temps où, de l'aveu même des hommes d'État, les gouvernements sont obligés de soutenir les cours de leurs propres rentes ?

Un discours de M. Léon Say.

Nous invoquerons à cet égard le témoignage de M. Léon Say qui racontait ainsi un épisode financier qui ne laisse pas d'être piquant :

C'était quelques jours avant mon entrée aux affaires ; mon ami, M. Teisserenc de Bort, faisait à ce moment l'intérim du ministère des finances ; il reçut du chef de l'État pour instructions d'intervenir au besoin, mais de n'intervenir que si, malgré une hausse dans le taux de l'intérêt, les capitaux privés étaient insuffisants pour continuer les opérations engagées. La limite du taux au delà duquel on devait agir était restée un secret entre M. Thiers et son fidèle collaborateur. M. Teisserenc de Bort m'a raconté avec quelle anxiété il attendait dans une maison voisine de la bourse qu'on lui fit connaître les cours du report, c'est-à-dire le taux de l'intérêt. Mais le simple bruit qui s'était répandu d'une intervention probable avait produit son effet ; quand le taux de l'intérêt atteignit une hauteur convenable, les capitaux privés craignant, par une attente plus prolongée, de faire surgir la concurrence du Trésor, se présentèrent en masse (1).

Eh bien, puisque ces procédés paraissent légitimes et profitables aux gouvernements et aux hommes d'État, pourquoi n'en pas laisser user et profiter les sociétés ? Formuler une disposition qu'on sait pertinemment devoir être violée, c'est compromettre la dignité même de la loi.

Reports.

Ce que nous venons de dire est absolument applicable à la pratique courante des reports.

Pour être complet, ajoutons que l'interdiction qu'on propose ne s'étendrait pas aux obligations ; il eût été en effet étrange qu'on empêchât le rachat des créances. Au surplus, des sociétés peuvent se trouver dans la nécessité de soutenir les cours de leurs obligations, de même que d'autres, comme on l'a vu plus haut, peuvent avoir besoin d'empêcher la dépréciation de leurs actions.

* * *

Les droits des obligataires.

Des questions saillantes que comporte l'étude des réformes de la loi de 1867, il nous reste à élucider celle qui a pour objet les droits des obligataires.

Nous avons demandé bien souvent que ces droits ne restassent pas illusoires et que, tout en maintenant la distinction qu'il faut faire entre des associés et des créanciers, les intérêts des porteurs d'obligations pussent être représentés et défendus.

Les solutions préconisées jusqu'à présent, sans nous satisfaire complètement, réaliseraient cependant un progrès marqué dont on pourrait, jusqu'à nouvel ordre, se contenter.

Les obligataires pourraient s'assembler à leur propre diligence et nommer des mandataires qui les représenteraient. Mais il ne s'agit là que d'une réunion sponta-

(1) Discours prononcé à Saint-Germain, le 30 septembre 1880, à l'inauguration de la statue de Thiers.

née. La société, elle, ne serait tenue de convoquer une assemblée des porteurs d'obligations que lorsque cette convocation aurait été formellement stipulée parmi les conditions de l'emprunt ; en tout autre cas, les obligataires ne pourraient exiger que la société les réunît. Ils auraient seulement la faculté, — est-ce qu'ils ne la possèdent pas déjà d'ailleurs, en vertu du droit civil et sans limitation de nombre — si, dans une réunion libre, ils représentent le vingtième au moins du montant d'une série d'obligations, de constituer des mandataires pour soutenir leurs intérêts devant les tribunaux.

Dispositions libérales nécessaires.

Lorsque les obligataires auront été officiellement convoqués par la société, conformément aux conditions de l'emprunt, ils pourront, dans cette assemblée, nommer des commissaires qui, sans jamais s'immiscer dans la gestion sociale, auraient droit aux mêmes communications, informations, délivrances de pièces que les actionnaires et assisteraient aux assemblées générales de ces derniers, mais sans voix délibérative ni consultative. Enfin ces commissaires pourraient provoquer, soit avec, soit sans le concours des sociétés, des assemblées d'obligataires.

Ces dispositions, qui ont un caractère vraiment libéral, ne sont pas, nous le répétons, complètement suffisantes ; on pourrait, croyons-nous, tout en préservant les sociétés d'ingérences gênantes, accorder aux obligataires une plus grande sécurité sur le sort des capitaux considérables qu'ils fournissent aux affaires, ainsi que sur les garanties qui leur ont été attribuées.

* * *

Sociétés étrangères.

Nous n'insisterons pas sur les dispositions à prendre à l'égard des sociétés étrangères qui font des affaires en France ou y effectuent des émissions. Elles doivent trouver libre accès sur notre marché lorsqu'elles se sont conformées à toutes les prescriptions légales auxquelles sont assujetties les sociétés françaises ; elles devront se présenter dans les mêmes conditions de constitution, d'organisation et de publicité ; enfin leurs émissions seront astreintes aux mêmes règles que les émissions françaises.

* * *

Responsabilités nécessaires.

Après avoir fixé les conditions dans lesquelles les sociétés doivent naître et se constituer, puis celles de leur vie normale et de leur fonctionnement, le législateur doit donner aux dispositions impératives inscrites dans la loi, une sanction qui laisse aux coupables ou à ceux qui sont sur le point de le devenir le moindre espoir possible d'impunité. Les responsabilités civiles ou pénales doivent donc avoir un caractère pratique si évident que les hommes de mauvaise foi et les gens sans scrupule soient contenus par la quasi-certitude d'être tôt ou tard atteints, soit dans leur fortune mal acquise, soit dans leur liberté.

Cette question des responsabilités est fort délicate ; elle est essentiellement une question de mesure. Il faut qu'elles soient réelles, qu'elles puissent être utilement établies et à temps, qu'elles soient réparatrices, c'est-à-dire qu'elles fournissent aux victimes des compensations sinon complètes, du moins aussi larges que possible.

Mesure indispensable à garder.

Mais il faut se garder de l'excès contraire et ne pas rendre inaccessibles aux honnêtes gens les hautes fonctions dans les sociétés. On arriverait ainsi à un résultat diamétralement opposé à celui qu'on se propose. Le jour où les hommes de mérite, d'expérience, entourés de considération et de respect, trouveraient les positions importantes, auxquelles leurs talents les désignent naturellement, trop périlleuses, trop hérissées de menaces, d'écueils et de récifs dangereux, le recrutement du haut personnel des sociétés deviendrait impossible. Au lieu d'assurer la moralité des sociétés, on aurait précisément mis obstacle à leur saine constitution et à leur fonctionnement régulier. Il ne se rencontrerait plus pour entrer dans les conseils d'administration que les hommes prêts à tout faire et à tout subir.

Opinion de M. Vavasseur.

C'est là un danger grave qui ne nous paraît pas avoir été suffisamment mis en lumière. Nous rappellerons, à cet égard, l'opinion émise par M. Vavasseur, un spécialiste en la matière :

Il ne faut pas voir, disait-il, dans tous les fondateurs de sociétés, dans tous les administrateurs, dans tous les financiers, des amateurs de majorations, des manieurs d'argent, des coureurs de primes, financiers marrons, tartuffes de prospectus, marchands d'actions cherchant à débiter fort cher une marchandise qui ne leur a rien coûté, des hommes dont le dernier souci est l'exercice honorable d'un commerce ou d'une industrie. Tout beau, ce portrait, poussé au noir, n'est pas, Dieu merci, celui de tous les fondateurs de sociétés, et votre tort est précisément celui de confondre le bon grain avec l'ivraie, de traiter sur un pied d'égalité tout à fait inique, l'honnête homme et le fripon : en pesant leurs actes dans la même balance, votre loi inflexible est dure, ne permet pas qu'on mette dans l'un des plateaux, l'intention, qui en tout et partout, doit être le criterium suprême de toutes les actions humaines (1).

Préciser les responsabilités.

Nous pensons que le nombre des responsabilités doit être restreint et qu'on doit n'édicter que celles qui, mesurées à la gravité de la faute commise, auront un effet certain. Il vaut mieux aussi, à notre avis, limiter la durée des responsabilités. Après un délai trop long, elles sont sans effet, sans objet : les coupables bien avisés se sont mis en mesure de s'y soustraire et d'échapper à leurs conséquences.

Limiter leur durée.

Si grave que paraisse, au premier aspect, cette question des responsabilités, nous estimons qu'une rédaction très précise, très claire, des préliminaires et des principales clauses de la loi en atténuera beaucoup les difficultés pratiques.

Il est certain qu'une définition exacte, serrée, des irrégularités et des fraudes, et la rigueur tutélaire de toutes les dispositions relatives à la publicité qui doit entourer les principaux actes des sociétés, rendront les délits plus rares, les irrégularités moins dangereuses, enfin plus difficiles aussi les entraînements que subissent les

(1) *Sociétés par actions : De l'abus des nullités et des responsabilités*, par A. Vavasseur. (*Le Droit*, 18 juin 1881.)

actionnaires, qu'ils attribuent souvent avec raison à leur ignorance, mais dont ils seront mal venus à se plaindre le jour où ils pourront se renseigner suffisamment par eux-mêmes.

Quant aux responsabilités pénales, nous ne croyons pas devoir nous y arrêter ; il n'y a pas là de difficultés sérieuses. En rapprochant les fraudes et les délits auxquels donnent lieu la création et l'administration des sociétés anonymes des fraudes et des délits analogues prévus et punis par le code pénal, on aura la juste mesure des peines que doivent encourir les coupables.

Telles sont les principales réflexions que nous ont suggérées les projets à l'étude. Ces projets constituent, nous le reconnaissons volontiers, un grand pas dans la voie des réformes nécessaires ; mais, ainsi que nous nous sommes attaché à le démontrer, il convient de les amender sérieusement, si on veut que ces réformes soient réellement profitables.

L'AGRICULTURE ET LES DROITS PROTECTEURS

CONSÉQUENCES ÉCONOMIQUES ET POLITIQUES

Les souffrances de l'agriculture sont aussi incontestables que celles d'un grand nombre d'industries et du commerce français tout entier. Nous admettrons même que la crise, qui est générale et qui n'épargne aucune source de production, sévit avec une rigueur plus grande sur l'agriculture et que celle-ci mérite une sollicitude toute spéciale. On a reconnu la nécessité de lui venir en aide et, parmi les divers moyens qu'on pouvait employer à cet effet, on a choisi, conformément au vœu même des grands agriculteurs, une élévation des droits à l'importation sur les blés et sur le bétail. C'est ce qu'on est convenu d'appeler des droits « protecteurs ». (L'agriculture souffre.) (Droits dits « protecteurs. »)

Il s'agit seulement de savoir si, en recourant à de tels procédés, on « protégera » réellement l'agriculture.

Charge imposée au consommateur.

Pour que la mesure soit efficace, il faut nécessairement que le prix du blé et de la viande s'élève ; car, si le producteur ne vend pas plus cher son grain et son bétail, l'agriculture continuera à souffrir et à se plaindre. Ce qui profitera aux agriculteurs, ce sera donc l'enchérissement produit par l'élévation des droits sur les deux matières d'alimentation qui sont de toute première nécessité. L'aisance et la prospérité de l'agriculteur auront donc pour principal, sinon pour unique élément, une charge nouvelle imposée aux consommateurs, charge qui pèsera surtout sur les plus laborieux, les plus pauvres et les plus dignes d'intérêt.

Cette augmentation du prix du pain et de la viande atteindra tout le monde, toutes les classes — et l'agriculteur lui-même — mais inégalement, et il n'est que trop certain que les prolétaires, les ouvriers chargés de famille seront ainsi les plus durement atteints dans ce qui constitue la plus grosse part de leurs dépenses, dans leur subsistance quotidienne.

Incidence de cette charge.

Pour mesurer quelle aggravation peut apporter au sort de l'ouvrier l'enchérissement du pain et de la viande, il faut se rendre compte de la proportion dans laquelle ces deux aliments entrent dans la consommation des familles pauvres.

* * *

Lors de l'enquête décennale faite, à l'occasion de l'exposition universelle de 1878, sur les institutions d'initiative privée destinées à favoriser la condition des populations ouvrières de la Haute-Alsace, enquête dont M. Engel Dolfus a constaté les résultats, les manufacturiers de Mulhouse ont examiné les dépenses de seize ménages choisis avec soin, depuis celui du simple manœuvre ayant le plus humble salaire jusqu'à l'ouvrier habile et aisé gagnant plus de 3,200 francs par an.

On a donc pu établir avec une grande précision la moyenne des diverses dépenses faites par une famille d'ouvriers. Ces dépenses se répartissent ainsi : Dépenses d'une famille ouvrière.

Menues dépenses	8 %
Logement	13 %
Vêtements	18 %
Nourriture	61 %

Ces 61 % de nourriture se subdivisent eux-mêmes comme suit :

Objets divers	16 %
Épiceries	14 %
Lait	13 %
Viande	14 %
Pain	33 %

Le pain et la viande représentent donc 47 % de la dépense totale du ménage ouvrier et 77 % de la dépense consacrée à l'alimentation. Sur 100 francs dépensés en nourriture le pain et la viande absorbent 77 francs. 77 % pour la nourriture.

Ce sont ces 77 %, cette part énorme du prix de la subsistance quotidienne du pauvre, qu'il s'agit de grever pour « protéger » l'agriculture. On les grèvera pour protéger l'agriculture.

Si, au lieu de considérer spécialement la consommation des classes laborieuses, nous prenons, par exemple, la moyenne de la consommation du pain et de la viande dans les populations de nos grandes villes, voici les résultats que nous constatons, d'après les relevés officiels de 1883, par an et par habitant : Pain et viande. Consommation dans les grandes villes.

VILLES	PAIN	VIANDE FRAICHE
	kilogs	kilogs
Paris	164	80
Lyon	175	71
Marseille	244	63
Bordeaux	165	65
Lille	219	40
Nantes	267	46
Toulouse	177	55
Rouen	183	61
TOTAL	1.594	490
MOYENNE	190	61

La moyenne de la consommation par habitant et par an dans huit de nos grandes villes est donc de 190 kilogrammes de pain et 61 kilogrammes de viande fraîche.

488 francs par famille.

En calculant sur les prix moyens de 25 centimes le kilogramme de pain et de 1 fr. 20 le kilogramme de viande, nous voyons que la consommation par an et par habitant est de 50 francs pour le pain, de 72 francs environ pour la viande; soit, pour les deux substances réunies, une dépense annuelle de 122 francs et pour un ménage de quatre personnes 488 francs.

On les grèvera pour « protéger » l'agriculture.

Ce sont ces 488 francs de dépenses de première nécessité qu'il s'agit de grever pour « protéger » l'agriculture.

Cet ouvrier dont les charges vont se trouver accrues d'une manière toute factice, non point dans ce qui constitue le superflu, mais dans la partie de ses dépenses absolument inévitable, cet ouvrier ne se croira-t-il pas en droit d'exiger à son tour, non plus seulement du patron, mais de l'Etat lui-même, une augmentation de salaire? Quoi, dira-t-il, on assure à l'agriculture ou un accroissement de bénéfices ou une atténuation de perte et l'on ne m'accorderait pas, à moi qui souffre aussi, à moi dont on aggrave la dépense, on ne m'accorderait pas une augmentation de gain, un soulagement de ma misère? Et l'ouvrier sans travail ne sera-t-il pas conduit, lui aussi, à réclamer de l'Etat ou du travail ou des secours?

Répercussion.

Dans un cas comme dans l'autre cette intervention de l'Etat est mauvaise, dangereuse, stérilisante.

* * *

On fait fausse route.

Ce n'est pas en grevant les produits étrangers qu'on protégera réellement notre industrie et notre agriculture. Ce n'est pas en frappant le consommateur qu'on favorisera le producteur qui, lui aussi, consomme. Ce n'est pas en créant sur toutes choses des prix arbitraires et factices qu'on décrètera la prospérité de toutes les industries.

Il faut alléger l'impôt.

Ce qu'il faut faire, si l'on veut remédier aux maux de l'agriculture, c'est de chercher à les atteindre dans leurs véritables causes. Parmi ces causes il en est qui n'échappent à personne, qui apparaissent très clairement : il en est d'autres, au contraire, qu'on voit moins, dont on parle moins et qui ne sont pas les moins graves. Tout le monde tombe d'accord que l'agriculture supporte des impôts trop lourds et qu'il est temps de songer à alléger *le poids de l'impôt foncier*. Ce qu'on ne dit pas assez, c'est que d'autres charges contribuent à accabler la production agricole, charges très fortes, excessives déjà et qui vont sans cesse en augmentant : nous voulons parler de l'abus des centimes additionnels dont s'imposent les communes.

Exagération des budgets communaux.

Ce qu'il faut examiner de près, en effet, ce sont les budgets communaux, les dépenses communales. Les communes s'obèrent : le nombre de celles dont les centimes additionnels dépassent 100 va chaque jour grandissant. C'est là que l'intervention de l'État tuteur serait légitime et vraiment utile ; c'est là qu'une revision attentive serait nécessaire. On verrait promptement combien une sage parcimonie dans l'administration financière des communes viendrait en aide aux efforts des populations rurales ; celles-ci sentiraient moins alors le fardeau de l'impôt dont le poids est plus que doublé par suite de la prodigalité des conseils municipaux.

C'est ainsi, en remontant aux vraies sources du mal, qu'on parviendra à le guérir. On le combat là où il n'est pas, où il n'a jamais été.

Mesures utiles à prendre.

A toute aggravation des droits de douane, nous préférerions assurément un large dégrèvement de l'impôt foncier, dont on demanderait l'équivalent à une taxe générale quelconque, répartie sur toute la population.

* * *

Contradictions protectionnistes.

Quelle contradiction, d'ailleurs, l'adoption de mesures prohibitives ne jetterait-elle pas dans la politique économique du pays ?

On frapperait de nouveaux droits les produits étrangers et on les éloignerait ainsi de notre pays, tandis que, d'autre part, on dépense des milliards à multiplier les grandes voies de communication, les lignes de chemins de fer internationales, les vastes réseaux télégraphiques. On multiplie à grands frais tous les moyens propres à activer les relations commerciales et maritimes entre la France et les autres peuples et, dans le même instant, de la même main, on repousserait ces produits étrangers qu'on semblait attirer et appeler !

Dilemme.

De deux choses l'une : ou le relèvement des droits profitera réellement à l'agriculture et ce ne peut être qu'au prix du renchérissement des choses les plus nécessaires à la vie, aux dépens du consommateur, et, dans ce cas, il est injuste, nuisible au plus grand nombre et, en définitive, funeste pour tous. Ou il n'aura aucun effet sur le prix des denrées, et alors l'agriculture n'en profitera point, tandis que les autres nations ne manqueront pas, néanmoins, d'user de représailles.

Ces représailles, craignons-les ; craignons ces guerres de tarifs dont le souvenir paraissait devoir être enseveli dans la nuit des temps, avec la lutte contre la Hollande sous Colbert, le blocus continental sous Napoléon Ier. Craignons cet état d'hostilités économiques qui ont, parfois, des répercussions politiques si considérables. N'oublions pas que l'abandon de nos traités de commerce n'a pas peu contribué, dans ces dernières années, à éloigner de nous l'Angleterre ; n'oublions pas surtout que c'est le régime de la liberté commerciale qui a favorisé le développement rapide d'une prospérité grâce à laquelle il nous a été possible de réparer si rapidement nos ruines et nos désastres.

La liberté seule apporte la prospérité.

GARANTI *PAR* L'ÉTAT ET GARANTIE *DE* L'ÉTAT

Distinctions nécessaires.

Lorsqu'on examine la cote officielle de la bourse de Paris, on y trouve inscrits plusieurs titres suivis d'une de ces deux mentions : « garanti par l'Etat » ou « garantie de l'Etat, conformément à la convention, etc. ». Ces mentions semblent avoir la même signification ; elles sont, en réalité, fort différentes.

Qu'est-ce que la garantie par l'Etat ?

Qu'est-ce qu'un titre garanti par l'Etat ?

C'est un titre qui est ou serait payé par l'Etat, si les engagements contractés envers ses détenteurs restaient en souffrance.

Lorsqu'on dit qu'un titre est garanti par l'Etat, cela signifie que l'Etat se substituerait à une société, à une ville, à une compagnie, à un gouvernement quelconque dans le cas où l'un d'eux ne paierait pas les sommes pour lesquelles il se serait engagé envers les détenteurs des titres qu'il aurait émis. Ainsi, les nouvelles obligations tunisiennes sont bien garanties par l'Etat. Que la Tunisie paie ou ne paie pas sa dette, le gouvernement français a pris un engagement formel ; en cas de non-paiement, il serait obligé de payer aux lieu et place de la Tunisie. Ainsi encore, les bons de liquidation de la ville de Paris. En vertu des lois des 7 avril et 20 juillet 1873 et du décret du 13 août 1873, la ville de Paris a contracté, sous la garantie de l'Etat, un emprunt de 140 millions destinés à indemniser les ayants droit des dommages à eux causés par l'insurrection du 18 mars 1871 et les opérations du second siège de Paris.

Exemples : La dette tunisienne.

L'emprunt de la ville de Paris, 1873.

Les grandes compagnies de chemins de fer.

Les obligations des grandes compagnies de chemins de fer, elles aussi, sont garanties par l'Etat.

Elles sont garanties non seulement par tous les revenus du chemin et par le capital social de la compagnie, mais, dans le cas improbable où ces revenus seraient insuffisants, les compagnies feraient appel au Trésor publie qui leur fournirait les sommes nécessaires au service de leurs titres. On ne pourrait payer un centime aux actions sans indemniser complètement les détenteurs d'obligations, si par impossible leur service restait en souffrance.

* * *

Qu'est-ce que la garantie de l'Etat ?

En est-il de même pour les valeurs qui sont inscrites à la cote officielle, sous cette dénomination : « garantie de l'Etat conformément à la convention du... etc. »

Assurément non. Dans ce cas, en effet, la garantie de l'Etat, accordée sous certaines conditions, ne devient effective que quand ces conditions ont été remplies.

Une compagnie, par exemple, se présente pour exécuter des travaux d'utilité publique en France, dans les départements, dans les colonies, à l'étranger ; l'Etat lui concède ces travaux et, pour l'aider à trouver plus facilement les capitaux dont elle a besoin, il lui accorde, en outre, sous certaines conditions, une garantie d'intérêt. Quand ces conditions, stipulées dans les conventions intervenues avec l'Etat, ont été remplies par la compagnie concessionnaire, la garantie fonctionne ; l'Etat est engagé, mais seulement à partir de ce moment.

Exemples : Les lignes algériennes.

Ainsi, pour l'exécution des travaux de chemins de fer qui s'accomplissent en Algérie, trois sociétés, celles de Bône à Guelma, de l'Est-Algérien, de l'Ouest-Algérien, ont obtenu d'importantes concessions de l'Etat et des garanties d'intérêts : mais les conditions dans lesquelles ces diverses concessions ont été accordées sont, sur certains points, bien différentes les unes des autres.

Bône-Guelma.

Pour le Bône à Guelma, par exemple, le préfet du département de Constantine, aux engagements duquel l'Etat s'est substitué par décret du 12 juin 1879, a « garanti à la ligne de Bône à Guelma, pendant la durée de la concession, 6 % d'intérêt, y compris l'amortissement ».

Est-Algérien. Ouest-Algérien.

Pour l'Est-Algérien et pour l'Ouest-Algérien, l'État a accordé sa garantie tantôt sur un capital d'établissement fixé à forfait, tantôt sous forme de minimum de revenu kilométrique.

Ainsi, pour la ligne de Constantine à Alger comprise entre Constantine et Maison-Carrée, les dépenses de la ligne de Sétif à Menerville ayant été évaluées à forfait à 69 millions, l'État a accordé une garantie de 3,450,000 francs, représentant l'intérêt à 5 % amortissement compris, de ces 69 millions.

Pour l'Ouest-Algérien, le gouverneur général de l'Algérie, agissant au nom de l'État, a accordé sur certaines lignes un intérêt de 4,85 % amortissement compris, sur le montant réel des dépenses de premier établissement ; sur d'autres lignes, cette garantie est représentée par un revenu net et annuel fixé à forfait.

Ainsi, 6 % d'intérêt, amortissement compris, au Bône à Guelma, 5 % à l'Est-Algérien, 4,85 % à l'Ouest-Algérien, voilà déjà des différences assez sensibles dans le montant des garanties d'intérêt accordées et ces différences peuvent, dans certains cas, modifier sensiblement la situation des actionnaires et des obligataires.

* * *

Situation particulière de ces différentes lignes.

Ce ne sont pas, du reste, les seules différences qui existent entre ces trois compagnies.

Pour le Bône-Guelma, nous trouvons dans la convention du 13 septembre 1872 une clause ainsi conçue :

> Pour rendre effective la garantie de 6 % dont il est parlé ci-dessus, le département s'oblige, aussitôt après l'achèvement des lignes, sa réception par le département et sa mise en exploitation, à autoriser l'inscription sur les titres de la société à constituer, de la garantie du département pour le payement des intérêts ; ces intérêts garantis ne peuvent, dans aucun cas, dépasser les six cent mille francs garantis par la présente convention. (Art. 5.)

Cette clause, très nette, ne se retrouve pas dans les conventions passées avec l'Est-Algérien et l'Ouest-Algérien.

Relativement à l'Est-Algérien, la loi du 23 août 1883 (art. 3 et 4) stipule qu'il est défendu aux membres du parlement de faire partie du conseil d'administration de la compagnie. Cette interdiction n'est pas mentionnée dans les décrets de concession du Bône à Guelma et de l'Ouest-Algérien.

Pour cette dernière ligne, nous trouvons, dans la loi du 5 août 1882, la clause suivante sur laquelle nous appelons l'attention :

> Le ministre des travaux publics pourra toujours exiger que les fonds qui proviennent d'émissions d'obligations seront déposés, en tout ou partie, à la Caisse des dépôts et consignations ou à tout autre établissement agréé par lui, pour n'en être retirés que sur son autorisation, au fur et à mesure de l'avancement des travaux. (Art. 4).

Cette mesure est fort sage ; elle devrait être obligatoire pour toutes les compagnies qui, dans des émissions publiques, indiquent qu'une garantie de l'Etat est attachée aux titres qu'elles émettent.

Ce qu'il convient de faire remarquer encore, c'est que, pour les trois compagnies, la garantie ne commence à courir qu'au jour de la livraison totale ou partielle de la ligne.

De plus, un décret du 26 janvier 1880 a déterminé les formes suivant lesquelles la compagnie de Bône-Guelma et — par application du même décret, — les autres compagnies, sont tenues de justifier vis-à-vis de l'Etat des recettes brutes de leur exploitation.

Ces comptes sont soumis à l'examen d'une commission instituée par le ministre des travaux publics et composée de sept membres : un conseiller d'Etat, président ; trois membres nommés par le ministre des travaux publics, trois membres nommés par le ministre des finances.

Lorsque les comptes sont vérifiés, lorsque la commission a adressé son rapport au ministre des travaux publics, qui le communique au ministre des finances ; lorsque, à son tour, le gouverneur de l'Algérie a transmis, avec ses observations, au ministre des travaux publics les comptes provisoires semestriels des compagnies, c'est alors, mais alors seulement, « s'il paraît résulter du compte semestriel provisoire ou du compte annuel qu'il y a lieu à l'application de la garantie du revenu » (décret du 26 janvier 1880, art. 7), que cette garantie fonctionne et que le montant de l'acompte à payer à la compagnie est arrêté par les ministres compétents.

Faisons remarquer aussi que les sommes que l'Etat a versées ou peut verser pour la garantie qu'il accorde constituent de simples « avances remboursables » par les compagnies à l'Etat dans les conditions prévues par les conventions. Nature des garanties d'intérêt.

* * *

Par tous les faits que nous venons de citer, on voit combien sont nombreuses les précautions que l'Etat a prises : il est donc essentiel que le public connaisse, dans tous leurs détails, les clauses et conditions en vertu desquelles les compagnies ont obtenu des garanties d'intérêt ou des subventions quelconques. Conditions à remplir pour que les garanties d'intérêt soient effectives.

Pour que la garantie soit réelle, complète, effective, il faut que les travaux soient terminés ; — que la ligne ait été achevée, reçue par les agents du gouvernement, mise en exploitation; — que les comptes des compagnies aient été acceptés et reconnus justes par l'Etat. Tant que ces conditions principales ne sont pas remplies, la garantie de l'Etat n'est que provisoire, éventuelle et reste soumise à l'exécution complète d'engagements contractés.

Ainsi, pour les lignes faisant partie du réseau de la Compagnie de Bône à Guelma, de l'Est-Algérien, de l'Ouest-Algérien qui sont, à l'heure actuelle, terminées, achevées, reçues par le gouvernement, mises en exploitation, et dont les comptes d'établissement ont été reconnus exacts et approuvés par l'autorité supérieure, la garantie de l'Etat est incontestable : les titres émis par ces compagnies sont bien garantis par l'Etat ; mais, pour les nouvelles lignes à construire, la « garantie de l'État » ne sera acquise que lorsque les travaux seront achevés, quand les conditions qui ont motivé cette « garantie de l'État » auront été remplies, exécutées.

Il est nécessaire aussi de faire remarquer que l'État n'accorde spécialement aucune garantie aux obligations des compagnies. Il ne connaît que la compagnie et non ses créanciers. C'est à cette dernière qu'il appartient de répartir aux ayants droit les sommes qu'elle peut recevoir de l'État : elle peut, suivant les dépenses d'établissement de son réseau, se tromper dans ses devis, dans ses comptes, et, en ce cas, les actionnaires d'abord, les obligataires ensuite, pourraient subir quelque mécompte : l'État, lui, ne serait engagé en rien au delà de ce qui a été stipulé dans les conventions. Le fait ne s'est pas encore produit ; mais il suffit qu'il soit possible pour que le public en tienne compte et soit averti.

L'État ne connaît que les compagnies, non les porteurs de leurs titres.

Distinctions à faire sur la cote officielle selon la garantie accordée.

Aussi nous semble-t-il que la chambre syndicale des agents de change devrait se demander si elle agit sagement, si elle est bien dans la vérité lorsqu'elle confond, sous la même rubrique, sous la même dénomination, les titres provenant des émissions récentes, s'appliquant à des travaux « à faire », ne devant jouir « qu'ultérieurement » de la garantie de l'État, avec ceux provenant d'émissions anciennes et dont le montant a pu être employé conformément aux conditions requises par l'État pour que sa garantie leur soit applicable.

Cette différence est, à nos yeux, fort importante : elle ne doit pas être ignorée des agents de change, des banquiers et des compagnies. Le public ne la connaît pas suffisamment ; c'est lui, cependant, qui a le plus grand besoin d'être renseigné. Il est utile, en effet, qu'il sache qu'il ne suffit pas qu'une valeur ait une garantie « de » l'État pour qu'elle soit effectivement garantie « par » lui, et pour qu'il soit astreint, quand même, à payer le coupon des actions et des obligations.

LE RÉGIME DOUANIER DES COLONIES

CE QUE L'ON VOIT ET CE QUE L'ON NE VOIT PAS

Les questions coloniales ont pris de nos jours une grande importance. La vieille Europe se sent trop à l'étroit chez elle ; partout, elle cherche des pays neufs à exploiter, dans lesquels elle pourra développer son industrie et son commerce. L'Angleterre, malgré ses puissantes et nombreuses colonies, veut étendre encore ses conquêtes ; la Russie s'avance vers les Indes ; l'Allemagne, la Belgique s'occupent du Congo. La France est un peu partout : en Tunisie, au Sénégal, à Madagascar, en Chine, au Tonkin. L'Italie veut sa part sur les bords de la mer Rouge. L'Espagne et le Portugal désireraient, eux aussi, obtenir quelque petit pays oublié par les grandes puissances. *Expansion coloniale.*

Cette expansion coloniale soulève de nombreuses questions, surtout en ce qui concerne notre pays. Nous avons des colonies depuis de longues années : nous en voulons obtenir d'autres ; mais elles coûtent cher à la métropole. Comment faire pour que ces possessions lointaines rapportent à la mère-patrie ? Comment devons-nous procéder pour en tirer le plus fructueux parti ? Quel doit être le meilleur régime douanier que l'on pourrait employer ? Dans les sociétés savantes, à la Société d'économie politique comme à la Société de statistique, dans les grands centres commerciaux comme au Syndicat général de l'union du commerce et de l'industrie, la question est posée ; elle a déjà donné lieu à de brillantes discussions. *Avantage à en retirer.* *Discussions dans les corps savants.*

Les pouvoirs publics, eux aussi, se préoccupent de la meilleure solution à donner à ces grands problèmes. Mais il semble, d'après les tendances qui se manifestent un peu partout, qu'on veuille, en quelque sorte, rétablir le pacte colonial qui faisait des colonies un *Préoccupations des pouvoirs publics.*

Autonomie ou pacte colonial.

marché uniquement réservé à la mère-patrie. L'autonomie douanière des colonies que leur avaient donnée la loi de 1861 et le sénatus-consulte de 1866, est menacée. Les colonies avaient supprimé leurs douanes et les avaient remplacées par un octroi de mer purement fiscal qui frappait tous les produits sans distinction d'origine. On voudrait aujourd'hui tout changer, revenir en arrière et trouver dans l'application de l'ancien pacte colonial les moyens d'enrichir et la métropole et les colonies. Il y a là une grande illusion. L'ancien système a été la ruine de nos possessions d'outre-mer : des mesures rétrogrades produiraient, de nos jours, les mêmes effets qu'elles ont produits autrefois.

* * *

Ce qu'on voit et ce qu'on ne voit pas.

A ceux qui soutiennent que dans le régime douanier des colonies il faut modifier ce qui existe et retourner sur ses pas on pourrait répondre, comme le disait Bastiat, que, dans certains faits de l'ordre économique, il y a « ce qu'on voit », il y a aussi « ce qu'on ne voit pas ».

Ce qu'on voit, c'est que les colonies sont inutiles et nous coûtent beaucoup, en hommes et en argent.

Ce qu'on ne voit pas, c'est que, comme le disait récemment M. Léon Say, « ce point de vue particulier du doit et de l'avoir ne suffit pas pour résoudre la question de principe, un grand nombre de raisons de l'ordre moral ou politique pouvant amener un Etat à conserver ou même à conquérir une colonie qui ne rapporterait que peu ou point à la métropole ».

Ce qu'on voit, c'est que les colonies font bien plus d'affaires avec l'étranger qu'avec nous ; c'est qu'elles achètent une grande quantité de produits étrangers et n'achètent pas les nôtres.

Ce qu'on ne voit pas, c'est qu'elles ont intérêt à agir ainsi : obliger les colons à acheter les denrées de la métropole de préférence à celles des autres pays, c'est comme si on les frappait d'un impôt égal à la différence des prix des denrées de la métropole et des similaires de l'étranger.

Ce qu'on ne voit pas, c'est qu'en défendant aux colons d'exercer certaines industries, c'est qu'en monopolisant l'achat des marchandises dont ils ont besoin ou la vente de celles dont ils disposent, on empêche leur richesse de croître, on arrête le développement de leur bien-être.

Ce qu'on ne voit pas, c'est que, par des mesures restrictives et rétrogrades, la vie devenant plus chère ou aussi chère aux colonies qu'en France, on tuerait dans l'œuf le mouvement de colonisation que l'on s'efforce de développer. Les colonies qui ne sont pas riches et coûtent déjà au budget 34 millions par an, sans compter l'Algérie, coûteraient davantage, car elles s'appauvriraient davantage chaque jour. La métropole viendrait au secours des colons par de nouveaux subsides. Sur qui retomberait cette augmentation de charges ? Sur les contribuables de la mère-patrie.

Ce qu'on ne voit pas, en excluant les produits étrangers des marchés coloniaux, c'est la répercussion que produirait cette exclusion sur l'ensemble des échanges. Qui produit moins, qui vend moins, achète moins. Or, il ne faut pas oublier que la France est encore un grand pays d'exportation et que cette exportation subirait le contre-coup de toutes les mesures restrictives dont nous aurions frappé les produits étrangers. « En voulant nuire aux autres, on se nuit à soi-même. » Cette vieille parole de Turgot est et sera toujours vraie.

* * *

Conséquences d'un retour à l'ancien régime colonial.

A quel résultat aboutirait le retour à l'ancien régime colonial ? régime « qui, suivant l'expression d'un de nos économistes éminents, M. de Molinari, n'a point le mérite de la nouveauté, car il date de Charles-Quint ». La France verrait ses producteurs nationaux, ayant seuls l'exploitation du marché des colonies, protégés et enrichis. Voilà ce qu'on voit.

Ce serait, à notre avis, l'exacte répétition du système employé autrefois par l'Espagne. Cette dernière empêchait même les navires étrangers de débarquer des marchandises dans ses colonies. Ce fut la ruine de ses possessions. Voilà ce qu'on ne voit pas. Pendant le même temps, l'Angleterre opposait à une politique coloniale oppressive une politique libérale. Pendant que les Espagnols se ruinaient, les Anglais s'enrichissaient. Voilà encore ce qu'on ne voit pas.

Système anglais.

De nos jours, l'Angleterre a suivi avec ses colonies un régime libéral : elle leur permet de se gouverner et de s'administrer elles-mêmes ; de s'approvisionner comme elles l'entendent : elle se garde bien de stipuler aucun droit différentiel en faveur des produits de la métropole. Voilà ce qu'on voit. Grâce à ce système, le commerce des Anglais avec leurs colonies a toujours été en croissant. Voilà ce qu'on devrait voir et qu'on ne voit pas.

Ce qu'on voit, c'est que les colons achèteront plus cher ce qu'ils peuvent acheter aujourd'hui à meilleur marché.

Ce qu'on ne voit pas, c'est qu'ils chercheront à se soustraire à une telle oppression ; c'est qu'ils se détacheront de la métropole et demanderont d'autres maîtres. De là, dans l'avenir, des révoltes, des luttes, des guerres longues et coûteuses. Qui en paiera les frais ? Les contribuables de la mère-patrie.

Ce qu'on ne voit pas, c'est qu'aussi bien en France que dans nos colonies, le commerce français doit lutter contre la concurrence étrangère, en réduisant ses prix de revient, en fabriquant à meilleur marché, en vendant ses produits dans les conditions les plus favorables de prix et de qualité. Pour obtenir ce résultat, il est nécessaire que nous ayons de bonnes finances publiques, un système d'impôts plus équitable et mieux réparti.

Mais, en admettant même que nous ne réussissions pas, que nous ne puissions vendre, dans nos colonies, autant que les étrangers, gardons-nous bien de toute mesure rétrograde, répressive ; restons encore sur le terrain de la liberté. Si la vie est à bon marché dans nos colonies, si elles s'enrichissent, nous serons les premiers à en profiter, car elles attireront à elles tous les émigrants qui cherchent, à l'étranger, une terre hospitalière. Les budgets de nos colonies se ressentiront de la prospérité des colons et, par conséquent, nous coûteront moins qu'ils ne nous coûtent, en attendant qu'ils deviennent productifs. Qu'on en soit bien convaincu — l'histoire et l'expérience des faits le prouvent — les lois de réaction n'ont jamais profité à personne, ni aux peuples qu'on a voulu protéger, ni à ceux qui se sont donné le rôle de protecteurs.

Ici encore, la liberté, c'est la prospérité.

LE PRIVILÈGE DE LA BANQUE DE FRANCE.

SON RENOUVELLEMENT

Privilège à terme au 31 décembre 1897.

Le privilège de la Banque de France, conféré par les lois des 24 germinal an XI, 22 avril 1806, 30 juin 1840, 9 juin 1857, prendra fin le 31 décembre 1897, c'est-à-dire dans douze années.

La loi de germinal an XI avait accordé à la Banque un privilège qui devait expirer en 1821. Dès le 22 avril 1806, quinze ans avant, une prorogation de vingt-cinq années était accordée. En 1840, la loi du 30 juin étendit à nouveau cette prorogation jusqu'au 31 décembre 1867. Dix ans avant l'expiration de ce terme, la loi du 9 juin 1857 prorogeait encore de trente ans, c'est-à-dire jusqu'au 31 décembre 1897, la durée de notre premier établissement de crédit.

Convient-il de s'occuper, dès à présent, du renouvellement de son privilège ? Quelles sont, dans ce cas, les modifications qu'il conviendrait d'apporter au contrat actuel et qui pourraient être demandées dans l'intérêt du commerce et de l'industrie ? quels sont les moyens à employer pour que ceux-ci fassent entendre leurs vœux sur une question aussi importante ? Quelles sont les réformes qui peuvent être utiles à l'Etat et aux particuliers ?

Tels sont les points principaux que nous nous proposons d'examiner.

* * *

Opportunité d'un renouvellement actuel.

L'opportunité de cette grave question du renouvellement du privilège de la Banque de France ne semble pas contestable. Tous les gouvernements qui, depuis le commencement du siècle, se sont occupés de cette institution, n'ont jamais attendu jusqu'au dernier moment pour renouveler son privilège. Un établissement qui dispose de la majeure partie de la fortune publique, qui a un encaisse de 2 milliards, une circulation de près de 3 milliards pouvant être portée à 3 milliards 500 millions, ne saurait, en effet, rester livré aux hasards des événements. On ne peut sans cesse retarder l'examen et la solution d'une telle question. Il est nécessaire, dans l'intérêt de l'Etat, du crédit public, du commerce, de tous, que la Banque ait la sécurité du lendemain, la confiance dans sa durée. Il faut qu'elle sache longtemps avant l'expiration de son bail, si nous pouvons nous exprimer ainsi, si elle sera expropriée ou si le bail sera renouvelé. Si elle n'est pas fixée à l'avance, comment pourrait-elle améliorer ou développer les affaires dont elle a la garde ?

Prévisions de durée nécessaires.

Des exemples récents démontrent combien il est utile, pour les grands établissements financiers, de fixer longtemps d'avance la durée de leurs opérations sociales.

La durée du Comptoir d'escompte expirait le 18 mars 1887. En 1883, cet établissement convoquait ses actionnaires en assemblée extraordinaire pour le 31 janvier 1884, et cette assemblée prorogeait jusqu'au 18 mai 1927 la durée du Comptoir.

Le Crédit foncier de France avait primitivement une durée de quatre-vingt-dix-neuf ans, du 30 juillet 1852 au 30 juillet 1951. Par décision de l'assemblée des actionnaires du 20 juin 1882, décision approuvée par décret du 26 juillet 1882, la durée de la société a été prorogée jusqu'au 31 décembre 1980, soit quatre-vingt-dix-neuf ans à partir du mois de décembre 1881. Cette clause importante permet maintenant de faire des prêts hypothécaires et d'émettre des obligations remboursables en quatre-vingt-dix-neuf années, tandis qu'avant 1882, les prêts que le Crédit foncier consentait, les obligations qu'il créait, devaient être remboursables au plus tard vers 1951, soit dans soixante-neuf ans.

Lenteurs apportées à la confection des lois d'affaires.

A un autre point de vue, croit-on que douze années soient un bien long espace de temps pour résoudre avec maturité, avec réflexion, avec sagesse, des problèmes aussi complexes, aussi ardus ? Ne sait-on pas, par expérience, combien nous sommes, en France, nonchalants pour l'examen et la solution des affaires commerciales et industrielles ? Autant nous nous enflammons pour les questions politiques, autant nous sommes enclins à traiter immédiatement les sujets les plus divers de la politique intérieure ou extérieure, autant nous sommes froids, réservés pour les lois d'affaires.

L'exemple des conventions de chemins de fer, etc.

Nous en avons la preuve par ce qui s'est passé pour les conventions de chemins de fer, pour la réforme de la loi de 1867, pour la législation des faillites, pour l'abrogation de l'article 105 sur les transports ! La question des chemins de fer a commencé à être soulevée en 1875 : il a fallu près de neuf ans pour la résoudre. La réforme de la loi de 1867, dont les imperfections ont été maintes fois signalées, ne sera probablement pas votée par la législature actuelle. La loi sur les faillites, l'abrogation de l'article 105 subiront le même sort. Eh bien, se figure-t-on la Banque de France arrivant au terme de sa durée sociale et ne sachant que faire, quelle mesure employer pour proroger ou liquider ses opérations ? Se figure-t-on l'émotion qui pourrait se produire parmi ces milliers de détenteurs de billets de banque et de déposants, émotion qui serait, on peut le dire, universelle ?

Etudes à faire et accords à réaliser.

Il est donc nécessaire que, dès maintenant, la question soit posée, afin que les pouvoirs publics soient avertis, qu'ils puissent recevoir en temps utile les vœux du commerce et de l'industrie, que les chambres de commerce et les chambres syndicales puissent être consultées ; il est utile, enfin, si un nouveau traité doit intervenir avec la Banque, que ce traité soit l'expression fidèle des vœux du commerce et des contribuables et qu'il réponde aux désirs de l'Etat et de la Banque, c'est-à-dire des deux parties contractantes, qui ont intérêt à se faire de mutuelles concessions et à s'accorder de mutuels avantages.

* * *

Réformes à poursuivre.

Il n'est pas douteux que si l'Etat accorde à la Banque de France la prorogation de son privilège, il ne lui demande plusieurs réformes et plusieurs services dont le public et le pays pourraient profiter. Ces services sont d'ailleurs déjà rendus par les banques de plusieurs pays voisins.

Obligations imposées à la Banque d'Angleterre.

En Angleterre, la Banque conduit les opérations de banque du gouvernement et se charge de l'administration de la dette nationale. Elle tient les comptes des différents propriétaires de rentes, transfère les fonds publics achetés et vendus par eux, paye les intérêts semestriels à leur échéance.

Le gouvernement profite des opérations de la Banque de trois manières : 1° par une redevance annuelle de 1,500,000 francs comme droit de timbre sur les billets de banque ; 2° par une contribution annuelle de 3 millions sur les billets émis en garantie de valeurs jusqu'à concurrence de 350 millions ; 3° par une somme annuelle d'environ 500,000 francs correspondant au profit des billets émis au-dessus de la limite de 350 millions.

En Belgique, la Banque nationale est chargée de faire gratuitement le service de caissier de l'État. Elle reçoit les versements et fait les payements pour le compte de l'État dans toutes ses agences. Elle est chargée du service des titres de la dette publique, fait le placement des fonds disponibles du Trésor, etc. L'État participe pour un quart dans les bénéfices de la Banque excédant 6 %. Le taux au-dessus duquel le produit de l'escompte est attribué à l'État est de 5 %. Il est bonifié, en outre, 1/4 % par semestre sur l'excédent de la circulation moyenne des billets au delà de 275 millions de francs. En Belgique.

En Autriche, les statuts de la Banque lui permettent de faire des affaires de commission pour l'État. En Autriche.

En Hollande, la Banque est chargée gratuitement des fonctions d'agent du Trésor à Amsterdam. Elle garde le Trésor public de l'État, dont le montant figure sur le bilan parmi les comptes courants. Elle reçoit des versements et fait des paiements jusqu'à concurrence du solde en faveur de l'État. En Hollande.

En Espagne, la Banque se charge de la perception des contributions dans toutes les provinces où il n'existe pas de bureaux de perception. Elle garantit, avec ses capitaux, les résultats de la perception des impôts. Elle a droit, en échange de ses services, à 2,62 pesetas % sur l'impôt foncier et à 3.40 pesetas % sur les taxes industrielles et autres qu'elle perçoit. En Espagne.

En Allemagne, la Banque de l'empire doit recevoir et effectuer, sans compensation, des paiements pour le compte de l'empire jusqu'à concurrence du crédit de ce dernier. Elle est autorisée à se charger des mêmes affaires pour le compte des États confédérés. Elle est obligée d'administrer gratuitement les capitaux de l'empire et de tenir la comptabilité des paiements faits et reçus pour le compte de ce dernier. Le gouvernement participe, dans une large part, aux bénéfices nets annuels de la banque. Déduction faite de l'intérêt fixe sur le capital versé et de la part qui doit être mise aux réserves, le solde des bénéfices est divisé en deux En Allemagne.

parties égales. L'une appartient aux actionnaires; l'autre, au Trésor impérial. Si le dividende des actionnaires, y compris l'intérêt du capital versé, s'élève au-dessus de 8 %, toute somme excédant ce chiffre de 8 % est divisée en quatre parties égales : trois reviennent au Trésor impérial, la quatrième aux actionnaires.

En Russie. En Russie, la Banque reçoit en compte courant l'encaisse disponible de la trésorerie centrale et des trésoreries de district, elle est chargée de l'émission et de la souscription des emprunts de l'Etat, des bons du Trésor, du service des tirages et des coupons. L'Etat participe aux bénéfices de la Banque ; ces bénéfices sont destinés à rembourser et à annuler divers emprunts consentis autrefois par la Banque à l'Etat, ainsi qu'à former un capital de réserve ; lorsque la réserve aura atteint la somme de 3 millions de roubles, les bénéfices seront réservés à l'amortissement des billets émis en vue de consolider les dépôts des anciens établissements de crédit : cet amortissement accompli, ils appartiendront à l'Etat.

En Italie. En Italie, l'Etat participe aux bénéfices de la Banque, et cette dernière se charge de diverses opérations de trésorerie pour le compte de l'Etat.

* * *

Services à obtenir de la Banque de France. Cette énumération des services rendus dans les pays voisins par les banques dotées d'un privilège démontre que la Banque de France peut être appelée à développer encore son activité financière, au grand avantage de l'Etat et du pays.

La Banque de France, par la création de nombreuses succursales auxquelles sont rattachées un grand nombre de villes et de communes, rayonne aujourd'hui dans toute la France ; elle est entourée, à juste titre, de la confiance de tous.

l'Etat, pour plusieurs de ses services de trésorerie qui lui coûtent cher, pourrait réaliser d'importantes économies dont les contribuables pourraient profiter ? Trésorerie.

Il serait à désirer que la Banque, à Paris et dans ses succursales, fût chargée du paiement gratuit des rentes et valeurs émises par l'Etat.

Plus nombreux seront les guichets ouverts pour le service de notre dette nationale, mieux nos fonds publics seront appréciés, vulgarisés. Ce sont là autant de bénéfices indirects dont profiterait le crédit de l'Etat.

La Banque de France devrait être autorisée à recevoir les ordres d'achats et de ventes de valeurs au comptant pour le compte du public, de sa clientèle, de ses comptes courants et déposants. Ordres de bourse.

A l'heure actuelle, un capitaliste qui a ses fonds ou valeurs déposés à la Banque est obligé de retirer ses fonds ou valeurs pour les porter dans un autre établissement qui effectue les opérations qu'il désire ; de là, pour le public et pour la Banque, complication et surcroît de travail.

Comme la Banque ne peut exécuter les ordres de bourse au comptant de sa clientèle, il y a, chaque jour, pour cet établissement, une augmentation énorme dans le mouvement des fonds. Voici, en effet, ce qui se produit : les capitaux qu'un particulier retire de la Banque pour les verser chez un agent de change qui exécute son ordre sont, à leur tour, versés à nouveau, par l'agent de change, dans les caisses de la Banque ; de là, double mouvement de fonds, double mouvement d'écritures.

Pour l'escompte des effets de commerce, la Banque de France devrait être autorisée, ainsi que cela se passe en Angleterre, à pouvoir escompter au-dessous de son taux officiel, suivant la qualité du papier qui lui est présenté. Escompte.

En appliquant uniformément le même taux à tous les effets de premier, de deuxième, de troisième ordre, la Banque de France peut courir de gros risques et ne gagne pas davantage : le papier de choix, le premier papier, est toujours négocié à des taux inférieurs à celui de son propre escompte ; il lui échappe, tandis que le papier de qualité inférieure ne manque pas d'entrer dans son portefeuille. Les banques particulières ne demandent jamais le même prix aux effets de première solidité et à ceux de valeur moindre. La Banque d'Angleterre n'agit pas différemment. Il conviendrait de suivre son exemple.

Le taux officiel de l'escompte devrait être un taux au-dessus duquel la Banque ne pourrait jamais s'élever, mais au-dessous duquel, selon ses convenances et la qualité des effets, il lui serait toujours loisible de descendre ; les premières signatures devraient pouvoir se négocier à la Banque à meilleur compte que les deuxièmes, et celles-ci à meilleur marché que les troisièmes.

Papier français tiré sur l'étranger.

A un autre point de vue, pourquoi la Banque de France, qui accepte du papier étranger tiré sur des négociants français, n'accepterait-elle pas également du papier français tiré sur des négociants étrangers ? De ce chef encore la Banque délaisse une nombreuse clientèle de premier choix.

Chèques.

En ce qui regarde le service des chèques, est-ce qu'il ne serait pas désirable que ceux qu'elle délivre de Paris sur ses succursales de province, et vice versa, ne fussent pas assujettis à d'autres droits que le timbre usuel de 20 centimes ? La commission que prélève la Banque est de 5 centimes par 100 francs, avec minimum de 50 centimes sur tous les billets à ordre qu'elle délivre à toute personne qui se présente à ses caisses, à Paris, dans les succursales ou dans les bureaux auxiliaires, sur chacun de ses comptoirs et succursales.

Cette commission est, en réalité, peu élevée, mais elle est égale ou légèrement supérieure à celle que prennent tous les établissements financiers de Paris. Ces derniers ont des succursales dans les départements et délivrent des chèques et billets à ordre et effectuent des versements et des virements de fonds à taux égaux, sinon moins élevés que ceux de la Banque. Or, pour cette dernière, privilège oblige. Ce sont là des services utiles qu'elle devrait rendre aux conditions les plus modiques.

Virements.

Il est vrai que des virements gratuits sont accordés par la Banque — à Paris sur les succursales et dans les succursales sur Paris — aux comptes courants jouissant de la faculté d'escompte, et aux comptes courants simples, jusqu'à concurrence du montant de leurs escomptes, ainsi que de leurs remises à l'encaissement ; mais il serait bon que des facilités plus grandes fussent accordées aux particuliers qui, ayant purement et simplement besoin d'envoyer des fonds en province et n'ayant aucun compte ouvert à la Banque, s'adressent à tout autre établissement pour la transmission de ces fonds.

Dépôts de titres.

Il serait également à désirer que les droits de garde des titres déposés à la Banque fussent moins élevés.

La Banque, on le sait, reçoit des titres en dépôt. En voici le relevé depuis dix ans :

ANNÉES (FIN DÉCEMBRE)	NOMBRE de TITRES en caisse
1876	2.057.517
1877	2.006.668
1878	2.043.000
1879	2.077.167
1880	2.083.989
1881	2.152.470
1882	2.392.283
1883	2.509.496
1884	2.698.252

La Banque reçoit en dépôt, à Paris et dans ses succursales de Bordeaux, Lyon et Marseille, les valeurs de toute nature, françaises et étrangères, moyennant un droit de garde annuel de : 10 centimes par 25 francs de rente ; — 20 centimes par action ou obligation d'une valeur de 1,000 francs et au-dessous ; — 10 centimes en sus par 1,000 francs ou fraction de 1,000 francs ;

Opérations sur titres en dépôt.

Elle encaisse gratuitement et paye au porteur du récépissé les arrérages de ces valeurs.

Elle se charge de faire timbrer les titres, d'en opérer l'échange, de les faire regarnir de coupons moyennant une commission égale à la moitié du droit de garde.

Elle encaisse les titres amortis et elle effectue, après provision reçue, les versements sur les valeurs non libérées moyennant une commission de 1 franc pour 1,000 francs.

Tout déposant de valeurs à la Banque centrale ou aux succursales de Bordeaux, Lyon et Marseille, peut se faire inscrire à une succursale pour y toucher ses arrérages ; ils lui sont payés sous la déduction d'un droit de 5 centimes pour 100 francs, avec minimum de 50 centimes.

Les propriétaires de valeurs en dépôt peuvent, en présentant leurs récépissés, et en justifiant de leur identité, obtenir des avances dans tous les comptoirs de la Banque, quand les valeurs déposées sont au nombre de celles sur lesquelles la Banque fait des prêts.

Leur coût élevé à la Banque.

Ces conditions sont plus onéreuses de beaucoup que celles des autres grands établissements financiers de Paris : Crédit foncier, Comptoir d'escompte, Société générale, Crédit lyonnais, Crédit industriel. Sur ce point encore, privilège oblige. Si la Banque abaissait le taux de sa rémunération, elle rendrait de grands services au public ; l'augmentation du chiffre des dépôts lui ferait percevoir des commissions plus nombreuses et plus importantes que celles qu'elle reçoit avec son tarif actuel.

On sait que la Banque reçoit seulement des titres en dépôt à Paris et dans ses succursales de Lyon, Marseille et Bordeaux. Nous croyons devoir appeler l'attention sur l'utilité qu'il y aurait à étendre ce service dans un plus grand nombre de succursales. Ces opérations de dépôt ne procurent à la Banque que des bénéfices bien peu importants, il est vrai, en comparaison des lourdes charges et de la responsabilité qu'elles lui imposent ; mais on ne doit considérer que les services que le public est en droit d'attendre d'un établissement privilégié ; or, l'institution et le développement des caisses de dépôts constituent l'un des fonctionnements les plus utiles au public et les plus recherchés par lui.

Retraits partiels.

Il serait nécessaire aussi de rendre plus faciles les retraits partiels de titres portés sur un certificat de dépôt. Il y a là une quantité de formalités à remplir, qui exigent beaucoup de temps et coûtent de l'argent.

* * *

Participation de l'État aux bénéfices.

La participation de l'Etat dans les bénéfices de la Banque, une part plus large réservée à l'élément commercial dans le conseil de régence, une modification aux statuts pour le nombre d'actions exigibles pour faire partie de l'assemblée des actionnaires, l'augmentation ou le maintien du chiffre actuel du capital social de la Banque de France, tels sont les points qui nous restent à examiner.

Dans plusieurs grands pays étrangers, ainsi que nous l'avons indiqué au début de cet exposé, l'Etat participe aux bénéfices de la Banque au delà d'un certain chiffre. Il semblera naturel de demander que les conditions et le montant de cette participation soient examinés par le gouvernement et par la Banque. Comme compensation, ou plutôt comme rémunération du renouvellement de son privilège, la Banque, au delà d'un revenu minimum réservé à ses actionnaires, pourrait accorder à l'Etat un droit de partage dans ses bénéfices. La Banque peut agir avec l'Etat comme les compagnies de chemins de fer ont agi avec lui. L'Etat, de son côté, trouverait dans ces bénéfices des ressources qui allégeraient d'autant le budget.

Conseil de régence.

En ce qui concerne le conseil de régence, on sait que c'est l'assemblée générale qui en nomme les membres.

Il faut d'abord être un des plus forts actionnaires de la Banque et faire partie de l'assemblée annuelle pour pouvoir être éligible. Aux termes de la loi du 24 germinal an XI, le conseil de régence doit être composé de 15 régents et 3 censeurs ; 5 régents et 3 censeurs sont manufacturiers ou commerçants ; 3 régents sont receveurs généraux (loi du 22 avril 1806). Les autres membres sont choisis dans la haute banque.

Il est à remarquer que le nombre des membres du conseil de régence de la Banque est toujours resté le même. La Banque a porté son capital de 45 à 90 millions, de 90 millions à 182 millions 1/2 ; ses opérations totales, qui étaient de quelques millions au début, se chiffrent maintenant par milliards et, cependant, le nombre de ses administrateurs est toujours resté le même. Il est inférieur à celui de nos principales sociétés de crédit, de nos compagnies de chemins de fer.

Il y aurait lieu d'examiner si, conformément au désir exprimé par plusieurs chambres syndicales, à différentes reprises, le nombre des membres du conseil de régence ne pourrait pas être augmenté de telle sorte que les représentants du haut commerce y fussent en plus forte majorité.

Assemblées générales.

Cette modification appellerait plusieurs réformes dans les statuts. Il ne faut pas oublier, en effet, que ce sont les plus forts actionnaires de la Banque qui nomment, en assemblée générale, les régents et censeurs. Les 182,500 actions dont se compose le capital de la Banque sont réparties entre 25,098 actionnaires ; 116,849 actions appartiennent à des propriétaires ayant la libre disposition de leurs biens ; 65,651 appartiennent à des établissements publics, à des femmes mariées, à des mineurs et à des interdits (1). Pour faire partie de l'assemblée des actionnaires de la Banque, il faut posséder 100 titres environ. Au cours actuel de 5,000 francs, on voit que le plus « petit » actionnaire de la Banque, participant aux assemblées, est un demi-millionnaire. Parmi les plus forts actionnaires de la Banque, on en compte plusieurs qui possèdent plus de mille actions, c'est-à-dire un capital de plus de 5 millions. On comprend facilement que le choix des actionnaires se porte de préférence sur les gros détenteurs de titres plutôt que sur les petits. Voilà pourquoi aussi, étant donné le mode de composition de l'assemblée générale, il est difficile, pour le moyen commerce, d'avoir des représentants au sein du conseil de régence de la Banque. Pour modifier cette situation, il faudrait donc reviser les articles 10 et 11 de la loi du 24 germinal an XI, qui décident « que l'universalité des actionnaires de la Banque sera représentée par 200 d'entre eux qui, réunis, formeront l'assemblée générale de la Banque (art. 10)... Les 200 actionnaires qui composeront l'assemblée générale seront ceux qui, d'après la revue de la Banque, seront constatés être, depuis six mois révolus, les plus fort propriétaires de ses actions. En cas de parité dans le nombre des actions, l'actionnaire le plus anciennement inscrit sera préféré (art. 11). »

Dans une société aussi démocratique que la nôtre, à une époque où la propriété mobilière et immobilière est divisée à l'infini, peut-être serait-il plus libéral, plus conforme à nos mœurs, de rendre plus accessible au petit actionnaire l'entrée des assemblées de la Banque. Dans les grandes compagnies de chemins de fer, il suffit d'être détenteur de 20 à 40 actions pour avoir le droit d'assister aux réunions d'actionnaires. La véritable justice consisterait à ouvrir les portes de la Banque à tout porteur d'actions et à lui donner le droit de vote suivant l'importance des actions qu'il possède. Modifications nécessaires

(1) Compte rendu à l'assemblée du 29 janvier 1885.

On comprend facilement toute l'utilité d'une semblable réforme. Augmentation du nombre des membres du conseil de régence de la Banque de France ; une plus large place réservée à l'élément commercial, et surtout au moyen commerce ; modifications à apporter dans le système actuel de composition des assemblées d'actionnaires : tels sont les vœux qui nous paraissent répondre aux désirs de la grande majorité des commerçants et des industriels.

* * *

Capital social.

Il y aurait lieu enfin d'examiner si le capital social de la Banque de France est actuellement en rapport avec le chiffre des affaires de cet établissement.

Fixé primitivement à 30 millions, le capital de la Banque fut porté à 45 millions par la loi du 24 germinal an XI. La loi du 22 avril 1806 le fixa à 90 millions, mais des rachats de 22,100 actions l'avaient réduit à 67 millions 900,000 francs ; en 1848, le capital fut porté à 91,250,000 francs ; en 1857, à 182,500,000 francs.

Voici, à ces différentes dates, le chiffre des escomptes annuels de la Banque et celui du dernier exercice (1884) :

ANNÉES	CAPITAL	ESCOMPTE ANNUEL
	millions de francs	millions de francs
An XI	45.0	510.0
1807	67.9	333.3
1848	91.2	1.043.7
1857	182.5	5.597.0
1884	182.5	10.385.2

La progression dans le chiffre des escomptes commerciaux est donc énorme : 510 millions en l'an XI ; — 333 millions en 1807 ; — 10 milliards 385 millions en 1884.

Et avec quel faible capital ces opérations immenses ont été faites. Depuis 1857, le capital est toujours de 182 millions 1/2. Les escomptes se sont élevés de 5 à 10 milliards. Si, à cette constatation, on ajoute celle des progrès considérables de la circulation des billets et de l'encaisse, ainsi que des mouvements généraux des espèces, billets et virements de la Banque, on arrive à cette conclusion, que le capital de la Banque, qui ne doit être, en réalité, qu'un capital de garantie, n'est pas en rapport avec la masse des opérations qu'elle effectue.

En 1857, la circulation des billets a varié de 532 à 612 millions. Dans ces derniers temps, elle a dépassé 3 milliards et la Banque a dû être autorisée à porter la limite d'émission jusqu'à 3 milliards 500 millions.

En 1857, l'encaisse métallique a varié de 100 à 284 millions ; à l'heure actuelle, l'encaisse de la Banque dépasse 2 milliards 141 millions ! Enfin, en 1884, les mouvements généraux des espèces, billets et virements de la Banque centrale ont dépassé le chiffre énorme de 48 milliards 136 millions.

Tels sont les réformes et les vœux dont nous désirerions voir la réalisation à l'occasion du renouvellement du privilège de la Banque. Conclusions.

Nous aurions pu, avant toute discussion, examiner la question théorique de l'abolition de tout privilège. De nombreux et excellents esprits sont partisans, en effet, de la suppression de tous les monopoles et, en particulier, de celui de la Banque. Cette discussion nous aurait entraîné trop loin et écarté de notre sujet. Nous avons tenu, avant tout, à rester sur le terrain pratique des affaires et des chiffres.

Nous connaissons les services que la Banque de France, telle qu'elle est organisée, rend à l'État, au commerce, aux particuliers, au pays tout entier ; nous savons, on nous permettra cette expression bien simple qui rend notre pensée, « ce que nous avons » avec la Banque actuelle ; nous ne savons pas ce que nous réserveraient les banques libres qu'on nous promet. Ne lâchons pas le certain pour l'incertain, la proie pour l'ombre ; *efforçons-nous, au contraire, d'améliorer au* lieu de détruire.

Les réformes que nous proposons apporteraient, d'ailleurs, nous en sommes persuadé, au fonctionnement de la Banque une élasticité considérable ; elles permettraient à notre grand établissement de crédit de rendre des services plus étendus à l'Etat, au commerce et à l'industrie et, en même temps, de réaliser des bénéfices plus importants.

QUESTIONS ÉCONOMIQUES ET FINANCIÈRES

DE 1881 A 1885.

I. — ACADÉMIE DES SCIENCES MORALES ET POLITIQUES

Assurances. — La question des assurances [M. Léon Say] (7 juillet 1884).

Banques d'émission. — Cours forcé des émissions fiduciaires [M. Maurice Block] (1er avril 1882).

Comptabilité. — Considération sur la comptabilité en partie double [M. Léon Say] (19 décembre 1885).

Economie politique. — La politique de Rousseau (rapport, 7 juillet 1883). — Rapports entre le droit et l'économie politique [M. Desjardins] (24 juin 1884).

Etat. — Son rôle dans l'ordre économique [M. Emile Levasseur] (11 février 1882).

Etrangers. — Réforme de la législation relative à leur condition [M. Batbie] (6 juin 1885).

Socialisme. — Le socialisme d'Etat. La question ouvrière (17 octobre, 5, 12, 19 novembre et 26 décembre 1885).

Statistique. — La statistique considérée comme instrument de recherches scientifiques [M. Maurice Block] (23 décembre 1882).

II. — SOCIÉTÉ D'ÉCONOMIE POLITIQUE DE PARIS

Agriculture. — De la désertion des campagnes en faveur des villes, son influence économique sur l'agriculture (février 1883). — De l'enseignement agricole au point de vue économique (juin 1885). — De la liberté des récoltes et de la nécessité de supprimer les bans qui lui font obstacle (août 1884).

Alcoolisme. — Y a-t-il lieu, pour parer aux dangers de l'alcoolisme, de restreindre la liberté du commerce des boissons (janvier 1885) ?

Banques d'émission. — Dans quelle limite doit s'exercer l'intervention de l'État au sujet de l'émission des billets payables au porteur et à vue (janvier 1884) ? — La statistique internationale des banques d'émission et les billets d'État (juillet 1881). — Les banques en Russie et le mouvement antisémitique dans ce pays (octobre 1881).

Banques populaires. — Les institutions populaires de crédit en Italie [à propos d'un récent voyage de M. Léon Say] (juin 1882).

Caisses d'épargne. — Est-il bon que l'État se charge de la gestion financière des caisses d'épargne (janvier 1883) ? — Les caisses d'épargne scolaires (septembre 1882).

Chemins de fer. — Les chemins de fer ne constituent-ils pas un monopole naturel et n'y a-t-il pas lieu de déroger à leur égard à la loi économique (novembre 1883) ?

Colonies. — De l'illusion des colonies (décembre 1881). — Quelle politique coloniale la science conseille-t-elle d'adopter à un grand pays comme la France (octobre 1883) ?

Commerce. — Des meilleurs moyens de développer le commerce extérieur de la France (mai 1883).

Conversions. — La conversion du 5 % français en 3 % amortissable ou en une rente qui n'accroisse pas le capital nominal de la dette (octobre 1882).

Crédit. — Le crédit agricole (septembre 1881 et janvier 1882).

Crises. — Y a-t-il une crise économique générale en France (février 1884) ?

Douanes. — De l'exhaussement, projeté en France, des droits d'importation sur les bestiaux, le froment et la farine (octobre 1884).

Economie politique. — Célébration du 40e anniversaire de la Société d'économie politique de Paris (novembre 1882). — Y a-t-il antagonisme entre la science théologique et la science économique (août 1881) ?

Etat. — Dans quelle mesure l'Etat doit-il intervenir dans la question des logements insalubres (décembre 1884) ? — De l'intervention de l'Etat et des municipalités dans la question des loyers (mars 1884). — Quelle est, en économie politique, la limite des attributions de l'Etat (février et mars 1885) ?

Expositions. — L'exposition universelle d'Anvers (avril 1885). — L'exposition universelle de la Nouvelle-Orléans (août 1885).

Finances. — De l'emploi des plus-values budgétaires à des dépenses productives ou à des dégrèvements (août 1881). — La science financière a-t-elle pour objet de modifier la distribution naturelle des richesses au moyen de l'impôt (juillet 1884) ?

Grèves. — Les bourses du travail et les grèves (juin 1882).

Impôts. — De la péréquation de l'impôt foncier (novembre 1885). — Des réformes possibles dans l'assiette et le tarif des contributions indirectes (septembre 1884). — La crise sucrière et les moyens fiscaux proposés pour y remédier (mai 1884). — La distinction à faire entre l'impôt réel et l'impôt personnel a-t-elle un intérêt scientifique ou pratique (décembre 1885) ?

Industrie. — Du rôle et de l'avenir de la petite et de la grande industrie (novembre 1884).

Monnaie. — La France a-t-elle intérêt à prolonger l'union monétaire latine (mai 1885) ? — La nature de la monnaie (mai 1881). — La question monétaire, à propos de la future conférence monétaire internationale (avril 1881).

Paternité. — De la recherche de celle-ci (décembre 1882).

Population. — Des causes économiques du non-accroissement de la population en France (août 1885).

Prix. — L'accroissement des prix est-il un signe de la prospérité générale (septembre 1885) ?

Propriété foncière. — De l'application en France de l'acte Torrens (août 1883).

Propriété intellectuelle. — La propriété intellectuelle peut-elle être limitée, comme temps, par la loi (octobre 1885) ?

Rente. — Existe-t-il une rente distincte de l'intérêt du capital, du salaire du travail ou du profit de l'entreprise et, si oui, ce phénomène se produit-il dans d'autres cas que celui de la possession de la terre (juillet 1883) ?

Salaires. — La participation aux bénéfices est-elle contraire aux principes économiques (juillet 1884). — Le coût de la vie a-t-il une influence sérieuse sur la fixation du taux des salaires (mars 1883) ?

Situation économique. — Espagne (août 1885).

Sociétés. — Réforme de la loi française de 1867 (mars 1882).

Syndicats. — Y a-t-il lieu de reconnaître légalement les chambres syndicales (janvier 1881) ?

Travail. — De la domesticité au point de vue économique (avril 1885). — De la liberté de la profession médicale (avril 1884). — De la limitation légale des heures de travail dans les manufactures (février 1881). — Les institutions ouvrières du Havre (septembre 1882). — Où la femme, au point de vue économique, est-elle mieux placée, au foyer de la famille ou dans l'atelier (juin 1884) ?

Travaux publics. — Du développement des travaux publics en temps de crise comme moyen d'en atténuer les effets (avril 1883). — La question d'une mer intérieure en Afrique, au point de vue économique (mai 1882). — Quelle influence peuvent ou pourraient exercer sur le commerce français les grands percements réalisés ou projetés de l'Arlberg, du Saint-Gothard, du Simplon, du mont Cenis ou du mont Blanc (juin 1883) ? — Quels avantages le commerce, en France et en Angleterre, retirerait-il de l'ouverture d'un tunnel sous la Manche (septembre 1883) ?

III. — SOCIÉTÉ D'ÉCONOMIE SOCIALE

Agriculture. — L'enquête sur la condition des classes rurales en Allemagne (1884). — Leur situation (1884).

Assurances. — Les assurances ouvrières en Allemagne (1883).

Banques populaires. — Banque d'épargne pour les enfants à San Francisco (1883). — Banque populaire et paix sociale (1883). — Sociétés de secours mutuels et banques populaires en Italie (1883).

Caisses de retraites. — La caisse des retraites dans l'administration des chemins de fer (1883).

Commerce. — La question des grands et petits magasins (1883).

Concurrence. — La concurrence étrangère (1884).

Coopération. — Sociétés coopératives de consommation (1883).

Crédit. — Crédit agricole (1883). — Crédit agricole pratique (1885).

Crises. — Crise agricole (1881). — Crise financière. Les agioteurs (1882). — Crise industrielle à Paris et en province (1884). — Enquête sur cette crise (1884).

Économie politique. — Le capital et le travail (1885).

État social. — La place de la bureaucratie (1888).

Finances publiques. — Les finances de la Révolution. L'esprit financier des Jacobins (1885). — Les origines de la centralisation financière en France (1883).

Grèves. — La grève (1882).

Impôts. — Leur système de répartition (1882).

Jeu. — L'exception légale du jeu (1882).

Paix. — Les unions de la paix (1881).

Prévoyance. — Budget de l'ouvrier à Paris et les institutions de prévoyance (1885). — Institutions de prévoyance dans les houillères françaises (1885).

Propriété foncière. — Agriculture et propriété foncière en Angleterre et en Irlande (1882). — Propriété et propriétaires en Angleterre (1883).

Rente. — Rente foncière et ligue agraire en Irlande (1881).

Salaires. — Institution de participation et de retraite au *Bon Marché* (1883). — La participation aux bénéfices (1884). — La participation dans une maison de banque (1883). — Le salaire au point de vue statistique économique et social (1884). — Majoration des salaires et participation aux bénéfices dans les ateliers parisiens (1881).

Sociétés. — Les associations ouvrières (1884). — Une société de consommation dans la grande industrie (1883).

Successions. — L'enquête sur l'état des familles et l'application des lois successorales aux populations ouvrières, rurales ou urbaines ; réforme de ces lois en France (1883). — Les lois de succession au point de vue économique (1884).

Travail. — La journée de 24 heures dans la grande industrie (1881). — Le travail et les ouvriers (1881).

COURS DES PRINCIPALES VALEURS

A LA FIN DE CHACUNE DES ANNÉES 1881 A 1885

NATURE DES VALEURS	1881	1882	1883	1884	1885
	fr. c.	fr. c.	fr. c.	fr. c.	fr. c.
Rentes françaises.					
3 %........................	84,25	79,25	75,80	79,10	80,25
3 % amortissable............	85,50	80,80	78,00	82,10	82,8[illegible]
4 %........................	103,25	100,00	98,00	102,75	»
4 ½ %......................	113,00	109,60	106,70	104,75	»
5 %........................	114,50	114,90	»	»	»
4 ½ % (1883)................	»	»	105,80	109,10	109,30
Fonds d'États étrangers.					
3 % anglais (consolidés).......	99,50	101,75	101,62	99,60	100,25
5 % autrichien	80,20	81,10	83,35	86,25	89,75
Égypte unifiée................	382,00	354,75	316,50	321,00	325,00
— Daïra Sanieh.........	365,00	351,25	317,00	316,00	310,00
3 % espagnol (4 % 1883).......	30,87	62,50	56,50	60,75	55,50
6 % de Cuba.................	515,00	496,00	491,25	465,00	465,00
4 % des États-Unis...........	122,50	125,25	128,25	127,00	127,00
5 % hellénique..............	345,00	360,00	345,00	355,00	270,00
2 ½ % hollandais............	»	»	»	66,93	»
5 % hongrois................	78,25	74,00	75,70	80,60	82,50
5 % italien..................	90,35	89,35	91,75	99,25	98,05
3 % portugais...............	50,00	51,75	51,75	49,00	45,87
5 % roumain 1875............	87,75	90,00	89,75	87,00	88,50
4 % russe 1867..............	393,00	375,00	393,00	428,00	430,7[illegible]
5 % tunisien (4 % 1884).......	431,25	453,00	490,00	491,50	490,00
5 % turc (4 % 1883)..........	14,40	13,00	8,70	8,07	15,80

COURS DES PRINCIPALES VALEURS

A LA FIN DE CHACUNE DES ANNÉES 1881 A 1885

NATURE DES VALEURS		1881	1882	1883	1884	1885
		fr. c.	fr. c.	fr. c.	fr. c.	fr. c.
Chemins de fer.						
Actions	Est	775,00	725,00	725,00	770,00	783,75
	Lyon	1767,50	1675,00	1235,00	1233,75	1247,50
	Midi	1340,00	1170,00	1130,00	1173,75	1187,50
	Nord	2290,00	1900,00	1740,00	1662,50	1652,00
	Orléans	1342,50	1258,75	1756,25	1330,00	1340,00
	Ouest	842,50	775,00	800,00	840,00	858,25
Obligations	Est (ancien)	378,25	360,50	361,75	372,25	378,50
	Fusion	380,00	378,50	362,50	375,00	387,75
	Midi	389,00	369,00	361,50	382,00	387,00
	Nord	395,00	372,00	368,50	393,50	398,00
	Orléans	388,00	375,00	364,00	384,50	387,25
	Ouest	398,00	369,00	363,00	381,75	388,00
Crédit foncier de France.						
Obligations foncières	1853 4 %	507,50	505,00	500,00	508,50	518,00
	1853 3 %	535,00	530,00	555,00	565,00	570,00
	1863	510,00	505,00	499,00	505,50	510,50
	1877	349,00	343,50	340,00	350,00	363,00
	1879	437,50	436,00	433,50	445,00	449,00
	1883	»	»	362,50	359,50	360,50
	1885	»	»	»	»	434,00
Obligations communales	1860	445,00	445,00	440,00	457,50	466,00
	1875	515,00	508,00	506,00	509,00	515,00
	1879	440,00	435,00	436,00	450,00	451,00
	1880	»	429,00	433,00	448,00	450,00
Ville de Paris.						
Emprunts	1855-1860	507,00	508,00	503,00	518,00	519,00
—	1865	520,00	520,00	508,50	520,00	523,00
—	1869	405,00	406,00	407,00	408,00	410,00
—	1871	398,00	398,00	395,00	400,00	401,00
—	1875	507,00	512,00	504,00	512,00	514,50
—	1876	510,00	511,00	503,00	512,00	514,00

1886 - 1890

SOMMAIRE

1. — *Un congrès commercial.*

2. — *Un centenaire économique.*

3. — *A propos des établissements de jeux.*

4. — *Les expositions universelles : 1855-1867-1878-1889.*

5. — *Des différents modes d'emprunts et d'amortissements.*

6. — *Ce que la France a gagné à l'exposition de 1889.*

7. — *Les traités de commerce.*

8. — *Questions économiques et financières de 1886-1890.*

9. — *Cours des principales valeurs à la fin de chacune des années 1886 à 1890.*

1886-1890

UN CONGRÈS COMMERCIAL

La prospérité industrielle et commerciale nécessaire à la grandeur d'un pays.

Tous les gouvernements, sans exception, même les plus éphémères, ont reconnu que la grandeur et la force d'une nation ne résidaient pas uniquement dans la puissance de ses armées ou la gloire de ses poètes et de ses artistes, mais étaient aussi indissolublement liées à la prospérité de son industrie et de son commerce. Tous, avec plus ou moins de sincérité ou de bonheur, ont recherché les moyens d'accroître l'activité commerciale de la France au dedans et au dehors.

Les grands rois et les grands ministres ont pensé que pour connaître d'une façon certaine les besoins réels des commerçants, le plus sûr était de l'apprendre directement d'eux-mêmes, de provoquer leurs réclamations et leurs vœux.

Représentation du commerce.

La représentation du commerce revêtit d'abord les formes les plus simples. Louis XI voulut qu'on choisît dans plusieurs villes du royaume de « bons et notables marchands » qui vinssent le « conseiller » en toute matière de commerce et de marchandise. Sous le règne suivant, les grandes places de commerce furent invitées à envoyer des députés spéciaux aux Etats généraux de 1484 ; Henri IV nomma et réunit une commission de notables commerçants pour les consulter sur les prétentions des marchands étrangers et créa une « chambre supérieure du commerce », institution qui disparut avec lui. L'idée pourtant n'en fut pas perdue ; elle fut reprise en 1616, où fut formée une chambre de commerce général, dans laquelle siégeaient, auprès de Richelieu, le

Sous Louis XI.

Sous Henri IV.

prévôt des marchands de Paris et plusieurs commerçants.

Sous Louis XIV.

C'est directement par les marchands eux-mêmes que Colbert et Louis XIV veulent aussi être renseignés et instruits ; le ministre fonde un conseil de commerce qui doit être tenu tous les quinze jours en présence du roi. Trois zones commerciales sont déterminées en France ; elles désignent un certain nombre de délégués au conseil du commerce ; parmi eux, Colbert en choisit trois principaux qui, pendant un an, suivent la cour ; les autres se réunissent tous les ans pour exposer au roi les besoins et les désirs du commerce (1). C'est, on le voit, non seulement la représentation périodique issue de l'élection, c'est même la représentation « permanente » auprès du souverain : un logis appelé la « Maison du Commerce » (2) est attribué partout où est le roi aux députés désignés pour suivre la cour et à ceux qui n'y ont affaire que passagèrement. Quoi de plus libéral, surtout dans un temps où le commerce national sortait à peine des langes de l'enfance?

A la fin de l'ancien régime.

Le principe de l'élection et d'une large représentation des marchands fut maintenu dans le nouveau conseil du commerce formé en 1700 et qui, sur 20 membres, comptait 12 députés du commerce des principales villes du royaume (3). Nous le retrouvons encore dans l'organisation du bureau de commerce institué en 1788 où figurent 15 députés du commerce (4), mais perdus en quelque sorte dans le grand nombre de membres désignés par le roi.

Le bureau du commerce fut supprimé par décret du 27 septembre 1791, puis rétabli peu de temps après, sur

(1) Edit de septembre 1664.

(2) Lettre du 25 août 1664 à la ville de Paris. Voir notre ouvrage : *Colbert et son temps*.

(3) Arrêt du Conseil du 29 juin 1700.

(4) Savoir : deux députés pour Paris et un pour chacune des villes suivantes : Rouen, Bordeaux, Lyon, Marseille, La Rochelle, Nantes, Saint-Malo, Lille, Bayonne, Dunkerque ; plus le syndic général du Languedoc et, pour les colonies, deux députés représentant les îles Sous-le-Vent, Saint-Domingue et La Guadeloupe.

des bases plus étroites, en conservant encore une partie de la députation commerciale des grandes villes.

Sous le Consulat.

Quand le premier consul créa de nouveau en 1802, un conseil général de commerce, il laissa aux chambres de commerce le choix de leurs candidats parmi lesquels il choisissait tour à tour les membres du conseil (1).

Sous la Restauration.

Plus tard, sous la Restauration, le ministre de l'intérieur nommait les membres du conseil sur la désignation des chambres de commerce, sauf 20 qu'elles nommaient directement. Sous le règne de Louis-Philippe, les chambres de commerce eurent exclusivement la nomination des membres de ce conseil. En 1850 et 1851, les conseils généraux des manufactures et du commerce se composèrent de 132 membres, dont 116 étaient à la nomination des chambres de commerce et des chambres consultatives. Sous le second empire, le principe électif fut méconnu ; les ministres eurent pleine liberté de constituer le conseil supérieur du commerce selon leur bon plaisir ou leur bon vouloir. Tout ce qu'on peut dire en faveur du régime encore existant, c'est qu'on a, par respect pour certaines traditions, admis, dans ce conseil, les présidents des chambres de commerce de quelques-unes de nos grandes villes.

Sous Louis-Philippe.

Ce rapide historique suffit à montrer par quelles vicissitudes a passé l'idée, pourtant si bien comprise à l'origine, d'une représentation élective et réelle du commerce auprès du pouvoir central.

Régime actuel.

Le conseil actuel compte, outre son président et ses vice-présidents, 48 membres, tous nommés par le gouvernement et parmi lesquels ne figurent que 15 présidents des chambres de commerce. Son mode de nomination le fait condamner non seulement par ceux dont il est censé sauvegarder les intérêts, mais par plusieurs de ses membres ; quant au gouvernement, il en a tenu lui-même si peu de compte, qu'il est resté pendant près de deux ans sans le convoquer. On ne saurait imaginer

(1) Décret du 3 nivôse an XI (24 septembre 1802).

une démonstration plus éloquente de l'inutilité et de l'impuissance d'un rouage purement administratif.

* * *

Projets de réorganisation.

Le prédécesseur de M. Rouvier au ministère du commerce avait présenté (1) au Sénat un projet de loi relatif à la réorganisation des chambres et du conseil supérieur du commerce et de l'industrie. Cette dernière partie du projet a soulevé des objections très vives qui se sont promptement fait jour. D'après ce projet, en effet, le conseil se composait de 48 membres sur lesquels 21 seulement étaient élus par les chambres de commerce ou d'industrie ; les autres étaient choisis parmi les membres du parlement et dans l'administration. Ainsi les délégués des centres commerciaux n'étaient même pas assurés de la majorité.

Ce projet a été retiré et les divers ministres qui se sont succédé au Commerce en ont élaboré d'autres. Qu'on nous pardonne d'exprimer, un peu prématurément peut-être, toute notre pensée à cet égard : le nouveau conseil, si largement qu'il soit conçu, pourra bien donner quelque satisfaction aux intéressés et apporter un utile concours à l'administration ; mais, forcément limité à un nombre restreint de membres, il ne saurait assurer une représentation suffisante et exacte de l'industrie et du commerce français.

Droits des chambres de commerce.

Il existe en ce moment 109 chambres de commerce ou chambres consultatives des arts et manufactures. Toutes, à des titres différents, ont des droits à être représentées auprès des pouvoirs publics. Ces droits ne sauraient faire doute pour les chambres des principales places de commerce ; mais, s'il est paradoxal d'avancer que les chambres les plus humbles sont celles qui ont le plus besoin de faire entendre leurs vœux, il est bien certain cependant que les centres commerciaux nais-

(1) Dans la séance du 14 août 1884.

sants, les agrégations industrielles en voie de formation et qui seront plus tard de puissants foyers d'activité, doivent pouvoir faire connaître par quelle aide et quel secours on peut favoriser les développements qu'elles annoncent, qu'elles promettent. Des 109 chambres qui existent, il n'en est pas une seule qu'on puisse légitimement exclure d'une représentation sérieusement organisée et nous ajouterons qu'il est désirable que de nouvelles chambres de commerce, rendues nécessaires par des besoins nouveaux, viennent successivement accroître le nombre de ces corps spéciaux qui rendent de si grands services.

Cette représentation centrale dont nous réclamons l'institution depuis tantôt quinze ans ne peut trouver sa réalisation complète et intégrale que dans la réunion d'un congrès commercial dont le rôle et la composition nous paraissent naturellement indiqués. Congrès commercial annuel.

On connaît la législation actuelle des chambres de commerce; elles ne peuvent se grouper, poursuivre d'un commun accord un but arrêté entre elles, ni agir dans un intérêt commun. Quand le gouvernement et le parlement les consultent, — ce qui ne se produit pas dans tous les cas où la loi le prescrit (1), — le ministre et les commissions parlementaires ne recueillent que des avis isolés, sans lien, sans cohésion, sans aucune de ces vues d'ensemble, de ces observations générales et décisives qui ne peuvent naître que de l'échange des idées dans une entente concertée.

Aussi, plusieurs chambres ont-elles demandé (2) la création de conseils régionaux qui réaliseraient le groupement des intérêts industriels et commerciaux par grande division territoriale. Une organisation de ce genre aurait certainement des avantages sérieux au point de vue des intérêts collectifs de villes ou de con- Conseils régionaux demandés.

(1) Le décret du 3 septembre 1851 prescrit en effet de consulter les chambres de commerce sur les questions de leur compétence; or, dans ces dernières années, plusieurs points de législation commerciale ont été modifiés, sans que l'avis de ces compagnies ait été demandé.

(2) Sur l'initiative de la chambre de Lille, croyons-nous.

trées placées dans des conditions identiques de production. Elle aurait, peut-être aussi, par contre, des inconvénients qui méritent considération ; elle tendrait à développer et à accentuer entre certaines régions un antagonisme commercial et industriel qu'il ne faut point laisser se manifester. Depuis 1789, le travail d'unification et de fusion intime de tous les éléments de la nation s'est poursuivi sans relâche sous tous les régimes ; il est d'une haute importance de rendre plus étroits que jamais les liens de solidarité qui, d'un bout de la France à l'autre, unissent tous les citoyens.

Faculté de se concerter à accorder aux chambres de commerce.

Faisons remarquer d'ailleurs que, si la faculté de se concerter est accordée prochainement aux chambres de commerce, les conseils régionaux deviendront inutiles, puisque des rapports suivis pourront en toute circonstance s'établir entre les chambres les plus rapprochées. Ce qui restera nécessairement difficile ce sera l'entente des chambres placées à de grandes distances les unes des autres et que l'éloignement même empêchera d'entretenir d'une manière efficace des relations régulières. La facilité de se concerter accordée aux chambres de commerce, en faisant disparaître l'utilité des conseils régionaux, ferait au contraire ressortir la nécessité d'une représentation centrale qui consommerait au point de vue économique, entre toutes les parties de la France, cette unification désirable dont nous parlions tout à l'heure.

Vœu de la chambre des industries diverses.

Quoi qu'il en soit, nous sommes heureux de voir que cette réunion annuelle d'un congrès commercial que nous n'avons cessé, depuis de longues années, de recommander semble enfin à la veille d'être appliquée.

Dans sa séance du 20 février 1883, la Chambre syndicale des industries diverses adoptait, sur notre proposition, la résolution suivante :

La Chambre des industries diverses émet le vœu que les délégués des chambres commerciales et industrielles se réunissent en congrès annuel en vue de délibérer sur les intérêts de l'industrie et du commerce français.

Nous faisions remarquer entre autres arguments, à l'appui de cette résolution, qu'en Europe, l'Allemagne, l'Italie, l'Angleterre avaient des chambres de commerce, qui, chaque année, se réunissent en congrès et discutent leurs intérêts communs. En Amérique, les États-Unis donnent le même exemple. Ainsi, disions-nous, les peuples les plus actifs et les plus industrieux, ceux dont le commerce a, dans ces dernières années, acquis le plus de développement, ceux que nous rencontrons constamment sur tous les marchés du monde entier, nous y disputant la première place, ces peuples ont reçu ou se sont donné une institution dont nous demeurons privés. A l'étranger.

Cet état d'infériorité cessera bientôt si, comme nous le désirons vivement, la Chambre des députés s'occupe promptement des divers projets qui lui ont été soumis pour assurer une augmentation d'attributions aux chambres de commerce françaises. Avant peu, nous l'espérons, le congrès commercial sera un fait accompli. État d'infériorité de la France à faire cesser.

UN CENTENAIRE ÉCONOMIQUE : 1789-1889

I. — LA FRANCE EN 1789

Dans le triste et éloquent tableau que Taine a présenté de la situation de la France en 1789, il faut retenir quelques faits économiques et quelques chiffres utiles pour la statistique.

Avec l'année 1789 commence l'anarchie. La première cause fut la disette. La récolte de 1788, année très sèche, avait été mauvaise. A la veille de la moisson, raconte Marmontel, une grêle effroyable s'abattit autour de Paris, depuis la Normandie jusqu'à la Champagne, dévasta soixante lieues du pays et fit un dégât de 100 millions. L'hiver fut le plus dur qu'on eût vu La misère.

depuis 1709. Fin décembre, la Seine gela de Paris au Havre ; le thermomètre tomba à 18 3/4 au-dessous de zéro. En Provence, le tiers des oliviers mourut ; dans le Nivernais et les Cévennes, les châtaigniers avaient péri. La misère est partout : on n'entend parler que de la cherté du pain et de la détresse du peuple. A Troyes, le pain coûte 4 sols la livre ; les artisans affluent aux ateliers et chantiers où ils ne gagnent que 12 sols par jour.

La famine. En pleine paix, Paris semble une ville affamée et, dit Taine, « la disette ne sera pas plus grande, ni la nourriture pire en décembre 1870 qu'en juillet 1789 ».

Les troubles. La deuxième cause fut le redoublement et le relâchement des pouvoirs administratifs. Des troubles éclatent sur tous les points du territoire. Dans les quatre mois qui précèdent la prise de la Bastille, on peut en compter plus de 300. Il y en a, de mois en mois, de semaine en semaine, en Poitou, Bretagne, Touraine, Orléanais, Normandie, Ile-de-France, Picardie, Champagne, Alsace, Bourgogne, Nivernais, Auvergne, Languedoc, Provence. On pille les greniers, on éventre les sacs à coups de ciseaux. Chaque semaine, le jour de marché, en apprenant que la miche de pain est augmentée de 3 sous, de 4 sous, de 7 sous, « les femmes crient et s'indignent ». Dans le Languedoc, les paysans parcourent la ville en menaçant de tout mettre à feu et à sang si on ne leur donne du blé et de l'argent ; ils vont chercher du grain chez les particuliers, se le partagent à prix réduit, « avec promesse de le payer à la récolte prochaine » ; ils forcent les consuls à mettre le pain à 2 sous la livre et à augmenter de 4 sous la journée de travail. Les autorités, consuls, échevins, maires, cèdent au peuple. A Amiens, ils prennent le blé des Jacobins et le vendent à un tiers au-dessous de sa valeur. A Nantes, ils en fixent le prix à 1 sou par livre. Partout les intendants et les subdélégués appellent à l'aide.

Contrebandiers, faux-sauniers, braconniers, vagabonds, mendiants, repris de justice, sont autant de recrues pour les attroupements, et « dans l'émeute, à côté de l'émeute, chacun emplit son sac ». Au mois de février 1789, Necker avoue « qu'il n'y a plus d'obéissance nulle part et qu'on n'est même pas sûr des troupes ». A la fin de 1789, « le Roussillon refuse des secours au Languedoc, le Haut-Languedoc au reste de la province, la Bourgogne au Lyonnais ; le Dauphiné se cerne ; une partie de la Normandie retient les blés achetés pour Paris (1) ».

Des pamphlets, des écrits de toute sorte excitent les cerveaux. « On nous dit de nous assembler, de voter, de nommer des gens qui feront nos affaires : faisons-les nous-mêmes ; assez de bavardages et de simagrées : le pain à 2 sous et allons chercher le pain où il y en a. » Ainsi raisonnent les paysans. Dans le Nivernais, le Bourbonnais, la Nièvre, la Touraine, les réunions électorales sont le « boute-feu des insurrections (2) ». A Saint-Sauge, avant tout travail, l'assemblée provisoire oblige les officiers municipaux, sous peine d'être décollés, « à taxer le blé ».

II. — L'Administration des finances

La troisième cause de l'anarchie fut la situation financière. Necker, rappelé au ministère des finances le 26 août 1788, était en 1789 premier ministre des finances. Il avait pour contrôleur général M. Lambert, qui devait lui succéder le 14 septembre 1790 et occuper sa place pendant quelques semaines. Quatre conseillers d'État et quatre maîtres des requêtes, faisant les fonctions de rapporteurs au Conseil, composaient le comité contentieux des finances. L'intendant du Trésor royal était M. Dufresne, conseiller d'État, assisté de M. de la Fontaud, premier commis des finances. *L'organisation financière.*

Cinq administrateurs des finances se partageaient les différents services : M. Duruey était chargé de la

(1) Buchez et Roux, III, 240 (*Mémoires des ministres*, 28 octobre 1789).
(2) Taine, *les Origines de la Révolution*, tome I, page 322.

recette et des caisses ; M. Lavalettes de Langes s'occupait des dépenses, des pensions, des amortissements, des monnaies ; — M. Fontaine de Biré était chargé des dépenses du département de la guerre ; — M. Boutin, des dépenses du département de la marine ; — M. Roudon, des dépenses de la maison du roi, de celle de la reine, des dépenses du bâtiment, des ponts et chaussées et des dépenses diverses.

Il y avait six receveurs généraux des finances des pays d'États ; cinquante-cinq receveurs généraux des finances dans les diverses villes de province et à Paris. Il y avait aussi, à Paris, un caissier, pour le roi, des recettes générales des finances ; cinquante-cinq fermiers généraux ; quatre fermiers généraux honoraires ; vingt-neuf régisseurs généraux ; trente-quatre administrateurs généraux des domaines ; cent douze payeurs de rentes et contrôleurs ; neuf payeurs et contrôleurs des rentes de l'Hôtel de Ville assignées sur le clergé.

Notaires, banquiers et agents de change.

On comptait, à Paris, cent douze notaires, cinquante banquiers, soixante agents de change. La Compagnie des Indes avait huit administrateurs ; la Caisse d'escompte en comptait treize et un directeur-caissier général.

Juridiction consulaire.

La juridiction consulaire comprenait un juge : sire Robert Estienne, ancien consul du corps de la librairie et imprimerie ; quatre consuls des corps des marchands de vins, de la draperie-mercerie, des orfèvres, tireurs, batteurs d'or, de la pelleterie, bonneterie, chapellerie. Neuf agréés étaient autorisés par les consuls à porter la parole à l'audience.

Le siège de la juridiction consulaire était situé Cloître et derrière Saint-Merry. Les audiences se tenaient les lundi, mercredi et vendredi. L'élection des juges et consuls se faisait tous les ans. Le juge était choisi dans le collège des anciens consuls. Il y avait enfin quatorze députés du commerce qui représentaient Paris, Bordeaux, la Martinique, Saint-Lô, Nantes, Marseille, Languedoc, Rouen, Lyon, La Rochelle, Flandre, Hainaut et Cambrésis, Mayence, Saint-Dominique et les Iles-sous-le-Vent, la Guadeloupe ; les députés s'assemblaient le mardi et le vendredi matin, chez le secrétaire du bureau du commerce, rue de La Feuillade.

Quelle était la sitation financière de la France en 1789? La voici, d'après le tableau qu'en dressa Necker, le 5 mai 1789, à l'Assemblée nationale. Les recettes fixes étaient évaluées à 475,294,288 livres ; les dépenses à 531,444,000 livres ; le déficit était de 56,150,000 livres. *Situation financière en 1789.*

Le 30 avril 1789, au soir, il y avait 58,589,079 livres dans les caisses du Trésor et il lui était dû environ 80 millions sur la taille, les vingtièmes et la capitation ; mais on avait consommé 90 millions d'anticipations sur 1790 et 172 millions sur les 8 derniers mois de 1789.

Du 1er mai 1789 au 1er mai 1790, la ferme générale, au lieu de 150 millions, n'en produit que 127 ; les aides et droits réunis, au lieu de 50 millions, n'en rendent que 31. Les recettes générales : taille, accessoires de la taille, capitation, vingtièmes, au lieu de 101 millions, n'en rapportent que 28 ; dans les pays d'Etats, au lieu de 28 millions, le Trésor en touche 6.

Dans le discours qu'il prononçait, le 7 août 1789, à l'Assemblée nationale, Necker disait qu'à son entrée dans le ministère, au mois d'août précédent, il n'y avait que 400,000 francs en écus ou billets de la caisse d'escompte au Trésor royal (1).

Necker demandait un emprunt de 30 millions avec lesquels il croyait possible de pourvoir aux besoins indispensables. La proposition fut renvoyée au comité des finances, qui fit un rapport favorable et, après une discussion à laquelle prirent part Barnave, qui ne croyait pas à l'urgence des besoins et voulait qu'on recherchât d'autres ressources qu'un emprunt ; M. Dou- *Emprunts.*

(1) En 1871, au lendemain de la Commune, M. Pouyer-Quertier, ministre des finances, fit appeler le directeur du mouvement général des fonds et lui demanda quelles étaient les disponibilités du Trésor : elles s'élevaient exactement à 500,000 francs.

ché, qui demandait qu'on n'admît point les billets au porteur, « trop favorables à l'agiotage », et traitait les prêteurs de « vampires ardents qui sucent le sang des peuples » ; Barrère, qui voulait qu'on soumît les rentes à des « retenues », afin que les citoyens les plus riches contribuassent aux charges publiques ; Mirabeau, qui, protestant contre ces paroles, se réservait de démontrer « qu'on ne peut, sans attenter à la foi des engagements, lever le plus léger tribut sur les rentes anciennes, ni en imposer de nouvelles sans rehausser les intérêts et commettre une grande faute publique » ; M. de la Coste, qui voulait que l'État s'appropriât les biens ecclésiastiques, l'Assemblée nationale décréta un emprunt de 30 millions, à 4 1/2 %, sans aucune retenue, les intérêts payables tous les six mois. Aucune souscription ne pouvait être au-dessous de 1,000 livres.

Ne semble-t-il pas que ces discussions, vieilles de cent ans, soient encore actuelles? De nos jours, n'entendons-nous pas traiter les capitalistes et les rentiers de « ploutocrates » ? Ne propose-t-on pas d'imposer les rentes et les rentiers ? Et n'existe-t-il pas, heureusement, des hommes politiques courageux qui, à l'exemple de Mirabeau, estiment que frapper les rentes anciennes ou nouvelles, c'est attenter à la foi des engagements et commettre une grande faute politique?

L'emprunt de 30 millions échoua. Necker expliqua les causes de cet échec, dû surtout aux discussions dont nous avons indiqué les points principaux. « Demi pour cent, dit-il, retranché sur l'intérêt, semble peu de chose abstraitement, mais dans les affaires de finance et dans beaucoup d'autres, toutes les fois qu'on passe la dernière ligne, on change, on altère tout. » C'est une réflexion qui sera toujours vraie et que les faits confirmeront sans cesse. Necker expliquait encore qu'on avait eu tort de ne pas indiquer le terme du remboursement ; de ne pas avoir nettement affirmé que l'État maintenait sa protection à ses anciens engagements. Il proposa un nouvel emprunt de 80 millions, à 5 %, remboursable en dix ans, à raison d'un dixième par année; il renouvelait l'engagement de mettre la dette publique sous « la sauvegarde de l'honneur et de la loyauté française »; il disait qu'il fallait faire l'examen et le choix le plus diligent des moyens propres à mettre l'équilibre entre les revenus et les besoins de l'Etat; rétablir et maintenir l'ordre public; s'occuper de l'établissement d'une Banque nationale; arrêter le dépérissement des revenus publics. Il proposait, notamment, de *réduire à 6 sols le prix de la livre de sel dans tous* les greniers de gabelle où il se distribuait à un plus haut prix, pensant que la diminution que cette détaxe produirait serait atténuée par l'accroissement de la consommation, par la diminution de la contrebande, par celle des frais de gardes, etc.

L'Assemblée nationale vota la proposition de Necker; elle déclara l'emprunt de 30 millions fermé et décida un emprunt de 80 millions, moitié en argent, moitié en effets publics, à 5 %; elle renouvela et confirma les décrets des 17 mai et 13 juillet par lesquels elle avait mis les créanciers de l'Etat sous la sauvegarde de l'honneur et de la loyauté française et déclara que, dans aucun cas et sous aucun prétexte, il ne pourrait être fait aucune nouvelle retenue ni réduction quelconque sur aucune des parties de la dette publique.

L'emprunt fut ouvert le 29 août : il échoua. On recueillit à peine 23 millions. Le temps était venu d'unir aux *conceptions d'une réforme générale*, le soin des expédients pour faire vivre l'Etat. L'Assemblée nationale prit la résolution de consacrer aux finances deux séances par semaine. Peu de temps après, on décréta un subside extraordinaire du « quart du revenu » pour l'année 1790; on fit appel ensuite aux « dons patriotiques » (1). Expédients.

(1) Un livre curieux, les *Etrennes financières de 1790*, a publié une liste des généreux donateurs. On y trouve les noms de magistrats, d'officiers, de soldats, de députés; des femmes donnent des bijoux; l'une donne un collier de cinquante chatons en brillants et un chiffre composé de dix-huit brillants; deux demoiselles anonymes offrent une paire de bra-

II. — LES BIENS DU CLERGÉ. — LA CAISSE D'ESCOMPTE. — LES ASSIGNATS

Les biens du clergé.

Les expédients continuent.

Parmi les nombreux projets mis en avant pour rétablir les finances (1), les plus goûtés étaient ceux qui conseillaient de s'emparer des biens du clergé.

Dans presque tous les cahiers du Tiers-Etat il avait été demandé que la nation se saisît d'une part au moins des biens de l'Eglise ; cette demande était écrite aussi dans plusieurs cahiers de la noblesse.

celets en or, un cœur entouré de petits brillants avec son nœud, une bague composée de petits rubis, entourée de perles, avec une émeraude au milieu, et un louis d'or; Tresnel, « Juif de nation », donne 2,400 livres; un curé offre 200 livres, plus une année de sa « portion congrue »; un autre offre dix couverts en argent ; un écolier anonyme, de 13 ans, donne plusieurs médailles !

« Hélas ! » disent les *Étrennes financières*, « nous ne pouvons nous empêcher de remarquer que, sur une population de 15 millions d'individus, notre tableau, qui est exact, ne contient pas *cent cinquante articles !* »

(1) Lorsque les finances ou le crédit d'un Etat sont en péril, il ne manque pas de docteurs qui recommandent telle ou telle médecine pour guérir les peuples comme les individus.

Nous l'avons bien vu en 1871 et 1872. Nous avons conservé une collection curieuse d'écrits, de brochures, de livres, de combinaisons qui indiquaient le meilleur moyen de trouver les cinq milliards de la rançon, d'amortir la dette, de la rembourser. En 1789, quand le Trésor était aux abois, les livres, brochures et projets financiers et économiques ne manquaient pas non plus.

Voici quelques titres de ces ouvrages, curieux à relire aujourd'hui :

Projet pour libérer l'Etat sans emprunt, sans innovations et en soulageant les peuples, par M. de V... (L. H. Duchesnoi, Paris, 1789, in-8°.

Doléances sur les surcharges que les gens du peuple supportent en toute espèce d'impôts, etc., par Gaultier de Biouzat, 1789, in-8°.

Projet d'imposition juste et facile, propre à suppléer au déficit qu'occasionnerait, dans les revenus du roi, la suppression des gabelles intérieures, des gabelles du tabac, par Duchesne, 1789, in-8°.

Taxe personnelle et unique et suppression générale de tous les impôts, par le chevalier Muguet de Champolier, 1789, in-8°.

La banqueroute impossible, chez Mme Vaufleury, in-8°.

La France sauvée ou moyen : 1° de soulager sur-le-champ le peuple ; 2° d'assurer au Trésor royal un revenu de plus de 600 millions sans grever personne; 3° de rétablir le crédit national; 4° de rendre à la France les riches citoyens qui en sortent journellement et le numéraire qu'ils

Dupont de Nemours proposa l'aliénation de ces biens. Le 10 octobre, Talleyrand, alors évêque d'Autun, montra les avantages que la nation avait à attendre de la vente des biens du clergé. Il prouva que, le clergé doté honorablement, il resterait de quoi éteindre 50 millions de rentes viagères avec 60 millions de rentes perpétuelles, combler le déficit, abolir entièrement la gabelle, supprimer la vénalité des charges et créer un fonds d'amortissement. Le 2 novembre, il fut décrété que tous les biens ecclésiastiques étaient mis à la disposition de la nation, à la charge de pourvoir, d'une manière convenable, aux frais du culte, à l'entretien de ses ministres et au soulagement des pauvres, sous la surveillance et d'après les instructions des provinces.

On a présenté diverses évaluations de la masse de ces biens.

On estimait que le clergé possédait, en terres et en maisons, au moins 125 millions de rentes. Ses propriétés seigneuriales étaient au nombre de 9,000 ; ses terres, au nombre de 252,000. Treilhard a estimé que l'ensemble de ces biens valait 4 milliards en capital.

Une banque nationale.

Necker exposa, le 14 novembre, qu'il avait besoin de 170 millions : 90 millions pour 1789 et 80 millions pour 1790. Il proposa à la caisse d'escompte de la convertir en Banque nationale privilégiée, qui émettrait 240 millions en billets garantis par l'État et lui prêterait, à 4 %, l'argent nécessaire contre des rescriptions sur la caisse où devaient être versés les fonds de la contribution du clergé et des ventes de biens ecclésiastiques. Malgré l'opposition de Mirabeau, « qui ne voulait pas asseoir le crédit de l'État sur celui d'une caisse d'escompte qui avait eu déjà besoin de recevoir quatre fois l'autorisation

emportent avec eux ; avec deux remarques sur le déficit et la dette nationale (chez Cailleau, rue Galande).

Et enfin, une brochure, moitié politique, moitié financière, et dont le titre est assez piquant : *Sauvez-nous ou sauvez-vous* (Adresse à MM. les Députés à l'Assemblée nationale, in-8° de 40 pages).

Cette petite brochure des revisionnistes, nos pères de 1789, peu respectueuse pour les pouvoirs publics, fit, dit-on, une grande sensation.

de suspendre ses paiements » et qui s'opposait à la création d'un privilège au moment où on voulait les abolir tous, Necker, soutenu par Dupont de Nemours, fit voter que la caisse d'escompte, aux 70 millions qu'elle avait déjà prêtés à l'État, ajouterait un prêt nouveau de 80 millions, en échange de 170 millions d'assignats sur la caisse dite de l'extraordinaire. De plus, l'Assemblée votait la mise en vente de 400 millions des biens du domaine royal et du clergé.

Les assignats. On voit apparaître, pour la première fois, le mot : « assignats ».

1789-1797. Il n'est pas inutile de rappeler le texte de l'article 12 de cette loi du 19 décembre 1789 :

> Il sera créé, sur la caisse de l'extraordinaire, des assignats de 10,000 livres chacun, portant intérêt à 1 %, jusqu'à concurrence de la valeur desdits biens à vendre; lesquels assignats seront admis de préférence dans l'achat desdits biens. Il sera éteint desdits assignats, soit par les rentrées de la contribution publique, et par toutes les autres recettes extraordinaires qui pourraient avoir lieu, 100 millions en 1791, 100 millions en 1792, 80 millions en 1793, et le surplus en 1795. Lesdits assignats pourront être échangés contre toute espèce de titres de créances sur l'État ou de dettes exigibles, arriérées ou suspendues, portant intérêt.

Les 400 millions d'assignats furent bientôt épuisés. Dès le mois de septembre 1790, le Trésor fut de nouveau aux abois. En août 1791, il avait été émis 4,416 millions d'assignats sur lesquels 840 millions avaient été retirés de la circulation et brûlés. Au commencement de 1794, la somme totale émise s'élevait à près de 8 milliards dont il convient de déduire 2,464 millions rentrés ou annulés. Sous le Directoire, en quatre mois, du 5 brumaire au 30 pluviôse an XII, il fut créé plus de 20 milliards de nouveaux assignats. En nivôse 1795, l'émission atteignait 30 milliards et, le 19 février 1796, la
45 milliards! somme fantastique de 45 milliards 581 millions (1). La loi du 5 mai 1797 prononça l'annulation définitive des assignats qui n'avaient pas été présentés à l'échange ; leur règne avait duré du 19 décembre 1789 au 21 mai 1797.

(1) Ramel, *Des Finances de la République française en l'an IX.*

La dépréciation des assignats avait commencé avec les premières émissions. Elle était de 10 % au commencement de 1791. En janvier, février, mars 1792, ils perdent 34, 40 et 47 %. En janvier, février, mars 1793, 45 et 50 % ; en mai, juin et juillet 1793, 54, 60, 67 %. Fin 1794, ils perdent 78 %.

Le louis d'or de 24 livres ou francs valait 3,575 fr. en assignats le 1er décembre 1795, un mois après, le 1er janvier, 4,585 francs et 7.200 francs le 1er mars (1).

Mandats territoriaux.

Aux assignats succédèrent les « mandats territoriaux », nouveau papier avec lequel on pouvait se faire délivrer, sans enchère, une certaine quantité de biens nationaux. Ce papier ne trouva pas plus de crédit que le premier. Environ 2 milliards 400 millions de mandats territoriaux étaient hypothéqués sur 3 milliards 787 millions de propriétés. Le 4 février 1797, on vit, dans certaines localités, le prix de 100 livres de mandats tomber à 2 liards.

1 louis d'or = 7000 livres d'assignats.

On croit rêver quand on pense qu'il a été émis plus de 45 milliards d'assignats. Quand on en brisa la planche, le louis valait plus de 7,000 livres en assignats. Après avoir reçu des assignats au pair, sous peine de mort, il fallait plus tard payer avec ce papier 400 livres

(1) Le tableau suivant fait connaître la dépréciation des assignats à Paris de 1789 à 1796 :

Pour 100 livres en assignats :			Pour 24 livres en numéraire :		
1789	Novembre.......	95 livres.	1795	1er avril......	238 livres.
1790	Janvier..........	96 —	—	1er mai.......	299 —
—	Juillet...........	95 —	—	1er juin.......	439 —
1791	Janvier..........	81 —	—	1er juillet.....	808 —
—	Juillet...........	87 —	—	1er août......	807 —
1792	Janvier..........	92 —	—	1er septembre.	1,101 —
—	Juillet...........	61 —	—	1er octobre....	1,205 —
1893	Janvier..........	51 —	—	1er novembre.	2,583 —
—	Juillet...........	23 —	—	1er décembre..	3,575 —
1794	Janvier..........	40 —	1796	1er janvier....	4,658 —
—	Juillet...........	34 —	—	1er février....	5,337 —
1795	Janvier..........	18 —	—	7 mars.......	7,200 —
—	Juillet...........	néant.			

Comparer : Léon Salefranque, *le Papier monnaie dans le département du Lot-et-Garonne de 1791 à 1793* (1898).

la livre de sucre, 280 livres la livre de savon, 140 livres la livre de chandelle, et tous les objets de consommation dans les mêmes proportions. Ce n'est pas tout. Un des plus grands maux produits par les assignats fut le remboursement en papier des dettes contractées en argent. Des débiteurs furent assez peu délicats pour rendre, avec 10,000 livres d'assignats qui ne valaient pas 300 livres, la même somme qu'on leur avait prêtée en argent. L'Etat avait lui-même donné le premier l'exemple de cette profonde immoralité ; la loi générale sur les finances de 1799, qui ordonnait que toute rente perpétuelle ou viagère, ainsi que toutes les autres dettes de l'Etat, anciennes ou nouvelles, liquidées ou à liquider, seraient remboursées, deux tiers en bons au porteur libellés « Dette publique mobilière » et qui, le jour même de leur émission, perdaient 70 à 80 %, et le troisième tiers serait inscrit sur le grand-livre, donnait cet autre exemple non moins scandaleux et déplorable. Ce troisième tiers, « tiers consolidé », a constitué depuis le premier fonds de la dette publique actuelle.

Le tiers consolidé.

IV. — LA BOURSE

La Bourse en 1789.

Au milieu de ces événements, de cette agitation, de cette fièvre, qu'était-ce que la Bourse il y a cent ans ? Où se tenait-elle ? Combien de valeurs y négociait-on ? Quel était le nombre des agents chargés des négociations ? Ces souvenirs historiques ne sont peut-être pas sans intérêt.

Jusqu'en 1724, la Bourse se tenait sur la petite place du Change, située dans la grande cour du palais de justice, au-dessous de la galerie Dauphine, du côté de la conciergerie. Puis elle s'installa à l'hôtel de Nevers. Elle émigra ensuite dans un couvent, dans une église, au Palais-Royal, et, avant d'être fixée dans le monument actuel inauguré le 6 novembre 1826, elle se tenait dans un hangar situé entre les rues Feydeau et Notre-Dame-des-Victoires. C'est là que la Coulisse a pris son nom. Spéculateurs et courtiers se tenaient, en effet, dans une « coulisse » qui aboutissait à la salle des agents ; c'est là qu'ils faisaient entre eux des affaires, basées sur les cours du parquet qu'ils étaient à même d'entendre.

Il y avait, en 1789, huit valeurs, subdivisées en coupures diverses, cotées à la bourse de Paris et soixante agents de change pour les négocier. Que les temps sont changés ! Nous avons aujourd'hui 800 valeurs cotées ; les opérations annuelles des agents de change dépassent 30 milliards ; et nous avons toujours le même nombre d'agents, 60, qui, bon an mal an, pour rémunérer un capital d'environ 150 millions, valeur de leurs charges, perçoivent une vingtaine de millions au moins de courtages. 8 valeurs à la cote en 1789, 800 aujourd'hui.

Comparer le mouvement des affaires de bourse et de crédit traitées par les 60 agents de change de l'année 1789, aux affaires au comptant et à terme, fermes et à primes, négociées aujourd'hui par les 60 agents de change de l'année 1889, serait chose difficile, mais cependant bien tentante pour les amateurs de statistique graphique. On pouvait faire quelques millions d'affaires de bourse en 1789. Comparer les millions de 1789 aux 30 milliards de nos jours, c'est exactement comme si on dressait une échelle de quelques centimètres à côté d'une tour Eiffel de valeurs mobilières haute de 300 mètres.

Que pouvaient représenter, comme capital nominal, les huit valeurs cotées en 1789 ? A peu près 200 ou 300 millions. Que représentent, en capital nominal, non pas les valeurs mobilières cotées à la bourse de Paris, mais seulement celles qui appartiennent aux Français en 1889? Environ 80 milliards. Quel splendide graphique il serait possible de faire ! Ce ne serait plus, cette fois, une tour Eiffel de valeurs mobilières qu'il faudrait élever, mais bien plusieurs tours qu'il conviendrait de superposer les unes aux autres. Ces valeurs représentaient 2 à 300 millions de capital en 1789, 80 milliards aujourd'hui.

Les valeurs qui se négociaient à la bourse le 1er janvier 1789 étaient les suivantes : actions des Indes de 2,500 livres ; portions d'actions de 1,600 livres ; emprunt d'octobre de 500 livres ; billets de la loterie de 1780 à 1,200 livres ; billets prime de 1788 et de 1789 ; loterie d'avril 1783 à 600 livres le billet ; loterie d'octobre 1783 à 2,400 livres le billet ; quittance de l'emprunt de 1782 ; emprunt de 125 millions ; emprunt de 80 millions, billet et bulletin de cet emprunt, billet sans bulletin, bulletin seul, reconnaissance du bulletin ; emprunt du domaine de la ville de Paris, séries non sorties ; emprunt de novembre 1787, chances de billets, viager provenant des chances ; actions de la caisse d'escompte ; quittances en échange des actions des eaux. Enfin, les cours des changes d'Amsterdam, Hambourg, Madrid, Cadix, Gênes et Londres.

Titres de négociation courante.

En réalité, les titres de négociation courante, pour employer l'expression usitée de nos jours, étaient les actions des Indes, les titres des emprunts de 125 et 80 millions ; les billets de la loterie royale ; les actions de la Caisse d'escompte ; les quittances en échange des actions des eaux : les chances des billets de loterie : soit, en somme, sept à huit valeurs subdivisées en coupures de diverses dénominations.

C'était surtout sur les actions des Indes et celles de la Caisse d'escompte que se concentraient toutes les affaires. Les billets de la loterie jouissaient d'une grande faveur ; les titres de rentes ne donnaient lieu qu'à de rares négociations. L'énumération de toutes ces valeurs tient quelques lignes du *Journal de Paris* ; c'était la cote de la Bourse d'alors et il est intéressant de voir à quels prix ces principales valeurs se sont négociées pendant l'année 1789.

Cours des valeurs cotées.

Les actions des Indes valaient 1,815 livres le 31 décembre 1788 ; 1,840 et 1.837 le 1er avril 1789 ; 1,762 et 1,765 le 1er juillet ; 1,840 et 1,845 le 1er octobre ; 1,840 le 31 décembre 1789.

Les actions de la Caisse d'escompte cotaient 15 cours le 31 décembre 1788 : 4,190, 95, 200, 5, 10, 5, 4,200, 198, 95, 92, 90, 85, 75, 80. Le 1er avril 4,148 et 4,155 ; le 1er juillet 4,265 et 4,278 ; le 1er octobre 3,650 et 3,695 ; le 31 décembre 1789, 14 cours sont mentionnés dans le bulletin du *Journal de Paris* : les actions débutent à 3,670 et clôturent à 3,740. Elles avaient baissé, pendant l'année, de 440 livres, tandis que les actions des Indes avaient haussé de 35 livres.

Les appels réitérés du Trésor à la Caisse d'escompte engageaient déjà quelques porteurs de titres à vendre; ils faisaient « un arbitrage », pour employer le mot encore en usage aujourd'hui, en faveur des actions des Indes. La compagnie paraissait être en bonne situation et, en même temps qu'on voit ses actions hausser, on lit, dans les feuilles de l'époque, les mises en vente de produits divers qu'elle a importés en France.

Pendant cette même année 1789, les titres de rente de l'emprunt de novembre 1787 étaient les seuls qui donnaient lieu à d'actives négociations. On ne compe pas moins de 21 cours le 31 décembre 1788. A cette date, ces titres valaient 736 livres au plus haut et 726 livres au plus bas. Le 1er avril 1788 nous les trouvons à 770 et 767; le 1er juillet à 827 et 820 ; le 1er octobre à 816 et 830 ; le 31 décembre 1789 cette rente clôture à 780 après 787.

Fluctuations importantes.

Ces nombreuses fluctuations qui se produisent de nos jours sur grand nombre de valeurs et auxquelles nous sommes fort habitués, devaient en 1789, tout comme de nos jours aussi, causer des ruines non moins nombreuses. Les journaux de l'époque racontent qu'un agent de change « qui avait le plus gagné à l'agiotage » fit banqueroute de 5 millions. On se croirait, en vérité, au mois de décembre 1888. Nous venons d'assister à une semblable faillite. « Cet agent de change ne jouit pas moins (ajoutent les *Etrennes financières* auxquelles nous empruntons ces renseignements), du revenu d'une terre de 37,000 livres de rente, qu'il a achetée sous le

Pertes et krachs.

nom de sa femme, moyennant quoi ses créanciers n'y peuvent pas toucher. »

Presque en même temps, une bande dirigée par un sieur Pinet fit un « krach » de 53 millions. Il empruntait de l'argent à 60 % et « faisait accroire qu'il y gagnait encore beaucoup. A peine s'il se mêlait des affaires de bourse ; ses spéculations portaient sur les loteries. »

Néanmoins, pendant cette année 1789 si tourmentée, si agitée, la bourse en somme est en hausse ; elle ne craint rien ; le pays crie misère ; les emprunts publics échouent ; on fait appel à des souscriptions volontaires et à toutes espèces d'expédients ; la rente monte, tant il est vrai, à toutes les époques, que les capitalistes et les rentiers ne prennent peur d'un fait et d'un événement quelconque et ne réalisent que quand ce fait est accompli. Ils s'effraient toujours trop tard et ont, trop souvent, confiance trop tôt. Les rentiers de 1789 sont bien de la même famille que les rentiers du siècle actuel.

La prise de la Bastille. Calme de la Bourse.

Voici, par exemple, un fait considérable, la prise de la Bastille : il peut sembler, aujourd'hui, que cet événement ait dû exercer une grande influence sur les cours de la Bourse. Les coups les plus terribles étaient portés à la royauté ; la souveraineté populaire s'affirmait et montrait sa force et ses volontés. Quelle a été l'attitude du marché dans les jours qui ont précédé et suivi le 14 juillet 1789? Voici, à un mois de distance et à des dates intermédiaires, les cours extrêmes inscrits sur les actions des Indes, celles de la Caisse d'escompte et les titres de l'emprunt de novembre 1787 :

NATURE DES TITRES	VALEUR DES TITRES A DIVERSES DATES			
	9 juillet 1789	21 juill. 1789	30 juill. 1789	10 août 1789
Actions des Indes........	1,775	1,800	1,825-1,830	1,795
Caisse d'escompte........	4,180-85-70	4,130 4,145	4,140-4,115	4,055-4,02[illegible]
Emprunt 1787............	835-842	858-870	868-872	862-858

Les actions de la Caisse d'escompte ont baissé à partir du mois d'août ; mais, après le 14 juillet, elles se négocient presque aux mêmes prix qu'auparavant ; quant aux actions des Indes et aux titres de l'emprunt 1787, ils sont plus hauts en août qu'en juillet.

Pendant cette même année 1789, les cours des changes d'Amsterdam avaient baissé de 55 1/2 à 53 1/2 ; ceux de Hambourg avaient haussé de 191 1/2 à 195 1/2 ; le change de Londres avait baissé de 29 1/16 à 27 7/8 ; celui de Madrid avait haussé de 14 livres à 15 livres. Cours des changes.

Tous les chiffres relevés dans les documents de l'époque s'accordent, on le voit, pour montrer que l'année 1789 n'a pas effrayé les rentiers et les capitalistes.

V. — STATISTIQUES ÉCONOMIQUES

Dans la statistique comparative qui va suivre, nous nous attacherons à montrer, par quelques chiffres, le développement économique, commercial, industriel et financier du pays. Comparaisons.

En 1789, la Caisse d'escompte avait escompté, pendant l'année, 503 millions d'effets. En 1800, au début de ses opérations, la Banque de France avait escompté 96 millions d'effets. Aujourd'hui, la Banque de France, sans compter les banques et établissements de crédit, a escompté à elle seule, en 1888, 8 milliards 085 millions d'effets et le mouvement général des espèces, billets et virements de la banque centrale a atteint 53 milliards 427 millions. Escomptes commerciaux.

Le développement du crédit se manifeste encore par les nombreuses sociétés financières et industrielles qui ont été créées, par les emprunts de toute nature qui ont été émis.

Les valeurs mobilières françaises et étrangères appartenant à des Français se chiffrent par un nombre respectable de milliards : 60 à 65 milliards, d'après M. Coste (1) ; 66 milliards d'après M. Vacher (2) ; 70 à Valeurs mobilières.

(1) *Journal de la Société de statistique de Paris*, juillet 1888.
(2) *Économiste français*, juillet et août 1888.

80 milliards d'après M. de Foville et d'après nous-même (1).

Épargne et prévoyance.

Que dire enfin de ces sociétés d'épargne et de prévoyance, de secours mutuels et de bienfaisance, qui ont été fondées depuis le siècle dernier et qui sont une heureuse application du crédit au bien-être de tous? Il existe aujourd'hui, d'après les comptes arrêtés au 31 décembre 1888, 5,364,305 livrets de caisses d'épargne ; les dépôts atteignent près de 2 milliards 1/2 : exactement 2,493,104,382 fr. 72. Les monts-de-piété, qui sont les caisses de crédit du pauvre, prêtent aujourd'hui à bien meilleur compte qu'autrefois : 10 et 12 % à la fin du dernier siècle ; 7 % maintenant. On peut s'assurer contre l'incendie et sur la vie, et contre les accidents. C'est par millions que se chiffrent les sommes annuelles payées par ces compagnies d'assurances. Au 31 décembre 1887, le montant des capitaux assurés sur la vie atteignait 3,002,021,105 francs. Les rentes viagères en cours formaient un total de 31,086,018 francs. Les rentes différées ou de survie s'élevaient à 2,493,746 francs. Le montant des réserves pour risques en cours de toute nature était de 947,574,610 fr. Enfin, l'effectif des compagnies atteignait, à la même date, 1,204,869,900 fr. (2).

Assurances.

(1) *Les Valeurs mobilières françaises*, étude financière lue à la Société de statistique, 1888.

(2) Voici la liste de ces capitaux, avec l'indication des diverses catégories qui les composent classées suivant l'ordre de leurs montants respectifs :

	francs
1° Obligations de chemins de fer	400,919,050
2° Immeubles	277,252,357
3° Fonds publics français	159,115,241
4° Créances hypothécaires	39,738,419
5° Fonds publics étrangers	39,402,125
6° Prêts sur polices	31,871,976
7° Obligations hypothécaires diverses	28,915,926
8° Nues propriétés et usufruits	22,540,735
9° Obligations de villes et de départements	20,230,127
10° Fonds chez les banquiers	6,317,510
Total général	1,029,500,000

auxquels il faut ajouter les fonds en caisse, les comptes courants, le portefeuille des valeurs diverses, de telle sorte qu'au 31 décembre 1887, l'actif des compagnies formait un total de 1,204,869,900 francs.

Sociétés de secours mutuels.

Les sociétés de secours mutuels étaient, au 31 décembre 1884, au nombre de 7,743 pour la France et l'Algérie : 5,570 sociétés approuvées ; 2,173 sociétés autorisées, avec 1,221,136 membres. Ces sociétés disposaient, au 31 décembre 1884, de 68 millions de ressources ; elles avaient dépensé en secours, pendant l'année, 22 millions.

Produits budgétaires.

En 1789, les produits bruts du budget s'élevaient à 691.363,282 francs, se décomposant ainsi :

	francs
Contributions directes	363,209,252
Impôts indirects	240,795,000
Produits domaniers	53,145,000
Postes	17,310,000
Recettes diverses	16,901,000
Total	691.363,282

Les frais de régie, de perception, d'exploitation et les restitutions s'élevaient à 113,798,288 francs, ce qui ramenait les produits nets à 577,564,994 francs.

D'après le budget de 1889, les recettes prévues s'élèvent à 3,011,992,075 francs, se subdivisant comme suit :

	francs
Impôts directs	444,859,861
Impôts et revenus indirects	1,843,376,400
Produits de monopoles et exploitations industrielles	581,834,470
Produits et revenus du domaine de l'État	44,394,158
Produits divers du budget	27,163,768
Ressources exceptionnelles	13,286,915
Recettes d'ordre	54,076,475
Total	3,011,992,075

Frais de régie.

Les frais de régie, de perception et d'exploitation des impôts et revenus publics s'élèvent à 178,740,067 francs ; les remboursements, restitutions, non-valeurs et primes, à 13,540,700 francs.

Contributions directes.

Depuis cent ans, le produit des contributions directes est passé de 303 à 444 millions, soit une augmentation de 81 millions ; celui des impôts indirects, de 240 millions à 1,800 millions, soit en plus 1,560 millions.

Revenu et valeur de la propriété foncière.

Le revenu foncier était de 1 milliard 440 millions en 1791, et de 2 milliards 049 millions en 1879, d'après M. de Foville.

A l'heure actuelle, les évaluations de la fortune mobilière et immobilière de la France, d'après les récents documents publiés par le ministère des finances, ne seraient pas moindres de 200 milliards en capital et 30 milliards en revenu annuel.

Les patentes, qui donnaient, au total, 22 millions en 1820 (19 millions pour l'Etat et 3 millions pour les budgets locaux) ont produit 174 millions en 1887 (105 millions pour l'Etat, 69 pour les budgets locaux). Un peu avant 1789, on évaluait à 4 millions le nombre des propriétaires fonciers ; on les chiffre à 8 millions en 1889.

La valeur moyenne de l'hectare était, il y a cent ans, de 500 francs : elle n'est pas moindre aujourd'hui de 1.700 francs.

Il y avait environ 4 millions d'hectares ensemencés en blé ; il y en a aujourd'hui 7 millions. On récoltait une quarantaine de millions d'hectolitres de blé en 1815 ; le nombre moyen d'hectolitres par hectare était de 8,6 ; on obtenait, en 1886, 107 millions, comme production totale, et 16,54 comme nombre moyen d'hectolitres par hectare.

D'après Lavoisier, en 1790, dans son mémoire sur la richesse de la France, le revenu net de la propriété non bâtie était évalué à 1,200 millions : il en défalquait la moitié à titre d'impôt, restaient 600 millions. — Même évaluation de Forbonnais, acceptée par Léonce de Lavergne.

D'après M. de Foville, on pouvait, pour l'année 1789, faire les évaluations suivantes :

	francs
Valeur vénale de l'hectare	500
Rente du propriétaire	15
Bénéfice de l'exploitant	6
Frais, salaires et impôts	35
Produits bruts : 15 + 6 + 35 =	56

La valeur des terres aurait été, en 1789, de 25 à 30 milliards.

Depuis 1789, la progression de la valeur vénale de l'hectare est la suivante : Progression de cette valeur.

Années	francs
1789	500
1815	700
1850	1.290
1862	1.850
1874	2,000
1887	1,875

Quant au prix du pain, le *Journal des Débats* publiait récemment la curieuse statistique suivante sur le prix du pain de 2 kilogrammes depuis le commencement du siècle : Prix du pain.

		fr. c.
En 1800, le prix était de		0 90
1801 —		0 60
1803-1806 —		0 65
1807 —		0 70
1811-12-13 —		0 90
1816 —		1 00
1819 —	0 fr. 65 à	0 70
1820-1821 —		0 70
1822 —		0 50
1829 (mai et juin)		1 10
1829 (juillet)		0 85
1832 à 1844 —		0 60
1844 à 1846	0 fr 60 à	0 80
1847 (avril) —		1 25
1847 (fin année)		0 70
1848 à 1859 —	0 fr. 55 à	0 70
1860 à 1861 —		0 80
1863 —		0 75
1863 (sept.) —		0 65
1864 à 1869 —	0 fr. 70 à	1 00
1870 et 1871 —		1 00
1872 —		1 03
1874 à 1885 —	0 fr. 80 à	0 85
1885 et 1886 —		0 75
1887 —		0 80
Prix actuel		0 83

En résumé, le prix du pain a peu varié depuis le commencement du siècle : aujourd'hui, la population parisienne paie le pain le même prix, à quelques centimes près, qu'il y a quatre-vingts ans. Ce résultat est d'autant plus remarquable que les frais de fabrication du pain, loyers, impositions, main-d'œuvre, éclairage, chauffage, ont augmenté dans des proportions considérables ; on peut dire qu'ils ont doublé. Il n'est pas sans intérêt non plus de constater que les prix tendent à s'égaliser ; ils ne subissent plus, depuis vingt-cinq ans, ces brusques variations qui étaient autrefois si préjudiciables à la population laborieuse.

Salaire agricole.

En 1788, le salaire agricole, au prix moyen d'une journée, était payé à peine 0 fr. 60 ; le revenu annuel d'une famille était estimé 200 livres ; aujourd'hui, le salaire moyen n'est pas moindre de 2 fr. 50 et le revenu annuel de 800 francs.

Houille et industrie.

En 1789, la production de la houille était de 240,000 tonnes et la consommation de 450,000. En 1886, la production est de 19,909,000 tonnes, la consommation, de 29,619,000 ; la valeur des tonnes de houille extraites des mines indigènes représente 222,749,225 francs.

Pour le fer, la production des usines était, en 1789, de 50,000 tonnes ; elle était de 767,000 en 1886.

Commerce général.

En 1789, le commerce général de la France était de 1 milliard 17 millions : 576,580,000 livres d'importations, 440,975,000 livres d'exportations. En 1886, le commerce général de la France s'est élevé à 9 milliards 361 millions ; 5 milliards 116 millions à l'importation, 4 milliards 245 millions à l'exportation.

Sa répartition d'après M. Levasseur.

La répartition de ce commerce était à peu près la même en 1789 qu'aujourd'hui. Ainsi que l'a fait justement remarquer M. Levasseur, dans son *Histoire des classes ouvrières*, les industries se sont plutôt développées que déplacées, étant comme attachées au sol par la proximité des matières premières et les habitudes de plusieurs siècles. Le lin et le chanvre étant cultivés dans presque toutes les provinces, on faisait partout des toiles. Saint-Quentin était déjà renommé pour ses linons, ses batistes et ses gazes de fils. Le coton commençait à entrer pour une part importante dans la fabrication des toiles. Après l'avoir reçu, pendant tout le moyen âge, tout filé du Levant et l'avoir mêlé à d'autres textiles, la France, depuis cinquante ans, le filait, le tissait et l'imprimait pour en faire les toiles peintes et les étoffes légères adoptées par la mode. Lin, chanvre et leurs dérivés.

Les « rouenneries » de Rouen étaient renommées ; le velours de coton d'Utrecht se fabrique à Amiens; Scheurer fonde à Wesserling la première fabrique de toiles peintes d'Alsace ; Oberkampf crée une manufacture d'indiennes à Jouy.

L'industrie des laines variait dans chaque province suivant les habitudes séculaires du travail, et florissait en Champagne, en Picardie, en Normandie. Sedan fait des draps fins ; Reims, des flanelles ; Troyes, des ratines et des molletons ; on travaille à Reims et à Abbeville les draps, les serges, les camelots ; Rouen, Elbeuf, Darnétal fabriquent des draps ordinaires ; Louviers, des draps fins ; dans le centre, en Saintonge, dans le Bourbonnais, on fait des draps communs. Dans le Midi, Lodève et Montpellier fabriquent les draps de l'armée et les couvertures. Lyon tient la tête pour les soieries. Les Gobelins, Aubusson, Beauvais n'ont pas de rivaux pour les tapis. Les glaces de Saint-Gobain, les porcelaines de Sèvres, les meubles, les modes et les industries de luxe ont pour siège Paris. Au Creusot on commence à travailler le fer au coke. Mais « il manquait à la France, pour développer son négoce, la pleine liberté industrielle et commerciale, l'ordre intérieur avec la liberté, l'usage des machines industrielles, la plus grande facilité des communications (1) », des capitaux suffisants pour féconder le travail, le crédit de l'État et des particuliers plus étendu, l'argent à meilleur compte et plus facile. La Révolution de 1789 ne Laines.

(1) Périgot, *Histoire du commerce français.*

devait donner au commerce que les premiers de ces avantages ; les autres étaient réservés à des temps plus voisins de nous.

Essor commercial du XIXe siècle.

On peut dire, en effet, que si, depuis un siècle, le commerce français a pris un prodigieux essor, malgré les guerres, malgré les crises intérieures et extérieures, il le doit au crédit merveilleux dont l'a armé la découverte des métaux précieux en Amérique et en Australie ; à la création de nombreuses banques ; au développement des opérations financières ; à l'extension des voies de communication, chemins de fer, canaux intérieurs, canaux maritimes supprimant les isthmes, réduisant la durée et les frais de la navigation, paquebots sillonnant toutes les mers, télégraphes électriques, terrestres et sous-marins, portant d'un bout du monde à l'autre les commandes, les ordres d'achat ou de vente de tous les commerçants et de tous les industriels.

Crédit de l'État.

Cet essor, le commerce français le doit surtout à la confiance que le crédit de l'État a toujours inspirée depuis le commencement du siècle, alors que, pendant le siècle dernier, la loyauté nationale avait été trahie cinq fois. A la fin du règne de Louis XIV, sous Desmarets, on ne paya ni le capital ni les intérêts des fonds déposés à la caisse des emprunts et on fit subir le même sort à beaucoup d'autres créances ; — à la chute du système de Law, sous Le Pelletier de la Houssaye, lors de l'opération du « visa » ou recensement des fortunes particulières exécuté par les quatre frères Pâris, on réduisit arbitrairement les créances de l'État ; — sous l'abbé Terray, on ne paya pas les rescriptions du Trésor et beaucoup d'autres dettes du gouvernement ; — sous la Révolution, on vit la création de 45 milliards 578,810,040 francs d'assignats et de 2 milliards 400 millions de mandats ; — enfin, en 1798, sous le ministère de Ramel, on opéra la réduction des deux tiers de la dette publique. — Et nous ne parlons pas des suppressions arbitraires, des retranchement partiels, des paiements ajournés, des liquidations jamais terminées. Tels sont les tristes faits qui ont ruiné la confiance et le crédit au siècle dernier.

Transports.

Pour terminer cette longue énumération, nous donnerons quelques prix payés il y a cent ans, pour le transport des voyageurs et le prix des lettres.

Il fallait 13 jours pour aller en diligence de Paris à Marseille ; 8 jours, de Paris à Toulouse ; 6 jours, de Paris à Bordeaux ; 5 jours de Paris à Lyon ; 4 jours et demi, de Paris à Strasbourg ; 3 jours, de Paris à Nancy ; 2 jours, de Paris à Lille ; 1 jour, de Paris à Amiens ou à Reims.

Le prix des places était :

De Paris à Marseille...........	157	livres	12	sols.
— à Toulouse...........	138	—	4	—
— à Bordeaux...........	125	—	»	—
— à Lyon...............	88	—	16	—
— à Strasbourg.........	93	—	12	—
— à Nancy..............	65	—	12	—
— à Lille..............	45	—	12	—
— à Amiens.............	24	—	10	—
— à Reims..............	30	—	8	—

En 1791, une lettre simple coûtait 25 centimes de Paris à Versailles ; 65 centimes de Paris à Lyon ; 75 centimes de Paris à Marseille.

D'après M. de Foville, il y avait 1,700 à 1,800 carrosses de place à Paris, à la fin du siècle dernier. Le prix des courses était ainsi réglé, en 1786 : 1 livre 10 la course et 1 livre 10 l'heure, pendant le jour ; 1 livre 16 la course et 2 livres l'heure, pendant la nuit. Hors barrière, la course coûtait 1 livre 16 le jour et 2 livres pendant la nuit. Pour se rendre aux Invalides, au Gros-Caillou, à l'Ecole militaire, à l'hospice Saint-Sulpice, à la Salpêtrière, à Charonne, à Chaillot, la course coûtait 3 livres et le retour 4 livres 16 après une demi-heure d'attente. On louait des carrosses à la journée pour 15 livres, plus 24 sols de pourboire au cocher.

Salaires, gages et traitements.

Parlerons-nous des salaires, des gages des domestiques, des traitements des fonctionnaires ? Depuis un siècle, les salaires industriels ont augmenté de plus de 150 % (1) ; les gages des domestiques sont hors de prix : on louait à l'année un domestique pour quelques livres ; aujourd'hui, il gagne en un mois ce qu'il recevait en un ou deux ans ; les traitements des hauts fonctionnaires, civils et ecclésiastiques, sont bien moins élevés qu'autrefois ; les petits employés ont vu leur situation s'améliorer. Quant aux salaires militaires, aux dépenses de la guerre, un seul chiffre répondra pour nous. Nous dépensons pour la guerre et la marine, tous les ans, plus de 800 millions. Or, le budget total pour toute la France s'élevait en 1780 à 550 millions.

Dépenses de luxe et de plaisir.

Que pourrions-nous dire encore des prix payés pour les plaisirs, les amusements, le luxe, les œuvres d'art ? Pour 1 livre on allait au théâtre il y a un siècle et quelques centaines de livres suffisaient à payer annuellement les acteurs en renom. Il en coûte aujourd'hui 10, 12 et 15 francs pour obtenir une bonne place à l'Opéra ; une seule représentation de la Patti coûte 20,000 francs ; des ténors à la mode reçoivent 100,000 et 150,000 francs par an. Les recettes brutes des théâtres et spectacles de

(1) Nous empruntons à l'*Album de statistique graphique* de 1888 du ministère des travaux publics, publié par M. Cheysson, une comparaison des salaires des ouvriers du bâtiment :

PROFESSIONS	OUVRIERS DE PROVINCE		OUVRIERS DE PARIS	
	1853	1881	1840	1885
	fr. c.	fr. c.	fr. c.	fr. c.
Terrassiers	1 50	8 00	8 00	6 00
Charrons	2 00	3 50	»	»
Ajusteurs	2 00	3 50	4 00	7 50
Carriers	2 00	4 00	»	»
Tailleurs de pierre	2 00	4 00	4 00	8 50
Charpentiers	2 00	4 00	4 00	9 00
Forgerons	2 50	4 00	6 00	9 50
Couvreurs	2 00	4 00	»	»
Maçons	2 00	4 00	4 00	8 00
Garçons-maçons	»	»	2 50	5 00
Menuisiers	2 00	3 00	3 50	8 00
Peintres	2 00	4 00	3 50	8 00
Paveurs	»	»	4 00	7 00
Aide-paveurs	»	»	2 00	5 00

Paris se sont élevées en 1888 à 23,097,071 francs, c'est-à-dire à presque la moitié du déficit du budget de 1789.

Quant aux œuvres d'art, livres, bijoux, meubles, faïences, diamants, le plus petit bibelot du siècle dernier atteint dans les ventes publiques des prix énormes. Nous possédons le catalogue des livres de la bibliothèque de Colbert et de celle de Turgot, avec l'indication des prix auxquels ont été vendus les ouvrages qui les composaient ; mis en vente aujourd'hui, ces livres constitueraient une fortune considérable (1).

Voici, enfin, un court tableau dans lequel nous avons résumé la population par milliers d'habitants depuis cent ans, dans huit villes de France autres que Paris, qui comptent aujourd'hui plus de 100,000 habitants : Population.

VILLES	1789	1821	1836	1851	1866	1872	1886
Lyon	139	149	161	177	324	323	401
Marseille	76	109	145	196	300	313	376
Bordeaux	83	89	99	131	194	194	240
Lille	13	64	72	76	155	158	188
Toulouse	56	52	77	93	127	126	147
Nantes	65	68	76	96	112	119	127
Saint-Étienne	9	26	42	56	97	110	117
Rouen	66	87	92	100	101	102	107
	505	644	755	804	1,410	1,444	1,703

Ces huit villes comptaient, il y a un siècle, 505,000 habitants ; elles en comptent maintenant plus de 1,700,000. Quant à Paris, sa population, qui était de 575,000 à 600,000 habitants à la fin du siècle dernier, s'élevait à 2,344,550 en 1886.

(1) La bibliothèque de Colbert comptait 18,219 ouvrages de théologie, histoire de tous les peuples, sciences et arts, philosophie, belles-lettres, éditions splendides, vendues toutes quelques sous ou quelques livres. Turgot possédait 3,058 ouvrages divers, et des plus curieux, sur tout ce qui concernait l'agriculture, le commerce, les finances, l'administration. La vente eut lieu le 7 mai 1783 dans une des salles des RR. PP. Augustins. On paierait de nos jours plusieurs milliers de francs quelques-uns de ces magnifiques traités vendus alors presque à vil prix.

La population totale de la France, en comparant le recensement de 1801 et de 1880, s'est élevée de 27,319,000 âmes à 38 millions, soit une augmentation de 40 % (1).

Résumé des indices examinés.

Nous résumons, dans le tableau comparatif qui suit, les principaux chiffres cités dans cette étude :

	Il y a un siècle	De nos jours
	—	—
Escomptes commerciaux	503 millions.	8 milliards 683 millions.
Revenu national	3 à 5 milliards.	30 à 33 milliards.
Caisses d'épargne	néant.	2 milliards 1/2.
Valeurs mobilières	200 à 300 millions.	70 à 80 milliards.
Compagnies d'assurances sur la vie : opérations.	néant.	3 millions.
Sociétés de secours mutuels	néant.	7,743
Elèves { lycées (1810)	9,310	49,459 (1884)
Elèves { collèges (1810)	22,171	39,730 —
Produits bruts du budget	691 millions.	3,011 millions.
Contributions directes	303 —	414 —
Contributions indirectes	210 —	1,800 —
Revenu foncier (1791)	1,440 —	2,049 —
Patentes (1820)	22 —	171 —
Propriétaires fonciers	4 —	8 —
Valeur moyenne de l'hectare	500 francs.	1,700 francs.
Hectares ensemencés en blé	4 millions.	7 millions.
Récolte de blé (1815)	40 millions hectolitres.	107 — (1885).
Production par hectare	8h,06	16h,51
Prix du pain de 2 kilog. (1801)	0fr,90	0fr,85
Salaire agricole	0 ,60	2 ,50
Revenu annuel (famille agricole)	200 francs	800 francs
Production de la houille	240 milliers tonnes.	19,909 milliers tonnes
— Consommation	450 — —	29,629 — —
Production mines de fer	30 — —	767 — —
Commerce général	1,019 millions.	9,361 millions.
Coût des lettres	0.75 Paris à Marseille.	0.15
Salaires industriels	1 à 3 francs.	4 à 10 francs.
Population { totale	25 millions.	38 millions.
Population { principales villes	505,000	1,703,000

(1) Toussaint Loua, *Vingt-cinquième anniversaire de la Société de statistique de Paris*, 1886, page 62.

VI. — RÉSUMÉ GÉNÉRAL ET CONCLUSION

Qui pourrait nier que le sort de notre pays ne se soit grandement amélioré depuis le siècle dernier ? Le crédit était anéanti ; la banqueroute, « la hideuse banqueroute » était à nos portes ; les moyens de l'agriculture, ceux du commerce étaient insuffisants ; les disettes emportaient des milliers d'hommes. Nous avons vu, avec le temps, les maux de la société s'atténuer ; le travail, affranchi de lourdes chaînes, se développer ; l'intérêt des capitaux descendre de 8, 7, 6 % à 5, 3, 2 % ; les objets de consommation diminuer de prix, le salaire de l'ouvrier s'accroître, le goût de l'économie se répandre partout. Progrès réalisés.

Le vivre est assuré : on est mieux logé, mieux vêtu, et sans dire que le mal a disparu tout entier, car il y aura toujours du mal dans le monde, des misères à calmer, des souffrances à apaiser, on est plus heureux qu'autrefois. Après la statistique de la richesse acquise et des améliorations réalisées depuis le dernier siècle, on peut faire aussi une statistique de la misère et de la bienfaisance et dire que les pauvres, les malheureux, les déshérités n'ont pas été oubliés. Le vivre et le logement.

Nous avons des établissements pour les aveugles, les sourds-muets, les aliénés, les bègues. Les hôpitaux et hospices destinés à recevoir les malades et les infirmes, asiles d'aliénés non compris, étaient en 1884 au nombre de 1,654 avec 29,177 agents, 72,045 lits de malades, 55,836 lits d'infirmes et de vieillards. Les recettes de ces établissements, qui atteignaient à peine 50 millions en 1833, dépassaient en 1884 110 millions, non compris les fonds libres des exercices précédents. Au 1er janvier 1884, 2,075 enfants étaient à l'hospice et 47,430 à la campagne ; 37,653 étaient secourus à domicile. En 1884, nos 14,760 bureaux de bienfaisance ont secouru 1,443,320 personnes ; les ressources dont ces bureaux ont disposé s'élevaient à 50,082,709 millions, dont L'assistance.

17 millions de fonds libres provenant des exercices précédents (1).

Où trouver, sous l'ancien régime, des institutions semblables et à quelle époque a-t-on pris plus de soin de ceux qui souffrent, des malheureux ? A quelle époque de notre histoire a-t-on mieux compris et mieux appliqué cette magnifique pensée de Turgot : « Le soulagement des hommes qui souffrent est le devoir de tous et l'affaire de tous (2). » Jamais, mieux que de nos jours, le travail ne fut plus honoré, la pauvreté entourée de plus d'égards, la jeunesse plus protégée, la vieillesse plus respectée. Et notre siècle qu'on accuse de matérialisme, d'égoïsme et de dureté, a été le plus bienfaisant, le plus humain.

Enseignements économiques.

Ce siècle est aussi le plus fécond en enseignements économiques : le centenaire de 1789, c'est la constatation évidente d'une amélioration générale dans le sort de tous et on peut affirmer aujourd'hui, comme l'a démontré M. Paul Leroy-Beaulieu dans son *Essai sur la répartition des richesses*, que les améliorations survenues en accroissant le bien-être et la richesse de tous, ont aussi créé une moindre inégalité dans les conditions sociales.

La question sociale : Plus de bien-être pour tous.

« La question sociale, comme nous l'avons dit plusieurs fois (3), ne réside pas tout entière dans le désir que les philanthropes, certains économistes et quelques chefs de parti peuvent éprouver, plus ou moins sincèrement, en faveur d'une classe unique, fort intéressante il est vrai, mais qui, en somme, ne constitue pas toute l'humanité. Pour ceux qu'on a appelés jusqu'ici les socialistes et qui sont, même entre eux, fort divisés, la question sociale peut bien être renfermée dans ces limites étroites ; mais l'homme de science voit de plus haut et plus loin ; il confond dans un même

(1) De Foville, *la France économique*, page 9. — Voir également l'*Annuaire statistique de la France*, 1887, page 173, et *la France sociale et économique*, de Toussaint Loua.

(2) *Instruction sur les bureaux de charité* (1770).

(3) Voir *Suprà*, pages 232 et 233.

intérêt, dans une même sympathie, toutes les classes de la société moderne, et ce n'est point seulement le progrès pour quelques-uns qu'il observe et souhaite, mais la prospérité de tous. Ses constatations peuvent être contraires à ses vœux, mais ses préoccupations embrassent tout ce qui est humain et rien de ce qui est humain ne peut lui être indifférent.

« L'évolution des classes diverses, les unes s'élevant au bien-être désiré, les autres déclinant peu à peu jusqu'à la condition moyenne et satisfaisante qu'on peut espérer pour tous ceux qui forment le corps social, tel est le phénomène qui se dégage des faits économiques de ce siècle. Évolution des classes.

« Les erreurs, parfois énormes, des économistes qui ont marqué la fin du dernier siècle et la première moitié de celui-ci ne doivent pas leur être trop amèrement reprochées. La faute commune, c'est la généralisation excessive de la tendance à traduire en lois des faits trop rares, insuffisants en nombre, en portée, en signification.

« Turgot, le profond et généreux Turgot, eût plus appris dans ces trente dernières années que pendant toute sa vie et pendant les soixante années qui suivirent sa mort. Il renoncerait assurément aujourd'hui à quelques-unes de ses théories sur le salaire, sur l'impôt, sur les capitaux à bon marché, sur les machines, sur le travail industriel. Malthus, Ricardo, Stuart-Mill, éclairés par tant d'observations nouvelles, par tant de documents et de constatations qui leur ont fait défaut, modifieraient profondément leurs jugements, leurs prédictions ou leurs utopies sur la population et sur le crédit public. » Théories économiques rectifiées.

La France moderne date de la Révolution de 1789 et, lorsque nous comparons sa situation d'aujourd'hui à celle qui existait il y a cent ans, nous nous demandons si dans notre société actuelle, une classe quelconque voudrait, remontant le cours des ans, être aujourd'hui ce qu'elle était autrefois. La France moderne.

Qui donc désirerait revenir en arrière ?

L'ouvrier de 1889.

L'ouvrier est plus heureux, car il est libre, il peut porter partout son travail, utiliser son intelligence et ses capacités. Il peut s'associer, discuter ses intérêts, faire emploi, comme il l'entend, de son talent, de son industrie.

Ce n'est plus de nos jours qu'Adam Smith, comme il l'a fait dans un chapitre où il traite de l'impôt, classerait parmi les objets qu'on pourrait appeler de luxe pour les ouvriers français, les souliers, les bas, une chemise même. Il n'en est plus ainsi. Le coton est à leur usage depuis de longues années ; la laine de plus en plus se répand. Regardez le vêtement de l'homme qui travaille et vous verrez le drap foulé remplacer la bure, le soulier remplacer le sabot. Aux haillons, aux véritables guenilles, a succédé pour la femme l'indienne aux couleurs variées, le lainage, le drap et, dans les ménages les moins heureux, vous trouverez du linge blanc et propre, mis en réserve pour les dimanches et jours de fête et même, dans grand nombre de mansardes des livres et des fleurs.

Les salaires ont triplé, quadruplé, quintuplé, décuplé même dans certaines industries. L'ouvrier gagnait péniblement 1 à 2 francs par jour : il reçoit aujourd'hui 4, 5, 6, 8, 10 francs. La journée des champs valait, il y a cent ans, de 15 à 25 sous par jour : elle vaut 3 francs ; « lisez enfin Vauban, lisez les écrivains du grand siècle, et voyez cette peinture des champs abandonnés, des paysans fugitifs, et dites si rien de pareil arrive aujourd'hui, même avec les plus horribles guerres » (1).

L'habitant des campagnes.

Comparez la vie de l'habitant des campagnes, il y a un siècle, à celle qu'il mène aujourd'hui. Le paysan vivait autrefois de privations continuelles ; le pain blanc était chose inconnue ; une ou deux fois par an, à Pâques et à la « ducasse », un morceau de lard était son régal. L'huile de navette et de faine servait à accommoder les légumes. La boisson ordinaire était l'eau ; la bière était

(1) Thiers, *De la Propriété*.

chère ; le cidre ne l'était guère moins ; le vin était rare.

Il était soumis à mille vexations, mille exigences de la part de son seigneur comme du plus petit représentant de l'autorité. Pas de liberté pour acheter ou transporter ce qui lui était nécessaire ; il était accablé d'impôts et succombait sous le poids des charges qui pesaient sur lui.

Sans parler des redevances en nature, il devait acquitter la dîme, la taille, la capitation, les vingtièmes et centièmes, la corvée, les aides, gabelles, etc. Voulait-il, dans les marchés où il lui était permis de le faire, vendre les produits de son champ ? Il lui fallait acquitter des droits de mesurage, de piquetage, de minage, de sterlage, de palette, d'écuellée, de pied fourchu, de l'angayage, d'éprouvage, d'étalage (1) : c'est-à-dire payer tant par chaque septier de grain vendu ; tant par chaque vache, par chaque porc, chaque mouton ; tant sur le blé amené par les étrangers ; tant sur les paniers contenant des volailles, des œufs, du beurre, du fromage ; tant par chaque cheval essayé et vendu.

Aujourd'hui, avons-nous encore des paysans ? De même que nous avons des bourgeois de la ville, nous avons des bourgeois de la campagne, et nos bourgeois campagnards, travailleurs économes, sont de grands seigneurs, comparés à leurs arrière-parents du XVIIIe siècle.

Satisfactions matérielles deux et trois fois plus grandes que pour les deux générations précédentes.

On est autorisé à leur dire, comme l'a fait, du reste, avec tant de raison M. de Foville, dans son ouvrage sur *les Variations de prix*, que comme « satisfactions matérielles, leurs grands-pères n'avaient pas les deux tiers de ce qu'ils ont et que leurs arrière-grands-pères n'en avaient que le tiers ». Quelles que soient les privations qui leur incombent encore, nul d'entre eux ne pourrait se plaindre s'il comparait sa situation présente à celle de ses ancêtres.

Aux siècles derniers, la famine que nous ne connaissons plus que de nom, était en quelque sorte en per-

(1) De Calonne, *la Vie agricole sous l'ancien régime* (1883).

manence sur le sol fertile de la France. Tel siècle, le XIIe, l'a vue plus de 50 fois. Sous Louis XIV, en 1663, en 1690, en 1709, des populations entières étaient mortes de faim. Les malheureux broutaient l'herbe des prés et dévoraient l'écorce des arbres ; des femmes imploraient comme une grâce, pour y faire bouillir un peu de son, de l'eau dans laquelle on avait fait dessaler de la morue et Mme de Maintenon mangeait du pain d'avoine à Versailles. Plus tard, le marquis d'Argenson raconte dans ses *Mémoires*, que le régent apporta une fois au Conseil du pain de fougère et, le posant sur la table : « Voilà, Sire, dit-il, à Louis XV, de quoi les sujets de Votre Majesté se nourrissent. »

Progrès économique.

Le progrès économique de notre moderne société est une vérité désormais acquise, « quelles que soient les ombres dont elle se mêle encore » (1), de même que le soleil, parfois obscurci par quelques nuages, réchauffe et éclaire toujours l'univers.

Accroissement de la vie moyenne.

Et au-dessus de toutes les constatations que cette statistique nous a conduit à faire, nous avons un criterium infaillible, une preuve certaine des progrès accomplis, dans l'ordre économique, au profit de la masse, c'est l'accroissement de la vie moyenne et l'abaissement de la mortalité. Ce fait indéniable suppose et résume tous les progrès. Il prouve que, depuis cent ans, l'alimentation a été meilleure, le logement plus salubre, le vêtement plus hygiénique, la tempérance mieux pratiquée ; il prouve que le bien-être s'est accru, en même temps que le travail et l'épargne ont augmenté et que l'ordre a été plus longtemps maintenu dans le pays.

Nous n'avons donc, au point de vue économique, rien à regretter du passé ; et, entre le passé et le présent, où est la différence ?

Perfectionnement de l'outillage.

Elle est dans le perfectionnement des moyens de communication d'abord, dans les ressources matérielles dont disposent l'industrie et le commerce pour remplir leur tâche ; elle est dans l'emploi des machines qui, sui-

(1) Baudrillart, *la Liberté du travail et la démocratie.*

vant la belle pensée de Frédéric Passy, « sont notre sécurité et notre gloire, qui, en se faisant nos esclaves, nous ont donné la liberté et le loisir et, dans ce siècle, mettent chaque jour à notre disposition une puissance qui dépasse de bien loin celle dont l'imagination de nos pères se plaisait à doter les génies et les fées ». La différence économique entre les temps passés et les temps contemporains, elle est encore dans les chemins de fer, les navires à vapeur, les routes ; et, au point de vue moral, dans les idées plus généreuses, dans les lois plus libérales, plus humanitaires et dans l'état des esprits.

Les droits de l'homme.

Quoi de plus beau, de plus grand que les principes hautement proclamés dans la Déclaration des droits de l'homme et du citoyen ?

Les hommes naissent et demeurent libres et égaux en droits. Les distinctions sociales ne peuvent être fondées que sur l'utilité commune. (*Art.* Ier.)

Le but de toute association politique est la conservation des droits naturels et imprescriptibles de l'homme. Ces droits sont la liberté, la propriété, la sûreté, la résistance à l'oppression. (*Art.* II).

Le principe de toute souveraineté réside essentiellement dans la Nation. Nul corps, nul individu, ne peut exercer d'autorité qui n'en émane expressément. (*Art.* III.)

Nul ne doit être inquiété pour ses opinions, même religieuses, pourvu que leur manifestation ne trouble pas l'ordre établi par la loi. (*Art.* X.)

La propriété étant un droit inviolable et sacré, nul ne peut en être privé, si ce n'est lorsque la nécessité publique, légalement constatée, l'exige évidemment, et sous la condition d'une juste et préalable indemnité. (*Art.* XVII.)

La constitution, qui abolissait tous les privilèges, qui déclarait qu'il n'y avait plus pour aucune partie de la Nation, ni pour aucun individu, aucune exception au droit commun de tous les Français, qui détruisait jurandes et corporations de professions, qui garantissait « comme droits naturels et civils » que tous les citoyens sont admissibles aux places et emplois, « sans autre distinction que celle des vertus et des talents », qui donnait, enfin, à tous la liberté d'aller et de venir, de se réunir, de parler et d'écrire, etc., jeta dans le pays une semence féconde, et c'est à cet ensemble de libertés et d'idées généreuses que nous devons pour la plus grande partie la transformation économique, commerciale et industrielle de notre pays, car les hommes travaillent d'autant mieux et d'autant plus qu'ils sont maîtres de leurs actes, de leurs paroles, de leurs pensées, lorsqu'ils ont leur liberté d'action, c'est-à-dire lorsqu'ils sont libres.

La tolérance religieuse inscrite dans la déclaration des droits de l'homme et du citoyen devait, elle aussi, procurer au pays d'immenses bienfaits. Les protestants n'eurent plus à craindre un nouvel édit de Nantes. Les juifs, traités jusqu'alors comme des parias, purent librement consacrer leur intelligence, leur activité, au service de la France (1).

Travail, économie, échanges.

Les causes de la richesse moderne, de l'amélioration générale du pays, au point de vue national, quelles sont-elles encore? Elles résultent du travail, de l'économie et de l'échange, c'est-à-dire des grands principes

L'émancipation des juifs : leur apport à la prospérité de la nation.

(1) Les juifs gardent la mémoire du jour heureux où ils furent pleinement émancipés au sein de la nation libre et ils ont agi envers elle, on peut le voir aujourd'hui, comme des fils reconnaissants et dévoués. N'est-ce pas à des juifs que la France est redevable du développement de son crédit et des diverses transformations et améliorations que ce crédit lui-même a éprouvées? Les noms des Rothschild, des Mirès, des Péreire, des Fould laisseront, dans l'histoire économique du siècle, une trace ineffaçable. Qui a construit le premier chemin de fer en France? Des juifs : les Péreire. Qui, le premier, a eu l'idée des emprunts par souscriptions publiques, des créations de crédit foncier, du groupement des petits capitaux? Encore un juif : Mirès. Qui a sillonné l'Europe entière de chemins de fer, de routes, de canaux, a doté Paris et la France de compagnies de gaz et d'eaux, de transports urbains, terrestres et maritimes? Les Rothschild et les Péreire. Et si nous sommes préservés de la famine, ne le devons-nous pas à ces hardis pionniers qui ont supprimé les distances entre les peuples et fait qu'aujourd'hui un chargement de blé ou de bestiaux met moins de temps pour venir de New-York, d'Odessa, de Constantinople ou de Vienne qu'il n'en fallait, au siècle dernier, pour venir de la Beauce? Et dans des temps plus rapprochés de nous, temps bien tristes, hélas! lorsque la ville de Paris s'est vue obligée de payer une indemnité de guerre de 200 millions aux Allemands qui menaçaient de prendre comme garantie toutes nos richesses artistiques du Louvre et toutes les propriétés qui leur tombaient sous la main, qui s'est porté garant de payer cette somme? Les Rothschild. Et ne sont-ce pas encore ces juifs qui ont le plus contribué au succès de nos grands emprunts libérateurs par l'appui qu'ils ont donné à ces vastes opérations auxquelles un protestant non moins célèbre, M. Léon Say, devait, comme ministre de M. Thiers, collaborer?

que l'économie politique a toujours enseignés et défendus.

Le travail a été rendu d'autant plus productif qu'il a été plus divisé, secondé par des instruments, exécuté par moins de bras et plus de machines, plus étendu et moins dispendieux.

Le travail étant devenu plus étendu, plus divisé, a augmenté les ressources du pays ; les capitaux sont devenus plus abondants ; les valeurs mobilières, répandues à l'infini dans les plus gros comme dans les plus petits portefeuilles, ont pris un développement inconnu : de là, de nouvelles sources de produits, de richesses ; de là, le goût de l'économie dans les placements mobiliers.

Les échanges plus faciles, plus illimités, plus libres de se porter sur les marchés réputés les plus avantageux, quelle que soit la distance ; le transport des produits dans le monde entier devenu plus rapide, plus économique ; les valeurs de circulation destinées à la libération des échanges ou à payer le prix des produits échangés, débarrassées de tout obstacle sérieux dans leur marche, ne redoutant pas les abus et les excès de pouvoir ; le crédit public développé au plus haut point, tels sont les principaux faits économiques qui ont enrichi le pays.

Et cette richesse croissante a pu s'effectuer malgré les fautes commises par tous les gouvernements qui se sont succédé. Pendant le siècle qui s'écoule, de 1789 à 1889, que de guerres, que de révolutions, que de crises ! Richesse croissante, malgré les révolutions et les crises.

Depuis un siècle, nous avons eu quatre révolutions : 1789, 1830, 1848, 1870 et la Commune de 1871 ; sept changements de gouvernement : Napoléon Ier, Louis XVIII, Charles X, Louis-Philippe, la République de 1848, Napoléon III, la République actuelle ; la France a supporté les guerres du premier empire, les guerres d'Afrique, de Crimée, d'Italie, du Mexique, de Syrie, de Chine, de Cochinchine, et enfin, celle dont on gardera le plus poignant souvenir, la guerre de 1870, et dans ces derniers temps, les expéditions de Tunisie et du Tonkin.

Que de milliards dépensés et disparus! que de ruines causées par ces épouvantables boucheries! combien d'existences sacrifiées, combien de vies humaines perdues!

La plaie du militarisme.

Le développement du militarisme qui s'est étendu sur la France et l'Europe entière est la plaie de notre époque; à l'heure où nous sommes, l'Allemagne, la France, la Russie, l'Italie, l'Autriche, la Turquie, les Etats des Balkans peuvent mettre 10,480,000 hommes sur le pied de guerre; 8,335,000 comme réserve de seconde ligne; 0,195,000 comme réserves finales, soit un total général de plus de 28 millions d'hommes pour l'Europe, sans comprendre l'Angleterre (1). Ces dépenses militaires poussées jusqu'à l'excès jettent une ombre douloureuse dans le tableau économique que nous venons de tracer, bien imparfaitement, des progrès accomplis depuis un siècle. En France, dans tout le continent, on ne trouverait pas aujourd'hui un seul homme de vingt ans adonné aux travaux des champs, s'occupant de commerce ou d'industrie : tous sont dans les casernes!

Le siècle à venir verra-t-il la fin de ces armements ruineux et de ces guerres meurtrières? Nous le souhaitons

(1) Voici le tableau des troupes que ces pays peuvent mettre en ligne :

PAYS	PIED de GUERRE	RÉSERVES de SECONDE LIGNE	RÉSERVES FINALES
Allemagne	2,520,000	1,520,000	1,860,000
France	2,440,000	1,570,000	1,700,000
Russie	2,495,000	1,980,000	2,200,000
Italie	1,010,000	1,320,000	1,200,000
Autriche	1,145,000	1,470,000	1,700,000
Turquie	620,000	310,000	340,000
Etats des Balkans	250,000	165,000	195,000
TOTAUX	10,480,000	8,335,000	9,195,000

et l'espérons, dussions-nous être traité d'utopiste et de rêveur ! Les peuples ont mieux à faire qu'à se déchirer et à s'entretuer. Nous avons la ferme conviction qu'un jour viendra où les bienfaits et le maintien de la paix s'imposeront aux peuples civilisés avec la même violence que la guerre permanente, qui était autrefois la condition vitale des peuples barbares.

Conclusion.

En attendant la réalisation de ces vœux et de ces espérances, constatons, du moins, que la France qui, il y a cent ans, a été la première initiatrice des idées libérales et qui a hautement affirmé les droits imprescriptibles de l'homme, la liberté, la fraternité, l'égalité, peut s'enorgueillir des progrès matériels qu'elle a accomplis et célébrer sans regrets le centenaire politique et économique de 1789. Elle a supporté de terribles épreuves ; mais elle a toujours grandi, après les glorieuses journées de ses succès et de ses revers, par l'indomptable courage qu'elle a montré à ne pas fléchir sous les coups de l'adversité, à ne jamais désespérer de sa force et de sa fortune ; par la probité du Trésor, par la bonne foi qui a présidé aux engagements publics. Elle a inspiré confiance à tous ; elle a ranimé les efforts du travail, l'activité du commerce et de l'industrie ; elle a vu les transactions de toute nature, commerciales, financières, industrielles, recevoir une libre et féconde impulsion. Tels sont les fruits de ce siècle laborieux, plein de travaux, de réformes, d'entreprises et d'événements.

Sans doute, il reste encore beaucoup à faire, parce que les générations successives ont, en tout temps, de grands et continuels efforts à accomplir pour conserver et améliorer l'état présent, « parce que la France a particulièrement besoin, depuis les revers de 1870, de se fortifier par le sentiment du devoir, par la pratique de la liberté, par le respect de l'autorité, par l'amour de la patrie et de la famille et par l'application au travail (1) ». Mais, ce que nous pouvons affirmer, en

(1) Emile Levasseur, *la France*.

toute assurance, c'est que la France que nous avons reçue de nos pères, nous la laissons aujourd'hui à nos enfants plus heureuse, plus riche, plus prospère, mieux préparée à accomplir la destinée que la Providence lui a réservée.

A PROPOS DES ÉTABLISSEMENTS DE JEUX

Leurs partisans arguent de leur productivité.

Un des grands arguments invoqués pour établir que les établissements de jeux sont utiles et qu'il serait opportun de les rouvrir, c'est, dit-on, la productivité de ces établissements et les bénéfices que l'Etat ou la ville en ont recueillis dans les pays où ils existaient. Nous avons réuni sur ce point des renseignements précis; plusieurs directeurs de statistique des gouvernements étrangers nous ont fourni des documents précieux, spécialement M. Leemans, directeur de la statistique de Belgique, et M. Blenck, président du bureau de la statistique de Prusse, qui s'accordaient à condamner les jeux au point de vue moral et économique.

Bénéfices des jeux de Spa.

Que rapportaient ces jeux? A Spa, une partie des bénéfices était prélevée au profit de la ville; une deuxième partie au profit des établissements de bienfaisance de Belgique; une troisième au profit de l'Etat; enfin, un prélèvement de 70.000 francs était fait en faveur d'autres localités, Ostende par exemple, sièges de bains de mer ou stations thermales. Voici les chiffres exacts de 1864 à 1870 :

ANNÉES	BÉNÉFICES pour LA VILLE	ÉTABLISSEMENTS de BIENFAISANCE	PROFITS de L'ÉTAT	TOTAUX
	francs	francs	francs	francs
1864	277.380	76.909	693.450	1.047.739
1865	339.424	93.849	848.560	1.281.833
1866	332.249	91.874	830.622	1.254.745
1867	333.764	92.278	834.411	1.260.453
1868	315.237	87.350	785.092	1.190.675
1869	356.921	100.590	922.551	1.378.192
1870	418.861	114.910	1.047.154	1.582.925

Ainsi, les jeux de Spa ont rapporté, tant à la ville qu'aux établissements de bienfaisance et à l'Etat, une moyenne de bénéfices qui varie de 1 million 47,000 fr. à 1 million 582,000 francs.

En Allemagne, des établissements de jeux étaient établis à Hombourg, à Ems, à Wiesbaden, à Baden-Baden. Dans le royaume de Prusse, on avait depuis longtemps reconnu, dans le gouvernement comme dans la nation, la nécessité de prohiber ces établissements comme nuisibles à l'intérêt public. La loi du 5 mars 1868 ordonne la suppression des jeux à Wiesbaden, Ems, Hombourg, Baden dans les territoires annexés à la Prusse en 1866, suppression dont le dernier terme était fixé au 31 décembre 1872, avant même l'expiration des concessions existantes. En Allemagne.

En 1865 et 1866, l'impôt annuel de patente payé par la banque de jeux de Hombourg était de 16,000 florins sud-allemands, outre 7,000 florins à la ville pour l'éclairage au gaz.

La commune d'Ems avait retiré, en 1866, de sa banque de jeux, 24,000 florins sud-allemands pour la taxe communale de la patente. Celle de Wiesbaden, 37,000 florins. La compagnie des jeux de Wiesbaden était tenue, en outre, par son contrat, de verser chaque année 1,000 florins à l'hôpital civil, 50,000 florins au théâtre et 30,000 florins pour les embellissements de la ville. Aucun impôt n'était prélevé par l'Etat.

Dans la même année 1868, un projet de loi pour la suppression et la prohibition des jeux publics fut présenté au reichstag de la Confédération de l'Allemagne du nord. Il ressort de l'exposé des motifs qu'il existait en 1867, dans le territoire de l'Allemagne du nord, des banques de jeux à Wiesbaden, Ems, Hombourg (royaume de Prusse), à Pyrmont et Wiedungen (principauté de Waldeck), à Nauheim (grand-duché de Hesse) et à Travemunde (territoire de Lubeck). L'exposé des motifs rappelle que la conviction des effets désastreux de ces jeux, sur le bien-être et la moralité publique, et la condamnation formelle de tous les établissements de ce genre par la conscience publique, avaient amené, quarante ans auparavant, en Angleterre, la suppression de toutes les banques et maisons de jeux.

En ce qui concerne la banque de jeu de Baden-Baden, une autorité plus ancienne (1) nous apprend qu'en une année, celle de 1850, par exemple, cette banque a payé en tout 156,358 florins de taxes, dont 127,400 florins comme redevance de fermage ; 16,233 florins ont été appliqués au bénéfice d'autres localités diverses ; le surplus est resté à la ville de Baden-Baden. Dans le duché de Nassau, en 1857, la banque de jeux a rapporté à l'Etat 130,000 florins, et pour Hombourg, en outre d'une *redevance annuelle* de 24,000 florins, la compagnie fermière devait consacrer 40,000 florins par an pendant quatre ans et 10,000 florins par an, pendant les trente et une années suivantes, à la construction et à l'entretien des bâtiments et des promenades.

Loteries d'Etat. Des loteries d'Etat fonctionnent encore en Prusse, en Italie, en Autriche.

En Prusse. La loterie prussienne date de Frédéric II. Elle a été tour à tour supprimée, puis suspendue pendant une certaine période, et rétablie sous sa forme actuelle après les guerres du premier empire. Elle a été d'abord affermée à des entrepreneurs. Parmi les fermiers s'est trouvé, en 1817, un oncle de M. de Bismarck à qui sa femme avait apporté en dot une part dans la ferme de la loterie. Aujourd'hui, cette loterie est dirigée par l'Etat ; elle lui rapporte, d'après le dernier budget, environ 4 millions de marcs (5 millions de francs). Elle se compose de 100,000 billets, coûtant 150 marcs. L'Etat prélève 15 % sur les montants des lots et 1/2 % pour la rémunération des détaillants de billets qui sont commissionnés par l'Etat et répartis selon les localités. Ces billets sont vendus ensuite par des intermédiaires qui les subdivisent à l'infini, jusqu'au 64e ou au 128e de billet : c'est par l'intermédiaire de ces spéculateurs que le

(1) Rau, *Finanzwissenschaft*.

peuple et la population ouvrière prennent part à la loterie. Le billet primitif de 52 thalers (156 marcs) est vendu, en réalité, 2, 3, 4 fois plus cher. Si l'Etat émet pour 20 millions de billets, il prélève pour lui et pour ses agents commissionnés 5 à 6 millions ; il reste donc, pour le public, sous déduction des lots, 15 millions de perte, plus une somme au moins égale pour le montant de la prime qu'il paie sur les billets qu'il achète aux intermédiaires et aux spéculateurs.

La dernière loterie tirée en Prusse est la 175e depuis la fondation de cette institution. Elle est tellement entrée dans les mœurs de la population, de toutes les classes, qu'elle a résisté jusqu'ici à toutes les attaques dont elle est l'objet, chaque année, au parlement prussien, de la part des libéraux et des catholiques. Bien plus, depuis cette année, le nombre des billets a été doublé : il est, par conséquent, de 200,000 ; le nombre des lots a été augmenté proportionnellement ; le profit laissé au Trésor peut être, conséquemment, évalué au double de ce qu'il donnait jusqu'à présent, soit 8 millions de marcs, au lieu de 4 millions.

Des loteries d'Etat, calquées sur la loterie prussienne, existent en Saxe, à Hombourg, à Brunswick. L'agiotage est moins fort sur les billets de ces loteries, qui ne sont pas aussi faciles à placer, vu le chiffre inférieur de la population à laquelle ils s'adressent : d'autre part, ils ne peuvent pas se vendre en Prusse, pour ne pas faire concurrence à la loterie prussienne. La vente au détail de ces billets est considérable. On peut calculer approximativement que par le fractionnement des billets, vendus d'autant plus cher qu'ils sont plus fractionnés, le public paie tous les ans 70 à 75 millions de marcs, pour 9.600.000 marcs que ces loteries rapportent aux gouvernements de Saxe, Hombourg et Brunswick ; 53 à 54 millions rentrent sous forme de lots aux preneurs de billets. En Saxe, à Hombourg, à Brunswick.

En Italie, la loterie existe encore : elle exerce une telle séduction, un si grand entraînement, qu'on a En Italie.

remarqué que le jour où le tirage avait lieu et où chacun se pressait de choisir un numéro, un « extrait », un « ambe », un « terne » ou un « quine » la consommation du pain diminuait dans certaines villes ; les ouvriers réduisaient la ration de leur ménage et vivaient de privations pour pouvoir mettre quelques francs à la loterie.

Voici, de 1868 à 1877, quelques chiffres indiquant les recettes de la loterie, les dépenses, les bénéfices de l'Etat :

ANNÉES	RECETTES	DÉPENSES	BÉNÉFICE de L'ÉTAT
	millions de francs	millions de francs	millions de francs
1868	»	41,0	19,0
1869	80,0	60,0	20,0
1870	80,0	52,0	28,0
1871	66,0	42,0	24,0
1872	65,0	41,0	24,0
1873	70,0	48,0	22,0
1874	75,0	52,0	23,0
1875	73,0	48,0	25,0
1876	69,0	42,0	27,0
1877	67,0	42,0	25,0

De 1861 à 1882, la loterie italienne a produit 1 milliard 373 millions (1 MILLIARD TROIS CENT SOIXANTE-TREIZE MILLIONS). Le Trésor a rendu, sous forme de lots ou dépenses 808 millions ; il a conservé 565 millions. En vingt ans, la moyenne des sommes versées par les Italiens à la loterie a été de 68 millions 1/2 ; la moyenne des bénéfices du Trésor, pendant la même période, a été de 28 millions 1/2. Est-il possible d'inventer un impôt plus mauvais, plus démoralisateur, proportionnel non pas aux ressources, mais aux vices et aux passions des contribuables?

En Autriche. En Autriche, le produit de la loterie est un peu moins fort qu'en Italie. Voici quelques chiffres :

ANNÉES	RECETTES	DÉPENSES	BÉNÉFICE de L'ÉTAT
	millions de francs	millions de francs	millions de francs
1868	34,0	21,0	13,0
1869	34,0	20,0	14,0
1870	34,0	21,0	13,0
1871	38,0	23,0	15,0
1872	40,0	24,0	16,0
1873	48,0	31,0	17,0
1874	60,0	35,0	25,0
1875	61,0	39,0	22,0
1876	56,0	32,0	24,0
1877	54,0	29,0	25,0

Ainsi, en 1877, les Autrichiens ont versé 54 millions à la loterie, sur lesquels l'État a prélevé 25 millions, soit près de 50 %.

Bénéfices d'argent. Bilan moral.

Tel est le bilan de ces établissements de jeux et de ces loteries : à l'actif, 1 à 2 millions de bénéfices pour les villes ou l'État, à raison de l'affermage des établissements ; 5 à 10 millions pour la loterie prussienne ; 25 à 28 millions pour les loteries italienne et autrichienne. Mettez au passif les pertes du public, les vols, les crimes, les suicides, la démoralisation générale, conséquence de telles institutions qu'on ose nous proposer comme exemples à suivre, et voyez si l'excès du mal ne l'emporte pas sur les prétendus bénéfices recueillis par les villes et les États. On dira, sans doute, que de tels affermages pourraient rapporter, en France, bien davantage ; ce qui augmenterait, ce qui ne pourrait entrer en comparaison avec les sommes que l'on toucherait, ce serait le vice, ce seraient toutes les mauvaises passions. Et, pour conclure, on peut dire avec J.-B. Say : « Quand des législateurs édictent de semblables mesures, c'est comme s'ils volaient un certain nombre annuel de vols et de crimes. Il n'est aucun prétexte de dépenses qui autorise la provocation au crime. »

LES EXPOSITIONS UNIVERSELLES
1855-1867-1878-1889

L'exposition universelle qui va s'ouvrir sera la quatrième des grandes assises commerciales et industrielles que les hommes de notre génération auront pu voir à Paris, dans la seconde moitié de ce siècle.

Les précédentes expositions. La première eut lieu en 1855, en pleine guerre de Crimée ; la seconde, en 1867, quelques mois après la guerre austro-prussienne et presque au lendemain de l'incident du Luxembourg, qui faillit faire éclater la guerre entre la France et la Prusse ; la troisième eut lieu en 1878, après la guerre d'Orient. C'est en pleine paix que s'ouvre l'exposition de 1889.

1855 à 1889. Dans le long espace de temps qui s'est écoulé depuis 1855, la France a connu toutes les gloires et toutes les adversités, toutes les richesses et toutes les misères ; elle a vu sa fortune politique et militaire en plein éclat ; elle a connu aussi les tristesses de la défaite. Mais vaut-elle moins aujourd'hui qu'elle ne valait hier ; malgré ses malheurs immérités, est-elle en voie de déclin ; malgré les épreuves qu'elle a traversées, peut-on dire qu'elle a périclité.

Les chiffres vont nous permettre de répondre à ces questions.

* * *

Cours cotés. Nous examinerons successivement les cours cotés sur les principales valeurs mobilières en 1855, 1867, 1878 et 1889 ; nous indiquerons aussi quel a été le mouvement des principaux indices du commerce, de l'industrie et de la fortune publique, à ces diverses époques.

Rentes sur l'État. Les rentiers qui, depuis 1855, ont conservé leurs titres de rentes, doivent-ils regretter le temps passé ?

Qu'on en juge :

Voici les cours du 3 % à ces diverses dates :

1855............	71 75	au plus haut	63 20	au plus bas
1867............	70 75	—	69 00	—
1878............	77 75	—	69 85	—
1889............	87 50	—	83 00	—

Le 3 % est près de 15 francs plus cher qu'en 1855; près de 16 francs plus cher qu'en 1867 ; 10 francs plus haut qu'en 1878.

Valeurs de chemins de fer.

Les actionnaires et obligataires des grandes compagnies de chemins de fer ont-ils été moins favorisés que les rentiers sur l'Etat ? Voici ce que répondent les prix moyens cotés pendant les années 1855, 1867, 1878, et les prix actuels :

COMPAGNIES	COURS MOYENS COTÉS			
	1855	1867	1878	1889
	francs	francs	francs	francs
Nord....................................	881	1.152	1.338	1.810
Est....................................	880	627	652	840
Lyon....................................	1.112	900	1.067	1.410
Ouest....................................	739	653	731	970
Orléans....................................	1.106	876	1.141	1.375
Midi (1856)....................................	732	660	822	1.230
TOTAUX....................	5.490	4.557	5.751	7.635

Les actions des six grandes compagnies ont coûté, aux cours moyens : 5,491 fr. 87, en 1855 ; 4,558 fr. 15, en 1867 ; 5,753 fr. 25, en 1878 ; 7,635 francs en 1889.

Quant aux obligations de ces mêmes compagnies, bien que, depuis 1870, elles aient été frappées de lourds impôts qui réduisent leur revenu net à 13 fr. 80 au lieu de 14 fr. 50 avant la guerre, leurs prix n'ont cessé de progresser.

Voici encore ce que disent les plus hauts cours cotés sur ces valeurs en 1855, 1867, 1878, et comparés aux cours auxquels elles se négocient aujourd'hui.

COMPAGNIES	1855	1867	1878	1880
	francs	francs	francs	francs
Nord	360	365	376	425
Lyon	310	330	372	418
Ouest	296	318	365	417
Orléans	306	321	370	420

Sur toutes les grandes valeurs, nous pourrions constater des plus-values semblables à celles que nous relevons sur les rentes, les actions et obligations de chemins de fer. Quelques titres spéciaux, parmi les sociétés financières et industrielles, ont acquis une hausse considérable.

Crédit foncier. Le Crédit foncier cotait en 1855, au plus haut cours, 580 francs, soit net à payer, 330 francs ; 1,590 francs au plus haut en 1867 ; 890 francs au plus haut cours en 1878, soit net à payer, 1,290 francs et 640 francs. Il dépasse aujourd'hui 1.300 francs net.

Les Petites-Voitures cotaient les cours suivants :

	Plus haut	Plus bas
	fr. c.	fr. c.
En 1855	210 00	105 00
En 1867	320 25	158 75
En 1878	503 50	150 00
Cours actuels	818 00	» »

Suez. L'action Suez qui, en 1867, variait de 382 fr. 50 à 200 francs ; en 1878, de 790 francs à 700 francs, dépasse actuellement 2,300 francs.

* * *

Indices divers. Interrogeons maintenant les divers éléments qui composent la fortune publique d'une nation et indiquent si cette nation s'arrête, recule ou progresse ; tous ces phénomènes sociaux, rapprochés entre eux à diverses dates, nous diront exactement ce qu'est devenue la France :

INDICES	1855	1867	1878	1889
Population	35.174.000	36.494.000	36.905.000	38.200.000 (1886)
Caisses d'épargne	272.192.542 francs	670.889.179	1.016.166.402	2.500.000.000
Livrets	893.750	1.845.603	3.173.721	5.500.000
Élèves dans les lycées et collèges	22.748	36.112	41.837	89.189 (1884)
Production des combustibles minéraux	7.453.047 tonnes	12.583.335	16.960.916	19.068.548 (1886)
Machines à vapeur (nombre d'établissements)	8.879	23.436	35.789	41.274 (1885)
Commerce général	4.327.000.000 francs	7.965.000.000	9.201.000.000	9.302.000.000 (1886)
Commerce spécial	3.152.000.000	5.852.000.000	7.856.000.000	7.457.000.000 (1886)
CHEMINS DE FER (1) :				
Kilomètres exploités	5.526	15.657	21.435	32.614 (1888)
Nombre de voyageurs	32.491.471	101.610.768	152.806.132	214.450.556 (1885)
Tonnes de marchandises	10.645.282	38.667.612	63.087.498	75.192.276
Escomptes à la Banque	3.765.000.000 francs	5.718.000.000	6.866.000.000	8.685.725.600 (1888)
Taux moyens de l'escompte	4.44 0/0	2.71 0/0	2.18 0/0	3 0/0 (1889)
MOUVEMENT POSTAL :				
Objets transportés	357.164.266	648.213.350	974.861.460	1.523.796.865 (1885)
Produit de taxe	49.544.697 francs	78.574.170	97.420.104	128.617.908 (1875)
MOUVEMENT TÉLÉGRAPHIQUE :				
Longueur des lignes en kilomètres	10.502	35.167	57.780	93.508 (1885)
Nombre de dépêches	254.532	3.218.995	11.184.960	26.030.583 (1885)
Produit des taxes	2.487.150 francs	8.659.846	10.928.414	25.473.975 (1885)

(1) Nous indiquons, d'après la statistique la plus récente insérée au *Journal officiel* du 20 avril 1889, le nombre de kilomètres exploités fin décembre 1888. Pour le nombre de voyageurs et les tonnes de marchandises transportés, nous avons pris les chiffres indiqués, pour 1885, d'après l'*Annuaire statistique de la France* (1889).

Progrès continus.

Malgré ses crises intérieures et extérieures, malgré les épreuves passagères qu'elle a subies, la France ne s'est donc pas arrêtée. Chacune des étapes de sa vie financière, commerciale et industrielle, constatée par les dates des expositions internationales, marque, au contraire, un progrès nouveau réalisé : 1867 est en progrès sur 1855 ; 1878 dépasse 1867 ; 1889 indique à son tour une amélioration importante sur les résultats acquis en 1878.

Augmentation de la fortune mobilière ; hausse des fonds publics et des valeurs ; les rentes et les grandes valeurs de placement à des prix qu'elles n'ont jamais connus ; augmentation de l'épargne nationale comme le prouvent les 2 milliards et demi déposés dans les caisses d'épargne, répartis entre 5 millions et demi de titulaires, comparés aux 272 millions et 893,750 livrets de 1855 ; développement de l'instruction publique, comme le prouve le nombre d'enfants qui fréquentent nos lycées et nos collèges ; augmentation de la production des combustibles minéraux, du nombre des machines à vapeur, du commerce général, du commerce spécial. Extension considérable donnée aux chemins de fer, aux postes et aux télégraphes ; argent abondant et bon marché ; augmentation des escomptes commerciaux, tant à la Banque de France que dans les grands établissements de crédit, tels sont les faits indéniables qui affirment la vitalité et les progrès du pays.

Un peuple qui, malgré les désastres qu'il a subis en 1870, a pu se relever aussi vite et dans de telles proportions, a le droit d'envisager l'avenir avec confiance et peut, avec fierté, montrer aux étrangers qu'il a conviés à visiter l'exposition universelle de 1889, que la grande nation d'hier est encore et toujours la grande nation d'aujourd'hui.

DES DIFFÉRENTS MODES D'EMPRUNTS ET D'AMORTISSEMENTS

C'est une étude curieuse et intéressante que celle des emprunts publics et des formes diverses sous lesquelles ils ont été effectués depuis bientôt un demi-siècle par les Etats, par les villes, par les sociétés industrielles et financières. Au fur et à mesure que les emprunts se sont multipliés, que les appels au crédit sont devenus plus fréquents, plus variées ont été leurs conditions d'émission. En même temps que le crédit s'est développé, on a créé des titres représentatifs d'emprunts de plus en plus différents ; on a cherché à satisfaire les goûts du public, goûts excessivement changeants, car on voit chaque jour des émissions qui, présentées sous telle forme, réussissent, tandis qu'elles échouent sous telle autre, alors que, pour l'emprunteur, quel que soit le mode employé, le coût de l'emprunt est le même.

Rentes perpétuelles.

On a commencé par les emprunts en rente perpétuelle à durée illimitée ; en échange de l'argent qu'il a versé, le prêteur a reçu une pièce appelée titre d'emprunt, qui lui donne droit à une rente payable soit tous les ans, soit par semestre ou par trimestre. C'est ainsi qu'ont été constitués chez nous les emprunts en rente 5 % et 3 % ; puis sont venus les emprunts à durée limitée remboursables en une ou plusieurs fois à des époques déterminées, par tirages annuels ou par voie de rachat au cours de la bourse. On a émis aussi des emprunts à durée limitée remboursables au moyen de payements annuels d'égale ou d'inégale valeur. Ce n'est pas tout encore : nous trouvons des emprunts émis à un prix différent du pair et remboursables au pair par annuités égales ; d'autres, remboursables au-dessus du pair par annuités d'une égale ou d'une inégale valeur. Après les emprunts en rente perpétuelle, nous avons

Rentes amortissables.

ou les emprunts en rente amortissable, c'est-à-dire en rente remboursable à un prix déterminé, par tirages annuels ou semestriels.

Titres à revenu fixe remboursables à un prix supérieur.

C'est surtout à partir du jour où les grandes compagnies de chemins de fer ont créé leurs obligations, que le goût du public s'est accentué pour les titres à revenu fixe, remboursables à un prix supérieur à leur taux d'émission. Des obligations émises à 250, 300, 350 fr., rapportant 15 francs d'intérêt, remboursables à 500 fr., c'est-à-dire avec une prime de 250, 200 et 150 francs au remboursement, devaient séduire le public, qui préférait recevoir un intérêt moindre, mais qui avait une valeur pouvant augmenter son capital lorsqu'elle était appelée au remboursement. Supposez qu'au lieu d'émettre à un prix éloigné du pair, c'est-à-dire de 500 francs, des obligations rapportant 15 francs d'intérêt, les compagnies eussent émis à ce prix de 500 francs des obligations donnant un intérêt plus élevé, il est douteux qu'elles eussent obtenu le succès considérable qu'elles ont eu.

Emprunts à lots avec intérêt (Ville de Paris, Crédit foncier).

C'est dans les premières années de l'empire, de 1852 à 1860, qu'ont été introduits sur le marché les emprunts à lots, tels que ceux de la ville de Paris et du Crédit foncier ; on a successivement émis des titres donnant un intérêt fixe, remboursables au-dessus de leur prix d'émission, ayant droit par surcroît à des tirages annuels, semestriels, trimestriels, bimensuels et participant à des lots de 200,000, 100,000, 50,000 francs. Cet appât des primes a toujours exercé sur le public une grande influence. Celui qui souscrit ou achète une obligation à lots tient un faible compte du revenu que lui donne son titre ; il n'a qu'une seule préoccupation : la date des tirages, le numéro de son obligation, et ce n'est que pressé par le besoin qu'il vendra un titre de ce genre, car il conserve toujours l'espoir que l'obligation à lots qu'il possède sortira un jour ou l'autre avec le gros lot. La cote de la bourse donne des exemples saisissants de la perte que les rentiers subissent volontiers pour avoir en portefeuille des valeurs à lots. Voici, par exemple, les obligations de la Seine : elles seront toutes remboursées à 225 francs au dernier tirage d'amortissement, qui a lieu le mois prochain ; à ce tirage, sur 8,000 obligations qui restent en circulation environ, 8 obligations seulement seront primées, une à 100,000 fr., 2 à 10,000 francs, 5 à 1,000 francs ; or, ces obligations se négocient à 325 et 330 francs, c'est-à-dire que le porteur d'une obligation paye en réalité 100 francs la *chance* de participer à un tirage. Autre exemple : les obligations du Crédit foncier 1883, rapportant 15 francs, remboursables à 500 francs, coûtent 385 à 390 francs. A côté d'elles, nous trouvons les obligations du Crédit foncier 1879, qui coûtent 400 francs, rapportent 15 fr., sont remboursables à 500 francs et donnent droit par an à six tirages de lots s'élevant au total de 2,200,000 fr. A revenu égal, le public paye donc une obligation qui offre des tirages et des lots 100 francs plus cher qu'une autre obligation donnant seulement une prime au remboursement. Nous trouvons encore les obligations du Crédit foncier 1877 qui coûtent à peu près le même prix que les foncières 1883 ; elles participent tous les ans à quatre tirages de lots importants, sont remboursables à 400 francs ; elles rapportent 12 francs, c'est-à-dire 3 francs de moins que l'obligation 1883, qui n'a pas de lots. Dans ce cas, le rentier, on le voit, sacrifie une partie de son revenu pour laisser la porte ouverte à la chance, au gros lot qui peut lui apporter la fortune.

On a pensé longtemps que les attraits offerts au public par les obligations de la ville de Paris et du Crédit foncier étaient suffisants et qu'il ne serait jamais besoin de créer d'autres types d'emprunts pour engager le public à souscrire. Et cependant, même dans les emprunts à lots, des modifications ont été jugées nécessaires et se produisent : à côté des obligations à lots rapportant intérêt, on en a créé d'autres ne rapportant rien, mais donnant des tirages et des lots encore plus

Emprunts à lots sans intérêt.

Lots d'Autriche.

nombreux et plus importants. C'est de l'étranger, principalement de l'Autriche, que nous est venue cette mode. L'intérêt qu'ils auraient payé à leurs prêteurs, les emprunteurs l'ont appliqué à des lots et à des primes. En France, l'emprunt de la ville de Roubaix 1860 a été constitué de cette sorte et, il y a peu de temps, nous avons vu émettre avec un plein succès les bons de la Presse et les bons à lots du Crédit foncier, ne rapportant aucun intérêt. Ces derniers, émis à 100 fr., sont actuellement libérés de 40 francs; ils sont cotés 130 francs; c'est-à-dire que le souscripteur primitif gagne 75 % sur son versement. Enfin, à la suite des obligations 3 % de chemins de fer remboursables à 500 francs, des obligations à lots rapportant un intérêt plus faible, et de celles ne donnant aucun intérêt, on a créé, dans ces derniers temps, un type nouveau d'obligations donnant le même revenu que les obligations de chemins de fer, mais remboursables à 1,000 francs, c'est-à-dire 500 francs plus cher. C'est ce type de titres qui a été émis par la Banque hypothécaire, aujourd'hui en liquidation et qui a été absorbée par le Crédit foncier. Cette banque a émis à 480 francs des obligations rapportant 15 francs, remboursables à 1,000 francs en soixante-quinze ans. Ces titres se négocient maintenant à 490 francs, soit 80 à 90 francs plus cher que les obligations des grandes lignes, qui rapportent 15 francs. Pour avoir un titre remboursable 510 francs plus cher qu'il ne coûte, au lieu d'en avoir un remboursable seulement avec une prime de 100 francs, le public consent à payer l'obligation de la Banque hypothécaire 80 et 90 francs de plus qu'il ne payerait une obligation ordinaire des six grandes compagnies de chemins de fer. C'est ce même type de valeur qui est actuellement en cours d'émission et offert au public par la Société des immeubles de France avec le concours de plusieurs établissements financiers. Cette société émet à 387 fr. 50 des obligations rapportant 15 francs d'intérêt, remboursables en soixante-quinze ans à 1,000 francs, c'est-à-

Bons de la Presse.

Obligations de 500 fr. remboursables à 1,000 fr.

dire avec une prime de 612 fr. 50 au remboursement. En effectuant son emprunt sous cette forme, la société répond aux goûts du public qui, depuis longtemps, recherche dans ses placements des valeurs pouvant donner une plus-value au remboursement, bien plus que des intérêts élevés.

Ces opérations sont sérieuses.

Mais, dit-on, comment est-il possible, pour les sociétés qui émettent des emprunts à lots ou d'autres remboursables avec une forte prime, de trouver ces différences énormes de capitaux qui existent entre les sommes qu'elles reçoivent et celles qu'elles remboursent? Nous ne voyons pas aujourd'hui, comme dans l'évangile, la multiplication des pains, mais nous assistons à une véritable multiplication des capitaux. Rien de plus simple cependant que ces combinaisons financières ; elles ne reposent sur rien de fictif ou d'aléatoire, mais simplement sur des calculs précis, mathématiques, sur la puissance des intérêts composés. Si une société ayant à emprunter grève son emprunt d'une charge annuelle de 5 % et qu'au lieu de payer ces 5 % à ses prêteurs elle leur distribue 4 % sous forme d'intérêt et 1 % sous forme d'amortissement il n'en coûtera pas un centime de plus à cette société ; mais, grâce à ce 1 % prélevé sur les intérêts annuels, elle pourra distribuer des lots ou des primes de remboursement. Il n'y a rien de plus curieux à constater que la valeur de l'argent placé à intérêts composés après un certain nombre d'années. La modique somme de un franc placée à 5 % à intérêts composés vaut 3 fr. 386355 au bout de vingt-cinq ans; 11 fr. 467400 après cinquante ans; 38 fr. 832686 au bout de soixante-quinze ans, et 125 fr. 23929 au bout de quatre-vingt-dix-neuf ans.

Combinaisons multiples pour satisfaire les souscripteurs.

C'est ainsi que, par des placements sagement et opportunément combinés, s'appuyant sur des calculs précis, il est possible de réaliser avec succès un grand nombre de combinaisons financières, de varier la forme des emprunts, d'offrir au public tantôt un gros intérêt, tantôt de fortes primes, des tirages annuels, semestriels ou mensuels, tantôt encore d'importantes plus-values au moment du remboursement des titres émis. Les quelques exemples que nous venons de citer dans cette revue rapide expliquent comment, grâce à l'ingéniosité des banquiers, à l'habileté des calculateurs et des actuaires, aux facilités et au développement du crédit, il est facile maintenant, sans qu'il en coûte plus cher aux emprunteurs, de plier facilement les modes d'emprunts aux goûts, aux tendances, aux habitudes du public.

CE QUE LA FRANCE A GAGNÉ A L'EXPOSITION DE 1889

L'exposition décidée en 1884.

Le 5 novembre 1884, M. Rouvier, ministre du commerce, adressait au président de la République un rapport tendant à ouvrir une exposition universelle en 1889.

Dans ce rapport, le ministre rappelait que la République, en 1798, avait décrété la première exposition de l'industrie française ; que, depuis cette époque, la France avait eu quatorze grandes expositions et que la date de 1889 apparaissait au sentiment national comme l'échéance d'une nouvelle exposition universelle.

Cette date, disait M. Rouvier, semblait indiquée par la périodicité de onze à douze ans qui s'était établie entre les dernières expositions. Elle l'était bien plus encore parce qu'elle devait coïncider avec le centenaire « d'une hégire chère au patriotisme français ».

Un décret conforme aux propositions du ministre fut signé par M. Jules Grévy : un arrêté ministériel nomma M. Antonin Proust commissaire général de la future exposition.

Discussions sur son utilité.

Si, à cette époque, l'ouverture d'une exposition universelle, en 1889, était favorablement accueillie dans le monde politique, ce ne fut pas sans controverses, sans appréhensions, qu'elle fut acceptée par le monde commercial et industriel.

Objections diverses.

A quoi bon, disait-on, une exposition après celles de 1855, de 1867, de 1878 ?

Pourquoi, si nos produits sont supérieurs à ceux des nations qui nous entourent, leur montrer les secrets de notre supériorité et, s'ils sont inférieurs aux leurs, avouer, en quelque sorte, notre infériorité?

A quoi bon une exposition universelle, c'est-à-dire une œuvre de paix, quand l'Europe n'est qu'un vaste camp armé, quand la moindre étincelle peut mettre le feu aux quatre coins du continent, quand, enfin, nous nous débattons contre des difficultés sans cesse renaissantes ?

Pourquoi une exposition quand nous sortons à peine d'une crise financière, crise de spéculation des plus intenses, le krach de 1882 qui a englouti des centaines de millions ?

Des objections de toute nature étaient faites contre le projet du gouvernement et, en se reportant aux journaux de l'époque, on peut voir que, si les partisans en étaient nombreux, les adversaires n'étaient ni moins compacts ni moins résolus.

Adhésion des chambres syndicales.

Les chambres syndicales, il faut leur rendre cette justice, donnèrent, après de nombreuses discussions, un appui sans réserve; elles appuyèrent chaudement le projet ; elles montrèrent la foi la plus complète dans le résultat de l'œuvre qui devait s'accomplir. On pouvait penser qu'elles étaient trop optimistes et qu'elles écartaient avec trop de facilité les difficultés que soulevait une telle entreprise.

Les faits ont répondu pour elles.

* * *

Œuvre accomplie.

Aujourd'hui, en effet, l'œuvre est accomplie. L'exposition est close. Elle apparaît à tous comme la manifestation la plus brillante du génie français : elle a dépassé les espérances les plus enthousiastes; en France, dans le monde entier, on n'a entendu qu'un cri d'admiration. Et nous pouvons juger des résultats qu'elle a procurés en donnant quelques statistiques, en cherchant à relever le profit que notre pays a pu trouver dans cette manifestation économique, commerciale, industrielle, en établissant, en un mot, ce que la France a gagné à l'exposition.

En parlant « chiffres », nous resterons, en vérité, dans l'esprit et le cadre — si nous pouvons nous exprimer ainsi — de l'exposition.

Utilité des chiffres.

A aucune époque, les chiffres, les statistiques, les graphiques, n'ont été plus en honneur qu'au Champ-de-Mars. Statistiques agricoles, financières, commerciales; statistiques de l'hygiène, de l'épargne, de la production, de la consommation; statistiques de la vie humaine; statistiques des chemins de fer, des compagnies d'assurances, des recettes et dépenses budgétaires, des contributions directes et indirectes, du commerce, de la population, de la justice, etc., elles ont abondé dans toutes les parties de l'exposition, au Champ-de-Mars, à l'esplanade des Invalides, dans le magnifique groupe de l'économie sociale, si admirablement dirigé et mis en lumière par MM. Léon Say, Levasseur, Cheysson, de Foville, Frédéric Passy, Beaudrillart, et qui a obtenu tant de succès! Les statistiques publiées par les ministères et par les diverses administrations publiques, notamment celles de MM. Turquan et Loua, font le plus grand honneur à notre pays, en même temps qu'ils lui rendent les services les plus utiles. La statistique est un miroir fidèle de l'état d'une nation, de la situation de telle ou telle branche de l'activité humaine; elle ne flatte pas, elle reproduit et montre ce qui est; elle est tout à la fois un procès-verbal et un avertissement : si, par elle, on se rend compte des progrès accomplis, des décadences ou des défaillances survenues, par elle aussi on voit que tout n'est pas fait quand il reste encore quelque chose à faire, un progrès à réaliser, une réforme à accomplir ; par elle, on compare et on marche alors avec plus d'assurance, plus de confiance dans l'avenir. On évite ainsi un des plus grands malheurs qui puissent atteindre un peuple comme un individu, c'est-à-dire, l'immobilité, le stationnement dans l'ouvrage entrepris, car le stationnement c'est la mort, et la société doit continuer sa route vers le progrès et le bien.

Si notre pays a travaillé, s'il a gagné à cette exposition, s'il a trouvé des profits, ce sont également les statistiques, ce sont les chiffres qui vont nous le dire.

Quoi de plus éloquent, quoi de plus convaincant qu'un chiffre? « Les chiffres, a-t-on dit, gouvernent le monde ; non, ils indiquent comment il est gouverné ! » Rien n'est plus vrai que cette pensée. Quoi de plus sûr, en effet, pour s'assurer de l'état économique d'un pays, que de consulter les divers indices qui, par leur ensemble, reflètent sa situation exacte. Résultats mis en évidence par les statistiques.

Un des signes les plus frappants du profit, pour le pays, de l'Exposition universelle, c'est l'augmentation de l'encaisse or de la Banque de France. D'une année à l'autre, du 25 octobre 1888 au 24 octobre 1889, l'encaisse or a passé de 1 milliard 21 millions 6 à 1 milliard 294 millions 3, soit une augmentation de 272 millions 6. C'est surtout depuis l'ouverture de l'exposition que cette augmentation s'est produite. Voici, en effet, du 25 avril au 25 octobre, mois par mois, les chiffres de cette encaisse : L'encaisse or de la Banque de France.

DATES	millions de francs
25 avril	1,012,4
23 mai	1,033,3
20 juin	1,130,0
25 juillet	1,231,8
22 août	1,320,2
26 septembre	1,321,4
24 octobre	1,294,3

D'avril à octobre 1889, l'augmentation est exactement de 282 millions et on peut voir que, plus cette encaisse s'accroît, plus le succès de l'exposition s'affirme, plus le nombre des visiteurs est élevé : d'avril à mai, 21 millions d'augmentation ; — de mai à juin, 86 ; — de juin à juillet, 112 ; — de juillet à août, 95.

D'août à septembre, l'encaisse diminue de 70 millions, mais cette diminution tient à des causes particulières. La Banque a utilisé le trop-plein de son or pour éviter en France le contre-coup du renchérissement du loyer de l'argent qui a eu lieu sur toutes les places européennes. Depuis le mois d'avril, en effet, l'escompte est de 1, 2 et 3 % plus haut à Londres, à Berlin, à Amsterdam, etc., que chez nous ; une crise monétaire intense a sévi dans plusieurs pays, tandis que nous avons l'argent aussi bon marché que possible et que la Banque n'a pas augmenté le taux de son escompte. Qui a contribué à augmenter l'encaisse or de la Banque ? Les étrangers qui, venus en France, y ont apporté de l'or et l'y ont dépensé.

600,000 voyageurs étrangers à Paris.

Il est venu près de 600.000 voyageurs d'Angleterre à Paris, à l'occasion de l'exposition, depuis le 6 mai. Ces voyageurs se répartissent ainsi par ports d'arrivée : Calais-Douvres, 313,702 ; Dieppe-Newhaven, 172,935 ; Boulogne-Folkestone, 101,834. Le dernier mois de l'exposition (octobre) compte pour 70,408 passagers, dont 40,950 *vià* Calais-Douvres, 18,163 *vià* Dieppe-Newhaven, 11,924 *vià* Boulogne-Folkestone.

En Amérique, on calcule que les Américains ont, à eux seuls, apporté et dépensé chez nous plus de 350 millions en or ; et, tout récemment, dans une notice d'une banque sérieuse de notre place qui examinait les causes de la crise monétaire argentine, on évaluait à 70 ou 80 millions en or les capitaux apportés par les habitants de ce pays qui sont venus visiter notre exposition.

On estime qu'il est venu en France, à l'occasion de l'exposition, 1,500,000 étrangers se répartissant ainsi : Belges, 225,400 ; — Anglais, 380,000 ; — Allemands, 160,000 ; — Suisses, 52,000 ; — Espagnols, 56,000 ; —

Italiens, 38,000 ; — Russes, 7,000 ; — Suédois et Norvégiens, 2,500 ; — Grecs, Roumains, Turcs, 5,000 ; — Autrichiens, 32,000 ; — Portugais, 3,500 ; — diverses nations de l'Asie, 8,250 ; — diverses nations de l'Afrique, 12,000 (les Algériens forment la plus grande partie de ceux-ci) ; — Amérique du Nord, 90,000 ; — Amérique du Sud, 25,000 ; — Océanie, Java, etc., 3,000.

Malgré les tristes prédictions qu'un ministre étranger ne craignait pas d'émettre, du haut de la tribune, sur le « Paris révolutionnaire et son insécurité », on voit que de tous les points du globe les nationaux de tous les pays ont afflué (1).

Disponibilités de l'épargne.

Ce n'est pas seulement l'encaisse or de la Banque de France qui a augmenté dans de fortes proportions, comme nous venons de le démontrer, mais les disponibilités de l'épargne qui se sont accrues, comme le

(1) L'énumération des personnages de marque qui sont venus à Paris est curieuse à citer. Nous l'empruntons à une chronique très bien faite parue dans le *Soir*.

Comme le dit l'auteur de ce travail, les visiteurs sont nombreux et point du tout « nouvelles couches » dans leur immense majorité : « Le roi des Hellènes, les princes de la famille impériale de Russie, le schah de Perse, le prince de Galles, le duc d'Edimbourg, le prince Albert-Victor, le prince George d'Angleterre, l'émir Ali Khan, le prince Biron de Courlande, le prince George de Beaufort, le prince Jean II de Lichtenstein, l'archiduc Albert, le prince Mien Trien, frère de l'empereur d'Annam, M. Delyannis, le duc de Leuchtemberg, le prince Borghese, le prince Sourmonoff, le comte de Flandre, le prince Dolgorouki, le prince Woronzoff, lord Hamilton, lord Seymour, le prince Rougouchoff, Thomas Edison, le général Wannovski, l'ancien président de la République du Pérou, le prince Pejatcki, le bey de Zibouti, le prince Manousky, le prince Esterhazy, le duc de Bragance aujourd'hui roi de Portugal ; le prince Radzivill, le baron de Frauenberg, l'amiral Macdonald, le prince Roslowsky, le prince Serge Garaznine, le prince Altomont, le prince Blücher de Walstatt, le chef de police de Budapest, M. Lincoln, le prince Spieljory, lord Childers, le général Légitime, le général Ignatieff, le prince Wserolojsky, lord Malborough, l'archevêque Croke, le prince de Croy, le prince de Cantacuzène, M. Washburne, le neveu de l'empereur du Japon, Ali-kaoli-Kan, le grand-duc Alexis, le grand-duc Michaïlowich, le prince Schakouskoy, le grand-duc de Mecklembourg, sir Ashley, le prince Bathyanyi, le baron Wolff, le gouverneur de Saint-Pétersbourg Soulkowski, le duc Alexandre d'Oldenbourg, le général Gourko, Malcom Khan, le grand-duc Wladimir, le prince Alexis Orloff, le duc de Newcastle, lord Walsingham, le conseiller prince Baticheff, le lord-maire Whitehead, le prince de Hohenlohe, gouverneur d'Alsace-Lorraine, lord Dufferin, etc. » Nous en passons, mais cette énumération suffit.

prouvent les capitaux déposés dans les grandes banques de dépôt de Paris.

Voici quelques chiffres qui peuvent, à ce point de vue, servir d'indication.

ÉTABLISSEMENTS DE CRÉDITS	DÉPOTS A VUE	
	FIN avril 1889	FIN sept. 1889
	millions de francs	millions de francs
Société générale	133	160
Crédit lyonnais	189	227
Dépôts et comptes courants	27	30
Crédit industriel	41	46
Crédit foncier	82	95
TOTAUX	472	558

L'augmentation des dépôts à vue, de fin avril à fin septembre, est donc de 86 millions dans ces cinq établissements.

* * *

Recettes des chemins de fer.

Les recettes des grandes compagnies de chemins de fer nous fournissent une autre preuve des profits que la France a retirés de l'exposition.

Cette augmentation des recettes sur la période correspondante de 1888 dépasse, fin octobre, 66 millions.

A aucune époque, il n'y a eu un plus grand nombre de marchandises et de voyageurs transportés ; les trains ordinaires et supplémentaires, trains de voyageurs, trains de plaisir à prix réduit, n'ont jamais été plus nombreux. Et, fait tout à la louange des grandes compagnies, malgré cet accroissement extraordinaire de transports, jamais les accidents n'ont été moins fréquents, jamais la surveillance n'a été plus active et mieux entendue.

La Compagnie du Nord a transporté 425,000 voyageurs en sus du mouvement habituel, que l'on évalue à 700,000, soit 1,125,000 personnes.

Le service de statistique de la Compagnie de l'Est n'a pas encore terminé ses comptes pour le semestre de l'exposition, mais on croit bien que le nombre des voyageurs transportés par tous les trains a atteint un million. La compagnie a organisé 128 trains à prix réduits ; dans ce nombre, il y en avait 20 venant de l'étranger par Delle, Belfort et le Saint-Gothard. Les trains spéciaux ont conduit à Paris 103,000 voyageurs, dans lesquels les Suisses, les Italiens et les Autrichiens étaient en majorité. Les trains de plaisir de Nancy ont été plus particulièrement bondés. On comptait, parmi les voyageurs, un grand nombre d'Alsaciens.

Sur le réseau d'Orléans, 160,000 personnes ont profité de 164 trains de plaisir.

Les comptes de la Compagnie de l'Ouest se chiffrent, au 31 octobre, par 10 millions d'excédent de recettes sur la période correspondante de l'année précédente.

En deux jours seulement, les trains de plaisir du réseau P.-L.-M. ont déposé sur le quai d'arrivée 21,500 Marseillais, Savoisiens, Bourguignons, etc.

Transports parisiens sur terre et par eau.

Les sociétés parisiennes de transports ont profité dans de larges proportions de l'ouverture et du succès de l'exposition. L'augmentation des recettes de la Compagnie des Omnibus, sur la période correspondante de l'année 1888, n'a pas été moindre de 4 millions pour les neufs premiers mois de l'année ; pour la Compagnie des Voitures, elle atteignait 4,330,941 francs au 15 octobre ; cette augmentation était, fin septembre, de 2,009,381 fr. 80 pour la Compagnie parisienne de voitures l'Urbaine. Sur la Seine, des millions de voyageurs ont été transportés à l'exposition par les Hirondelles et les Bateaux-Omnibus ; cette dernière compagnie avait transporté, en 1878, 14,901,800 voyageurs. En 1889, elle a transporté, du 1er janvier au 1er novembre, 29 millions 97,112 voyageurs, alors que, pendant la même période de l'année 1888, elle avait transporté 12 millions de voyageurs. Les recettes de 1889, comparées à celles de 1888, sont en augmentation de 1,558,000 francs. Les bateaux spéciaux du Louvre, qui étaient au nombre de quatre, ont eu 1,320,000 passagers gratuits.

Mais il convient de faire observer que tous les voyageurs n'allaient pas exclusivement à l'exposition, ces steamers en miniature desservant aussi Charenton, l'intérieur de Paris, Meudon et l'hippodrome de Longchamps. A aucune époque, on ne vit, à Paris, une affluence aussi grande de pataches, de tapissières, de berlines, de voitures de toutes sortes et de toutes dimensions. La statistique fait défaut pour évaluer les recettes que ces entreprises particulières ont réalisées. D'après *la Liberté*, les compagnies et les loueurs exigeaient des cochers de fiacre une moyenne variant entre 18 et 25 francs par jour, ce qui semblerait prouver qu'ils gagnaient au moins pareille somme. Quant aux tapissières, elles ont fait des recettes inouïes ; le conducteur d'un de ces véhicules avouait avoir fait trente-trois courses, le jour de la fermeture, à huit voyageurs à 20 sous l'un : cela fait 264 francs, — et il y avait bien ce jour-là trois cents voitures du même genre sur le pavé de Paris.

Le Decauville. Le chemin de fer Decauville, qui a été un des grands succès de l'Exposition, avait transporté, du 6 mai au 31 octobre, 6,342,670 voyageurs, au moyen de trains qui ont parcouru 92,520 kilomètres. En ne percevant que le prix de 0 fr. 25, coût des places de seconde, sans parler des premières qui coûtaient 0 fr. 50, la Société Decauville aurait reçu net plus de 1,500,000 francs. On peut dire que le Decauville a été la ligne la plus fréquentée du monde entier, puisque 10,000 voyageurs par heure ont pu être conduits entre la place de la Concorde et le Palais des machines : quelle preuve plus manifeste de la solidité avec laquelle ce petit chemin de fer a résisté à un travail aussi considérable, des services qu'il a rendus et de ceux qu'il peut rendre ?

La Compagnie transatlantique.

Les compagnies maritimes, telles que la Compagnie transatlantique, dont le panorama, à l'Exposition, a obtenu un si vif succès et a donné lieu, du 6 mai au 6 novembre, à 1,097,416 entrées, les Messageries, etc., ont profité de l'affluence des étrangers qui sont venus en France. Il a fallu, à New-York, retenir plusieurs mois à l'avance une cabine sur les paquebots de la Compagnie transatlantique et, pendant toute la durée de l'exposition, tous ces immenses bâtiments sont arrivés dans nos ports, chargés de passagers et de marchandises.

La circulation parisienne.

A aucune époque, on ne vit, à Paris, un plus grand nombre d'étrangers et de provinciaux ; jamais la circulation, le mouvement dans Paris n'a été plus actif.

Rien que pendant les trois premiers mois de l'Exposition (mai, juin et juillet), il avait été transporté sur les omnibus et tramways, 52,858,401 voyageurs ; sur les tramways Nord et Sud, 10,215,823 ; et par bateaux, 10,393,217.

En comparant ces chiffres à ceux de l'année 1888, M. Emile Berr, de la Société de statistique de Paris, les traduisait d'une façon saisissante en disant, dans *le Figaro*, que du 5 mai au 31 juillet 1889, les omnibus ont transporté (en chiffres ronds) 90,000 ; les chemins de fer parisiens, 22,000 ; les bateaux, 65,000 voyageurs de plus par jour en 1889 qu'en 1888.

Les trains de ceinture ont transporté 30,000 voyageurs de plus par jour qu'en 1888. Les grandes compagnies de chemins de fer, pendant les mois de mai, juin, juillet, ont transporté 1,878,747 voyageurs de plus qu'en 1888, sans parler de 6 millions 1/2 de voyageurs que les trains spéciaux du Champ-de-Mars ont conduit à l'exposition.

Pendant les mois d'août, septembre et octobre, l'Exposition a été dans son plein éclat.

Le nombre des visiteurs a été considérable ; et les chiffres prodigieux, mais exacts, que nous citons pour les trois premiers mois auront plus que doublé pendant cette dernière période.

* * *

Recettes de l'octroi.

Les recettes de l'octroi de Paris devaient nécessairement se ressentir de cet afflux de visiteurs.

Le produit des dix mois écoulés de 1889 présente une plus-value de 10,398,721 francs par rapport aux prévisions budgétaires et une plus-value de 9,946,551 francs par rapport à la période correspondante de 1888.

Pendant le mois de mai, les recettes de l'octroi de Paris ont présenté un accroissement de 1,082,645 francs sur les recettes de mai 1888. L'augmentation a été de 1,039,278 francs pour juin ; de 1,139,029 francs pour juillet ; de 1,683,152 francs pour août ; et de 2,022,155 fr. pour septembre.

La consommation.

Quelques chiffres donneront une idée des principaux articles de consommation que Paris a absorbés pendant les trois premiers mois de l'exposition :

			En plus en 1889	
Vins en cercles	1,195,654	hectol.	119,702	hectol.
Alcool pur et liqueurs	39,983	—	5,159	—
Bière	140,812	—	52,062	—
Viande de boucherie	43,036,650	kilogr.	1,490,396	kilogr.
— de porc	5,039,018	—	372,202	—
Charcuterie	636,874	—	430,189	—
Beurre et fromages	6,428,516	—	17,141	—
Œufs	6,325,710	—		

On a calculé, d'après l'octroi et les statistiques des Halles, que, pendant l'exposition, Paris avait absorbé 180,555,000 kilogrammes de pain, et que la consommation quotidienne des viandes a été en moyenne :

Pour le bœuf, de	102,780	kilogr.
Pour le veau, de	121,532	—
Pour le mouton, de	97,629	—
Pour le porc, de	69,007	—
Pour le cheval et l'âne, de	12,252	—

On a consommé chaque jour 209,293 kilogrammes de volailles et gibier, 625,272 œufs, 92,573 kilogrammes de fruits et primeurs et 1,200,632 kilogrammes de gros légumes.

Comptons aussi 15,963 kilogrammes de triperie, 79,180 kilogrammes de beurre, 230,522 kilogrammes de graisses diverses, 42,272 kilogrammes de fromages.

Les conserves en boîte ne sont pas comprises dans ces chiffres.

Voici enfin les poissons : la consommation quotidienne a été de 18,249 kilogrammes de poissons d'eau douce, de 156,712 kilogrammes de marée, de 41,270 sacs de 100 kilogrammes de moules, enfin de 412,532 douzaines d'huîtres !

***

Recettes des théâtres.

Les visiteurs de l'exposition n'ont pas oublié les distractions de toute nature que l'intérieur de Paris leur offrait. Les théâtres ont fait des recettes splendides.

Une statistique publiée par *le Temps* d'après des documents officiels, prouve que la période de l'exposition, loin d'avoir les conséquences désastreuses que redoutaient les directeurs de théâtre, a été des plus favorables à leurs intérêts.

On sait que les établissements, théâtres, concerts, etc., versant la contribution du droit des pauvres sont classés en deux catégories. Ils sont ou contrôlés ou abonnés.

Ceci posé, voici, en ce qui touche les années 1877-1878, 1888-1889, un tableau comparatif du nombre de ces établissements :

1877-1878.
1888-1889.

ÉTABLISSEMENTS	ANNÉES 1877	1878	1888	1889
Établissements contrôlés	76	81	71	87
Établissements abonnés	275	311	283	337
TOTAUX	351	392	354	424

	DIFFÉRENCE EN FAVEUR DE 1878	1889
Établissements contrôlés	5	16
Établissements abonnés	36	54

Voici maintenant le tableau comparatif du montant des recettes du droit des pauvres perçu pendant les mois de mai, juin, juillet, août, septembre, des mêmes années 1877-1878 et 1888-1889 :

MOIS	1877	1878	1888	1889
	fr. c.	fr. c.	fr. c.	fr. c.
Mai	227,007 08	258,606 67	259,926 02	269,145 52
Juin	181,098 38	354,691 47	182,281 07	318,399 47
Juillet	118,628 81	318,102 61	157,038 92	370,222 88
Août	133,317 98	389,210 61	144,838 67	490,845 21
Septembre	199,204 04	488,585 51	214,568 05	597,288 25
TOTAUX	819,256 27	1,789,206 87	958,649 33	2,045,898 83

Différence en faveur de 1878 .... 969,950 fr. 60
Différence en faveur de 1889 .... 1,086,755 fr. 50

Les théâtres ayant, en conséquence, versé sous forme de contribution du droit des pauvres, pendant la période des cinq mois cités plus haut de l'année 1889, une somme de 1,086,755 fr. 50 supérieure à celle de l'année précédente, et correspondant au dixième environ de la recette (chiffre approximatif), nous sommes en droit de tirer la conclusion suivante, que les théâtres de Paris, établissements, concerts, etc., ont perçu pendant les cinq premiers mois de l'exposition la somme de 10,867,555 francs (dix millions huit cent soixante-sept mille cinq cent cinquante-cinq francs) en plus que pour la période correspondante de l'année précédente.

Le mois d'octobre a ajouté encore son contingent de bénéfices.

Voici les recettes comparatives des théâtres de Paris, pendant le mois d'octobre des trois expositions : 1867-1878-1889.

1867	1878	1889
1,765,311 fr.	2,656,981 fr.	3,492,000 fr.

Soit une augmentation, en faveur du mois d'octobre 1889, de 836,211 francs sur les recettes d'octobre 1878, et de 1,526,000 francs sur les recettes d'octobre 1867.

Enfin, les recettes totales des théâtres de Paris pendant ces trois expositions, se chiffrent ainsi :

1867	10,417,344 fr.
1878	13,074,927
1889	15,276,860

Quant aux restaurants, aux hôtels, ils n'ont jamais fait d'affaires aussi brillantes : la statistique de leurs recettes est impossible à établir, car toutes ces industries appartiennent à des particuliers qui n'ont de comptes à rendre qu'à eux-mêmes. Grand-hôtel. Bouillons parisiens. Bouillons Duval.

Les sociétés fondées par actions, telles que le Grand-hôtel, les Grands bouillons parisiens, les Bouillons Duval ne peuvent taire à leurs actionnaires les recettes et bénéfices qu'elles ont réalisés. Ces bénéfices sont, pour le Grand-Hôtel, de 1,500,000 francs plus élevés qu'en 1888.

Au 31 octobre, avec sept établissements dont trois de création récente, les Grands bouillons parisiens avaient encaissé une recette de 2,797,803 fr. 30. Quant aux Bouillons Duval, leur dividende de 1889 sera, dit-on, de

200 francs, alors qu'il était de 95 francs en 1888; de plus, il sera mis à la réserve 100 francs par action : comme il existe 8,000 titres, cette augmentation du dividende et de la réserve suppose un supplément de bénéfice de 1,640,000 francs. Les recettes des restaurants Duval à l'exposition de 1878 avaient été de 2 millions 1/2 : en 1889, les recettes faites dans les bouillons Duval du Champ-de-Mars se sont élevées à 6 millions. On avait dit à tous les étrangers et provinciaux que la vie était chère à Paris et que, pour goûter la cuisine française, il fallait dépenser beaucoup. *Le Matin*, dans une chronique curieuse sur le *Ventre de Paris*, a répondu avec raison que les étrangers ont été grandement surpris en constatant que, si l'on mangeait mieux à Paris qu'à Londres, à Vienne, à Madrid, à Rome, à Saint-Pétersbourg, à New-York, il en coûtait moins, à qualité égale, à Paris que partout ailleurs.

Les Bouillons Duval, dont je citais plus haut les recettes extraordinaires, ont servi, un de ces derniers jours, 20,089 repas dont 6,000 de 2 fr. 05 à 2 fr. 50; — 4,549 de 1 fr. 55 à 2 francs; — 4,061 de 2 fr. 55 à 3 francs; — 267 au-dessous de 1 franc; — 95 au-dessus de 5 francs (1).

Cie Richer. Chalets de nécessité.

D'autres sociétés devaient, elles aussi, voir leurs affaires prospérer pendant l'exposition. Nous n'en citerons que deux : elles sont d'une nature particulière; pour la statistique, les compagnies n'ont pas d'odeur et on nous excusera de parler de la compagnie Richer et de la compagnie des Chalets de nécessité.

Au commencement de l'année, les actions de la Compagnie Richer valaient environ 800 francs; elles sont maintenant au-dessus de 1,500; les Chalets de nécessité valaient 1,800 francs; ils se négocient maintenant à 1,900.

Les actionnaires de ces compagnies profitent, eux aussi, de l'affluence des voyageurs et des bénéfices réalisés pendant l'exposition.

(1) C'est M. Duval lui-même qui a donné ces chiffres au *Figaro*.

Avant de clore cette longue énumération de chiffres, nous donnerons quelques détails sur deux entreprises qui ont contribué pour beaucoup au succès de l'exposition de 1889 ; l'une, est une entreprise industrielle, la tour Eiffel ; l'autre, une opération financière : les bons de l'exposition.

La tour Eiffel.

La tour Eiffel, le « clou » de l'Exposition, si l'on peut appeler clou cette immense machine en fer, a coûté 7,514,095 francs. D'après un document fourni par l'administration elle-même, ces dépenses se sont réparties de la manière suivante :

NATURE DES DÉPENSES	MONTANT DES DÉPENSES
	fr. c.
Terrassements et maçonneries	592,476 84
Construction métallique	5.894,807 25
Charpentes en bois	198,750 51
Couverture, plomberie, zinc	230,082 74
Carrelage et parquetage	78,591 04
Menuiserie	84.345 86
Vitrerie	182,242 67
Ornementation en staff	256,141 60
Peinture	168,547 40
Imprévu et régie ; sommes à valoir	190,227 66
Frais d'agence	192,822 52
TOTAL ÉGAL	7.514,094 69

Le devis initial n'était que de 7,233,384 francs, mais, par suite de dépenses imprévues, il a été majoré de 280,716 francs. C'est là un chiffre insignifiant étant donnée l'importance de l'œuvre réalisée.

Pour subvenir aux frais de cette entreprise, une société fut formée au capital de 5,500,000 francs divisé en 10,100 actions de 500 francs ; le surplus fut fourni par les subventions de la ville de Paris et de l'Etat.

Aux termes des statuts, le fondateur a reçu 10,100 actions dites parts de jouissance ayant droit au même revenu que les actions de capital, mais seulement lorsque ces dernières auront reçu 500 francs par action, c'est-à-dire le montant de la souscription déboursé par chacune d'elles.

Quelques chiffres démontreront le succès matériel remporté par la tour Eiffel et les bénéfices obtenus par les actionnaires primitifs.

Les recettes brutes du 15 mai au 5 novembre ont atteint 6,459,584 fr. 20. Le capital primitif de 500 francs par titre est remboursé. Les actions de jouissance et parts de fondateur valent environ 400 francs l'une, ce qui représente, pour les 20,200 titres, une valeur totale, d'après les cours de la Bourse, de 8,080,000 francs. Le souscripteur primitif gagne donc 400 francs par titre; le fondateur, M. Eiffel, s'il n'a pas encore aliéné ses actions, possède 10,100 titres qui, à 400 francs l'un, représentent 4,040,000 francs.

Les bons à lots.

Les bons à lots de l'exposition ont eu un grand succès; ils ont contribué pour beaucoup à augmenter l'affluence des visiteurs. C'est le Crédit foncier, représenté par son gouverneur, M. Christophle, qui eut l'idée de cette combinaison ingénieuse. Il fut créé 1,200,000 bons à 25 francs, munis de 25 tickets chacun, donnant droit à 6 tirages de lots pendant la durée de l'exposition, et remboursables ensuite, par tirage annuel, avec lots et au moins à 25 francs l'un, d'ici 1964. Les 1,200,000 bons ont ainsi fourni 30 millions de tickets qui, chaque jour, subissaient des oscillations de prix, comme toutes les valeurs cotées à la bourse. Les bons à lots, avec leurs 25 tickets, ont valu 28 francs au plus haut et 14 francs au plus bas. Quant aux tickets, ils se sont négociés, comme prix extrêmes, à 0 fr. 90 et à 0 fr. 20. Un marché énorme s'était établi sur ces tickets sous le péristyle de la Bourse et aux abords de l'exposition; dans les rues de Paris on entendait à chaque instant, comme un refrain à la mode : « J'ai des tickets ? Qui veut des tickets ? Je prends et je donne des tickets ! » Des personnes qui auraient hésité à débourser un franc pour entrer à l'exposition, achetaient des tickets à 30, 40, 50, 60 centimes et, pour les utiliser, visitaient plusieurs fois l'exposition, ou bien les donnaient à des amis, à des employés, à des domestiques ! Lors de l'émission, on a pu, pour 25 francs, avoir 25 tickets d'entrée, plus un titre, solidement garanti, participant à des tirages de lots de 500,000 francs, 100,000 francs, 10,000 francs, etc. Pendant les 6 tirages qui ont eu lieu de mai en octobre, il a été distribué :

Excellents résultats de cette combinaison.

1 lot	de	500,000.....	500,000
5 lots	de	100,000.....	500,000
7	—	10,000.....	70,000
60	—	1,000.....	60,000
640	—	100.....	64,000
Total......... 713	lots pour	....	1,194,000 fr.

De plus, après avoir participé à ces gros tirages, les bons de l'Exposition démunis de tickets auront encore à concourir annuellement aux tirages suivants :

De 1890 à 1899 :			De 1900 à 19[illegible] :		
1 lot	de	50,000 fr.	1 lot	de	10,000 fr.
10 lots	de	1,000	1	—	2,000
120	—	100	200 lots	de	100
			1,000	—	25

Soit au total, d'ici à 1954 :

10 lots	de	50,000..................	500,000 fr.
65	—	10,000..................	650,000
65	—	2,000..................	130,000
100	—	1,000..................	100,000
11,200	—	100..................	1,120,000
65,000	—	25..................	1,125,000
79,410	lots pour	....	4,425,000 fr.

Au dernier tirage, tous les bons en circulation non sortis avec lots seront remboursés à 25 francs l'un.

On ne pouvait imaginer une combinaison plus séduisante. Il a été utilisé 28,169,353 tickets sur les 30 millions qui étaient attachés aux 1,200,000 bons créés, représentant ainsi, sans compter les entrées gratuites, exposants, abonnés, gens de service, etc., 28 millions d'entrées à l'exposition de 1889, alors qu'aux deux grandes expositions précédentes, le nombre des tickets

28 millions d'entrées.

perçus avait été de 8,407,209 en 1867 et de 12,023,847 en 1878.

Moyenne journalière.

En 1889, la moyenne journalière des visiteurs qui sont entrés dans l'exposition a été de 137,289 ; celle des tickets perçus, de 152,158.

Sur les 186 jours d'ouverture, les entrées se répartissent ainsi :

8 jours jusqu'à			50,000
41 jours de		50,000 à	100,000
86	—	100,000	150,000
19	—	150,000	200,000
19	—	200,000	250,000
5	—	250,000	300,000
6	—	300,000	350,000
2	—	350,000	400,000

C'est le 10 mai 1889, un vendredi, que les entrées ont été le moins nombreuses soit : 36,022. Les chiffres les plus élevés ont été atteints le dimanche 3 octobre, soit 387,877, et le jour de la clôture de l'exposition, 373,000 entrées payantes et 15,000 non payantes, soit au total : 388,000 entrées.

* * *

Exposants récompensés. Progression à chaque exposition.

Nous avons relevé dans le tableau ci-après l'incessante progression des exposants et des récompenses depuis l'an X (1802), date de la première grande exposition.

ANNÉES	EXPOSANTS	RÉCOMPENSES
An x (1802)	540	254
1806	1,422	610
1823	1,642	1,091
1827	1,695	1,254
1834	2,447	1,785
1839	3,281	2,305
1844	3,960	3,253
1849	4,532	3,741
1855	23,954	11,033
1867	50,226	19,776
1878	60,000	29,000
1889	60,000	33,139

Les 33,139 récompenses accordées en 1889, se répartissent ainsi :

Grandes prix			903
Médailles.	Or	5,163	24,076
	Argent	9,090	
	Bronze	9,323	
Mentions honorables			8,070

De plus, il a été accordé 5,500 diplômes de diverses catégories à un nombre égal de collaborateurs.

M. Tirard, président du conseil, disait avec raison le 20 septembre dernier, lors de la distribution des récompenses : « Ces chiffres considérables témoignent beaucoup moins de la bienveillance des jurés que du mérite de l'ensemble des exposants et il est à craindre qu'il n'y ait encore bien des mécontents et bien des blessures d'amour-propre. C'est le sort inévitable de tous les concours. »

On voit que, de quelque côté que l'on envisage les résultats de l'exposition, on ne trouve que profits et avantages : profits pour les particuliers, profits pour les Sociétés, profits pour la ville de Paris, profits pour l'État dont les recettes budgétaires sont en augmentation sensible sur celles réalisées l'an dernier.

Dépenses et recettes de l'exposition.

En ce qui concerne les dépenses et les recettes de l'Exposition elle-même, l'entreprise laissera un excédent de 8 millions, alors qu'en 1867, l'excédent des recettes avait été de 4,130,840 francs, et qu'en 1878, l'excédent, non pas des recettes, mais des dépenses s'était élevé à 31,704,890 francs.

Nous savons bien qu'une objection a été faite surtout par ceux qui, ne croyant pas tout d'abord au succès de l'exposition, voudraient aujourd'hui prouver que ce que les uns ont gagné, d'autres l'ont perdu, et qui prédisent, une fois l'exposition close, une misère noire dans la province, qui est venue dépenser beaucoup à Paris.

On dit, en effet : « Tous ces bénéfices procurés par l'exposition, c'est Paris, Paris seul, qui en a profité. Les étrangers et les habitants de la province sont venus

Est-ce Paris seul qui a profité de l'exposition

dépenser largement dans la capitale ; les dépenses qu'ils ont faites ne pourront profiter et n'ont profité qu'à Paris. »

Il y a là une erreur d'appréciation, un point de vue inexact qu'il est nécessaire de rectifier. Sans doute, il a été beaucoup dépensé à Paris ; sans doute, les commerçants, les industriels, tous ceux qui ont été mêlés à ce mouvement qui donnait à notre capitale l'aspect d'une ville internationale, ont beaucoup gagné ; mais ce qui a été acheté, consommé, vendu à Paris, ne doit-il pas, en fin de compte, faire retour à la province ? Paris est le principal centre de consommation, mais tous les objets et toutes les denrées consommés ne lui viennent-ils pas des départements.

Il y a eu beaucoup de fêtes ; on a fait de grandes dépenses de toilette ; couturiers et couturières ont vendu de riches et nombreux costumes. Sans doute ; mais est-ce à Paris qu'on a fabriqué les draps, les étoffes, les mille et un riens qui font du Parisien l'homme fashionable entre tous, de la Parisienne la reine de l'élégance et, de tous ceux qui suivent d'aussi charmants modèles, des gens de goût et de bon ton.

Ce n'est pas tout. Pour transformer l'esplanade des Invalides et le Champ-de-Mars, y édifier des palais, y établir des promenades, il a fallu effectuer des travaux considérables.

On peut en juger par quelques indications sommaires.

Le cube total des terrassements pour le nivellement et les jardins a été de plus de 200,000 mètres cubes.

Les galeries souterraines n'avaient pas moins de 700 mètres de longueur ; les égouts, 3,510 mètres ; la canalisation du gaz, 3,000 mètres ; les conduites d'eau, près de 15 kilomètres. Au Trocadéro, on avait réservé à l'horticulture 40,000 mètres carrés ; on a construit 25 serres, 14 pavillons et kiosques et les parties basses ont été plantées.

Les travaux de viabilité que le service de la voirie a eu à entretenir comprenaient : pour le Champ-de-Mars (voies), 92,400 mètres carrés ; pour l'esplanade et le quai (voies), 32,400 mètres carrés ; pour les trottoirs et bordures, 45,520. Dans les parties de l'exposition les plus fréquentées pendant les travaux, on avait fait des chaussées qui ont nécessité l'emploi de 393,000 pavés.

Les allées des jardins ont reçu 6,800 mètres cubes de sable. Le service d'entretien était fait par 65 cantonniers. La quantité d'eau employée a été de 730 mètres cubes par jour.

Enfin, neuf tombereaux enlevaient chaque jour une quantité d'ordures d'environ 85 mètres cubes.

Qui donc a fait, en grande partie, ces rudes travaux, sinon les ouvriers de la province, les terrassiers et les maçons du Centre et de l'Est? Et ces magnifiques palais, véritables triomphes du fer, qui donc en a fourni les matériaux, si ce n'est la province ?

Faut-il parler des sociétés de transport, des bateaux à vapeur, omnibus, voitures, berlines de toutes dimensions qui ont gagné beaucoup en transportant des millions de visiteurs ? Est-ce Paris qui a fourni le charbon, les chevaux, fabriqué toutes les voitures dont on a eu besoin ?

Nullement. C'est la France entière qui a trouvé gloire et profit à l'exposition

Il s'est dépensé beaucoup d'argent à Paris ; mais cet argent, sous mille formes diverses, retourne à la province. La capitale n'a pas gagné ce que les départements ont perdu ; la vérité est que la France entière a trouvé gloire et profit dans cette splendide exposition qui restera l'honneur de notre pays.

Ce que disait Montaigne il y a trois siècles.

Il ne faut donc pas porter envie à la prospérité, à la richesse de notre beau Paris ; et je serais tenté de dire, comme l'écrivait, il y a plus de trois siècles, notre vieux Montaigne :

Je ne veux pas oublier cecy, que je ne me mutine jamais contre la France, que je ne regarde Paris de bon œil ; elle a mon cœur dès mon enfance et m'en est advenu comme des choses excellentes ; plus j'ay veu, depuis, d'autres villes belles, plus la beauté de cette cy peut et gaigne sur mon affection : je l'ayme par elle-mesme, et plus en son estre seul que rechargée de pompe estrangère ; je l'ayme tendrement, jusques à ses verrues et à ses taches : je ne suis François que par cette grande cité, grande en peuples, grande en félicité de son assiette ; mais surtout grande et incomparable en variété et diversité de commoditez ; la gloire de la France et l'un des plus nobles ornements du monde ! Dieu en chasse loing nos divisions ! Entière et unie, je la trouve deffendue de tout autre violence. Je l'advise, que de tous les partis, le pire est celui qui la mettra en discorde, et ne crains pour elle, qu'elle-mesme.....

* * *

Récapitulation des profits matériels.

Récapitulons en terminant les bénéfices que le pays a retirés de l'exposition :

	millions de francs
Augmentation de l'encaisse or de la Banque	282
— des recettes des chemins de fer	68
— des dépôts dans les établissements de crédit	80
— des recettes de l'octroi	11
Total	445

Ajoutons à ces 445 millions la plus-value probable de 30 à 40 millions dans les recettes budgétaires de cette année, et nous arriverons déjà à un chiffre global de près de 500 millions.

Tels sont, dans leurs grandes lignes, les profits généraux du pays ; parallèlement à ces profits, nous avons vu ceux que les particuliers et les entreprises privées ont retirés. Ce sont des centaines de millions qui sont entrés, comme une riche aubaine, dans les caisses publiques et privées. On a calculé que plus de 6 millions de personnes étrangères à Paris (1 million et demi à 2 millions d'étrangers et 5 millions de provinciaux) avaient visité l'exposition et on a essayé de faire une moyenne des dépenses de chacun d'eux. On a supposé que les 1,500,000 étrangers avaient pu dépenser 500 fr. chacun, soit 750 millions ; les provinciaux, 100 francs en moyenne, soit 4 à 500 millions, au total, 1,250 millions.

Au-dessus de ces millions gagnés et de ces profits matériels, aussi importants qu'ils soient, une richesse plus précieuse encore, richesse incalculable, reste acquise à la France : c'est le profit moral qu'elle a retiré, la renommée et l'honneur qu'elle a acquis en entreprenant et en réussissant une œuvre aussi considérable. Profit moral.

Les étrangers ont vu la France sous son vrai jour : ils la croyaient peut-être livrée à des dissensions intérieures qui lui faisaient oublier ce qui assure l'avenir et la prospérité d'un peuple, c'est-à-dire, le travail, le commerce, l'industrie, les beaux-arts, les œuvres de la paix. Ils ont pu croire qu'elle ne songeait qu'à partir en guerre contre ses voisins et nourrissait sans cesse des projets belliqueux. Ils ont vu, au contraire, un peuple tranquille, fier dans sa force, ne menaçant personne, accueillant ses visiteurs avec joie, leur donnant une franche et cordiale hospitalité ; jamais Paris n'a été plus calme, jamais l'ordre n'a été plus assuré (1).

Rentrés chez eux, ils raconteront leurs impressions ; ils penseront aux merveilles qui les ont éblouis, à cette explosion du génie français, produite par la collaboration de l'élite intellectuelle, commerciale et industrielle d'une nation qui, au milieu de son activité, n'a pas oublié les grandes œuvres sociales en faveur des ouvriers, des travailleurs, des malheureux, des déshérités des classes qui souffrent, ainsi qu'en témoignent les magnifiques productions de l'exposition d'économie sociale (2) ; ils penseront aussi aux fêtes de Paris, où, au milieu de l'ordre le plus parfait, toutes les classes de la société étaient confondues et ne formaient plus qu'une seule famille. La France aux yeux de l'étranger.

On leur a dit que la France et Paris étaient indisciplinés, ingouvernables ; ils répondront par ce qu'ils ont

(1) Plus de 30 millions de visiteurs ont parcouru l'exposition ; les arrestations ont été seulement de 198 individus appartenant à 18 nationalités.

(2) *L'économie sociale à l'exposition de 1889*, communication faite au congrès d'économie sociale le 13 juin 1889 par M. E. Cheysson, ingénieur en chef des ponts et chaussées, président de la section XIV de l'exposition d'économie sociale.

vu : un président de la République tout dévoué à ses devoirs, aimé et respecté de tous, accueilli partout avec le plus profond respect, jouissant d'une popularité croissante dans tous les rangs de la société et rendant plus précieuse encore à nos hôtes l'hospitalité française par ses réceptions merveilleuses de goût, par son accueil plein d'aménité; l'autorité du gouvernement partout respectée. A ceux qui nous méconnaissent, ils répondront encore qu'un peuple qui travaille et opère de tels labeurs aime avant tout la paix et considère comme le souverain bien, le développement de son commerce et de son industrie.

Peut-être aussi, faisant un retour sur eux-mêmes, sur ce qu'ils pensaient de nous, avant de nous avoir vus et appréciés de près, les visiteurs étrangers se demanderont si les attaques injustes, les défiances séculaires, les haines de peuple à peuple, ont leur raison d'être ; si les préparatifs de guerre et la guerre doivent être, pour toutes les nations, le but final et l'idéal rêvé, à une époque où le monde civilisé se montre chaque jour comme un immense Etat économique dont les différentes parties, solidarisées par le travail, par le commerce, par les échanges, par les relations quotidiennes d'affaires entre les individus, sont moins étrangères les unes aux autres que ne l'étaient, il y a un siècle, les différentes provinces d'un même pays. Ils penseront aux richesses que produit la paix, aux bienfaits qu'elle procure, et aussi aux ruines et aux deuils que la guerre a enfantés.

Confiance en nous-mêmes.

Une des richesses les plus grandes, un des biens les plus précieux que l'Exposition nous aura donnés, c'est enfin la confiance en nous-mêmes, c'est la confirmation nouvelle et la constatation, aux yeux de tous, des qualités maîtresses de la France : l'opiniâtre travail de nos commerçants et de nos industriels, le bon goût de nos artistes et de nos artisans, l'esprit d'ordre, d'économie et de prévoyance qui règne dans toutes les classes de la nation.

L'exposition a créé un mouvement considérable d'idées et d'affaires ; elle nous aura permis de comparer nos produits à ceux des nations qui nous entourent, d'améliorer celles de nos productions qui en ont besoin, de faire connaître et de répandre au loin celles dont la supériorité est incontestable, de travailler encore davantage pour marcher en avant dans la voie du progrès. Nous avons, nous aussi, remarqué de près les améliorations acquises par plusieurs industries étrangères, et nous saurons en tirer un utile parti. Produits français et produits étrangers.

Nous avons tous vu les produits du continent et ceux d'outre-mer et admiré, entre autres, les envois du Brésil, du Mexique, des belles colonies australiennes ; les machines agricoles des Etats-Unis et, plus près de nous, la brillante exhibition de la Belgique qui, si elle est un des plus petits pays sur la carte d'Europe, est une des nations les plus avancées et les plus puissantes pour son industrie minière et manufacturière, pour son agriculture. Elle tient un des premiers rangs pour l'extraction de la houille, la fabrication du fer et du zinc, la construction des machines, et elle n'est pas moins brillante dans l'apprêt des tissus les plus modestes que dans la confection des dentelles les plus riches et les plus variées. La Suisse, avec sa bijouterie et son horlogerie; l'Espagne, avec ses vins et les richesses de son sol, mines de cuivre, argent, plomb, mercure ; l'Autriche-Hongrie, avec ses articles de bimbeloterie, sa cristallerie et verroterie, ses faïences ; la Russie, avec ses riches fourrures et ses objets de luxe ornés de lapis, de malachite, ont obtenu les suffrages de tous ; et enfin, nous avons applaudi à l'exposition spéciale de nos colonies, de l'Algérie, de la Tunisie, de la Cochinchine, de nos possessions des Antilles, de l'Inde, de l'Océanie, exposition dont l'importance et la variété ont été pour le plus grand nombre des visiteurs une véritable révélation.

En contemplant ces richesses, nous avons tous pensé qu'il faut que la France travaille, travaille toujours, travaille encore, pour tenir le premier rang, lutter contre La concurrence.

la concurrence qui l'enserre de tous côtés, produire bien et à bon marché, alors que la main-d'œuvre, les frais de toute nature, les lourds impôts que nous supportons, rendent nos prix de revient d'autant plus élevés.

Échanges libres. Abondance et bon marché.

Nous nous sommes dit aussi, nous qui sommes les ennemis de la protection et ne demandons rien qu'à notre activité, à notre persévérant travail, nous qui aimons le libre commerce et le libre échange des produits, combien il est étrange de voir l'Europe presque entière et même la France, revenir aux idées du protectionnisme, vouloir la disette au lieu de l'abondance, la cherté au lieu du bon marché, créer des barrières artificielles pour empêcher le commerce de s'étendre. Par la plus singulière des contradictions, on paye des ingénieurs pour faciliter les relations de peuple à peuple, creuser des ports et des canaux, couper des isthmes, franchir les mers en creusant des tunnels sous-marins ou en établissant des ponts sur l'Océan ; on établit des chemins de fer dans toutes les parties du monde, on relie toutes les maisons par des lignes télégraphiques et téléphoniques, et ensuite, on place des douaniers à la frontière pour empêcher et entraver les communications et les échanges.

Conclusion.

Tels sont quelques-uns des enseignements, des profits moraux que la France aura retirés de cette magnifique exposition qui, du premier jusqu'au dernier jour, favorisée par un temps radieux et par une affluence inouïe de visiteurs venus de tous les points du globe, n'a été qu'un immense succès. Ils ne sont pas moins nombreux ni moins précieux que les profits matériels, que les millions que cette grande fête du travail aura laissés dans tout le pays.

La France, Dieu merci, n'a rien perdu de sa grandeur : frappée durement, elle a mûri à l'école de l'adversité et elle vient de prouver qu'il ne faut jamais désespérer d'elle puisque ses enfants sont capables de tels efforts.

LES TRAITÉS DE COMMERCE

Les traités de commerce ont-ils appauvri la France ? — Faut-il les renouveler ? — Faut-il rester sans traités ? — Quelle a été leur influence sur les affaires et sur la vie matérielle du pays ?

Une fois de plus, nous interrogerons les faits et les chiffres et nous les laisserons répondre. Quand il s'agit d'intérêts matériels, ce sont, en effet, des témoignages matériels qu'il convient seulement d'invoquer.

* * *

Comparons donc la situation actuelle à celle qui existait avant les traités de commerce et à celle qui existe depuis que ces traités fonctionnent. Situation avant et après les traités.

Combien d'affaires faisons-nous avec l'étranger ?

A quels chiffres s'élevaient et s'élèvent nos importations et nos exportations d'objets manufacturés ?

Voilà un premier point à résoudre.

Il est clair, en effet, que, si nous nous sommes appauvris, si les traités de commerce nous ont épuisés, les divers éléments qui permettent d'apprécier les progrès ou les défaillances d'un pays nous apparaîtront et nous guideront ensuite.

Nous avons relevé, de dix en dix ans depuis 1850, le mouvement du commerce général et du commerce spécial, tant à l'importation qu'à l'exportation, et voici ce que nous apprennent les chiffres : Notre mouvement commercial.

ANNÉES	COMMERCE GÉNÉRAL		COMMERCE SPÉCIAL	
	IMPORTATIONS	EXPORTATIONS	IMPORTATIONS	EXPORTATIONS
	millions de francs	millions de francs	millions de francs	millions de francs
1850	1.120	1.435	791	1.068
1860	2.657	3.148	1.897	2.277
1870	3.498	3.456	2.867	2.802
1880	6.113	4.612	5.033	3.468
1887	4.943	4,238	4.026	3.246

Ce que disent ces chiffres.

De 1850 à 1880, les échanges commerciaux prennent un développement inouï : les exportations tant pour le commerce général que pour le commerce spécial ont plus que triplé.

C'est depuis que les tendances protectionnistes ont fait douter du maintien des traités de commerce, que ce mouvement se ralentit. Mais, en prenant seulement les chiffres de 1860 et de 1887, que voyons-nous ?

Les exportations du commerce général ont passé de 3 milliards 148 millions à 4 milliards 238 millions : augmentation : 1 milliard 90 millions. Celles du commerce spécial ont passé de 2 milliards 277 millions à 3 milliards 246 millions : augmentation : 969 millions.

On nous objectera que, pendant ce même laps de temps (1860 à 1887), les importations du commerce général ont passé de 2 milliards 657 millions à 4 milliards 943 millions et celles du commerce spécial de 1 milliard 897 millions à 4 milliards 26 millions.

A cela nous répondrons que toutes les importations ne sont pas nuisibles : il en est d'indispensables dont l'abondance même est un signe excellent, de même que toutes les exportations ne sont pas profitables et ne laissent pas toutes des bénéfices effectifs.

Importations et exportations.

Ce qui mesure, très approximativement, la puissance de notre production et l'intensité de la concurrence étrangère, c'est l'importance de l'importation et de l'exportation des objets fabriqués, des produits manufacturés.

Or, en 1889, la France a exporté 1 milliard 793 millions d'articles manufacturés nationaux ; elle a importé 574 millions d'articles manufacturés étrangers.

Ces simples chiffres ne démontrent-ils pas que la France a un bien plus grand intérêt à conserver au dehors des débouchés pour les 1 milliard 793 millions d'objets fabriqués qu'elle exporte, qu'à diminuer dans une proportion quelconque le chiffre des 574 millions d'objets fabriqués qu'elle importe ?

Ne doit-on pas avoir le plus grand souci d'une exportation qui est une des plus grandes forces de la France, une de ses principales ressources ? Le jour où nos exportations d'objets fabriqués seraient réduites de moitié ou d'un quart, le jour où cette production manufacturière du pays, ne trouvant plus à s'écouler à l'étranger, refluerait sur le marché intérieur, ce serait un bien autre inconvénient que celui dont on se plaint aujourd'hui.

Quand donc on demande de ne plus faire de traités de commerce, quand on combat la clause de la nation la plus favorisée, quand on s'oppose à l'abaissement de certains droits sur des matières premières qui sont fabriquées en France et ressortent de chez nous travaillées, prêtes pour la consommation, que fait-on, en réalité ? On demande que la France perde tous ses marchés du dehors, qu'elle soit exposée aux représailles des pays étrangers, qu'elle ne fasse plus aucune exportation.

Marchés étrangers ouverts ou fermés. Représailles étrangères.

Une telle conduite serait l'anéantissement de la fortune publique et privée ; ce serait mettre le pays tout entier dans l'impossibilité de travailler et de se procurer ce qui lui est nécessaire pour son existence.

Si la France produisait chez elle tout ce qu'elle consomme, tout ce qui lui est nécessaire, si elle n'avait besoin d'aucun peuple pour les objets indispensables à sa vie de tous les jours, on pourrait peut-être admettre le raisonnement de ceux qui disent : « Chacun pour soi; restez chez vous, nous restons chez nous. Passez-vous de nous, comme nous nous passons de vous-mêmes. »

Mais il n'en est pas ainsi.

Ne devons-nous pas demander certains produits à l'étranger ?

Pouvons-nous nous passer de laine, de houille, de coton, de chanvre, de soie, de fer, de cuivre, de plomb. d'étain, de zinc, de bois, de pétrole, de sucre, de gomme, de riz, d'indigo, de café, de graines ?

Nous sommes donc obligés de nous adresser à l'Angleterre, à la Belgique, à l'Allemagne, à l'Italie, aux Etats-Unis, à la Suisse, à l'Espagne, à la Russie, à la

Turquie, à tous les pays européens et à ceux au delà de l'Océan, pour nous procurer ce que la France ne produit pas en assez grande abondance ou ne produit pas du tout ; et de même que ces pays nous vendent ce qu'ils produisent, nous leur vendons, à notre tour, ce que nous produisons ou fabriquons et qu'ils n'ont pas : des rubans de soie, des peaux préparées, des tissus de laine, de soie, de chanvre, de coton, des céréales, des vins, des œufs, de la mercerie, de la tabletterie, etc.

Il faut à la fois vendre et acheter.

Prétendre qu'un pays peut exporter sans importer, vendre sans acheter ; que les chiffres d'exportation et d'importation représentent exactement la réalité du mouvement commercial et qu'il faut solder le compte annuel avec une somme d'or et d'argent précisément égale au reste de la production, est faux, absolument faux. La vérité est que les importations peuvent être aussi avantageuses que les exportations : tout dépend de l'habileté des commerçants et du résultat de leurs opérations.

* * *

Sous le régime des traités, la richesse publique a augmenté.

Voyons maintenant comment les traités de commerce qui nous régissent depuis trente années ont appauvri la France. Les faits les plus incontestables répondent pour nous. Prenons, par exemple, les déclarations successorales pour la perception de l'impôt : la progression ou la diminution de la richesse publique y est prise, pour ainsi dire, sur le fait, car le capital des successions est proportionné au capital total de la nation. Eh bien, voici ce que disent les chiffres :

Successions et donations annuellement taxées.

ANNÉES	SUCCESSIONS	DONATIONS	TOTAL
	millions de francs.	millions de francs.	millions de francs.
1860	2.721	802	3.526
1870	3.372	682	4.054
1880	5.266	1.117	6.383
1888	5.408	944	6.352

En 1860, les valeurs déclarées dans les successions s'élevaient à 3 milliards 526 millions ; en 1888, elles étaient de 6 milliards 352 millions, soit une augmentation de 2 milliards 826 millions, soit 80 %.

Dans les vingt années qui précèdent les traités de commerce de 1860, les valeurs successorales passent de 2 milliards 210 millions à 3 milliards 526 millions, soit une augmentation de 59 % ; de 1860 à 1888, elles passent de 3 milliards 526 millions à 6 milliards 383 millions, soit une augmentation de 80 %.

Voilà comment les traités de commerce qui nous régissent ont appauvri la France! Ce n'est pas tout. Si ce régime économique méritait toutes les critiques dont il est l'objet, le produit des impôts aurait-il pu s'élever presque sans discontinuité, en même temps que les épargnes s'accumulaient d'année en année ?

Sur ces points encore, laissons les chiffres répondre : de 1860 à 1890, les recettes totales budgétaires ont presque doublé : 1 milliard 722 millions contre 3 milliards 522 millions pour les recettes ordinaires, soit une augmentation de plus de 100 %; 1 milliard 962 millions contre 3 milliards 676 millions pour les recettes totales, soit une augmentation de 1 milliard 714 millions, ou 87 % de plus-value. Et il est à remarquer que les dépenses totales de nos budgets, malgré les charges énormes auxquelles la guerre et les suites de la guerre ont donné lieu, n'ont pas progressé autant que nos recettes : de 1860 à 1890, l'augmentation est de 1 milliard 592 millions, soit 76 %.

Résultats budgétaires.

Résultats généraux des budgets en millions de francs
(Y compris le budget des dépenses sur ressources spéciales.)

EXERCICES	RECETTES			DÉPENSES TOTALES
	Recettes ordinaires.	Recettes extra-ordinaires.	Recettes totales.	
	millions de francs.	millions de francs.	millions de francs.	millions de francs.
1850....................	1.297	135	1.432	1.673
1860....................	1.722	240	1.962	2.084
1869....................	2.152	115	2.267	2.209
1880....................	3.381	480	3.861	3.762
1890....................	3.522	154	3.676	3.676

D'autre part, si le pays était ruiné par le régime économique existant, comment expliquer cet engorgement des caisses d'épargne par les économies populaires ? Comment expliquer que l'ouvrier, le petit épargneur, soit plus riche, si les affaires commerciales et industrielles avaient marché de mal en pis ?

Caisses d'épargne. Leurs opérations.

Voici encore, sur ce point, ce que nous apprennent les statistiques des caisses d'épargne :

ANNÉES (31 DÉCEMBRE)	NOMBRE de LIVRETS	QUOTITÉ MOYENNE des livrets	SOMMES TOTALES dues aux déposants
		francs	millions de francs
1850....................	566.000	238	134.9
1860....................	1.218.100	310	377.3
1869....................	2.130.800	334	711.2
1880....................	3.841.100	333	1.280.2
1888....................	5.364.300	464	2.493.1

De 1860 à 1888, le nombre des livrets s'accroît de 1,218,000 à 5,364,000 ; les sommes déposées s'élèvent de 377 millions à 2 milliards 493 millions, soit une augmentation de 2 milliards 116 millions, c'est-à-dire que les dépôts dans les caisses d'épargne sont cinq fois et demie plus élevés qu'il y a trente ans et que le nombre des déposants a presque quintuplé, en même temps que la quotité moyenne des livrets augmentait de 52 %.

Les traités de commerce ont eu une autre influence, dont il importe cependant qu'on tienne grand compte : la richesse du pays s'étant accrue, ses ressources s'étant développées, la conséquence a été l'abaissement du prix de l'argent, la baisse du taux de l'intérêt, comme le prouvent les cours de nos grandes valeurs, le taux de l'escompte, l'abondance des capitaux se contentant d'un faible revenu de 1/2 à 1 % dans les caisses publiques. La rente 3 % est aux plus hauts cours qu'elle ait jamais cotés sous aucun régime, 88 fr. 75 ; les obligations de chemins de fer sont à 425 francs en moyenne ; l'escompte est à 3 % ; le papier de banque trouve preneurs à 1 1/2 et 2 %.

Prix de l'argent. Cours des rentes.

On dira, car les protectionnistes ont réponse à tous les arguments, que ce fait n'est pas particulier à la France ; que c'est une loi économique qui veut que, dans un pays où les ressources et les économies abondent, le taux de l'intérêt ait tendance à décroître. A cela nous répondrons qu'un pays qui se ruine n'a pas d'économies. Est-ce que la richesse publique eût pu prendre un aussi magnifique développement si notre régime économique, quelles que soient ses imperfections, car il n'y a rien de parfait en ce monde, était aussi mauvais que le prétendent les protectionnistes ?

Arguments protectionnistes.

Comment expliquer que la France soit ruinée par les traités de commerce, quand, avec une population qui n'augmente pas et ne travaille pas plus qu'autrefois, — bien au contraire, puisque la durée de la journée est plutôt diminuée, — tous les signes manifestes de l'accroissement de la fortune publique et privée éclatent dans des documents irréfutables ?

Ils sont sans valeur.

Enfin, il faut être logique : si on ne fait plus de traités de commerce, si la protection doit régner en souveraine maîtresse, si vous empêchez par des tarifs exorbitants d'entrer en France toutes les marchandises dont nous avons besoin, proscrirez-vous aussi les entreprises financières et commerciales et les emprunts étrangers ? Oublierez-vous que la France a près de 20 milliards placés en fonds étrangers qui lui rapportent, bon an mal an, plus d'un milliard ? Défendrez-vous l'emploi des ouvriers étrangers, l'entrée des machines étrangères ? Car il est nécessaire que l'on n'adopte pas de demi-mesures : il faut qu'une porte soit ouverte ou fermée. Et, à un autre point de vue, à quoi bon des colonies, à quoi bon l'expansion coloniale, à quoi bon des ports de commerce entretenus à grands frais, à quoi bon des subventions à la marine marchande, si nous devons nous isoler comme derrière une muraille de Chine ?

Ouvriers étrangers. Valeurs étrangères. Les proscrira-t-on ?

Turgot disait, il y a plus d'un siècle, qu'il n'était pas un seul marchand qui ne voulût être seul vendeur de sa propre denrée. Rien n'est plus vrai : il est si doux, si facile de se préserver ainsi de la concurrence! Mais c'est sur les grands faits généraux et non pas seulement sur les faits particuliers que l'attention du législateur et du gouvernement doit se porter.

Une opinion de Turgot.

Il faut se hâter de sortir de la situation où nous sommes et ne pas hésiter à conclure des traités de commerce avec les nations étrangères ; ne pas craindre d'insérer la clause de la nation la plus favorisée pour sauvegarder nos exportations contre des tarifs différentiels que d'autres pays pourraient établir. Sans traités de commerce, la France peut être exposée à une crise économique des plus graves ; elle perdrait un à un tous ses débouchés, et nous exportons près de 1 milliard 800 millions d'objets manufacturés contre une importation de moins de 600 millions. Voilà les chiffres et les faits que les pouvoirs publics doivent avoir sans cesse présents à l'esprit.

Traités nécessaires.

QUESTIONS ÉCONOMIQUES ET FINANCIÈRES

DE 1886 A 1890

I. — ACADÉMIE DES SCIENCES MORALES ET POLITIQUES

Agriculture. — Les populations agricoles de la Provence dans le passé. Historique. Mœurs. Etat matériel [M. Baudrillart] (février et avril 1889).

Assistance. — L'assistance par le travail (31 mai 1890).

Banques. — Des banques de circulation [M. Courcelle-Seneuil] (18 mai 1889).

Dettes publiques. — La dette publique en France [M. Levasseur] (22 septembre 1888). — Les emprunts publics en France, Allemagne, Hollande [M. Léon Say] (15 septembre 1888).

Economie politique. — La permanence des lois économiques [M. Maurice Bloch] (16 juin 1888).

Faillites. — Réformes qui pourraient être introduites dans la législation des faillites en France [M. Larombière] (3 juillet 1886).

Impôts. — L'incidence de l'impôt [M. Léon Say] (6 août 1887).

Législation commerciale. — Le premier code de commerce [M. Glasson] (18 février 1888).

Propriété foncière. — La propriété foncière en Grèce [M. Zeller] (26 juillet 1890).

Questions ouvrières. — Amélioration des logements d'ouvriers dans ses rapports avec l'esprit de famille [M. Baudrillart] (14 novembre 1888). — Le code civil et la question ouvrière [M. Glasson] (3 avril 1886).

Salaires. — La question des salaires [M. Cucheval-Clarigny] (17 juillet 1886).

Taux de l'intérêt. — Des causes qui influent sur le taux de l'intérêt et des conséquences de la baisse du taux de l'intérêt [M. Leroy-Beaulieu] (20 novembre 1886).

II. — SOCIÉTÉ D'ÉCONOMIE POLITIQUE DE PARIS

Agriculture. — Des revendications nouvelles de l'agriculture (ou plutôt des agriculteurs) en France (juillet 1890).

Associations. — La liberté d'association doit-elle être toujours illimitée ? N'y a-t-il pas des cas où l'intérêt individuel demande qu'elle soit réglée par la loi (février 1889) ?

Assurances. — L'assurance offre-t-elle plus d'avantages que d'inconvénients (juillet 1886) ? — L'assurance des ouvriers contre les accidents (mars et mai 1888). — L'assurance ouvrière contre la maladie et contre les accidents en Allemagne (janvier 1888).

Banque de France. — Y a-t-il opportunité à renouveler le privilège de la Banque de France (août et septembre 1890) ?

Banques populaires. — Que préférer des systèmes Schulze-Delitzsch ou Raffaisen ? La solidarité telle qu'on la pratique dans les caisses fondées par Schulze-Delitzsch, pourrait-elle s'implanter en France et, si oui, par quels moyens (août 1886) ? — Pour quelles raisons les sociétés de crédit mutuel, les banques populaires et autres institutions de petit crédit ont-elles échoué en France (décembre 1887) ?

Caisses d'épargne. — L'Etat, quand il se charge de faire valoir les fonds des caisses d'épargne, peut-il réaliser dans cette gestion un bénéfice à verser aux ressources du budget ? Ce bénéfice, s'il est réalisé au profit du budget, peut-il être considéré comme un impôt sur l'épargne (janvier 1887) ? — Les caisses d'épargne, leur organisation à l'étranger et en France (juillet 1889).

Caisses de retraite. — Des caisses de retraite (août 1889).

Canaux et rivières. — La gratuité de l'usage des canaux et rivières navigables est-elle conforme à la justice et favorable à la richesse publique (août 1889) ?

Colonies. — De l'utilité ou de l'inutilité des colonies (février et mars 1886).

Commerce. — Des changements survenus, depuis une quinzaine d'années, dans le prix des marchandises et le taux des salaires, et de leur influence sur le commerce international (septembre 1889). — Des résultats de la liberté de la boucherie et de la boulangerie (avril 1887). — Les traités de commerce sont-ils un moyen plus efficace que les tarifs généraux d'arriver à la liberté du commerce (juin 1890) ?

Corporations. — Les corporations de métiers pourraient-elles être établies dans des conditions différentes du passé, avec avantages pour les ouvriers et sans inconvénients pour le public (mai 1886) ?

Dettes publiques. — De la meilleure forme des emprunts publics (avril 1886).

Douanes. — Des tarifs coloniaux en général ; en particulier. du régime commercial de l'Indo-Chine françoise (novembre 1887).

Economie politique. — Du véritable sens de la formule : laisser faire, laisser passer (octobre 1890). — L'économie politique est-elle distincte, comme science, de la morale et du droit (septembre 1886) ? — L'économie politique et le socialisme sont-ils contradictoires (juillet 1887) ?

Etat. — Existe-t-il une définition satisfaisante de l'Etat ? Est-il une abstraction ou est-il quelque chose de réel (novembre 1890) ? — L'expérience des postes, télégraphes, chemins de fer de l'Etat, manufactures nationales, etc., prouve-t-elle que l'Etat soit capable d'être industriel (octobre 1888) ? — L'Etat doit-il se substituer aux particuliers pour introduire dans le pays une industrie que l'initiative privée, par oubli ou calcul, n'y acclimate pas (février 1890) ? — Peut-on se dire économiste si on s'avoue protectionniste (février 1890) ?

Homestead. — Le système des exceptions de saisie en faveur du foyer domestique, comme aux Etats-Unis sous le nom de homestead, serait-il applicable en France et est-il conforme aux lois économiques (mars 1887) ?

Impôts. — Des conditions d'application de l'impôt sur le revenu et sur le capital (novembre 1886). — Des résultats économiques de la taxe proposée sur les étrangers en France (juin 1888). — La science économique peut-elle se désintéresser de la défense du principe constitutionnel de l'annualité du vote des dépenses et de l'impôt (janvier 1890) ? — L'impôt doit-il servir à influer sur les divers modes de production (octobre 1889)? — Les taxes municipales spéciales pour pourvoir aux dépenses de balayage, d'éclairage, etc., ont-elles un caractère économique qui permette d'en faire la base du budget des recettes des villes (décembre 1889) ? — Y a-t-il des impôts moralisateurs, et, dans le cas de l'affirmative, à quels caractères les reconnait-on (décembre 1888) ? — Y aurait-il avantage à établir, par un accord international, une législation fiscale uniforme dans les différents pays, spécialement pour les droits d'accise (septembre 1887) ?

Jeu. — De l'utilité et de l'opportunité des établissements de jeu (décembre 1886).

Mines. — Quel est le meilleur mode d'attribution de la propriété minière (mai et juin 1889) ?

Monopoles. — La profession d'avocat est-elle constituée en France en conformité des principes de l'économie politique (mai 1887) ?

Octrois. — De leur suppression et de leur remplacement par une taxe sur la valeur vénale de la propriété bâtie et non bâtie (juin 1886).

Population. — De l'influence des fêtes foraines sur la richesse, la santé et la moralité des populations (août 1888). — De la population (mars 1890).

Prêt à intérêt. — Ce mode de prêt est-il avoué ou désavoué par les principes de l'économie politique (novembre 1888) ?

Prix. — Dans les oscillations des prix, est-il vrai que ce que l'un gagne, l'autre le perd (juin 1887) ?

Progrès. — Les institutions scientifiques, littéraires et artistiques, fondées et subventionnées par l'État, sont-elles favorables au progrès ou lui font-elles obstacle (septembre 1888) ?

Sociétés. — De la responsabilité des fondateurs ou administrateurs de sociétés par actions (avril 1890). — La société en commandite est-elle plus favorable aux entreprises industrielles et commerciales que la société anonyme (octobre 1886) ?

Successions. — La liberté de tester doit-elle être limitée (mai 1890) ? — Serait-il conforme à l'utilité sociale de restreindre la dévolution héréditaire *ab intestat*, en l'arrêtant, par exemple, au sixième degré (avril 1888) ?

Syndicats. — Les syndicats de producteurs formés dans plusieurs grands pays ne sont-ils pas un résultat du protectionnisme, et, si cela est, le retour à la liberté commerciale ne serait-il pas un remède efficace aux inconvénients qu'on leur reproche (janvier 1889) ?

Travail. — De l'intervention de l'Etat dans les conditions du travail des femmes et des hommes adultes dans les manufactures et les ateliers (octobre 1887). — De l'intervention des municipalités dans les conditions du travail (juillet 1888). — Des effets économiques de la réglementation et de la limitation du travail (décembre 1890). — L'enseignement de la profession doit-il être donné à l'atelier sous forme d'apprentissage ou à l'école (février 1887) ? — Le travail dans les prisons est-il autorisé par l'économie politique et, dans le cas de l'affirmative, doit-il être exploité en régie ou à ferme (janvier 1886) ?

Vagabondage et mendicité. — Comment combattre le vagabondage et la mendicité (novembre 1889) ?

III. — SOCIÉTÉ D'ÉCONOMIE SOCIALE

Agiotage. — Un mot sur l'agiotage (1886).

Agriculture. — La population rurale depuis deux siècles (1887).

Argent. — Dépréciation de l'argent en Extrême-Orient (1889).

Assistance. — La bienfaisance à Paris (1888).

Banques populaires. — Les banques populaires en France et à l'étranger (1887).

Commerce. — Le commerce en France et son histoire (1889).

Coopération. — Boulangerie coopérative à Limoges (1887). — Economats et sociétés coopératives dans les compagnies de chemins de fer (1888). — La coopération. Son domaine. Ses limites (1890).

Crédit. — Crise agricole et prêt rural (1889).

Crises. — Crises commerciales. Leur influence (1889). — Crise économique en Angleterre (1887). — La crise monétaire et

Rentes sur l'État. — Insaisissabilité de ces rentes (1887).

Salaires. — Participation aux bénéfices dans une maison de banque (1887).

Successions. — Déduction du passif pour l'application de l'impôt sur les successions (1888).

Syndicats. — Syndicats industriels et miniers en Allemagne (1888).

Taux de l'intérêt. — Le taux de l'intérêt en matière civile et le crédit agricole (1890).

Travail. — Système de primes en faveur de l'ancienneté des services des domestiques (1887).

COURS DES PRINCIPALES VALEURS

A LA FIN DE CHACUNE DES ANNÉES 1886 A 1890

NATURE DES VALEURS	1886	1887	1888	1889	1890
	fr. c.	fr. c.	fr. c.	fr. c.	fr. c.
Rentes françaises.					
3 %	82,25	80,92	82,75	87,40	94,90
3 % amortissable	88,05	86,00	85,90	92,20	96,50
4 ½ %	109,90	107,02	104,85	105,80	104,20
Fonds d'États étrangers.					
3 % anglais (consolidés) (2 ¾. 1888)	101.50	100,54	99,30	97,50	96,40
5 % argentin	460,00	467,00	498,00	473,00	335,00
4 % autrichien, or	91,40	86,76	93,25	94,00	95,00
Egypte unifiée	378,75	370,00	419,50	408,00	497,50
— Daira Sanieh	308,75	357,00	349,50	418,50	484,00
3 % espagnol	60,85	67,75	74,10	74,25	78,40
6 % de Cuba	500,00	486,00	507,50	516,00	505,00
4 % des États-Unis	134,50	131,50	132,00	134,00	127,00
5 % hellénique	325,50	305,00	440,00	475,00	474,75
2 ½ % hollandais	76,02	76,75	70,12	80,50	80,50
4 % hongrois	80,25	79,50	87,00	87,80	93,00
5 % italien	101,70	95,70	96,55	95,10	94,40
3 ½ % norvégien	»	98,75	99,50	101,50	99,50
3 % portugais	55.62	53,25	65,85	65,75	58,50
5 % roumain 1875	92,00	90,50	95,50	98,00	101,50
4 % russe 1867	86,40	84,70	88,50	94,00	96,95
4 % tunisien (3 1/2 % 1889)	510,00	503,00	500,25	438,75	505,50
5 % turc. B					23,05
5 % turc. C	14,65	13,75	14,95	17.57	18,25
5 % turc. D					18,85

COURS DES PRINCIPALES VALEURS

A LA FIN DE CHACUNE DES ANNÉES 1886 A 1890

NATURE DES VALEURS		1886	1887	1888	1889	1890
		fr. c.	fr. c.	fr. c.	fr. c.	fr. c.
Chemins de fer.						
Actions	Est	806,00	780,00	735,00	813,00	880,00
	Lyon	1243,75	1236,00	1282,00	1360,00	1485,00
	Midi	1170,00	1170,00	1185,00	1210,00	1327,50
	Nord	1590,00	1616,00	1630,00	1735,00	1850,00
	Orléans	1325,00	1310,00	1330,00	1372,50	1495,00
	Ouest	870,00	875,00	915,00	958,75	1030,00
Obligations	Est (ancien)	388,25	387,00	390,00	412,50	430,00
	Fusion	397,50	403,00	403,00	421,00	443,00
	Midi	398,00	408,00	411,00	432,00	442,00
	Nord	402,50	411,00	420,00	434,00	452,00
	Orléans	397,50	408,00	410,00	430,00	447,00
	Ouest	397,00	402,50	409,00	422,00	443,00
Crédit foncier de France.						
Obligations foncières	1853 4 %	515,00	513,00	514,00	518,00	521,00
	1853 3 %	678,75	686,00	695,00	602,00	610,00
	1863	514,00	515,00	514,00	515,00	523,00
	1877	379,00	382,25	385,00	382,00	335,00
	1879	478,50	476,25	474,00	463,00	466,00
	1883	372,50	387,00	390,00	393,50	420,00
	1885	455,00	462,75	465,00	455,00	459,00
Obligations communales	1860	492,00	495,00	495,00	490,00	483,00
	1875	520,00	520,50	520,50	519,00	516,00
	1879	476,00	477,50	475,00	463,00	466,00
	1880	475,00	464,00	470,00	480,00	460,00
Ville de Paris.						
Emprunts	1855-1860	527,00	531,00	528,00	538,00	550,00
—	1865	523,50	522,00	522,00	528,00	535,00
—	1869	411,00	413,50	412,00	416,00	425,00
	1871	402,25	404,50	403,00	408,00	414,00
—	1875	514,50	515,00	516,50	524,00	529,50
—	1876	513,50	514,00	514,00	523,00	529,50
—	1886	»	397,00	382,00	391,00	409,00

1891 - 1895

SOMMAIRE

1. — *Le 2 ½ % français* (1re étude).
2. — *Notions fondamentales d'économie politique et programme économique* (à propos d'un livre de M. de Molinari).
3. — *La chasse à l'escompte.*
4. — *Le 2 ½ % français* (2e étude).
5. — *Les gros magasins de capitaux.*
6. — *Légitimité et abus des conversions de rentes.*
7. — *La valeur comparative des rentes anglaises, allemandes et françaises.*
8. — *Les conventions commerciales et financières internationales.*
9. — *Le monopole des agents de change.*
10. — *Le prix de l'argent depuis 1870 en Angleterre, aux États-Unis et en France.*
11. — *Capital et travail.*
12. — *Le centenaire de la rente française.*
13. — *La féodalité financière.* — La lutte du capital et du travail.
14. — *Carnot.*
15. — *Burdeau.*
16. — *Questions économiques et financières de 1891-1895.*
17. — *Cours des principales valeurs mobilières à la fin de chacune des années 1891 à 1895.*

1891-1895

LE 2 1/2 POUR CENT FRANÇAIS

Comment sera émis le prochain emprunt ? Le prochain emprunt.

C'est là une question sur laquelle le ministre des finances lui-même ne peut, jusqu'au dernier moment, répondre ; tout dépend de la situation du marché, des dispositions du public. C'est, en quelque sorte, un état psychologique dont un ministre habile doit se rendre compte avant de prendre une décision, qu'il s'agisse du type ou du cours de la rente nouvelle à émettre.

Les conditions auxquelles un emprunt aurait pu être émis il y a trois mois, six mois ou un an, ne sont plus les mêmes aujourd'hui. Depuis un an, le 3 % a haussé de 10 francs ; cette hausse — dont on peut critiquer la rapidité mais non les causes sérieuses — peut être le point de départ d'une innovation utile pour nos finances et notre crédit. Innovation utile.

Précisons notre pensée.

Au lieu d'émettre le prochain emprunt en rentes 3 %, pourquoi ne pas profiter des dispositions favorables du public, de l'état du marché, de l'abondance des capitaux, pour créer des rentes 2 1/2 % ? Du 2 1/2 %.

Le 3 % est à 96 francs. Il est clair que la marge de hausse qui existe pour ce fonds est forcément limitée. Au-dessus de 100 francs, il peut être converti : ce n'est qu'une question de temps.

Que représente, en 2 1/2 %, la rente 3 % à 96 francs ? Du 2 1/2 % à 80 francs.

Son utilité, ses avantages.

— Mais, nous dit-on, entre un emprunt émis en rentes 3 % à 96 francs — rentes pouvant être converties à partir du jour où elles dépassent 100 francs — et un emprunt émis en rentes 2 1/2 % à 80 francs — rentes ne pouvant être ni converties ni réduites tant qu'elles n'ont pas atteint le pair de 100 francs, — quelles sont celles que préférera le public ?

— Evidemment les rentes 2 1/2 %, car le souscripteur aura la perspective de gagner la différence existant entre 80 et 100, soit 20 points, tandis qu'avec la rente 3 %, la différence à gagner serait seulement de 96 à 100, soit 4 points.

— Si le public a avantage à souscrire de la rente 2 1/2 % à 80 francs, est-ce que l'Etat ne doit pas perdre en adoptant cette combinaison ?

Est-ce que l'Etat ne perdra pas ce que gagnera le public ?

— Nullement. Un emprunt en 3 %, émis à 96 francs, coûterait à l'Etat 3.125 % d'intérêt par an.

Emis en rentes 2 1/2 %, à 80 francs, cet emprunt coûterait également 3.125 % par an d'intérêt.

— Dès lors, tous les bénéfices seraient pour le public et il n'y aurait aucune perte pour l'Etat ?

— Sans doute. Non seulement le public préférerait souscrire à une rente 2 1/2 % à 80 francs qu'à une rente 3 % à 96 francs parce que les chances de hausse sont plus grandes sur une rente dont les cours sont le plus éloignés du pair ; non seulement cette rente 2 1/2 %, émise à 80 francs, pourrait avant peu valoir 82 et 85 fr. comme les rentes 2 1/2 belge et hollandaise, et s'élever à 96 et 97 francs comme le 2 3/4 anglais qui sera avant peu converti en 2 1/2 % ; non seulement les capitaux de notre pays, mais les capitaux étrangers se porteraient avec empressement sur notre 2 1/2 %, mais l'Etat aurait, lui aussi, tout à gagner.

— Quels seraient ses avantages ?

— Dans le présent, il pourrait émettre avec succès et facilité un 2 1/2 % à 80 francs qui ne lui coûterait pas plus cher qu'un 3 % émis au plus haut cours, soit à 96 francs.

Dans l'avenir, la création d'un fonds 2 1/2 % aurait pour conséquences :

1° La hausse nouvelle du 3 % qui ne tarderait pas à atteindre le pair, puisqu'il n'y aurait pas à craindre l'arrivée sur le marché de rentes 3 % ;

2° Le nouveau 2 1/2 % pourrait, dans trois ans, être adopté pour la conversion de la rente 4 1/2 % ;

Au lieu d'être converti en 3 %, le 4 1/2 % serait, avec plus de facilité encore et de plus grands avantages pour le porteur de titres, converti en 2 1/2 % ;

3° La conversion éventuelle et future du 3 % serait facile à effectuer dans un avenir prochain : plus haut monterait le 2 1/2 %, plus facilement le 3 % ancien se rapprocherait du pair et le dépasserait ensuite ;

4° Aux économies pour le Trésor, résultant de la conversion du 4 1/2 % en 2 1/2 %, viendraient bientôt s'ajouter celles provenant de la conversion des rentes 3 % en 2 1/2 %.

Ce serait un allégement considérable apporté à nos budgets ; ce serait le crédit de la France porté à sa plus haute expression.

— Tous ces avantages, que faut-il pour les assurer à nos rentiers et à notre budget ?

— De l'initiative et une prompte décision.

* * *

La hausse continue, rapide, presque ininterrompue, de la rente française 3 %, n'est-elle pas excessive et ne convient-il pas de dire aux porteurs de titres : « Prenez garde : la spéculation conduit le marché ; le comptant achète fort peu ; quand les acheteurs voudront revendre, ils ne trouveront plus personne devant eux ; alors, nous assisterons à un krach des rentes, absolument comme en 1882 nous avons assisté à un krach des valeurs. » Les cours du 3 % sont-ils trop élevés ?

— A ces réflexions nous répondrons : Oui, la hausse des rentes françaises a été rapide ; oui, la rapidité même de ce mouvement peut faire craindre un brusque retour en arrière. Mais une réaction de un, deux ou trois francs peut-être, qui serait fort naturelle après 10 francs de hausse, ne prouverait pas que la rente française a atteint des prix trop élevés et qu'elle ne mérite pas de se négocier à de hauts cours encore.

— Sur quelles raisons basez-vous cette opinion ?

— Sur des faits.

Le 2 3/4 et le 2 1/2 anglais. En quoi le 3 % français vaudrait-il moins que le 2 3/4 anglais qui se négocie à 96 francs ou que le 2 1/2 anglais qui vaut 94 francs ?

Pourquoi le 3 % français vaudrait-il moins que le 3 % belge à 98 fr. 75 ou le 2 1/2 % belge à 86 francs ?

Comment trouver trop élevé le cours du 3 % français quand le 3% francfurtois est à 98 1/2, le 3 % saxon 1855 à 96 francs, le 3 1/2 % allemand à 100 1/2 ?

Notre crédit, la scrupuleuse loyauté que notre pays apporte à exécuter ses engagements, ne valent-ils donc pas, en vérité, le crédit de l'Allemagne, de l'Angleterre, de la Belgique ?

Pourquoi trouver à trop haut cours le 3 % amortissable français alors que le 3 % danois amortissable se négocie à 99 francs ?

Le 3 % genevois. Est-ce encore notre 3 % qui est trop cher, quand le 3 % de la ville de Genève vaut 100 francs ?

Nous attendons une réponse.

L'argument de la dette élevée de la France. — Tous ces pays que vous citez n'ont pas une dette aussi considérable que celle de la France ; leurs charges ne sont pas aussi lourdes, et il est juste, par conséquent, que leurs fonds publics se négocient à de plus hauts cours que les nôtres.

— Si la dette de la France est considérable, plus considérable même que celle de tout autre pays, elle n'est n'est pas au-dessus de ses forces ; ce qui le prouve, c'est la facilité avec laquelle rentrent les impôts ; ce qui le prouve, c'est que ses ressources, son esprit d'ordre et d'économie ne sont nulle part égalés ; nulle part non plus le travail n'est plus honoré, en plus grande faveur; nulle part, le goût des valeurs mobilières et des placements en titres de rente, actions et obligations, n'est plus développé.

La France épargne, la France travaille. Depuis vingt ans, elle a considérablement développé son outillage ; elle a réalisé des progrès dont la merveilleuse exposition de 1889 a fourni la preuve irrécusable.

Comment le crédit de l'Etat, représenté par les titres de rentes, ne se serait-il pas, lui aussi, amélioré ? Comment ne pas trouver justifiés les progrès de la rente et pourquoi nous faire nos propres ennemis en doutant toujours ainsi de nous-mêmes ou en nous décriant sans cesse, chaque fois qu'un progrès nouveau est réalisé ?

La hausse des rentes françaises.

— Quand même vos arguments seraient justifiés, nierez-vous cependant qu'un mouvement de hausse aussi ininterrompu soit un fait presque inconnu dans les annales de la bourse de Paris ?

— Sans doute ; mais la réponse est fort simple : c'est que, pendant de très longues années, la France avait oublié et négligé ses rentes. Elle s'était amusée, sur le bord du chemin, à cueillir les fleurs et trop souvent, hélas ! les chardons de la route ; elle admirait tout chez ses voisins et se négligeait un peu trop elle-même. A force de mêler les questions politiques aux questions de finance pure, combien de capitalistes n'ont pas osé acheter des rentes ; les uns, parce que le gouvernement ne leur plaisait pas ; les autres, parce qu'ils craignaient toujours une révolution ; d'autres, parce que les malins de leur parti leur répétaient sur tous les tons que la France était ruinée, perdue, qu'elle marchait à la banqueroute et qu'il valait mieux confier ses fonds à l'étranger que de les laisser dans notre pays.

Et, c'est ainsi qu'au lieu d'acheter des rentes françaises, ces capitalistes, égarés par des conseils plus politiques que financiers, ont acheté des valeurs plus ou moins douteuses, plus ou moins sûres ; ils le regrettent amèrement aujourd'hui, car, s'ils s'étaient bornés à acquérir de la rente française depuis 1871, quel que soit leur prix d'achat, ils verraient leur capital accrû.

— Il n'en est pas moins vrai qu'il est exagéré de constater que le 3 %, qui valait 80 fr. 92 fin 1887, 82 fr. 75 fin 1888, 87 fr. 40 fin 1889, 94 fr. 90 fin 1890, ait encore, depuis, dépassé ce chiffre. C'est un fait absolument sans précédent.

— C'est là une erreur complète : tous les pays qui nous entourent ont vu leurs rentes s'élever considérablement depuis plusieurs années. Nous seuls étions en retard avec la nôtre et nous sommes restés les derniers à nous en apercevoir.

Les fonds étrangers ont déjà monté.

De 1885 à 1890, en cinq ans, le 3 % belge a haussé de 88 à 98 francs.

Le 2 1/2 % hollandais a haussé de 75 francs à 83 francs.

Les Anglais ont converti leur 3 % en 2 3/4 et 2 1/2 %.

Le 2 1/2 % hollandais a haussé de 75 francs à 95 francs à 100 francs pour atteindre et dépasser le pair, ont été converties en rentes 4 %, qui elles-mêmes, émises entre 87 et 90 francs, sont bien près du pair et seront ultérieurement converties en 3 %.

Les fonds autrichiens, hongrois, grecs, serbes, turcs, suédois, danois, norvégiens, ont haussé dans des proportions énormes depuis plusieurs années. Des emprunts contractés à 6, 7 et 8 % ont été convertis en rentes 5 et 4 %. L'abaissement du taux de l'intérêt — et comme conséquence la hausse des rentes — est un fait qu'on peut constater dans le monde entier. Rien n'est donc plus justifié que le redressement des cours de la rente française.

— Alors, suivant vous, la hausse du 3 % français n'est pas un fait de bourse, un accident, heureux sans doute, dû à l'intervention de la spéculation seule ?

— Alors, suivant vous, la hausse du 3 % français n'est pas un fait de bourse, un accident, heureux sans elle sera l'objet, suivant en cela les lois de l'offre et de la demande, est un événement logique ; c'est un changement de cours qui vient de s'opérer et qui était légitimement attendu dans le taux de la capitalisation du crédit de la France. Aujourd'hui, le 3 % français a gagné et conservera la place qui lui était due à l'étiage du revenu des fonds d'Etat européens. Nous reprenons notre place.

— N'êtes-vous pas trop enthousiaste ? Car, si un événement politique extérieur survenait, si des difficultés s'élevaient avec telle ou telle puissance étrangère, est-ce que de semblables cours ne s'évanouiraient pas comme de la fumée ?

— On n'est pas enthousiaste quand on constate ce qui est. D'ailleurs, il vaut encore mieux, quand il s'agit du crédit et des finances de son pays, pécher par excès d'enthousiasme que par excès de pessimisme. Sans doute, les fonds français baisseraient s'il surgissait un événement extérieur. Mais indiquez-moi, je vous prie, la valeur, action ou obligation, le titre de rente étrangère qui ne baisserait pas et ne serait pas atteint ? La baisse serait générale, mais rien ne prouve que la reprise ne serait pas plus vive, après la baisse, sur nos fonds français que sur tous les autres fonds étrangers. Bien des capitalistes qui s'abstiennent aujourd'hui d'acheter parce qu'ils n'ont pas effectué leurs achats dans de bas prix, profiteraient de l'occasion inespérée pour acheter dans de meilleures conditions.

— Vous croyez, alors, à de plus hauts cours sur la rente ? Le 3 %, cependant, n'est plus, en tenant compte de son prochain coupon trimestriel, qu'à 5 francs à peine au-dessous du pair. Vous convenez vous-même que la hausse doit être forcément limitée puisque, à partir de 100 francs, le 3 % peut être converti ? Au point de vue de la spéculation, il est plus avantageux de vendre de la rente qui a monté de 80 à 85 francs, de 85 à 90 francs et de 90 francs à 96 francs, que d'en acheter, car on peut gagner à la baisse 10 et 15 francs par 3 francs de rentes, alors que le maximum de plus-value à prévoir est de 4 à 5 francs.

Le 3 % peut acquérir de plus hauts prix.

— Il ne faut rien exagérer ; mais, comme nous l'avons déjà dit, avec de l'initiative et une prompte décision, le gouvernement et la Chambre des députés peuvent donner une assiette solide au cours actuel du 3 %, lui faire même acquérir de bien plus hauts prix, préparer, avec succès et avantages pour les porteurs de titres et pour le Trésor, l'emprunt futur de 700 milions, la conversion du 4 1/2 %, la conversion du 3 %.

— Et, pour cela, que faut-il ?

Emprunt en 2 ½ %.

Emettre le prochain emprunt de 700 millions en rentes 2 1/2 % au lieu de l'émettre en rentes 3 %.

Ce 2 1/2 % qui aurait, pour ses débuts, un marché de 700 millions, alors que le 3 % amortissable, créé par M. Léon Say, représentait seulement un capital de 500 millions, sera le remorqueur de tous nos fonds d'Etat.

Ce 2 1/2 % voudra dire que la France qui, il y a vingt ans, empruntait en 5 % à 82 fr. 50, reçoit aujourd'hui en 2 1/2 % à peu près le même capital, et que, par conséquent, elle a vu son crédit amélioré de 100 %.

Ce 2 1/2 % montrera que le taux de l'intérêt, qui était précédemment de 4 à 5 %, s'est abaissé à 2 1/2 % sous le gouvernement de la République.

Ce 2 1/2 %, ce sera, comme conséquence, une nouvelle hausse des obligations de chemins de fer qui, à 500 francs, rapporteront encore 3 % brut ; hausse préparant la conversion ou le remboursement anticipé de ces titres, ou toute autre combinaison favorable aux intérêts de l'Etat et des compagnies.

Ce 2 1/2 %, ce sera encore la hausse au pair de toutes les obligations foncières et communales et, comme conséquence, un nouvel abaissement du taux des prêts hypothécaires et communaux.

Ce 2 1/2 %, c'est enfin la porte ouverte à l'unification de toute la dette française : conversion du 4 1/2 % ; conversion du 3 %: conversion des annuités remboursables à échéance plus ou moins éloignée, opérations pouvant dans un avenir prochain procurer au budget 150 à

200 millions d'économies que l'on appliquerait à constituer un fonds d'amortissement de la dette publique ou à des réductions d'impôts.

N'y a-t-il pas, dans ce succinct exposé, tout un ensemble de réformes et d'améliorations dont le budget et les contribuables ressentiraient les bienfaisants effets ?

— Sans doute, et, ne consultant que mes propres intérêts, vous finissez par me convaincre, car pour ma part — et pour les capitalistes et rentiers, tous les banquiers grands et petits, seront de cet avis — je préférerais souscrire à du 2 1/2 % émis à 80 francs, pouvant hausser à 100 francs, plutôt qu'à du 3 % émis à 95 ou 96 francs, pouvant être remboursé à 100 francs ou converti. J'aurais le même intérêt de mon argent avec du 2 1/2 % à 80 francs qu'avec du 3 % à 96 francs ; mais, dans le premier cas, je pourrais gagner 20 francs de différence ; dans le second, 4 francs seulement. Qui osera prendre l'initiative d'une semblable mesure ? Osera-t-on ?

— Le gouvernement, le ministre des finances. La parole est au ministre des finances.

Le jour où ils jugeront le moment opportun venu, — pour nous, ce moment n'est pas éloigné, — l'emprunt en rentes françaises 2 1/2 % sera annoncé et effectué avec plein succès ; ce jour-là, la rente 3 % sera au pair de 100 francs : ce jour-là, le crédit de la France aura atteint le niveau le plus élevé de tous les pays d'Europe, niveau qu'il mérite d'obtenir.

Pour accomplir cette réforme, nous avons au pouvoir un ministre des finances prudent, habile, inspirant confiance à tous, à la haute banque comme au plus petit capitaliste. Il sera, nous en avons la certitude, à la hauteur de la tâche qu'il voudra accomplir. Et cette tâche, la voici :

M. Thiers a effectué nos deux emprunts libératoires, en 5 %, qui ont affranchi le pays de l'occupation étrangère ;

M. Tirard a fait la conversion de cette rente 5 % en 4 1/2 % ;

M. Léon Say a créé le 3 % amortissable ;

M. Carnot, pendant son passage au ministère des finances, a émis, en rentes 3 %, un emprunt au taux le plus avantageux que le Trésor ait jamais contracté ;

M. Rouvier réussira certainement cette opération.

M. Rouvier a réussi complètement les conversions du 4 % et du 4 1/2 anciens ; le 3 % qu'il a émis, en échange, à 80 fr. 10, a haussé à 95 et 96 francs.

Il lui reste à attacher son nom à une œuvre considérable, qu'il réussira complètement, s'il le veut, et qui consiste en ceci :

1° Effectuer le prochain emprunt en rentes 2 1/2 % ;

2° Préparer les voies à la conversion future du 4 1/2 % et du 3 % en 2 1/2 % ;

3° Appliquer les économies résultant de ces opérations, soit à reconstituer le fonds d'amortissement, soit à diminuer les impôts qui grèvent le plus lourdement les producteurs et les contribuables.

NOTIONS FONDAMENTALES D'ÉCONOMIE POLITIQUE ET PROGRAMME ÉCONOMIQUE

A PROPOS D'UN LIVRE RÉCENT (1)

Un nouveau livre de M. de Molinari.

A aucune époque les questions économiques et sociales n'ont autant préoccupé les esprits. Le nouvel ouvrage que M. de Molinari, un maître entre tous, vient de publier, répond donc à un véritable besoin. Exposer la doctrine telle qu'elle résulte d'une observation attentive des faits, rechercher les conséquences de ces faits eux-mêmes, étudier en quelque sorte la marche économique de l'humanité, tel est le but que s'est proposé l'auteur dans l'œuvre qu'il fait paraître et qui ne le cède à aucune autre comme talent, disposition, largeur de vues, clarté dans la méthode.

Bases de l'économie politique.

Quelles sont les bases de l'économie politique ? Pour répondre à cette question, M. de Molinari se place au

(1) Gustave de Molinari, *Notions fondamentales d'économie politique et programme économique.*

point de vue, non pas de l'humanité seule, mais de la création tout entière, dont l'homme n'est qu'une partie. D'accord avec la science et la philosophie modernes, il constate ce fait que « les lois naturelles qui gouvernent l'existence de toutes les espèces vivantes sont celles de l'économie des forces et de la concurrence, agissant sous l'impulsion d'un mobile organique, la crainte de la peine et l'appât du plaisir ».

Lois naturelles.

En quoi consistent ces lois et quels sont leurs modes d'action ? L'observation et l'expérience nous apprennent que la vie ne peut se conserver et se développer que par une assimilation continuelle de forces : ces forces vitales, la nature n'en fournit gratuitement qu'une portion à ses créatures ; elle leur impose la nécessité d'agir pour s'emparer des matériaux qui contiennent les autres et les approprier à la consommation. Cette action indispensable à la conservation de la vie, c'est le travail. Tout travail implique une dépense de forces, et toute dépense des forces nécessaires à l'accomplissement des fonctions vitales de l'organisme implique une souffrance, de même que toute assimilation de ces mêmes forces procure une jouissance. Tel est le mobile de la peine et du plaisir. A quelque degré que se trouve placé un être vivant dans l'échelle de la création, il est gouverné par ce mobile. Il fuit la peine et cherche le plaisir. En conséquence, il applique l'énergie et l'intelligence, consciente ou inconsciente, dont la nature l'a pourvu, à acquérir la plus grande somme de forces vitales en échange de la moindre dépense : c'est la loi de l'économie des forces. Cependant l'énergie et l'intelligence sont inégalement distribuées, non seulement entre les espèces, mais encore entre les individus de la même espèce. De cette inégalité naturelle il résulte que les plus forts et les plus capables l'emportent sur les moins forts et les moins capables dans l'acquisition de la subsistance, et, lorsque celle-ci est insuffisante pour tous, qu'ils survivent seuls : c'est la loi de la concurrence.

Energie et intelligence.

La concurrence ou lutte pour la vie s'est manifestée d'abord entre l'espèce humaine et les espèces animales se disputant les substances alimentaires. Elle s'est continuée entre les différentes variétés de la race humaine elle-même. Et c'est ainsi que la guerre entre les hommes apparaît comme une conséquence de la lutte primitivement engagée entre l'espèce humaine et les espèces animales ses concurrentes.

Mais progressivement, avec la découverte et la mise en culture des plantes alimentaires et les autres progrès qui augmentaient la productivité du travail humain, une ère nouvelle s'ouvrit, celle de la civilisation : sous des formes diverses, les Etats se constituèrent. Et ils se sont constitués et organisés sous l'impulsion également des lois naturelles, lois de l'économie des forces et de la concurrence.

Les sciences morales et politiques viennent en premier lieu.

On peut alors, en suivant la marche lente de la civilisation, se rendre compte de l'ordre chronologique naturel dans lequel sont nées et se sont développées toutes les sciences et, en particulier, les sciences politiques et morales ; ces sciences se sont produites à mesure que le besoin s'en faisait sentir. La science de la constitution des sociétés et des gouvernements apparaît la première : elle répond, en effet, à la nécessité manifeste où se trouvaient les individualités humaines de s'associer pour se défendre. C'est seulement après cette science du gouvernement et celles de la morale et du droit que pouvait apparaître l'économie politique, c'est-à-dire la connaissance des phénomènes de la production, de la distribution et de la consommation des richesses, et des lois naturelles qui régissent ces phénomènes. Mais, une fois née, l'économie politique a vu son rôle s'accroître incessamment. Et, « au moment où nous sommes, remarque M. de Molinari, des faits nouveaux, d'une importance considérable, ont rendu particulièrement active la demande de la connaissance des phénomènes et des lois économiques. »

L'économie politique vient ensuite.

Sans doute, tous les phénomènes de la vie économique sont loin encore d'être entièrement élucidés ; mais, dans son état actuel d'avancement, la science peut déjà fournir des notions, positives sinon complètes, sur les lois naturelles qui régissent ces phénomènes.

Les « utilités ».

L'homme, comme toutes les autres créatures pourvues de vie, étant soumis à ces lois, c'est aussi la souffrance et la jouissance qui sont les mobiles naturels et nécessaires de son activité ; il agit pour éviter l'une et pour se procurer l'autre. Il a des besoins. Les choses matérielles et immatérielles propres à satisfaire les besoins de l'homme sont « utiles » et constituent ce que M. de Molinari appelle des « utilités ». Voilà un terme substitué ici à celui de richesses et dont le sens est beaucoup plus étendu.

* * *

Production, distribution et consommation des utilités.

La production, la distribution et la consommation des « utilités » sont l'objet de l'économie politique.

Il y a des utilités gratuitement fournies par la nature, mais elles sont en petit nombre ; la plupart doivent être produites. Et comment le seront-elles? Par le travail de l'homme et des agents qu'il s'approprie et assujettit à son service. Produire, c'est, en somme, créer des utilités.

Mais l'individu, réduit à ses propres forces, ne pourrait produire qu'une quantité d'utilités tout à fait insuffisante pour satisfaire aux nombreux besoins physiques, intellectuels et moraux qui le sollicitent. Si ces besoins aujourd'hui reçoivent amplement satisfaction, comment l'homme y est-il parvenu ? Par deux procédés, qui sont : l'association des forces productives et la division du travail ; l'augmentation progressive des pouvoirs de production des utilités.

A l'origine, l'homme ne mettait en œuvre que ses forces, ses armes ou ses outils naturels pour produire les utilités appropriées à la satisfaction de ses besoins.

Mais, peu à peu, il a asservi les animaux et s'est emparé des forces de la nature ; il les a dressés à travailler pour lui, en se bornant à les diriger, à les entretenir et à les renouveler. Il a ainsi créé et accumulé une quantité croissante de pouvoirs de production. « Ces pouvoirs de production des utilités, que l'homme a créés et accumulés en lui-même et hors de lui-même, c'est le capital. » Et le capital apparaît sous trois aspects différents : capital personnel de l'homme, capital immobilier, capital mobilier, entre lesquels devra se faire la distribution des utilités produites. Ces utilités seront ensuite consommées. Et elles doivent l'être d'une manière conforme à l'intérêt général et permanent de l'espèce humaine.

Le capital.

Son emploi.

Cet intérêt consiste dans la conservation et l'accroissement du capital, sous les formes et dans les proportions requises par les besoins de la production. Conserver et accroître les valeurs investies dans le personnel et le matériel de la production, tel est donc le but de la consommation et ce but, elle tend incessamment à l'atteindre sous l'impulsion des mêmes lois naturelles qui gouvernent la production et la distribution de la richesse.

Des progrès immenses et de toute sorte ont ainsi été accomplis ; ils ont, depuis un siècle surtout, augmenté la puissance productive de l'homme. Et, cependant, il est manifeste que, pour diverses causes, la condition du plus grand nombre ne s'est pas améliorée dans la proportion de l'augmentation des produits. De là, des souffrances et un mécontentement qui ont donné naissance à ce qu'on est convenu d'appeler la « question sociale ».

* * *

La question sociale.

Cette question, les socialistes prétendent en trouver la solution dans des théories conçues de toutes pièces, dans des systèmes nouveaux d'organisation ou de réorganisation sociale. Il serait trop long d'en faire l'énumération et d'entrer dans le détail de chacun de ces systèmes. Contentons-nous de dire que ce qui, en résumé, caractérise les conceptions du socialisme, c'est la méconnaissance des lois qui gouvernent la production de la richesse. Toutes ces conceptions pèchent invariablement contre la loi de l'économie des forces, et leur application aurait pour conséquence inévitable un renchérissement de la production, une diminution de la richesse produite ou une augmentation de la quantité de travail nécessaire pour la produire.

Le socialisme méconnaît les lois de la production.

Si cette application était partielle, elle déterminerait la ruine des industries et des nations soumises aux expérimentations socialistes, au profit de leurs concurrentes demeurées fidèles aux principes et aux pratiques économiques. Si elle était universelle, elle provoquerait l'appauvrissement de l'espèce humaine. C'est assez dire que le socialisme est antiéconomique.

Concurrence et initiative.

A ces systèmes du socialisme qui entendent ne pas plus tenir compte des lois naturelles, que si elles n'existaient pas, M. de Molinari oppose un programme économique qui, se résumant au contraire dans la connaissance de plus en plus complète et l'application de ces mêmes lois naturelles, met en jeu l'initiative privée, celle de l'individu et celle des associations. Et cette initiative, rien ne saurait la mieux stimuler que la concurrence internationale. Il s'ensuit donc que le premier article du programme économique doit être la suppression des obstacles naturels ou artificiels qui s'opposent au développement de la concurrence entre les producteurs des différentes nations, en un mot, l'établissement du libre-échange, parce que le libre-échange est la condition indispensable du progrès de la concurrence et que la concurrence elle-même est le véhicule de tous les autres progrès. Réduire l'appareil de guerre entre les Etats civilisés et simplifier les gouvernements en limitant leur rôle à celui de « producteurs de sécurité » et en leur enlevant toutes les attributions et fonctions qu'ils ont usurpées et usurpent chaque jour sur le domaine de l'activité privée : voilà également, entre bien d'autres, un des principaux articles du programme.

Liberté des échanges.

Programme économique. Il faut éclairer l'opinion.

Mais pour amener l'application de ce programme, la méthode économique, bien différente de la méthode socialiste, n'a point pour objectif la conquête du gouvernement ; elle se propose uniquement de convertir l'opinion et de se servir de la pression de l'opinion convertie pour contraindre le gouvernement à accomplir les réformes devenues nécessaires, ou à les laisser accomplir. Eclairer l'opinion du monde civilisé, telle doit être l'œuvre essentielle des réformateurs. « L'opinion étant éclairée, dit M. de Molinari, il suffira de la laisser faire. »

Toutefois, ajoute-t-il, « nous ne pouvons nous dissimuler qu'un programme économique fondé sur les lois naturelles répond beaucoup moins, dans l'état actuel des esprits, à la demande de progrès que les programmes politiques et socialistes, et que c'est seulement après que l'expérience aura fait justice de ces derniers, qu'il pourra avoir son tour. »

Ce programme s'imposera.

Mais enfin, si ce programme économique ressort de la connaissance exacte des lois et des phénomènes de la vie des sociétés, s'il est fondé sur la valeur de l'homme et sur ses conditions d'existence et de progrès, il s'imposera tôt ou tard, comme se sont imposées de tout temps les réformes devenues nécessaires.

Le livre de M. de Molinari est une œuvre de maître.

Le nouveau livre de M. de Molinari est une œuvre de maître, que tous, penseurs et philosophes, économistes ou gens du monde, les législateurs surtout, trouveront plaisir et profit à lire. Les faits, les développements heureux, les aperçus neufs autant que justes y abondent. Toujours clair, toujours élégant, le style de l'auteur ne se ressent en aucune façon de la difficulté que présentent l'exposé et la discussion d'un sujet aussi vaste, car jamais il ne fatigue le lecteur.

LA CHASSE A L'ESCOMPTE

Rarement le portefeuille commercial de la Banque de France a été aussi peu élevé. Si, par les chiffres qu'il indique, on voulait juger de l'état de notre commerce, on commettrait une grosse erreur. Le portefeuille d'établissements de crédit tels que le Crédit lyonnais, le Comptoir national d'escompte, la Société générale, le Crédit industriel, s'élevait fin juin, à 883 millions, alors que celui de la Banque n'atteint pas 500 millions. Pendant l'année 1891, la Banque de France a escompté 10 milliards d'effets de commerce, tandis que les grands établissements financiers de Paris et des départements en ont escompté plus de 20 milliards. Portefeuille commercial de la Banque et des établissements de crédit.

Cette concurrence dans l'escompte est un véritable « signe des temps. » Depuis deux ou trois ans, les sociétés de crédit croient avoir trouvé la pierre philosophale en courant après le papier escomptable, en lui faisant une véritable chasse. On ne peut ouvrir un de leurs rapports sans lire un pompeux éloge de ce genre d'opérations.

Autrefois, les émissions, les placements de titres, les participations, les syndicats étaient le plus en faveur. Mais, où sont les neiges d'antan ? Quand le diable devient vieux, il se fait ermite. Les établissements de crédit, après avoir touché à tout, en viennent à l'escompte : c'est, pour eux, la découverte et la conquête d'un monde nouveau ; c'est l'art financier idéal, l'habileté suprême ; il n'y a rien de plus sûr, de plus productif, et tous se félicitent d'avoir fait cette merveilleuse découverte ! Recevant de l'argent de leurs déposants à 1/2 %, à 1 %, à 1 1/2 %, à 2 %, soit à vue, soit à longue échéance, comme il faut employer ces capitaux, ils cherchent à escompter la plus grande quantité possible de papier au taux le plus réduit. A Paris et en province, Les établissements de crédit plaçaient des valeurs.

Aujourd'hui, ils font de l'escompte.

des commis-voyageurs sollicitent les négociants pour obtenir l'escompte de leur papier : ces mêmes commis-voyageurs étaient naguère encore occupés à proposer le placement des valeurs les plus diverses. Maintenant, leur grande occupation, c'est la chasse à l'escompte.

* * *

Importance de l'escompte.

Les opérations d'escompte sont assurément, de toutes les affaires de banque, les plus utiles aux commerçants et aux particuliers : elles permettent, en facilitant le crédit à ceux qui en ont besoin, de développer l'ensemble de leurs affaires. Un pays dans lequel les escomptes commerciaux seraient nuls, n'aurait ni activité, ni ressources, ni avenir. L'escompte est donc, en soi, une opération utile : mais pour se livrer à ce genre d'opérations, il faut un tact, un doigté, si nous pouvons nous exprimer ainsi, que possèdent seuls les banquiers-escompteurs de profession. Quand ces banquiers-escompteurs font crédit à un commerçant ou à un particulier habitant leur ville ou leur département, ils connaissent à fond la « valeur » de l'emprunteur, ses habitudes commerciales, ses relations d'affaires et de famille, sa situation morale et pécuniaire. Les plus petits banquiers-escompteurs de province pourraient raconter, dans tous leurs détails, la vie, les mœurs, les habitudes de leurs clients. Et cependant, malgré toutes les précautions qu'ils prennent, malgré tous les renseignements dont ils s'entourent, ils se trompent et subissent parfois de grosses pertes. Peu, très peu de maisons de banque ont réussi, en se livrant exclusivement à l'escompte des effets de commerce : quand elles gagnent quelque argent, c'est plutôt dans d'autres opérations accessoires : en ouvrant des souscriptions aux émissions; en plaçant des titres avec commission; en encaissant ou escomptant des coupons échus ou à échoir, en participant à des syndicats, à des créations de sociétés dont elles placeront ensuite les titres dans leur clien-

Maigres bénéfices pour les banquiers.

tôle ; en prenant part à des opérations de spéculation, etc. En bornant exclusivement leurs affaires à l'escompte des effets commerciaux, ces maisons auraient à peine couvert leurs frais généraux.

Il n'en peut être autrement. Le bénéfice que donne l'escompte consiste dans la différence entre le taux de l'argent emprunté et celui prêté. Un banquier paie aux capitaux qu'il détient, en comptes courants, en comptes de chèques, 1, 1 1/2, 2 % d'intérêt. S'il emploie ces capitaux à escompter des effets au taux de 1 1/4, 2 %, 2 1/2 %, 3 %, son bénéfice brut sera de 1/4, 1/2, 3/4, 1 %. Que représente 1/4 % ou 1/2 % de différence d'intérêt sur 1 million d'effets escomptés ? 2,500 à 5,000 francs ! Cette différence est-elle de 1 % à 2 % ? C'est pour le banquier-escompteur 10,000 à 20,000 francs de profit brut par million prêté. Que dans le nombre d'effets admis à l'escompte, quelques « broches » restent en souffrance : le bénéfice est bien compromis ! Et quand de ce bénéfice brut il faut encore déduire les frais généraux de la maison de banque, que reste-t-il en fin de compte ? Un maigre bénéfice, sinon une grosse perte.

* * *

S'il en est ainsi pour les banquiers de profession, pour ceux qui sont le plus habitués à ce genre d'opérations, combien les risques doivent être plus nombreux pour les établissements de crédit, êtres impersonnels, obligés de s'en rapporter à de nombreux employés qui, sur le crédit, la solvabilité, la « valeur » des clients, auxquels un compte d'escompte est ouvert, ne peuvent prendre des renseignements aussi méticuleux et précis qu'une banque particulière ! Une société qui fait l'escompte effectue, en réalité, le prêt direct : elle a pour garantie la solvabilité de l'emprunteur. Escomptant au taux le plus réduit, elle rend, sans doute, le crédit d'autant plus facile qu'il est à plus bas prix, mais les risques qu'elle court sont en proportion des facilités qu'elle

Risques sérieux pour les établissements de crédit.

accorde aux emprunteurs. Tel négociant qui hésite à effectuer une opération à courte ou à longue échéance, parce que ses capitaux sont insuffisants, ou bien parce que ceux qu'il emprunterait lui coûteraient trop cher, est moins timoré lorsqu'il est sollicité par des banques qui lui prennent son papier au meilleur marché possible. Au lieu de se laisser guider par la prudence, il est entraîné par les facilités de crédit mises ainsi à sa portée ; il en use et en abuse.

La Banque de France régulatrice du crédit.

Ce n'est pas au hasard que la Banque de France fixe le taux de son escompte ; ce n'est pas une fausse expression que celle qui consiste à dire que cette institution est le « régulateur du crédit ». Aussi, quand des banques par actions, des établissements financiers, lui font concurrence, courent après le papier de commerce en offrant des conditions qu'elle-même ne pourrait offrir, nous disons qu'il y a là une exagération évidente, une erreur qui pourra coûter cher à ceux qui la commettent.

On cite déjà, du reste, une société de crédit, et non la moins importante, qui renonce à cette « chasse à l'escompte ». Trouvant, sans doute, que le papier de choix devenait de plus en plus difficile à escompter avec profit, obligée, d'autre part, à employer une partie des ressources et des dépôts accumulés dans ses caisses, elle a jugé plus sage d'employer une partie de ses disponibilités en achats de rentes 4 1/2 %. Le choix de la rente qu'elle a achetée, comme placement temporaire, n'est peut-être pas très heureux, car cette rente est menacée d'une conversion prochaine ; mais ce n'est pas le moment de discuter le mérite, les avantages ou les désavantages de cette opération : il convient seulement de la signaler pour montrer, à l'appui de nos réflexions, que les opérations d'escompte doivent être très limitées, et n'offrent pas à ceux qui s'y livrent des bénéfices aussi gros qu'on semble le dire et le croire.

***

Opérations appartenant aux établissements de crédit.

Quelle conclusion tirer de ces faits ? C'est que si les sociétés de crédit ont raison, dans une certaine mesure, de comprendre dans le cadre de leurs opérations et de ne pas négliger l'escompte commercial, elles manquent de prudence et sortent de leur rôle lorsqu'elles font ces escomptes en trop grande quantité et à trop bon marché. Elles devraient avoir de toutes autres visées. Les capitaux sont abondants ; les rentiers français ont besoin de placer leurs épargnes et s'intéresseraient dans des entreprises nouvelles, sérieuses, honnêtes. N'y a-t-il donc plus rien à faire en France et dans nos colonies ? Nos routes et nos chemins de fer sont-ils terminés ? Nos canaux sont-ils tous creusés ? N'y a-t-il rien à faire et pour la terre et pour l'agriculture ? N'existe-t-il pas des affaires industrielles qui, faute d'argent, ne peuvent prendre un grand essor ? En Algérie, au Sénégal, au Congo, à Madagascar, au Tonkin, n'y a-t-il pas là un immense empire colonial à mettre en lumière et en valeur ? Les débouchés de notre commerce d'exportation sont-ils fermés ? Et ce commerce, lui-même, a-t-il tout le développement qu'il devrait avoir ? N'est-ce pas aux sociétés de crédit qu'il appartiendrait de prendre une initiative féconde dont les résultats pourraient être aussi fructueux pour elles que pour le pays tout entier? Que font-elles ? Elles battent des sentiers battus. Elles manquent d'impulsion, de direction, d'action.

Leur véritable rôle.

Acheter et vendre des valeurs au comptant et à terme, encaisser des coupons, garder des titres en dépôt, louer des coffres-forts à tant par mois, recevoir des fonds en comptes de chèques, s'intéresser dans des syndicats et participations, effectuer des conversions, faire la chasse à l'escompte, c'est sans doute quelque chose. Créer des entreprises nationales, aider partout au réveil de l'esprit d'initiative, s'efforcer de remettre sur pied des valeurs émises par elles, qui ont causé à l'épargne de nombreux déboires ; prendre partout la défense des intérêts financiers des capitalistes et des rentiers, lorsque ces intérêts sont menacés ou en souffrance, en un mot, faire des affaires sérieuses, productives pour elles et pour l'ensemble de la nation, serait mieux.

LE 2 1/2 POUR CENT FRANÇAIS

Adhésions à la création du 2 ½ %.

La proposition que nous avons émise de créer pour nos emprunts futurs une rente 2 1/2 %, a fait son chemin.

Toute la presse financière et politique s'en est immédiatement emparée et s'en occupe : il nous est malheureusement impossible de pouvoir citer et reproduire ici tout ce que nos confrères ont écrit, soit pour approuver, soit pour combattre nos arguments ; mais nous tenons à les remercier de leur concours et de leur appui.

Dans la banque, dans le monde financier, parmi les capitalistes et les rentiers, la création que nous recommandons d'un 2 1/2 % français pour nos futurs emprunts, a été bien accueillie et très discutée ; comme toutes les idées nouvelles, elle a maintenant ses partisans et ses adversaires.

Du reste, toutes les fois qu'il s'agit d'une réforme financière de quelque importance, les objections ne manquent pas.

Il en était de même quand, dès 1875, à partir du jour où le 5 % avait atteint le pair, nous faisions prévoir la conversion de cette rente ; de même encore quand, cette conversion accomplie, nous recommandions le 3 % de préférence au 4 1/2 %, parce que, disions-nous, le 3 % devait atteindre d'abord le cours de 90 francs pour le dépasser ensuite, et que l'augmentation du capital des rentiers serait une large compensation à la diminution de leur revenu ; il en était de même quand nous nous efforcions de vulgariser la rente 3 % amortissable, d'en faire connaître les avantages ; de même encore, quand

(1) Voir *suprà*, page 477.

nous répétions sans cesse que la rapide augmentation des capitaux en France, les progrès de l'industrie, l'absence de créations nouvelles absorbant les épargnes en quête d'emploi, devaient forcément provoquer un abaissement graduel et rapide du taux de l'intérêt et que, bientôt, les rentiers seraient obligés de se contenter de revenus d'autant plus réduits qu'ils rechercheraient des placements de toute sécurité.

Nous sommes-nous trompés ? Les faits que nous avons depuis de longues années prévus et indiqués, alors qu'ils semblaient prématurés, se sont réalisés. Prévisions anciennes réalisées

Le 5 % a été converti en 4 1/2 %, et ce 4 1/2 % n'a plus lui-même que peu de temps à vivre avant d'être converti. Le 3 % qui valait, au lendemain de la guerre et de la Commune, 50 et 52 francs, s'est progressivement élevé à 60, 70, 80, 85, 90, 95 francs ; le 3 % amortissable, qu'on méprisait alors qu'il se négociait au-dessous de 80 francs et que, pour notre part, nous défendions et recommandions avec la même insistance qu'on apportait à le critiquer et à le combattre, n'est plus qu'à 3 fr. au-dessous de son taux de remboursement. On ne voulait pas croire à la diminution du taux de l'argent et des revenus : aujourd'hui, que voyons-nous ? Les valeurs de toute sécurité, les placements de premier choix rapportent 3, 3 1/4, 3 1/2 au maximum ; les obligations des grandes compagnies de chemins de fer, qui rapportaient net 3,75 et 4 %, donnent moins de 3 1/4 ; les caisses des sociétés de crédit, des banquiers, regorgent de capitaux qui se contentent de 1/2 ou de 1 % ; les bons du Trésor, suivant les échéances, rapportent de 1 1/2 à 2 1/2 % ; l'escompte, à la Banque, est à 3 % : le premier papier, sur le marché libre, trouve preneur au-dessous de ce taux ; les prêts hypothécaires, qui s'effectuaient à 5 % au minimum, sans amortissement, trouvent aujourd'hui des prêteurs, amortissement compris, à moins de 5 %. Ce n'est pas seulement en France que ce phénomène économique s'est produit : partout, nous avons vu s'accomplir des conversions de rentes ;

partout, la réduction du taux de l'intérêt s'est réalisée, et maintenant — fait qu'il y a peu d'années encore on taxait de chimérique, d'irréalisable — on peut constater que, pour obtenir de ses capitaux placés en valeurs mobilières un revenu supérieur à 4 1/2 %, il faut courir des risques.

***

L'opération la meilleure et la plus simple.

La création d'une rente française 2 1/2 % est donc, en réalité, la résultante logique, naturelle, de la situation économique et financière. Les rentes 5 %, 4 1/2 %, 3 %, sont le legs du passé.

La rente française 2 1/2 % est le fonds qui répond le mieux à la situation du temps présent; c'est le fonds de l'avenir.

Les objections nouvelles faites à la création de ce type de rentes, loin de détruire les arguments que nous avons précédemment exposés, leur donnent, au contraire, un plus grand poids.

On nous dit :

Objection tirée de l'insuffisance du marché du 2 ½ %.

Le marché de la rente 2 1/2 %, étant donné que l'emprunt sera de 700 millions, sera bien étroit.

— Lorsque la rente amortissable a été créée par M. Léon Say, il n'en a été émis, tout d'abord, que pour un capital de 500 millions : ce modeste chiffre a-t-il empêché les banquiers et capitalistes de s'intéresser à cette rente ? Et finalement, le 3 % amortissable ne s'est-il pas classé dans tous les portefeuilles ? Quand, à la suite d'un événement quelconque, les tendances de baisse sur le 3 % se sont parfois manifestées un peu vivement, le 3 % amortissable n'a-t-il pas été, en quelque sorte, le remorqueur du marché, précisément parce que son poids, comparé à celui des autres rentes, était plus léger ?

Objection tirée de l'habitude qu'on a du 3 %.

La haute banque, les capitalistes, les rentiers, les spéculateurs, sont habitués aux négociations en rentes 3 %, aux coupures de rentes 3 % : en sera-t-il de même avec le 2 1/2 % ?

— Le marché s'habituera au 2 1/2 % aussi facilement qu'il était habitué au 3 % et antérieurement, au lendemain de la guerre, au 5 %.

Après 1870 et jusqu'à la conversion du 5 %, on achetait et vendait, au comptant et à terme, 2,500 francs, 5,000 francs, 7,500 francs, 10,000 francs de 5 %. Avec le 2 1/2 %, on négociera pareillement 2,500 fr., 5,000 fr., 7,500 francs, 10,000 francs de 2 1/2 %. Les calculs ne seront ni plus difficiles, ni plus compliqués.

De même pour le payement des coupons.

Les coupons trimestriels, au lieu d'être de 0 fr. 75 sur le 3 % et de 1 fr. 125 sur le 4 1/2 %, seront de 0 fr. 625 par 2 fr. 50 de rentes et de 1 fr. 25 par 5 francs de rentes de 2 1/2 %.

N'est-il pas prématuré de créer un 2 1/2 % ? Voyez combien il a fallu de temps à l'Angleterre pour convertir son 3 % en 2 3/4, ce dernier devant être ultérieurement converti en 2 1/2 % ? (Objection tirée du 2 ¾ et du 2 ½ anglais.)

— En quoi est-il prématuré d'emprunter en rentes 2 1/2 % à 80 francs, c'est-à-dire à 3,125 %, plutôt qu'en rentes 3 % à 96 francs, c'est-à-dire à 3,125 % également?

S'il est prématuré d'emprunter en 2 1/2 % à 80 fr., c'est-à-dire à 3,125 %, n'est-ce pas avouer que les cours des rentes 3 % sont prématurément trop élevés ? N'est-ce pas dire que le futur emprunt doit être émis au-dessous des cours actuels, au risque de déprécier toute la cote ? Est-ce là ce qu'on désire ?

L'argument tiré de la conversion faite en Angleterre, que prouve-t-il ? C'est que, lors des premières tentatives d'une conversion des consolidés anglais en 2,75 et 2 1/2, la baisse du taux de l'intérêt n'était pas aussi générale qu'elle l'est aujourd'hui ; les Anglais pouvaient, il y a une dizaine d'années, choisir autour d'eux, dans leur propre pays, des placements de première sécurité à 4 et 4 1/4 % ; ils pouvaient, dès lors, trouver prématurée l'opération qui leur était proposée. Aujourd'hui, la situation est tout autre ; en Angleterre, comme en France, la baisse du taux de l'intérêt s'est produite et les rentiers anglais ont accepté avec facilité une conversion qu'ils avaient repoussée quelques années auparavant : à l'heure actuelle, les placements en consolidés anglais rapportent moins de 3 %.

Il en est de même chez nous. Il y a dix ans, sans vouloir remonter plus haut, au commencement de 1880, les obligations des six grandes compagnies de chemins de fer, qui sont le type des titres de tout repos, valaient de 370 à 380 francs et rapportaient net 3 1/2 à 3,75 %. Les obligations des lignes algériennes, avec garantie directe ou indirecte de l'Etat, rapportaient bien près de 4 1/2 %, et celles des lignes secondaires 4,75 à 5 %. Aujourd'hui, les obligations des grandes lignes rapportent à peine 3 1/4 %, et les autres 3 1/2 % tout au plus. Cela prouve que des capitalistes se contentent maintenant de 3 à 3 1/4 % d'intérêt, sur les mêmes valeurs qui ne trouvaient acheteurs, il y a dix ans, qu'à 3 1/2 ou 3,75 % d'intérêt. C'est la preuve indéniable de la baisse du taux de l'intérêt, puisqu'il faut maintenant débourser plus d'argent pour avoir le même revenu qu'autrefois.

Objection tirée de l'augmentation du capital nominal de la dette publique.

N'est-il pas dangereux d'émettre une rente 20 francs au-dessous du pair, alors que le 3 % est à 4 francs près du pair, et d'augmenter ainsi le capital nominal de la dette publique ?

— L'Etat n'est pas *débiteur du capital*, puisqu'il n'est jamais tenu de le rembourser : il n'est *débiteur* que de la *rente* ; voilà ce dont il importe de se bien pénétrer.

Que l'Etat doive nominalement 700 millions ou 1 milliard, peu importe : ce qui doit le préoccuper, c'est la rente qu'il a à servir. Plus haut son crédit monte, plus bas baisse l'intérêt.

Plus bas s'abaisse l'intérêt, plus facilement l'Etat peut trouver à des conditions plus modérées encore de nouveaux capitaux qui serviront à rembourser les anciens prêteurs.

Cela admis, plus grand est l'écart entre le pair et le taux d'émission, plus grande est l'influence que l'Etat exerce sur les prêteurs. L'Etat agit sur eux de deux manières : par l'influence de l'intérêt qu'il leur offre ; par l'attrait de l'accroissement du capital qu'il leur laisse entrevoir et permet d'espérer.

Ouvrez n'importe quel budget français ou étranger : ce n'est pas le capital nominal de la dette qui s'y trouve inscrit, mais seulement l'intérêt annuel à payer aux rentiers.

On trouve déjà que le 3 % coûte cher à 96 francs, qu'il ne produit pas assez. On manifesterait probablement la même réserve pour du 2 1/2 à 80 francs, ce qui revient à dire que cette rente, ne devant pas attirer de demandes et n'offrant pas de marge étendue de plus-value, ne tenterait pas plus les capitaux que du 3 % à 96 francs. Objection tirée de ce que le 3 % donne un faible revenu.

— Si on trouve que le 3 % est cher à 96 francs, c'est qu'il a haussé rapidement et qu'on n'est pas encore habitué à ce changement de cours, alors que dans l'Europe entière, tous les fonds d'Etat ont monté dans de non moins grandes proportions. Si le 3 % paraît moins avantageux à acheter aujourd'hui qu'il y a quelque temps, c'est que 4 francs seulement le séparent du pair de 100 francs et qu'au-dessus de ce prix il peut être converti et réduit.

Mais ces objections, auxquelles nous avons déjà répondu par avance, ne peuvent être faites avec le 2 1/2 %.

Emis à 80 francs, le 2 1/2 % rapporterait tout autant que du 3 % émis à 96 francs, soit 3,125 %.

Il pourrait atteindre avant peu et rapidement les cours des rentes 2 1/2 % et 2 3/4 anglaises, belges, hollandaises, qui se négocient beaucoup plus cher et qui ne valent pas mieux que nos propres rentes.

Le souscripteur aux rentes 2 1/2 % recevrait le même revenu qu'en rentes 3 %, mais il aurait, en plus, l'attrait de voir le 2 1/2 % monter dans de plus larges proportions que le 3 %, et conséquemment d'accroître, tôt ou tard, son capital.

Conclusion. Les avantages du 2 ½ %.

Nous concluons :

Quand un ministre des finances émet un emprunt, que doit-il rechercher, que doit-il désirer ?

Un fonds, accepté par tout le marché et par les capitalistes, faisant entrer le plus d'argent dans les caisses du Trésor et coûtant le moins cher possible d'arrérages.

Quand le public, le rentier, le banquier, le capitaliste, le spéculateur, est appelé à souscrire à un emprunt, que doit-il rechercher, que doit-il désirer ?

Un fonds qui, comparé à des valeurs similaires, donne à garanties égales, à revenu égal, de plus nombreuses chances d'accroissement de capital.

Est-il vrai que le 2 1/2 % émis à 80 francs ne coûte pas plus au Trésor que du 3 % émis à 96 ?

Est-il vrai que la somme d'intérêts à payer annuellement aux rentiers sera la même si l'Etat émet du 2 1/2 % ou du 3 % ?

Est-il vrai que le souscripteur à une rente 2 1/2 % émise à 80 francs, pouvant hausser à 100 francs, se trouve dans une meilleure situation que le souscripteur à une rente 3 % émise à 96 francs, pouvant être remboursée ou convertie à partir du jour où elle a atteint 100 francs ?

Est-il vrai que la rente 2 1/2 % française peut et doit légitimement valoir et atteindre les cours des rentes 2 1/2 % belges, hollandaises, anglaises ?

Est-il vrai qu'un emprunt en rentes 3 % émises à 96 francs, soit à 3,125 % d'intérêt, paraîtra cher, parce que le 3 % n'a devant lui qu'une marge de 4 francs avant d'atteindre le pair, tandis qu'un emprunt en rentes 2 1/2 % émises à 80 francs, rapportant 3,125 % d'intérêt, comme le 3 %, paraîtra plus attrayant au souscripteur qui aura l'espoir de gagner tôt ou tard la différence existant entre 80 et 100 ?

S'il en est ainsi, il faut faire sans hésitation notre prochain emprunt en rentes 2 1/2 %.

Soit au point de vue financier, soit au point de vue politique, qu'il s'agisse de l'intérêt de l'Etat ou de celui des contribuables ; qu'il s'agisse des avantages de toute nature que l'Etat peut retirer, ou des bénéfices que les rentiers et les souscripteurs peuvent espérer avec raison recueillir, l'opération est sûre et bonne, et, nous en avons la conviction, réussira.

La seule objection à faire est la question d'opportunité : sur ce point, nous le répétons encore, le gouvernement et le ministre des finances sont les seuls juges. L'émission d'un emprunt d'Etat est une lourde responsabilité qui incombe à ceux qui en ont la charge : ils ne doivent rien laisser au hasard, à l'imprévu, et il faut être très prudent. Aussi, dirons-nous en terminant : que le gouvernement et les Chambres, avant de prendre une résolution définitive, se renseignent : qu'ils s'adressent à tous ceux qui connaissent bien l'esprit et les tendances du public de l'épargne et du monde financier ; qu'ils consultent les chefs de nos grands établissements de crédit, de nos principales maisons de banque, les agents de change, les trésoriers généraux. Unique question d'opportunité.

La réponse sera certainement celle-ci :

Dans les circonstances actuelles, il est aussi délicat pour un ministre des finances d'émettre un emprunt trop cher que de l'émettre trop bon marché. Aussi, entre le 3 % et le 2 1/2 %, n'y a-t-il pas à hésiter, car le 2 1/2 % ne coûtera pas un centime de plus à l'Etat qu'un emprunt en 3 % et rapportera tout autant au rentier : le 2 1/2 % consolidera la hausse obtenue par le 3 % et permettra d'effectuer l'emprunt à des conditions exceptionnelles, sans peser sur le marché, sans nuire au

Trésor ou aux contribuables, et tout en laissant au souscripteur une plus grande marge de plus-value.

La création de la rente 2 1/2 % française sera l'opération la plus avantageuse pour le Trésor et les souscripteurs ; la plus facile à réaliser ; la plus simple à comprendre ; la plus féconde en résultats pour l'avenir du crédit public ; la plus habile au point de vue politique.

LES GROS MAGASINS DE CAPITAUX

Inertie financière des établissements de crédit. Ses causes.

Si les sociétés de crédit, malgré la clientèle et les ressources dont elles disposent, manquent d'initiative et n'essayent ni de relever plusieurs des entreprises auxquelles elles ont donné leur concours, ni d'imprimer aux affaires commerciales et industrielles une utile impulsion ; s'il leur suffit, comme nous le disions dans une précédente étude (1), de battre des sentiers battus, alors que jamais les circonstances générales n'ont été plus favorables pour faire preuve d'intelligence et d'activité — la rente est au pair, les capitaux foisonnent et ne savent comment s'employer, la tranquillité du pays est complète et, à l'extérieur, aucun nuage ne trouble le maintien de la paix ; — on peut se demander quelles sont les causes principales de cette inertie financière ? La réponse est facile.

Peu de véritables financiers.

Quand on étudie, sans parti pris, le fonctionnement de nos sociétés de crédit, de ces gros magasins de capitaux installés à Paris et dans toute la France, on constate non sans surprise combien sont peu nombreux les hommes connaissant à fond le maniement des affaires de crédit ; combien sont rares les véritables financiers, les banquiers qui, par leurs mérites professionnels, sont dignes du titre qu'ils portent. Nos banques sont remplies de personnages très honorables, appartenant

(1) Voir *suprà*, page 493.

à la noblesse, ayant occupé des fonctions politiques ou administratives, plus ou moins connus dans le haut commerce et l'industrie, mais qui sont absolument étrangers aux affaires de banque et de crédit. Ils ont été improvisés ou se sont improvisés administrateurs, banquiers, sans avoir les qualités qu'exigent ces professions. Croit-on qu'il suffise d'entrer dans une société, quels que soient son nom et ses titres, pour comprendre les affaires et les développer ? Et croit-on qu'il suffise, pour amener à soi le public et les affaires, de calquer, en quelque sorte, les statuts d'une autre société, d'effectuer les mêmes opérations, et, pour ainsi dire, de marquer le pas à sa suite ?

***

Il ne faut pas croire, en effet, que le premier venu puisse, sans préparation suffisante, embrasser l'industrie de la banque, se « faire banquier » et remplir les fonctions d'administrateur avec la même facilité qu'il s'occuperait d'un commerce quelconque. Les opérations de banque sont, en réalité, très simples ; mais, pour les exercer sérieusement, il faut posséder des qualités que le travail et l'expérience permettent seuls d'acquérir. Qualités spéciales nécessaires.

Avoir un grand esprit de décision et de suite ; être aussi économe du temps que de l'argent ; choisir, former et diriger son personnel ; suivre attentivement les transactions qui s'opèrent sur les marchés financiers ; connaître, à tout moment, dans leurs principaux comme dans leurs plus petits détails, la situation de la maison qu'on administre ou dirige ; répartir le travail des bureaux de telle sorte que l'état des affaires engagées puisse être établi immédiatement : telles sont les qualités premières que tout banquier doit avoir. Ce n'est pas tout. Il est nécessaire qu'il ait séjourné quelque temps à l'étranger ; qu'il ait appris, par lui-même, comment les affaires se traitent au dehors ; qu'il sache ce que sont les arbitrages de banque, de papier, de valeurs;

qu'il puisse parler et écrire une ou plusieurs langues étrangères pour se tenir constamment au courant des nouvelles extérieures. Un banquier doit étendre ses relations en dehors du cercle de ses affaires. Un renseignement, un mot, une réflexion qu'il apprendra dans une conversation en apparence insignifiante, seront parfois pour lui de précieux indices, de sérieux avertissements sur l'état du crédit d'un particulier, d'une maison, d'une société avec lesquels il aura des engagements. Nous nous rappelons un mot d'un des plus grands financiers de notre époque : « Quand je passe une heure à l'Opéra, disait-il, j'apprends plus de nouvelles dans ma stalle d'orchestre que, pendant toute la journée, dans mon cabinet. » Cette boutade est, sans doute, paradoxale et singulièrement exagérée : mais, dans une certaine mesure, elle est vraie.

Relations à avoir.

Connaissance des faits à posséder.

Ensemble de conditions à remplir.

Un banquier a intérêt à se tenir au courant « des nouvelles » : il ne doit pas lui suffire de connaître son « métier » ni d'être « homme d'affaires », il faut qu'il *soit homme du monde, instruit, lettré*. Il a besoin, plus que jamais, de connaître à fond le droit, les lois, la jurisprudence ; les nombreux procès financiers qui ont lieu démontrent combien cette connaissance des lois est indispensable à quiconque s'occupe du commerce des valeurs mobilières et des affaires de crédit. Il doit être, enfin, très réservé dans son langage, très prudent dans les conseils qu'il donne, et avoir toujours — est-il besoin de le dire ? — le plus scrupuleux souci des intérêts de sa clientèle.

* * *

Dans cette esquisse du banquier, de l'homme de finances et de crédit, combien d'administrateurs, de nos financiers actuels, pourraient se reconnaître ? Nous en connaissons et pourrions en citer quelques-uns, mais notre liste serait vite épuisée ! Comme, au contraire, ils sont nombreux ceux qui ne possèdent de l'administrateur que le titre et du banquier que le nom! Cette pénurie d'hommes expérimentés, capables, est des plus regrettables. C'est un des vices de notre organisation financière : de là bien des erreurs, bien des fausses directions données à l'épargne publique ; c'est une des causes principales de l'inertie financière dont on se plaint. Les hommes manquent, telle est la vérité.

Pénurie d'hommes.

Une autre cause de faiblesse financière tient à l'organisation même de notre système de crédit, au fonctionnement de nos banques par actions. Il y a déjà longtemps et bien des fois que nous l'avons signalée. Nous avons plusieurs sociétés à gros capitaux, de « gros magasins de capitaux », comme nous les dénommons ; nous manquons de banques plus modestes, à capital restreint. Nous sommes, à cet égard, avec toutes les grandes places de l'Europe, dans un état d'infériorité manifeste. Prenez une cote de la Bourse de Londres, de Berlin, de Francfort, de Bruxelles, d'Amsterdam, de Genève, vous y verrez inscrites et se négociant chaque jour des centaines d'actions de banques et de sociétés par actions, dont le capital varie de 5 à 20 millions : les sociétés étrangères, dont le capital dépasse ce dernier chiffre, sont peu nombreuses, tandis que les banques à capital modeste sont très répandues.

Les banques d'importance moyenne font défaut en France.

Voyons s'il en est de même chez nous. Mettons à part la Banque de France et le Crédit foncier, établissements privilégiés, jouissant de monopoles et d'avantages spéciaux.

Que reste-t-il comme grandes banques par actions ? La Banque de Paris, le Crédit lyonnais, la Société générale, le Crédit industriel et commercial, le Comptoir national d'escompte. Viennent ensuite plusieurs sociétés comme la Compagnie algérienne, la Banque internationale de Paris, la Société marseillaise de crédit, le Crédit algérien, le Crédit mobilier, la Banque parisienne, la Banque transatlantique, la Banque russe et française, la Banque d'escompte. Quelques rares sociétés étrangères, cotées à notre bourse, fonctionnent ou possèdent une succursale en France ; ce sont la Banque des Pays-Autrichiens, la Banque ottomane, le Crédit foncier d'Autriche, le Mobilier espagnol, le Crédit foncier égyptien, etc.

* * *

Sociétés de crédit en nombre insuffisant.

Un aussi petit nombre de sociétés de crédit pour un vaste pays d'épargnes comme le nôtre, n'est-il pas notoirement insuffisant ? Les affaires sont monopolisées par quatre ou cinq des grandes sociétés dont nous parlons : leur capital nominal s'élève à 567 millions 1/2 et à 312 millions 1/2 effectivement versés : elles disposent, en outre, de près d'un milliard de dépôts en comptes de chèques ou comptes courants, et, — à l'exception de la Banque de Paris, qui ne reçoit pas de fonds en comptes de chèques, — c'est moins avec leurs propres capitaux qu'avec ceux du public qu'elles travaillent. Or, les petites affaires modestes trouvent difficilement accès près de ces grands établissements parce que les frais sont trop lourds pour qu'ils puissent s'en occuper utilement ; d'autre part, les établissements de crédit ont une incessante préoccupation : surveiller si le public apporte de nouveaux fonds ou réclame brusquement ceux qu'il a déposés ; maintenir un parfait équilibre entre les versements quotidiens et les retraits de fonds ; effectuer les placements de telle sorte qu'ils soient toujours d'une réalisation facile et donnent un léger revenu après avoir couvert les frais généraux. Toutes les préoccupations des grandes sociétés de crédit sont donc tournées de ce côté : dépôts ou retraits de fonds ; emploi de ces dépôts ; maintien de disponibilités suffisantes pour faire face à des retraits inattendus, provoqués par une panique : comment dès lors songer à des opérations à longue échéance ? La direction de ces capitaux énormes ne laisse plus aux administrateurs une liberté d'esprit assez grande pour s'occuper d'autre chose que de leur emploi ou de leur remboursement.

Ce « maniement » productif de gros capitaux est, du reste, aussi dangereux que difficile. On peut comparer la mobilisation des millions à celle de nos soldats. Tel général fera, avec un plein succès, manœuvrer 10, 15, 20, 30,000 hommes et sera un bien mauvais manœuvrier pour diriger les mouvements de 2, 3 ou 4 corps d'armée. Il en est de même avec les capitaux. Il est plus facile à une banque de faire mouvoir 10, 15, 20, 30 millions que de mobiliser, remuer, placer avantageusement, 50, 75, 100, 200, 300 millions. Et quand les dépôts du public, exigibles presque à vue ou à courte échéance, vont s'accumuler, par centaines, dans les caisses de deux ou trois sociétés, les hésitations des administrateurs, les difficultés qu'ils éprouvent, s'expliquent aisément : leur principal souci est la sauvegarde, l'emploi et le remboursement des fonds qu'ils détiennent ; ils n'ont plus le temps de penser à créer des affaires nouvelles, dont le pays tout entier profiterait.

***

Évolution désirable.

Soit donc, au point de vue des intérêts de l'Etat, soit au point de vue des intérêts des affaires en général, et du public en particulier, il serait à désirer qu'il existât, à Paris et dans toute la France, un plus grand nombre de sociétés financières, à petit capital, variant de 5 à 20 millions. Ces sociétés s'occuperaient d'entreprises commerciales et industrielles, modestes, et s'intéresseraient dans des affaires que négligent les gros magasins de capitaux. Il y a là toute une évolution financière et économique, nécessaire à réaliser et sur laquelle il est utile d'appeler l'attention : nous sommes convaincu, pour notre part, que dix banques par actions, au capital de 10 millions chacune, sont préférables à une seule au capital de 100 millions et que si nous possédions un certain nombre de ces sociétés, à capital restreint, au lieu de compter seulement quatre ou cinq grands établissements dont les succursales, répandues dans toute la France, sont autant de ramifications qui font converger les affaires et les capitaux du public vers un centre unique, un tout autre mouvement se dessinerait dans les affaires financières et commerciales ; le marasme financier dont tout le monde se plaint aurait bien vite disparu.

LÉGITIMITÉ ET ABUS DES CONVERSIONS DE RENTES

Question actuelle.

La question de la légitimité et des abus de conversions de rentes est plus actuelle que jamais. A aucune époque, on n'a vu pareille abondance d'opérations financières que l'on décore du nom de conversions. Dans toute l'Europe, et particulièrement sur notre marché, ce sont les principales affaires qui s'effectuent. Et, à la façon dont elles sont réalisées, on pourrait les définir d'un mot : c'est la guerre au revenu des rentiers ; on pourchasse les valeurs, fonds d'Etat ou obligations industrielles, dans lesquelles l'épargne est intéressée et dont on veut déloger, pour ainsi dire, ceux qui les possèdent.

Les conversions depuis dix ans.

Depuis dix ans, les différents Etats — sauf l'Italie — ont successivement réduit leurs rentes 6,5 %, 5 %, 4 %, en 5 %, 4 %, 3 %.

Cette épidémie conversionniste s'est étendue aux départements, aux villes, aux communes, aux compagnies particulières. Des sociétés ayant émis des obligations 5 % les ont appelées au remboursement et ont offert en échange des obligations 4 % ou 3 %, sans se soucier du tableau d'amortissement inscrit au dos des titres, sans tenir compte du contrat intervenu entre elles et leurs prêteurs au moment de l'émission de ces obligations qu'elles ont « converties » avec tant de sans-gêne.

Dans la plupart des conversions qui ont eu lieu, il est difficile de retrouver aucun des caractères qui, d'après la science économique, légitiment ces opérations.

Pour être légitime, une conversion doit avoir pour résultat un dégrèvement d'impôts ou un amortissement de la dette publique. Comme le disait M. Léon Say en 1883, « une conversion, au point de vue national, doit rendre aux *contribuables d'une main ce qu'on a pris aux rentiers de l'autre* ». Conversions légitimes.

Une conversion doit offrir à ceux qui ne l'acceptent pas le remboursement de leurs titres et, à ceux qui l'acceptent, une réduction d'intérêt. Elle ne doit pas s'appliquer obligatoirement à des titres dont la période d'amortissement et de remboursement a été fixée, au moment du contrat primitif, entre l'emprunteur et le prêteur. Enfin, une conversion ne doit pas substituer obligatoirement, à une dette remboursable à court terme, une autre dette remboursable à long terme et encore moins perpétuelle. Car, dans ce cas, la conversion ne serait pas autre chose qu'une prolongation d'échéance et un ajournement de payement.

Si ce sont là les traits distinctifs d'une conversion légitime contre laquelle on ne saurait protester, car c'est le droit de tout débiteur de rembourser la dette qu'il a contractée ou de la renouveler à des conditions moins lourdes, il n'est pas difficile de définir en quoi certaines conversions par trop « fin de siècle » sont abusives et ne sont pas autre chose que des réductions d'intérêt, des impôts sur les revenus, des expédients financiers.

Les conversions sont abusives quand les économies qui en résultent sont employées à des dépenses nouvelles ; elles sont abusives quand les économies en provenant servent à gager de nouveaux emprunts ; elles sont abusives quand on modifie l'échéance du remboursement de l'ancien titre et qu'on proroge la durée du nouveau. Conversions abusives.

S'il n'y a rien à dire, au point de vue des principes, et sauf quelques points de détail, contre la légitimité des conversions de rentes françaises 5 % contre du 4 1/2 %, des fonds russes 5 % contre des rentes 4 %, des fonds belges 4 % convertis successivement en 3 1/2 et 3 % ; des fonds suédois et norvégiens convertis, eux aussi, de 4 % en 3 1/2 %, est-il possible de trouver le même caractère à certaines opérations qu'on appelle « conversions », et qui sont uniquement des réductions de revenu ou des prolongations de remboursement d'une dette arrivant à échéance ?

En Turquie.

Peut-on donner le nom de « conversion » à l'opération par laquelle la Turquie a échangé sa rente 5 % contre une nouvelle rente 1 % ? — C'est là une réduction de revenu !

En Espagne.

Est-ce une « conversion », l'opération effectuée par l'Espagne et qui a consisté à échanger sa rente extérieure 3 % contre une nouvelle rente extérieure 1 % ?

Peut-on nommer « conversion », l'opération par laquelle la Turquie a appelé au remboursement, l'an dernier, pour être converties, des obligations « privilégiées », émises en 1881, rapportant 5 % et remboursables à 500 francs en vingt-quatre ans, contre des obligations non moins privilégiées, émises en 1890, rapportant 4 % et remboursables en quarante-quatre ans ? C'est une prolongation d'échéance et une réduction de revenu ; mais ce n'est pas là une « conversion ».

Dettes réellement diminuées par des conversions.

On a dit et toujours répété pour justifier les conversions — légitimes ou abusives — qu'elles avaient pour but de diminuer la dette publique et d'en réduire les charges annuelles. Combien sont peu nombreux les pays qui ont obtenu ce résultat ! On pourrait en citer trois : les Etats-Unis, la Norvège, la Suisse. Les Etats-Unis, par leurs conversions successives, ont réduit le capital de leur dette d'environ 60 % et les intérêts de 68 %. La Norvège et la Suisse ont réduit les intérêts annuels de leur dette de deux à trois millions.

Etats-Unis. Norvège. Suisse.

Presque partout ailleurs, le capital et les intérêts des dettes ont augmenté dans des proportions énormes. Les dettes publiques européennes qui étaient de 75 milliards en 1870, dépassaient 121 milliards en 1888. Les intérêts annuels à payer étaient de 2 milliards 800 millions en 1870 et de 4 milliards 080 millions fin 1888.

Les économies provenant des conversions ont servi à combler les déficits budgétaires ou à acquitter de nouvelles dépenses ; ce sont surtout les dépenses militaires qui ont absorbé et bien au delà « ce qui a été pris, — suivant l'expression de M. Léon Say, — aux rentiers ». Économies absorbées par des dépenses militaires.

Un autre inconvénient de ces conversions a été de détourner les rentiers, laborieux et tranquilles, des placements qu'ils croyaient stables, à l'abri de tout mécompte. Le public est fatigué des conversions et c'est un danger de les multiplier. Obligés de quitter une valeur pour se porter sur une autre qu'il faudra ensuite abandonner pour en rechercher une nouvelle, les petits capitalistes, les petites gens d'épargne ont appris le chemin de la bourse pour y défendre leurs intérêts, essayer de regagner, d'un côté, ce qu'ils perdaient de l'autre, par les réductions de revenus qu'on leur a imposées : ils se sont lancés dans toutes sortes d'opérations, recherchant les valeurs de spéculation, celles qui « peuvent monter », et c'est ainsi que l'appât de gros bénéfices et de gros revenus, offert par des spéculateurs véreux, a fait tant de victimes dans la petite épargne.

Lors de la discussion qui eut lieu à la Chambre au moment où, sur la proposition de quelques membres, on vota le remboursement des bons de liquidation, leur conversion en 3 % perpétuel, heureusement modifiée grâce à l'intervention du ministre des finances, en 3 % amortissable, M. Léon Say présenta les objections les plus sérieuses ; il contesta le droit d'effectuer cette opération et déclara que l'État ne pouvait rompre le contrat intervenu au moment de la création de ces titres. Ses avis ne furent pas écoutés. Cependant il était dans le Opposition de M. Léon Say à certaines conversions.

vrai, car la jurisprudence s'était déjà prononcée sur cette matière délicate.

Un arrêt de la cour de Nancy du 10 juillet 1882 avait déclaré que, quand il s'agit d'obligations remboursables par la voie de tirage au sort, le terme est présumé stipulé en faveur de l'obligataire aussi bien qu'en faveur du créancier; de sorte que cet obligataire peut refuser un remboursement anticipé.

Un exemple de la Suisse.

Un petit pays, la Suisse, s'inspirant de cette doctrine, a donné, en 1890, un exemple qui lui fait honneur.

Et n'est-il pas utile de rappeler ces principes et d'appeler sur eux l'attention au moment où il est question de nouvelles et importantes opérations de conversion ?

On a parlé, en effet, de la conversion du 3 % amortissable. Or, le 3 % amortissable est inconvertible. Les termes de son amortissement ont été fixés par la loi d'emprunt; dans les discussions qui ont précédé l'adoption du projet de loi, il a été déclaré expressément que cette rente ne pourrait être convertie.

La ville de Paris pourrait-elle s'affranchir de procéder aux tirages de ses obligations à lots pour convertir « obligatoirement » ses emprunts en une dette lui coûtant moins cher ? Pourrait-elle obliger les détenteurs de titres à accepter telle ou telle modification qu'elle jugerait utile à ses intérêts, sans compensation pour les obligataires actuels ? Nous ne le pensons pas : cette mesure serait contraire à toutes les règles du droit. La ville de Paris peut, sans doute, proposer une opération du genre de celle qu'ont effectuées avec succès les villes de Bruxelles, Liège, Anvers : procéder, par exemple, à tous les tirages de ses emprunts; payer les lots par anticipation et sous escompte ; puis rembourser le capital des obligations à ceux des obligataires qui ne voudraient pas accepter un intérêt inférieur à celui qui a été primitivement offert. Agir autrement serait une souveraine injustice.

Conversion prochaine du 4 ½ %.

D'autre part, la conversion du 4 1/2 % avance à grands pas. Cette opération fait partie de ce qu'on appelle « les ressources latentes » du budget, alors qu'il serait plus exact de dire que ces « ressources latentes » appartiennent aux contribuables.

Dans quelles conditions cette opération peut-elle se faire et réussir ? Ce n'est pas le moment d'examiner cette question. Qu'on se rappelle le discours de M. Burdeau, rapporteur général, sur le budget de 1890. Après avoir montré que l'augmentation de l'impôt sur le revenu des valeurs mobilières qui a été malheureusement votée, ne représentait qu'une charge insignifiante de « 3 sous » par obligation, — tandis que ces « 3 sous » ont produit une baisse de 5 à 6 francs par titre, soit, pour 30 millions d'obligations de chemins de fer en circulation, une dépréciation immédiate de 100 à 180 millions, — il évaluait le bénéfice « qu'un sou » de hausse sur la rente procurerait au Trésor, par suite de conversion éventuelle du 4 1/2 %. Elle donnerait, disait-il, 120,000 francs, et il ajoutait qu'il ne pouvait s'empêcher de réfléchir à « l'amputation » sans précédents que subiront les rentiers. Comment elle peut s'effectuer.

Pour que cette « amputation » soit acceptée sans trop de récrimination de la part des rentiers, il faut rester résolument sur le terrain des principes économiques tels que les a définis M. Léon Say, à savoir que « la conversion au point de vue national, n'est admissible que si l'on rend, pour ainsi dire, d'une main aux contribuables, ce qu'on a pris aux rentiers de l'autre » et pour cela il existe un moyen fort simple : appliquer le bénéfice de cette opération, qu'on évalue d'ores et déjà, et peut-être bien prématurément, à 70 et 80 millions, à l'abolition de la taxe sur le revenu des valeurs mobilières, qui produit à peu près la même somme. Réaliser l'objectif indiqué par Léon Say.

LA VALEUR COMPARATIVE DES RENTES ANGLAISES, ALLEMANDES ET FRANÇAISES

Ce que valent ces rentes.

Le 2 3/4 % anglais vaut 97 francs ; le 3 % allemand, 87 francs; le 3 % français, 100 francs. En rente anglaise, 1 franc de rente coûte 35 fr. 27 ; en rente allemande, 29 francs; en rente française, 33 fr. 33. A quelles causes attribuer ces différences de prix ? Est-ce à la situation financière, au crédit plus ou moins grand de chacun de ces pays, à la confiance que chacun d'eux inspire ? Est-ce, au contraire, à la différence de classement des rentes dans les portefeuilles des rentiers anglais, allemands, français ?

Situation financière de l'Angleterre.

La situation financière de la Grande-Bretagne est incontestablement des plus brillantes : les budgets se soldent en excédents considérables ; le chancelier de l'Echiquier n'aurait que l'embarras du choix pour trouver les ressources qui, par suite d'un événement inattendu, seraient nécessaires au Trésor. Le crédit de l'Angleterre est hors de pair et la confiance qu'il mérite est justifiée par l'honnêteté scrupuleuse avec laquelle ce pays a toujours rempli ses engagements.

Situation financière de l'Allemagne.

La situation financière de l'Allemagne est loin de pouvoir entrer en comparaison avec celle de l'Angleterre. Les impôts sont lourds ; les charges de la guerre ou plutôt de la préparation à la guerre augmentent tous les ans ; depuis 1871, les emprunts ont succédé aux emprunts ; la dette de l'Empire s'est élevée de 20 millions à 2 milliards en chiffres ronds ; les 5 milliards que nous lui avons payés ont donné à l'Allemagne l'illusion de la richesse : il n'est pas un seul Allemand qui ne se soit figuré devoir bénéficier en partie de cette rançon colossale qui nous a été imposée. Pour conserver ses conquêtes, elle est obligée de maintenir ses forces militaires sur un pied formidable, d'accroître ses dépenses.

Mais l'Allemagne n'a pas encore épuisé la totalité des ressources qu'elle pourrait demander à l'impôt, et ce serait une grosse erreur que de croire ce pays ruiné et pouvant à peine soutenir ses finances. Le monopole des tabacs pourrait lui procurer plusieurs centaines de millions par an ; une augmentation des droits sur l'alcool lui donnerait d'importantes recettes annuelles. Si donc le crédit allemand est haut coté, c'est qu'on sait que le pays peut largement subvenir aux charges qu'il supporte.

Situation financière de la France.

La situation financière de la France est bonne. Les impôts y sont lourds, sans doute, mais ils ne dépassent pas les forces de la nation et sont facilement acquittés. Les sources de l'activité nationale se sont développées depuis vingt ans et la richesse publique et privée s'est accrue. Rien de plus justifié que le crédit dont jouit la France : elle doit la confiance qui l'entoure à la fidélité avec laquelle les engagements qu'elle a contractés ont toujours été ponctuellement tenus.

Si donc, pour évaluer exactement le taux auquel doivent se négocier les rentes de ces trois pays, il fallait s'en rapporter seulement à la situation respective de leurs finances et de leur crédit et comparer en même temps le degré de confiance que leur accorde le monde entier, on pourrait dire que les rentes anglaises, allemandes, françaises se valent et méritent de se négocier au même prix. Il est clair, en effet, que, si nous établissions le même parallèle entre les rentes italiennes, autrichiennes, espagnoles, portugaises, turques, en appuyant notre examen sur les mêmes termes de comparaison, — finances, crédit, confiance, — il nous serait facile de démontrer pourquoi les unes valent mieux ou sont moins mauvaises que les autres : mais, on le voit, en ce qui concerne l'Angleterre, l'Allemagne et la France, la comparaison pécherait par la base. Toute question politique mise à part, ces trois rentes ont une valeur intrinsèque égale et, cependant, elles se négocient à des cours très différents.

Valeur égale des rentes, cours différents.

***

Marchés intérieurs.

A un autre point de vue, il convient de faire observer tout d'abord que, dans les trois pays, le marché des rentes est intérieur, c'est-à-dire que les étrangers interviennent peu pour en acheter ou en vendre. Il existe peu de rentes françaises à l'étranger ; les fonds allemands ont leur principale clientèle en Allemagne ; les consolidés anglais, au contraire, sont les plus recherchés, depuis quelques années, par les capitalistes étrangers. En France, particulièrement, de nombreux capitalistes ont acheté des rentes anglaises parce que, pour eux, l'Angleterre est à l'abri des commotions politiques qui peuvent agiter et troubler les autres pays d'Europe.

Unité de rentes en Angleterre.

Est-ce « l'unité » de rentes qui justifie la supériorité des consolidés anglais sur les fonds français et allemands ? Pas davantage. L'unité de rentes, qu'il ne faut pas confondre avec l'unité de budget et l'unité de dettes, est un idéal qui n'existe pas. En Angleterre, le type de la rente par excellence a été, pendant de longues années, le consolidé 3 %, qui est devenu le consolidé 2 3/4 et sera bientôt le consolidé 2 1/2 %. Mais, à côté de ces consolidés, existaient et existent d'autres fonds aussi sûrs, tels que les annuités terminales et les fonds coloniaux. Les placements des capitalistes anglais peuvent se porter sur ces divers types.

Diversité en Allemagne.

En Allemagne, l'unité de rentes existe moins que partout ailleurs. Le 3 % allemand date seulement de 1872 ; mais les rentiers qui veulent acquérir des rentes allemandes ne manquent pas d'occasions : rentes prussiennes, badoises, bavaroises, hessoises, wurtembergeoises, saxonnes, rentes de Brunswick, de Nassau, etc., s'offrent à leur choix. Tous les types de rentes se croisent sur la cote de la bourse de Berlin ; à côté du 3 % allemand ou prussien, on y trouve encore des rentes 4 %, 3 1/2 %, 3 %, voire même parmi les emprunts de villes, dont les garanties sont aussi sérieuses que celles présentées par les fonds d'Etat, des rentes 5 % et 4 1/2 %; c'est un véritable kaléidoscope.

On se rapproche de l'unité en France.

Chez nous, l'unité de rentes serait presque atteinte si, à côté des rentes 4 1/2 %, appelées à disparaître bientôt, et des 3 % amortissable et 3 % perpétuel, il n'existait pas un grand nombre de « rentes indirectes », c'est-à-dire de titres garantis « par » l'Etat ou ayant une garantie « de » l'Etat. Telles sont les actions et obligations des grandes compagnies de chemins de fer, les annuités dues à plusieurs compagnies, comme la Société algérienne, le Lérouville à Sedan, l'Orléans à Châlons, le Nord. Mais, en réalité, quand nous disons, en France, que nous possédons tel chiffre de « rente », que nous achetons de la « rente », nous voulons implicitement parler du 3 % perpétuel ; cela n'empêche pas que, bien souvent, les titres garantis par l'Etat ont été plus recherchés que les rentes elles-mêmes et leur ont fait concurrence parce qu'ils coûtaient meilleur marché et rapportaient davantage; bien souvent aussi, les cours cotés sur les divers types de rentes, 4 1/2 %, 3 % amortissable et 3 % perpétuel, ont été influencés par les achats ou les ventes qui, suivant la fantaisie des capitalistes et des spéculateurs, se portaient sur l'un ou l'autre de ces fonds.

* * *

Classement des rentes.

L'unité de rentes, qui, répétons-le, n'existe nulle part, n'est donc pas la cause de la différence de cote des fonds anglais, allemands et français. Cette différence tient surtout au mode de classement des rentes dans les portefeuilles et aux causes qui motivent ce classement.

En Angleterre, la spéculation s'occupe peu des consolidés : il n'y a pas, sur la rente anglaise, de ces vastes spéculations à terme, comme il s'en produit chez nous. Les titres de rentes sont répartis en peu de mains. Sur les 15 milliards de consolidés anglais, le sixième appartient à des services publics et le reste est détenu par quelques centaines de mille de rentiers. Et quels sont ces rentiers ? Des banques, des banquiers, des sociétés d'assurances, des corporations, etc., qui ont pris l'habitude, ou sont obligés, par la loi ou par leurs statuts, d'effectuer des placements définitifs ou temporaires, d'employer leurs disponibilités et leurs réserves, en consolidés. Il n'y a pas, sur la rente anglaise, de « flottant » : tout titre à vendre trouve immédiatement un acheteur qui fait un placement définitif ou à longue échéance. Ce n'est qu'en cas de crise aiguë, quand un grand événement se produit, quand des banques suspendent leurs payements, qu'un certain chiffre de consolidés vient s'offrir sur le marché ; voilà pourquoi, en raison de ce classement tout à fait exceptionnel, aristocratique pourrions-nous dire, une fluctuation de 1/8 à 1/4 % dans les cours de ces rentes est très remarquée par le monde financier : c'est un avertissement.

La rente anglaise n'a pas de « flottant ».

En Allemagne, il y a peu de spéculation sur les rentes et peu de placements au comptant. On en achète, on en vend comme toute autre valeur, indifféremment. Le classement des fonds allemands est des plus précaires : les fonds des capitalistes et des rentiers se portent un peu partout ; on trouvera dans le portefeuille d'un rentier allemand des rentes bavaroises, hessoises, aussi bien que du 3 % allemand, prussien, ou des actions de chemins de fer et valeurs industrielles. Au 1er avril 1891, les inscriptions sur le Grand-Livre de la dette publique prussienne étaient au nombre de 9,632 sur lesquelles 0,203 comptes étaient ouverts à des rentiers ordinaires. Les titulaires des comptes inscrits au Grand-Livre de la dette prussienne résidaient presque tous en Prusse (8,438) ou en Allemagne (1,094). Hors d'Allemagne, il n'y avait que 100 titulaires de comptes (16 en Angleterre, 14 en Autriche, 52 dans divers États européens, et 18 dans des pays situés hors d'Europe).

Peu de spéculation sur les rentes allemandes.

On voit, par ces chiffres, que le rentier allemand n'a pas, comme objectif principal de ses placements, la rente nationale; il s'en soucie peu. Un banquier allemand pourra emmagasiner un certain nombre de titres de rentes, comme spéculation, dans le but de revendre le stock peu à peu, en détail. Les petits rentiers et capitalistes allemands sont peu nombreux; la fortune publique n'égale ni celle de l'Angleterre, ni la nôtre; elle est moins démocratisée que chez nous.

En France, la spéculation et le comptant s'exercent largement sur la rente. Les banquiers, les spéculateurs, les capitalistes, sans parler des achats des caisses d'épargne et des placements obligatoires pour les mineurs, les incapables, les interdits, forment la clientèle habituelle, quotidienne du marché. Les opérations de la spéculation et du comptant se combinent et se complètent mutuellement; le marché de la rente française à terme, à la coulisse et au parquet des agents de change, est des plus larges; celui au comptant est non moins étendu; les transactions ont une ampleur qu'aucune autre valeur ne possède au même degré. En France, spéculation et comptant s'exercent sur la rente.

Le classement dans les portefeuilles est merveilleux; sur 100 francs de rentes, plus de 75 francs sont au nominatif, c'est-à-dire classés définitivement, immatriculés au nom de titulaires qui ne s'en dessaisissent que par nécessité. Pour tout rentier français, la rente est la base solide d'un placement stable, définitif. On a constaté maintes fois que tout portefeuille sérieux renferme 50 % en rentes, 25 % en obligations et actions diverses françaises, 25 % en titres étrangers, fonds d'Etat, obligations, actions, etc. Le nombre des rentiers français est plus considérable qu'en aucun autre pays : les rentes françaises sont divisées entre près de 5 millions d'inscriptions.

On achète de la rente tout à la fois comme placement définitif, placement temporaire, spéculation.

Que la rente monte, baisse ou reste stationnaire, tout le monde, chez nous, s'y intéresse : cela est tellement vrai que, chaque jour, les plus petites communes en enregistrent les cours, qu'elles reçoivent après bourse par dépêche télégraphique.

* * *

Causes des différences de cours entre les rentes considérées.

C'est donc surtout au mode de classement des rentes dans les portefeuilles, aux achats et aux opérations plus ou moins étendues de l'épargne et de la spéculation, qu'il faut attribuer la différence de cours entre les fonds d'Etat de trois grands pays dont on ne peut mettre en doute ni les ressources pour acquitter leurs dettes, ni la loyauté pour satisfaire à leurs engagements.

En Angleterre, la rente a un classement aristocratique : peu de rentiers; peu de réalisations; peu d'achats. En Allemagne, la rente a une clientèle clairsemée et un classement très flottant. En France, la rente possède la clientèle et le classement les plus démocratiques que l'on puisse désirer, de même que le plus large marché sur lequel s'exercent chaque jour le comptant et le terme. Aussi, bien que le 2 3/4 anglais se négociant à 97 francs, corresponde à du 3 % à 105 fr. 80, soit 5 fr. 80 plus cher que notre 3 %, et près de 19 francs plus cher que le 3 % allemand, c'est au classement et au mode de classement des rentes françaises que nous donnons la préférence.

Il ne faut pas perdre de vue, en effet, que le 3 % français, tombé un moment, en 1871, à environ 50 francs, a haussé depuis vingt ans de 100 %. Quel est le pays qui, ayant eu à supporter et à réparer d'aussi grands malheurs que les nôtres, aurait obtenu, en ce laps de temps, d'aussi beaux résultats ? On nous cite les Etats-Unis d'Amérique : mais, au lendemain de la guerre de Sécession, les Américains ont pu réduire à presque rien leurs dépenses militaires, tandis que chez nous, tout en nous occupant de notre réorganisation et de nos besoins intérieurs, il nous a fallu assurer la sécurité de nos frontières et notre propre sécurité contre les ennemis du dehors.

Force de l'épargne.

C'est une force, pour un pays, que de pouvoir compter et s'appuyer sur la confiance et l'épargne de millions de rentiers, force qui fait défaut à l'Angleterre et à l'Allemagne. Avec le maintien de la paix, nous avons la conviction profonde que les rentes françaises se négocieront, avant peu, à la parité des cours des consolidés anglais et ne tarderont pas ensuite à les dépasser. Sous l'empire, il y eut presque constamment 15 à 20 points de différence entre le prix des consolidés anglais et celui du 3 % français. Cet écart est maintenant de moins de 6 francs. Il aura bientôt disparu, grâce aux achats persistants et à l'appui de ces millions de petits rentiers qui considèrent la rente comme le refuge de leurs économies, comme un placement d'autant plus sûr qu'il ne leur a jamais causé de déceptions, comme l'ont fait quantité de valeurs de tout ordre et de tout rang.

Le 3 % au-dessus du pair. Le 2 ½ %.

Le 3 % français — ce sera notre conclusion — est appelé à s'établir largement au-dessus du pair. Et déjà le 2 1/2 % français, — dont tout le monde parle aujourd'hui, et dont il nous sera bien permis, quand il verra le jour, de revendiquer la paternité, car nous l'avons suffisamment fait connaître, soutenu et défendu, avant sa naissance, à un moment (1) où l'on nous reprochait presque de tomber dans l'exagération en prévoyant, à bref délai, la conquête du pair pour le 3 % ; — ce 2 1/2 % français, répétons-le encore avec une entière confiance, ne tardera pas à apparaître ; sagement utilisé, à son temps et à son heure, il peut assurer au pays le gage suprême de bonnes finances, c'est-à-dire un puissant amortissement : c'est le fonds de l'avenir, et d'un avenir prochain.

(1) Voir *suprà*, pages 477 et 498.

LES CONVENTIONS COMMERCIALES ET FINANCIÈRES INTERNATIONALES

La protection : ses conséquences.

Le protectionnisme triomphe en ce moment, aussi bien chez nous que dans toute l'Europe. On peut juger déjà ses fruits : notre commerce d'exportation diminue ; les recettes de douanes sont de beaucoup inférieures aux prévisions budgétaires ; les marchés étrangers se ferment chaque jour davantage devant les productions françaises ; le monde entier semble s'être entouré d'une barrière infranchissable ; chacun chez soi et pour soi et le protectionnisme pour tous, telle est la devise à la mode.

Est-on plus heureux ? Non : depuis que l'Europe s'est entourée d'une cuirasse protectionniste et que chaque État n'a eu qu'un but : ne pas acheter à son voisin et se passer de lui, de tous côtés les plaintes s'élèvent. Nous n'en sommes pas surpris.

Politique néfaste.

Partisan de la liberté commerciale, de la liberté des affaires, de la libre concurrence, nous avons toujours pensé que la politique douanière et les mesures commerciales prohibitives, fâcheuses et dangereuses pour tout le monde, ne pouvaient profiter et ne profitaient à personne.

Elle n'aura qu'un temps.

Sans doute, cette liberté du commerce, qui nous est chère, subit une éclipse ; mais celle-ci sera passagère, le règne de la protection n'aura qu'un temps. Déjà, on peut évaluer, chiffrer les pertes que causent à notre pays la prohibition, les droits de douanes, et l'abandon d'une politique économique libérale ; ces calculs que chacun fait, dans notre pays, tous les étrangers les font, chez eux, pour eux-mêmes. Nous sommes en présence d'un régime commercial qui devait, disait-on, être favorable à tous les intérêts : nous sommes devenus protectionnistes parce que toute l'Europe avait préféré la prohibition et la protection au libre-échange. Or, n'est-il pas curieux de constater qu'à l'heure actuelle toute l'Europe se plaint : à l'étranger, les partisans les plus résolus du protectionnisme s'étonnent de voir que les mesures qu'ils ont recommandées et fait adopter, loin d'accroître la richesse nationale, ont augmenté le malaise et soulevé des plaintes universelles.

Toute l'Europe se plaint.

L'Amérique elle-même, par l'élection d'une majorité favorable à M. Cleveland, semble vouloir secouer le joug protectionniste et reconnaître les abus et les dangers du bill Mac-Kinley.

Revirement en Amérique.

Quelle est donc la cause de ce revirement ? Elle est bien simple : les nations reconnaissent une vérité qu'au siècle dernier, un esprit supérieur, Turgot, proclamait, quand il s'élevait contre l'arsenal de prohibitions qui gênaient le commerce, contre les entraves apportées à la liberté des échanges à l'intérieur et à l'extérieur. « La vérité, disait-il, est qu'en voulant nuire aux autres, on se nuit à soi-même; non seulement parce que la représaille de ces prohibitions est facile à imaginer, que les autres nations ne manquent pas de s'en aviser à leur tour, mais encore parce qu'on s'ôte à soi-même les avantages inappréciables d'un commerce libre. » Il y a cent vingt ans que Turgot prononçait ces paroles : elles n'ont pas cessé d'être vraies.

Opinion de Turgot sur la protection.

* * *

Si nous sommes protectionnistes pour les marchandises, devons-nous être libre-échangistes pour nos capitaux ? Si les gouvernements étrangers ferment leurs portes à nos marchandises, devons-nous laisser ouverts nos marchés et nos caisses à leurs emprunts ? Si les étrangers frappent nos produits de droits élevés pour nous empêcher de leur en vendre, devons-nous continuer à leur fournir les capitaux qu'ils viennent nous emprunter pour relever leur crédit, aider leur commerce, leur industrie, leur agriculture ?

Nos capitaux et la protection.

Dilemme.

Ou la protection, ou la liberté : tel est le dilemme. L'argent est une marchandise ; une action, une obligation, un titre de rente sont des marchandises, tout comme une balle de coton ou un sac de blé. L'étranger fait grise mine à nos manufacturiers, à nos commerçants, à nos industriels ; il a frappé de droits prohibitifs l'entrée de nos produits et, par là, il atteint tout notre commerce d'exportation ; mais il fait toujours le plus gracieux sourire à nos écus. L'Italie ne se ferait pas prier deux fois pour contracter un nouvel emprunt en France. L'Autriche-Hongrie s'apprête à nous demander quelques centaines de millions en or, que nous possédons : ils lui seraient nécessaires pour réussir sa *Valuta* ou réorganisation monétaire. L'Espagne se dispose à émettre un gros emprunt public pour consolider des avances que des banques lui ont déjà faites. La Turquie, la Grèce, la Suisse, la Suède, la Norvège, la Russie comptent sur nous pour obtenir les capitaux qui leur seraient nécessaires, à un moment donné.

On veut toujours notre argent.

En présence de cette situation — toute question politique mise à part, car il n'est pas besoin de dire que nous ne devons prêter des capitaux qu'à nos amis et non à des partisans ou à des alliés de la triple alliance — les capitaux français ne devraient-ils pas être fournis d'abord aux pays qui, dans leurs rapports commerciaux, nous traitent sur un pied d'égalité, sinon sur celui de la nation la plus favorisée ? D'autre part, quand un gouvernement étranger se dispose à effectuer chez nous un emprunt, n'y aurait-il pas lieu de chercher à stipuler et à obtenir pour notre commerce quelques avantages ? Nos diplomates, les représentants autorisés du ministère des affaires étrangères et du ministère du commerce, ne pourraient-ils pas, dans cet ordre d'idées, nous rendre de réels services ?

Ce que nous devons exiger en retour.

Le gouvernement ne peut, sans doute, s'opposer à l'émission d'un emprunt étranger sur nos marchés ; empêcher, par exemple, une banque française, qui aurait soumissionné ou souscrit un emprunt étranger, d'émettre cet emprunt en France et de faire appel à nos capitaux. Mais il n'est pas dépourvu de moyens puissants pour intervenir directement ou indirectement, soit avant, soit pendant ou après l'émission, pour empêcher la réussite de l'emprunt, retarder son admission à la cote, etc. Il peut, quand il le veut, être bienveillant ou hostile, sans le montrer ostensiblement. C'est une question de tact, de finesse diplomatique, si nous pouvons nous exprimer ainsi.

L'emploi de l'épargne française.

La France possède près de 20 milliards de valeurs étrangères. Nous avons plus de 2 milliards de valeurs italiennes ; 2 milliards à 2 milliards et demi de valeurs autrichiennes ; 3 milliards de valeurs espagnoles ; 2 milliards de valeurs turques ; plus de 5 milliards de valeurs russes. Nous possédons des fonds anglais, belges, hollandais, danois, suédois, norvégiens, roumains, serbes, grecs, portugais, égyptiens, américains, argentins, péruviens, etc. Le monde entier a frappé à notre caisse. Les « bas de laine » de nos paysans se sont malheureusement vidés quelquefois, avec trop de complaisance et de facilité, en faveur d'emprunteurs malhonnêtes ! On a su et on saura encore nous trouver pour emprunter notre argent ; pourquoi ces mêmes emprunteurs paraissent-ils nous oublier quand il s'agit de faire avec nous des échanges commerciaux ? Et s'ils nous oublient, pourquoi ne pas le leur dire ? Pourquoi, s'ils refusent, ne pas « serrer les cordons » de notre bourse ?

5 milliards en Russie.

Est-il juste, par exemple, qu'avec la Russie, à qui nous avons donné notre appui financier le plus large, le plus désintéressé, à qui nous avons prêté plus de 5 milliards, nos relations commerciales soient d'aussi minime importance et aussi difficiles ? En 1890, notre commerce spécial avec la Russie, importations et exportations réunies, s'est élevé à 211 millions ; nous avons exporté pour 16 millions et demi et importé pour 194 millions et demi. Comparons, au contraire, les opérations commerciales de la Russie avec l'Allemagne et l'Angleterre ; en 1890, les importations et exportations de la Russie avec l'Allemagne ont été de 302 millions et demi de roubles, soit près de 1 milliard 000 millions de francs ; avec l'Angleterre, de 296 millions et demi de roubles, soit près de 1 milliard 400 millions de francs ; avec la France, un peu plus de 200 millions de francs, seulement ! Notre commerce avec la Russie est donc insignifiant. Il est huit fois moindre que celui de l'Allemagne, plus de sept fois moindre que celui de l'Angleterre.

Droits prohibitifs arrêtant notre commerce.

Pourquoi en est-il ainsi ? Parce que la Russie a des droits prohibitifs qui arrêtent nos exportations et les paralysent. Nos marchandises sont traitées, à leur entrée en Russie, absolument comme si elles venaient d'une nation avec laquelle il n'existe aucun intérêt à ménager : nous sommes traités sur le même pied que des indifférents ou des ennemis. Tandis que les produits russes jouissent en France du tarif minimum, nos produits français sont lourdement frappés en Russie. Les marchandises françaises paient des droits aussi élevés que ceux qui atteignent les productions des autres pays.

La Russie négocie, en ce moment, un traité commercial avec l'Allemagne. Ne serait-ce pas l'occasion, pour notre diplomatie, de demander non pas un traitement de faveur, mais simplement un traitement d'égalité pour nos commerçants ? Ne serait-il pas juste d'obtenir que si, par exemple, la Russie emprunte, en France, des capitaux pour construire des chemins de fer, développer son industrie, ce soient à des industriels et à des manufacturiers français qu'elle s'adresse, de préférence à toute autre nation étrangère, pour ses achats de matériel et autres fournitures nécessaires à ces exploitations ?

En Espagne.

L'Espagne fera prochainement appel à nos capitaux. N'est-ce pas le moment de lui faire entendre que nos marchés financiers lui seront rendus plus ou moins faciles, autant que les accords commerciaux entre les deux pays auront été rendus, eux aussi, plus ou moins faciles et favorables aux intérêts généraux de notre pays ? Ne peut-on agir de même à l'égard des autres nations qui sollicitent notre appui financier ? Ne refusons pas notre argent, soit ; mais, du moins, sachons profiter des avantages que nous donnent notre crédit, la puissance de nos épargnes, pour en tirer parti au profit de nos intérêts politiques, financiers et commerciaux.

* * *

Droit public financier international.

Au point de vue financier international, il n'y a pas moins à faire qu'au point de vue commercial. On échange maintenant, entre les nations, des millions de valeurs mobilières, des milliards même, avec plus de facilité qu'on ne fait passer, d'un pays à l'autre, un mètre d'étoffe, un ruban de soie ou une tonne de houille. Un titre de rente autrichienne, acheté aujourd'hui à la bourse de Vienne, peut être, aujourd'hui, revendu à Berlin, à Paris, à Francfort, à Bruxelles, à Amsterdam. Ce titre circulera de bourse en bourse, sera payé comptant, au taux du change sur les places étrangères, en monnaie nationale dans le pays même, le jour où la livraison en aura été effectuée. L'exemple de la rente autrichienne s'applique à toutes les valeurs internationales cotées sur plusieurs Bourses. Or, de graves lacunes existent dans les rapports financiers entre les différents pays. Des valeurs peuvent être soustraites à Paris, à Bruxelles, à Vienne, être facilement et impunément négociées sur d'autres places.

Une législation internationale sur les titres perdus ou volés, sur les négociations et transmissions de coupons et valeurs mobilières entre pays étrangers, n'existe pas : cette législation devrait exister ; c'est une question, si je puis m'exprimer ainsi, de moralité, d'honnêteté financière. Il faudrait créer un droit public financier international, car le jour où les intérêts financiers, internationaux pourront se mettre d'accord, il sera plus facile de concilier les intérêts politiques.

Chose véritablement singulière ! Entre toutes les bourses européennes et du monde entier, il existe des usages établis par la force même des événements, consacrés par le temps et qui ont force de loi. On sait que, tel jour et à telle heure, sur tous les marchés financiers, on peut acheter ou vendre des valeurs mobilières ; que les règlements des opérations au comptant et à terme, les jours de liquidation, sont fixés : mais il n'a rien été prévu pour empêcher que des titres volés ou perdus à Paris ne puissent se négocier librement à Londres, à Vienne, à Bruxelles ! Il existe des agences, véritables repaires, dont l'unique commerce est le vol de titres sur des places étrangères et leur négociation sur telle autre. En France, une loi de 1872 a justement édicté des précautions pour permettre au propriétaire d'un titre perdu ou volé d'exercer ses légitimes revendications. Il n'en est pas de même dans les relations entre pays étrangers.

Vente de titres volés.

Si notre vieille Europe a jugé utile de constituer un droit public politique, un droit public monétaire, un droit public hospitalier, un droit public commercial, — quelles que soient les défaillances passagères ou les atteintes que ces droits divers ont supportées, — ne serait-il pas non moins utile, non moins intéressant, de rechercher et de fixer les règles d'un droit public financier international ?

Dans le cours de ce siècle, les Etats ont vu leur crédit prendre une extension considérable ; ils s'empruntent les uns aux autres, ou, pour être plus précis, la plupart des Etats empruntent aux nationaux d'un autre Etat. De là, des rapports nouveaux qu'il est urgent de réglementer. Le droit public financier n'est pas encore formulé ; il est nécessaire qu'il le soit et il ne serait pas impossible d'en définir les principes, en constatant la nature des violations que ce droit a subies. Ce droit naissant n'a pas éprouvé moins de vicissitudes que le droit public politique de la vieille Europe, et les rudes atteintes qu'il a déjà reçues font prévoir pour l'avenir des dangers redoutables.

Aussi le vœu que nous avons déjà eu l'occasion d'exprimer à cet égard a-t-il rencontré et rencontre-t-il chaque jour de nombreux appuis. Un pays contribue par ses capitaux à la prospérité d'un autre pays, au développement de son agriculture, de son commerce, à la création de ses routes, de ses canaux, de ses chemins de fer, aussi efficacement que par ses échanges de marchandises.

En matière de droit international, il n'est pas, à notre avis, de question plus importante pour nous, pour nos capitalistes français qui ont prêté 20 milliards à l'étranger, que l'institution d'une législation financière internationale, d'un droit public financier international, comme nous l'avons dénommé. Que de questions à résoudre ! Points à fixer.

Emission de titres au porteur et leur transcription en titres nominatifs ;

Saisie de titres au porteur ou nominatifs ; prescription des coupons ; paiement de coupons d'obligations déjà échues ou sorties par voie de tirage au sort ;

Annulation de titres au porteur adirés ; en cas de vol de titres ou de coupons sur une place étrangère, quels moyens employer pour empêcher leur négociation et leur transmission sur un autre marché ?

Comment défendre, tout à la fois, le possesseur d'un titre contre un vol dont il a été l'objet, et l'acquéreur, de bonne foi, de ce titre volé ?

Quelles mesures à prendre pour obtenir de nouveaux titres, lorsque ceux que vous possédez ont été perdus, volés, brûlés ?

En cas de faillite ou de suspension de paiements d'une compagnie étrangère, quelles mesures les nationaux d'un autre pays doivent-ils prendre pour sauvegarder leurs intérêts ?

Autant de demandes, autant de réponses différentes, car l'uniformité de législation internationale n'existe pas !

A un point de vue plus général, et ce devrait être la première question à résoudre par tous les gouvernements, quelles mesures employer contre un Etat qui ne tient pas ses engagements ? Quels moyens édicter pour qu'un gage soit donné à ses créanciers ?

N'est-il pas scandaleux de voir avec quelle facilité un Etat déclare qu'il ne peut plus payer, et même ne déclare rien du tout, laissant ses créanciers, — on nous pardonnera cette expression, — « se débrouiller » comme ils le peuvent ou l'entendent ? Pendant ce temps, les mêmes Etats ont des représentants dans toutes les cours étrangères ; leurs ambassadeurs sont reçus ; les relations diplomatiques continuent. Vous ne pouvez pas poursuivre un gouvernement étranger, ni le représentant officiel de ce gouvernement, devant les tribunaux de votre pays : vous êtes absolument livré à son bon vouloir, à sa fantaisie !

..... On vous fit, seigneur,
En vous croquant, beaucoup d'honneur.

On voit toute l'importance de ces questions. Qu'il s'agisse de conventions commerciales, de conventions ou opérations financières internationales, les plus grands intérêts de notre pays sont en jeu. Il est absolument nécessaire de sauvegarder ces intérêts ; nous devons être aussi soucieux de nos forces financières que de nos forces commerciales.

Conclusion. Nous insisterons donc pour que les pouvoirs publics s'inspirent, en toute occasion, des principes que nous formulons, en terminant, et dont l'énoncé correspond aux considérations que nous venons de développer :

1° Les gouvernements étrangers qui n'ont pas avec nous de conventions commerciales ou qui traitent défavorablement nos commerçants et nos industriels, ne trouveront un accueil favorable sur nos marchés financiers, qu'autant qu'ils se départiront de plusieurs des mesures prohibitives qu'ils ont édictées contre nos produits et marchandises ;

2° Toutes les conventions commerciales à intervenir entre notre pays et les gouvernements étrangers devront se préoccuper de la situation faite à ceux de nos nationaux possédant des fonds ou valeurs émis par ces Etats étrangers ;

3° Nous ne devons fournir nos capitaux qu'à bon escient. Quand nous les prêtons, pour aider un pays étranger à se relever, à améliorer ses finances, son commerce, son industrie, son sol, notre pays, nos nationaux, nos commerçants, nos industriels doivent y trouver un profit certain ;

4° Quand un Etat effectue ou désire effectuer une opération financière en France, il convient de se préoccuper de la situation faite à notre commerce et d'obtenir, en échange de l'ouverture de notre marché, des avantages pour nos commerçants, nos industriels, nos manufacturiers.

Quand une convention commerciale est conclue entre notre pays et un Etat étranger, il convient aussi de se préoccuper de la situation faite par cet Etat aux capitaux français qu'il a déjà pu emprunter à nos nationaux.

LE MONOPOLE DES AGENTS DE CHANGE

Disons-le tout de suite, dans une discussion de cette nature, les questions de personnes doivent être mises de côté. Les agents de change méritent la confiance du public et en sont dignes par leur grande honorabilité. Ils n'ont point établi la situation à laquelle les critiques peuvent s'adresser ; ce n'est pas par eux qu'a été établie la législation qui les régit. De même, sur le marché libre, se trouvent des maisons d'une honorabilité reconnue, faisant des opérations importantes et dignes

Personnes hors de discussion.

aussi de la confiance du public. Nous ne devons envisager que l'intérêt général et c'est au seul point de vue économique qu'il convient d'examiner la question.

La liberté réclamée par tous les économistes.

Liberté du travail, des échanges et des transactions ; circulation facile et à bas prix des biens mobiliers et immobiliers ; pas de monopoles ; pas de privilèges : telles sont les doctrines que les maîtres de la science économique ont toujours enseignées et défendues à toute époque. Il y a près d'un demi-siècle qu'Horace Say condamnait le monopole des agents de change en disant qu'il était « un mal » ; en 1859, cette même question du monopole était discutée à la Société d'économie politique par MM. Reybaud, Wolowski, Michel Chevalier, Courcelle-Seneuil, Coq, Courtois, Dupuit, de Parieu, Joseph Garnier ; les principes de liberté qui nous sont chers ont été énergiquement affirmés et défendus.

Dans tous les monopoles qu'il a concédés à des sociétés ou à des particuliers, ou qu'il s'est attribués à lui-même, l'Etat s'est réservé une part des bénéfices, sous une forme ou sous une autre. Il s'est fait la part du lion. Voyez les chemins de fer : quand l'actionnaire gagne 1 franc, l'Etat, lui, gagne 3 et 4 francs ; voyez les omnibus, le gaz, et tant d'autres sociétés jouissant d'un monopole accordé par les municipalités ; voyez encore ce que rapporte à l'Etat le monopole des tabacs, de la poste, des télégraphes. Partout, l'Etat ou les municipalités se sont réservé des avantages plus importants que ceux perçus par les actionnaires.

Le monopole des agents de change ne procure aucun avantage à l'Etat.

Que rapporte, au contraire, le monopole des agents de change ? Quelles redevances paie-t-il à l'Etat ? Quelles charges supporte-t-il ? Et cependant, depuis plus d'un siècle que ce monopole existe, tout a changé autour de nous : les hommes et les choses, les ministères et les gouvernements. La fortune mobilière a pris un développement inouï. Au commencement du siècle, 6 ou 7 valeurs étaient inscrites à la cote et représentaient 200 ou 300 millions ; aujourd'hui, c'est par milliards que se chiffrent et le capital des valeurs mobilières et les transactions qui s'effectuent à la bourse. Dans la France entière, il y a près de 4,000 banques, banquiers, sociétés diverses, agents financiers de toute nature, s'occupant de transactions mobilières : le monopole des agents de change est resté debout. Il y a toujours soixante agents pour faire face aux besoins financiers de notre époque, comme sous Louis XVI, Napoléon Ier ou Louis XVIII.

Et sans remonter si haut dans le passé, est-ce que, depuis 1870 seulement, les transactions à la bourse, le nombre de valeurs cotées n'ont pas prodigieusement augmenté ?

Depuis 1870, l'Etat a émis pour 12 milliards de rentes françaises ; il a été créé 10 milliards d'actions et d'obligations diverses, sans compter les valeurs étrangères. Quand on compare la minuscule cote de la bourse de 1800 à celle actuelle, on voit immédiatement l'accroissement des titres négociables, et cependant pour traiter toutes ces affaires, le nombre des agents de change est resté le même ! Intermédiaires insuffisants.

Est-ce, du moins, au profit du public que cette situation a été maintenue ? Les droits de courtage officiellement perçus coûtent plus cher que sur le marché libre et dans la perception de ces droits on trouve de bizarres anomalies. On paie au parquet 40 francs pour un achat de 3,000 francs de rentes à terme, et près de 125 francs quand on les achète au comptant ; les mêmes courtages sont prélevés sur les titres libérés ou non libérés ; la double liquidation par mois augmente considérablement les frais des opérations à terme ; elle procure aux agents doubles courtages et coûte au public doubles frais. Faut-il parler de réformes nécessaires auxquelles il n'a pas été donné satisfaction ? des différences de cours, parfois exorbitantes, sur les grosses et petites coupures de titres ? de la cote officielle hebdomadaire de la bourse qui indique bien le nombre de valeurs négociables, mais omet de mentionner celui des titres amortis. Les cours ne sont pas affichés à l'intérieur du Les courtages.

marché ; le public est obligé de s'en rapporter au bon vouloir de commis affairés plus ou moins complaisants ; les cotes des principales valeurs se négociant à l'étranger ne sont pas connues davantage ni affichées. On se borne à une courte dépêche de Londres et de Vienne ; on oublie que les marchés d'Amsterdam, Berlin, Bruxelles, Francfort, Genève, ont une sérieuse importance. Et la cote des « changes », et celle du papier de banque ? Pour obtenir un renseignement complet, ce n'est pas aux agents que l'on s'adresse, mais aux courtiers.

Un des graves inconvénients du monopole est évidemment de limiter le nombre des personnes qui pourraient exercer telle ou telle industrie. Pour être logique, il faudrait limiter aussi le nombre des affaires, empêcher l'activité humaine de grandir au fur et à mesure que, chez une nation, les richesses s'accroissent.

Pourquoi la coulisse s'est développée.

Si la « coulisse », si le marché libre a pris place et s'est développé à côté du marché officiel, c'est donc parce que le monopole des agents de change n'a pas répondu à tous les besoins de notre temps. Il en a été de même pour les courtiers de marchandises en 1866. Quand le gouvernement a demandé le rachat des offices de ces courtiers, M. Rouher disait, en juin 1866, à la tribune du Corps législatif, que ces courtiers n'avaient pas su remplir toutes leurs fonctions : « Ils n'ont pu englober tous les privilèges, toutes les attributions qui leur avaient été données par les lois, si bien que la force de la nécessité a créé autour d'eux une quantité considérables d'autres courtiers faisant les opérations qui rentraient dans le privilège des courtiers institués par le code de commerce. » Ces réflexions ne sont-elles pas véritablement d'actualité ? Pourquoi le public, la haute banque, s'adressent-ils à la coulisse ? C'est qu'ils trouvent assurément des facilités que ne leur donne pas le marché officiel. -

On dit, il est vrai, que les agents de change ont le droit de créer 4 assesseurs par charge, ce qui ferait

240 personnes venant aider l'agent lui-même. Ces assesseurs, sans responsabilité, agissant pour le compte d'une *maison seule*, peuvent-ils avoir la même initiative, la même activité, la même influence que 240 maisons privées ayant chacune un capital social qui leur est propre, agissant pour leur compte, à leurs risques et périls ? Le législateur a fait de l'agent de change un officier ministériel et, comme tel, il est soumis à de sévères obligations ; il ne peut faire une opération pour son compte, il est intermédiaire entre l'acheteur et le vendeur ; mais, d'autre part, c'est un négociant qui a des capitaux à rémunérer ; il doit avoir le souci des intérêts de ses commanditaires et éviter, quand de grands mouvements étendus en hausse et en baisse se produisent, de trop s'engager soit avec sa clientèle, soit avec ses propres confrères. Les banquiers du marché libre ayant plus de liberté pour acheter ou vendre, « arrêtent » une affaire quand elle leur est proposée ; de là de très grandes facilités pour les arbitrages, pour les opérations à terme, pour toutes les affaires internationales qui exigent autant de rapidité dans la conception que dans l'exécution.

Ce qu'est la Bourse.

Si la Bourse et les rouages multiples dont elle se compose étaient mieux connus, combien d'erreurs seraient vite dissipées! On croit rêver quand on entend parfois des gens très sérieux se faire un acte de gloire et se décerner comme un brevet de moralité, lorsqu'ils s'écrient qu'ils n'ont jamais « mis les pieds à la Bourse ». Il semble, en vérité que la Bourse soit un mauvais lieu où se donnent rendez-vous tous les déclassés, tous les gens sans aveu, tous les spéculateurs dangereux, malhonnêtes et fripons ! On parle de ce va-et-vient perpétuel qui s'y produit comme dans « une maison de fous », de ces petits papiers qui s'échangent confidentiellement, de ces paroles qu'on chuchotte mystérieusement à l'oreille, de ces cris effroyables qu'on y entend ! La vérité encore, c'est que des opérations considérables s'échangent, sur une simple parole, entre les

clients et les agents : un ordre verbal roulant sur des centaines de mille francs et des millions est exécuté immédiatement ; et cette bourse, si décriée, dont on accuse la moralité, donne ainsi un exemple de probité que tous les commerçants du monde pourraient lui envier. Le capitaliste ou le banquier qui renierait un ordre donné verbalement, ou sur une « fiche », c'est-à-dire sur un de ces « petits papiers » dont on a tant parlé, serait plus méprisé que celui qui serait dans l'impossibilité de payer ses différences ou de satisfaire à ses engagements.

Nationalité des intermédiaires.

On a parlé beaucoup aussi de la nationalité des courtiers étrangers, qui font partie de la coulisse. Cet argument ne saurait prévaloir et nous ne pensons pas que ce nouveau protectionnisme financier trouve de sérieux défenseurs. Quand des étrangers viennent chez nous, sont soumis et obéissent à nos lois, pourquoi les empêcher de travailler comme tout le monde, pourquoi les exclure quand ils ne font rien de contraire à notre pays ? Agir autrement, ne serait-ce pas se conduire comme les ouvriers qui se plaignent de la concurrence que viennent leur faire les ouvriers étrangers ?

Fautes commises. Services rendus.

Dans cet immense marché de capitaux, il y a sans doute bien des défaillances ; de nombreuses fautes ont été et y seront encore commises ; on peut citer des agents de change, des coulissiers, des banquiers, très répréhensibles, coupables et punis, mais l'exception ne détruit pas la règle, elle la confirme. Il ne faut pas plus médire du marché officiel que du marché libre. Tous deux ont rendu des services au crédit public et privé.

Nous avons montré ailleurs un ministre, M. Teisserenc de Bort, chargé de l'intérim des finances, venant aux alentours de la place de la Bourse, pour s'enquérir de l'état du marché, du taux des reports, du cours de la rente : il avait reçu de M. Thiers mission, si besoin en était, d'intervenir ; il s'agissait de surveiller les cours de la rente à la tenue de laquelle était intimement liée l'œuvre de la libération du territoire.

Que faisait le ministre pour obtenir ces indications qu'il attendait avec anxiété ? Allait-il consulter la grande corporation des agents de change ? Non : il ne dédaignait pas de s'adresser à des coulissiers, aujourd'hui si décriés, à des remisiers, à des courtiers : il voulait être renseigné exactement et tous les concours financiers étaient alors accueillis avec empressement. La coulisse fit souscrire à nos emprunts libératoires ; elle soutint les cours de nos rentes qui, émises à 82.50 et 84.50, s'élevèrent à 119 et 120. A cette époque, agents de change, courtiers et coulissiers ont rendu des services qu'il ne faut pas oublier.

Au point de vue économique, notre opinion demeure conforme aux principes que nous avons toujours exprimés et soutenus. Mais si la liberté du marché, — liberté qui existe partout, sauf en Espagne et en Portugal — est désirable, il faut reconnaître que deux raisons peuvent motiver, non le monopole des agents de change, mais du moins, leur institution : d'une part, la cotation officielle des cours, la garantie de leur sincérité ; d'autre part, la régularisation des transferts sur les rentes, les opérations sur les titres nominatifs ou ceux qui donnent lieu à des emplois ou remplois pour des femmes mariées, des incapables, des interdits. C'est à leurs risques et périls que les agents de change effectuent ces transferts et ces opérations ; ils ont supporté et supportent souvent des pertes sérieuses, par suite d'une erreur, d'une inattention de ceux de leurs commis chargés de ces services, par suite aussi, parfois, de la mauvaise foi de leurs clients. Régime mixte.

On voit donc qu'il ne faut pas plus dire : « Abolissons les agents de change et établissons le marché libre », que s'écrier : « Détruisons le marché libre et chassons les coulissiers. » Agents de change et coulissiers sont une force indispensable à un grand marché de capitaux comme le nôtre. On peut désirer l'extension du nombre des agents ; la diminution des frais de courtages ; des facilités plus grandes pour le public et des Là est la vérité.

modifications sérieuses dans l'organisation de la place financière de Paris. Mais de telles réformes ne s'improvisent pas. Il faut qu'elles soient, au préalable, mûrement étudiées par une commission spéciale compétente ; les pouvoirs publics, à moins de commettre une lourde faute, doivent, en effet, s'entourer de tous les renseignements que peuvent seuls leur donner ceux qui connaissent tout à la fois la théorie et la pratique des affaires.

LE PRIX DE L'ARGENT DEPUIS 1870
EN ANGLETERRE, AUX ÉTATS-UNIS ET EN FRANCE

Cote anglaise. L'argent-métal est tombé à 30 pence sur la place de Londres qui jusqu'ici est toujours restée le marché régulateur du métal blanc.

La cote anglaise exprime en pence, c'est-à-dire en 12e de shilling ou en 240e de livre sterling, la valeur de l'once standard d'argent, c'est-à-dire de 31,1 grammes d'argent, au titre de 925/1000 de fin. Le cours qui correspond au pair de l'Union latine est celui de 60,13, 4/16 pence.

Cote américaine. Les Etats-Unis ont une autre manière de coter l'argent. C'est l'once d'argent fin, d'argent pur, qu'ils prennent comme unité et ils en expriment la valeur en dollars et en cents.

Parité. Voici la parité des deux échelles anglaise et américaine :

Cote anglaise — pence	Cote américaine — dollars
60	1.315
50	1.096
45	0.986
40	0.876
35	0.766
30	0.656

En France, on cote, en millièmes, la perte de l'argent fin par rapport à un prix initial de 218 fr. 89. Ce prix initial est lui-même inférieur de 1 1/2 % à la valeur légale, à 15 1/2 du kilogramme de fin (222 fr. 22). Le kilogramme d'argent étant évalué à 218 fr. 89, la cote indique le tant pour mille qu'il faut déduire de cette évaluation. Cote française.

Rappelons maintenant la marche des prix du métal blanc sur le marché de Londres, depuis 1871. De cette année 1871, époque où l'on était à peine au-dessous du pair, jusqu'à 1891, les moyennes annuelles se sont présentées comme suit : Mouvement des prix à Londres depuis 1871.

ANNÉES	PRIX MOYEN de L'ONCE STANDARD en pence	ANNÉES	PRIX MOYEN de L'ONCE STANDARD en pence
1871	60 1/2	1883	50 9/16
1872	60 5/16	1884	50 5/8
1873	59 1/4	1885	48 5/8
1874	58 5/16	1886	45 3/8
1875	56 14/16	1887	44 5/8
1876	52 3/4	1888	42 7/8
1877	54 13/16	1889	42 11/16
1878	52 9/16	1890	47 11/16
1879	51 1/4	1891	45 1/16
1880	52 1/4	1892	41 (1)
1881	51 11/16	Cours du 1er juillet	30 »
1882	51 5/8		

(1) Six premiers mois.

En 1890, le congrès des Etats-Unis avait cru pouvoir en finir avec la baisse persistante du métal argent. Le Trésor fédéral s'engageait à acheter annuellement une masse considérable de lingots, le prix de ces lingots pouvant monter jusqu'au point où la valeur intrinsèque du dollar argent ne serait plus inférieure à celle du dollar or.

Les dispositions principales de la loi du 14 juillet 1890 sont utiles à rappeler. Le secrétaire du Trésor doit acheter chaque mois 4,500,000 onces de métal blanc, au Le Silver Bill aux Etats-Unis.

prix du marché, sans toutefois pouvoir payer plus de 1 dollar pour 371.25 grains d'argent fin. Les achats annuels oscillent ainsi, comme valeur monétaire, entre 50 et 60 millions de dollars et il peut être mis en circulation, en échange des lingots achetés, une somme égale de billets d'Etat ayant cours légal et toujours remboursables en or ou en argent, au choix du secrétaire du Trésor. Une partie seulement des lingots achetés sera transformée en monnaie.

Le premier effet de cette loi a été de faire hausser le prix de l'argent de 48 1/2 pence environ, cours du 10 juillet 1890, quatre jours avant la promulgation du *Silver Bill*, à 50 pence le 17 juillet et à 54 1/4 — son plus haut cours, — le 21 août ; mais dès la fin de l'année, on retombait aux plus bas prix et la baisse s'est ensuite accentuée.

* * *

Mouvement des prix à New-York depuis 1875.

Les mêmes fluctuations dans les cours de l'argent-métal ont eu lieu à New-York et sur notre marché qui devait nécessairement en ressentir le contre-coup.

Voici, à diverses dates, la cote à la bourse de Paris de l'argent en barre à 1,000/1,000, le kilogramme d'argent fin étant évalué à 218 fr. 89.

ANNÉES (FIN DÉCEMBRE)	PERTE	VALEUR d'un KILOGRAMME d'argent fin
	°/oo	fr. c.
1875	53	207 29
1880	130	190 44
1885	226	169 43
1887	260	162 00
1890	210 à 215	172 95
1891	268 à 273	159 80
1892	361 à 366	139 89
Cours du 1er juillet	500	109 45

Ainsi le kilogramme d'argent fin qui, au lendemain de la guerre, valait à peu près 218 fr. 89, peut être acquis aujourd'hui pour 109 fr. 45 ; la valeur de l'argent a baissé de 100 %, c'est-à-dire qu'intrinsèquement un lingot d'argent fin qui aurait coûté 5 francs il y a quelques années, coûterait seulement aujourd'hui 2 fr. 50.

Nous nous gardons bien d'écrire, comme on le répète avec trop de facilité, que « la pièce de 100 sous ne vaut plus que 50 sous ». Cette baisse peut être vraie pour les affaires d'exportation, pour les opérations se traitant à l'étranger par un paiement en métal. Il est clair qu'à l'heure actuelle, avec une même valeur nominale d'or ou d'argent, on peut acheter, hors d'Europe, une quantité plus ou moins grande de marchandises. Il en est de même dans les pays où le change atteint des proportions démesurées, où la prime sur l'or fait des bonds fantastiques; là encore, on obtient une plus grande quantité de marchandises en payant avec de l'or, une moins grande quantité de marchandises en payant avec de l'argent, une plus faible quantité en payant avec du papier-monnaie. Mais nous n'avons, Dieu merci, en agissant avec beaucoup de calme, rien de trop grave à redouter de cette crise, de cette dépréciation énorme de l'argent qui n'a, dans l'histoire de notre époque, aucun précédent. On a bien vu le papier-monnaie, les billets de banque ou de crédit, s'affaisser, se déprécier, tomber à des cours excessivement bas ; jamais on n'avait assisté à pareille débâcle sur un des moyens d'échange les plus puissants que les hommes aient à leur disposition : l'argent. Et quand on songe qu'il n'y a pas bien longtemps encore, l'or était la mauvaise monnaie, celle dont des hommes éminents, des maîtres, demandaient la démonétisation, parce que, disaient-ils, la continuation d'une grande production d'or paraissait probable et que si l'on maintenait à l'or, dans notre système monétaire, la place qu'il y occupe, nous aurions à subir un enchérissement général ! Aujourd'hui, on dit la même chose de l'argent ; on nous annonce les mêmes

La valeur de la pièce de 100 sous.

35

malheurs ; le métal jaune est le grand favori ; le métal argent est discrédité, honni !

Qui pourrait affirmer qu'un jour ou l'autre il ne reprendra pas sa revanche ?

* * *

La dépréciation de l'argent date de 1871.

La dépréciation de l'argent a commencé à partir de 1871, lorsque l'Allemagne, croyant nous ruiner et nous épuiser davantage après nous avoir imposé une indemnité de 5 milliards en or, prononçait la démonétisation de l'argent. Elle nous frappait des deux côtés à la fois : elle attirait à elle le plus gros stock d'or qui fût au monde ; elle discréditait l'argent qui restait en circulation en France et dans l'Europe. Ce n'est pas tout : depuis la guerre de 1870, les grandes puissances, entraînées par l'exemple de l'Allemagne qui a enfoui, dans la forteresse de Spandau, des monceaux d'or, comme réserve pour la prochaine guerre, n'ont eu qu'une idée : faire des armements, constituer un trésor de guerre, avoir chez elles le plus gros amas de métal jaune.

La chasse à l'or.

Les grandes banques d'émission ont fait la « chasse à l'or », tout comme les sociétés de crédit et les banques ont fait la « chasse à l'escompte » : à l'heure actuelle, les trois Banques de France, d'Allemagne et de Russie détiennent 4 milliards 1/2 d'or, c'est-à-dire près de 70 % de l'encaisse or de toutes les banques réunies du monde entier. Cette accumulation du métal jaune dans des coffres-forts qui ne le laissent plus sortir, cette recherche et cette conservation de l'or pour le compte des banques d'Etat, d'accord avec les gouvernements, ont été suivies également par les particuliers : par une conséquence inévitable, plus l'or a été demandé, plus sa faveur a grandi, plus l'argent a été offert, plus son discrédit s'est accru.

Telle est, sans entrer dans d'autres considérations qui nous entraîneraient bien loin, la situation. La baisse de l'argent pourra porter préjudice à l'Angleterre, car toute baisse de ce métal est funeste au commerce des Indes soumises au régime de l'étalon d'argent ; elle nuira à l'Autriche-Hongrie qui n'a pas encore accompli sa réforme monétaire ; elle nuira à l'Italie qui serait fort en peine aujourd'hui si on dénonçait l'Union latine, dénonciation qui, à notre avis, serait une grosse faute ; nous nous ferions peut-être autant de mal qu'à nos voisins, car nous possédons un gros stock métallique en argent, et, en même temps, nos rentiers détiennent au moins 1 milliard 1/2 de valeurs italiennes qui seraient considérablement dépréciées ; cette baisse de l'argent nuira enfin à toutes les valeurs dont les intérêts peuvent être payés en argent, mais elle ne saurait, quant à présent, du moins, troubler beaucoup notre pays.

La frappe de l'argent ne doit pas être reprise

Tant que la frappe de l'argent ne sera pas reprise dans nos hôtels de monnaie, tant que nos pièces d'argent resteront, en quelque sorte, une monnaie d'appoint, en échange de laquelle nous pouvons solder nos achats intérieurs aussi facilement que si nous les payions en or ou en billets de la Banque de France ; tant que, en un mot, nos marchands français nous donneront autant de marchandises pour 5 francs en argent que pour 5 francs en or, nous n'avons pas à nous inquiéter, outre mesure, de ce qui se passe en Angleterre, aux Indes et en Amérique. Nous devons, comme le conseillait naguère M. Léon Say à ceux qui réclamaient la dénonciation de l'Union latine, observer les faits et conserver une attitude expectante, c'est-à-dire rester tranquilles et ne pas agir à la légère.

Le statu-quo.

Gardons-nous surtout de semer la panique en répétant à qui veut l'entendre, ce qui n'est que « relativement » vrai : « La pièce de 100 sous ne vaut plus que 50 sous ! » Rappelons-nous le mot bien profond de Michel Chevalier : « La monnaie ne remplit jamais mieux son office que lorsqu'elle ne fait pas parler d'elle. »

CAPITAL ET TRAVAIL

Agitations ouvrières : le 1er mai.

Le 1er mai approche et, comme les années précédentes, les mêmes attaques se produisent contre ce que l'on appelle « la classe capitaliste et bourgeoise ». On répète, avec des formules variées, mais dont le fond est le même, les affirmations téméraires et dangereuses qui ont été si souvent entendues à la Chambre et tout récemment encore pendant les discussions au sujet de la grève de Carmaux : la propriété minière a été concédée « à des actionnaires qui ne travaillent pas, à des fainéants » ; on a livré à des actionnaires des « richesses nationales qui n'appartiennent à personne ;... on n'a rien réservé pour la classe ouvrière, pour ces hommes qui descendent dans les puits des mines au péril de leur vie. »

Ces affirmations sont-elles vraies et est-il juste de mettre toujours en opposition le capital et le travail, de prétendre que le premier est l'oppresseur de l'autre ; que les capitalistes et les actionnaires ne s'enrichissent qu'au détriment de ceux qu'ils emploient ?

N'est-ce pas égarer tous ceux dont il ne faut pas, sans doute, méconnaître les souffrances et les besoins réels, mais qui seraient plus malheureux encore si capitalistes et capitaux, effrayés par les menaces dont ils sont l'objet, restaient oisifs, entraient en guerre avec l'atelier ?

La vérité sur le capital.

Le capital, comme l'écrivait Bastiat à Proudhon, dans une controverse restée célèbre (1), « est l'*ami*, le *bienfaiteur* de tous les hommes et particulièrement des classes souffrantes. Ce qu'elles doivent désirer, c'est qu'il s'accumule, se multiplie, se répande sans compte ni mesure. S'il y a un triste spectacle au monde — spectacle qu'on ne pourrait définir que par ces mots : sui-

(1) 26 novembre 1849. — *Intérêt et principal* (articles extraits de la *Voix du peuple*).

aide matériel, moral et collectif, — c'est de voir ces classes, dans leur égarement, faire au capital une guerre acharnée. Il ne serait ni plus absurde ni plus triste, si nous voyions tous les capitalistes du monde se concerter pour paralyser les bras et tuer le travail ».

A toutes les attaques passionnées dont les capitalistes, les « actionnaires » sont l'objet, à des affirmations sans preuves, il est utile d'opposer quelques chiffres précis. Des faits et des chiffres.

Quand on parle des grandes compagnies minières, de leur richesse, de la fortune de leurs actionnaires, ce sont des sociétés comme celles d'Anzin, de Courrières, de Douchy, de Liévin, etc., qu'on vise. On montre, d'un côté, le dividende que l'actionnaire reçoit, ce « fainéant » qui n'a que la peine de recevoir le fruit du travail de l'ouvrier ; de l'autre, on critique le maigre salaire du mineur et il ne faut pas s'étonner si les capitalistes, « ces ploutocrates » sont malmenés !

Où est la vérité ? Elle a été cent fois décrite dans des documents les plus dignes de foi ; et, tout récemment encore, elle a été mise en pleine lumière dans un rapport du plus haut intérêt que nous voudrions voir entre toutes les mains : c'est celui que M. Cheysson a consacré aux institutions patronales qui faisaient partie, à l'exposition de 1889, de la section XVI du groupe, si remarqué, de l'économie sociale. Il contient des faits et des chiffres précis qui sont la meilleure réponse à faire à toutes ces déclamations. Le rapport de M. Cheysson.

* * *

Pendant l'année 1888, les mines d'Anzin ont payé 12,851,868 fr. 51 de salaires ; elles ont consacré aux institutions fondées en faveur de leurs ouvriers, 1 million 567,757 fr. 30. Ce seul chiffre de 1,567,757 fr. 30 représente 12,20 % des salaires de l'année ; 47,33 % du dividende distribué aux actionnaires ; 140 francs par tête d'ouvrier. Les actionnaires ont reçu 115 francs par Sociétés minières et industrielles.

litre, soit pour 28,800 centièmes de denier, 3 millions 312,200 francs.

Les mines de Liévin ont payé, en salaires, 2,322,210 fr. et consacré 341,720 fr. 01 aux institutions ouvrières : les actionnaires ont reçu 481,140 francs.

Les mines de Courrières ont payé, en salaires, 4 millions 76,918 francs ; en subventions et secours, allocations, etc., en faveur de leurs ouvriers, 368,304 fr. 35. Combien les actionnaires ont-ils reçu ? 2,600,000 francs.

Les mines de Douchy paient 1,505,054 francs de salaires et consacrent 211,352 fr. 94 en libéralités pour le personnel employé. Quelle est la part distribuée aux actionnaires ? 449,280 francs.

A Bességes, pendant que les actionnaires reçoivent 600,000 francs de dividende, la compagnie consacre 345,735 fr. 40 aux institutions ouvrières. Au Creusot, le montant des subventions et libéralités s'est élevé, en 1888, à 1,032,000 francs, soit 10 % des salaires. Aux mines de Blanzy, les sacrifices faits par la compagnie en faveur des employés qu'elle emploie s'élevaient, en 1887-1888, à 1,118,794 fr. 89, c'est-à-dire à 50 % du dividende distribué aux actionnaires.

Mêmes constatations pour les compagnies de chemins de fer, pour les sociétés industrielles telles que la cristallerie de Baccarat, l'imprimerie et la librairie Mame et Cie, à Tours.

Ces chiffres s'appliquent à l'année 1888 ; mais nous pourrions citer ceux des années suivantes ; ils ne seraient pas moins concluants. En 1892, par exemple, les charges des institutions de prévoyance des mines du Nord, fondées par les compagnies en faveur des ouvriers, ont été des plus lourdes. On en jugera par le tableau suivant que nous avons limité aux compagnies d'Anzin, de Douchy, de Vicoigne-Nœux, de Fresnes, de Crespin :

COMPAGNIES	CHARGES des Compagnies en 1892	NOMBRE d'ouvriers auxquels les charges ci-contre s'appliquent (jour et fond).	SUBVENTION par ouvrier et par an
	fr. c.		fr. c.
Anzin	1.600.211 07	10.530	110 75
Douchy	169.675 11	1.747	97 05
Vicoigne	98.945 05	460	215 10
Fresne-Midi	36.773 74	608	78 74
Crespin	37.000 00	294	124 60

Ces chiffres ne prouvent-ils pas une fois encore que les salaires payés à l'ouvrier, venant s'ajouter aux libéralités que les compagnies acquittent pour les institutions qu'elles ont créées en faveur de leur personnel, dépassent de beaucoup les sommes distribuées aux actionnaires sous forme d'intérêts ou de dividendes, et nous ne parlons pas des impôts que, par surcroît, ces compagnies ont à acquitter ?

Que, pour une compagnie, l'année ait été bonne ou mauvaise, la concurrence plus ou moins active, le prix de vente des produits plus ou moins élevé, l'ouvrier n'a rien eu à craindre pour son salaire ; les institutions fondées dans son intérêt ont continué à fonctionner ; l'Etat, de son côté, a perçu l'intégralité des impôts qui atteignent ces sociétés. Quel est donc celui qui court les plus grands risques ? N'est-ce pas ce capitaliste abhorré, cet actionnaire, ce « ploutocrate » ? Et cependant, les capitaux qui ont créé et développé une industrie, n'ont-ils pas servi, tout d'abord, à occuper et rémunérer toute une classe de la société qui, sans eux, serait restée inactive et malheureuse ?

* * *

Il existe une école qui dénonce à la vindicte publique les actionnaires et obligataires, les capitalistes, les rentiers, tous ceux qui possèdent. Capitalistes et rentiers.

On dit à l'ouvrier que le capital l'exploite ; car, sans lui, ce capital n'aurait aucune valeur et les entreprises, quelles qu'elles soient, ne pourraient ni fonctionner, ni produire. Fermez les mines, laissez s'éteindre les hauts-fourneaux, organisez la grève générale ; plus de chemins de fer, plus de houillères ; travaillez le moins de temps possible et faites-vous payer le plus cher que vous pourrez ; laissez le patron faire lui-même ce travail qu'il impose à ceux qu'il emploie. L' « affreux » capital, l' « infâme » capital, le capital « vampire », « exploite » l'ouvrier ; il « s'engraisse des sueurs du peuple ».

Tels sont les conseils qu'on prodigue à la classe ouvrière, conseils qui la trompent et l'égarent ; telles sont les aménités qui s'exhalent chaque jour de certaines réunions publiques et de certains journaux.

Sans capital, pas de travail.

Les ouvriers seraient-ils plus heureux si ces capitalistes, qu'on leur dénonce comme leurs pires ennemis, étaient ruinés ?

Leurs salaires seraient-ils plus assurés si toutes ces sociétés qu'on met au pilori étaient obligées de liquider ? Où nous conduisent les fausses théories qui, chaque jour, sont répandues dans la foule ?

Il est nécessaire que les ouvriers s'en rendent compte : pour peu que cette agitation continue, le capital n'osera bientôt plus s'engager dans les affaires industrielles, car il redoutera de ne pouvoir satisfaire aux exigences du travail et, lui aussi, fera grève. Que ce soit une société particulière, une entreprise fondée par actions, que ce soit un patron ou un actionnaire, il faut tout d'abord, avant de songer à la rémunération du capital subvenir aux charges et impôts de l'Etat, aux salaires du personnel, aux dépenses des sociétés ouvrières. Il faut lutter contre la concurrence étrangère, supporter les fluctuations qui se produisent dans les prix d'achat et de vente des marchandises achetées et des produits vendus. Les plus sages combinaisons, tout le fruit de l'expérience et de l'intelligence, — qui sont, elles aussi, un capital et non le moins important, —

peuvent être anéantis par les troubles que tels ou tels événements intérieurs ou extérieurs apportent dans le fonctionnement de l'industrie qui a été fondée ou commanditée ; puis, après avoir fait face à toutes les charges et subi tous les risques, ce capitaliste, cet actionnaire, ce patron tant envié, reçoit une part des bénéfices — s'il en reste — ou supporte toutes les pertes.

Il est donc faux de dire que le salariat soit une exploitation du travail par le capital ; la vérité, c'est qu'il est une sorte d'association du travail et du capital. Dans une société civilisée, le travail et le capital sont deux alliés nécessaires l'un à l'autre qui doivent vivre en bonne intelligence au lieu de s'entredéchirer (1). Association nécessaire.

LE CENTENAIRE DE LA RENTE FRANÇAISE

Il y a juste un siècle, le 14 août 1793, Cambon, député de l'Hérault, rapporteur de la commission des finances, terminait un rapport sur la dette publique, adressé à la Convention, qu'il déposait le lendemain, revêtu des signatures de Cambon fils aîné, Chabot, Delaunay (d'Angers), Ramel, Mallarmé. 14 août 1793.

Dans ce rapport de 66 pages (2), Cambon examinait

(1) Si l'on voulait un peu étudier l'économie politique, disait un jour E. Laboulaye (on peut l'étudier sans avoir une *grande* éducation), on verrait bientôt que l'intérêt du maître et l'intérêt de l'ouvrier sont les mêmes. Quand le travail manque, qui est-ce qui souffre ? C'est l'ouvrier d'abord, je l'accorde ; mais, est-ce que le maître ne souffre pas ? Est-ce que celui qui a mis 500,000 francs, 1 million dans son atelier, ne perd pas son argent, et il le perd rapidement !

J'ai vu de très jolies filatures, en Normandie, qui avaient coûté 1 million ou 2, quatre ou cinq ans avant ; survient une crise, on ne les vendrait pas 300,000 francs. Il y a donc un intérêt commun. Tant que l'ouvrier ne sera pas convaincu d'une vérité si claire, tant qu'il nourrira dans son cœur un sentiment de haine et d'envie, il fera fausse route. (Discours prononcé le 17 mai 1878, lors de l'inauguration de la Société du travail, à la mairie du XIe arrondissement).

(2) Nous possédons dans notre bibliothèque un de ces curieux rapports, imprimés « A Paris, de l'Imprimerie nationale, 1793 », *par ordre de la Convention nationale*.

les moyens à employer pour enregistrer la dette publique *sur un Grand-Livre et la consolider*; pour « admettre la dette consolidée en payement des domaines nationaux qui sont en vente ; pour retirer et annuler les anciens titres de créance, accélérer la liquidation ; pour régler le mode annuel de payement de la dette consolidée dans les chefs-lieux de districts et pour retirer des assignats de la circulation. »

Ce rapport fut converti en loi décrétée les 15, 16, 17 et 24 août 1793.

Cette loi contenait 229 articles ; elle était signée par Robespierre, président ; Léonard-Bourdon, Amar ; Merlin, de Douai ; J.-P.-M. Fayau ; Lakanal, Duham, secrétaires. Elle était suivie de plusieurs modèles à employer pour les récépissés d'emprunts, les extraits d'inscription du Grand-Livre à délivrer, les déclarations à faire pour indiquer le chef-lieu du district où « on entend être payé de son inscription sur le Grand-livre de la dette publique », etc.

Le Grand-Livre. Le Grand-Livre de la dette publique française était créé. A la place des rentes perpétuelles, temporaires ou viagères de l'ancien régime, à la place des assignations royales et des bons de toute nature émis par l'Assemblée législative et la Convention, les créanciers du Trésor furent mis en possession d'un titre uniforme qui est devenu, depuis cette époque, la base principale de la dette publique.

Tout d'abord cette mesure ne contribua en aucune façon à accroître le crédit de la Convention ; malgré l'unification opérée, le Directoire prononça la banqueroute en décidant, *par la loi du 30 septembre 1797*, que toutes les rentes créées par Cambon seraient réduites des deux tiers et que le tiers restant serait appelé, pour affirmer sa solidité, disait-on, « le tiers consolidé ». Aussi désastreux qu'aient été ces débuts, les résultats obtenus depuis n'ont cessé de se faire sentir dans toutes les périodes de notre histoire depuis le commencement du siècle ; l'anniversaire de sa création est une occasion opportune de retracer les progrès accomplis par le crédit de la France. Progrès du crédit.

* * *

On peut juger du crédit d'un pays par deux constatations faciles à établir : le taux auquel il emprunte ; le prix auquel se négocient ses titres.

Sous le premier Empire, le 5 % consolidé se négocia au plus haut à 88 fr. 15 et à 45 francs en 1814. Ier Empire.

La Restauration arrive et avec elle les emprunts nécessaires à la liquidation de l'empire et de deux invasions. Voici la liste des emprunts émis de 1816 à 1830, avec le taux % nominal, le prix d'émission des titres de rentes et le taux réel de l'emprunt pour l'État : Restauration.

EMPRUNTS	TAUX NOMINAL	PRIX D'ÉMISSION	TAUX RÉEL
	%	fr. c.	%
Du 9 mai 1816	5	57 20	8 71
De 1817 à 1818	5	57 51	8 69
Du 9 mai 1818	5	66 50	7 51
Du 9 octobre 1818	5	67 00	7 47
Du 9 août 1821	5	85 55	5 84
Du 10 juillet 1823	5	89 55	5 57
Du 12 janvier 1830	4	102 07	3 92

De 1816 à 1830, le plus haut cours du 5 % fut de 110 fr. 65 en 1829 ; le plus bas, celui de 54 fr. 30 en 1816.

Le 3 % se négocia à 86 fr. 10 au plus haut en 1829 et à 50 fr. 80, au plus bas, en 1816.

Sous la Monarchie de Juillet, trois emprunts furent émis en 5 % ; trois autres, en 3 %. Monarchie de Juillet.

En voici le relevé :

EMPRUNTS	TAUX NOMINAL	PRIX D'ÉMISSION	TAUX RÉEL
	%	fr. c.	%
19 août 1831	5	84 00	5 95
1831 (volontaire)	5	au pair, 100	5 00
8 août 1832	5	98 50	5 07
18 octobre 1841	3	78 52	3 82
9 décembre 1841	3	84 75	3 54
10 novembre 1847	3	75 25	3 97

Pendant cette période, le taux maximum de l'intérêt des emprunts contractés fut de 5,95 % ; le taux minimum de 3,54.

De 1831 à 1847, le 5 % fit 126 fr. 90, au plus haut, en 1844 et 74 fr. 80, au plus bas, en 1831.

Le plus haut cours du 3 % fut de 86 fr. 65 en 1840 et le plus bas celui de 46 francs en 1831.

2e République. Sous la République de 1848, des emprunts divers furent contractés en 5 % à 75 fr. 25, faisant ressortir un taux réel de 6.64 %.

En 1848, le 5 % fit au plus haut 117 fr. 50 en février et 50 francs, au plus bas, en avril.

Le 3 % se négocia, comme prix extrêmes, à 75 fr. 20 et 32 fr. 50.

Second Empire. Sous le second Empire, le taux maximum des emprunts contractés fut de 5 % ; le taux minimum, celui de 4 %. En voici l'énumération :

EMPRUNTS	TAUX NOMINAL	PRIX D'ÉMISSION	TAUX RÉEL
	%	fr. c.	%
Mars 1854, partie	4 ½	92 50	4 86
— —	3	65 25	4 59
Janvier 1855, partie	4 ½	92 00	4 89
— —	3	65 25	4 59
Juillet 1855, partie	4 ½	92 25	4 88
— —	3	65 25	4 59
Mai 1859, partie	4 ½	90 00	5 00
— —	3	60 50	4 95
1857, 1858, 1859, 1860, 1861	3	69 10	4 47
31 décembre 1859	3	75 00	4 00
1862	3	66 49	4 51
1864	3	66 30	4 52
1868	3	69 25	4 33
1870	3	60 60	4 95

De 1852 à 1870, le plus haut cours du 3 % fut de 86 fr. en novembre 1852 ; le plus bas, celui de 60 fr. 50 en 1859.

Sous la troisième République, « les emprunts divers contractés depuis 1870, déduction faite des conversions ou remboursements et en calculant, en capital, les annuités diverses, s'élèvent à 17 milliards 701 millions » (1). 3e République.

Les principaux emprunts contractés en rentes perpétuelles ont été les suivants : Emprunts en rente perpétuelle.

EMPRUNTS	TAUX NOMINAL	PRIX D'ÉMISSION	TAUX RÉEL
	%	fr. c.	%
17 juin 1871	5	82 50	6 06
28 juillet 1872	5	84 50	5 91
10 mai 1886	5	79 80	3 74
11 novembre 1887	5	80 10	3 76
10 janvier 1891	5	92 55	3 24

Quant aux emprunts en rentes amortissables, ils ont été émis de 1878 à 1880 au taux moyen de 80 francs, soit Emprunts en rente amortissable.

(1) Sénat. *Documents parlementaires*, rapport de M. Boulanger sur le budget de 1891.

3,75 % ; en 1881 à 83 fr. 25, soit à 3,60 %, et en 1884 à 76 fr. 60, soit à 3,90 %.

Le taux maximum des emprunts publics contractés depuis 1871 a donc été de 6,06 % ; le taux minimum, de 3,24 %.

La rente 5 % émise à 82 fr. 50 et à 84 fr. 50 a été convertie en 4 1/2 % après s'être négociée jusqu'à 121 fr. 20 en 1881.

Le 3 % a fait au plus bas 50 fr. 35 en 1870 et a dépassé 100 francs en 1892.

Le 3 % amortissable a coté au plus bas 76 fr. 30 en 1884 ; il a valu 101 francs en 1892.

* * *

Résumé. Taux des emprunts.

Si nous résumons, en quelques chiffres, les renseignements qui précèdent, nous trouvons que :

	%
1° La Restauration a emprunté au taux moyen de	6.81
2° La Monarchie de Juillet	4.50
3° La seconde République	6.64
4° Le second Empire	4.50
5° La troisième République a emprunté pour les emprunts libératoires à	5.98
6° La troisième République a emprunté pour les emprunts postérieurs à	3.50

Cours du 3 %.

Quant aux cours de la rente française, à aucune époque, ils n'ont été aussi élevés. Le tableau suivant indique les oscillations du prix du 3 % depuis sa création :

COURS	PLUS HAUT	PLUS BAS	MOYENNE
	fr. c.	fr. c.	fr. c.
De 1825 à 1830	86 10	75 35	81 22 5
De 1831 à 1847	86 65	46 00	66 32 5
De 1848 à 1851	58 65	32 50	45 57 5
De 1852 à 1870	86 00	50 80	63 40 0
De 1871 à 1880	87 30	50 85	68 82 5
De 1881 à 1892	100 60	74 10	87 3 5

Son cours actuel est de 95 francs.

Telle est, succinctement résumée, l'histoire chiffrée des progrès du crédit public et du taux auquel se négocient les rentes françaises inscrites au Grand-Livre créé il y a juste cent ans.

La troisième République, après avoir trouvé nos finances dans un état de délabrement complet, a amené le crédit de l'Etat à un taux inconnu jusque-là. Son dernier emprunt (1891) s'est effectué à 3,24 %.

Les plus hauts cours du 3 % 86 fr. 10, en 1829, 86 fr. 15 en 1840, 86 francs en 1852 ont été dépassés. Le 10 juin 1892, le 3 % atteignait 100 francs pour la première fois depuis sa création. Il le dépassait quelques mois après, et, malgré une hausse aussi considérable, malgré tous les incidents politiques et financiers survenus depuis un an, malgré les réalisations de porteurs de titres qui ont acheté dans d'excellentes conditions, il oscille autour de 98 francs s'éloignant à peine de 2 francs des plus hauts cours qui aient été jamais inscrits sur la cote. Tous les capitalistes qui, depuis le commencement du siècle et surtout depuis 1870, ont conservé ou acheté des rentes, ont fait le meilleur placement qu'il ait été possible d'effectuer. Leur capital s'est accru considérablement ; leur revenu n'a jamais subi une seconde de retard. Le crédit de l'Etat jouit d'une confiance universelle et notre rente 3 %, malgré nos désastres de 1870, se négocie maintenant 11 francs plus haut que la rente 3 % allemande ; le crédit du pays vaincu est supérieur à celui de son adversaire victorieux ! Les rentiers français peuvent célébrer avec une satisfaction patriotique le centenaire de la rente française : ils ont eu, dans les plus mauvais jours, confiance dans le crédit de la France ; ils en sont récompensés en voyant la plus-value acquise par leurs titres.

Avantages des capitalistes. Capital accru. Revenu exactement payé.

LA FÉODALITÉ FINANCIÈRE

LA LUTTE DU CAPITAL ET DU TRAVAIL

Lors de la célébration du cinquantenaire de la Société *d'économie politique de Paris*, les deux présidents MM. Frédéric Passy et Léon Say prononçaient d'admirables discours sur la question sociale, sur la lutte du capital et du travail « qui sera terrible », disait M. Léon Say, et ils engageaient les économistes à intervenir dans cette guerre inévitable, avec les armes que la science et l'étude mettent à leur disposition, c'est-à-dire des faits, des chiffres, des raisonnements précis.

La question sociale.

N'est-ce qu'un malentendu?

S'il ne s'agissait que d'un « malentendu social », comme d'excellents esprits le croient encore, l'entente serait facile. Pour dissiper un « malentendu », une explication bien sincère suffit parfois; les contradicteurs cherchent à se convaincre. Ce n'est pas un « malentendu », mais un véritable « mal social » qui existe aujourd'hui; on entend parler à chaque instant de féodalité, d'aristocratie, de ploutocratie financière; on oppose les milliards de la fortune mobilière de la France à la misère des ouvriers et des travailleurs, de tous ceux qui ne possèdent rien.

Ce n'est pas un « malentendu », mais un véritable « mal social » qui existe aujourd'hui; on entretient les travailleurs dans de fausses idées sur la répartition de la richesse, sur la fortune publique et privée, sur le rôle du capital et du travail dans la société.

La fortune de la France.

Est-il vrai de dire, comme dans la chanson de Jules Réjouy, répandue, lors des élections dernières, dans des centres ouvriers importants, que la fortune mobilière n'appartient qu'aux riches et que

L' pauvr' la gagne, l' rich' la détient! (1)

La chanson de Jules Réjouy.

(1) Voici cette chanson dans laquelle l'auteur a pris texte de l'évaluation que nous avions fixée à 80 milliards, du montant des valeurs mobilières

Examinons-la par le menu ; voyons comment elle se décompose et en quelles mains elle se trouve.

Les rentes sur l'Etat ?

Rentes sur l'Etat.

Tous les ans, le Trésor paye 880 millions aux porteurs de 4 1/2 et 3 %. Ces 880 millions de rentes sont divisés en près de 5 millions d'inscriptions. Les trois quarts de nos rentes françaises sont au nominatif et on a calculé que la moyenne des rentes possédées par chacun des titulaires d'inscriptions nominatives ne dépassait pas

appartenant à notre pays dans le mémoire que nous avons récemment lu, sur cette question, à l'Académie des sciences morales et politiques :

TROP ET TROP PEU

M. Neymarck évalue à 80 milliards la fortune mobilière de la France.

Échos.

I

Ohé ! ohé ! les crév'-misère,
Les ceuss qu'a froid, les ceuss qu'a faim,
Les ceuss qui donn'nt leur vie entière,
Tout l' sang d' leur corps pour un peu d' pain,
Quoi qu' vous pensez et quoi qu' vous dites
De cett' petit' statistiqu'-là ?
Est-c' bientôt temps d' mett' le holà
Et d' supprimer les parasites ?
Y a pas d' bon sens, y a pas d' bon Dieu :
Y en a qu'a trop et d'autr's trop peu !

II

C'te fortun' qu' Neymarck a marquée
Qui qui l'a fait, d'où qu'ell' provient ?
J' crois qu'y a pas d' chos' moins compliquée :
L' pauvr' la gagne, l' rich' la détient.
Assez comm' ça ! D'puis l' temps qu' ça dure,
La patienc' du peuple est à bout :
On n' lui donn' rien, i' prendra tout !
Et ça s'ra just' ; car, j' vous l'assure,
Y a pas d' bon sens, y a pas d' bon Dieu :
Y en a qu'a trop et d'autr's trop peu !

Est-ce là un « malentendu social » ? N'est-ce pas plutôt la lutte déclarée entre le capital et le travail ? n'est-ce pas égarer l'ouvrier que de lui faire croire que la répartition de cette richesse entre ses mains le rendrait plus heureux ?

200 francs, soit un capital de 6,000 francs. La rente est le *titre* démocratique par excellence ; elle est le refuge de l'épargne du travailleur, du bourgeois économe, qui, sou par sou, s'est constitué une réserve pour devenir rentier sur l'Etat, c'est-à-dire possesseur d'une inscription de rente ! Ce n'est donc pas de ce côté que nous trouverons l'aristocratie, la ploutocratie financière, comme on l'appelle.

Caisses d'épargne.

La trouverons-nous dans les Caisses d'épargne ?

Pas davantage. En chiffres ronds, il existe 6 millions de titulaires de livrets possédant, en dépôt dans les caisses, 3 milliards 200 millions, ce qui représente une moyenne de 500 francs par livret.

Quand on décompose cette *moyenne*, on s'aperçoit à quelle minuscule répartition elle descend. On compte 1,800,000 livrets dont la *moyenne* ne dépasse pas 9 fr. ; 1 million de livrets qui possèdent 50 francs chacun ; 1,200,000 livrets dont la moyenne est de 150 à 350 francs chacun. Voilà donc une armée d'environ 4 millions de petits rentiers, féodalité bien redoutable de petits épargneurs qui possèdent 9 francs, 50 francs, 150 francs, 350 francs chacun. Restent 2 millions de livrets sur lesquels la moitié possède 1,000 fr. environ, en moyenne, et l'autre 2,000 francs !

N'est-ce pas encore là une véritable démocratie financière et nullement une aristocratie ?

Valeurs de chemins de fer.

Est-ce, du moins, parmi les actionnaires et les obligataires des grandes compagnies de chemins de fer que nous trouverons ces ploutocrates si décriés ?

Aux cours actuels, les actions et obligations représentent un capital de 19 milliards. Il existe tant en actions qu'en obligations, plus de 35 *millions* de titres. De même que sur les rentes françaises, les titres nominatifs représentent près de 75 % du total des titres. D'après le nombre des certificats et la moyenne des titres inscrits sur chacun d'eux, il y a en France plus d'un million de personnes possédant quelques titres : la moyenne est d'environ 10 à 12 actions, soit un capital de 10 à 15,000 francs ; la moyenne, pour les obligations, est de 25 titres, soit un capital de 11 à 13,000 fr. !

Est-ce parmi les actionnaires de la Banque de France que nous trouverons ces archi-millionnaires désignés à la vindicte publique ? Pas davantage. Sur les 182.500 actions de la Banque, 60,000 appartiennent à des mineurs, à des incapables. Le nombre des actionnaires est de 27,000, dont 10,000 à Paris et 17,000 en province, et la moyenne des titres que chacun d'eux possède, sait-on à combien elle s'élève ? A 5 ou 6, c'est-à-dire qu'elle représente un capital de 20 à 25,000 francs.

Actions de la Banque de France

Est-ce dans les emprunts émis par la Ville de Paris, les départements, les villes de province, ou par le Crédit foncier et qui s'élèvent à près de 5 milliards, que nous allons trouver enfin ces riches capitalistes qui « s'engraissent des sueurs du peuple » ? Les titres de la ville de Paris sont entre les mains des plus humbles. Il n'est pas une petite bourse qui ne possède une obligation entière ou un quart d'obligation. Quand, il y a quelques années, la ville de Paris procéda au renouvellement des feuilles de coupons sur les titres de l'emprunt de 1871, on constata que la majorité des porteurs possédait... 1 et 2 obligations. Au Crédit foncier, la diffusion des titres dans les plus petits portefeuilles n'est pas moins remarquable. Les 3 milliards d'obligations émises par cette institution appartiennent à plus de 800,000 détenteurs de certificats nominatifs, sans parler des obligataires qui possèdent des titres au porteur et qui sont au moins en aussi grand nombre.

Obligations de la Ville de Paris et du Crédit foncier.

Est-ce encore parmi les détenteurs d'actions houillères du Nord ou du Pas-de-Calais, ou bien parmi les actionnaires de toutes les compagnies d'assurances sur la vie, contre l'incendie, contre la grêle ou les accidents ter-

Actions minières.

restres ou maritimes, que se trouvent ces milliards que l'on dénonce si hautement ? Pas davantage. Sur les 60 milliards de valeurs françaises que possède notre pays, les actions houillères du Nord et du Pas-de-Calais représentent un capital, aux cours actuels, de 6 à 700 *millions* ; les titres des compagnies d'assurances représentent 7 à 800 millions, soit au total 1,500 millions (1).

Sur 1,200 concessions de mines qui ont été accordées par le gouvernement, sait-on combien il y en a qui ont été abandonnées et ont ruiné les concessionnaires et les actionnaires ? 800 ! c'est-à-dire les deux tiers, et celles qui sont prospères aujourd'hui, n'ont pu pendant de longues années, distribuer un centime. Si l'on compare le revenu qu'elles donnent aux charges de toutes sortes qu'elles acquittent, aux salaires qu'elles payent, on voit qu'une part infime reste, en fin de compte, à ce capitaliste abhorré, à ce « ploutocrate » qu'on appelle actionnaire ou rentier (2) !

* * *

L'épargne des petites Bourses.

Ainsi, nos rentiers français possèdent, calculés aux cours actuels, 26 milliards de rentes 3 % et 4 1/2 % ; 19 milliards d'actions et d'obligations de chemins de fer, 5 milliards d'obligations de villes et du Crédit foncier. Sans parler des actions de la Banque, des valeurs de mines ou d'assurances, ni des 3 milliards déposés dans les caisses d'épargne, voilà un premier total de 50 mil-

50 milliards de valeurs françaises.

(1) Pour plus de détails sur la répartition et la diffusion de l'épargne française, voir notamment notre travail : *Une nouvelle évaluation du capital et du revenu des valeurs mobilières en France*. C'est ce mémoire qui a fait l'objet de la communication à l'Académie des sciences morales et politiques que nous avons notée plus haut.

(2) Pour les salaires des ouvriers à diverses époques, voir l'*Album de statistique graphique du ministère des travaux publics*, publié sous la haute direction de M. Émile Cheysson (année 1887, planches 21, 22, 23. — Pour la richesse et la fortune de la France, voir l'ouvrage de M. Émile Levasseur, sur *la Population* ainsi que *la France économique* de M. Alfred de Foville.

liards qui forment, malgré ce gros chiffre, ce que l'on peut appeler « l'épargne des petites bourses », avec plus de raison que les socialistes le dénomment « les milliards des riches ».

Et combien rapportent ces placements ? Ce rentier « vampire » obtient 3 % sur les rentes ; moins de 3 % sur les obligations de chemins de fer ; 3 1/4 à 3 % sur les actions des grandes compagnies ; 2 1/2 à 2 3/4 sur les obligations de la ville de Paris et du Crédit foncier. Quant aux actions de la Banque, elles donnent à peine 3 %, grâce encore à ses rentes de la réserve, car, ses profits annuels, résultant des affaires courantes, sont maintenant extrêmement réduits.

Un revenu de 2 % à 3 %.

Si on examine les valeurs mobilières dans leur ensemble, y compris les titres étrangers que possèdent nos capitalistes, on trouve que la France possède en tout 80 milliards de valeurs rapportant 4 milliards, soit 5 %. Telle est, décomposée par le menu, cette richesse tant enviée, répartie à l'infini, démocratisée, et contre laquelle on soulève cependant tant de passions et de haines.

80 milliards de valeurs étrangères.

Un revenu de 5 %.

Le premier résultat de cette lutte engagée entre le capital et le travail, c'est que les entreprises industrielles deviennent et deviendront de plus en plus difficiles à se créer et à se développer. Le capital, à son tour, commence à faire grève. S'il doit supporter seul toutes les chances de perte, sans qu'on lui laisse quelques chances de profit ; s'il est menacé sans cesse, il se décourage et s'abstient.

Grève du travail et grève du capital.

Ces richesses si enviées, et dont l'abondance paraît être un crime, se feront de plus en plus rares : comme le disait autrefois M. Raoul Duval, elles deviendront « le capital fuyant ».

Capital fuyant.

L'ouvrier, le travailleur, sera-t-il plus riche, plus heureux, lorsque les capitaux qui fécondaient le travail auront disparu ?

Comment peut-on faire croire que ces 80 milliards de valeurs mobilières, si elles étaient réparties entre les mains de ceux qui les convoitent, en supposant que cette répartition fût possible, modifieraient la situation de celui qui ne possède rien ? Ces 80 milliards n'ajouteraient pas une miette au pain du pauvre. Ils existent bien, mais ils sont la représentation du travail même. Quand un capitaliste possède ou achète un titre mobilier, que fait-il, sinon commanditer le travail ! Si vous voulez porter la main sur ces titres mobiliers, ils s'évanouissent, ils fuient devant vous, car ce qui fait leur force et leur donne une valeur négociable, c'est la confiance : détruisez la confiance, vous ruinez leur crédit et leur valeur.

Ce capital de 80 milliards représente du travail.

Hier et aujourd'hui.

On excite l'envie, les appétits des travailleurs. L'ouvrier n'est-il pas plus heureux de nos jours qu'il ne l'était, il y a cent ans, cinquante ans, vingt ans ! Quel est celui d'entre eux qui, remontant le cours des ans, voudrait retourner en arrière et vivre de la vie de ses arrière-grands-pères ?

Salaires, vivres et logement.

Les salaires ont quintuplé, décuplé même. Le vivre est plus assuré. L'ouvrier est mieux logé, mieux habillé. Personne n'a plus à craindre les famines qui étaient en quelque sorte l'état habituel autrefois.

De tous côtés, des institutions de prévoyance ont été fondées ; des sociétés de secours mutuels existent ; la bienfaisance a pris un développement considérable. Et un fait résume tous les progrès accomplis : la moyenne de la vie humaine a augmenté, et la mortalité a diminué. Cette constatation indéniable résume tous les progrès. Il prouve que depuis cent ans, l'alimentation a été plus saine, le logement plus salubre, le vêtement plus hygiénique ; il prouve que le bien-être s'est accru en même temps que le travail et l'épargne ont augmenté.

Progrès considérables.

Quel est, enfin, le gouvernement qui s'est préoccupé du sort de la classe ouvrière autant que celui-ci ? Quelle est la réforme sociale pratique qu'il a refusé de réaliser? Quel est le programme sérieux qu'il a écarté de parti-pris ? Si on faisait le relevé de toutes les lois intéressant l'ouvrier, le peuple, qui ont été promulguées depuis vingt ans, on serait tenté de dire que ce n'est pas la classe ouvrière qui a été oubliée, mais plutôt la bourgeoisie et le rentier, si attaqués par ceux qui méconnaissent les services que le capital a rendus à la société tout entière.

Et quand les socialistes accusent les économistes, quand ils les traitent de « bourgeois imbéciles », ne peut-on pas répondre que ces « bourgeois imbéciles » qui s'appelaient les physiocrates et à leur tête, Turgot, ont été les précurseurs, les initiateurs de toutes les réformes économiques et des grands progrès qui ont été accomplis depuis un siècle ?

N'est-ce pas Turgot qui a dit que « le soulagement des hommes qui souffrent était le devoir de tous ? » N'est-ce pas lui qui, dans son intendance de Limoges, a voulu organiser et développer le travail, assurer le salaire de l'ouvrier ? Qui, mieux que lui, a établi les principes d'ordre, de liberté, de sécurité, de morale, qui font la force d'un pays et sa richesse ? Les économistes n'ont-ils pas toujours défendu le travail, l'économie et l'échange, c'est-à-dire les principes sans lesquels un pays resterait plongé dans la misère ?

* * *

Toujours en avant.

Est-ce à dire qu'il n'y ait rien à faire ? Que tout soit pour le mieux ? Personne n'oserait le soutenir.

Une société ne doit pas s'arrêter dans la voie du progrès, car pour elle, comme pour les individus, le stationnement serait la mort ; il faut s'efforcer de perfectionner ce qui existe, améliorer ce qui est défectueux. Mais ce n'est pas par des moyens empiriques, ni par des attaques persistantes contre le capital qu'on remédiera au mal social qui existe.

Il faut développer l'esprit d'association, la liberté économique, l'instruction, les principes de morale.

Ce que disait M. Carnot en 1890.

Il faut, comme le disait M. Carnot, à Marseille, en 1890 :

> Assurer au travailleur l'habitation salubre et à bon marché, l'alimentation saine, la sécurité dans le travail, rendre le prêt et le crédit accessibles aux petites bourses, placer l'épargne à l'abri de tout risque, en l'entourant d'inviolables garanties, encourager, enfin, la solidarité dans les sociétés de secours mutuels, voilà tout un programme d'efforts...

Il faut désirer aussi que, dans la grande industrie, les relations soient plus intimes entre le patron et l'ouvrier. Les sociétés anonymes, malgré les bienfaits qu'elles ont réalisés, ont modifié profondément, dans le cours du siècle, cette intimité sociale. Dans la petite industrie, le patron était mêlé à la vie de ceux qu'il employait. Aujourd'hui, dans les grands anonymats, il n'en est plus de même : l'administrateur s'occupe de la société dans son ensemble ; il n'est, en quelque sorte, que le surveillant des bénéfices sociaux.

Il faut encore défendre la liberté économique et, par là, la liberté du travail et des échanges. Les protectionnistes ont une lourde part de responsabilité dans la crise sociale. Vous protégez les produits : l'ouvrier demande pourquoi vous ne protégez pas son salaire. Vous empêchez les marchandises étrangères d'entrer : l'ouvrier vous dit : « Pourquoi n'empêchez-vous pas aussi les ouvriers étrangers de venir me faire concurrence? Vous m'empêchez d'acheter ou de vendre à qui me convient : pourquoi ne me garantissez-vous pas mon salaire et n'empêchez-vous pas le coût de la vie de s'élever ? »

Une opinion de Michel Chevalier : Protectionnisme et socialisme.

Que ceux qui ne se payent pas de mots, disait Michel Chevalier, veuillent donc dire :

> Pourquoi, si le protectionnisme est bien, le socialisme est mal, et comment si le socialisme est digne des feux et des foudres de la société, le protectionnisme a droit aux sympathies des hommes d'ordre et à l'appui cordial des pouvoirs de l'Etat ?

Il faut, enfin, développer les sentiments de morale, de justice, d'égalité, de fraternité, de religion, parmi tous ces travailleurs que l'on excite contre la société, contre ceux qui possèdent un bien légitimement acquis par le travail et par l'épargne. On leur parle sans cesse de leurs droits : pourquoi ne pas leur parler aussi de leurs devoirs ? En 1848, à une époque qui, par beaucoup de côtés se rapproche de celle que nous traversons, M. Thiers, s'élevait, avec énergie, dans son ouvrage sur *la Propriété*, contre toutes les fausses doctrines avec lesquelles on égarait l'ouvrier : Un sage avis de M. Thiers.

Parlez donc au peuple, disait-il, comme la religion. Sans affaiblir en lui le juste sentiment de ses droits, sans flatter l'inertie ou la mauvaise volonté de ceux qui le gouvernent, dites-lui qu'il y a pour tous une somme inévitable de douleur, qui est dans l'essence même de l'âme humaine..... ; dites-lui qu'entraver le travail, c'est tout arrêter. Or ces richesses répandues çà et là au sommet de la société pour servir d'appât au travail, pour exciter son ardeur, ainsi réunies en quelques amas sensibles, le frappent, l'animent, lui font produire tout le bien qui s'est produit..... Dites-lui cela, si vous ne voulez pas doubler sa douleur et la changer en une fureur impie qui se retournera contre lui, comme une arme placée dans une main imprudente détruit et ceux qu'elle frappe, et ceux qui s'en servent.

Ces paroles ne sont-elles pas toujours vraies et d'une actualité saisissante ?

CARNOT

Comment exprimer les sentiments d'indignation, de consternation qu'a suscités, dans la France et dans le monde entier, la nouvelle de l'abominable attentat dont le Président de la République a été la victime ? Assassinat du Président de la République. 25 juin 1894.

M. Carnot succombe sous le poignard d'un assassin : sa mort est un deuil pour la patrie.

Aucun chef d'Etat ne s'est acquitté avec plus de dignité, de correction, de dévouement, de ses hautes fonctions ; aucun Français n'a mieux servi son pays et ne lui avait voué un amour plus profond et plus pur.

Etranger aux luttes des partis, M. Carnot voulait une France unie à l'intérieur, grande et respectée au dehors; dans tous ses discours, il recommandait comme le souverain bien, la concorde, la paix, la justice. Ces sentiments si élevés, il les exprimait encore, quelques minutes avant d'être frappé, dans le toast qu'il portait à la ville de Lyon : ce sont, hélas ! ses dernières paroles, véritable testament politique, véritable ligne de conduite pour l'avenir !

Député, ministre des finances, président de la République, M. Carnot a été toujours l'homme du devoir, le digne héritier du nom qu'il portait. Il avait l'estime et l'affection de tous les Français, avec la sympathie de tous les étrangers.

La France n'est pas ingrate : elle conservera toujours le souvenir fidèle d'un de ses meilleurs, de ses plus dévoués enfants.

C'est le cœur plein de tristesse et les yeux obscurcis par les larmes que nous traçons ces lignes. Nous adressons le suprême et respectueux adieu à l'ancien ministre des finances, au président de la République, au grand citoyen que la France a perdu, en pensant aussi à sa compagne *désolée*, à ses enfants, l'orgueil et la joie de son foyer, et nous nous associons bien profondément à leur inconsolable douleur.

BURDEAU

Décès de M. Burdeau, 12 décembre 1894

C'est vraiment un homme de grand cœur, de dévouement, de travail, d'une vaste et lumineuse intelligence, un serviteur fidèle de la démocratie et du pays qui disparaît avec M. Burdeau. Appartenant à une famille sans fortune, il est envoyé à l'école primaire, puis placé en apprentissage chez un tisseur. Il cherche à s'instruire, entre comme boursier au lycée de Lyon, puis soutient sa famille tout entière du maigre produit de quelques répétitions ; il obtient de grands succès universitaires ; il est de la promotion de 1870 à l'Ecole normale, qu'il quitte pour s'engager dans l'armée de l'Est. Blessé et fait prisonnier au combat de Sainte-Marie, il est interné en Bavière, au camp de Lochfeld d'où il réussit à s'évader, après deux tentatives infructueuses. Il rentre à l'Ecole normale, décoré pour sa belle conduite pendant la guerre. Agrégé de l'Université, professeur de philosophie à Saint-Etienne, à Nancy et à Paris, ses leçons et ses cours appellent l'attention sur le jeune professeur. Paul Bert, ministre de l'instruction publique dans le ministère Gambetta, le choisit comme chef de son cabinet. Le voilà au seuil de la vie politique. Il ne devait pas tarder à y entrer. Ses compatriotes du Rhône l'envoient à la Chambre en 1885, et là, par son rare mérite, il s'élève rapidement au niveau et au-dessus de toutes les tâches, de toutes les fonctions les plus laborieuses. Il est désigné, en 1886 et 1887, comme rapporteur du budget de l'instruction publique ; en 1889, comme rapporteur du budget des finances et rapporteur général ; en 1890, il est un des cinq délégués du gouvernement à la conférence internationale de Berlin ; en 1891, il est nommé à nouveau rapporteur général du budget, puis rapporteur du budget de l'Algérie ; en 1892, il est élu vice-président de la Chambre, puis est chargé du rapport sur le renouvellement du privilège de la Banque de France ; en 1893, ses collègues le nomment, à l'unanimité, président de la commission du budget de 1894.

Les rapports et les discours de M. Burdeau sur les budgets, sur la situation de l'Algérie, sur le renouvellement du privilège de la Banque de France, sont et resteront des modèles de science, de vérité et de bon sens : de son langage pur, élégant, précis, la lumière jaillissait éclatante ; les questions les plus complexes, les plus difficiles devenaient, sous sa plume ou sous sa parole, claires, intelligibles à tous, vulgarisées. Lorsqu'il avait étudié un sujet, qu'il s'agisse de politique ou de finances, de philosophie ou de philologie, il en était maître : avec ses connaissances spéciales, sa vaste et haute éducation générale, il en élargissait le cadre ;

il lui donnait l'ampleur et l'aisance, la forme littéraire châtiée, la précision et la netteté dans la pensée, sans rien enlever à la solidité des arguments. Appelé au ministère de la marine, au moment où il faut organiser l'expédition du Dahomey, si heureusement terminée après seize combats et la prise d'Abomey, il montre de précieuses qualités d'administrateur prévoyant, ne laissant rien au hasard, préparant et assurant ainsi la victoire à nos armes.

Ministre des finances, il se consacre tout entier à l'une des plus considérables opérations de ce siècle, la conversion du 4 1/2 %. Il s'en occupe avec un soin minutieux ; il s'agit du crédit de l'État et nul plus que M. Burdeau n'en fut le plus énergique défenseur. Qu'on relise aujourd'hui le discours qu'il prononça à la Chambre le 16 janvier, lors de la discussion de la loi de conversion du 4 1/2 %, son arrêté ministériel qui fixe les conditions et les détails d'exécution de cette loi, on verra que rien ne lui avait échappé : il avait tout préparé et tout prévu !

Son projet de budget de 1895 contenait les réformes les plus intéressantes ; elles sont encore présentes à la mémoire ; dans cette œuvre difficile, il mit, comme le disait M. Casimir-Périer, tout son cœur. Porté à la présidence de la Chambre des députés, par le choix de ses pairs, aucun honneur ne lui fut plus sensible ; il exerçait ces hautes et délicates fonctions, avec une douce et ferme autorité, une bienveillance exquise, un tact et une impartialité auxquels chacun rendait hommage.

La vie de M. Burdeau peut être donnée à tous comme exemple ; en lui étaient personnifiés le travail, le patriotisme, l'honneur.

Nous pensons à cet enfant du peuple, au professeur, au député, au ministre, au président de la Chambre, qui, par son travail, son intelligence, sa persévérance, la droiture et la dignité de sa vie, s'est élevé au premier rang, mais que dire du confrère affectueux et bon, de l'ami si fidèle, de l'homme privé ?... Nous ne pouvons maîtriser notre douleur. Nous pleurons un des hommes dont la France a le droit d'être fière, un de ceux qui, en tous temps, à toute heure, lui auraient rendu encore les plus grands services ; nous pleurons l'ami qui nous honorait de sa vive affection et dont le souvenir restera toujours gravé dans notre cœur. M. Burdeau a été constamment supérieur à toutes les situations qu'il a occupées ; il les méritait toutes ; il les avait conquises par son travail incessant, qu'aucune difficulté ne rebutait, par ses connaissances étendues, son esprit droit, méthodique et sûr, par l'honnêteté scrupuleuse de sa conduite, de ses principes, par sa loyauté à toute épreuve. Sa mort est un deuil pour la nation, une perte considérable pour la patrie : ceux qui l'ont connu, estimé, aimé, restent plongés dans une douleur inconsolable qui s'accroît encore, en pensant à sa veuve désolée et à ses enfants qu'il chérissait si tendrement, à sa famille, dont il était la joie et l'orgueil et dont il restera la gloire.

QUESTIONS ÉCONOMIQUES ET FINANCIÈRES

DE 1891 A 1895.

I. — ACADÉMIE DES SCIENCES MORALES ET POLITIQUES

Arbitrage. — L'arbitrage international. Son passé. Son présent. Son avenir [M. Desjardins] (30 avril 1892).

Assistance. — Organisation de l'assistance publique en Angleterre [M. de Franqueville] (15 avril 1893).

Commerce. — Transformations survenues durant la seconde moitié du XIXe siècle dans les transports maritimes et de leur influence sur les relations commerciales [M. Maurice Block] (27 juin 1891).

Emigration. — L'émigration et l'immigration au XIXe siècle [M. Maurice Block] (17 juin 1893).

Etat. — La notion de l'Etat aux Etats-Unis [M. Boutmy] (27 juin 1891).

Homestead. — Ses origines [M. Emile Levasseur] (26 juin 1894).

Monnaie. — Refontes des monnaies sous l'ancien régime [M. Clément Juglar] (8 juillet 1893).

Population. — La population [M. Emile Levasseur] (8 août 1891).

Prévoyance. — Sociétés de secours mutuels dans la population rurale [M. Bérenger] (13 juillet 1895).

Protectionnisme. — Résultats de la protection industrielle [M. Courcelle-Seneuil] (4 juin 1892).

Richesse. — Histoire du revenu de la terre en France, du XIIIe au XVIIIe siècle [M. Emile Levasseur] (juin 1892).

Socialisme. — Socialisme français contemporain [M. Charles Waddington] (8 juin 1895).

Travail. — Du profit de l'entrepreneur [M. Leroy-Beaulieu] (20 mai 1893). — Le patronage [M. Frédéric Passy] (21 juillet 1894).

Vauban économiste [M. Maurice Block] (27 juin 1891).

II. — SOCIÉTÉ D'ÉCONOMIE POLITIQUE DE PARIS

Antisémitisme. — De l'antisémitisme et du rôle des juifs dans les sociétés modernes (juin 1893).

Banque de France. — La séparation de la Banque et de l'Etat (octobre 1895).

Bourse. — La crise de la bourse ; ses engagements ; mesures à prendre pour l'avenir (décembre 1895). — Peut-on appeler jeu les spéculations de bourse, même celles faites dans l'intention de ne se régler que par une différence (août 1891) ?

Bourses du travail. — Des conditions auxquelles ces bourses peuvent être utiles (juillet 1893).

Bureaux de tabac. — N'y aurait-il pas avantage à remplacer les concessions gracieuses de bureaux de tabac, de kiosques et autres de même nature, par des subventions ou pensions inscrites nominativement au budget (mai 1892) ?

Change. — Importance croissante du change dans les relations internationales, nécessité d'en tenir compte dans les traités de commerce (janvier 1894).

Colonies. — Les lois économiques et morales autorisent-elles un pays à aliéner ses colonies à prix d'argent (septembre 1893) ? — Quelle politique conviendrait le mieux à leur développement (mars 1892) ?

Commerce. — Les chiffres de douane et la valeur du commerce extérieur (novembre 1895).

Conversions. — Dans quels cas les conversions de la dette publique sont-elles nuisibles au développement de la richesse nationale (juillet 1895) ? — De la légitimité et des abus des conversions de rentes (mai 1891).

Crises. — Du rôle de l'Etat dans les crises financières ; dans quelles mesures son intervention et celle des grandes banques d'émission sont-elles justifiées (janvier 1892) ? — Y a-t-il loi ou accident dans la périodicité des crises (janvier 1893) ?

Douanes. — Le système des deux tarifs douaniers peut-il être appliqué sans une entente internationale préalable à leur adoption ? Si non, n'équivaut-il pas au régime des traités de commerce (janvier 1891) ?

Economie politique. — Célébration du cinquantenaire de la Société d'économie politique de Paris (novembre 1892). — Des rapports entre l'économie politique et la sociologie (juin 1894). — Existe-t-il, en dehors de la volonté des parties contractantes, un moyen de déterminer avec plus de justice la valeur des services que les hommes se rendent entre eux (octobre 1894) ? — L'économie politique autorise-t-elle la liberté absolue des publications et dessins de nature à porter atteinte à la décence et aux bonnes mœurs (septembre 1891) ? — Pourquoi les économistes sont-ils altruistes et les socialistes égoïstes (avril 1894) ?

Enseignement. — Des réformes à opérer dans l'enseignement secondaire au point de vue économique (août 1893).

Epargne. — Dans quelle mesure l'épargne est-elle utile ou nuisible (mars 1893) ?

Etat. — De l'intervention de l'Etat dans le contrat de travail (novembre 1893). — De l'intervention de l'Etat dans les questions d'hygiène publique (avril 1892). — Les lois ouvrières au point de vue de l'intervention de l'Etat (février 1894). — Quelles sont les limites de l'intervention de l'Etat en matière d'assurances (août 1894) ?

Etat social. — Examen de la méthode à employer pour combattre le malentendu social (octobre 1893).

Finances publiques. — Les finances japonaises avant la guerre (septembre 1895).

Homestead. — Le homestead et la réforme du droit de saisie en France (septembre 1894).

Impôts. — De la querelle des impôts directs et des impôts indirects (juillet 1892). — D'un impôt sur la rente française (mars 1895). — L'impôt doit-il être essentiellement un moyen de répartir la richesse entre les citoyens (février 1891) ?

Industrie. — De l'utilité des meneurs dans les ateliers de la grande industrie (août 1892).

Initiative. — Des causes qui arrêtent en France le développement de l'initiative individuelle (mai 1893).

Monnaie. — De l'influence d'une monnaie dépréciée sur les importations et les exportations d'un pays (mai 1895). — La monnaie métallique à valeur indiquée est-elle une marchandise ou un simple instrument d'échange (août 1895) ? — La crise monétaire américaine ; ses causes, ses conséquences, ses remèdes (avril 1895). — Convient-il de dénoncer l'union monétaire latine le 31 décembre prochain (juillet 1894) ?

Monopoles. — Y a-t-il des raisons d'ordre public suffisantes pour autoriser, à l'encontre des lois économiques, le monopole des agents de change (avril 1893) ?

Mouvement économique. — Le ralentissement actuel des affaires est-il le début d'une liquidation ou un simple arrêt dans la période prospère (juillet 1891) ? — Système mercantile à part, les tableaux d'importation ou d'exportation en valeurs peuvent-ils donner d'utiles indications générales sur le développement ou la décadence du mouvement commercial d'un pays (octobre 1892) ?

Octrois. — La question des octrois (décembre 1891, février 1892).

Or. — Les mines d'or de l'Afrique du sud ; leur influence sur le prix des marchandises et sur l'avenir du bimétallisme (janvier 1895).

Population. — La liberté commerciale considérée comme moyen d'augmenter la population de la France (novembre 1891).

Propriété foncière. — Le métayage est-il une simple forme transitoire de l'amodiation des terres ? Quels sont les moyens actuels de l'améliorer (avril 1891) ?

Richesse. — Quels sont, au point de vue économique, les avantages et les inconvénients de l'inégalité des conditions d'existence (juin 1895) ?

Salaires. — De l'influence des besoins de l'ouvrier dans la détermination de son salaire (décembre 1893). — Est-il vrai que le taux des salaires soit essentiellement déterminé par la loi de l'offre et de la demande (décembre 1894) ? — Quel rapport et quelle différence y a-t-il entre le salaire nominal, le salaire réel et les degrés de bien-être des ouvriers (mars 1894) ?

Socialisme. — Les faits qui se sont produits depuis quarante ans justifient-ils les conclusions du pamphlet de Bastiat *Baccalauréat et socialisme* (mai 1894) ?

Sociétés. — Y aurait-il moyen, et dans quelles conditions, d'acclimater en France des sociétés de constructions analogues aux *Building Societies* d'Angleterre (novembre 1894) ?

Syndicats. — De la loi française sur les syndicats professionnels (octobre 1891).

Taux de l'intérêt. — De la baisse du taux de l'intérêt et de son influence sur la situation des ouvriers (février 1893). — De la productivité des capitaux nouveaux et du taux de l'intérêt dans les vieilles sociétés (juin 1892). — N'y aurait-il pas opportunité à réduire en France le taux de l'intérêt légal (septembre 1892) ? — L'abaissement du taux de l'intérêt est-il un signe de la prospérité publique (décembre 1892) ?

Travail. — De l'influence économique du repos du dimanche (mars 1891). — Doit-on préférer la forme de l'entreprise collective à celle de l'entreprise individuelle (juin 1891) ? — L'assurance obligatoire et la responsabilité civile relativement aux accidents du travail (février 1895).

III. — SOCIÉTÉ D'ÉCONOMIE SOCIALE

Assurances. — Assurances ouvrières (1892). — L'assuré en Algérie (1892).

Banque de France. — Le renouvellement de son privilège et l'agriculture (1891).

Caisses d'épargne. — Banques coopératives et caisses d'épargne (1892). — Réforme des caisses d'épargne françaises (1891). — Cette réforme devant le parlement (1893). — Son influence au point de vue du rôle des caisses d'épargne comme centres d'initiatives et institutions sociales (1891) et sur la vie régionale (1892).

Caisses de retraites. — Système de répartition des subventions dans les caisses de retraites patronales (1894).

Crédit. — Le crédit agricole devant le parlement (1891). — Le crédit populaire par le socialisme et l'association libre (1893). — Solidarité dans les sociétés de crédit (1892).

Économie politique. — Le collectivisme à l'état relatif (1894). — Rôle et devoir du capital (1895).

Homestead. — L'exemption de saisie des petits patrimoines (1892). — Les biens insaisissables de famille (1894).

Impôts. — L'impôt sur les célibataires (1892).

Industrie. — L'ouvrier belge de 1853 à 1886 (1891). — Les socialistes et les profits du capital dans l'industrie (1894).

Monts-de-piété. — Le trafic des reconnaissances (1894). — Les prêts sur valeurs à Paris (1891).

Octrois. — La question des octrois (1893). — Les octrois et leur remplacement (1894).

Population. — Dépopulation de la France (1891). — Développement de la population française en 1789 (1892).

Prévoyance. — Fonds de prévoyance retenus aux ouvriers russes (1891).

Propriété foncière. — La législation allemande et les petits biens ruraux (1894). — Les biens nationaux, leur emploi (1892). — Un nouvel assaut à la propriété foncière (1891).

Retraites ouvrières. — Les retraites ouvrières (1892).

Salaires. — La participation aux bénéfices (1895). — La participation et le malentendu social (1891). — Minimum légal de salaire (1895).

Situation économique. — Le capital, la spéculation et la finance au XIXe siècle (1892).

Spéculation. — La spéculation financière et ses abus (1892).

Syndicats. — Syndicats agricoles en France (1895). — Syndicats professionnels (1893).

Taux de l'intérêt. — La baisse du taux de l'intérêt (1892).

Travail. — Taxe sur les étrangers (1891).

COURS DES PRINCIPALES VALEURS

A LA FIN DE CHACUNE DES ANNÉES 1891 A 1895

NATURE DES VALEURS	1891	1892	1893	1894	1895
	fr. c.	fr. c.	fr. c.	fr. c.	fr. c.
Rentes françaises.					
3 %	95,00	95,70	98,30	101,55	101,00
3 % amortissable	96,60	97,00	98,90	101,35	101,30
4 ½ % (3 ½ 1894)	105,25	105,10	105,50	107,45	106,90
Fonds d'États étrangers.					
2 ¾ % anglais (consolidés)	95,00	98,30	98,50	103,00	107,60
5 % argentin, 1886	312,00	340,00	340,00	346,00	356,00
4 % autrichien, or	95,10	98,15	97,60	102,20	101,85
Égypte unifiée	479,00	99,00	101,65	103,00	103,50
— Daïra Sanieh	480,50	99,32	103,40	103,95	102,40
4 % espagnol	64,35	63,20	63,25	73,55	63,00
6 % de Cuba	504,00	460,00	443,25	493,00	407,50
4 % des États-Unis	124,00	118,00	116,00	119,00	116,00
5 % hellénique	393,75	327,00	155,00	155,00	152,50
3 ½ % hollandais	80,25	78,00	83,00	92,00	101,00
4 % hongrois	93,20	97,00	96,15	102,10	103,50
5 % italien	91,60	93,10	79,30	86,70	84,25
3 ½ % norvégien	94,00	99,90	96,75	100,65 (1894)	101,60 (1894)
3 % portugais	32,50	22,60	19,55	24,60	25,00
5 % roumain 1875	98,00	100,00	101,00	99,10	103,00
4 % russe 1867	93,70	95,65	99,20	100,75	99,80
3 ½ % tunisien (3 % 1892)	508,40	475,00	486,00	503,00	496,25
5 % turc. B	24,20	31,00	35,40	43,55	29,75
5 % turc. C	17,20	21,95	24,30	28,60	19,20
5 % turc. D	18,35	21,40	22,75	25,50	18,50

COURS DES PRINCIPALES VALEURS

A LA FIN DE CHACUNE DES ANNÉES 1891 A 1895

NATURE DES VALEURS		1891	1892	1893	1894	1895
		fr. c.	fr. c.	fr. c.	fr. c.	fr. c.
Chemins de fer.						
Actions	Est	885,00	920,00	960,00	951,00	960,00
	Lyon	1468,75	1470,00	1516,00	1416,00	1460,00
	Midi	1288,25	1305,00	1387,00	1195,00	1265,00
	Nord	1790,00	1880,00	1911,00	1792,50	1795,00
	Orléans	1507,50	1552,50	1620,00	1497,50	1555,00
	Ouest	1040,25	1057,50	1117,50	1080,00	1090,00
Obligations	Est (ancien)	437,50	448,00	453,25	469,00	464,00
	Fusion	452,00	465,00	469,00	478,50	475,00
	Midi	452,00	460,00	468,00	466,00	463,00
	Nord	452,00	472,00	473,50	486,50	481,75
	Orléans	454,00	470,00	470,00	478,50	473,25
	Ouest	450,00	461,00	468,00	478,00	469,50
Crédit foncier de France.						
Obligations foncières	1853 4 %	516,00	507,00	»	»	»
	1853 3 %	540,00	512,50	»	»	»
	1863	515,00	505,00	»	»	»
	1877	394,50	370,00	399,50	400,50	402,50
	1879	474,50	455,50	483,50	499,00	493,00
	1883	426,50	405,00	425,50	465,00	458,00
	1885	469,00	455,00	479,50	499,00	495,00
	1895	»	»	»	»	470,00
Obligations communales	1860	510,00	»	»	»	»
	1879	473,50	459,00	485,00	495,00	495,50
	1880	470,00	452,50	479,50	499,75	498,00
	1891	392,00	383,00	396,00	400,00	390,00
	1892	»	489,00	501,50	507,00	508,25
Ville de Paris.						
Emprunts	1855-1860	550,00	558,00	570,00	588,00	629,00
—	1865	530,00	538,00	540,50	555,50	557,50
—	1869	419,50	424,50	432,00	428,00	430,00
—	1871	414,00	417,00	420,50	421,00	422,00
—	1875	525,50	531,00	542,25	555,00	560,00
—	1876	525,50	530,00	542,00	554,00	556,50
—	1886	408,50	409,00	418,75	417,00	414,00
—	1892	»	»	»	380,50	377,50

1896-1900

SOMMAIRE

1896-1900

LA CHINE ET LE JAPON AU POINT DE VUE ÉCONOMIQUE

Les renseignements officiels de statistique démographique, financière et commerciale sur la Chine ont fait défaut jusqu'à ce jour. Il est cependant intéressant de connaître désormais ce vaste empire qui vient, pour sauver son existence, de briser sa muraille... morale, plus difficile à renverser que l'autre. Les traités qui ont suivi la guerre que le Japon a si brillamment menée, constituent, en réalité, la première brèche sérieuse par où passera l'Europe civilisée ; les besoins financiers de la Chine seront le lien qui ne lui permettra plus de fermer cette brèche. La Chine

En particulier, le traité de commerce avec la France nous oblige à pénétrer les ressources, les nécessités industrielles et commerciales du peuple chinois, comme le nouvel emprunt exige de notre part une exacte entente du mouvement financier de ce pays. Traité de commerce avec la France.

Nous avons, à l'heure actuelle, quelques données statistiques ; il faut que ces premiers éléments, sans caractère officiel, se transforment en statistiques d'une plus rigoureuse certitude et qu'on fasse comprendre au gouvernement chinois, qu'on comprenne soi-même, toute l'importance de chiffres relatifs notamment aux objets que nous allons brièvement indiquer, pour que la Chine puisse, dans l'avenir, échanger utilement ses ressources avec celles que peuvent lui fournir les nations civilisées et réciproquement.

Population. Superficie. Recettes budgétaires.

Si nous examinons, par exemple, la situation financière de la Chine, nous voyons qu'avec une population de près de 360 millions environ d'habitants — y compris la Mandchourie, la Mongolie, le Thibet et les divers pays soumis à la couronne, — et une superficie totale de 11,115,560 kilomètres carrés, sur lesquels ces habitants sont très inégalement répartis (1), les recettes se seraient élevées en 1889 à 78,500,000 taëls (2) (446 millions de francs).

Douanes.

Sur ces 78,500,000 taëls, 21,823,702 taëls proviennent des recettes douanières. De 1889 à 1893 inclusivement, les recettes douanières n'ont guère varié ; en 1893, elles étaient de 21,989,300 taëls, soit 6,202,087 pour droits d'importation, 8,403,060 pour droits d'exportation, 1 million 141,022 perçus sur le cabotage, 401,097 pour droit de tonnage, 419,801 pour le transit et 5,302,733 pour droits sur l'opium. Le commerce étranger entre dans ces recettes douanières pour 18,184,139 taëls et le commerce intérieur, pour 3,805,161.

Dette publique.

Quant à la dette publique, elle se divise en un premier emprunt extérieur, contracté en 1874 par le gouvernement chinois, et s'élevant à 13,500,000 taëls (627,675 liv. st.) au cours d'émission de 95 francs et au taux de 8 % et en dettes intérieures de 30 millions de taëls en 1882.

Commerce extérieur.

De 1890 à 1893 inclusivement, les importations ont atteint : 127,093,481 taëls en 1890 ; 134,003,853 en 1891 ; 135,101,198 en 1892 ; 151,362,819 en 1893 ; les exportations : 87,144,480 taëls en 1890 ; 100,947,849 en 1891 ; 102,583,525 en 1892 ; 116,632,311 en 1893. Bien que ces chiffres soient loin de représenter la valeur entière du commerce étranger, on y remarque la progression cons-

(1) Pour une superficie de 100,000 kilomètres carrés, la province de Kiangsou, par exemple, a 21 millions d'habitants, soit 210 habitants par kilomètre carré, tandis que la province de Sin-Tsiang n'a que 0,7 d'habitants par kilomètre carré. Le Yunnan, qui intéresse particulièrement la France, occupe une superficie de 380,000 kilomètres carrés; il a 12 millions d'habitants, soit 31 habitants par kilomètre carré.

(2) Le taël de Haïkouan = 5 fr. 94.

tante de l'importation et de l'exportation. Les nouveaux traités sont appelés à donner un nouvel et très vif essor à ces relations commerciales assez étendues déjà avec Hong-Kong, la Grande-Bretagne, les États-Unis, le Japon, la Russie (Sibérie et Odessa) et l'ensemble de l'Europe, mais qui deviendront chaque jour plus actives, spécialement avec la France, grâce aux provinces de l'Indo-Chine. Les principaux articles importés sont l'opium, les tissus et filés de coton, le riz, le sucre, le pétrole, les tissus de laine, les poissons, le fer, le bois, la houille, l'étain, les allumettes ; les principaux articles exportés sont le thé, la soie brute, les soieries, le coton, les fèves, les nattes, etc. ; soit, comme part proportionnelle pour 100, importation : objets d'alimentation, 46,1 ; matières premières, 11,9 ; objets fabriqués, 42,0 ; exportation : objets d'alimentation, 40,0 ; matières premières, 41,6 ; objets fabriqués, 18,4.

Les chemins de fer ne comprennent guère que deux lignes dans le nord de la Chine, partant de Takao pour se diriger, l'une à Tien-Tsin, l'autre vers Chan-Kaï-Touan, par Kaiping, avec continuation, projetée et commencée, jusqu'à Moukden. D'autres lignes existent dans l'île Formose qui appartient au Japon en vertu du traité de paix. Enfin, un chemin de fer est en exploitation près de Wou-tchang sur le Yang-tse, pour le transport des charbons. Chemins de fer.

Si incomplètes que soient les statistiques actuelles, on se rend bien compte toutefois, par ces quelques aperçus, de tout l'avenir des relations avec ces innombrables populations, généralement laborieuses, qui occupent un espace considérable dont les richesses sont à peine mises en œuvre. Mais, comme nous l'avons dit, l'effort des Européens doit porter sur l'exacte connaissance de ces richesses acquises, exploitées ou latentes.

* * *

En ce qui concerne le Japon, au contraire, des statistiques précises, permettant d'agir en connaissance de Le Japon.

Situation économique.

cause, sont publiées. La situation financière, industrielle, commerciale de ce peuple intelligent et qui vient de se révéler d'une façon éclatante tel qu'il est, l'égal aujourd'hui des peuples de la vieille Europe, est mieux connue par suite de la publication de documents de premier ordre.

Ainsi, le ministère du commerce, de l'industrie, des postes et des télégraphes a publié récemment le rapport du consul général, M. Klobukowski, sur le Japon économique en 1894, rapport auquel les traités actuels donnent une haute importance. M. Klobukowski y examine la situation économique du pays avant et après les hostilités entre la Chine et le Japon (1).

Avant la guerre, une période d'activité due à la baisse de l'argent, à l'abondance des capitaux disponibles qui en était la conséquence, était signalée de tous côtés : au 15 février, on comptait un million de sociétés nouvelles créées en moins de six mois au capital total d'environ 100 millions de yens (2) (280 millions de francs) chiffre plus que doublé en juin par la formation d'autres sociétés ; de grands travaux, notamment l'exécution de lignes ferrées, se préparaient, travaux fructueux à tous les points de vue, les chemins de fer japonais ayant toujours été d'un excellent rapport et justifiant la sécurité reconnue aux obligations et actions des compagnies exploitantes.

Après l'ouverture des hostilités se produisit un abandon à peu près complet des entreprises en cours, les transactions commerciales furent arrêtées, le taux de l'intérêt haussa subitement, mais ce furent surtout les moyens de transport qui firent défaut et occasionnèrent les plus coûteuses difficultés. Aussi, les prélèvements effectués sur les fonds de réserve du Trésor qui s'élevaient à 26 millions de yens (73 millions de francs) ayant absorbé ces ressources, le Japon dut contracter son pre-

(1) Japon. — *L'année 1894 au point de vue économique* (Rapport de M. A. Klobukoswki, consul général).

(2) Le yen *au pair* = 5 fr. 1064. — La moyenne au cours de l'année peut être évaluée, en forte baisse, à 2 fr. 72.

mier emprunt national. Cet emprunt de 30 millions de yens (environ 84 millions de francs, contracté au taux de 5 %, fut couvert plus de deux fois (76,949,000 yens, soit environ 215 millions de francs). Dette publique.

Un deuxième emprunt dut être fait, en décembre 1894. Le parlement eut connaissance, à cet effet, du projet suivant, qu'il vota : les dépenses déjà effectuées s'élevaient à 59,958,058 19 3 de yens et celles à effectuer à 90,003,114 80 7 de yens, soit au total à 150 millions de yens (environ 420 millions de francs). Les recettes se composaient de : 26 millions de yens, réserves du Trésor affectées aux frais de guerre; 30 millions de yens, obligations du premier emprunt en cours de versement; 100 millions de yens, montant des obligations à émettre ou des emprunts à effectuer, soit au total : 156 millions de yens (436 millions de francs environ). Ce budget spécial tenait donc en réserve en excédent des recettes sur les dépenses, en prévision des déficits possibles provenant du taux d'émission, une somme de 6 millions de yens (16,800,000 fr. environ). La deuxième émission d'obligations s'élevant à 50 millions de yens (140 millions de francs environ) a donné le même résultat que la première émission (emprunt deux fois couvert.) Le montant total des souscriptions s'est élevé à 90 millions 274,750 yens (1).

Les versements effectués au Trésor sur les obligations des deux émissions se sont élevés à 13,500,000 yens au 31 décembre 1894 (40,000,000 francs environ); le surplus se répartit en six versements mensuels du 31 janvier au 30 juin 1895.

(1) Voici les cours comparés des divers fonds japonais au 27 décembre 1894 et au 27 juin 1895 :

		27 juin 1895	27 déc. 1894
		—	—
Titres de pension 5 °/₀₀	Yens	97.00	97.00
Emprunt amortissable		98.10	96.90
Titres du nouvel emprunt public		95.00	92.00
— — —		25.60	25.20
— de l'emprunt naval		97.60	96.00
— de l'emprunt de guerre		86.40	28.00
		(lib. de 90 Y.)	(lib. de 30 Y.)

D'autre part, les souscriptions volontaires faites par les particuliers atteignaient au 31 décembre 1894 le chiffre de 2,500,000 yens (7 millions de francs environ).

* * *

Commerce extérieur.

Le rapport de M. Klobukowski fournit ensuite des indications détaillées sur le commerce extérieur du Japon pendant l'année 1894. Nous y voyons que le mouvement des exportations et des importations en 1894, a donné lieu à des augmentations importantes.

Les exportations de marchandises, qui étaient de 89,712,804 yens en 1893, se sont élevés à 113,246,043 yens en 1894 et les importations ont atteint 117,481,955 yens en 1894, contre 88,257,171, soit un mouvement total de 52,757,962 yens environ en plus pour l'année 1894, soit 33 % en plus pour l'importation et 26 % en plus pour l'exportation (2) ; pour le numéraire, les exportations ont passé de 12,289,188 yens en 1893, à 33,379,111 en 1894 (3) et les importations de 11,186,486 yens en 1893 à 26,783,052 yens en 1894, soit une augmentation de 37,687,089 yens en 1894. Les principaux articles d'exportation concernent les soies, thé, cuivre, charbon, riz, allumettes ; les importations portent surtout sur les cotons bruts et filés, mousselines, flanelle, draps italiens, sucre, pétrole, riz, pois et haricots.

L'importance du commerce extérieur est donc considérable et l'augmentation, en 1894, est d'autant plus frappante que la guerre a arrêté de nombreuses transactions.

Presque tous les pays ont profité de l'accroissement des transactions : les Etats-Unis ont gagné 20 millions 476,248 yens ; l'Angleterre, 15,214,468 yens ; l'Inde anglaise, 3,098,498 yens ; la Chine, 1,515,099 yens ; les Philippines, 1,231,855 yens ; la France passe de 22 mil-

(2) Du 1er janvier 1895 au 31 mai, les exportations ont atteint 49 millions 315,512 yens, et les importations 49,037,239 yens, ce qui laisse prévoir encore une augmentation générale en faveur de 1895.

(3) Pendant la même période, l'exportation de numéraire a dépassé de 13,345,501 yens l'importation, ce qui tient surtout au change.

lions 837,252 yens à 23,846,823, soit 1,009,571 yens en plus.

Nos possessions d'Indo-Chine figurent pour la première fois, d'une manière distincte, dans les statistiques de la douane impériale, pour 6,228,600 yens.

M. Klobukowski donne plus loin des détails intéressants sur la situation financière au cours de cette année 1894 qui a présenté de si graves péripéties. Il fait remarquer que la Banque du Japon, qui seule est autorisée à émettre du papier-monnaie et qui avait déjà, en décembre 1894, mis en circulation le chiffre maximum des billets que pouvaient garantir ses réserves métalliques, avait dû prendre une mesure extraordinaire, faire une nouvelle émission avec impôt de 5 %, s'élevant à 3 millions de yens (8,400,000 fr.). L'encaisse métallique de la Banque accusait au 31 décembre une différence en moins de 3,270,000 yens (au taux moyen de 2 fr. 80, 9,156,000 fr.) sur celle du commencement de l'année, plus 10 millions de yens (28 millions de francs) sortis de sa caisse. Ce déficit a été comblé au moyen de la nouvelle conversion d'après laquelle 1 yen or de ses fonds de réserve est évalué maintenant, non à 1 yen 30 comme par le passé, mais à 1 yen 80 de l'argent en raison de la baisse extrême de ce métal (en réalité 1 yen or vaut, à l'heure actuelle, ajoute le rapport, plus de 2 yens argent). Situation financière.

Nous trouvons les chiffres suivants concernant les émissions de papier-monnaie tant du gouvernement que de la Banque du Japon et des banques nationales, à la fin de chacun des douze mois, pendant les années 1893 et 1894 :

	1894 — yens	1893 — yens.
Janvier	154.964.704	144.325.137
Février	153.036.580	144.935.306
Mars	148.483.905	143.054.662
Avril	145.676.603	141.141.505
Mai	147.723.425	142.638.017
Juin	152.210.550	144.888.929

Juillet	157.893.109	150.770.018
Août	161.000.883	151.987.027
Septembre	161.812.004	152.145.290
Octobre	160.435.873	151.855.714
Novembre	163.210.022	157.208.233
Décembre	174.191.010	162.308.542

Opérations des banques.

Les affaires reprenant, par suite des succès des Japonais, les symptômes les plus favorables se présentent pour le développement du commerce extérieur et du commerce intérieur et, par suite, en faveur de la situation financière du pays, ainsi qu'en témoignent les chiffres suivants, extraits des statistiques des banquiers de Tokio et Yokohama.

Solde des prêts effectués par ces banques à la fin de chacun des semestres, pendant les années 1893-94 :

	Yens		Yens
Juin 1894	49,308,011	Décembre 1894	54,324,034
Juin 1893	47,018,595	Décembre 1893	50,953,451

Encaisse des mêmes banques aux mêmes époques :

	Yens		Yens
Juin 1894	6,600,736	Décembre 1894	7,139,221
Juin 1893	15,863,828	Décembre 1893	13,696,431

Moyenne des intérêts aux mêmes banques pendant les années 1893-1894 :

	1894	%	1893	%
Janvier	0.84	7	0.82	2
Février	0.85	6	0.70	2
Mars	0.86	8	0.73	9
Avril	0.87	4	0.73	5
Mai	0.87	5	0.68	0
Juin	0.91	8	0.62	0
Juillet	0.97	1	0.64	0
Août	1.00	3	0.64	0
Septembre	1.00	3	0.69	2
Octobre	0.98	7	0.72	2
Novembre	0.99	3	0.74	2
Décembre	0.99	1	0.88	6

M. Klobukowski concluait ainsi :

Charges et ressources du Japon.

Par le fait de la guerre, de lourdes charges pèsent sur le Japon ; quelles que soient les difficultés provoquées par la guerre, il essaiera d'y faire face, mais si elle se prolongeait, ses dépenses de guerre se chiffrant par près de 3 millions de francs par jour, ses ressources seraient vite épuisées et il lui faudrait trouver 300 à 400 millions de francs ; il est douteux qu'un emprunt national les lui fournisse et il serait obligé de faire appel aux capitaux étrangers (1). »

« La force de résistance du Japon est considérable, car elle est faite des éléments les plus féconds : la richesse de son sol, l'accroissement de sa population et l'esprit d'entreprise. Les catastrophes d'ordre physique, les crises économiques et politiques peuvent troubler momentanément cet empire et pour quelque temps retarder sa marche ; elles ne le détourneront pas de la voie qu'il suit avec tant de persistance depuis vingt ans », disait déjà en 1891 M. le consul général Klobukowski.

« Ce que j'écrivais à cette époque, ajoute-t-il, est, sans y changer un mot, d'une application actuelle, mais à la condition que, dans le chemin qu'il parcourt avec une assurance et une fermeté dignes d'éloges, le Japon sache s'arrêter à temps, à la condition que, résistant sagement à un entraînement légitime, il n'assume pas

(1) En novembre dernier, a eu lieu le premier payement de l'indemnité de guerre due par la Chine, soit 70 millions de yens. Les prévisions de M. Klobukowski étaient fort justes. En effet, le Japon a dû recourir à de nombreuses émissions de papier monnaie pendant la guerre, plus de 22 millions de yens, et depuis la guerre, 15 millions de yens, sans compter les émissions des banques nationales (au nombre de 133, représentant un capital de 48 millions de yens, créés en 1872 et dont le privilège expire dans 2 ans), et indépendamment de la diminution de la réserve d'argent, diminution que certains estiment à 50 % ; de telle sorte que, si la guerre avait continué, les difficultés financières du Japon, assez grandes jusqu'au payement complet de l'indemnité, et rendant peu séduisant à l'heure actuelle le portefeuille des finances, se seraient aggravées dans de telles proportions que le Japon se serait vu, pour en sortir s'il avait pu, à la merci des capitaux étrangers et forcé dès lors de subir les conditions les plus onéreuses, les plus préjudiciables à son expansion et à sa prospérité nationale.

une responsabilité peut-être au-dessus de ses forces, et qu'il regretterait dans un avenir prochain de n'avoir pas évitée. »

Cette sagesse, cette résistance à un entraînement légitime, que M. Klobukowski considérait comme la condition du développement croissant et exceptionnel du Japon, ce pays l'a montrée récemment en ne poursuivant pas la guerre ; il s'est « arrêté à temps » ; les renseignements économiques et financiers de M. Klobukowski n'en ont que plus de valeur et d'importance, et appellent les plus sérieuses méditations des Européens.

* * *

La situation actuelle.

L'année 1896 se présente moins favorablement pour le Japon ; les embarras financiers, qui suivent toute guerre, et qui sont surtout inhérents à toute évolution nouvelle d'un peuple, les embarras politiques, qui accompagnent toujours les premiers, ne laissent pas que de troubler le Japon, mais la vitalité de ce peuple, mûr à la civilisation, et surtout la sagesse dont il a fait preuve avant et pendant la guerre, lui feront sans doute surmonter les obstacles réels auxquels se heurte actuellement sa bonne fortune récente. Ces difficultés, en dehors de la question coréenne, sont principalement d'ordre financier. Aussi, bien que la dette publique soit considérable, serait-il question d'un emprunt militaire de 100 millions de yens pour couvrir les frais d'occupation de Formose.

Cette dette serait alors de 427 millions de yens, comprenant : emprunts intérieurs et billets d'Etat, 280 millions 500,000 yens ; emprunt 7 % livre sterling, 14 millions de yens ; 1er emprunt de guerre, 30 millions de yens ; 2e emprunt de guerre, 50 millions de yens ; émission extraordinaire, 25 millions de yens ; titres de pension, 8,500,000 yens ; emprunt pour Formose, 100 millions de yens ; le tout nécessitant un service d'intérêt, à 5 %, de 25 millions de yens, soit 10 millions d'augmentation, sans tenir compte de l'accroissement forcé des dépenses de guerre et de marine, dépenses auxquelles il est déjà proposé d'affecter la majeure partie de l'indemnité de guerre, soit 50 millions pour l'armée, 130 millions pour la flotte.

Il est vrai, en somme, que le Japon a cela de commun avec les peuples de l'Europe, mais ceux-ci ont presque atteint le maximum de leur développement, tandis que le Japon verra sans nul doute s'accroître, avec son progrès industriel et commercial, si rapide, ses ressources pécuniaires, si l'on remarque surtout que ce progrès s'accuse par une extension très grande de ses exportations. L'Europe, on le voit, a un intérêt considérable à suivre de près les affaires japonaises, aussi bien que les affaires chinoises.

LEON SAY

Décès de M. Léon Say, 22 avril 1896.

On peut répéter à propos de M. Léon Say ce que, lors de la mort de Turgot, le secrétaire perpétuel de l'Académie des inscriptions disait du grand économiste :

> Plus on recherchera les instants d'une vie bien courte, à ne considérer que le peu d'espace qu'elle occupe dans l'immensité du temps, mais devenue bien longue par l'exercice continuel de toutes les facultés de l'âme pour le bien public, plus aussi on se rappellera, avec une tendre émotion, ces paroles d'un ancien : *Bonum virum facile crederes, magnum libenter.*

Rien n'est plus vrai : comme Turgot, Léon Say fut un homme de bien ; comme lui aussi ce fut un grand homme d'Etat.

La liberté politique, la liberté individuelle, la liberté commerciale, la liberté religieuse, le respect de la conscience et des croyances de chacun, trouvèrent toujours en lui un énergique soutien. Ses discours, ses travaux, sa vie entière ont été l'affirmation et la défense constantes des idées libérales, nobles, généreuses, qui contribuent à élever l'âme et à améliorer le sort des hommes.

Membre de l'Assemblée nationale, préfet de la Seine, ministre des finances sous M. Thiers en 1872, puis en 1875, 1877, 1879, 1882; président du Sénat, ambassadeur à Londres, député, président des grandes commissions chargées d'élaborer des projets de loi économiques, commerciaux ou financiers, membre de l'Académie française et de l'Académie des sciences morales et politiques, président de la Société d'économie politique et de la Société de statistique, M. Léon Say, digne continuateur de Jean-Baptiste Say, son grand-père, d'Horace Say, son père, était d'une activité sans égale. Dès la première heure, « dès l'aurore », comme il le disait parfois, il était au travail. Rien ne faisait prévoir le coup fatal qui le ravit si brusquement à l'affection de sa famille, de ses fidèles, de ses disciples, et qui prive le pays d'une de ses plus lumineuses intelligences.

Il y a un mois, le 21 mars, il prononçait à la Chambre un admirable discours contre l'impôt sur le revenu : le lendemain, il présidait une cérémonie et assistait à un banquet; le 23, il assistait à la séance de la Chambre; le 24, il était à Londres, au Cobden-Club, où il défendait encore la liberté commerciale, la liberté individuelle, pour lesquelles il a combattu toute sa vie : le lendemain il se rendait à la Chambre. Le 5 avril, la Société d'économie politique l'attendait pour discuter une question qu'il avait proposée : « L'économie politique et la science de l'homme. » Il ne devait plus, hélas, revenir parmi nous.

L'économie politique, la statistique, les finances publiques, les lettres, perdent un maître. Son *Rapport sur le payement de l'indemnité de guerre, et sur les opérations de change qui en ont été la conséquence;* les *Solutions démocratiques de la question des impôts*, ouvrage dans lequel se trouvent réunies les conférences qu'il avait faites à l'école des sciences politiques ; *les Finances de la France*, dans lequel, disait-il, « j'ai réuni les efforts que j'ai faits à la tribune et dans la presse, pendant une année entière, pour modifier le courant qui entraînait nos finances à un péril certain » ; le *Socialisme d'Etat*, recueil de ses conférences, soit au cercle Saint-Simon, en 1884, soit, en 1894, à la Société industrielle d'Amiens ; son *Rapport* au nom de la commission extraparlementaire des alcools, en 1888 ; celui qu'il présenta au nom du jury de l'*exposition d'économie sociale* à l'exposition de 1889 ; ses ouvrages sur *David Hume*, sur *Turgot* (1887) ses traductions de la *Théorie des changes étrangers*, de Goschen ; de la *Ligue contre les lois sur les céréales*, de Cobden ; son livre *Dix jours dans la Haute-Italie ;* ses discours à la Chambre et au Sénat sur le budget, l'impôt sur le revenu, les droits de douane, les droits sur les blés, les syndicats professionnels, la responsabilité des accidents, la rente amortissable, la conversion, le privilège de la Banque de France, la question monétaire, ses articles dans le *Journal des Débats*, sont des œuvres impérissables. Ses discours, lors des 40e et 50e anniversaires, à la Société d'économie politique, dont il a été le président modèle ; à la Société de statistique, lors du 25e anniversaire de la fondation de la société; son éloge de Jules Sandeau et d'Edmond About, lors de sa réception à l'Académie française ; celui qu'il prononça sur les prix de vertu ; son mémoire à l'Académie des sciences morales et politiques sur *la Comptabilité en partie double ;* son rapport, en 1891, sur le prix Faucher : *Vauban économiste ;* ses travaux dans la *Revue des Deux-Mondes*, le *Journal des économistes*, le *Dictionnaire d'économie politique*, le *Dictionnaire des finances*, dont il dirigea la rédaction, tout en donnant à ces deux importants recueils de nombreux articles, sont des chefs-d'œuvre d'éloquence, de science et de clarté.

Dans les ouvrages qu'il a publiés, dans ses discours, dans ses conférences, dans ses articles de journaux ou de revues, dans son œuvre entière, quelle que soit la variété du sujet traité, ce qui frappe l'esprit, c'est l'unité de vues, la fermeté et la fixité des doctrines. Tel M. Léon Say apparaît au début de sa carrière, tel nous le retrouvons à la fin de sa vie, fidèle à la liberté, fidèle aux principes économiques libéraux, aux saines traditions financières, réclamant toujours l'ordre, la sagesse en politique et en finances. Depuis sa première brochure sur la *Caisse d'escompte* et sur l'*Examen critique de la situation de la ville de Paris*, ou bien encore sur les *Obligations populaires, Leçons publiques faites à Paris en* 1866, jusqu'à ses derniers discours à la Chambre sur le budget, l'impôt sur le revenu, le socialisme, il est resté toujours inébranlable dans ses opinions ; c'était « un roc », suivant le mot récent de M. Gladstone.

M. Léon Say, avait un véritable culte pour Turgot et Thiers, dont il ne parlait qu'avec émotion, les larmes dans les yeux : « Quand je parle de Turgot, — excusez-moi disait-il un jour à la Chambre, — je ne puis plus m'arrêter. »

Qui n'a présent à l'esprit le magnifique discours qu'il prononça à Saint-Germain, lors de l'inauguration de la statue de Thiers ? Il répétait sans cesse qu'il était le respectueux et fidèle disciple du libérateur du territoire, et que ce titre était pour lui le plus grand honneur :

Non, disait-il à la Chambre, lors de la discussion du budget de 1883, je n'ai pas partagé ses opinions économiques ; mais j'ai su apprendre sous sa direction comment il fallait *défendre l'organisation de nos finances ;* j'ai appris de lui *l'importance de l'ordre* dans la comptabilité publique, et comment *il fallait savoir résister à certaines exigences* qui peuvent être légitimes en elles-mêmes, mais qui ne s'accordent pas avec *l'intérêt général.* M. Thiers me disait qu'il fallait être féroce — c'était son mot favori — et il ajoutait que la férocité n'était pas assez dans mon caractère... Ce que j'ai appris de lui, ce dont je me souviendrai toujours, c'est que le premier devoir d'un ministre des finances, c'est la sincérité ; ce que je vous dois, c'est de dire la vérité, je dois la vérité au pays et je la lui dirai toujours, *quand bien même elle pourrait déplaire :* c'est mon devoir le plus strict.

Avec M. Léon Say disparaît un des hommes qui, dans les temps les plus difficiles, ont rendu au pays des services inoubliables. Par les mesures financières qu'il avait prises pour le payement de notre indemnité de guerre, par l'importance des opérations qu'il fallait concevoir et diriger et dont il assura le succès, l'œuvre de la libération du territoire, accomplie aux côtés de Thiers, restera un de ses titres de gloire et lui conservera la reconnaissance publique.

Esprit fin et délicat, d'une bienveillance exquise, M. Léon Say avait, pour tous, un mot aimable. Il eut des adversaires ; il n'eut pas d'ennemis. Il les désarmait par ses arguments spirituels, ses critiques sérieuses. Il était très sévère dans le choix de ses amis ; mais à ceux-ci il donnait son amitié, son affection, sa confiance tout entière. Combien aujourd'hui pleurent l'homme bon, le conseiller, le guide sûr qui n'est plus !

C'est le cœur profondément affligé que nous lui adressons notre triste adieu. Défendre les idées que ce Maître a servies, les doctrines et les principes économiques et financiers qu'il a soutenus, ce sera toujours penser à lui, honorer sa mémoire et l'aimer.

LA RÉORGANISATION DU MARCHÉ DE PARIS

Une vieille querelle.

La vieille querelle du marché officiel et du marché libre, autrement dit du parquet des agents de change et de la coulisse, vient de se réveiller.

Dans le projet de loi déposé par M. Tirard en vue de l'établissement d'un impôt sur les opérations de bourse il était dit, à l'article 3 que « chaque article du répertoire, relatif à une opération sur des titres admis à la cote, devra indiquer le nom et le domicile de l'agent de change par le ministère duquel l'opération aura été effectuée. » Cette disposition ne fut pas maintenue dans la loi de finances du 28 avril. L'article 30, en effet, mentionne la tenue obligatoire d'un répertoire ; mais il n'est pas question de justifier d'un bordereau d'agent de change pour ses opérations.

L'expression « d'assujetti » ou de « mandataire substitué » fut une vraie trouvaille. M. Liotard-Vogt, qui était alors directeur général de l'enregistrement, a fait preuve dans ces circonstances très difficiles, d'un grand libéralisme et il est parvenu à appliquer, sans trop de difficulté et sans réclamations sérieuses, une loi à laquelle il fallait habituer le monde des affaires.

Le bordereau obligatoire.

C'est cette disposition que proposait M. Tirard qu'il s'agirait d'appliquer à l'avenir : si les Chambres la votaient, ce serait la fin du marché libre.

On comprend, dès lors, que la question de la réorganisation ou d'une meilleure organisation de la bourse de Paris se soit immédiatement posée et qu'elle ait apporté dans les esprits une préoccupation fondée.

Faut-il accroître et fortifier le privilège des agents de change ?

Faut-il supprimer la coulisse et ses nombreux intermédiaires ?

Convient-il, au contraire, de laisser subsister ces deux organismes, comme par le passé, en fermant les yeux sur l'article 76 du code de commerce qui reconnaît aux agents de change « seuls » le droit d'effectuer des négociations sur les effets publics.

Réorganisation remise sur le tapis.

Quel est l'intérêt de l'Etat ? Quel est l'intérêt du public ? Quelle pourrait être l'organisation qui conviendrait le mieux au crédit public, aux affaires ?

Autant de questions qui sont à nouveau soulevées.

***

Situation du marché.

La situation du marché de Paris peut se résumer en quelques mots : absence ou peu d'affaires au parquet des agents de change et sur le marché libre ; désorganisation de ce dernier marché, où la défiance règne entre les divers intermédiaires.

En 1895, toutes les affaires étaient absorbées par la coulisse ; c'était alors la fièvre des mines d'or. La crise d'octobre est survenue : des pertes énormes ont été subies ; ces pertes se sont accrues dans ces derniers mois, elles ne sont pas encore comblées ; beaucoup de maisons sérieuses ne veulent plus engager d'affaires par crainte de traiter avec des intermédiaires qui ne pourraient supporter un nouveau choc.

* * *

Crises successives.

Depuis une dizaine d'années, la Bourse de Paris traverse des crises presque périodiques. Après le krach de 1882, qui avait éprouvé le parquet des agents de change bien plus que la coulisse des valeurs ou celle de la rente, et jusqu'en 1885, ce fut une période de stationnement et d'attente. Peu à peu les transactions reprirent une grande ampleur, tant au parquet qu'à la coulisse.

En 1889, le parquet des agents de change supporta tout le poids du krack des cuivres et de la chute du Comptoir d'escompte. La coulisse resta indemne. Même fait, pendant et après la chute de la Société des dépôts et comptes courants. Ce fut ensuite le tour de la coulisse. Pendant les années 1894 et 1895, elle se livra tout entière aux opérations sur les mines d'or et commit de grosses exagérations et des fautes nombreuses. Au lieu de rester dans leur rôle d'intermédiaires, d'arbitragistes, ou d'agents sur leur marché spécial, les coulissiers furent tout à la fois banquiers, lanceurs d'affaires, émetteurs de titres plus divers les uns que les autres. Pendant cette période de fièvre on ne discutait guère les crédits de son voisin : au moindre choc, le marché fut désorganisé.

* * *

A diverses reprises, la situation du parquet et de la coulisse, a attiré l'attention du gouvernement. Tantôt

Monopole ou liberté.

on a demandé la suppression de la coulisse, tantôt son maintien, tantôt la réorganisation du marché officiel.

Il est certain que si le monopole des agents de change se justifie par le caractère officiel et la grande honorabilité des membres qui font partie de cette corporation et qui assurent aux transactions et surtout aux transferts des effets publics, la régularité et l'authenticité que ne peuvent donner des intermédiaires libres — car tout le monde peut être coulissier, — le monopole présente néanmoins certains dangers. Limiter à soixante le nombre des agents de change, depuis plus d'un siècle, c'est vouloir en quelque sorte limiter les transactions. Or, les affaires financières d'aujourd'hui, la fortune mobilière de nos jours ne peuvent être comparées à celles qui se traitaient il y a vingt, trente, quarante, cinquante, cent ans.

Intermédiaires officiels insuffisants.

Dès qu'un grand mouvement de hausse ou de baisse se produit sur certaines valeurs, les agents de change, de même que les coulissiers du marché libre, se préoccupent avec raison de leur situation personnelle et de celle de leurs confrères ; les crédits se restreignent ; les crises éclatent ; elles sont d'autant plus aiguës que les contre-parties font défaut. Il n'est pas plus facile de trouver à vendre, si le marché est en panique, qu'il n'est facile d'acheter, s'il se produit une explosion de hausse. Vendeurs et acheteurs ne peuvent plus se liquider.

Il est presque impossible, en effet, que soixante personnes privilégiées puissent satisfaire à tous les besoins du public qui possède 25 milliards de rentes françaises, 20 milliards d'actions et d'obligations de chemins de fer, 20 milliards de fonds étrangers, 15 à 20 milliards d'autres valeurs diverses. Dans les périodes de calme, d'atonie, de pénurie d'affaires comme celle que nous traversons, les soixante agents de change suffisent ; quand les transactions se réveillent, ils ne sont plus assez nombreux.

La nécessité de faire ses affaires plus vite, la prudence qui conseille de diviser ses risques en s'adressant à des intermédiaires différents, ont créé la coulisse et l'ont rendue nécessaire. La coulisse.

La question se pose de savoir si elle peut être légalement reconnue ; si elle peut fonctionner concurremment avec le parquet ; s'il y a avantage pour l'Etat à laisser les choses telles qu'elles sont ; « à fermer les yeux » ou bien, au contraire, s'il ne vaudrait pas mieux rechercher dans quelles mesures l'organisation du marché de Paris pourrait être modifiée dans l'intérêt du public.

* * *

Ce sont là des points bien difficiles à résoudre. Etant donné que, légalement, le monopole des agents de change existe et que les agents ont le droit absolu, en vertu de l'article 76 du code de commerce, d'exiger que « toutes » les affaires en effets publics soient traitées par eux, intermédiaires officiels, comment pouvoir établir une démarcation complète entre les affaires qui peuvent se traiter exclusivement au parquet des agents de change et celles qui pourraient s'effectuer sur le marché libre ? Ce qui n'est pas douteux, c'est que la suppression totale de ce dernier marché enlèverait au Trésor des recettes assurées. A ne consulter que l'intérêt de l'Etat, l'impôt sur les opérations de bourse effectuées en coulisse a rapporté au Trésor bien plus que celles effectuées au parquet des agents de change. Les produits de l'impôt sur les opérations de bourse. Ce sont les coulissiers qui versent le plus.

D'autre part, en concentrant entre les mains de soixante personnes privilégiées toutes les affaires d'un marché financier où le total des valeurs « cotées » ne s'élève pas à moins de 150 milliards, s'il ne dépasse ce chiffre, n'est-ce pas risquer de mettre le crédit public à la disposition de quelques personnes qui, en vertu même de leur règlement intérieur, peuvent, quand elles le veulent : connaître la situation de tel ou tel de Conséquences d'une concentration exagérée.

leurs confrères ; — restreindre ou couper les crédits des clients qui leur paraissent trop engagés, soit à la hausse, soit à la baisse ; — provoquer ainsi une crise par les mesures de prudence ou de répression qu'elles adoptent, pour sauvegarder, avec raison, leurs intérêts personnels.

* * *

Intérêt du Trésor.

A un autre point de vue, plus les transactions sont nombreuses, plus il y a de personnes qui s'occupent d'affaires, plus élevées sont les recettes du fisc. Toutes les fois qu'une entreprise se crée, qu'un emprunt français ou étranger a lieu, que l'Etat, la ville de Paris, le Crédit foncier, les chemins de fer, les sociétés industrielles font admettre des titres à la cote, ce sont de nouveaux éléments d'affaires pour les agents de change.

Or, que rapporte ce monopole à l'Etat ?

« Rien », alors que tous les monopoles, banques, chemins de fer, transports, etc., lui payent des redevances très lourdes.

Intérêt du public.

Que rapporte le monopole au public ?

« Rien ». Les droits de courtage sont trop élevés.

Sur la rente française, le courtage officiel est de 40 francs à terme par 3,000 francs de rentes, alors que sur le marché libre on paye 12 fr. 50 et 25 francs ; au comptant, on paye aux agents 130 francs par 3,000 fr. de rentes, c'est-à-dire 0,125 par 3 francs de rentes coûtant 100 francs, alors que sous le ministère Bourgeois, le ministre des finances d'alors, M. Doumer, et le président de la commission du budget, M. Cochery, ont reconnu avec raison, que l'impôt de 0,05 pour 1,000 francs était déjà trop lourd et pouvait nuire aux transactions sur nos rentes et au crédit de l'Etat.

Qu'il s'agisse d'actions ou d'obligations de chemins de fer, de fonds étrangers, le courtage est aussi élevé pour les valeurs françaises que pour les valeurs étrangères. Un titre non libéré paie le même courtage que s'il est libéré entièrement. Pour les affaires à terme, les doubles liquidations donnent aux agents un double courtage, qui, s'ajoutant au taux des reports, rend les arbitrages avec les places étrangères coûteux et difficiles.

Au-dessus de toutes ces considérations, ne convient-il pas de se demander s'il est bon pour un pays de monopoliser les affaires, le crédit de l'Etat, tout un marché, entre les mains de quelques agents qui pourraient agir sans contrepoids?

L'article 70 est un anachronisme.

L'article 70 du code de commerce était admissible quand on comptait seulement quelques titres à la bourse; aujourd'hui, n'est-ce pas un anachronisme, étant donnée la quantité de valeurs qui s'y négocient : étant donnés encore, la création des grands établissements de crédit et le développement et le morcellement de la fortune mobilière ?

* * *

Questions à élucider par une commission spéciale.

On a longtemps discuté ces questions : elles restent toujours sans solution ; il est cependant utile qu'elles en aient une.

Peut-être serait-il possible d'obtenir un résultat pratique en faisant appel aux lumières de personnes compétentes, spéciales, choisies parmi les représentants des agents de change, des banquiers, des sociétés de crédit, des chambres de commerce, des hauts fonctionnaires de l'administration des finances. Cette commission pourrait, tout en examinant le meilleur mode d'organisation ou de réorganisation du marché financier, étendre le cercle de ses études et indiquer diverses réformes utiles au public et à l'Etat, telles que : l'admission à la cote, les droits de courtage, la double liquidation, les documents à exiger des compagnies ou gouvernements emprunteurs, le maintien, le remplacement ou la suppression du répertoire pour les affaires de bourse et, ce qui serait fort important, la création d'un répertoire des sociétés par actions et emprunts, dans lequel le public trouverait les renseignements officiels qui lui manquent ; les négociations de valeurs non admises à la cote officielle, la garantie solidaire de la corporation des agents de change pour les affaires que leur monopole leur concède le droit exclusif de traiter, la suppression de la coulisse ou son maintien avec des garanties pour le public et en sauvegardant les droits des agents de change, etc.

Après une étude comparative de l'organisation des divers marchés financiers, cette commission pourrait fournir au gouvernement des éléments d'appréciations qui lui permettraient d'agir en pleine connaissance de cause et de s'appuyer sur ses résolutions pour modifier ou laisser les choses en l'état.

Nous ne voulons pas préjuger le résultat des discussions auxquelles donnerait lieu une telle consultation : mais nous avons la conviction que l'échange des idées qui seraient émises, ne pourrait que fortifier les résolutions auxquelles le ministre des finances pourra un jour ou l'autre, s'arrêter.

Une solution est nécessaire.

Ce qui n'est pas douteux, c'est que le marché financier ne peut vivre et prospérer dans l'état actuel de défiance qui y règne. Et c'est là un gros danger car, au-dessus des intérêts très respectables de la corporation des agents de change et de ceux des coulissiers, il y a l'intérêt du public qui désire faire ses affaires le mieux et le moins cher possible ; l'intérêt de l'Etat, qui désire un marché financier des plus larges, des plus étendus, car le crédit public est le premier à en profiter.

* * *

Fautes du marché libre.

Les reproches qu'on adresse au marché libre, à la coulisse des valeurs surtout, car, jusqu'à présent, celle de la rente reste hors du débat, ne sont assurément pas sans fondement. Pendant ces dernières années, les coulissiers sont sortis de leur rôle : ils ont empiété sur des opérations dont la négociation aurait dû rester confiée aux agents de change et continuent à s'occuper de divers titres cotés au parquet, comme les fonds espagnols, turcs, Banque ottomane, actions Rio-Tinto, etc. Puis, au lieu de rester courtiers et intermédiaires, ils se sont faits « banquiers », « émetteurs », « introducteurs », « acheteurs et vendeurs » de valeurs ; ils ont publié des brochures, des circulaires, des journaux pour recommander tel ou tel titre qu'ils négociaient ensuite sur leur propre marché ; les actions de mines d'or n'auraient pas empoisonné la petite épargne et la spéculation sans l'intervention de la coulisse. Si aujourd'hui, ajoute-t-on, le marché de Paris est dans une stagnation complète, si des pertes énormes ont été subies, si nous avons eu les crises de 1895 et 1896, le marché libre en est responsable ; sa suppression serait une œuvre de salubrité publique.

Pertes énormes sur les mines d'or.

* * *

Fautes du marché officiel.

Comme le dit un vieux proverbe : « qui n'entend qu'une cloche n'entend qu'un son ». Le marché libre a commis des fautes ; il a éludé les sévères prescriptions du marché officiel, il est devenu libre jusqu'à la licence ; tout le monde en convient ; mais le marché officiel n'a-t-il pas commis, lui aussi, de bien nombreuses fautes et à diverses époques ? Faut-il rappeler 1866, au lendemain de la journée du 5 juillet, après Sadowa ? 1870 et les affaires Philippart ? le krach de 1882, conséquence des spéculations insensées tolérées sur une foule de sociétés de crédit, admises à la cote et aujourd'hui disparues ? L'Union générale a valu 3,200 francs ; la Banque de Lyon et de la Loire, 1,400 à 1,500 francs ; la Société française financière, 1,027 fr. 50; la Banque de prêts à l'industrie, 650 francs ; la Banque nationale, 810 francs ; la Société nouvelle, 850 francs ; le Crédit de France, 900 francs ; le Crédit de Paris, 900 francs ; la

Le krach de 1882 a coûté plusieurs milliards.

Banque romaine, 800 francs, etc. Le krach de 1882 a coûté, suivant M. Léon Say, « une nouvelle rançon de plusieurs milliards à la spéculation, comme la rançon de 1871 payée aux Allemands » (1). Que valent aujourd'hui tous ces titres, négociés par les agents de change au comptant et à terme ? Pas même le papier qui a servi à les confectionner, car, suivant encore un mot de M. Léon Say, « il y a quelque chose d'écrit dessus » (2).

Et, en 1889, le marché officiel n'a-t-il pas été bouleversé à la suite des spéculations sur les cuivres et les valeurs de cuivre ?

En 1882, il a fallu de puissantes interventions pour remettre en état les affaires du parquet officiel des agents de change de Paris ; le 7 février, le tribunal de commerce de Lyon prononçait la dissolution des charges d'agents de change de cette ville ; des liquidateurs judiciaires étaient nommés et, à l'heure actuelle, le parquet de Lyon liquide encore et paye les pertes qu'il a subies pendant cette période de fièvre.

* * *

Responsabilité relative.

Ces faits prouvent que si, dans ces dernières années, les coulissiers ont négocié et introduit sur le marché des valeurs minières qui ont causé des pertes énormes, le marché officiel a, lui aussi, admis à la cote des valeurs qui ont sombré.

Serait-il juste de reprocher aux agents de change d'avoir admis ces titres à la cote ? faut-il les rendre responsables des cours fantastiques qui ont été atteints, des pertes causées au public ?

Non assurément ; les agents de change ont pu se tromper et être trompés eux-mêmes ; ils ne peuvent être responsables de la direction donnée aux affaires dont les titres se négocient à leur parquet, ni de l'engouement du public qui subitement exagère et porte

(1) Léon Say, *la Politique financière de la France*, page 169.
(2) Léon Say, *les Interventions à la Bourse depuis cent ans.*

aux nues tel ou tel titre et fait des rêves dorés avec les papiers qu'il achète. Crises de spéculation.

Ces crises de spéculation et de crédit, ces catastrophes financières sont, comme l'a dit et démontré excellemment M. Paul Leroy-Baulieu : Opinion de M. Leroy-Beaulieu.

> L'effet naturel de l'imagination et de l'exaltation développées par une période de prospérité et des abus de crédit auxquels cette exaltation recourt pour se satisfaire et exécuter ses projets (1).

C'est encore, comme l'écrivait M. Léon Say au lendemain de la crise de 1882 : Opinion de M. Léon Say.

> Un accident économique qui se produit toujours de la même façon et qui se reproduira probablement pendant bien des siècles, sans changement, que l'expérience peut faire prévoir, mais qu'elle a toujours été hors d'état de prévenir, et que sans doute elle ne préviendra jamais, parce qu'il est le résultat d'une maladie morale qu'on ne pourrait guérir qu'en modifiant la nature humaine. Quand les habitants d'un pays ont accumulé des épargnes extraordinaires dont le montant dépasse ce que le train courant des affaires peut absorber aisément, ils sont pris de vertige ; ils se mettent à la recherche de placements avec inquiétude, avec hâte et bientôt avec une furie singulière. C'est comme une frénésie qui leur fait perdre le jugement et qui les livre, bourgeois, rentiers et paysans, capitalistes petits et grands, à des courtiers véreux qui les dupent et qui les volent. Ils ne se rendent plus compte des conditions naturelles des affaires : ils n'écoutent plus les conseils de la prudence et, *comme les papillons, ils se brûlent à toutes les chandelles. Ils perdent le sentiment de la réalité et croient au surnaturel* (2).

* * *

Il ne faut donc pas, pour critiquer les coulissiers ou les agents de change, établir, en quelque sorte, le bilan des fautes qu'ils ont pu commettre, ou des bonnes et mauvaises valeurs qu'ils ont négociées. Ces erreurs, par une sorte de fatalité, se renouvellent périodiquement ; le public se jette tantôt sur une valeur qui se négocie sur le marché libre, tantôt sur une autre qui est cotée au marché officiel : agents de change, coulissiers, banquiers, intermédiaires, sont entraînés à leur tour ; c'est, suivant l'expression de M. Léon Say,

(1) *Traité d'économie politique*, tome IV, page 439.
(2) Léon Say, *les Interventions à la Bourse depuis cent ans*.

une véritable « frénésie », et ceux qui restés sages, au milieu de l'engouement général, conseillent la prudence, sont, la plupart du temps, considérés comme des fâcheux.

Parce que le public a perdu de l'argent sur les valeurs négociées par les agents de change, ce n'est pas une raison pour dire « à bas les agents de change ; plus de privilège ; plus de monopole ».

Parce que le public a fait de très fâcheuses affaires avec les valeurs émises par la coulisse, il ne faut pas dire non plus « à bas le marché libre, plus d'opérations autres que celles pouvant s'effectuer au parquet des agents de change ». Ce ne seraient pas là des arguments suffisants, car le marché officiel et le marché libre constituent un organisme qui peut être modifié, amélioré, mais non détruit.

* * *

Insuffisance du nombre des agents.

La véritable question à examiner est celle-ci : le monopole absolu des agents de change, tel qu'il a été constitué en 1714 et 1724, ne constitue-t-il pas un anachronisme ?

L'arrêt du conseil de 1724 commettait soixante agents « pour faire les négociations de toutes lettres de change de place en place, et autres effets ». Rien n'empêcherait les agents de change de revendiquer encore le monopole des négociations de lettres de change. Or, ils ne s'en occupent pas, pas plus que des matières d'or et d'argent. Ce qu'ils revendiquent énergiquement, c'est le monopole exclusif de négocier les valeurs de bourse.

Valeurs cotées au début du siècle : 1.200 à 1.300 millions.

Ils s'appuient, avec raison, sur l'article 76 du code de commerce et, tous les jours, au bas de la cote officielle, ils rappellent cette loi. Quand fut édicté l'article 76 du code de commerce, huit valeurs seulement étaient cotées et se négociaient à la Bourse de Paris ; c'étaient le 5 % consolidé, les bons de remboursement, les obligations à longue échéance, les bons de la caisse d'amortissement, les rescriptions sur domaines, les rescriptions pour rachat de rentes foncières, les actions de la Banque de France avec et sans dédoublement, les actions des Ponts. Il y avait alors 155,922 inscriptions de rentes s'élevant à 53,934,431 francs. Le capital de la Banque était de 90 millions, réduit à 67,900,000 francs par le rachat de 22,100 actions ; le capital des autres valeurs était presque insignifiant. L'ensemble des titres cotés, y compris la rente, représentait à peine un capital nominal de 1,200 à 1,300 millions et un capital effectif de 600 à 700 millions.

Pour négocier ces valeurs, les agents de change étaient comme aujourd'hui au nombre de soixante, alors que maintenant plus de mille valeurs sont cotées à la bourse au comptant et à terme, et que leur montant nominal ne s'éloigne pas, nous l'avons dit, de 150 milliards.

150 milliards de valeurs aujourd'hui.

* * *

Quant au montant total des négociations qui s'effectuent actuellement en bourse, un calcul fort simple peut le déterminer approximativement.

L'impôt sur les opérations de bourse est de 0 fr. 05 par 1,000 francs ; on paie aussi bien 0 fr. 05 pour un capital de 10, 50, 100, 500 francs que pour une somme de 999 francs. L'impôt a rapporté 5 millions en 1896 alors qu'il avait produit plus de 10 millions en 1895. En supposant que cet impôt ait été appliqué en moyenne à des opérations de 500 francs il permettrait d'évaluer a un minimum de 50 milliards le total des opérations effectuées pendant l'année 1896, si nulle pour les affaires ! Nous sommes loin, bien loin, des années 1714 et 1724, alors que les valeurs mobilières n'existaient pas, ou bien de l'an 1807, quand le code de commerce fut promulgué, alors que huit valeurs étaient cotées à la bourse et représentaient, au total, un capital effectif de 600 ou 700 millions !

50 milliards d'opérations annuelles.

Le monopole ne rapporte rien à l'Etat.

Combien d'autres monopoles ont été établis sous l'ancienne monarchie et ont disparu ? Combien d'autres, constitués dans le cours de ce siècle, tels que la Banque de France, les chemins de fer, le gaz, les omnibus, ont subi de profondes modifications ! Seul, le monopole des agents de change est resté immuable ! Et il ne rapporte pas un centime à l'Etat.

* * *

On ne peut étouffer la liberté des transactions.

Le développement de la coulisse, ses progrès, son immixtion dans les affaires monopolisées par les agents de change ont été la confirmation de ce principe que M. Boulanger rappelait, avec raison, à la tribune du Sénat « aucune loi restrictive ne peut étouffer la liberté des transactions » (1).

En 1866, M. Rouher parlait à la tribune du Corps législatif des courtiers de commerce et, pour justifier leur suppression, il disait :

> Ils n'ont pas su remplir toutes leurs fonctions ; ils n'ont pas su englober dans leur privilège toutes les attributions qui leur avaient été données par les lois, si bien que la force de la nécessité a créé autour d'eux une quantité considérable d'autres courtiers faisant des opérations qui rentraient dans leur privilège ; en raison de l'impossibilité d'établir des barrières entre le courtage officiel et les ingérences des courtiers marrons, le gouvernement propose le rachat de ces offices.

Est-ce que ces paroles ne pourraient pas s'appliquer, mot pour mot, au monopole des agents de change ?

La coulisse est donc née par la force même des choses, parce que les agents de change n'ont pu englober, dans leur privilège, toutes les affaires pour lesquelles le public avait besoin d'intermédiaires.

Le fait plus fort que le droit.

Le fait est devenu plus fort que le droit. C'est en vain qu'à diverses reprises, la coulisse a été traquée, poursuivie : elle a néanmoins toujours vécu ; et bien souvent elle est devenue un « auxiliaire du parquet avec lequel elle conclut directement ses opérations, toutes

(1) Sénat, *Débats parlementaires*, 29 mars 1893.

les fois que l'occasion s'en présente » (1). Existe-t-il, en effet, un seul agent de change qui pourrait affirmer qu'il n'a jamais conclu une seule opération avec un coulissier ? Et, dans cette immense spéculation sur les mines d'or, n'y a-t-il pas d'agents qui se soient adressés à la coulisse ?

* * *

Les affaires souffrent de l'état de choses actuel.

Quel est le résultat le plus clair de toutes ces discussions, de ces luttes renaissantes entre les agents officiels et les coulissiers ? C'est que les affaires en souffrent et, en première ligne, la rente française et le crédit de l'Etat. Le marché de Paris perd chaque jour de sa force et de son influence ; c'est à Londres que se traitent les grandes opérations internationales ; Bruxelles prend un développement de plus en plus important. Le rendement de l'impôt sur les opérations de bourse, sans parler d'autres preuves, démontre l'inactivité de nos places financières et on peut se demander si l'Etat ne serait pas le premier à souffrir de ce délabrement du marché financier, le jour où il aurait besoin de faire une grande opération de crédit qui nécessiterait tous les concours.

Tous les régimes politiques, malgré des tracasseries intermittentes, ont toléré la coulisse : Mollien, sous Napoléon Ier ; de Villèle, sous la Restauration ; Humann et Lacave-Laplagne sous Louis-Philippe ; Fould et Magne, sous le second empire. Quand les agents de change demandaient des mesures répressives contre ceux qui empiétaient sur leur monopole, les ministres des finances les écoutaient avec bienveillance, mais ils pensaient tous, en réalité, ce que l'un d'eux et non des moins illustres, M. de Villèle, disait à la Chambre dans la séance du 30 avril 1824 :

Tant que vous sentirez comme nous l'indispensable nécessité, pour un pays comme la France, de recourir à des emprunts le jour où sa sûreté peut l'exiger, ou même sa prospérité le lui demander, il faut bien conserver vos moyens de crédit.

(1) A. Waldmann, *la Profession d'agent de change*, page 350.

En 1842, le préfet de police, M. Delessert, se refusait à poursuivre la coulisse sur la plainte des agents de change. En 1882, M. Ménard-Dorian déposait une proposition de loi déclarant la liberté pour tous d'exercer la profession d'agent de change. En 1893, M. Bourgeois réclamait la nomination d'une commission chargée d'étudier la question du privilège des agents de change. M. Yves Guyot avait déjà demandé qu'avant de statuer sur l'impôt sur les opérations de bourse, la Chambre examinât d'abord l'organisation du marché financier et, parmi les députés qui votèrent cette motion, se trouvaient les noms de MM. Aynard, Charles-Roux, Francis Charmes, Henri Germain, Hély d'Oissel, Camille Krantz, Maurice Lebon, Léon Say, etc.

Le même jour, M. Félix Faure dit à la tribune qu'il espère que « quand on s'occupera de l'organisation du marché de Paris, on arrivera à la suppression du monopole ».

Le 28 avril 1893, le ministre des finances déclarait qu'il était nécessaire de procéder à une réorganisation du marché français. « Nous avons, disait-il, l'intention de le faire par un projet complet instituant une organisation légale qui sera basée sur la liberté, mais sans en exclure la réglementation. Ce projet, nous le mettrons à l'étude. »

* * *

Une réorganisation du marché s'impose.

Voilà pourquoi, à n'envisager que l'intérêt supérieur de l'Etat, de son crédit, l'intérêt des affaires en général et celui du public, la réorganisation ou une meilleure organisation du marché financier s'impose.

Mais la loi est la loi : aussi dure qu'elle soit, elle doit être respectée ; les agents de change détiennent un monopole, légalement reconnu ; ils ont acheté et payé leurs charges à un prix d'autant plus élevé qu'ils pensaient jouir du droit qui leur appartient ; ils demandent au gouvernement de les protéger et de supprimer la coulisse qui porte atteinte à leurs privilèges.

Les agents de change ont la loi et le droit pour eux. La question est nettement posée. Le gouvernement, à son tour, sans vouloir porter atteinte à des intérêts particuliers fort respectables, doit se placer au point de vue des intérêts généraux du pays, du public et de l'Etat. Ce qui est certain, c'est que la situation actuelle ne saurait durer. La réforme de nos marchés financiers a été souvent demandée, reconnue nécessaire, promise, et toujours ajournée. Il ne serait pas sans danger aujourd'hui de rester dans le *statu quo*.

Voilà pourquoi encore l'idée que nous avons émise d'instituer une commission spéciale chargée d'examiner les questions complexes et difficiles que soulève notre organisme financier actuel, a fait son chemin et rencontré tant de faveur.

Le ministre des finances a pu déjà entendre bien des arguments pour et contre le monopole des agents de change, le marché libre, les affaires qui se traitent à la corbeille du parquet et sous le péristyle. Il doit conserver son initiative et ne faire que ce qu'il jugera utile, sans subir aucune pression, de quelque côté qu'elle vienne. Il est trop prudent pour vouloir tenter une réforme radicale qui pourrait être plus nuisible que favorable aux graves intérêts dont il a la garde. Avant d'agir, il doit tenir à s'appuyer sur l'opinion d'hommes compétents, ayant l'expérience pratique et théorique des affaires de crédit.

Nous croyons que la commission qu'il nommerait faciliterait sa tâche ; elle n'aurait, en aucune façon, à empiéter, ni sur son initiative, ni sur sa responsabilité qui doivent rester tout entières. Les discussions qui auraient lieu entre les membres qui la composeraient, les enquêtes auxquelles elle procéderait, les communications qu'elle recevrait, apporteraient la lumière sur bien des points qui ne peuvent être élucidés dans le silence du cabinet ou discutés à la tribune ou dans des articles de journaux.

Nous savons, par expérience, que si l'on peut dire beaucoup de bien des commissions extraparlementaires, on peut en dire aussi du mal ; mais nous savons aussi que lorsqu'il s'agit du crédit public, un gouvernement ne saurait s'entourer de trop de renseignements. Il doit craindre, avant tout, de ne pas connaître toute la vérité. Tout en faisant appel aux lumières de ceux qui, dans le parlement, dans l'administration, dans le monde économique et financier, peuvent lui donner des indications précises, il reste maître d'appliquer ses propres idées : mais il peut éviter ainsi de commettre des erreurs quelquefois irréparables.

En Angleterre, en Russie, en Allemagne, en Autriche-Hongrie, en Belgique, quand il s'est agi de questions monétaires ou financières ou de celles qui touchent aux marchés financiers, de grandes commissions ont été nommées par le gouvernement. C'est leur opinion, librement exprimée, que les ministres des finances ont toujours tenu à connaître, avant de prendre une résolution définitive.

L'intérêt et l'avenir du marché doivent primer toute autre préoccupation.

Ce qui doit surtout l'emporter sur n'importe quelle préoccupation, c'est l'intérêt de l'État, de son crédit, du public et des affaires, c'est l'avenir de notre marché financier.

LES CAPITAUX FRANÇAIS EN TURQUIE (1)

Valeurs ottomanes cotées.

Sans compter les lots turcs, qui se négocient sur le marché en banque, mais dont la publication des tirages et la négociation officielle sont interdites en France, parce que ce sont des valeurs à lots étrangères *non cotées* qui, par cela même, tombent sous l'application de la loi de 1836 sur les loteries — ce qui est excessif

(1) 1890.

et abusif, — la cote officielle de la Bourse de Paris contient 18 valeurs ottomanes diverses dont le prix nominal s'élève à 3 milliards 749 millions et qui, aux cours de la Bourse, valent 2 milliards 767 millions. Sur ces 2 milliards 767 millions, les amortissements effectués jusqu'à ce jour s'élèvent approximativement à 37 millions : ce serait donc, en réalité, 2 milliards 730 millions de valeurs turques qui se négocieraient en France.

En voici le relevé :

VALEURS	NOMBRE de TITRES	Taux d'émission	Valeur totale au prix d'émission	Valeur totale nominale	Cours actuels	Valeur aux cours actuels	Nombre de titres amortis	Valeur des titres amortis
		fr. c.	millions de francs	millions de francs				millions de francs
Dette ottomane. S. B..	512.062	»	»	256.0	31 10	79.3	»	»
Dette ottomane. S. C..	1.541.655	»	»	770.8	19 25	585.8	»	»
Dette ottomane. S. D.	2.198.419	»	»	1.039.2	19 15	885.3	»	»
Ottomane cons. 4 % 90	227.250	»	»	113.6	345 00	78.4	13.985	7.0
Ottomane prior. —	391.302	411 50	160.8	195.6	415 00	162.4	21.625	10.8
Douanes 5 %.....	295.454	500 00	147.7	147.7	456 00	134.7	27.016	13.5
Tribut d'Egypte 4 % 1891.......	»	»	»	167.9	100 00	167.9	»	3.2
Priorité Tombac..	45.455	»	»	22.7	305 00	13.8	1.426	0.7
Ottomane 4 % 1894	80.000	425 00	34.0	40.0	398 00	31.6	577	0.2
— 3½ 1894 Tribut d'Egypte.	»	94 %	192.9	206.9	96 50	199.7	»	1.0
Ottomane 5 % 1896	105.500	480 00	50.6	52.7	407 00	42.9	»	»
Banque ottom. (1)	500.000	500 00	125.0	250.0	634 00	162.0	»	»
Beyrouth-Damas..	120.000	295 00	35.4	60.0	285 00	34.2	1.132	0.5
Ch. orientaux (2).	100.000	500 00	40.0	50.0	483 00	38.3	»	»
Salonique - Constantinople.	320.000	divers	»	160.0	256 00	81.9	»	»
Smyrne-Cassaba 4 % 1891	113.120	418 32	47.2	56.5	370 00	41.8	»	»
Smyrne-Cassaba 4 % 1895	140.000	432 50	60.4	70.0	290 00	40.6	»	»
Tabacs ottomans..	200.000	200 00	40.0	40.0	335 00	67.0	»	»
			TOTAUX...	3.749.0	......	2.767.0		

(1) Actions libérées de 250 francs.
(2) Actions libérées de 400 francs.

On se rappelle que par suite du consentement des créanciers de la Porte à la conversion de la dette ottomane en une dette consolidée et unifiée, l'iradé du sultan de septembre 1881 avait décrété l'émission de nouveaux titres de la dette au montant de 92 millions 225,857 livres sterling. Il faut y ajouter le capital réduit, mais non convertible, de l'emprunt des chemins de fer rouméliens (lots turcs) au montant de 14,211,407 livres sterling, ce qui donne un total de 106,437,234 livres sterling, au lieu de 190,997,980 livres sterling de la dette primitive. En ajoutant aux 106 millions de livres sterling ci-dessus indiqués, les divers emprunts effectués depuis 1881 dont nous venons de donner le détail, on voit que la dette de la Turquie n'a cessé de s'accroître.

* * *

Valeurs placées en France.

Quelle est, sur ce chiffre énorme, la part qui se trouve réellement dans les portefeuilles français ?

Les valeurs turques — fonds d'Etat exceptés — qui sont soumises en France au droit d'abonnement, sont les suivantes :

Beyrouth-Damas-Hauran	20.000 actions. 120.000 obligations 3 %.
Jaffa à Jérusalem	8.000 actions. 19.024 obligations.
Chemins de fer orientaux	100.000 actions.
Salonique-Constantinople	30.000 actions. 320.000 obligations.
Salonique-Monastir	50.000 obligations.
Smyrne-Cassaba	113.120 obligations. 155.000 oblig. 2ᵉ série.
Banque ottomane	500.000 actions.
Société ottomane des allumettes	8.000 actions. 16.000 parts de fondat.
Société ottomane d'éclairage	12.000 actions. 12.000 obligations.
Tabacs ottomans	200.000 actions.

Soit, au total, 878,000 actions diverses, 795,144 obligations et 16,000 parts de fondateurs. Les droits d'abonnement, on le sait, sont liquidés sur une quote-part correspondant à la circulation présumée en France. Le capital assujetti à l'impôt, en ce qui concerne les valeurs que nous venons d'énumérer, est de 250 millions de francs.

Quant aux fonds d'Etat ou titres considérés comme tels, ils comprennent les trois séries B, C, D de la dette, les obligations 4 % consolidées, les 4 % Priorité 1890, les 5 % Douanes, les obligations du Tribut d'Egypte 4 % et 3 1/2 ; les obligations priorité Tombac, les 4 % ottomanes 1894, les obligations 5 % ottomanes 1896.

Avec les valeurs abonnées, ces divers titres représentent une valeur nominale de 3 milliards 749 millions et une valeur effective, aux cours cotés à la bourse, de 2 milliards 767 millions. On estime que, sur ces 2 milliards 767 millions de titres turcs, la France en détiendrait un peu plus de la moitié, soit, en chiffres ronds, 1 milliard 1/2. 1 milliard ½ environ.

Ces chiffres concordent avec ceux que nous avons précédemment établis dans nos statistiques antérieures. En décomposant cette évaluation par nature de titres divers émis sur le marché, nous arrivons au même résultat. La France possède peu de titres de la dette série B et C dont l'Angleterre et l'Allemagne détiennent la plus forte partie ; mais elle a plus des trois quarts de la série D. Les douanes 5 %, ottomanes 4 % 1894, consolidées 1890, les obligations priorité, les Salonique-Constantinople, sont, en majeure partie, dans les portefeuilles français ; il s'y trouve également un assez grand nombre de lots turcs (obligations des chemins de fer ottomans).

Les capitalistes anglais détiennent presque toutes les obligations gagées sur le Tribut d'Egypte. Quant aux obligations Smyrne-Cassaba, Salonique-Monastir (ces dernières ne sont pas comprises dans notre tableau parce qu'elles ne figurent pas à la cote de notre bourse), elles sont surtout dans les portefeuilles allemands ; les actions de la Banque ottomane sont, en majeure partie, en France ; les actions des Tabacs ottomans sont très inégalement réparties en France, en Angleterre, en Allemagne ; nous n'en possédons qu'une faible partie. Quant aux obligations ottomanes 5 % 1896, elles sont en cours d'émission et de placement ; on estime que le quart des 50 millions à émettre a été placé jusqu'à ce jour.

* * *

Importance de nos intérêts financiers.

Ce ne sont donc pas seulement des intérêts politiques, mais bien des intérêts financiers de premier ordre que la France doit sauvegarder à Constantinople. Nos rentiers français ont engagé en Turquie des capitaux considérables et on comprend que le monde financier, autant que le monde politique, attende avec impatience le résultat des démarches de notre ambassadeur à Constantinople. Il est urgent que l'ordre et la tranquillité se rétablissent au plus vite dans ce pays. Sur ce point, les grandes puissances européennes sont bien d'accord. Il ne s'agit pas de déposséder le sultan et de se partager les dépouilles de son empire. Le partage soulèverait plus de difficultés dans l'Europe entière que la conservation — en l'améliorant — de ce qui existe. Les intérêts financiers, commerciaux et industriels engagés en Turquie, par les capitalistes ou commerçants français, russes, anglais, allemands, autrichiens, ne sont pas moins graves que les intérêts politiques.

En ce qui concerne notre pays, tout particulièrement, nous ne devons pas perdre de vue, que nos rentiers possèdent, comme nous venons de le démontrer, un milliard et demi de valeurs ottomanes.

La question politique réglée — et elle ne peut tarder à l'être — il faudra d'urgence s'occuper de la question financière. Les revenus actuels de la Turquie suffisent au payement actuel des intérêts des dettes contractées par ce pays ; mais, ces payements effectués, la caisse du sultan reste vide, les services publics manquent de fonds, les fonctionnaires et les soldats attendent longtemps après leurs traitements ou leurs soldes. On peut donc toujours craindre que le conseil d'administration de la Dette publique ottomane, qui agit sous le contrôle du gouvernement turc et qui a été institué par iradé du sultan, ne soit révoqué, avec la même facilité, par un autre iradé, le jour où les besoins du trésor seraient trop pressants. Le conseil d'administration de la dette turque n'a pas, en effet, le caractère international du conseil de la dette égyptienne : c'est avec l'assentiment du sultan que le conseil d'administration de la dette turque administre les revenus qui sont concédés et les répartit entre les porteurs de titres et créanciers. En Egypte, au contraire, ce sont les grandes puissances europénnes qui ont institué l'administration de la dette égyptienne et en maintiennent et surveillent le fonctionnement. On comprend, dès lors, toute la différence qui existe entre ces deux systèmes.

Une meilleure organisation financière est nécessaire.

Donner, par une organisation financière nouvelle, une plus grande confiance aux porteurs de titres turcs ; relever ainsi le crédit ottoman, en profiter pour diminuer le poids des emprunts et des charges qui pèsent sur le Trésor ottoman, tels devront être les efforts de la diplomatie française, quand les questions politiques en suspens seront réglées.

LES BUREAUX DE TABAC

Il existe une catégorie fort intéressante de rentiers, qui ne sont ni fonctionnaires à proprement parler, ni pensionnaires de l'Etat, bien que leur situation, toute officielle, résulte et soit la récompense de longs services rendus au pays. Nous voulons parler des titulaires de bureaux de tabac.

A différentes reprises, plusieurs députés avaient tenté des campagnes en vue de la suppression des bureaux de tabac, ou plutôt, en vue de la suppression du mode actuel de concession de ces débits.

Concessions gracieuses.

On sait que la concession d'un débit de tabac est chose toute gracieuse de la part du gouvernement et que le ministre des finances a seul le droit de nommer

Commission spéciale au ministère des finances.

des titulaires. Il ne lui est, du reste, permis de le faire qu'en portant exclusivement son choix sur des personnes inscrites sur une liste dressée par les soins d'une commission spéciale ; cette commission, nommée chaque année et fonctionnant près du cabinet du ministre, se borne à examiner les demandes de veuves, filles, orphelins d'anciens fonctionnaires, employés, agents, officiers ou sous-officiers et, dans certains cas, d'anciens employés eux-mêmes, et à juger, après une enquête approfondie, si leur état de fortune justifie l'obtention d'un bureau de tabac. Une fois inscrite sur cette liste, et Dieu sait si elle est nombreuse, l'infortunée veuve ou orpheline ne doit plus avoir d'espoir que dans la faveur du ministre.

Aussi voit-on, pendant tout le courant de l'année, le cabinet du ministre des finances encombré de solliciteurs et de solliciteuses essayant d'obtenir le bureau de tabac rêvé, de sénateurs, de députés, de hauts personnages de tout ordre, venant également solliciter pour leurs protégées le débit promis et impatiemment attendu.

La concession d'un débit de tabac est chose de faveur et non pas de droit.

Services rendus par les bénéficiaires.

Le choix d'un ministre, sauf dans quelques cas assez rares, comme lorsqu'il s'agit de la veuve, des filles ou des sœurs de collègues morts à la peine, ou de généraux ayant rendu d'éclatants services, sans être dans une position précaire de fortune, se justifie ordinairement par la condition de fortune et les longs et dévoués services des anciens fonctionnaires décédés. En général, les concessions de bureaux de tabac doivent intervenir pour soulager de réels besoins ; l'entretien d'une veuve, et même d'une petite famille, peut être, à la rigueur, assuré par la jouissance d'un bureau de tabac produisant un bénéfice de 1,000 francs environ, cumulable souvent avec quelque petite pension ou petite rente ; la plupart des débits ne rapportent pas ce chiffre envié de 1,000 francs par an et, sagement, l'administration des contributions indirectes tend à dédoubler, au décès de leur titulaire, tout bureau dont le bénéfice arrive à dépasser 1,000 francs ; mais, il en est qui rapportent 3,000 francs, 6,000 francs, voire même un, une trentaine de mille francs.

Ne pourrait-on pas, sans nuire au service d'approvisionnement du public, diviser ces gros bureaux de tabac et en faire profiter plusieurs titulaires intéressantes, au lieu d'accorder, à moins de circonstances tout à fait exceptionnelles, des revenus qui paraîtront exagérés, à une seule personne ? Il y a tant de misères à soulager dans le monde des petits employés de l'Etat, chargés le plus souvent d'une nombreuse famille !

Et cependant, le nombre des bureaux de tabac peut sembler excessif : il n'y en a pas moins de 45,000 (1), ce qui accuse une moyenne d'un débit pour 846 habitants et pour 1,170 hectares de superficie.

Ces moyennes paraissent à la rigueur suffisantes et il semble qu'elles assurent amplement la satisfaction des besoins de la population ; mais il ne faut pas perdre de vue que partout où l'on fume beaucoup, l'intérêt du Trésor exige que les bureaux soient nombreux et peu éloignés les uns des autres ; l'impôt sur le tabac, qui rapporte bon an mal an 370 millions au fisc, n'est pas quantité négligeable, et la régie doit veiller à ce que les fumeurs puissent satisfaire leur goût sans trop de déplacement. Donc, dans une grande partie de la France, les bureaux de tabac sont plus nombreux, tout en restant assez rémunérateurs pour leurs titulaires ; mais dans le centre de la France, par exemple en Auvergne, dans le Limousin, où l'on fume peu, il convient de ne pas trop espacer les débits, et de maintenir leur nombre en rapport avec la population et avec la

45,000 bureaux.

(1) En Corse et en Algérie, la vente du tabac est libre, et il n'est pas concédé de bureau de tabac. En Tunisie, la Résidence générale accorde pour un an, à l'aide de commissions renouvelables, la gérance des bureaux de tabac, mais la titulaire est soumise à l'obligation de gérer elle-même.

surface de pays à desservir; aussi, la plupart de ces bureaux ne rapportent guère à leurs titulaires.

Ici se pose un véritable problème pour les fonctionnaires de l'administration des manufactures de l'État : comment répartir équitablement les bureaux de tabac? S'il n'y avait que le sort des fumeurs, en définitive à déplorer, nous nous en consolerions facilement, bien que l'intérêt du Trésor prime tout en cette matière, mais il y a aussi la facilité du service postal, la vente des timbres-poste, des papiers timbrés, qui ne rapporte presque rien d'ailleurs aux débitants de tabac, mais qui rend les plus grands services.

D'un autre côté, il ne faut pas trop les multiplier, car les bénéfices deviendraient illusoires pour les trop nombreux titulaires et les frais généraux trop grands.

Leur répartition. Examinons la situation : il y a, avons-nous dit, 45,000 débits — exactement 44,969 — répartis sur le territoire de la France continentale. Cela fait un débit pour 846 habitants et pour 1,170 hectares; mais c'est là une moyenne générale, à côté de laquelle il importe de faire ressortir la situation vraie par chaque département.

Classement des départements d'après le nombre proportionnel des débits de tabac.

Nombre d'habitants pour un débit de tabac	
435 à 500	Côte-d'Or, Eure, Haute-Marne, Meuse, Oise, Haute-Saône.
500 à 550	Aisne, Basses-Alpes, Ardennes, Aube.
550 à 600	Hautes-Alpes, Calvados, Jura, Seine-et-Marne, Somme, Yonne.
600 à 650	Doubs, Drôme, Marne, Vosges.
650 à 700	Eure-et-Loir, Lot, Meurthe-et-Moselle, Orne, Hautes-Pyrénées, Seine-Inférieure, Seine-et-Oise.
700 à 750	Aude, Dordogne, Gers, Manche, Basses-Pyrénées.
750 à 800	Ain, Ariège, Cantal, Charente, Haute-Garonne, Loiret, Pas-de-Calais, Belfort, Savoie.
800 à 850	Côtes-du-Nord, Creuse, Gard, Isère, Landes, Lot-et-Garonne, Saône-et-Loire, Haute-Savoie, Tarn-et-Garonne.
850 à 900	Alpes-Maritimes, Ardèche, Charente-Inférieure, Corrèze, Mayenne, Nièvre, Pyrénées-Orientales, Sarthe, Var, Vaucluse.

900 à 950 Indre-et-Loire, Indre, Deux-Sèvres, Tarn.
950 à 1.000 Allier, Aveyron, Cher, Gironde, Ille-et-Vilaine, Puy-de-Dôme, Vienne.
1.000 à 1.100 Hérault, Loire, Haute-Loire, Lozère, Maine-et-Loire.
1.100 à 1.200 Finistère, Morbihan, Vendée, Haute-Vienne.
1.200 à 1.300 Bouches-du-Rhône.
1.300 à 1.400 Nord.
1.400 à 1.500 Loir-et-Cher.
1.500 à 2.000 Loire-Inférieure, Rhône.
2.266 ..... Seine.

Possèdent un bureau de tabac :

Pour 2.266 habitants, la Seine.
— 1.578 — le Rhône.
— 1.520 — la Loire-Inférieure.
— 1.432 — le Loir-et-Cher.
— 1.292 — les Bouches-du-Rhône.
— 1.187 — le Finistère.
— 1.175 — le Morbihan.
— 1.165 — la Haute-Vienne.

Ont donc moins de débits que les autres, eu égard à la population, les départements qui possèdent de grandes villes et une population très dense, sauf le Loir-et-Cher et la Haute-Vienne possédant au contraire une clientèle restreinte, soit à cause du grand nombre de débits, soit à cause de la faible densité de la population.

	Nombre d'habitants pour un débit de tabac		Nombre d'habitants pour un débit de tabac
Oise	466	Haute-Savoie	496
Haute-Marne	535	Basses-Alpes	522
Eure	478	Aube	528
Côte-d'Or	480	Calvados	538
Meuse	481	Yonne	507

* * *

Il y a certainement quelque chose d'arbitraire dans la distribution géographique des bureaux de tabac : nous ne voudrions pas voir là le résultat de pressions faites en vue d'intérêts politiques et électoraux, mais il nous semblerait que l'administration, qui s'efforce de concilier les intérêts des contribuables avec ceux du Trésor, n'est pas encore arrivée à une péréquation parfaite.

La grande difficulté est certainement la configuration du sol, la distance à parcourir et le groupement géographique de la population même : la carte de la densité de la population par commune ou canton devrait, à notre avis, servir de guide à cette péréquation : ce qui le prouve, c'est la variété de la population des débits de tabacs, par rapport à la superficie desservie.

Quand on examine, en effet, le classement des départements d'après la superficie proportionnelle de la circonscription d'un débit de tabac, on voit que la Seine a un bureau de tabac par 30 hectares ; le Nord, par 400 à 500 hectares ; les Ardennes, l'Eure, la Loire, la Manche, par 801 à 900 hectares ; la Côte-d'Or, le Gard, l'Isère, la Marne, la Haute-Marne, l'Orne, la Saône-et-Loire, par 1,100 à 1,200 hectares, etc.

Les départements ci-après ont, pour un débit de tabac, une superficie desservie de plus de 2,000 hectares :

	Nombre d'hectares
Lozère	3.830
Loir-et-Cher	3.250
Basses-Alpes	2.920
Hautes-Alpes	2.700
Landes	2.510
Aveyron	2.080
Vienne	1.900

L'administration se trouve, le plus souvent, en face de grandes difficultés à vaincre, car si on multipliait les bureaux de tabac dans les déserts des Cévennes et des Alpes par exemple, ces débits seraient réduits à ne faire que quelques francs de bénéfice.

Dans la Seine, par contre, on compte un débit pour 30 hectares ; dans le Nord, pour 440 hectares ; dans le Rhône, pour 550 hectares, dans le territoire de Belfort, pour 500 hectares.

Quoi qu'il en soit, le département de Loir-et-Cher et celui de la Lozère nous semblent tout à fait déshérités dans la distribution des débits.

Le rendement total des bureaux de tabac est de 405,756,000 francs, dont 370,705,000 francs sont versés dans les caisses de l'État ; il reste pour les titulaires une somme de 35,051,000 francs, ce qui fait en moyenne pour chacun, 780 francs environ. Mais la plupart des bureaux de tabac, du moins de première classe, ceux seuls dont s'occupe le ministre des finances, les autres étant à la nomination des préfets, sont affermés souvent à des conditions fort peu avantageuses pour les titulaires. Celles-ci ne touchent guère en définitive, pour la plupart, que près de 400 francs par an. Rendement des bureaux.

Depuis quelques années, les documents annexes du projet de loi de finances de chaque exercice contiennent un état des personnes auxquelles a été concédé un bureau de tabac de 1re classe, c'est-à-dire dont le produit brut est de plus de 1,000 francs, la qualité du fonctionnaire, de l'employé ou de l'officier aux services duquel elle doit l'obtention du bureau, ou bien les services qu'elle a elle-même rendus.

249 bureaux de tabac ont été accordés en 1895 (voir budget 1896) : 203 à des veuves d'anciens fonctionnaires ou officiers ; — 31 à des filles d'anciens fonctionnaires ou officiers ; — 3 à des orphelins mineurs, indivisément ; — 2 à des femmes d'officiers du vivant de leurs maris ; — 1 à une sœur de député ; — 7 à des fonctionnaires eux-mêmes, victimes d'accidents, et 2 à des victimes de l'attentat anarchiste de l'hôtel Terminus. Les bénéficiaires.

Parmi les nominations signées par le ministre des finances, signalons 56 veuves d'officiers de tout grade ; — 1 veuve de chef de bureau au ministère de la guerre ; — 16 filles, 2 enfants mineurs et 2 femmes d'officiers subalternes frappés d'aliénation mentale.

L'armée de mer n'a pas été oubliée : 15 veuves et 3 filles d'officiers ou fonctionnaires de la marine ont vu leur avenir assuré par des mesures gracieuses du ministre des finances ;

Parmi les nouvelles titulaires de débits de tabac, relevons encore : 20 veuves et 2 filles de professeurs de l'Université ; — 7 veuves et 2 filles de magistrats ; — 3 veuves de sous-préfets ; — 3 veuves et 1 fille de fonctionnaires des postes et des télégraphes.

Le ministre des finances n'a pas oublié les agents de son département, ce qui semble fort naturel. Ont été commissionnés : 40 veuves et 2 filles d'agents ou fonctionnaires de l'administration des contributions indirectes ; — 18 veuves et 3 filles de percepteurs ; — 5 veuves d'agents et 2 agents, frappés de cécité, des contributions directes ; — 3 veuves et 1 enfant mineur de fonctionnaires de l'enregistrement ; — 5 veuves et 1 fille d'employés des douanes ; — 1 veuve de trésorier-payeur général.

Décisions justifiées.

Cette statistique sur la distribution des débits de tabac fournit la preuve que l'administration des finances, soucieuse des intérêts de tous, ne s'est prêtée à aucun abus des faveurs qu'elle est appelée à répandre dans les familles les plus intéressantes des serviteurs de l'Etat et que la publicité de ces concessions, dans un document aussi répandu que le budget, constitue une garantie sérieuse contre les abus.

Nous pensons également qu'il serait mauvais d'enlever au ministre des finances l'une de ses plus belles prérogatives, celle de soulager les véritables infortunes, et de transformer en pensions viagères les bénéfices des bureaux de tabac, en mettant, purement et simplement, en adjudication la gérance de ces bureaux. Cette question fut discutée à la Société d'économie politique en 1892. Comme nous le faisions observer « la mise en adjudication des bureaux de tabac aurait pour corollaire la création d'un fonds de secours ; il faudrait substituer à ce qui existe des pensions annuelles et viagères que, plus tard, on ne se ferait pas faute de reviser, d'égaliser, d'accroître... finalement, le budget, les contribuables, nous tous, ferions les frais de l'expérience... » Le Trésor y gagnerait fort peu, et le désordre, l'arbitraire, seraient introduits dans l'inscription au Grand-Livre, des pensions civiles et militaires. Ces pensions doivent, pour rester dans la loi, être la juste et invariable rémunération, obligatoire pour l'Etat, de services rendus, d'après le décompte établi d'une façon égale pour tous, sans distinction de fortune ni d'opinion politique.

Le système actuel doit être conservé.

LES CAPITAUX FRANÇAIS EN ÉGYPTE (1)

Importance des intérêts français.

La France possède en Egypte des intérêts politiques et financiers considérables. Comme l'écrivait en 1880 M. de Freycinet à nos représentants à l'étranger, « l'Egypte est pour nous une terre arrosée autrefois de notre sang, fécondée aujourd'hui par nos capitaux, riche en produits qui alimentent notre trafic dans la Méditerranée ; elle constitue un débouché nécessaire pour notre activité industrielle et commerciale, et elle se rattache à la France par tout un ensemble de traditions que nous ne saurions laisser péricliter sans qu'une des sources de notre grandeur nationale fût atteinte ». Si le canal de Suez est la route la plus courte de l'Inde anglaise, il est aussi pour nous la communication la plus rapide pour nos possessions de l'Inde française, de la Cochinchine, de la Nouvelle-Calédonie, de la Chine, du Tonkin, de Madagascar.

Intérêts financiers.

Au point de vue financier, bien avant que l'Angleterre ne songeât à mettre la main sur l'Egypte, alors même qu'elle s'opposait au percement de l'isthme de Suez et faisait une guerre acharnée à M. de Lesseps, c'est en France que la plupart des emprunts égyptiens ont été placés : Daïrah Sanieh, Dette unifiée, 3 1/2

(1) 1897.

privilégiée, sont en majeure partie dans les portefeuilles français. C'est la Banque de Paris et des Pays-Bas qui a émis les obligations de la Daïra-Sanieh ; tous les établissements de crédit français ont concouru au placement des anciens emprunts et à leur unification sous le nom de dette unifiée ; ce sont MM. de Rothschild frères qui ont émis les obligations privilégiées provenant de la conversion des obligations privilégiées 5 % des chemins de fer ; c'est encore cette puissante maison qui a émis, en France et en Angleterre, les obligations domaniales, avec l'appui moral et l'autorisation de notre gouvernement. On se rappelle, en effet, la lettre adressée le 28 octobre 1878 à MM. de Rothschild, par M. Waddington, ministre des affaires étrangères, au nom de notre gouvernement. En même temps, sir Riwers Vilson, ministre des finances d'Egypte, leur adressait un memorandum sur les conditions et les garanties de l'emprunt dont ils consentaient à se charger. Les obligations domaniales 4 1/4 % et les titres 3 % 1885 garantis ont été souscrits, pour beaucoup, sur le marché anglais.

Parmi les titres divers, c'est en France que les actions et obligations du Crédit foncier égyptien ont été placées. Il en a été de même pour celles de la Sucrerie de la Haute-Egypte et celles de la Sucrerie-raffinerie d'Egypte. C'est également en France que les souscripteurs et possesseurs d'actions, obligations, parts de fondateurs, parts civiles, bons de coupons arriérés du canal de Suez, se trouvent en plus grand nombre.

* * *

Les valeurs égyptiennes.

En décomposant ces valeurs diverses, nous pouvons indiquer approximativement à quels chiffres s'élèvent les capitaux français placés en Egypte.

VALEURS	NOMBRE de TITRES	Taux d'émission	Valeur totale au prix d'émission	Valeur totale nominale	Cours actuels	Valeur aux cours actuels	Nombre de titres amortis	Valeur des titres amortis
		fr. c.	millions de francs	millions de francs	fr. c.	millions de francs		millions de francs
Daïra..............	364.968	500 00	182.4	182.4	520 25	191.9	21.150	10.3
Dette unifiée......	3.047.912	»	1528.9	1.523.9	528 00	1.609.2	249.111	124.5
3 ½ privilégié.....	1.497.850	458 50	685.5	748.9	513 00	768.1	»	»
Domaniales 4 ¼..	425.000	388 65	160.4	214.6	583 50	226.5	126.758	115.7
3 % 1885 garanti.	94.240	1.406 69	226.7	235.6	2.650 00	249.7	6.317	15.9
TOTAUX.....	5.429.470	......	2774.9	2.905.1	......	3.045.4	317.106	271.9

A l'heure actuelle, les divers fonds égyptiens forment, aux cours de la bourse, un capital de plus de 3 milliards, sur lesquels 272 millions ont été amortis : il resterait donc approximativement en circulation 2 milliards 728 millions.

Sur ces 2 milliards 728 millions, la France posséderait plus d'un milliard en obligations Daïra-Sanieh, dette unifiée, 3 1/2 privilégiée et environ 100 à 150 millions d'obligations domaniales et de 3 % 1885. Ce serait approximativement, 1 milliard 200 millions de fonds égyptiens dont nos capitalistes seraient détenteurs. 1,200 millions dans les portefeuilles français.

* * *

A ces chiffres, il convient d'ajouter le montant des titres de Suez. On pourra l'apprécier par le relevé suivant : Le Suez.

NATURE DES TITRES	NOMBRE de TITRES	Taux d'émission	Valeur totale au prix d'émission	Valeur totale nominale	Cours actuels	Valeur aux cours actuels	Nombre de titres amortis	Valeur des titres amortis
		francs	millions de francs	millions de francs	francs	millions de francs		millions de francs
Actions...........	223.398	600	111.6	111.6	3.190	712.6	8.228	4.1
— Parts de fond.	100.000	»	»	»	1.289	128.9	»	»
— Société civile	84.507	»	»	»	2.140	18.0	»	»
— Cinquièmes..	422.536	»	»	»	430	181.6	»	»
Obligations 5 %..	333.333	300	99.9	166.6	678	225.9	80.045	44.6
— 3 % 1re.....	74.026	330	24.9	26.5	495	36.1	3.073	1.5
— 3 % 2e......	220.000	divers	»	»	496	109.1	1.324	0.6
— Bons de coupons 5 %..	400.000	85	34.0	34.0	96	38.4	4.011	0.4
— Bons trenten.	120.000	100	12.0	15.0	136	16.3	75.309	9.4
Act. de jouissance.	8.228	»	»	»	2.520	20.7	»	»
TOTAUX.....	1988.027	......	279.4	363.7	......	1.485.6	181.590	60.6

1,200 millions en France.

La France possède les trois quarts des actions Suez et la presque totalité des obligations : ces titres sont répartis entre un grand nombre de petits porteurs. Ces valeurs diverses forment aujourd'hui un capital de 1 milliard 485 millions, sans compter la valeur des actions Suez possédées par l'Angleterre et qui appartenaient au khédive. Sur ces 1,485 millions, on estime que 1,200 millions environ seraient la propriété de nos capitalistes.

Valeurs industrielles.

Ajoutons enfin à cette évaluation qui se rapproche le plus près possible de la réalité, le capital représenté par les titres du Crédit foncier égyptien, actions et obligations, qui sont, aux trois quarts, dans nos portefeuilles. Aux cours actuels, les actions et obligations 4 %, de cette société, sans parler des obligations à lots non admises aux négociations officielles de notre bourse, forment un capital de 101 millions : c'est donc encore 75 millions de titres que nous possédons de ce chef. Quant au capital, actions et obligations, engagé dans les entreprises sucrières, il représenterait, aux cours de la bourse de ces divers titres, 50 millions environ et 45 millions au taux nominal. On estime que nos capitalistes détiennent près de 30 millions de ces valeurs industrielles. 30 millions en France.

Ainsi : 1 milliard 200 millions de fonds d'Etat égyptien ; — 1 milliard 200 millions de titres de Suez ; — 100 millions de titres du Crédit foncier égyptien, Sucreries de la Haute et Basse-Egypte, valeurs diverses ; — au total, 2 milliards 500 millions, tel est le montant approximatif de nos intérêts financiers en Egypte. Au total, 2 milliards ½ dans les portefeuilles français.

* * *

On comprend, dès lors, pourquoi la question égyptienne a, chez nous, une telle importance politique et financière.

En 1882, le cabinet de Londres avait proposé à celui de Paris d'intervenir en Egypte : celui-ci refusa sous prétexte qu'il lui fallait un mandat de la conférence internationale de Constantinople. A cette époque, nous redoutions toute expédition au dehors par crainte de complications avec l'Allemagne. Quelques rares journaux et, à leur tête, la *République française* inspirée par Gambetta, déclaraient que nous devions intervenir énergiquement et d'accord avec l'Angleterre. La conférence n'avait pas donné mandat à l'Angleterre et l'Angleterre est restée en Egypte ; la France a attendu le mandat, elle n'est plus dans ce pays. Pourquoi ? Il faut relire la discussion qui eut lieu à la Chambre des députés le 1er juin 1882 et, surtout, le discours de Gambetta qui soutenait l'alliance anglaise, l'intervention commune des deux pays en Egypte.

La Chambre eut peur de complications européennes ; l'Angleterre bombarda Alexandrie sous les yeux de nos marins consternés ; notre escadre reçut l'ordre de quitter cette ville au premier coup de canon pour se rendre à Port-Saïd. Erreur commise en 1882.

REVENUS ET SALAIRES

A diverses reprises et, notamment, dans notre étude sur *le Morcellement des valeurs mobilières*, nous avons démontré que plus les valeurs mobilières s'étaient développées, plus l'intérêt du capital avait fléchi ; plus nombreux, au contraire, et plus élevés avaient été les salaires.

Par conséquent, les salariés ont bénéficié de cet accroissement du capital, car le capital c'est du travail et du salaire ; par conséquent encore, c'est aller à l'encontre des intérêts de tous ceux qui travaillent que de leur opposer, sans cesse, les rentiers, les capitalistes, tous ceux qui possèdent ou acquièrent des valeurs mobilières.

Augmentation des salaires. Diminution du revenu des rentiers.

Nous avons dit que, dans cette seconde moitié du siècle, les revenus du capital avaient baissé d'environ 50 %, tandis que les salaires avaient augmenté de 50, 60, 75 %. Nous croyons utile, par de nouveaux chiffres, de serrer la question de plus près encore, pour obtenir un résultat aussi exact que possible dans des évaluations si difficiles à établir.

* * *

La baisse du taux de l'intérêt.

Le plus haut cours de la rente 3 % a été de 86 fr. 65, le 22 juillet 1840, sous Louis-Philippe, et de 86 francs, le 17 novembre 1852, sous l'empire. Le plus bas cours a été de 32 fr. 50 le 5 avril 1848.

Les cours du 3 %.

Par périodes décennales, voici quels ont été les plus hauts et les plus bas cours :

PÉRIODES	COURS DES RENTES			TAUX
	LE PLUS HAUT	LE PLUS BAS	MOYENS	
	fr. c.	fr. c.	fr. c.	%
1825-1834	66 10	62 00	64 05	4.68
1835-1845	86 65	65 90	75 275	3.96
1846-1854	86 00	52 50	69 25	5.02
1855-1864	76 45	60 50	67 975	4.41
1865-1875	76 10	50 35	62 725	4.80
1876-1884	87 80	65 00	76 15	3.96
1885-1895	104 50	76 00	90 25	3.33
1897	Cours actuel		102 25	2.92

D'après ces chiffres, de 1825 à 1895, la moyenne du revenu des rentes 3 % aurait été de 5,02 au plus haut et de 3,33 au plus bas, soit 4,175 : en 1897, les rentes 3 % rapportent 2,92, soit une diminution de 1 fr. 25 par 3 francs de rentes, c'est-à-dire près de 30 % de diminution.

Ajoutons que ces moyennes sont encore très élevées, car les années pendant lesquelles les rentes ont coté leurs plus hauts cours et, par conséquent, pendant lesquelles leur revenu a été le plus faible, sont les moins nombreuses.

* * *

Ce ne sont pas, du reste, les seuls cours de la bourse, essentiellement variables et discutables, qu'il faut consulter.

Pour apprécier la baisse du taux de l'intérêt sur les rentes, il faut se demander à quel taux les emprunts effectués en rentes ont été émis et à quel taux ils pourraient l'être aujourd'hui ?

On peut, en effet, indépendamment d'autres éléments d'appréciation, juger du crédit d'un pays par le taux auquel il emprunte et le prix auquel se négocient ses titres.

Nous venons de montrer les cours des rentes et la moyenne du revenu qu'elles donnent depuis 1825. Il

Le taux des emprunts.

nous suffira de rappeler le taux moyen des emprunts que nous avons établi dans une précédente étude (1) :

	%
1° La Restauration a emprunté au taux moyen de	6.81
2° La Monarchie de Juillet	4.56
3° La seconde République	6.64
4° Le second Empire	4.50
5° La troisième République a emprunté pour les emprunts libératoires à	5.98
6° La troisième République a emprunté pour les emprunts postérieurs à	3.50
7° Aujourd'hui, étant donné le cours du 3 %, elle pourrait emprunter à	3.00
8° Les compagnies de chemins de fer empruntent en 2 1/2, à moins de 3 1/2, amortissement compris ;	
9° L'emprunt tonkinois a été émis en 2 1/2 à 87 fr. 50, soit à 2.85 %, sans l'amortissement.	

Entre les taux d'emprunt de la Restauration 6,81 % et celui de 3 %, auquel l'Etat pourrait emprunter aujourd'hui, la diminution est de : 55 %.

Entre les taux d'emprunt de la Monarchie de Juillet 4,56 % et celui actuel de 3 %, la diminution est de 34 %.

Entre les taux d'emprunt de la seconde République 6,64 % et celui actuel de 3 %, la diminution est de 54 %.

Entre les taux d'emprunt du second Empire 4,50 % et celui actuel de 3 %, la diminution est de 33 %.

Et si on compare le taux actuel du 3 % à celui de nos emprunts de 1871 et 1872 en 5 %, quelle énorme diminution de revenu pour nos rentiers !

Les rentes 5 % émises en 1871 et 1872 à 81,50 et 82,50 ont été successivement converties en 4 1/2 et 3 1/2 % : d'ici peu d'années, elles sont appelées à devenir du 2 1/2 % ! Entre le taux nominal de 5 % et celui de 2 1/2 %, n'est-ce pas une amputation terrible de 50 % que les rentiers auront subie !

Tous ces chiffres ne sont-ils pas la preuve indéniable de la diminution énorme du revenu sur la rente ? 55 %, 34 %, 54 %, 33 %, 50 %.

(1) Voir *suprà*, page 553.

On peut objecter que la rente est un titre exceptionnel ; sa sécurité est si grande qu'on peut se contenter avec elle d'un revenu moindre. On peut dire que, pour démontrer plus exactement la diminution du taux de l'intérêt et des revenus des rentiers, il faut porter ses observations sur plusieurs placements et ne pas limiter son examen à la rente française seulement.

C'est donc une démonstration nouvelle qu'il est utile d'établir.

Un capitaliste a des fonds à placer. Il divise ses achats : il achète de la rente française, des valeurs à lots, des obligations françaises et étrangères, des rentes étrangères ; il peut employer ses fonds en escomptant des bons du Trésor, des effets de commerce ; il peut encore les employer en reports.

Or, dans la seconde moitié de ce siècle et depuis vingt ans surtout, la diminution du taux de l'intérêt a été considérable sur tous ces genres de placement :

Sur les rentes françaises, le revenu net est tombé de 4 1/2 et 5 %, à 3 %, soit une diminution moyenne de 36 80 % ;

Titres de chemins de fer et autres.

Sur les obligations à lots, de 4 et 4 1/2 % le revenu a baissé à 2 1/2 % et même au-dessous pour certaines d'entre elles : diminution moyenne 41 % ;

Sur les obligations de chemins de fer, de 4 1/2 et 5 %, le revenu a baissé à 2,75 % : diminution moyenne 42 % ;

Sur les obligations industrielles de premier ordre, le revenu a baissé de 5 1/2 et 6 % à 3 1/2 % : diminution moyenne 30 % ;

Jamais le taux de l'escompte n'a été plus bas : pendant de longues années, il s'est maintenu à 4, 5, 6 % ; aujourd'hui, les premiers effets de commerce s'escomptent à 1 1/2 % ; l'escompte vaut 2 à 2 1/2 % ;

Bons du Trésor.

Sur les bons du Trésor, le taux normal était naguère de 3, 4 et 5 %, aujourd'hui leur rendement a baissé à 1 et 1 1/2 et même, sur les bons à courte échéance, à 3/4 % ;

Reports.

Sur les reports, dont le taux est essentiellement variable, suivant l'abondance ou la rareté des capitaux, suivant encore la plus grande activité ou inactivité du marché, on pouvait, avant la guerre et pendant quelques années ensuite, faire des placements temporaires à 4, 5, 6 % : aujourd'hui, on se contente de 2 et 3 %. De ce côté encore, on peut dire que les reports rapportent 50 % moins qu'autrefois.

* * *

Fonds étrangers.

Les fonds étrangers de 1er ordre rapportaient 5 % : aujourd'hui 2 1/2 et 3 % : diminution moyenne 45 % ;

Les fonds étrangers de 2e ordre rapportaient 6 et 7 % : aujourd'hui 4 % : diminution moyenne 38 % ;

Les fonds étrangers de 3e ordre rapportaient 7, 8, 9, 10 % : aujourd'hui 5 % : diminution moyenne 41 %.

Les obligations étrangères les plus répandues rapportaient 6 % : aujourd'hui elles donnent 3 et 3 1/2 % : diminution moyenne 46 %.

Les conversions diverses de titres et fonds d'Etat produisant 5 et 6 % ont été faites successivement en 4, 3 1/2, 3 %. Entre autres, le 6 % hongrois, qui a valu 75 et 80 francs, a été converti en 4 % à 75 francs, qui, lui-même, est maintenant à 104 francs. Récemment, un 3 % hongrois a été admis à la cote et se négocie à 93 francs, soit 13 points plus cher que le 6 % de 1880.

Le 4 % autrichien-or, émis en 1876 aux environs de 60 %, est à 105 % ; les emprunts suédois 4 % ont été convertis en 3 % ; les emprunts norvégiens 5 %, 4 1/2, 4 %, ont été convertis en 3 % ; de même les emprunts danois, les emprunts belges 4 1/2 et 4 % ; les emprunts suisses, les emprunts égyptiens qui, de 7 %, sont devenus du 4 ou du 3 1/2 %. Tous les fonds d'Etat à gros revenus, fonds danubiens, roumains, etc., ont subi des conversions onéreuses pour les rentiers.

Il n'est pas jusqu'aux fonds turcs eux-mêmes qui, malgré leur faillite retentissante de 1876, ne se capitalisent aujourd'hui plus cher, c'est-à-dire donnent un revenu plus faible que lorsqu'ils payaient intégralement leurs coupons. En 1860, 1863, 1865, 1869, on a pu acheter des obligations ottomanes coûtant moins de 300 francs, rapportant 30 francs, c'est-à-dire 10 % au moins. Aujourd'hui, les diverses valeurs ottomanes se capitalisent aux environs de 5 à 5 1/2 %.

* * *

La baisse du taux de l'intérêt est donc générale, aussi bien sur les titres de premier ordre que sur ceux de second ou de troisième ordre. La baisse du taux de l'intérêt est générale.

Parmi les fonds d'Etat de premier ordre, nous pouvons ranger assurément les rentes russes. Il y a peu de temps encore, toutes ces rentes rapportaient 5 et 6 % même.

Or, aujourd'hui, il n'existe plus de fonds russes 5 % — sauf le 5 % 1822 qui est inconvertible, — tous ont été convertis en 4 %, 3 1/2 et 3 %, et les rentes 4 et 3 1/2 % qui existent encore sont convertibles avant peu d'années.

Aujourd'hui les fonds russes 3 % se négocient plus cher que les prix auxquels les fonds russes 5 % avaient été émis.

En voici la preuve :

	Taux d'émission
5 % russe 1862	90 00 %
— 1870	80 00 %
— 1873	93 00 %
— 1877	79 00 %
— 1878	93 00 %
— 1879	90 50 %
— 1881	92 25 %
— 1884	90 25 %
4 ½ russe 1875	92 50 %
4 % — 1867	61 50 %
— 1869	63 50 %
3 % — 1896	92 30 %

Que prouvent ces chiffres ?

C'est qu'en 1870, sans remonter plus haut, on pouvait avoir 5,000 francs de rentes 5 % russe pour 80,000 fr. Aujourd'hui, il faudrait débourser 92,300 francs pour avoir 3,000 francs de rentes 3 % seulement, soit une diminution de 48 % sur le revenu.

Ainsi, sur les fonds russes, dont la France possède un capital de 6 à 7 milliards, la diminution du taux de l'intérêt est, on peut le dire, dans la proportion de près de moitié.

* * *

Elle est continue.

Un capital de 100,000 francs placé au lendemain de la guerre, de 1872 à 1875, en valeurs de premier ordre, aurait produit 5,500 à 6,000 francs, soit 5 1/2 à 6 %.

Aujourd'hui, il donnerait 3 %, soit une diminution d'environ 50 %.

En 1869, aux plus hauts cours de l'empire, ce même capital aurait rapporté approximativement 4,500 à 5,000 francs, soit 4 1/2 à 5 %.

Sous Louis-Philippe, 4,000 à 5,000 francs, soit 4 à 5 %.

Antérieurement, le revenu aurait été approximativement de 5,000 à 5,500 francs, soit 5 à 5 1/2 %, mais les valeurs mobilières, les placements mobiliers étaient peu nombreux et les comparaisons qu'on pourrait faire ne seraient que fort difficilement établies sur les mêmes types.

Ainsi se trouve justifiée une des conclusions de notre travail sur le morcellement des valeurs mobilières : « plus les valeurs mobilières se sont développées, morcellées, plus l'intérêt du capital a diminué. »

Voici encore une autre preuve : mettons en présence trois capitalistes achetant les mêmes valeurs, de premier ordre ou considérées comme telles, en 1860, en 1869, en 1896.

Ils achètent, par parties égales, du 3 % français, des obligations foncières, des 3 % consolidés anglais, du

5 % italien, des rentes autrichiennes, du 5 % ou 4 1/2 russe, du 4 1/2 belge, des obligations des six grandes compagnies, des obligations autrichiennes et lombardes, etc.

En 1860, ces valeurs diverses auraient rapporté, en moyenne, environ 5,40 % et à peu près le même revenu en 1869. En 1890 et aujourd'hui, la moyenne de ce revenu net serait, sur ces mêmes valeurs, de 3.16 % environ.

On peut donc dire que de 1860 et 1869 à 1890, le revenu de ces placements divers s'est abaissé de 5,40 % à 3,16 % soit d'environ 41 %.

Si, au lieu d'être divisé, ce placement avait été effectué sur la rente italienne, la diminution du revenu, depuis 1860, aurait été de 25 % et de 50 % depuis 1869 ; sur le 4 1/2 % belge, converti en 3 1/2 et 3 %, de 36 % depuis 1860 ; sur les diverses rentes autrichiennes de plus de 50 % ; sur les obligations lombardes de 44 %.

De 1860 et 1869 à nos jours, la diminution du revenu des rentiers ayant placé leurs capitaux sur les rentes et titres mobiliers a donc été de : 25 à 30 % au minimum, 40 % dans la généralité des cas, et bien souvent elle atteint et dépasse même 50 % ! Telle est la vérité : tous les chiffres, toutes les constatations le prouvent !

L'abaissement du taux de l'intérêt est assurément un des faits les plus marquants de cette seconde moitié du XIXe siècle. Depuis plus de vingt ans, nous l'avions fait prévoir et elle s'est réalisée suivant nos prévisions : les conversions ont succédé aux conversions ; successivement, les placements sur titres de premier choix ont vu leur rendement diminuer de 5 1/2 et 6 % à 5 %, à 4 %, à 3 1/2, à 3, 2 3/4 et 2 1/2 % ! Il faut aujourd'hui un capital plus élevé des deux tiers et presque du double qu'autrefois, pour avoir le même revenu que jadis ; ce qui revient encore à dire qu'il faut travailler plus de temps qu'autrefois pour mettre de côté la même somme.

Conséquences pour les rentiers.

Les rentiers se plaignent de ne plus pouvoir vivre avec des rentes aussi réduites qui, chaque année, se réduisent encore, alors que leurs charges et la dureté de la vie vont, au contraire, en augmentant.

* * *

La hausse des salaires: 100,150 et 200 %.

Quant aux salaires, nous avons indiqué ailleurs quelle avait été la décroissance des profits du capital et la marche ascendante des profits du travail, dans les grandes entreprises commerciales, industrielles, mines, houillères. Nous nous sommes appuyé sur des chiffres et des documents officiels que nous pouvons encore compléter.

D'après M. Cheysson, de 1853 à 1884, les salaires des terrassiers ont haussé de 81 % en province et de 100 % à Paris ; les maçons de 78 % en province et de 87 % à Paris ; les charpentiers, de 82 % en province et de 58 % à Paris (1).

On peut admettre, ajoute-t-il, « quelle que soit la difficulté d'une statistique rigoureusement exacte des salaires et la faible valeur des moyennes, que de 1853 à 1884, les salaires se sont accrus en moyenne de 2 % par an et que la hausse a été surtout plus sensible pour les salaires les plus médiocres correspondant aux besognes les plus simples ».

M. Emile Chevallier, député de l'Oise, M. Villey, doyen de la faculté de droit de Caen, arrivent aux mêmes constatations. M. Chevallier donne même des résultats encore plus élevés : il estime que, dans la seconde moitié de ce siècle, le salaire des journaliers a monté de 150 et 200 %.

M. Renouard a constaté également la hausse considérable des salaires dans l'industrie linière, les mines, les houillères, etc.

Il faut enfin se reporter aux travaux de M. Levasseur, au rapport si détaillé et si complet de M. Cheys-

(1) *Album de statistique graphique*, 1887.

son sur les expositions patronales à l'exposition de 1889 et, enfin, au rapport que M. Léon Say a fait à l'exposition de 1889 sur le groupe de l'économie sociale.

Si l'on établissait un graphique du revenu des capitaux et des salaires du travail, on verrait s'abaisser, d'année en année, la ligne indiquant le taux de l'intérêt, pendant que, d'année en année aussi, on verrait s'élever et grandir dans de plus fortes proportions la ligne des salaires.

Conséquences de ces phénomènes.

Quelle est la conclusion qui se dégage de ces faits et de ces chiffres ? elle est simple et claire :

1° Baisse du taux de l'intérêt ; diminution du revenu des rentiers et des capitalistes ; accroissement du nombre des valeurs mobilières ;

2° Hausse des salaires ; augmentation du bien-être des salariés ; accroissement du travail.

Telles sont les constatations rigoureuses qui résultent des chiffres eux-mêmes.

Sans doute, il existe et il existera toujours de nombreuses misères ; il y aura toujours des pauvres et toujours des riches, comme on verra sans cesse des hommes qui travaillent, économisent, et d'autres qui ne font rien et dissipent ce qu'ils possèdent. Il faut s'efforcer d'atténuer les misères, de calmer les douleurs, d'affaiblir le mal ; mais ce que nous pouvons dire, avec chiffres à l'appui, c'est que jamais, sauf de rares exceptions, les salaires n'ont été plus élevés ; jamais le travail n'a été mieux rémunéré.

Jamais, aussi, les revenus des rentiers n'ont été plus faibles ; jamais les difficultés d'employer avantageusement ses capitaux n'ont été plus grandes.

Les salariés se plaignent de la cherté de la vie, des droits d'octroi, des impôts, etc.

Les rentiers ont les mêmes sujets de plainte : ils ont, de plus, les pertes qu'ils subissent dans leurs placements.

Le capital est la substance de l'amélioration populaire.

Il ne faut donc pas attaquer le capital, les valeurs mobilières, car ils ne sont rien moins, suivant une expression de Michel Chevalier, que « la substance de l'amélioration populaire ».

Porter atteinte au capital, au rentier, au capitaliste, c'est sûrement atteindre le travailleur. Sans doute, le capital rapporte au capitaliste ; mais il ne rapporte que par le travail qu'il crée, qu'il développe et qui le reproduit lui-même.

Capitalistes et travailleurs doivent être unis.

Capitalistes et travailleurs doivent vivre en paix, en amis et non en ennemis. Les exciter les uns contre les autres, c'est faire un acte impie ! La misère des uns ne ferait pas le bonheur et la richesse des autres !

LE CHANGE ET LES VALEURS ESPAGNOLES

Dépréciation constante du change.

Une question préoccupante, troublante, pour les détenteurs de fonds et titres espagnols, est assurément celle du change. Chaque jour amène une dépréciation nouvelle ; on en recherche les causes et on voudrait pouvoir dire quand et par quels moyens cette dépréciation pourra s'arrêter.

De 1875 à 1881, sans remonter plus haut, le cours du change de Madrid sur Paris était au pair ou légèrement au-dessus du pair, c'est-à-dire que le papier espagnol était accepté comme équivalent de la monnaie métallique et qu'il pouvait être indifférent d'être payé ou de payer en l'un ou l'autre de ces instruments d'échange.

Depuis 1882.

De 1882 à 1890, les cours moyens du change ont varié de 0,82 % de perte au minimum à 4,33 % au maximum.

En 1891, ce maximum fut dépassé : on fit 6,56 % de perte, comme prix moyen.

C'est surtout à partir de 1892 que la dépréciation s'est constamment accentuée : 15,42 % de perte en 1892 ; 19,04 en 1893 ; 19,79 % 1894. En 1895, il se produisit une légère amélioration que la fin de 1896 devait faire disparaître : le prix moyen fut de 15,56 % de perte. L'année dernière, le change a oscillé entre 15, 16, 18. 24 et 25 % de perte. Cette année, au moment où nous écrivons, le change fait près de 30 % de perte, ce qui veut dire que 100 pesetas de papier espagnol valent seulement 76 fr. 92 de monnaie d'or, et, par suite, que pour avoir 100 francs de bonne monnaie métallique, en or ou billets de banque acceptés à l'égal de l'or, comme la bank-note anglaise ou le billet de banque français, il faut donner 130 pesetas. A partir de 1892.

* * *

On peut se rendre compte, dès lors, de l'influence que ces pertes au change exercent sur les opérations des compagnies de chemins de fer qui, payées en papier en Espagne, doivent effectuer en or leurs payements à l'étranger. Les pertes des compagnies de chemins de fer.

Depuis 1891 seulement jusqu'en 1894, d'après les rapports officiels des compagnies :

Le Nord de l'Espagne a perdu :

	piécettes
1891	4.306.966
1892	6.481.028
1893	7.514.935
1894	7.027.476

Les Andalous :

	piécettes
1891	693.830
1892	877.107
1893	1.068.295
1894	1.091.535
1895	1.201.206

Pour le Madrid-Saragosse, les pertes ont été les suivantes :

	piécettes
1891	3.050.000
1892	3.031.490
1893	3.867.440
1894	3.868.014
1895	4.145.701

et probablement plus de 6 millions en 1896.

Ce n'est pas tout. A ces pertes au change s'ajoutent celles que subissent les compagnies depuis la réforme monétaire faite par le gouvernement espagnol en 1868.

Dans son rapport de 1894, la Compagnie du Nord de l'Espagne évaluait à environ 35 millions la perte que cette réforme monétaire lui avait occasionnée depuis 1868.

Depuis 1891, cette perte n'est pas moindre de 1 million 580,000 francs par an pour le Nord de l'Espagne et de 1,280,000 pour le Madrid-Saragosse.

La réforme monétaire.

Si nous ajoutons le montant des pertes au change à celles provenant de la réforme monétaire, nous pouvons dire que, depuis 1891 seulement jusqu'en 1895, les grandes compagnies espagnoles de chemins de fer, Nord de l'Espagne, Andalous et Saragosse, ont perdu, par des circonstances indépendantes de leur volonté, plus de 60 millions : le Nord de l'Espagne, 30 millions 1/2 ; le Saragosse, 25 millions ; les Andalous, 5 millions.

* * *

Dépréciation des titres des compagnies.

Qu'on s'étonne, dès lors, de la dépréciation subie par les titres de ces compagnies ! Les actions des trois Compagnies du Nord, des Andalous, du Saragosse, qui, au pair de 500 francs, représentent un capital de 1,500 fr., valent, aux cours de la bourse, 285 francs !

Les actions ne reçoivent pas un centime d'intérêt.

Quant aux obligations, les Compagnies du Nord de l'Espagne et des Andalous ont été réduites à payer leurs coupons au cours du change. Au lieu de recevoir 15 et 14 fr. 50 par an, les obligations reçoivent un intérêt variable subissant les fluctuations du jour : à l'heure actuelle, les obligations du Nord de l'Espagne reçoivent à peine 11 francs au lieu de 15 francs ; de 400, 350, 300, les obligations sont tombées à 200, 180, 170 francs ! La Compagnie de Madrid-Saragosse seule a pu lutter énergiquement ; grâce à sa forte constitution et à l'amélioration de ses recettes pendant les exercices 1894, 1895, 1896, elle a continué le payement et l'amortissement en or de ses obligations ; mais elle a dû cesser de distribuer à ses actionnaires le plus modique revenu depuis 1893.

Causes réelles.

Quelles sont les causes de cet état de choses ? Les fluctuations du change et sa dépréciation, dit-on. Cette réponse n'est pas, cependant, tout à fait exacte, car « le change, comme le disait M. Léon Say, n'est point une cause, tout le monde sait cela, c'est un effet ». Or, cet effet, c'est la mauvaise politique financière, fiduciaire et commerciale du gouvernement espagnol qui en est responsable ; cette politique a fait tout le mal, il ne faut pas se lasser de le répéter. Quand une nation entretient des rapports économiques et commerciaux réguliers avec l'étranger, quand son crédit inspire confiance, quand ses finances et son budget ne laissent rien à désirer, les perturbations du change ne se produisent pas. Les oscillations du change sont limitées : elles ne peuvent dépasser les frais d'envoi de métaux précieux du pays débiteur dans les pays créanciers.

Mauvaise politique de l'Espagne.

Entre pays dont l'étalon monétaire est identique, dont le crédit, hors de toute atteinte, inspire à tous la plus absolue confiance, le change subit des oscillations de très peu d'amplitude ; le mouvement dure peu de temps ; les oscillations dans un sens sont très vite suivies d'oscillations en sens contraire, on revient tout naturellement au pair.

L'Espagne a malheureusement diminué, de ses propres mains, cette confiance, cet effet moral, qui, à eux seuls, valent tous les crédits. On se rappelle les tergiversations du gouvernement quand il s'est agi de donner satisfaction, l'an dernier, aux demandes des compagnies de chemins de fer, demandes dont il avait lui-même et à diverses reprises reconnu le bien-fondé ; on se rappelle encore les discussions aux Cortès, les récriminations ardentes et injustes contre les capitalistes et banquiers étrangers et l'adoption de l'amendement Montero-Rios, dont les conséquences, nous l'avons assez dit à cette époque, devaient être et ont été désastreuses. Voilà les causes premières et non les moins graves du mal !

Crédit extérieur atteint.

L'Espagne s'est fermé, comme à plaisir, le crédit extérieur ; elle a indisposé contre elle ses meilleurs amis de l'étranger, nous voulons dire la clientèle fidèle de nos petits capitalistes qui, en échange de ses titres de rentes, lui auraient fourni les capitaux, l'or, dont elle a besoin.

Circulation fiduciaire excessive.

Une autre cause a été l'abus de la circulation fiduciaire, le développement des billets d'Etat et des billets de banque; ce papier s'est déprécié de lui-même chaque jour, fléchissant sous le poids de sa trop grande masse. Plus il s'est déprécié, plus la monnaie métallique s'est enfuie, tant il est vrai, suivant une loi économique bien ancienne, qu'un financier anglais, sir Thomas Gresham, a formulée ainsi à nouveau : « Dans tout pays où deux monnaies légales sont en circulation, la mauvaise chasse toujours la bonne (1). »

Billets et encaisse de la Banque d'Espagne.

On peut juger de la vérité de ce que nous avançons par la seule juxtaposition du montant des billets de banque émis par la Banque d'Espagne, de l'encaisse métallique et des cours du change.

Nous avons fait ce relevé depuis 1880 :

(1) *Money of less value drives out money of more value.*

ANNÉES FIN DÉCEMBRE	MONTANT des BILLETS ÉMIS par la Banque d'Espagne	ENCAISSE MÉTALLIQUE de la Banque	COURS MOYEN ANNUEL DU CHANGE sur Paris	
	millions de pesetas	millions de pesetas		
1880	227.0	242.0	0 40 %	gain
1881	294.0	236.0	1 00	—
1882	359.0	150.0	1 82	perte
1883	349.0	120.0	1 60	—
1884	365.0	188.0	1 20	—
1885	424.0	182.0	2 50	—
1886	498.0	196.0	2 56	—
1887	582.0	227.0	0 82	—
1888	657.0	230.0	1 08	—
1889	724.0	291.0	3 25	—
1890	733.0	202.0	4 33	—
1891	770.0	250.0	6 56	—
1894	864.0	201.0	15 42	—
1896	1.034.4	465.7	25 00	—
1897 (mars)	1.055.8	472.2	30 00	—

Depuis 1891 à fin mars 1897, sans remonter plus haut, la circulation des billets a augmenté de 770 à 1,055 millions, soit en plus 285 millions ; l'encaisse métallique a passé de 250 à 472 millions, soit un accroissement de 222 millions, mais en 1891 l'encaisse-or de la Banque était de 160 millions et l'encaisse-argent de 114 millions; aujourd'hui, l'encaisse-or est de 213 millions, c'est-à-dire qu'elle s'est accrue seulement de 53 millions, tandis que l'encaisse-argent, monnaie dépréciée de 50 %, s'est élevée de 114 à 269 millions, soit 255 millions d'augmentation.

* * *

Avances faites au Trésor espagnol.

Et ce n'est pas tout : car si, à ces chiffres, sans parler même de la dette flottante qui atteint 485 millions, on ajoute le montant des avances faites au Trésor par la Banque d'Espagne, le chiffre du portefeuille commercial, le total des prêts sur gages mobiliers, titres, fonds publics, on voit que la circulation fiduciaire a pris un développement démesuré, excessif. La vraie calamité, c'est que l'Espagne, ne pouvant pas vendre son papier aux particuliers à un prix convenable, le fait prendre à la Banque d'Etat qui le transforme en papier-monnaie.

Mouvement commercial favorable.

La légère amélioration survenue dans le mouvement commercial extérieur de l'Espagne avec notre pays, n'a pu atténuer cette situation : les exportations d'Espagne en France qui étaient de 174,662,556 en 1894 se sont élevées à 212,097,278 en 1895 et à 293,203,000 en 1896. Les importations sont restées à peu près stationnaires : 108,721,413 en 1894 ; 108,060,638 en 1895 ; 105,426,000 en 1896. L'Espagne exportait pour 73,120,228 francs de vins en France en 1894 ; 104,347,501 en 1895 et pour 171,993,000 francs en 1896 (1).

Facteurs divers ayant agi en sens inverse.

En temps normal, cette évolution du commerce de l'Espagne rendant ce pays créditeur de l'étranger au lieu de débiteur, aurait exercé une influence sur le change : mais des facteurs divers et indépendants du mouvement commercial ont agi en sens inverse. Les principaux sont :

1° Les besoins du Trésor et l'augmentation de la circulation fiduciaire ;

2° Les dépenses militaires, les achats de matériel de guerre occasionnés par l'insurrection à Cuba et aux îles Philippines ; le gouvernement doit remettre en or la plus grande partie des fonds qu'il envoie dans ses deux colonies. La conséquence de ces achats continuels qu'il fait à l'étranger est de renchérir chaque jour le prix de l'or ;

3° Les achats faits en France et à Londres de rentes espagnoles pour le compte de banquiers et capitalistes espagnols. Il faut payer ces achats en francs ou en livres sterling ;

4° L'intervention financière trop souvent réclamée par le Trésor près de la Banque d'Espagne ;

5° La rupture des négociations engagées à Londres et à Paris pour la conclusion d'un emprunt extérieur, rupture qui a laissé en suspens la question des che-

(1) Voir les documents officiels publiés par la direction générale des douanes. Livraison de décembre 1896, pages 161 et suivantes.

mins de fer et indisposé le marché financier français, le plus fidèle client de l'Espagne.

L'amendement Montero-Rios.

La responsabilité de cette rupture, on le sait, n'atteint pas la finance française ; elle remonte à M. Montero-Rios et ses amis politiques qui ont fait voter par les Cortès, à la suite d'un discours aussi éloquent que dangereux, un amendement qui traçait un programme irréalisable.

C'est en vain que M. Canovas, dans la séance du 8 août, prit la défense des capitalistes étrangers qui avaient eu confiance dans les engagements contractés par l'Espagne et montra la nécessité de ne pas s'aliéner leur concours. Les Cortès, séduits par l'éloquence de M. Montero-Rios, votèrent son amendement. Nous disions alors que ce n'était pas cette éloquence qui réparerait le mal que l'adoption de l'amendement allait faire. Nous ne nous sommes pas trompé.

* * *

Mesures à prendre.

Rétablir au dehors la confiance que le pays a laissé entamer ;

S'entendre avec les compagnies de chemins de fer pour les aider, dans la mesure du possible, à traverser les difficultés qu'elles supportent et dont elles ne sont pas cause ;

Ne plus user, avec autant de facilité, des moyens de crédit qu'offre la Banque d'Espagne ;

Etablir un budget sur les bases les plus sévères ;

Réduire avec la plus grande énergie toutes les dépenses qui ne sont pas d'une absolue nécessité ;

Hâter la fin de la guerre à Cuba et aux Philippines ; telle est la conduite que l'Espagne doit s'appliquer à suivre.

Nous n'avons, en France, que des sentiments d'amitié pour ce vaillant pays qui a fait preuve, depuis deux ans, d'une grande ténacité, de beaucoup de courage. Nos capitalistes oublieront bien vite les déboires qu'ils ont subis et lui prêteront encore leur appui : mais à une condition, c'est que la politique économique et financière de l'Espagne se modifie du tout au tout pour ramener la confiance. C'est ainsi que la dépréciation du change pourra promptement s'arrêter : le relèvement du crédit du pays, la reprise de toutes les valeurs et fonds espagnols, si profondément atteints aujourd'hui, viendront alors par surcroît.

LA PROROGATION DU PRIVILÈGE DE LA BANQUE DE FRANCE

Urgence d'une solution.

Il n'est pas d'affaires — car n'est-ce pas une affaire, celle qui touche aux intérêts du crédit, du commerce et de l'industrie — plus vitales, plus nécessaires ; il n'en est pas de plus urgentes à résoudre que celle de la prorogation du privilège de la Banque de France.

Qu'est-ce, en effet, que la Banque de France ?

Qu'est-ce que la Banque de France.

C'est l'institution de crédit la plus ancienne qui existe en France. Fondée au commencement du siècle, elle a résisté à tous les événements politiques et financiers, sans manquer un seul jour de rendre au pays et aux particuliers les services qu'on pouvait attendre d'elle. Elle a vu les gouvernements et les ministères succéder aux gouvernements et aux ministères ; elle a assisté, non comme un témoin impassible, à toutes les crises financières, commerciales, industrielles, qui se produisent inévitablement pendant une aussi longue période de temps. Non seulement sa solidité n'a pas été ébranlée, mais c'est grâce à son crédit incontesté que l'Etat, aux heures de crise, a trouvé près d'elle des services que le pays ne peut oublier.

Les services qu'elle a rendus en 1871.

En 1870-1871, alors que la rente tombait à 52, que le gouvernement contractait à Londres l'emprunt Morgan qui lui coûtait 7 1/4 %, amortissement non compris, et que, ces ressources épuisées, il ne trouvait plus d'argent nulle part, la Banque de France lui avançait 1 milliard 425 millions, d'abord au taux de l'escompte, puis à 3 % et bientôt, en janvier 1872, à 1 %. « Il n'existe pas d'autre banque au monde, comme le disait avec raison M. Burdeau, dans son remarquable rapport du 8 avril 1892, qui ait jamais eu l'occasion de se montrer capable d'un tel rôle ; il n'en est peut-être pas une qui y fût propre. » La Banque d'Angleterre, pour ne citer qu'un exemple, en présence de simples crises financières, a dû réclamer trois fois la suppression de l'act de 1844, qui est sa charte constitutionnelle, en 1847, en 1857, en 1860. En 1892, sans un prêt de 75 millions d'or que lui consentit la Banque de France, elle était réduite à toute extrémité : en ce moment encore, elle est fort gênée ; elle vient d'élever successivement le taux de son escompte à 2 1/2, 3 %, 4 % ; elle peut envier la situation de sa voisine. Sa solidité.

Que prouvent tout d'abord ces faits ? C'est que la Banque de France est toujours restée la Banque de France, l'établissement modèle, rendant « service à tous », sans jamais se départir des règles de prudente et sage administration qu'elle tient de ses statuts et de son organisation.

* * *

Cette stabilité, ce n'est pas, du reste, à son organisation seule qu'elle la doit : elle en est redevable aussi à la confiance qu'ont inspirée et qu'inspirent ceux qui sont à sa tête. Confiance du public.

Qu'on suppose, en effet, les mêmes statuts et la même organisation, avec un conseil de régence et un personnel administratif tout autres que ceux qui s'occupent de ses affaires : la confiance du public aurait été sans cesse en éveil et le degré de cette confiance se serait répercuté sur la valeur même du papier, du billet que la Banque émet.

Quelques esprits se figurent, à tort, que la Banque de France, établissement privilégié, est la banque des banquiers : elle appartient, d'après eux, à une aristocratie financière, jalouse de son monopole, consultant ses propres intérêts avant de penser à ceux du public.

Autant de mots, autant d'erreurs ! La Banque de France appartient à ses actionnaires, c'est-à-dire à 28,358 personnes possédant moins de 5 actions soit un capital de 17,500 francs. Elle a dans ses caisses 5 milliards en titres divers, représentant plus de 400,000 dépôts ; elle escompte près de 9 milliards d'effets par an sur lesquels près de 1,900,000 sont inférieurs à 100 fr. Plus de 300,000 personnes se servent tous les ans de ses services financiers, dépôts de titres, avances, mandats de payement, encaissements divers, etc. ; les petits déposants constituent une notable partie de sa clientèle; les 30 centièmes de ses dépôts de titres sont la propriété de la plus minime épargne ; à la fin de 1895, elle avait dans ses caisses 553,863 obligations de la ville de Paris et du Crédit foncier pour 80,149 dépôts. Ses 3 milliards 650 millions de billets sont entre les mains de tout le monde. C'est, suivant l'expression populaire, de l'or en barre ; ils inspirent une confiance absolue. Les grands banquiers, et nous entendons par là ceux qui opèrent avec leurs propres capitaux, n'ont besoin de personne pour faire escompter leur papier : ils le gardent en *portefeuille*. Ce sont les maisons moyennes et les sociétés de crédit auxquelles la Banque de France est le plus utile car elles renouvellent leur capital en faisant réescompter leurs effets par la Banque.

* * *

Mouvement de transformation des banques privées.

Depuis un quart de siècle, le mouvement économique et financier s'est totalement modifié et transformé. On peut dire beaucoup de bien de cette transformation ; on peut en dire aussi beaucoup de mal. Les petites maisons de banque disposant d'un faible capital et de modestes ressources ont disparu. Elles n'ont pu lutter contre la concurrence que leur faisaient les sociétés de crédit avec leurs multiples agences qui rendent au public le maximum de services financiers pour le minimum de frais possibles. Cette substitution des grandes maisons de crédit aux petites banques a enlevé au marché financier un contrepoids qui n'était pas sans utilité. De « gros magasins de capitaux » (1) se sont établis dans toute la France et attirent à eux, en comptes de chèques à vue ou à échéance, en comptes courants, en bons de caisse, les épargnes disponibles, en quête d'emploi. En temps ordinaire et normal, ces « gros magasins de capitaux » font l'escompte à prix réduit, au-dessous de celui fixé par la Banque, s'intéressent dans des affaires financières et industrielles, souscrivent ferme — ce qui n'est pas toujours sans danger — à des opérations diverses, emprunts, syndicats, participations, etc., utilisent les capitaux appartenant à leurs déposants, en ayant la préoccupation constante d'avoir devant eux des disponibilités quotidiennes suffisantes pour faire face aux demandes de remboursements qui peuvent inopinément se produire. On assiste depuis quelque temps à ce fait, qui étonne beaucoup ceux qui ne suivent pas les mouvements économiques : c'est que, dans les périodes de calme toutes les sociétés de crédit font concurrence à la Banque de France et effectuent leurs opérations d'escompte, encaissements d'effets, garde de valeurs, services financiers, etc., meilleur marché qu'elle.

Gros magasins de capitaux.

Pourquoi agissent-elles ainsi ? Pourquoi marchent-elles et peuvent-elles marcher de l'avant avec tant d'assurance ? Parce qu'elles savent que la Banque de France, c'est la banque de tout le monde, des petits comme des grands : c'est le grand réservoir où vient se déverser, en cas de besoin, tout le portefeuille commercial de la France, escompté par d'autres que par elle.

(1) Voir *suprà*, page 500.

La Banque de France est la banque et la ressource de tous.

Les sociétés de crédit, les maisons qui s'occupent d'escompte, savent qu'à un moment donné, elles peuvent réescompter près de la Banque leur portefeuille commercial ou déposer, en garanties d'avances, les titres français, rentes françaises, actions et obligations de chemins de fer français, emprunts de villes et de départements, sur lesquels elles ont elles-mêmes avancé des fonds. Dans les temps calmes, prospères, on néglige la Banque de France : pour peu qu'un nuage s'élève à l'horizon financier, commercial ou politique, elle apparaît comme la sauvegarde de tout le monde !

Supprimez la Banque de France : faites une banque d'Etat suivant le système cher au parti socialiste, écoutez les chimères auxquelles se complaisent beaucoup d'hommes politiques qui n'ont pas eu le temps d'étudier à fond ces questions complexes, les capitaux se resserrent et se cachent ; le crédit public et privé traverse une crise ; les banques particulières, les sociétés de crédit, grandes et petites, l'épargne, sont atteintes ; les affaires commerciales et industrielles sont compromises et avec elles tout le pays !

* * *

Telles sont, au début de la discussion qui s'engagera bientôt à la Chambre, quelques-unes des considérations générales qu'il est utile, croyons-nous, de faire entendre en faveur de la prorogation du privilège de la Banque de France.

Le projet de M. Georges Cochery.

Le gouvernement n'hésitera pas à mettre la Chambre en demeure de se prononcer sur le projet élaboré par le ministre des finances et que M. Georges Cochery a récemment déposé en son nom. La Chambre n'a déjà que trop attendu. Il faut aujourd'hui agir avec énergie et décision ; demain, il pourrait être trop tard.

Mieux que personne le ministre des finances connaît les dangers que font courir au pays les retards apportés à la solution de cette question : il saura dire hautement qu'il faut aujourd'hui être pour ou contre la prorogation du privilège, mais qu'il ne convient pas de chercher encore à gagner des délais. Nous ne devons pas traiter la Banque de France comme une petite banque coloniale, c'est-à-dire proroger d'année en année l'échéance du privilège. Il n'y aurait pas de pire solution. La Banque de France, du reste, ne l'accepterait pas et elle aurait raison. Il ne faut pas, dans un pays comme le nôtre, être soumis, suivant l'expression d'un de nos amis, député des plus compétents et des plus spirituels, au régime « des billets de banque provisoires ». En parlant haut et ferme, M. Cochery encourra certainement les colères et l'hostilité des députés qui voient partout le monopole, le capitalisme, l'aristocratie financière, mais le pays tout entier sera avec lui et il applaudira à sa fermeté.

* * *

Ce projet est très avantageux pour l'Etat et le public.

L'exposé des motifs du projet ministériel a été distribué : il commente les divers articles du projet ; il explique les avantages qui en résultent pour l'Etat et pour le public qui a recours aux services de la Banque ; il ne parle pas des résultats, favorables ou défavorables, qui en seront la conséquence pour les intéressés qui, cependant, ont le droit d'avoir voix au chapitre et de ne pas être ni oubliés, ni sacrifiés : nous voulons parler des actionnaires, des mineurs, des incapables, des femmes mariées, de tous ceux qui, de par la loi, ont été obligés de placer leurs épargnes sur les actions de la Banque de France et qui ne peuvent aliéner leurs titres ni faire d'autres placements.

Sans entrer dans les détails du projet qui, dans ses grandes lignes, ressemble à celui qui fut déposé par M. Rouvier en 1891 et amendé, en 1892, par la commission de la Chambre et par le rapporteur général, M. Burdeau, nous nous bornerons à dire qu'il était difficile à un ministre des finances de demander davantage à la Banque et d'obtenir plus que n'a obtenu M. Cochery pour l'Etat et pour le public. Aller au delà serait périlleux. Ce serait compromettre la Banque elle-même, le crédit de ses billets, et altérer la confiance que le monde entier a mise dans ces petits papiers bleus, dont le montant dépasse aujourd'hui 3 milliards 600 millions, et pourra être porté à 5 milliards, si le parlement adopte les propositions du ministre.

* * *

Nouvelle avance de 40 millions à l'Etat

L'Etat obtient, tout d'abord, que, pendant toute la durée de son privilège, c'est-à-dire jusqu'en 1920, la Banque ne pourra réclamer « ni le capital ni les intérêts » des 140 millions qu'elle a prêtés au Trésor. Il obtient, en outre, une nouvelle avance de 40 millions, payable à sa convenance. Voilà donc 180 millions, c'est-à-dire à 2 millions 1/2 près le montant du capital de la Banque de France, immobilisés sans intérêts, jusqu'en 1920, pendant vingt-trois ans. Veut-on savoir quelle est l'importance du bénéfice que cette concession représente pour l'Etat ? Supposez que la Banque de France, n'ayant pas aliéné la disponibilité de ces 180 millions, les place en rentes sur l'Etat : elle obtiendrait tout près de 3 % par an, soit 5,400,000 francs. C'est donc un revenu annuel de plus de 5 millions dont elle fait bénéficier le Trésor. Que produiraient ces 5 millions 400,000 fr. d'intérêts, capitalisés eux-mêmes à 3 % pendant vingt-trois ans (1) ? Presque autant que le capital

(1) $A = a(1 + r)^n$

a = 180 millions

r = 0,03 — log. 1,03 = 0,0128372

n = 23 — log. $1{,}03^{23}$ = 0,2952556

log. a = 8,2552725

log. $(1 + r)^n$ = 0,2952556

log. A = 8,5505281

A = 355,245,082 francs

a = 180,000,000

Différence...... 175,245,082 francs

qui lui est dû : exactement 175,245,082 francs. Cette concession est donc un sacrifice réel que subit la Banque et dont le Trésor bénéficie ; car, supposez encore que l'Etat, sans parler des 40 nouveaux millions qu'il demande, veuille rembourser à la Banque les 140 millions qu'il lui doit ? Il lui faudrait emprunter ces 140 millions et il ne pourrait guère le faire qu'à un taux d'intérêt se rapprochant de 3 %.

* * *

La Banque versera à l'Etat, chaque année et par semestre, une redevance égale au produit du huitième du taux de l'escompte sur le chiffre de la circulation productive. Redevances annuelles.

C'est absolument comme si l'Etat stipulait une redevance de tant pour cent sur le coût des billets de chemins de fer. C'est, au point de vue purement fiscal, risquer de faire désirer par l'Etat que le taux de l'escompte reste le plus longtemps possible à un taux élevé et le moins longtemps possible à un taux bas. Une différence de 1/4, 1/2 ou 1 % dans le taux de l'escompte, pendant une durée plus ou moins longue, produit des sommes énormes quand il s'agit d'un établissement qui, malgré la concurrence qui lui est faite, dans les temps calmes, par les sociétés de crédit et banques particulières, fait près de 14 milliards d'escompte, comme en 1895, alors qu'il y a quarante ans, en 1856, son chiffre d'escompte annuel atteignait à peine 6 milliards (5,808,439,489 fr.).

Plus importants seront les bénéfices que le Trésor encaissera de ce chef, plus le commerçant qui désire que son papier soit escompté au plus bas taux, aura le droit de dire que, sans cette participation de l'Etat aux produits de l'escompte, le loyer de l'argent aurait pu être moins élevé.

Si la Banque maintient l'escompte à un taux élevé, on l'accusera de vouloir tout à la fois faire trop gagner à ses actionnaires et à l'Etat. Chaque fois que le taux de l'escompte sera modifié, c'est le gouvernement qu'on rendra responsable. De là à demander que le ministre des finances ait seul le droit de fixer le taux de l'escompte et qu'aucune modification n'ait lieu sans son approbation, il n'y a qu'un pas à franchir.

Cette clause est, sans doute, plus avantageuse pour le Trésor qu'une redevance annuelle ; elle est plus avantageuse aussi qu'une participation dans les bénéfices, car une société peut toujours diminuer les profits nets distribuables et partageables : il lui suffit d'accroître ses frais généraux, ses dépenses diverses ou ses amortissements. Mais, plus la clause est favorable au Trésor et, par conséquent, au budget, moins bonne elle est pour le commerce et l'industrie. Il se crée, bon an, mal an, près de 30 milliards d'effets commerciaux, qui s'escomptent à la Banque et dans les établissements financiers. Une différence de quelques centimes pour cent en plus ou en moins représente immédiatement, pour le public, un bénéfice ou une perte de plusieurs centaines de millions.

Si l'Etat profite de ce que le public perd ou ne bénéficie pas, où est l'avantage ? Un budget pauvre et des contribuables riches nous semblent préférables, nous l'avouons, à un budget riche et à des contribuables s'appauvrissant de toutes les sommes qu'ils payent à l'Etat, au lieu de les conserver et de les utiliser pour eux-mêmes. Comme le disait M. Léon Say, « un budget ne peut être régulièrement et honorablement fondé que sur la prospérité de la nation. Un budget riche dans un pays appauvri dévore le pays et se détruit lui-même » (1).

* * *

Payement des arrérages de rentes, etc.

Payement gratuit des coupons de rentes françaises et valeurs du Trésor, ouverture gratuite des guichets de la Banque pour les emprunts d'Etat, versements et

(1) Léon Say : Conférence de Bordeaux, 24 avril 1895.

prélèvements par les comptables du Trésor pour les mouvements de fonds, etc., indiquent les services financiers que la Banque rendra au Trésor. Nous les avions demandés depuis longtemps ; ce sont là, sans doute, des dépenses et un accroissement de frais généraux pour cette institution, mais ce sont aussi les conséquences du privilège qui lui est accordé.

* * *

Escompte d'effets agricoles.

La disposition nouvelle la plus grave est celle relative à l'escompte, sous les mêmes conditions que les effets commerciaux, des « lettres de change et autres effets de commerce à ordre qui seront présentés par des associations syndicales, agricoles et autres, notoirement solvables ».

L'exposé des motifs a grand soin de faire remarquer les mesures de précaution qui seront prises. Il est nécessaire cependant, que l'ombre même d'un doute ne puisse naître dans l'esprit du public sur la nature et la valeur réelle des nouveaux papiers qui seront escomptés. C'est le « papier agricole » qui, sous la garantie « d'associations syndicales agricoles ou autres », fait son entrée dans le portefeuille de la Banque de France. On peut assurément compter sur toute la vigilance du conseil d'escompte et du conseil de régence ; mais les hommes changent ; les tentations d'étendre ce service peuvent naître ou être provoquées ; la pression de l'opinion publique, si changeante, si impressionnable, peut faire modifier les meilleures intentions. Il est nécessaire que le billet de banque ne reçoive aucune atteinte; c'est le crédit public et, avec lui, notre sécurité extérieure qui sont en jeu. Il est nécessaire aussi que les pouvoirs publics et le pays tout entier soient constamment mis au courant du mouvement d'entrée et de sortie de ces nouveaux effets.

Il sera bon de faire ressortir cette catégorie des opérations dans les bilans.

Nous demandons que la Banque de France soit tenue, à l'avenir, d'inscrire sous une rubrique spéciale le montant des effets de cette nature qu'elle escomptera.

Il a été décidé naguère, — nous avions pris l'initiative de demander cette mesure, — que le montant des effets de commerce et des bons du Trésor dans le portefeuille de la Banque, serait inscrit, dans les états de situation hebdomadaire, d'une façon distincte.

La même mesure doit être adoptée pour les effets des associations syndicales, agricoles et autres. Les états de situation de la Banque devraient porter trois rubriques spéciales : 1° effets de commerce ; — 2° effets des associations syndicales, agricoles, etc. ; — 3° bons du Trésor.

De cette façon, le public sera toujours averti.

* * *

Nous aurions encore d'autres observations à présenter sur le montant des rentes 3 % qui sont immobilisées dans le portefeuille de la Banque, sur les avances sur titres, sur le montant de la circulation des billets que l'on propose de porter à 5 milliards. Il y a, sur ces divers points, bien des fausses idées qui circulent et qui sont acceptées avec trop de facilité.

Bornons-nous à résumer ici l'impression que nous fait éprouver le projet de loi.

La part du lion à l'Etat.

L'Etat s'est réservé la part du lion ; l'Etat et le public qui pour ses services financiers s'adresse à la Banque trouvent, dans le projet, des avantages considérables qui ne peuvent être comparés à aucun de ceux qui avaient été consentis par les conventions antérieures.

Les actionnaires sont les moins bien partagés. Ils n'ont pour eux que la durée de leur privilège et la sécurité que peuvent leur donner les opérations d'un établissement aussi solide, aussi bien dirigé et surveillé que la Banque. Tout ce que gagnera le Trésor, toutes les dépenses que les nouveaux services occasionneront au profit du public, ce sont les actionnaires qui les payeront sur leurs dividendes, déjà si réduits. Ce sont surtout les mineurs, les incapables, possesseurs d'actions de la Banque qui en souffriront, car, ne pouvant se défendre, ils sont bien obligés d'accepter toutes les conditions que l'Etat impose à la Banque.

Il était difficile, pour ne pas dire impossible, au ministre des finances de demander et d'obtenir davantage. A ce point de vue, M. Cochery a été plus exigeant, « plus féroce » (c'est là une qualité pour un ministre) que ses prédécesseurs et il a obtenu tout ce qu'il a demandé.

M. Cochery s'est montré « féroce ».

La Banque de France, de son côté, ne pouvait et ne pourrait aller au delà des concessions qu'elle a faites, à moins de risquer de compromettre son propre crédit et de ne tenir aucun compte des intérêts de ses actionnaires qu'elle doit défendre, en définitive, avec d'autant plus de souci que les pouvoirs publics sont plus exigeants.

Entre l'Etat et la Banque, il s'est fait, en quelque sorte, un accord de raison. Des deux côtés, il a été apporté le plus grand désir de satisfaire aux besoins du public et, comme toujours, la Banque de France a fait passer les intérêts généraux avant les siens propres. Nous félicitons le ministre des finances et la Banque de l'entente intervenue et nous souhaitons que la Chambre sanctionne, à bref délai, le projet de loi. Vouloir temporiser pour obtenir davantage serait une illusion et un danger.

Un accord de raison.

N'en déplaise à ceux qui ne voient partout que « capitalisme », « ploutocratie financière », et qui se figurent, de bonne foi, que la richesse et la prospérité d'un pays peuvent s'établir ou se maintenir quand, autour d'eux, le capital et le capitaliste sont inquiets, troublés, ruinés, le projet de loi présenté par M. Cochery est le maximum des concessions que la Banque peut accorder. Nous ajouterons que, plus la situation intrinsèque de la Banque sera forte et puissante, plus haut même ses actions seront cotées, plus élevés seront ses dividendes, plus haut sera évalué le crédit des billets qu'elle émet, plus grande sera la confiance publique.

La Banque a accordé le maximum.

Ce crédit, cette confiance, n'est-ce pas l'Etat tout le premier qui en profite ? n'est-ce pas là notre véritable Trésor de guerre ? N'y portons pas atteinte.

LES CAPITAUX FRANÇAIS EN ESPAGNE (1)

La dette publique espagnole.

Sans parler de la dette flottante, des dettes de Cuba et des Philippines, des avances faites par la Banque d'Espagne, la dette publique de l'Espagne s'élevait, en 1896, à 6 milliards de pesetas en chiffres ronds, exigeant un service d'intérêt de 315 millions. La dette extérieure s'élevait à 1,971,151,000 ; la dette intérieure remboursable, à 1,619,500,000 ; la dette intérieure permanente, à 2,350,808,300.

Titres de chemins de fer.

Presque toutes les compagnies de chemins de fer espagnols ont été constituées avec des capitaux français ; nous sommes intéressés également dans un grand nombre de sociétés industrielles et compagnies financières. En se bornant à évaluer seulement les titres cotés à la bourse de Paris, sans compter les obligations Cuba 3 % et 5 %, la valeur nominale de ces titres divers représenterait un total de plus de 2 milliards 900 millions ; la valeur réelle, d'après les cours cotés, déduction faite des titres amortis, serait d'environ 1,200 millions.

2 ½ à 3 milliards d'argent français.

Nous estimons que l'ensemble des placements effectués par la France en Espagne, tant en fonds publics qu'en valeurs de chemins de fer ou sociétés diverses, dépasse 2 milliards 1/2, si même il n'atteint pas 3 milliards, pouvant se décomposer comme suit : 1 milliard à 1 milliard 1/2 en rentes ou fonds espagnols garantis par l'Etat ; 1,500 millions à 2 milliards en valeurs di-

(1) 1898.

verses, actions et obligations. Ces divers placements peuvent rapporter une moyenne de 5 %, d'après les prix auxquels ils ont été effectués : ce serait donc environ 125 à 150 millions par an que nos capitalistes français percevraient du chef de leurs placements en fonds espagnols et valeurs diverses.

Ces quelques chiffres approximatifs montrent combien la situation de l'Espagne préoccupe nos rentiers. Il y a lieu, sans doute, dans leurs divers placements, de faire une différence entre ceux effectués sur les rentes espagnoles et ceux sur les titres de sociétés diverses. C'est, néanmoins, un gros inconnu qui pèse sur tous ces titres, car ils auraient à souffrir de la dépréciation même du crédit de l'Espagne et de la situation embarrassée de ses finances.

* * *

La paix encore possible.

Il ne convient pas cependant de désespérer encore de tout, ni de confondre les valeurs espagnoles les unes avec les autres en les mettant sur le même pied. Bien que, malgré les démarches des grandes puissances, les résolutions les plus graves aient été votées par la Chambre des députés et par le Sénat américains, en même temps que le gouvernement espagnol convoquait les Cortès, il n'est pas encore permis de ne plus avoir confiance dans le maintien de la paix. L'Europe tout entière n'a aucun intérêt à laisser l'Espagne à la merci des Etats-Unis. Si les Etats-Unis, depuis plusieurs années, s'étaient abstenus de toute ingérence dans les affaires cubaines, il y a longtemps que l'île de Cuba serait en paix. Si même, depuis que l'autonomie cubaine a été instituée par le ministère Sagasta, le gouvernement américain n'était pas intervenu et avait rempli son devoir de bon voisinage, l'insurrection cubaine n'existerait plus.

Bon vouloir de l'Espagne. Exigences des Etats-Unis.

L'Espagne a donné toutes les preuves possibles de son esprit de conciliation : elle a tout accepté et tout supporté ; il n'est pas un gouvernement, en Europe et dans le monde civilisé, qui ne reconnaisse qu'elle a le bon droit pour elle. Que son administration à Cuba ne soit pas sans défauts ; que des réformes urgentes soient nécessaires ; que, dans certaines circonstances, les Cubains aient eu à souffrir de la brutalité, de la violence, des exactions d'agents, de fonctionnaires espagnols, personne ne le niera : mais quelles que soient les fautes commises par l'Espagne, elles sont réparables et, en aucun cas, elles ne sauraient justifier l'intervention armée des Etats-Unis.

Cette intervention, du reste, au point de vue de l'équilibre des nations, ne serait pas sans dangers pour les puissances européennes qui, dans les Antilles et du côté des Antilles, ont des domaines coloniaux à conserver, à surveiller. Quelle que soit leur puissance, les Etats-Unis ne seraient pas encore en mesure de résister à un veto de plusieurs Etats européens.

Jusqu'au dernier moment, on peut donc espérer que les Etats-Unis, avant de s'engager contre l'Espagne, réfléchiront. Le maintien de la paix est précaire, sans doute, mais nullement désespéré. Si la guerre éclate, il n'est pas démontré, au surplus, que les Etats-Unis sortent facilement et sans dommages de la lutte.

L'Espagne luttera avec la dernière énergie et elle peut faire beaucoup de mal à son puissant adversaire. Vaincue, elle aura toujours, avec les sympathies de l'Europe, son appui moral et, espérons-le, matériel. Le plus léger succès, au contraire, décuplerait ses forces pendant qu'il affaiblirait d'autant celles des Etats-Unis.

* * *

Espérons donc encore que la guerre sera évitée : il nous paraît impossible que, jusqu'au dernier moment, l'Europe ne fasse tout ce qui dépendra d'elle pour l'empêcher. Quant aux porteurs de titres qui, en ce moment, sont complètement découragés et voient leurs valeurs perdre 20, 30, 40 % en quelques jours, nous leur recommandons le calme et, dans tous les cas, nous ne pensons pas qu'ils doivent confondre toutes les valeurs espagnoles dans une même défaveur.

Au surplus, la guerre n'aura qu'un temps.

Depuis trois ans, l'insurrection de Cuba a coûté des sommes énormes à l'Espagne ; elle a été cause de l'accroissement de la dette flottante, des appels au crédit public ou privé, des emprunts à la Banque d'Espagne, de la hausse démesurée du change, véritable fléau pour les porteurs d'obligations de chemins de fer espagnols. Victorieuse ou vaincue, ce serait, pour cette courageuse nation, la fin des sacrifices. Il faudrait, sans doute, remanier la dette, peut-être la réduire, mais si cette éventualité se réalisait, les détenteurs de valeurs espagnoles et d'obligations cubaines gagneraient, en sécurité et en accroissement de capital, ce qu'ils perdraient momentanément en revenus. Les titres des compagnies de chemins de fer, les obligations surtout, les actions des grandes sociétés industrielles et minières (Rio-Tinto, Tharsis, Escombrera, Pennaroya, etc.) peuvent avoir à souffrir, pendant quelques semaines, pendant quelques mois, des difficultés extérieures contre lesquelles l'Espagne se débat ; peut-être auront-elles ultérieurement à supporter un accroissement d'impôts — car malheureusement ce sont toujours les rentiers, les porteurs de valeurs mobilières, les commerçants, les industriels, qui paient les frais de la guerre, — mais ce ne serait encore là qu'une situation momentanée. La guerre n'aurait qu'un temps.

L'Espagne a fait preuve, depuis trois ans, d'une trop grande énergie, d'une trop active vitalité, pour qu'elle ne se relève pas promptement, en supposant même qu'elle soit irrémédiablement vaincue ; elle a droit au respect de tous ceux qui pensent encore que la force ne doit jamais primer le droit. L'Espagne se relèverait rapidement.

LES CAPITAUX FRANÇAIS EN ITALIE (1)

Les rentes italiennes dans les portefeuilles français.

Les mouvements de la rente italienne 5 % dans les portefeuilles français et étrangers sont intéressants à suivre ; ils ont une grande importance sur les cours du change et, par voie de conséquence, sur ceux de la rente italienne elle-même. Nous suivons régulièrement ces relevés en nous appuyant sur les documents officiels que nous recevons de la direction générale de la statistique du royaume d'Italie.

Payements sur les places étrangères.

Voici, depuis 1875 et par périodes quinquennales, le montant total des payements de rente 5 % que le gouvernement italien a effectués sur les places étrangères :

Années	Payements — millions de francs
1875	50.6
1880	63.7
1885	77.5
1890	147.0
1895	71.3
1896	61.7

De 1887 à 1893, les payements faits à l'étranger ont été les plus nombreux ; voici, année par année, à quels chiffres ils se sont élevés :

Années	Payements — millions de francs
1887	128.5
1888	128.8
1889	123.8
1890	147.0
1891	153.6
1892	160.0
1893	127.6

(1) 1898.

C'est pendant l'année 1892 que les payements de rente à l'extérieur ont été le plus élevés ; en 1893, ils diminuent un peu ; à partir de 1894, le rétablissement de l'affidavit a eu pour conséquence de diminuer considérablement les payements extérieurs de rente 5 %. Maxima atteints en 1892.

Ces payements s'élevaient à 127 millions en 1893 : fin 1896, ils n'étaient plus que de 64 millions.

* * *

On peut se demander aussi quel peut être, approximativement, le montant des rentes italiennes payées sur les grandes places de Paris, Londres, Berlin, à ces diverses dates : Remises sur Paris, Londres et Berlin.

De 1875 à 1881, les statistiques italiennes mentionnent seulement les remises faites, à Paris, à MM. de Rothschild frères. A partir de 1882, les diverses maisons étrangères sont mentionnées. Voici, à des dates correspondantes à celles citées plus haut, quelques chiffres sur les payements effectués à Paris, Londres et Berlin :

ANNÉES	PAYEMENTS EFFECTUÉS		
	PARIS	LONDRES	BERLIN
	millions de francs	millions de francs	millions de francs
1882	70.2	16.5	6.3
1886	77.9	8.3	9.5
1890	91.6	7.5	24.7
1895	34.6	6.5	30.0
1896	32.4	5.3	26.0

C'est donc sur le marché de Paris, c'est-à-dire parmi les capitalistes français, que se trouve la plus grosse partie des rentes italiennes 5 %. Il est à remarquer, cependant, que notre stock de rente italienne a diminué, depuis 1882, de 70 à 32 millions ; pendant la même période, le stock de rente 5 % italienne à Londres a diminué de 16 à 5 millions ; par contre, le marché de

Berlin possède 20 millions de rentes italiennes en plus qu'en 1882.

La rente italienne 5 % dont nos capitalistes français sont détenteurs se décompose comme suit :

		fr. c.	
1.274	titres nominatifs pour........	834.231 16	de rentes.
515.667	— au porteur pour........	32.494.123 79	—
516.941	titres........................	33.328.354 95	de rentes.

* * *

Autres valeurs placées en France.

Ce ne sont pas là les seules sommes dont l'Italie est débitrice envers nos nationaux. Indépendamment de la rente 5 %, nous possédons de la rente 3 %, des obligations pontificales, des obligations des chemins de fer sardes, méridionaux, etc. D'après les remises faites par le gouvernement italien aux maisons de banque françaises chargées d'effectuer ces payements divers pour son compte, on peut approximativement évaluer l'importance des capitaux que nous avons placés sur les fonds italiens ou garantis par le gouvernement italien.

Pendant l'exercice 1895-1896, les remises de fonds adressées aux maisons de banque par le gouvernement italien se sont élevées aux chiffres suivants :

	millions de francs
MM. de Rothschild frères........................	52.7
Crédit industriel et commercial................	2.4
Société générale..............................	1.4
Crédit lyonnais...............................	8
Banque de Paris...............................	2
Comptoir national d'escompte de Paris...........	1
Total...........................	57.6

Le montant total des payements faits à l'étranger ayant été de 111,867,646 lires, la part payée en France représente plus de 50 %.

Avec une capitalisation de 4 1/2 %, les 57 millions 6 de rentes diverses italiennes se trouvant en France représenteraient en chiffres ronds 1,280 millions. Avec une capitalisation de 4 %, elles fourniraient un total de 1,440 millions.

Si l'on prend comme base d'évaluation le rendement actuel de la rente italienne qui est de 4,34 % environ d'après le cours de 92 francs, les 57 millions 6 de rentes et valeurs italiennes diverses qui se trouveraient en France, formeraient un capital de 1,327 millions. Nous ne croyons pas que ces chiffres s'éloignent beaucoup de la vérité. En déduisant les sommes approximatives qui peuvent appartenir à des étrangers et celles comprises pour des amortissements, soit environ 300 millions, nous posséderions, en France, un capital minimum de 1 milliard en valeurs et fonds italiens.

1 milliard à 1 milliard ½ de valeurs italiennes en France.

En 1893, nous estimions que la France possédait 1 milliard à 1,500 millions de titres italiens. En tenant compte de la diminution des remises effectuées en France, depuis cette époque, par le gouvernement italien pour le payement de ses diverses dettes, notre évaluation actuelle est vraisemblable.

Notre stock de titres italiens est en voie de diminution sensible.

* * *

Cours comparés des fonds italiens.

Il n'est pas sans intérêt d'indiquer les fluctuations les plus importantes subies par les fonds italiens :

Depuis 1861, le plus haut cours de la rente italienne 5 % a été de 102 fr. 75 en 1886 ; le plus bas cours, celui de 35 fr. 90 en 1866.

Le 3 % italien a valu au plus haut 71 fr. 40 en 1886 et au plus bas 25 francs en 1861.

Les obligations Victor-Emmanuel 1863 ont valu 356 fr. au plus haut en 1886 et 65 francs au plus bas en 1888.

Les emprunts pontificaux 1860-1864 et 1866 ont valu 102 francs au plus haut en 1886 ; le 1860-1864 a fait 62 fr.

au plus bas en 1866; l'emprunt 1866 a fait au plus bas 61 francs en 1866.

Pendant les années 1870-71 la rente italienne a varié comme prix extrêmes, de 42 fr. 50 en 1870 à 69 fr. 75 au plus haut en 1871. En 1882, pendant l'année du krack, le plus haut cours fut de 91 fr. 50 et le plus bas de 84.

Le point culminant des fonds italiens a été l'année 1886. Depuis, la politique extérieure de l'Italie, son entrée dans la triple alliance, ses expéditions lointaines ont causé de grands troubles dans son crédit et ses finances. Nous pouvons répéter aujourd'hui ce que nous écrivions en 1880 :

> Tant que l'Italie est restée l'amie fidèle de la France, son crédit s'est amélioré, ses fonds ont haussé, son commerce a augmenté ; à partir du jour où, écoutant les suggestions allemandes, elle a oublié notre pays qui l'a aidée à conquérir son indépendance, son crédit a été atteint, son commerce et son développement économique et industriel ont subi un temps d'arrêt. Voilà ce que disent les chiffres.

Amitié française favorable aux intérêts financiers de l'Italie.

Aujourd'hui, un apaisement s'est fait dans les relations politiques entre les deux pays. Nous désirons qu'il continue et qu'il fasse place à la franche amitié qui régnait autrefois entre les deux nations. Ce jour-là, le crédit de l'Italie, sa situation commerciale et financière ne tarderaient pas à se relever promptement : les difficultés que ce pays a éprouvées depuis qu'il est entré dans la triple alliance seraient bien vite oubliées et effacées.

LE CANAL DE SUEZ
1869-1899

30 années d'exploitation du canal.

Le canal de Suez a été ouvert à la navigation le 17 novembre 1869. Il n'est pas sans intérêt de mettre aujourd'hui en lumière, par quelques chiffres précis, les résultats obtenus pendant les trente années d'exploitation qui viennent de s'écouler.

1. — Les diverses émissions faites par la compagnie pour se procurer les capitaux nécessaires, actions, bons de consolidation de coupons arriérés d'actions, obligations 5 % à lots, bons trentenaires, obligations 3 % 1re et 2e séries, ont produit un capital de 404 millions de francs sur lesquels il a été amorti 10,032 actions, 0,070 bons de consolidation, 108,187 obligations 5 %, 95,580 bons trentenaires, 6,187 obligations 3 % 1re et 2e séries formant un capital de 72 millions. — Différence 302 millions.

2. — La compagnie a remboursé, en outre, à 500 fr. l'une, soit pour 60 millions, 120,000 délégations qu'elle avait émises à 270 francs en représentation de 50 coupons semestriels de 176,602 actions Suez appartenant au vice-roi ; ces 176,602 actions ont été acquises par le gouvernement anglais, par convention du 25 novembre 1875 avec le gouvernement égyptien, pour 3,976,583 liv. st., soit 99,414,575 francs. Elles valent aujourd'hui plus de 618 millions et rapportent au gouvernement anglais, qui ne les a pas mises en circulation, plus de 18 millions.

3. — Aux cours du 10 octobre 1899, la valeur des actions de capital et de jouissance, bons de consolidation, obligations à lots, bons trentenaires, obligations 3 %, est de 1,198 millions.

4. — Aux cours du même jour, la valeur des titres ci-dessus, y compris celle des parts de fondateur et des titres de la Société civile, représente 1,427 millions.

5. — Les actions du canal de Suez, cotées à la bourse depuis 1861, ont valu au plus haut, 3,748 francs en 1898; au plus bas, 165 francs en 1871. En 1869, en novembre, mois de l'inauguration officielle du canal, elles se sont négociées entre 445 et 240 francs. Pendant cette même année, elles avaient fait au plus haut 630 francs.

6. — Le dividende le plus élevé a été de 112 fr. 138 en 1891 ; le plus bas, 25 francs en 1874. — De 1861 à 1870, les actions ont reçu 5 % du capital versé. — De 1871 à

1873, elles n'ont rien reçu : les coupons non payés ont été échangés contre des bons de consolidation.

7. — De 1874 à 1898, chaque action de 500 francs a reçu, en intérêts et dividendes, 1,867 fr. 497, ce qui représente une moyenne annuelle de 74 fr. 69, soit 14,93 %.

8. — Les parts de fondateur étaient à l'origine au nombre de 100. Elles ont été ensuite divisées en dixièmes, ce qui en a porté le nombre à 1,000, puis, en 1880, en 100es, ce qui en porte le nombre à 100,000. — En 1873, le 1/100,000e part de fondateur valait comme cours extrêmes, 44 à 47 fr. 50. Aujourd'hui le 1/100,000e de part vaut 1,390 francs et a rapporté 46 fr. 617 en 1898. Ce dividende de 46 fr. 617 représente la 1/100,000e partie des 10 % des bénéfices nets attribués statutairement aux fondateurs.

9. — Les 15 % des bénéfices attribués au gouvernement égyptien pendant la durée de la concession, jusqu'au 17 novembre 1968, ont été apportés à la Société civile par le Crédit foncier de France qui s'en était rendu acquéreur par contrat du 21 mars 1880, pour une somme de 22 millions. — Il a été créé 84,507 parts d'intérêts qui, aux cours actuels de 2,265 francs représentent une valeur de 191,408,355 francs. La part civile qui valait 597 francs, comme prix moyen en 1880, vaut maintenant 2,265 francs.

10. — En 1870, le transit du canal avait été de 486 navires jaugeant 463,609 tonnes, ayant donné une recette de navigation de 4,345,758 francs. — En 1898, le transit a été de 3,503 navires, jaugeant 9,238,603 tonnes, ayant donné comme recette de navigation, 82,657,420 francs.

11. — Le nombre de passagers était de 26,758 en 1870 ; en 1898, il a été de 219,554.

12. — Les 3,503 navires qui ont transité en 1898 appartiennent aux catégories suivantes : steamers de commerce, 2,505 ; — steamers postaux, 719 ; — steamers de commerce sur lest, 104 ; — transports militaires, 70 ; — canonnières, avisos, corvettes, croiseurs, cui-

rassés et torpilleurs, 89 ; — yachts à vapeur, 7 ; — remorqueurs, dragueurs et citernes, 9.

13. — Sur ces 3,503 navires, 2,295 battent pavillon anglais ; 356 le pavillon allemand ; 221 le pavillon français ; 193 le pavillon néerlandais ; 85 le pavillon austro-hongrois ; 74 le pavillon italien ; 54 le pavillon ottoman; 49 le pavillon espagnol; 48 le pavillon russe; 47 le pavillon norvégien ; 46 le pavillon japonais ; 8 le pavillon danois ; 4 le pavillon chinois ; 3 le pavillon portugais ; 1 le pavillon argentin ou roumain.

14. — L'ensemble des recettes de la compagnie s'est élevé en 1898, à 87,906,254 fr. 99, chiffre qui n'avait pas encore été atteint depuis l'ouverture du canal et qui, cette année, sera encore dépassé, puisque l'excédent des recettes actuelles est d'environ 5 millions sur celles de 1898.

15. — En même temps que la compagnie a enrichi ses actionnaires, elle n'a pas perdu de vue les intérêts de son personnel : les statuts avaient eu la sagesse de réserver à leur profit une participation dans les bénéfices. Pendant l'exercice 1898, cette participation a représenté, en faveur des employés, une somme de 622,501 fr. 40. Cette participation est égale à celle des administrateurs.

16. — Sur les bénéfices nets répartis en 1898, les actionnaires ont reçu 22,098,800 francs ; le gouvernement égyptien, 4,668,760 fr. 57 ; les fondateurs, 3 millions 112,507 fr. 05 ; les administrateurs, 622,501 fr. 40 ; les employés, 622,501 fr. 40.

Ces chiffres se passent de tout commentaire ; si les actionnaires peuvent se féliciter des résultats brillants que leur a procurés l'œuvre gigantesque du canal de Suez, le commerce du monde entier n'a pas été moins bien partagé ; les profits de toute nature qui sont résultés de l'abréviation de la durée des voyages et du raccourcissement des distances, sont presque incalculables, et nous ne parlons pas des conséquences de la mise en valeur de l'Afrique et de l'Asie. Il faut moins de temps aujourd'hui pour se rendre à Aden qu'il n'en fallait, au commencement du siècle, pour se rendre de Paris à Marseille. Le canal de Suez a abrégé de plus de moitié la distance qui sépare des Indes les principales contrées de l'Europe et de l'Amérique. De Londres à Bombay, il a diminué la distance de 2,850 lieues ; de Marseille, de 3,276 lieues ; d'Amsterdam de 2,850 lieues; de New-York, de 2,439 lieues.

Telle est, en quelques chiffres, l'œuvre de M. de Lesseps. Qu'on relise le mémoire qu'il adressait, en 1855, au vice-roi d'Egypte, on verra que toutes ses prévisions ont été non seulement confirmées par les faits, mais dépassées.

Tableaux annexes

1. — *Plus haut et plus bas cours des actions de Suez de 1861 à 1899*

ANNÉES	PLUS HAUT	PLUS BAS	DIVIDENDE	ANNÉES	PLUS HAUT	PLUS BAS	DIVIDENDE
	francs	francs			francs	francs	fr. c.
1861.....	450	438	5 %	1881.....	3.475	950	68.80 3
1862.....	510	423	5 %	1882.....	3.550	1.875	81.22 1
1863.....	558	460	5 %	1883.....	2.685	1.820	88.65 7
1864.....	498	412	5 %	1884.....	2.167	1.810	87.25 2
1865.....	465	411	5 %	1885.....	2.220	1.805	85.40 1
1866.....	447	220	5 %	1886.....	2.240	1.970	73.83 5
1867.....	382	220	5 %	1887.....	2.090	1.905	78.22 9
1868.....	470	257	5 %	1888.....	2.270	2.062	89.38 1
1869.....	630	290	5 %	1889.....	2.450	2.185	91.05 2
1870.....	385	200	5 %	1890.....	2.450	2.270	92.68 6
1871.....	252	105	»	1891.....	2.900	2.395	112.13 8
1872.....	490	185	»	1892.....	2.845	2.580	99.06 8
1873.....	488	378	»	1893.....	2.750	2.585	97.09 2
			fr. c.				
1874.....	475	375	25.00	1894.....	3.110	2.675	90.65 2
1875.....	865	470	20.88	1895.....	3.445	3.040	99.49 5
1876.....	840	605	28.55 5	1896.....	3.510	3.160	100.05 3
1877.....	762	565	32,98 7	1897.....	3.365	3.100	97.62 2
1878.....	790	700	31,43 8	1898.....	3.748	3.318	107.74 7
1879.....	770	690	29.87 2	Cours actuel...	3.500		
1880.....	1.327	715	46.88 6				

2. — *Ce que valent, aux cours actuels, les titres de Suez*

VALEURS DE SUEZ	NOMBRE de TITRES émis	TITRES RESTANT en circulation	COURS au 10 octobre 1899	VALEUR TOTALE des titres en circulation
			francs	millions de francs
Actions	223.398	213.360	3.530	753.1
— jouissance	»	10.032	3.002	30.0
Parts de fondateur	100.000	100.000	1.380	138.0
Société civile	84.507	84.507	2.265	191.4
Obligations 5 %	333.333	225.146	612	137.7
— 3 % 1re s.	78.020	68.878	476	32.7
— 3 % 2e s.	220.000	217.981	477	103.9
Bons de coupons arriérés 5 %	400.000	393.921	96	37.8
Bons trentenaires	120.000	24.420	126	3.0
TOTAUX	1.554.204	1.338.231		1.427.6

LES EXPOSITIONS UNIVERSELLES A PARIS

QUELQUES STATISTIQUES COMPARATIVES

La fortune de la France. Opinion de M. Caillaux.

Dans un brillant discours qu'il prononçait récemment au Sénat à l'occasion de la discussion du budget de 1900, M. Caillaux, ministre des finances, montrait que « de tout l'ensemble des chiffres et des documents recueillis, on peut hardiment conclure que, loin de décroître, la fortune publique en France va en augmentant d'une façon continue » (1).

Il nous a justement paru intéressant, au moment où va s'ouvrir l'Exposition universelle de 1900, de relever quelques indices correspondant aux dates des grandes expositions universelles qui ont eu lieu à Paris dans la seconde moitié de ce siècle et de les comparer entre eux. Les rapprochements auxquels nous nous sommes ainsi livré et dont nous groupons les résultats dans le tableau ci-après, corroborent complètement les affirmations du ministre des finances.

(1) Sénat, *Débats parlementaires*, 30 mars 1900.

INDICES	1855	1867	1878	1889	1900
Population	35.174.000	38.494.000	38.905.000	38.218.903 (1886)	38.269.011 (1896)
Caisses d'épargne. { Capitaux ... Fr.	272.182.548	570.869.180	1.016.166.403	2.500.000.000	3.427.098.888 (1897)
Caisses d'épargne. { Livrets (nombre)	893.750	1.846.603	3.178.721	5.500.000	6.772.662
Elèves dans les lycées et collèges (garçons et filles)	22.748	36.112	41.837	84.765	(1) 92.403 (1898)
Production combustibles, minéraux ..T.	7 453.047	12.533.385	16.960.916	23.851.912	30.797.627 (1897)
Machines à vapeur (nombre d'établiss^{ts}).	8.879	23.435	35.789	56.865	64.107 (1897)
Commerce { général	4.327.000.000	7.965.000.000	9.201.000.000	10.123.800.000	10.256.100.000 (1898)
Commerce { spécial	3.152.000.000	5.852.000.000	7.536.000.000	8.020.800.000	7.983.400 (1898)
CHEMINS DE FER					
Kilomètres exploités	6.526	15.657	21.415	33.301	36.934 (1897)
Nombre de voyageurs	32.491.471	101.610.748	152.806.132	224.801.159 (1888)	374.800.000
Tonnes de marchandises	10.645.282	38.666.602	63.087.498	75.192.279	108.400.000
Escomptes à la Banque de France. Fr	3.765.000.000	5.718.000.000	6.866.000.000	9.180.200.000	11.745.984.100 (1899)
Taux moyen de l'escompte	4.44 %	2.71 %	2.18 %	3 %	3.75 %
MOUVEMENT POSTAL					
Objets transportés	357.164.266	648.213.350	974.861.440	1.768.483.534	2.228.422.029 (1897)
Produit des taxes ... Fr.	49.544.697	78.674.170	97.420.104	149.314.630	185.786.406 (1897)
MOUVEMENT TÉLÉGRAPHIQUE					
Longueur des lignes ..... (kilomètres)	[illegible]	[illegible]	[illegible]	[illegible]	[illegible]
[illegible]	[illegible]	[illegible]	[illegible]	[illegible]	[illegible]
VALEURS SUCCESSORALES					
Annuité mobilière (millions de francs)	977.3	1.363.0	2.254.6	2.503.9	3.038.1

Longueur des lignes ..... (kilomètres)		[illegible]	[illegible]	[illegible]	[illegible]	[illegible]
[illegible]		[illegible]	[illegible]	[illegible]	[illegible]	[illegible]
VALEURS SUCCESSORALES						
Annuité mobilière (millions de francs)..		977.9	1.365.0	2.254.6	2.503.0	3.038.1
— immobilière..................		1.479.0	1.757.2	2.493.8	2.545.3	2.668.1
— totale..................		2.406.9	3.322.2	4.748.4	5.058.5	5.699.2 (1898)
COURS DES RENTES 3 %		fr. c.	fr. c.	fr. c.	fr. c.	fr. c.
Cours moyens et cours actuels..........		67 475	69.875	69 80	85 25	(4) 101 10
ACTIONS DE CHEMINS DE FER (Prix moyens et cours actuels)						
Nord..................		881 25	1.152 50	1.338 25	1.810 00	2.385 00
Est..................		880 00	527 50	652 50	840 00	1.124 00
Lyon..................		1.122 50	900 00	1.067 50	1.440 00	1.930 00
Ouest..................		729 37	553 15	781 25	970 00	1.117 00
Orléans..................		1.166 25	875 00	1.141 25	1.375 00	1.772 00
Midi..................		722 50	550 00	822.50	1.280 00	1.355 00
OBLIGATIONS DE CHEMINS DE FER (Prix moyens et cours actuels)						
Nord..................	(2)	298 01	317 28	354 53	420 46	455 00
Est..................	(2)	284 92	311 05	356 88	402 72	451 00
Lyon..................	(3)	286 86	318 03	348 94	411 27	451 00
Ouest..................	(2)	288 04	310 01	347 68	411 62	449 00
Orléans..................	(2)	295 56	312 52	352 48	413 92	451 00
Midi..................	(2)	289 27	310 21	346 98	412 19	443 00

(1) Y compris les lycées et collèges de filles. — (2) Année 1850. — (3) Année 1858. — (4) Cours du 6 avril 1900.

On peut sans doute, par des chiffres présentés avec art, faire dire aux statistiques tout ce que l'on veut qu'elles disent, mais qu'en réalité, elles ne disent pas. On prend, par exemple, comme point de départ d'une comparaison à établir, une année de très grande prospérité : on la rapproche d'une autre pendant laquelle une crise imprévue, un fléau meurtrier, des dépenses urgentes se sont produites, et pendant laquelle encore les recettes publiques ont diminué. Rien n'est plus facile alors que de dire que les affaires de l'Etat et du public vont de mal en pis.

En établissant au contraire des statistiques par périodes moyennes, soit quinquennales, soit décennales, en les comparant entre elles, on arrive à des conclusions qui se rapprochent le plus sensiblement de la vérité.

Il faut surtout envisager les chiffres tels qu'ils sont, sans parti pris, sans idée préconçue, sans passion politique, pour pouvoir en déduire nettement des indications utiles.

Dans nos divers travaux sur les valeurs mobilières, sur les impôts, sur les finances et le crédit, etc., nous nous sommes appliqué à suivre cette méthode et cette ligne de conduite. Nous avons procédé de la même manière pour rechercher précisément à ces grandes dates des expositions universelles de la France, 1855, 1867, 1878, 1889 et aujourd'hui, ce que nous disent les indices économiques, financiers, commerciaux et industriels et constater ainsi les progrès, la décadence ou le stationnement du pays.

Indices consultés.

Ces indices sont ceux ci-après : mouvement des caisses d'épargne ; — production des combustibles minéraux; — nombre des machines à vapeur employées dans l'industrie ; — importance du commerce général et du commerce spécial ; — mouvement des chemins de fer ; — mouvement des escomptes ; — mouvement postal et télégraphique ; — valeurs successorales ; — cours de la rente 3 % et des titres de chemins de fer ; etc.

Ces indices nous montrent que, depuis 1855 :

Importance de ces constatations.

La population a augmenté de 3 millions ;

Les fonds déposés dans les caisses d'épargne ordinaires, sans compter les 875 millions reçus par la Caisse nationale d'épargne de 3,087,621 titulaires de comptes, au 31 décembre 1898, ont augmenté de 3 milliards 155 millions.

Le nombre des livrets s'est accru de 5,877,102 ;

Le nombre des élèves dans les lycées et collèges a quadruplé ;

La production des combustibles minéraux s'est accrue de 23 millions de tonnes ;

Le nombre des établissements employant des machines à vapeur a augmenté de 30,000 ;

Le commerce général a augmenté de 6 milliards et le commerce spécial, importations et exportations réunies, de 5 milliards ;

Le nombre de kilomètres de chemins de fer en exploitation passe de 5,526 à 36,934, soit un accroissement de 31,408 ;

Le nombre des voyageurs transportés s'est accru de 340 millions ;

Le nombre de tonnes de marchandises a augmenté de 98 millions ;

Les escomptes à la Banque de France sont en augmentation de plus de 8 milliards et l'on sait, d'un autre côté, que, dans les grandes sociétés de crédit, le mouvement total des escomptes dépasse les chiffres mêmes de la Banque de France ;

Le taux de l'escompte, qui est en ce moment à 3 1/2 après être resté longtemps à 2 1/2 et 3 % est encore en diminution de plus de 1 % ;

Le nombre des objets transportés par la poste s'est accru de 1 milliard 866 millions ;

Le produit des taxes a augmenté de 135 millions ;

Le nombre des dépêches télégraphiques a progressé de 255,000 à 37 millions ;

Le produit des taxes a augmenté de 35 millions ;

La rente 3 % a haussé de 35 francs, les actions Nord de 1,450 francs ; l'Est de 230 francs ; le Lyon de 790 fr. ; l'Ouest de 400 francs ; l'Orléans de 630 francs ; le Midi de 610 francs. Toutes les obligations de chemins de fer ont gagné près de 200 francs.

Quant aux valeurs successorales, thermomètre probant de l'accroissement ou de la diminution de la richesse publique ou privée — car on admettra bien que dans un pays qui s'appauvrit ou dont la richesse resterait stationnaire, la fortune mobilière représentée par des titres de rentes, actions et obligations, parts d'intérêts ne pourrait s'accroître — l'annuité totale était de 2 milliards 406 millions en 1855 ; elle était, en 1898, de 5 milliards 700 millions.

Dans ces chiffres, l'annuité mobilière, c'est-à-dire les sommes que représentent les valeurs mobilières comprises dans les successions et soumises aux droits de mutation, était évaluée à :

977	millions en	1855
1,555	—	— 1867
2,254	—	— 1878
2,513	—	— 1889
3,036	—	— 1898

C'est-à-dire que cette annuité des valeurs mobilières a plus que triplé, en passant de 977 millions à 3 milliards 36 millions. En d'autres termes, le capital sur lequel l'enregistrement perçoit des droits a triplé sur les titres mobiliers, en même temps que, sur les valeurs immobilières, il a presque doublé, en s'élevant de 1 milliard 428 millions à 2 milliards 659 millions.

Ces chiffres se passent de commentaires ; ils sont éloquents par eux-mêmes et démontrent que la France a continué sa marche en avant, progressive et prospère.

Sans les désastres inoubliables qu'elle a éprouvés en 1870-1871 et dont elle supporte encore le poids, sans les centaines de millions d'impôts qu'il a fallu créer, les milliards qu'il a fallu emprunter et dépenser pour libérer le territoire, reconstituer notre armée et nos moyens de défense, exécuter de grands travaux publics, développer l'instruction publique, reconstituer, en un mot, le pays tout entier, on peut affirmer que ses progrès et sa prospérité auraient été plus grands encore.

LES VALEURS A LOTS

ÉMISSION, NÉGOCIATION, PUBLICATION DES TIRAGES EN FRANCE

La loi française du 21 mai 1836 sur les loteries, loi surannée s'il en fut, est appliquée à toutes les publications de tirages de valeurs à lots étrangères non admises aux négociations officielles et à la cote de la bourse de Paris. Un arrêt du 19 mars 1876 a condamné plusieurs directeurs de journaux à l'amende pour publication d'articles, de cotes et de tirages concernant les obligations des chemins de fer ottomans et diverses autres valeurs à lots. La loi de 1836.

A l'heure où nous sommes, le directeur ou le gérant d'un journal quelconque, politique, financier ou littéraire, si ce journal a publié les annonces ou les résultats d'un tirage d'une valeur à lots étrangère, non cotée officiellement, encourt une condamnation qui, aussi légère qu'elle soit matériellement, entraine, pendant plusieurs années, l'interdiction des droits civiques.

Aucun journaliste français ne peut, volontairement ou non, sciemment ou par inadvertance, insérer dans ses colonnes aucun tirage de valeurs à lots étrangères sans s'exposer à cette peine véritablement extraordinaire.

Le directeur ou le gérant du journal convaincu du fait incriminé n'est pas frappé en vertu du texte explicite d'une loi spéciale : il est atteint par une interprétation rigoureuse de la loi de 1836 sur les loteries, interprélation que le législateur ne pouvoit certes pas prévoir à cette époque et que, sans nul doute, il n'eût pas admise.

Pénalités appliquées.

Toute contravention à cette loi du 21 mai 1836 peut être punie des peines édictées par les articles 410 et 411 du code pénal. Le deuxième paragraphe de l'article 410 dit textuellement que « les coupables peuvent être, de plus, à compter du jour où ils auront subi leur peine. interdits, pendant cinq ans au moins et dix ans au plus, des droits mentionnés en l'article 42 du code pénal ». Or, l'article 42 du code pénal indique quels sont les droits civiques, civils ou de famille qui peuvent être interdits.

Comme l'arrêt du 19 mars 1876 a reconnu que l'infraction existe indépendamment de toute intention délictueuse de gérants de journaux et par cela seul que ceux-ci ont la volonté de faire connaître l'existence de l'opération prohibée, on voit que tous les journaux sans exception, sont exposés, par simple oubli, à être atteints des peines les plus rigoureuses.

La question mérite donc, on le voit, d'être examinée de très près. Elle intéresse le public porteur de valeurs à lots tout entier ; elle intéresse toute la presse française.

* * *

Cette jurisprudence est-elle conforme aux vues du législateur?

La loi du 21-25 mai 1836 prohibe-t-elle d'une manière absolue la création, l'annonce et la mise en vente de toutes valeurs à lots indistinctement, françaises ou étrangères ?

Si telles sont réellement sa pensée et son but, faut-il la maintenir avec ce caractère de sévérité exagérée ?

N'est-il pas, au contraire, conforme aux intérêts économiques et financiers, dans leurs conditions actuelles, d'en modifier les termes et d'en atténuer la rigueur par des tempéraments sans péril pour le crédit public et privé ?

Telles sont les questions que nous allons examiner.

En 1870, ces questions étaient déjà soulevées à l'occasion d'un emprunt à primes des chemins de fer de la Turquie d'Europe, et une consultation à laquelle la presse donna une grande publicité, affirmait « qu'il n'y avait lieu, en aucune façon, à appliquer à une opération de cette nature la loi du 21-25 mai 1836 ». Les chemins de fer turcs.

Cette consultation était délibérée par MM. Sénard, Crémieux, Allou, Lachaud et Laurier, avocats à la cour d'appel de Paris ; Chambaraud, avocat au conseil d'Etat et à la cour de cassation. Consultation juridique.

Elle était revêtue des adhésions de MM. Jules Grévy, Odilon Barrot, Le Blond et Plocqué, avocats à la cour d'appel.

M. Odilon Barrot, vice-président du conseil d'Etat, témoin de la loi de 1836 et l'un de ceux qui l'avaient votée et peut-être provoquée, y adhérait en ces termes expressifs et remarquables : Opinion de M. Odilon Barrot.

J'adhère à la consultation. L'interprétation qu'elle donne à la loi du 21 mai 1836, prohibitive des loteries, est la seule qui soit conforme à l'intention du législateur et aux précédents hautement avoués et pratiqués par le gouvernement ; la seule d'ailleurs, qui soit conciliable avec les nécessités du commerce et de l'industrie. — S'il suffisait qu'une convention quelconque offrît une chance aléatoire pour être rangée dans la classe des loteries, toute spéculation deviendrait impossible. Ce n'est que dans le cas où l'*aléa* est la cause et le but principal de l'opération, que celle-ci constitue une loterie proprement dite ; lorsqu'elle n'est qu'un accessoire, elle est couverte et, en quelque sorte légitimée, par le caractère principal du contrat.

On ne saurait mieux dire : et ces quelques lignes résument à merveille la consultation tout entière.

Sans doute, si l'on s'arrête à une vue superficielle, on peut être tenté d'induire du texte que, du moment où l'espérance d'un gain à acquérir par la voie du sort se mêle à une opération quelconque, cette opération est proscrite par la loi.

Mais le texte lui-même, quand on l'étudie sans passion, se refuse à cette interprétation extrême et ce qui la contredit mieux encore, c'est l'esprit de la loi, mis en lumière par son exécution.

* * *

But de la loi de 1836.

Et d'abord, quelle a été l'occasion de la loi de 1836, quel but s'est-elle surtout proposé ?

La loi du 21 avril 1832 avait prononcé, par son article 48, l'abolition de la loterie dans toute la France, à partir du 1er janvier 1836.

Cette suppression avait provoqué la création d'un grand nombre de loteries clandestines et des combinaisons de librairie fort semblables, elles aussi, à de pures loteries.

D'un autre côté, des châteaux des bords du Rhin étaient mis en vente sous forme de loteries véritables, puisqu'un seul, favorisé par le sort, devait en être propriétaire, là où des millions de billets devaient ne trouver dans l'opération aucune compensation, si légère qu'elle fût.

Le capital représenté par les billets ainsi jetés dans la circulation, était double et triple de la valeur dont l'adjudication était livrée au sort ; les gouvernements étrangers percevaient sur les billets un droit qui, parfois, équivalait presque à la valeur des propriétés placées dans la dépendance de leur souveraineté.

C'est pour remédier à ces abus que la loi du 21 mai 1836, vint développer le principe posé par la loi du 21 avril 1832.

Son texte.

Que dit-elle ? Ses deux premiers articles sont ainsi libellés :

> **Article premier.** — Les loteries de toutes espèces sont prohibées.
>
> **Article 2.** — Les ventes d'immeubles, meubles ou marchandises effectuée par la voie du tirage au sort, ou auxquelles auraient été réunies des primes ou autres bénéfices dus au hasard, et généralement toutes opérations offertes au public pour faire naître l'espérance d'un gain qui serait acquis par la voie du sort.

Quand on sait quelles circonstances déterminèrent la présentation et le vote de la loi, il est facile de se rendre compte de sa portée.

Ce qu'elle veut prohiber, ce sont les loteries de toutes espèces... L'article 2 n'a qu'un but : déterminer ce que le législateur entend par loteries, mais sans que, pour cela, l'article premier cesse de fixer le principe même de la loi.

Ce qu'elle prohibe, ce sont les loteries.

Ceci entendu, il faut se demander uniquement à *quels signes caractéristiques se reconnaît une loterie.*

La consultation de 1870 en indiquait trois et nous ne pouvons mieux faire que de lui emprunter sa définition :

Caractéristiques d'une loterie.

1° Chance offerte de très gros bénéfices moyennant une très faible mise. Un billet de 50 centimes, par exemple, en face d'un lot de 100,000 francs.

2° Perte totale de la mise pour le plus grand nombre des concurrents.

3° Attribution à quelques contractants privilégiés d'un bénéfice qui a pour base la perte réalisée par tous les autres.

Là où ces trois éléments ne se rencontrent pas, on peut dire, à coup sûr, qu'il n'y a pas loterie et que la loi de 1836 ne trouve pas son application.

Or, est-ce que les emprunts d'Etat, ceux mêmes des grandes compagnies industrielles ou financières, là où les obligations qui les expriment sont remboursables par voie de tirage au sort, avec des primes directes ou indirectes, est-ce que ces opérations, ces combinaisons constituent des loteries ?

Ces éléments ne se rencontrent pas dans les émissions de valeurs à lots.

Où est la chance offerte de très gros bénéfices, moyennant une très faible mise ?

Où est, pour le plus grand nombre des parties prenantes, la perte totale de leur mise ?

Où est l'attribution, à quelques privilégiés du sort, d'un bénéfice dont la base est la perte réalisée par tous les autres ?

Elles n'offrent rien de pareil.

Prenons pour exemple un emprunt fait par la ville de Paris.

Exemple : emprunts à lots de la ville de Paris et du Crédit foncier.

Qu'offre-t-on au public ?

Une obligation d'une valeur nominale de 400 francs, produisant 12 francs d'intérêt annuel, souscrite à un taux qui varie suivant les conditions du marché, remboursable au pair quelquefois, ou par voie de tirages annuels avec des lots ou des primes, plus ou moins nombreuses, plus ou moins considérables.

Quelle est la position de celui que le sort ne favorise pas ?

Il continue à percevoir son intérêt de 12 francs par an ; il garde son titre et, avec ce titre, il conserve la chance de gagner une prime ou un lot à un tirage ultérieur ; enfin, il possède la certitude, là même où le sort lui serait contraire, d'être remboursé soit au pair, soit à 400 francs, suivant les conditions de son contrat.

Il n'y a là ni chance offerte de très gros bénéfices, en échange d'une faible mise ; ni perte totale de la mise pour le plus grand nombre ; ni bénéfice réalisé par quelques privilégiés du hasard, et qui soit formé de la perte de tous les autres. Donc, il n'y a pas de loterie. Donc, il n'y a pas lieu à l'application de la loi de 1836.

Pour soutenir le contraire, il faudrait prétendre que l'espérance d'un gain à acquérir par la voie du sort, mêlée, même à titre purement accessoire, à une opération de bourse, suffit pour que, par cela seul, elle tombe sous le coup de la loi. Une telle interprétation va manifestement au delà, non seulement de la pensée, mais du texte même de la loi.

Ce que proscrit ce texte, ce sont les opérations qui seraient offertes au public pour faire naître l'espérance d'un gain qui serait acquis *par la voie du sort* ; mais induire de là que toute opération sérieuse en elle-même, doit être proscrite comme une loterie parce qu'il s'y mêle, à titre accessoire et secondaire, une combinaison offrant l'espérance d'un gain à acquérir par la voie du sort, c'est dépasser la mesure ; la loi n'a pu vouloir, la loi n'a pas voulu aller jusque-là.

La preuve en réside dans l'exécution même qu'elle a reçue.

Que sont les obligations émises par les compagnies de chemins de fer, au capital nominal de 500 francs et à un taux inférieur ou supérieur suivant les conditions du marché, remboursables, par voie de tirages annuels, au capital de 500 francs ?

Dira-t-on qu'elles sont des billets de loteries ?

Personne ne s'en avisera. Et cependant, il y a là l'espérance d'un gain à acquérir par la voie du sort. — Le gain c'est le remboursement un an après l'émission par exemple, là où il est possible, sous l'empire du sort, qu'il n'arrive qu'au bout de vingt, trente, quarante ou cinquante années.

Ceci est vrai, à plus forte raison, pour les obligations à lots de la ville de Paris, du Crédit foncier et d'autres encore qu'il est inutile d'indiquer.

Dira-t-on que toutes ces créations ont été autorisées par des lois spéciales, dérogeant à la règle posée par la loi de 1836 ; que, loin de prouver en faveur de la thèse que nous soutenons, elles en sont la contradiction formelle ; l'exception, là où le législateur a dû intervenir pour la formuler, confirmant le principe de la prohibition absolue ?

Tel n'a point été le caractère des lois d'autorisation ; il est facile de le démontrer.

* * *

Voici notamment ce que disait M. Rouher à la séance du Corps législatif du 10 juin 1866 : Ce que disait déjà M. Rouher en 1866.

Que s'est-il passé depuis 1836 ? Comment cette loi a-t-elle été interprétée, comment a-t-elle été comprise dans tous les temps, par tous les pouvoirs, par tous les hommes d'État appelés à l'appliquer ?

Je ne cherche pas son esprit, il est dans la logique et dans la raison ; je ne veux chercher, quant à présent, que l'application qui en a été faite.

Des emprunts ont été proposés par la ville de Paris; les emprunts ont été effectués... les lois qui les autorisaient n'avaient pas pour but de permettre la création de primes et de lots ; c'étaient des autorisations d'emprunts purs et simples.

En votant ces lois, le Corps législatif et, avant lui, l'Assemblée constituante, ont-ils eu la pensée de déroger, comme le disait l'honorable M...,

Il n'y a qu'un instant, à la loi générale par des lois spéciales ? Pas le moins du monde... J'ai lu moi-même tous les exposés des motifs, tous les rapports qui ont été faits sur les nombreux emprunts successivement effectués par la ville de Paris, en 1848, en 1851, en 1855, en 1860 ; jamais on n'a vu dans les lots et primes attachés aux emprunts de la ville de Paris, et qui représentent de 1/2 à 1 1/2 %, jamais on n'y a vu une dérogation volontaire à la loi de 1836.

Il n'en a été dit un mot par personne ; on n'a pas considéré que cette opération sérieuse d'un capital emprunté avec un intérêt fixe, et un simple accessoire de primes et lots, constituait ce qu'on peut appeler une loterie. Lisez toutes ces lois spéciales faites sur ce sujet, vous n'y trouverez pas une seule mention indiquant qu'on ait volontairement dérogé à la loi de 1836.

La loi a été appliquée par le conseil d'État en 1852, en 1859, en 1860 ; en 1852 et 1859 au Crédit foncier ; en 1860 au Crédit colonial. — Lisez les statuts de toutes ces compagnies. — Je les ai entre les mains, on y stipule la faculté de créer des primes et des lots, jusqu'à concurrence de 1 % ; et ces primes et ces lots ont été créés par la société du Crédit foncier, ont été créés par la société du Crédit colonial, en vertu de décrets délibérés en conseil d'État, et aucun des honorables conseillers d'État qui examinaient ces questions avec la sollicitude qu'ils y apportent toujours, n'a eu la pensée qu'il violait, en accordant cette faculté, la loi de 1836. — Vous avez autorisé des emprunts à Bordeaux, à Lille, à Tourcoing. Ces emprunts de 14 et de 15 millions ont été effectués ; ils contiennent des primes et des lots, et les lois qui les autorisaient n'en parlaient pas. — C'étaient de simples autorisations données d'emprunter.

* * *

Cette opinion est seule exacte.

Qu'ajouter à cela ? N'est-il pas certain, comme le disait M. Rouher, que la loi n'atteint pas l'opération dans laquelle les primes et les lots sont un accessoire, non sa cause et son but principal.

S'il en est ainsi, dira-t-on, pourquoi en appeler au pouvoir législatif ? Adressez-vous aux tribunaux et faites prévaloir cette doctrine.

C'est précisément parce que les tribunaux, par erreur mais obéissant à leur conscience, voient, eux, dans toute combinaison accessoire de primes et de lots, une loterie prohibée, qu'il est nécessaire de faire intervenir le pouvoir législatif pour décider, par une interprétation souveraine, ce qui a été, à l'origine, et ce qui devra être, pour l'avenir, le sens de la loi de 1836.

S'il fallait justifier par des considérations économiques et financières la nécessité de ramener à une formule moins exclusive la loi sur les loteries, rien ne serait plus facile.

Quand des faits se produisent et se généralisent dans un pays, quand ils s'étendent au monde entier, ils revêtent un caractère de nécessité qui les impose à la sagesse du législateur.

On peut, suivant que les idées de protection ou les idées de liberté triomphent dans une législation, les réglementer dans l'espoir d'en prévenir l'abus, ou les abandonner à l'initiative individuelle au risque de ces abus eux-mêmes, sous la seule garantie des lois générales. Mais les nier pour ainsi dire, les proscrire, en faire *a priori* des délits, c'est une tentative qui doit échouer, comme échoue tout ce qui est contraire à la nature même des choses.

Or, qui peut méconnaître le mouvement qui, depuis 1836, en France et partout, a multiplié sous tous les noms et sous toutes les formes, l'emprunt par obligation à lots ou à primes ? Comment appliquer à ces combinaisons ingénieuses, variées, instruments puissants du crédit, ignorées alors, une loi qui, par cela même, n'était pas faite pour elle ?

Comment maintenir cette inégalité choquante d'opérations, identiques au fond par leur mécanisme, et dont les unes, protégées par la loi, ressemblent à de grands privilèges financiers, tandis que les autres sont traquées comme si le fait seul de leur existence était une atteinte à la morale aussi bien qu'à la loi ?

Que les magistrats préposés à la garde des lois et à la protection des intérêts privés se montrent sévères pour la fraude ; qu'ils défèrent sans pitié à la justice criminelle tout ce qui, sous l'apparence d'un contrat sérieux, ne serait qu'illusion, leurre, moyens de s'emparer de la fortune d'autrui, nous le comprenons et nous y applaudirons.

Mais, par crainte de l'abus, proscrire l'usage ; frapper de suspicion des contrats excellents en eux-mêmes par cela seul qu'ils ne portent pas une estampille privilégiée, cela est contraire aux principes de la liberté économique.

* * *

Distinction à faire.

Ce que nous demandons, c'est qu'en maintenant la prohibition des loteries de toute espèce, la loi en détermine nettement les vrais caractères et ne permette plus de confondre avec ces loteries des opérations qui, désormais, appartiennent, comme un rouage nécessaire, à notre mécanisme financier.

Notre but serait incomplètement atteint si, à côté du principe même de la loi, nous n'en signalions pas des conséquences accessoires et graves, nous voulons parler de l'interdiction de toute annonce de valeurs étrangères à lots ou à primes, de tous tirages, et même de la cote sur le marché libre.

Là où ces valeurs cesseraient d'être considérées comme équivalant à des loteries, il va de soi que leur annonce cesserait d'être proscrite.

Mais qu'arrive-t-il aujourd'hui sous l'empire de la loi, telle que les tribunaux l'interprètent, en face des notes comminatoires qui émanent du parquet ?

Les journaux français, soucieux de leur repos et de leur considération, cèdent à la menace et gardent le silence, tandis qu'à côté d'eux, des journaux publiés en langue française au delà de notre frontière, font toutes les publications que les journaux français s'interdisent. En fait, le mal qu'on pourrait éviter s'accomplit. Le résultat le plus certain de la prohibition et des menaces de poursuites est de créer une inégalité choquante entre les divers organes d'une publicité spéciale qui devraient, par esprit de justice, être placés sous l'empire d'une même règle.

La loi de 1836 doit être modifiée ou législativement interprétée.

La vérité, c'est qu'il est impossible d'assimiler à des loteries des opérations qui n'en ont, en aucune façon, le caractère et que la loi de 1836 doit être ou interprétée ou modifiée en ce sens.

LES CAPITAUX FRANÇAIS EN RUSSIE (1)

Dans le rapport que nous présentions en 1897, au nom du comité des valeurs mobilières, à l'Institut international de statistique, le montant des valeurs mobilières russes — titres de fonds d'Etat, actions et obligations, parts d'intérêts, sociétés financières, commerciales, industrielles — était évalué d'après les cours cotés au 31 décembre 1895, à 25 milliards 439 millions 111,439 francs.

Valeurs russes.

D'après une statistique récente établie à la date du 1er janvier 1900 par le *Bulletin russe de statistique et de législation comparée*, le capital « nominal » de l'intégralité des valeurs mobilières créées en Russie s'élèverait à 32 milliards 46 millions ; la valeur « vénale », c'est-à-dire établie d'après les prix auxquels les titres pourraient être vendus ou négociés, représenterait dans son ensemble un total de 34 milliards et demi de francs.

32 milliards 46 millions en capital nominal.

34 milliards ½ en valeur vénale.

Cette statistique faite avec tout le soin que la rédaction du bulletin russe apporte dans tous les travaux qu'elle publie, mérite la plus grande attention.

Les 32 milliards de valeurs russes (capital nominal), qui existent, se diviseraient comme suit :

Répartition de ces valeurs par nature.

	millions de francs
Valeurs à revenu fixe :	
Rentes, obligations, etc	26.269.8
Valeurs à revenu variable :	
Actions de chemins de fer	333.5
Actions et parts d'intérêt de sociétés commerciales et industrielles	5.143.0
Total	32.046.3

La valeur nominale de ces titres est évaluée au pair : c'est-à-dire 100 francs pour les rentes, 500 francs pour

(1) 1900.

les actions ou les obligations ; mais cette valeur nominale doit être complétée par plusieurs renseignements essentiels si l'on veut que cette statistique des valeurs mobilières soit complète. Il faut indiquer : ce que les titres divers ont coûté approximativement à leurs détenteurs ; — ce qu'ils rapportent ; — ce qu'ils valent aux cours cotés à la bourse ; — ce qu'ils représentent comme plus-value ou comme moins-value.

* * *

Leur coût : 28 milliards.

Pour répondre à la première question : Combien les 32 milliards de titres russes divers ont-ils pu coûter à leurs détenteurs ? il faut subdiviser les divers modes de placements. Ainsi, les rentes russes 1867-1869 ont été émises, en moyenne, 38 % au-dessous du pair ; les consolidés 4 % ont été émis, en moyenne, à 9 % au-dessous du pair, ils remplaçaient des rentes 5 % émises elles-mêmes 20 et 25 % au-dessous du pair ; les rentes russes 3 %, qui ont remplacé aussi des rentes émises à un taux d'intérêt plus élevé, ont été placées à 79 fr. 75 pour l'emprunt 1891 et à 92,30 pour l'emprunt 1896. Dans ces dernières années seulement, quelques emprunts ont été émis au pair, aux environs et même au-dessus du pair.

Tous comptes faits, on peut réduire de 15 % environ la valeur nominale des titres divers russes à revenu fixe et, par conséquent, les 26 milliards de fonds russes correspondraient à un débours global de 22 milliards et demi.

Les valeurs à revenu variable, comme les chemins de fer, ont été acquises, à l'origine, 20, 25 et même 30 % au-dessous du taux nominal. D'autres actions et titres industriels ont été acquis, au contraire, bien au-dessus du pair. D'après la statistique précitée, le total général de cette rubrique pourrait s'élever à 5 milliards 250 millions de francs.

De ces évaluations diverses, il résulterait que, si l'ensemble des valeurs mobilières russes, fonds d'Etat compris, représente un capital nominal de 32 milliards, le capital effectivement déboursé s'élèverait à près de 28 milliards.

Leur revenu : 4 1/4 à 4.31 %.

Ces titres divers rapporteraient environ 1,408 millions : 1,065 millions pour les titres à revenu fixe ; 403 millions pour ceux à revenu variable.

Aux cours de fin décembre 1899 ou du 1er janvier 1900, cette masse de titres, aux prix auxquels ils se négocient, accuserait une valeur vénale de 34 milliards.

L'ensemble des valeurs mobilières russes rapporterait donc 4 1/4 % par rapport au prix d'achat, 4,31 % par rapport à leur prix actuel.

* * *

La part de la France.

Sur l'ensemble des valeurs russes, quelle peut être, approximativement, la *part qui se trouve en France*, appartenant à des capitalistes français ? Nous ne croyons pas nous éloigner beaucoup de la vérité en évaluant de 7 milliards à 8 milliards environ le montant des titres russes que nous possédons. Les 7 milliards représenteraient à peu près 30 %, soit le tiers des 22 milliards (prix approximatif d'achat) de la *totalité* des fonds russes et titres à revenu fixe : les 8 milliards représenteraient le quart, soit 25 % du montant total des valeurs mobilières russes, fonds d'Etat compris, créés en Russie. Cette proportion, comme nous allons le montrer, est même de beaucoup trop faible pour certains emprunts d'Etat, tels que le 4 % or 1889, le 4 % or 1890 (2e, 3e et 4e émissions) ; le 4 % or 1893 (5e émission); les consolidés 4 %, 1re, 2e, 3e séries ; le 3 1/2 or 1894 ; le 3 % or 1891 et 1896 ; le 3 1/2 or 1894 ; le 3 % 1896, 3e émission.

Dans tous les cas, c'est la France où ces rentes sont le plus répandues, ainsi qu'en font foi les payements de coupons effectués à Paris, chez MM. de Rothschild frères, à la Banque de Paris et des Pays-Bas, au Crédit lyonnais, au Comptoir national d'escompte, chez MM. Hoskier et Cie, etc., paiements comparés à ceux effectués sur les places étrangères.

Voici, en effet, la comparaison exacte des payements de coupons de rente russe effectués, en 1899, à Londres, Berlin, Amsterdam, New-York sur les emprunts 4 % 1889 et 4 % 1890.

PLACES	INDICATION DES FONDS			
	4 % 1889	4 % 1890 2e émission	4 % 1890 3e émission	4 % 1890 4e émission
Londres (en liv. st.).....	4.077	4 357	18.472	2.993
Berlin (en marks)........	32.809	24.030	64.280 (1898)	2.068
Amsterdam (en florins)...	83.447	553.380	32.047	»
New-York (en dollars)....	228	393 fr.	339.745 fr.	79.797 (1898)
Paris (en francs)........	17.540.776	8.463.860	8.225.960	830.120
Annuité globale..... Fr.	20.830.250	16 014.010	12.504.511	1.929.852

Pour l'emprunt 4 % or 1893, 5e émission, il a été payé, en coupons, en 1899 : à Londres, 512 livres sterling ; — à Berlin, 27,002 marks ; — à Amsterdam, 5,950 florins ; — à New-York, 17 livres sterling; — à Paris, 4,702,705 f.; — soit une annuité globale de 7,755,336 francs.

L'emprunt russe 4 % or 1894 (6e émission) a nécessité de la part de la Russie, pour le payement des coupons en 1899 : à Londres, 7,805 livres sterling ; — à Berlin, 83,804 marks ; — à Amsterdam, 401,065 florins ; — à New-York, 780 livres sterling ; — à Paris, 11,345,830 francs ; — soit une annuité globale de 18,955,251 francs.

Les obligations consolidées 4 % 1re, 2e et 3e séries sur une annuité globale de 94,212,933 francs ont nécessité, en 1899, le payement de : 132,543 livres sterling à Londres ; — de 210,370 marks, à Berlin ; — de 61,497 livres sterling, à New-York ; — de 60,307,890 francs, à Paris.

Pour les emprunts russes 3 1/2 or 1894, 3 % 1891, 3 1/2 1894, 2e émission, 3 1/2 or 1896, 3e émission, voici la proportion des payements faits en France avec les annuités globales de ces emprunts : nous négligeons les payements faits à l'étranger qui sont aussi minimes que ceux effectués pour les précédents emprunts.

INDICATION DES FONDS	ANNUITÉ GLOBALE	PAYEMENTS faits EN FRANCE	PROPORTION
	millions de francs	millions de francs	
3 ½ or 1894	14.888.251	10.886.966	73 %
3 % or 1891	16.471.126	13.623.322	83 %
3 ½ or 1894	5.515.500	4.653.371	84 %
3 % or 1896	12.000.000	10.150.050	84 %

* * *

Récapitulons et résumons ces divers chiffres : nous nous bornons à mettre en regard les annuités nécessaires au service des divers emprunts russes et aux sommes payées, en 1899, en France, pour le service desdits emprunts :

INDICATION DES FONDS	ANNUITÉS	PAYEMENTS faits EN FRANCE en 1899	PROPORTION
	millions de francs	millions de francs	
4 % 1889	20.8	17.5	84 %
4 % 1890 (2ᵉ émission)	15.4	8.4	54 %
4 % 1890 (3ᵉ émission)	12.5	8.2	65 %
4 % 1894 (1ᵉ émission)	1.8	0.8	44 %
4 % 1894 (6ᵉ émission)	18.9	11.3	59 %
Consolidés 4 % (1ʳᵉ, 2ᵉ, 3ᵉ émiss.)	94.2	60.3	64 %
3 ½ 1894	14.8	10.8	73 %
3 % 1891	16.4	13.6	83 %
3 ½ 1894	5.5	4.6	84 %
3 % 1896	12.0	10.1	84 %
TOTAUX	212.3	145.6	

Ainsi, rien que sur ces dix catégories d'emprunts russes, les plus connus, qui représentent un capital de 5 à 6 milliards de francs, sur une annuité globale qui exige 212 millions, il est payé, en France, 145 millions, c'est-à-dire 68,91 %. En d'autres termes, et en chiffres ronds, sur 100 francs que la Russie doit payer, en intérêts, aux porteurs des titres de ces dix emprunts, il est payé près de 70 francs aux rentiers français ; c'est-à-dire encore que sur les 5 à 6 milliards qui représentent les seuls emprunts désignés ci-dessus, nous en possédons, en France, un capital de 3 milliards et demi à 4 milliards.

7 à 8 milliards de valeurs russes en France.

En bornant nos évaluations à ces seuls emprunts, sans parler des autres titres russes que possède la France, titres d'Etat, obligations de chemins de fer, de villes, foncières, valeurs industrielles, on voit que le chiffre de 7 à 8 milliards auquel nous évaluons le montant de nos placements en titres divers russes doit se rapprocher sensiblement de la réalité.

* * *

Les dépôts de fonds russes à la Banque de France.

Pour terminer cette statistique, ajoutons que la Banque de France possédait en dépôt, dans ses caisses, au 31 décembre 1899, près de 31 millions de francs de rente de divers titres russes. La progression du nombre de dépôts dans les caisses de la Banque de France est curieuse à suivre, depuis 1895, époque à laquelle ce service, gratuit pour les déposants, a commencé à fonctionner.

Dépôts de titres russes exprimés en francs de rente :

	millions de francs
31 août 1895	3.6
24 décembre 1895	9.2
30 juin 1896	14.7
31 décembre 1896	18.0
30 juin 1897	21.9
31 décembre 1897	24.1
30 juin 1898	26.3
31 décembre 1898	28.0
30 juin 1899	29.3
31 décembre 1899	30.8

Aux chiffres des dépôts faits à la Banque, il faudrait ajouter le mouvement général et le montant total des titres russes, de catégories diverses, qui se trouvent dans les caisses de nos autres grands établissements financiers : Crédit lyonnais, Comptoir national d'escompte, Crédit foncier, Société générale, Crédit industriel et commercial, etc., banques et sociétés particulières ; il faudrait évaluer aussi ceux que détiennent les porteurs de titres qui conservent leurs valeurs chez eux, ou qui les déposent à l'étranger, — et le nombre en est assez grand, — sans parler des valeurs déposées dans des coffres-forts en location, et qui échappent à tout recensement de la statistique.

* * *

La France est, on le voit, créancière de la Russie pour des capitaux énormes : 7 à 8 milliards de francs. Rien que pendant la période qui s'écoule de 1884 à 1898, le montant des titres russes timbrés à Paris représente un capital nominal de 5,821,981,000 francs (1). Sur 20 à 25 milliards de valeurs et fonds étrangers que nous possédons, plus de 30 % au moins sont constitués en titres russes. Sur l'ensemble des valeurs mobilières que possèdent nos capitalistes français, 80 à 85 milliards, près de 10 % sont constitués en valeurs russes.

10 % du portefeuille français en valeurs russes.

Ces chiffres s'appuient sur des documents certains. Nous les avions établis, à diverses reprises, dans nos statistiques et travaux antérieurs : ils se trouvent aujourd'hui confirmés par les documents précieux que le *Bulletin russe de statistique financière et de législation* a recueillis en suivant la méthode et le cadre que nous avions indiqués à l'Institut international de statistique.

Nous n'avons pas à regretter, chez nous, d'avoir aidé par nos capitaux au développement du crédit de notre

(1) Maurice Jobit, *Régime fiscal des valeurs mobilières étrangères en France* (1900).

Résultats généralement satisfaisants de ces placements.

puissante alliée, la Russie. Tous les fonds d'Etat russes auxquels nos rentiers se sont intéressés ont très régulièrement payé des intérêts rémunérateurs et sont tous, ou presque tous, plus haut cotés que leur prix d'émission. Sur les valeurs industrielles, à revenu variable, les résultats n'ont pas été aussi satisfaisants. Si quelques sociétés sont en pleine prospérité, d'autres, *au contraire, ont subi de nombreuses déceptions.* Elles ont à lutter, entre autres difficultés, contre le prix et la rareté de la main-d'œuvre et, surtout, contre les impôts et les taxes douanières.

Quoi qu'il en soit, la Russie est un grand et riche pays, ayant des ressources variées, mais par cela même ayant toujours besoin de gros capitaux pour mettre en valeur les richesses de son sol et donner à son commerce et à son industrie toute l'expansion désirable.

Accords commerciaux nécessaires.

Ce qui ressort de cette statistique, c'est que la France n'a pas ménagé son concours financier à sa puissante et fidèle alliée, car dans aucun pays du monde les valeurs russes ne sont aussi répandues que chez nous. Nous lui en fournirons de plus nombreux encore, le jour où les relations commerciales entre les deux pays, établies sous un régime plus libéral facilitant l'entrée en Russie des produits commerciaux français deviendraient plus étendues.

Le commerce d'exportation français en Russie n'est pas ce qu'il devrait être si on le compare à celui de l'Allemagne et de l'Angleterre. Les exportations d'Allemagne en Russie ont été, en 1898, de 525 millions ; celles d'Angleterre, de 290 millions ; les nôtres ont été seulement de 70 millions. Cette situation devrait facilement s'améliorer par un accord commercial équitable.

LE CHANGE

Définition du change.

Le change représente une opération qui consiste : 1° à échanger une monnaie contre une autre monnaie ; 2° à solder d'un pays à un autre des sommes plus ou moins élevées.

Les payements s'effectuent au moyen d'un ordre écrit de payer, c'est-à-dire de la lettre de change, afin d'éviter le transport encombrant et coûteux des espèces métalliques. La limite à partir de laquelle il peut être avantageux d'exporter du numéraire s'appelle le Gold-Point.

Opérations qui découlent du change.

Les opérations de banque qui découlent du change peuvent se diviser en trois parties principales :

1° Achat et vente de lettres de change de l'étranger ou sur l'étranger ;

2° Achat et vente des monnaies étrangères et des matières d'or et d'argent ;

3° Achat et vente de fonds d'Etat et autres valeurs mobilières nationales ou étrangères.

Le cours du change représente le prix auquel se négocient journellement les lettres fournies sur l'étranger ; ce cours est variable comme celui de toutes les marchandises, il donne lieu à des transactions et à des spéculations.

Le pair du change entre monnaies étrangères est le taux auquel les diverses monnaies comparées entre elles donnent une égale quantité de métal fin. Dans ce cas, il n'y a ni prime à recevoir, ni perte à subir dans l'échange des valeurs qui se négocient d'un pays sur un autre.

* * *

Ceci posé, quelles sont les causes qui influent sur les changes et les rendent favorables ou défavorables à

Causes influent sur le change.

un pays, et quelles en sont les conséquences générales?

Pour bien faire connaître et apprécier les changes, nous nous attacherons, avec soin, à ne donner que des définitions courtes et précises ; nous serons ainsi facilement compris.

L'or est le type de la monnaie d'échange internationale à cause de sa fixité actuelle ; tous les pays civilisés acceptent en payement ce métal à un prix déterminé, parce qu'il est possible de faire monnayer tous les lingots d'or dans tous les hôtels des monnaies à un taux connu d'avance.

Les pays qui se servent de l'argent sont forcés de le garder pour la circulation intérieure et ne peuvent régler à l'étranger avec ce métal par suite de sa dépréciation.

Est-ce à dire que les pays qui se servent de l'argent doivent avoir un change inférieur ? Ce serait inexact.

La nature du métal dans un pays n'a aucun rapport avec l'état réel du change. Un Etat qui n'a que l'étalon d'or n'est pas plus à l'abri d'un change déprécié que celui qui n'a qu'une circulation en argent.

Par exemple, pendant une période prospère, un pays n'ayant que de l'or voit ses changes favorables pour deux raisons : la première, c'est que l'Etat n'a pas fait d'emprunts à l'étranger et n'a aucune sortie de numéraire à effectuer de ce fait ; la seconde, c'est que les exportations ont été toujours supérieures au chiffre des importations.

Ce double fait implique des rentrées constantes, un accroissement de richesse qui rend le change de plus en plus favorable. Mais qu'il se produise un fait imprévu, que l'Etat se lance dans des dépenses exagérées, que les emprunts se succèdent rapidement, si le pays n'est pas assez riche pour les souscrire, il faut faire appel aux capitaux de l'étranger. Que de mauvaises récoltes ou autres événements viennent rompre l'ancien équilibre, les changes se retournent contre le pays, il faut payer en or et l'imprévoyance de l'Etat n'a fait qu'aggraver cette situation, au point que tout l'or du pays se trouve exporté en quelques années et que l'on arrive fatalement au cours forcé des billets de banque. Il n'y a plus de métal disponible et la situation du pays va toujours en empirant.

N'a-t-on pas vu l'Italie qui, par suite de son admission dans l'Union latine a exporté non seulement son or, mais tout son argent, écus et monnaie divisionnaire, au pair, pour ne plus avoir qu'une circulation en billets de 2 francs, 1 franc et même de 50 centimes. Les transactions même au-dessous de 50 centimes se faisaient en timbres-poste. Depuis, sa situation s'est améliorée, puisqu'elle a pu reprendre sa monnaie divisionnaire, mais non pas ses écus.

Si, au contraire, un pays à étalon d'argent reste dans l'état de prospérité indiqué tout d'abord, il n'y a pas de métal à exporter, l'or vient de lui-même, les changes restent toujours favorables à ce pays qui s'enrichit chaque jour et, si on le paye en argent, comme tous les Etats ont conservé le monopole de la frappe, il n'acceptera les lingots d'argent qu'au cours du métal. En admettant que l'Etat achète ces lingots pour les transformer en monnaie nationale, il prendra tout le bénéfice entre le cours du métal et la valeur de ces pièces et ce bénéfice est pour la collectivité du pays représenté par l'Etat. La situation du Mexique est un exemple frappant de ce fait.

Que viennent donc faire dans ces conditions les théories du métal déprécié par rapport aux fluctuations du change ? Le premier pays se ruine malgré son or, le second s'enrichit malgré son métal-argent.

Les deux causes primordiales qui influent sur le change sont donc :

1° Qu'un Etat ne compromette pas ses finances par ses dépenses exagérées et par son imprévoyance qui le rendent tributaire de l'étranger ; Finances saines.

Exportations compensant les achats à l'étranger.

2° Que le pays soit assez riche pour produire en articles d'exportation toutes marchandises pouvant compenser et au delà ses besoins d'achat à l'étranger.

On peut faire venir de l'or de l'étranger avec tous les sacrifices possibles, mais si les deux positions indiquées ci-dessus n'existent pas, l'or n'y restera pas quoi qu'on fasse, à moins qu'on ne le mette en réserve dans des banques contre des billets et avec la sévère défense de l'en laisser sortir, par exemple, la Valuta autrichienne qui n'a pas encore pu être mise à exécution.

Le change n'en sera pas amélioré pour ce fait et nous le verrons monter à 10, 20 et 30 % de perte, malgré toutes les mesures prises.

Un pays est donc comme un particulier : s'il est économe, s'il dépense moins qu'il ne gagne, sa situation reste prospère, il s'enrichit au lieu de se ruiner ; et quand le pays s'enrichit, il a des changes favorables.

* * *

Le change en Europe.

Il n'y a que deux pays en Europe qui aient pu constituer une dette formidable sans voir leurs changes dépréciés : ce sont l'Angleterre et la France, parce que tous les emprunts d'État ont été souscrits, sauf de très faibles parties, par leurs nationaux et que tous les impôts perçus dans ces deux États servent à payer les rentiers du pays au lieu d'être exportés à l'étranger.

L'Allemagne et la Belgique ne sont pas encore arrivées à cet état de richesse qui permet à un pays de souscrire et de garder les emprunts émis par l'État, mail il y a lieu de supposer que, dans un certain nombre d'années, ces pays rachèteront leurs titres à l'étranger. C'est un fait que l'on peut déjà constater pour les États-Unis qui reprennent peu à peu toutes leurs obligations de chemins de fer et autres titres autrefois souscrits en Allemagne, en Angleterre et en Hollande.

Nous ne parlons pas des fluctuations du change qui ne sont que temporaires et n'ont que des influences passagères. Il y a, dans tous les pays, des époques d'achats et de ventes et il est facile de comprendre qu'au moment des achats, s'il n'y a pas contre-partie complète et absolue dans les ventes, le cours du change en subit le contre-coup.

Une mauvaise récolte en France peut nous obliger à importer en fort peu de temps 150 à 300 millions de céréales ; pendant cette période, nos changes seront mauvais, mais ils se rétabliront bien vite à l'aide de nos coupons de valeurs étrangères et de nos exportations de marchandises.

La spéculation joue aussi un grand rôle sur les cours du change ; les achats énormes de titres mobiliers peuvent momentanément modifier l'équilibre, mais il se rétablit souvent très rapidement.

L'intérêt de l'escompte trop bas par rapport à l'intérêt perçu dans les pays voisins fait naître des tirages qui constituent de véritables prêts à termes et rendent temporairement le pays débiteur des Etats voisins. La surélévation de l'escompte est dans ce cas un remède souverain.

* * *

Effets désastreux d'un change déprécié.

Lorsque, dans un pays, les changes sont sérieusement atteints, quelles conséquences en découle-t-il, soit pour le pays lui-même, soit pour les pays étrangers ?

On peut poser en principe qu'un change déprécié de 15 à 50 % est désastreux pour un pays. Cela indique d'abord sa situation précaire d'emprunteur qui n'a pas les moyens de payer ses créanciers.

Certaines industries du pays à change déprécié peuvent en profiter pour exporter à l'étranger, dans des conditions qui deviennent d'autant plus favorables que la vente des produits leur laisse un bénéfice énorme sur le change, mais beaucoup de ces industries seraient elles viables autrement? C'est un point difficile à fixer.

En admettant que ce soit un bénéfice pour quelques-uns, l'intérêt général du pays en souffre; tout ce qu'il faut acheter à l'étranger et que le pays ne produit pas, est payé d'autant plus cher, l'importation a beau se réduire au strict minimum, la perte est bien plus sensible pour l'ensemble du pays que le bénéfice de quelques industriels ou producteurs de matières exportables.

Par contre, les pays voisins voient se dresser devant eux une concurrence difficile à combattre, puisque les marchandises manufacturées ou exportées peuvent être vendues à perte sur leur prix de revient et laisser un bénéfice par suite du change; que, d'un autre côté, ces voisins qui exportaient des marchandises dans le pays à change déprécié, ne trouvent plus d'acheteurs par suite de l'augmentation qui en résulte pour les consommateurs; d'où l'on peut conclure qu'un change déprécié est non seulement ruineux pour le pays où il existe, mais désastreux pour ses voisins.

La gestion de l'Etat est cause de la dépréciation élevée du change, non la situation commerciale.

On peut ajouter que lorsque le change atteint une perte aussi grande, ce n'est pas, en général, une situation commerciale et industrielle qui en est la cause, mais le plus souvent la gestion de l'Etat qui n'a pas été assez réservé dans ses dépenses et dans ses emprunts.

Il ressort de tous ces faits que le change est l'une des manifestations les plus éclatantes de la solidarité qui rapproche les peuples et les intérêts et ses mouvements sont le guide le plus certain pour apprécier avec justesse les lois générales qui gouvernent les marchés financiers et le commerce extérieur, en même temps qu'il est le reflet exact de l'état économique des peuples.

LES CAPITAUX ET L'ÉPARGNE EN FRANCE

A la fin de juillet 1900, d'après les derniers bilans publiés, les capitaux appartenant au public, déposés tant à la Banque de France que dans les principaux établissements de crédit, remboursables à vue, se contentant d'un minime intérêt et même ne recevant aucune rémunération, comme ceux déposés à la Banque de France, s'élevaient à 1,705 millions. C'est le chiffre le plus élevé qui, croyons-nous, ait encore été atteint.

Dans ces mêmes établissements, les capitaux remboursables à vue, sans compter ceux déposés à long terme, s'élevaient à la fin de juillet, en 1897 à 1 milliard 550 millions 2 ; en 1898 à 1,594 millions 2 ; en 1899 à 1,569 millions 9. Dépôts à vue dans les établissements de crédit.

Depuis l'année dernière, l'accroissement n'est pas moindre de 136 millions.

Voici, pour chacun de ces établissements, le relevé que nous avons établi :

ÉTABLISSEMENTS	31 JUILLET			
	1897	1898	1899	1900
	millions de francs			
Banque de France				
Comptes courants. { Paris	440.9	441.6	396.2	444.9
Comptes courants. { succursales	78.1	77.2	90.4	97.7
Crédit foncier				
Dépôts et comptes courants	83.9	81.4	69.0	67.2
Comptoir national d'escompte				
Dépôts à vue	254.4	279.3	293.3	3[illegible]7.6
Crédit lyonnais				
Dépôts à vue	440.1	472.9	469.4	496.1
Société générale				
Dépôts à vue	186.9	193.8	204.3	242.0
Crédit industriel et commercial				
Dépôts à vue	5[illegible].9	48.2	48.3	48.9
TOTAUX	1.550.2	1.594.2	1.569.9	1.705.0

Nous avons pris comme termes de comparaison, pour ce relevé comparatif, les bilans au 31 juillet auxquels nous avons l'habitude de nous référer dans nos statistiques : les mêmes relevés établis fin août et fin septembre ne s'éloignent pas sensiblement de ces résultats qui montrent l'abondance énorme de l'épargne française.

* * *

A ces chiffres importants, il faudrait ajouter :

Autres dépôts.

1° Les capitaux déposés dans les autres banques de Paris et des départements, qui ne publient pas de bilans mensuels ;

Capitaux disponibles aux mains de leurs possesseurs.

2° Ceux que le public a l'habitude de détenir toujours disponibles dans ses propres caisses, pour faire face à des besoins imprévus ou à des emplois pressés. On sait que, par habitude de prudence, le capitaliste français ne place pas, suivant un vieux dicton, « tous ses œufs dans le même panier ». Il met des titres divers en portefeuille, varie ses placements, laisse une partie de ses capitaux en dépôt dans plusieurs sociétés, mais conserve toujours, chez lui, une réserve disponible en espèces et en billets de banque.

Nous pouvons donc démontrer, en toute assurance, que les capitaux appartenant à l'épargne, déposés dans les grands établissements financiers, sans parler des 4 milliards des caisses d'épargne, représentés par des titres de rentes sur l'Etat, dépassent, à l'heure actuelle, 2 milliards.

Les ressources de l'épargne : 2 milliards.

* * *

Ces capitaux sont utilisés par leurs détenteurs.

On ne peut dire assurément que ces ressources abondantes soient sans emploi, car elles sont utilisées par les banques qui les reçoivent en dépôt. Il est clair, comme nous l'avons fait maintes fois observer, que les banques et sociétés de crédit, de même les caisses d'épargne qui acceptent des versements du public, ne reçoivent pas des capitaux uniquement pour avoir le souci de les conserver, de les tenir, au premier signe, à la disposition des déposants et de leur payer, par surcroît, un intérêt. Pour se couvrir de leurs frais et trouver, à leur tour, une rémunération convenable, elles sont obligées de les faire fructifier. Elles emploient les capitaux qui leur sont déposés en escompte de papier commercial, en reports, en avances sur titres, en participations diverses : elles ont soin de faire leurs placements de telle sorte qu'elles puissent toujours les réaliser presque instantanément pour faire face aux demandes de remboursement.

Il en est de même dans les caisses d'épargne.

Il en est de même des caisses d'épargne. Ces institutions si utiles, si nécessaires, ne reçoivent pas de l'argent uniquement pour le mettre dans une caisse et le rembourser avec des intérêts. Le public sait fort bien que les caisses d'épargne, avec les fonds qui leur sont versés, achètent des rentes sur l'État : l'intérêt qu'elles payent à leurs déposants est prélevé sur les arrérages qu'elles perçoivent elles-mêmes sur leurs titres de rente ; elles en déduisent seulement leurs frais d'administration.

Situation des établissements de crédit.

Envisagée au triple point de vue de leurs dépôts, de leur portefeuille et de leurs ressources immédiatement réalisables, la situation de nos grands établissements de crédit est excellente. Fin juillet, le portefeuille du Comptoir national d'escompte, du Crédit lyonnais, de la Société générale, du Crédit industriel et commercial, sans parler des autres chapitres de l'actif, tels que les espèces en caisse et dans les banques, les reports, le portefeuille des valeurs mobilières, les avances sur titres, etc., s'élevait à 1 milliard 437 millions, alors que le montant des dépôts à vue, comme on peut en juger, s'élevait à 1 milliard 95 millions. De plus, à cette même date, les encaisses or, argent, billets de banque, de ces grands établissements, dépassaient 200 millions.

Voici le relevé du portefeuille commercial et des dépôts à vue fin juillet 1890 et fin juillet 1900 :

Leur portefeuille commercial. Les dépôts à vue.

ÉTABLISSEMENTS	PORTEFEUILLE COMMERCIAL		DÉPOTS A VUE	
	JUILLET 1899	JUILLET 1900	JUILLET 1899	JUILLET 1900
	millions de francs	millions de francs	millions de francs	millions de francs
Comptoir national d'escompte....	35[illegible].8	364.9	293.3	307.6
Crédit lyonnais..	630.1	740.7	469.4	490.1
Société générale..........	284.1	281.6	204.3	242.6
Crédit industriel et commercial..	61.3	69.6	48.3	48.9

* * *

La situation de nos grands établissements de crédit qui reçoivent des fonds en dépôt et les emploient aussi avantageusement qu'ils le peuvent et avec la plus sévère prudence, est donc forte et saine. Nous pouvons ajouter que, sur aucun marché du monde, on ne trouverait, en ce moment, une telle abondance de ressources, une clientèle aussi nombreuse de petits épargneurs, pas même aux Etats-Unis qui, après avoir autrefois demandé à l'Europe les capitaux nécessaires à son outillage actuel, ont ouvert cette année leur crédit et leurs marchés à la riche Angleterre et à l'exubérante Allemagne.

Situation favorable et unique.

Il y a peu de temps, l'Angleterre, pour son dernier emprunt en bons de l'Echiquier, s'est adressée à New-York pour en placer une grande partie : dans ces derniers quinze jours, l'Allemagne, au grand étonnement et mécontentement des Allemands eux-mêmes, qui semblent froissés de voir que, pour une « misérable » somme de 100 millions, leur pays devienne tributaire de l'étranger, s'adressa en Amérique, par l'entremise de banques américaines, pour placer 80 millions de marks, c'est-à-dire 100 millions de francs. Cette émission fut immédiatement couverte par les demandes des banques et compagnies d'assurances.

La petite épargne fait défaut à l'Angleterre et à l'Allemagne.

Ce qui manque aux Anglais et aux Allemands c'est la petite épargne, qui, au moment voulu, sort de son

« bas de laine » ses écus et ses billets de banque et souscrit aux emprunts nationaux. Cette clientèle existe-t-elle aux États-Unis ? Nous en doutons. Le petit rentier américain, le petit capitaliste yankee que nous nous figurons peut-être exister de New-York à San-Francisco ou depuis l'Alaska jusqu'à la Nouvelle-Orléans, est encore, à l'heure actuelle, à l'état embryonnaire. L'Amérique possède de puissantes sociétés composées d'opulents actionnaires, disposant de grosses fortunes et de riches capitalistes : mais ces derniers ne font pas comme nos petits rentiers, ils n'emmagasinent pas un titre pour se borner à en détacher les coupons ; ils se préoccupent surtout de la plus value à réaliser. Aussi, quand les emprunts anglais et allemands donneront aux gros capitalistes américains des bénéfices qu'ils jugeront suffisants, on peut être certain qu'ils ne s'attarderont pas à les conserver : il faudra que tôt ou tard, la Grande-Bretagne et l'Allemagne reprennent et absorbent les titres que, dans un moment de gêne, elles ont ainsi négociés pour se procurer des ressources pressées.

Aux États-Unis également.

* * *

Placements effectués par l'épargne.

Dans le cours de cette année, nos rentiers français ont continué leurs placements habituels : ils ont acheté en bourse ou souscrit aux guichets des compagnies, comme d'habitude, des millions d'obligations de chemins de fer et du Crédit foncier, des titres de rentes ; ils ont souscrit à l'augmentation du capital de la Société générale de 120 à 160 millions, à celle du Comptoir national d'escompte de 100 à 150 millions ; à celle du Crédit lyonnais, de 200 à 250 millions ; à celle du Crédit industriel et commercial, de 60 à 80 millions. Ils ont absorbé, il y a trois mois, 50 millions d'obligations Lombards 4 % ; ils viennent, en quelques jours, d'acheter pour pareille somme d'obligations de chemins autrichiens 4 % ; entre temps, ils ont participé, avec un engouement peut-être excessif mais qui est dans leur caractère, à la création ou au développement d'une quantité d'entreprises de transports électriques, métropolitain, tramways, etc. Le capital nominal de diverses valeurs de cette nature, admises à la cote depuis le commencement de cette année, atteint une centaine de millions et 125 à 150 millions au cours de la bourse. Nos commerçants et nos industriels ont dépensé des sommes considérables pour mettre leurs produits en évidence à l'exposition universelle, ils ont semé dans l'espoir de récolter ; d'autres, croyant faire d'excellents placements comme les rentiers de 1889 qui avaient acheté de la tour Eiffel, ont perdu un certain nombre de millions en s'intéressant dans des entreprises dites « attractions » dont la plupart, nous l'avons dit, dès le premier jour, n'étaient pas viables ; en même temps, capitalistes, rentiers, commerçants, contribuables payent sans fléchir, et par anticipation, à l'Etat, aux départements et aux communes, plus de 4 milliards d'impôts, c'est-à-dire la charge la plus lourde qu'aucun autre peuple ne supporte.

Lourdes charges fiscales.

Malgré cet énorme fardeau, les recettes budgétaires sont en augmentation sensible et sur les prévisions et sur les chiffres comparés de l'année précédente.

Recette des chemins de fer.

Les recettes de chemins de fer sont en accroissement de plus de 65 millions.

Compte courant du Trésor à la Banque.

Le compte courant du Trésor à la Banque de France qui est, en réalité, la pierre de touche des ressources immédiates de l'Etat, malgré les millions que la guerre de Chine a coûtés et coûte chaque jour, magré les millions qui ont été volontairement remboursés aux gros déposants des caisses d'épargne pour ramener le montant de leurs dépôts à un chiffre inférieur à 2,000 francs, malgré les dépenses de toute nature nécessitées sans cesse pour les armements de la guerre et de la marine, — ce compte courant, disons-nous, s'élevait au 27 septembre à 349 millions, en augmentation de près de

100 millions sur l'an dernier ; de 20 millions sur 1898 ; de 70 millions sur 1897 ; de 45 millions sur 1896.

L'encaisse-or de la Banque de France, qui s'élevait au début de cette année à 1 milliard 865 millions et fin mars, à la veille de l'ouverture de l'exposition, à 1 milliard 943 millions, dépasse 2 milliards 290 millions, au 4 octobre, et atteint, avec le métal-argent, 3 milliards 416 millions : c'est un chiffre formidable que les encaisses réunies des Banques d'Angleterre, d'Allemagne, d'Autriche-Hongrie, d'Italie et autres petits États européens arrivent à peine à égaler. A 653 millions près, l'encaisse métallique de la Banque de France est égale à sa circulation de billets. Cette situation est exceptionnellement brillante ; elle peut nous permettre d'envisager avec calme les embarras monétaires et financiers des autres pays ; elle montre que nous n'avons aucun souci à avoir des quelques exportations de numéraire que pourrait peut-être rendre nécessaire l'insuffisance de la récolte des céréales. L'encaisse-or de la Banque.

* * *

Ressources de l'épargne extrêmement abondantes, plus de 2 milliards n'attendant que l'occasion de se placer, trésor public bien pourvu, situation monétaire et fiduciaire hors de pair, marché financier dégagé d'engagements exagérés, situation budgétaire excellente, rentrée des impôts en excédent et par anticipation, telle est, en quelques mots et en quelques chiffres, la situation envisagée au point de vue économique et financier. Elle montre qu'on doit avoir confiance dans l'avenir et la sécurité de nos finances ; elle affirme la vitalité de notre pays ; nulle part ailleurs on ne pourrait en montrer une semblable. Elle permet de dire aussi que le jour où les affaires de Chine seront terminées, pour peu que la politique intérieure et extérieure fasse trêve, le marché financier n'aura jamais eu autant d'éléments pour entreprendre une grande campagne d'affaires. Situation financière particulièrement bonne.

*
* *

Pour compléter cette étude, nous croyons devoir donner un tableau comparatif des bilans de la Banque de France de 1885 à 1900, ainsi que de ceux des principaux établissements de crédit à la date du 31 juillet, pour les mêmes années 1885 à 1900.

I. — BILANS DE LA BANQUE DE FRANCE : 1885, 1890, 1895, 1899, 1900

Résultats en millions de francs

NATURE des RENSEIGNEMENTS		ÉPOQUES				
		30 juillet 1885	31 juillet 1890	1er août 1895	3 août 1899	2 août 1900
Encaisse...	or................	1.167.7	1.316.8	1.048.9	1.913.6	2.209.3
	argent............	1.083.2	1.205.8	1.280.8	1.205.0	1.185.2
Portefeuille	Paris.............	272.9	339.0	429.5	285.5	304.2
	succursales.......	565.0	375.6	511.5	507.0	509.6
Billets en circulation...........		2.815.4	3.083.5	3.473.2	3.709.2	4.033.7
Comptes courants particuliers	Paris............	347.3	343.1	774.1	395.2	444.9
	succursales......	51.3	66.8	182.8	90.4	97.7
Cours des actions..............		5.040 fr.	4.160 fr.	3.650 fr.	4.000 fr.	3.950 fr.

II. — BILANS DES ÉTABLISSEMENTS DE CRÉDIT : 1885, 1890, 1895, 1899, 1900

Résultats en millions de francs

NATURE des RENSEIGNEMENTS	ÉPOQUES				
	31 juillet 1885	31 juillet 1890	31 juillet 1895	31 juillet 1899	31 juillet 1900
Crédit foncier de France					
Portefeuille :					
Effets et valeurs	249.2	283.1	189.6	197.7	245.2
Avances sur dépôts de titres	39.9	23.1	18.6	18.1	19.4
Prêts — hypothécaires	1.874.4	1.910.6	1.787.8	1.813.0	1.860.2
Prêts — communaux	840.8	1.118.0	1.240.8	1.419.1	1.382.9
Dépôts en comptes courants	77.9	79.4	80.2	69.0	67.2
Obligations — foncières	1.853.5	2.017.1	1.646.6	1.841.8	1.906.2
Obligations — communales	801.2	952.8	1.183.2	1.854.7	1.427.7
Profits et pertes	13.1	14.7	10.0	6.8	6.7
Cours de l'action	1.320 fr.	1.240 fr.	830 fr.	703 fr.	650 fr.
Comptoir national d'escompte de Paris					
Portefeuille	»	94.7	192.8	350.8	356.9
Avances sur garanties	»	0.3	49.8	55.6	63.5
Rentes, actions et obligations	»	0.1	21.9	22.2	28.9
Dépôts à vue	»	130.9	227.1	293.3	307.6
Comptes courants	»	77.2	94.0	138.8	139.7
Cours de l'action	»	616 fr.	625 fr.	615 fr.	595 fr.
Crédit lyonnais					
Portefeuille	212.7	419.1	406.6	690.1	740.7
Avances et crédits	83.7	177.1	110.8	126.3	139.4
Dépôts à vue	117.2	206.9	390.6	469.4	498.1
Comptes courants créditeurs	177.6	374.2	569.5	603.2	393.7
Dépôts à échéance fixe	41.7	65.2	103.3	32.4	49.1
Réserves	60.0	50.0	40.0	60.0	110.0
Cours de l'action	638 fr.	773 fr.	824 fr.	957 fr.	1.040 fr.
Société générale pour favoriser le développement du commerce et de l'industrie en France					
Portefeuille	144.4	158.7	167.3	282.1	281.6
Rente, actions et obligations	58.2	42.2	49.5	52.6	53.0
Reports	23.8	26.4	27.7	10.2	12.7
Avances sur garanties	38.3	41.5	81.4	96.1	112.9
Participations — industrielles	3.0	3.8	4.2	2.5	2.4
Participations — financières	62.1	65.0	62.9	60.9	57.8
Dépôts à vue	168.5	174.4	173.6	204.3	242.6
Comptes courants créditeurs	75.6	104.8	169.6	258.9	256.2
Dépôts à échéances fixes	92.5	91.8	98.6	119.0	116.5
Profits et pertes	2.1	2.2	2.1	2.1	2.9
Cours de l'action	453 fr.	495 fr.	536 fr.	598 fr.	607 fr.

II. — BILANS DES ÉTABLISSEMENTS DE CRÉDIT : 1885, 1890, 1895, 1899, 1900

(Suite.)

Résultats en millions de francs

NATURE des RENSEIGNEMENTS	ÉPOQUES				
	31 juillet 1885	31 juillet 1890	31 juillet 1895	31 juillet 1899	31 juillet 1900
Crédit industriel et commercial					
Portefeuille	99.0	91.8	66.2	61.3	60.6
Rentes, actions et obligations	»	4.1	3.3	5.3	7.3
Avances sur titres	»	5.9	8.4	17.9	23.6
Reports	»	4.0	12.4	20.7	22.9
Dépôts à vue	38.7	52.7	45.0	43.3	48.9
Comptes courants créditeurs	77.9	38.5	61.0	43.8	45.9
Profits et pertes	2.9	2.8	2.0	1.2	1.3
Cours de l'action	675 fr.	625 fr.	560 fr.	630 fr.	624 fr.

LES EMPRUNTS PUBLICS FRANÇAIS DEPUIS 1868

3 % — 5 % — 3 % AMORTISSABLE

Emprunts publics.

Nous publions ci-après un tableau des divers emprunts publics effectués en rentes françaises depuis 1868. Nous indiquons l'importance des emprunts, les sommes souscrites, le nombre de souscripteurs, le montant des souscriptions irréductibles, les prix d'émission, les cours cotés pendant la souscription. Cette statistique est établie d'après les documents parlementaires et les rapports mêmes des ministres des finances sur les résultats des emprunts :

Les emprunts publics français depuis 1868

NATURE des RENSEIGNEMENTS	EMPRUNT 1868 en 3 %	EMPRUNT 1870 en 3 %	EMPRUNT 1871 en 5 %	EMPRUNT 1872 en 5 %	EMPRUNT 1881 en 3 % amortissable	EMPRUNT 1884 en 3 % amortissable	EMPRUNT 1886 en 3 %	EMPRUNT 1891 en 3 %
Somme demandée	450.500.000	805.000.000	2.000.000.000	3.500.000.000	1.000.000.000	350.000.000	500.000.000	939.479.600
Somme souscrite	15.364.492.769	812 271.512	4.897.560.000	43.816.096.551	14.669.573.243	624.877.682	10.500.000.000	16.000.000.000
Nombre de souscripteurs :								
Paris	203.584	21.088	39.068	34.324	86.948	34.362	35.467	36.608
Départements	629.214	48.902	292.338	792.346	228.147	81.479	212.740	122.819
Étranger	»	»	»	107.612	351	»	»	1.183 (Algérie)
Total	832.798	69.990	331.906	934.278	316.445	115.741	248.407	260.060
Souscriptions irréductibles :								
Nombre de souscripteurs	672.093	41.022	90.934	381.418	316.445	61.845	à 3 f. de rent. 153.451	165.160
Importance des demandes	77.670.833	646.778.770	7.592.055	32 229.568	15.669.573.243	»	id 460.333	495.480
Versement de garantie	10 %	20 %	12 fr. 00	14 fr. 80	16 fr. 45	40 p. 15 de r	15 fr. »	15 fr. 00
Restant à verser	90 %	80 %	70 fr. 50	70 fr. 00	65 fr. 60	328 francs	64 fr. 80	67 fr. 55
Importance de chaque terme	5 %	10 %	4 fr. 50	3 fr. 60	16 fr. 65	40. 80. 143 fr.	21 fr. 60	15 fr. 17 fr. 55
Nombre de termes	18	8	16	20	4	4		6
Ouverture de la souscription	6 août 1868	23 août 1870	17 juin 1871	28 juillet 1872	17 mars 1881	12 févr. 1884	10 mai 1886	10 janv. 1891
Clôture de la souscription	13 —	24 —	—	29 —	—	—	—	—
Prix d'émission	69 fr. 25	60 fr. 60	82 fr. 50	84 fr. 50	83 fr. 25	76 fr. 60	73 fr. 80	92 fr. 55
Cours des rentes pendant la souscription :								
Au plus haut	72 fr. 30	61 fr. 90	83 fr. 50	85 fr. 80	86 fr. 90	78 fr. 55	82 fr. 35	95 fr. 30
Au plus bas	69 fr. 92	60 fr. 90	83 fr. 00	85 fr. 15	86 fr. 75	78 fr. 00	82 fr. 25	95 fr. 15

Les souscripteurs de ces emprunts.

Le nombre des souscripteurs aux divers emprunts effectués depuis 1868 se fixe ainsi :

EMPRUNTS	NOMBRE de SOUSCRIPTEURS
1868	832.798
1870	69.990
1871	831.966
1872	935.276
1881	815.445
1884	115.741
1886	246.407
1891	200.080

Le nombre des souscripteurs est loin de représenter le nombre réel des personnes qui ont pris part à la souscription. Comme le faisaient remarquer, en 1886 M. Carnot et en 1891 M. Rouvier, dans leurs rapports au président de la République sur les résultats de ces emprunts, un nombre considérable de petits capitalistes ou de petits commerçants recourent, pour la gestion de leurs intérêts, à l'intermédiaire des banques et des établissements de crédit et leurs souscriptions sont comprises en bloc dans celles de ces intermédiaires.

On notera qu'en 1881 le nombre total des souscripteurs a été égal à celui des souscriptions irréductibles ; pour cet emprunt, aucun droit de préférence n'avait été accordé ; le ministre des finances s'était réservé le droit de statuer sur les demandes de coupures de 15 francs de rentes. Il en a été de même pour les emprunts de 1886 et 1891.

Pour l'emprunt de 1886, la réduction proportionnelle a fait échoir à chacun des souscripteurs 4,5725 % de sa souscription. Il a été alloué 3 francs de rente à toute souscription qui s'est trouvée réduite à moins de 3 fr. par l'application du coefficient de 4,5725 %. Pour celui de 1891, la réduction proportionnelle a fait échoir à chacun des souscripteurs 5,875 %. Il a été alloué 3 fr. de rentes à tout souscripteur qui s'est trouvé réduit à moins de 3 francs par l'application de ce coefficient de 5,875 %.

Les cours cotés sur les rentes anciennes pendant la souscription ont toujours été supérieurs à ceux de l'émission.

Cours cotés pendant la souscription des emprunts.

En 1868,	le 3 % anc.	valait	1 fr. 05 de plus que le	3 % nouv.
1870,	—	—	1 fr. 30 et 0 fr. 60	3 % —
1871,	—	—	1 fr. 00 et 0 fr. 80	5 % —
1872,	le 5 % anc.	—	1 fr. 30 et 0 fr. 65	5 % —
1881,	le 3 % amort.	—	1 fr. 65 et 0 fr. 50	3 % amor.
1884,	—	—	1 fr. 95 et 1 fr. 40	3 % nouv.
1886,	le 3 % anc.	—	2 fr. 55 et 2 fr. 45	3 % —
1891,	—	—	2 fr. 75 et 2 fr. 30	3 % —

Ces chiffres prouvent qu'à toute époque l'emprunt nouveau à émettre a été présenté au public plus bas que le cours coté sur les rentes anciennes.

L'écart de cours existant pendant la souscription entre la rente ancienne, en circulation, et la rente nouvelle à émettre, n'a jamais été moindre de 0,50 en 1884 et s'est élevé jusqu'à 2 fr. 75 en 1891.

Tous les ministres des finances ont tenu à avantager les souscripteurs en leur offrant la rente nouvelle à des prix inférieurs à ceux cotés sur la rente ancienne.

* * *

L'emprunt de 1868 a été couvert près de 30 fois ; l'emprunt de 1870, émis après nos *premiers désastres* de 1870, a été couvert à peine une fois ; l'emprunt de 1871 a été couvert 2 fois 1/2 ; celui de 1872, de 3 milliards 1/2, 12 fois ; celui de 1881 a été couvert 14 fois 1/2, mais il a eu beaucoup de peine à se classer ; l'emprunt de 1884 a été couvert 3 fois 1/4 en comprenant, comme libérées, toutes les souscriptions en rente non libérée ; l'emprunt de 1886 a été couvert 21 fois ; celui de 1891 près de 17 fois.

Emprunts couverts plusieurs fois.

Depuis 1868, *quelles qu'aient été les fluctuations des cours*, quels qu'aient été les événements politiques intérieurs ou extérieurs qui aient précédé ou suivi ces grands appels à l'épargne, tous les souscripteurs à nos

Avantages des souscripteurs.

emprunts nationaux qui ont eu confiance dans le crédit de notre pays, dans sa solvabilité, ont fait le placement le plus modeste, mais le plus tranquille et le plus fructueux.

Les souscripteurs aux deux emprunts en 3 % émis en 1868 et 1870, le premier à 69 fr. 25 et le second à 60 fr. 60 ont eu à supporter les tristes effets de la guerre et de la Commune : ils ont vu la rente 3 % tomber à 50 fr. 35 le 28 mars 1871, dix jours après la proclamation de la Commune. Or, depuis 1892, le 3 % a atteint et dépassé le pair ; il dépasse aujourd'hui 101 francs après avoir valu au plus haut 104 fr. 50 le 13 septembre 1894 et 105 fr. 25 le 10 août 1897.

Les souscripteurs aux deux emprunts en 5 %, émis en 1871 et 1872, ont vu leurs rentes converties successivement en 4 1/2 et en 3 1/2 % ; mais, malgré cette réduction d'intérêt, le 3 1/2 % vaut encore 17 et 19 francs plus cher que les cours d'émission des rentes 5 %.

La rente amortissable, émise en 1881 à 83 fr. 25, vaut 16 fr. 65 plus cher que son prix d'émission.

La rente amortissable, émise en 1886 à 76 fr. 60, donne 23 francs de bénéfice à ses souscripteurs.

L'emprunt 3 % 1886, émis à 79 fr. 80, donne 21 fr. 20 de bénéfice par 3 francs de rente ; celui de 1891, émis à 92 fr. 55, donne 8 fr. 45 de bénéfice par 3 francs de rente.

* * *

La rente française est le titre d'épargne par excellence.

Que prouvent ces faits et ces chiffres ? C'est que la rente française, le titre d'épargne par excellence, a été le meilleur et le plus sûr de tous les placements. La raison en est bien simple : nous la développions dans un travail paru il y a déjà bien longtemps. Si nos conclusions pouvaient paraître trop optimistes, alors qu'au lendemain de la guerre, pendant la période de nos grands emprunts nationaux, nous faisions prévoir la rente au pair et la conversion de ces rentes 5 % émises à 17 fr. 50 et 15 fr. 50 au-dessous du pair, nous pouvons constater aujourd'hui que ces prévisions ont été dépassées.

« Pourquoi, écrivions-nous (1), l'Etat emprunteur offre-t-il une aussi grande garantie à ses créanciers ! C'est que la dette de la nation, de la société française tout entière, est substituée à celle d'un monarque ou d'un règne. Quelles que soient les fautes politiques d'un gouvernement, ces garanties ne sauraient être sérieusement ébranlées ; l'opinion, le marché des fonds publics peuvent en être impressionnés, mais plus de craintes, plus d'inquiétudes sérieuses, l'Etat est là, immuable, fidèle à lui-même, ayant le sentiment de sa propre grandeur, de sa prospérité ; la nation ne s'abandonne pas ; elle a intérêt à vivre, à faire face à ses engagements, à soutenir le gouvernement qui tient en ses mains sa destinée ; il y a entre tous une solidarité telle que la force même des choses veut que chacun concourt au salut de l'Etat ; or, le salut de l'Etat, c'est le salut même de ses créanciers. »

Nous n'aurions pas un mot à retrancher aujourd'hui à ces appréciations émises il y a près de trente ans. Aussi vives que soient les discussions parlementaires, qu'il s'agisse de questions politiques, financières ou budgétaires, il est un point sur lequel tous les partis sont d'accord : c'est la sécurité absolue de la rente française ; c'est la confiance qu'elle inspire et mérite d'inspirer à tous les capitalistes, grands et petits. La rente française est l'expression du crédit de l'Etat, c'est-à-dire de la nation elle-même. On peut objecter, il est vrai, que si la rente française pouvait être un bon placement alors qu'elle valait 60 francs, 80 francs, 85 fr., 90 francs, 95 francs, le placement n'est plus aussi avantageux alors que le 3 % est au pair et au-dessus du pair. Nous répondrons à cette objection, sans même

(1) Voir *suprà*, page 3, *Les origines de la rente française*.

insister sur l'abaissement du rendement des capitaux, qu'un bon placement, de toute sécurité, sur le revenu duquel on a le droit de toujours compter, car il repose sur la solvabilité de la nation tout entière, n'est jamais trop cher.

QUESTIONS ÉCONOMIQUES ET FINANCIÈRES

DE 1890 A 1900.

I. — ACADÉMIE DES SCIENCES MORALES ET POLITIQUES

Agriculture. — La crise agricole [M. Frédéric Passy] (21 octobre 1899).

Assurances. — Les assurances ouvrières en Allemagne [M. Maurice Block] (29 septembre, 17 novembre 1894).

Economie politique. — La théorie quantitative [M. de Foville] (21 octobre 1899).

Etat. — L'exploitation par l'Etat de domaines productifs de revenus [M. Paul Leroy-Beaulieu] (19 novembre 1898).

Finances. — Le contrôle des budgets en France et à l'étranger [M. René Stourm] (25 juin 1898). — Histoire économique du coton [M. Emile Levasseur] (2 juillet 1898).

Industrie. — Le rôle de l'administration royale dans ses rapports avec la grande industrie en France au XVIIe et au XVIIIe siècle [M. Emile Levasseur] (6 novembre 1897). — Les manufactures royales avant 1789 (juin 1899).

Sociétés. — La personnalité des sociétés de commerce, des sociétés civiles et des associations ayant pour but la réalisation de bénéfices à partager entre les associés [M. Charles Lyon-Caen] (4 août 1900).

Transports — Changements survenus au XIXe siècle dans les conditions de la navigation et de l'industrie des transports maritimes [M. de Foville] (15 septembre 1900).

II. — CONGRÈS INTERNATIONAUX DE 1900

1. Congrès de l'enseignement des sciences sociales

(8-12 juin 1900)

Un compte-rendu des séances a été publié. Il est suivi d'une série de rapports, classés sous les rubriques suivantes : 1. *Universités, écoles supérieures, écoles spéciales ;* — 2. *Enseignement secondaire et enseignement primaire supé-*

rieur; — 3. *Enseignement populaire spécial;* — 4. *Création d'un enseignement social international.* — Le rapport général est dû à Mlle Dick-May.

2. Congrès des habitations à bon marché

(18-21 juin 1900. *Président :* M. Jules Siegfried)

Le volume de ce congrès contient les comptes rendus des séances et les rapports présentés : 1. *Maisons collectives* (MM. Georges Picot, Weber, Langer, Dr Baudran); — 2. *Maisons individuelles* (MM. Lémery, Mellet, Bureau); — 3. *Jardins ouvriers* (MM. des Rotours et Eugène Rostand); — 4. *Intervention des pouvoirs publics* (M. Stubben).

3. Congrès de la propriété foncière

(11-12 juin 1900. *Président :* M. Boudenoot)

Les publications de ce congrès comprennent, avec les comptes rendus des séances, les rapports présentés par les rapporteurs généraux et un certain nombre de mémoires et notes (19) remis par des membres adhérents au congrès : 1. *La propriété foncière devant le fisc dans les principaux pays* (rapporteur général, M. Léon Salefranque); — 2. *Classification, répartition et modes d'exploitation de la propriété foncière dans les divers pays* (rapporteurs généraux, MM. Léon Michel et Souchon); — 3. *Les charges de la propriété foncière et le crédit immobilier* (rapporteur général, M. Emmanuel Besson); — 4. *Le cadastre en France et à l'étranger* (rapporteurs généraux, MM. Emile Cheysson [Le cadastre] et Saint-Paul [L'expérience cadastrale]).

4. Congrès des sociétés par actions

(8-12 juin 1900. *Président :* M. Charles Lyon-Caen)

Le compte rendu des séances du congrès a été publié, ainsi que le rapport général de M. Rodolphe Rousseau et dix rapports particuliers ou mémoires remis par les adhérents du congrès.

5. Congrès des valeurs mobilières

(5-9 juin 1900. *Président :* M. Georges Cochery. — *Vice-présidents :* MM. de Foville, Ch. Lyon-Caen, E. Mercet, Alfred Neymarck, de Verneuil. — *Vice-présidents étrangers :* MM. Andersen (Danemark), van Cutsem (Belgique), de Körösy (Hongrie), Lexis (Allemagne), Raffolovich (Russie). — *Rapporteur général :* M. Alfred Neymarck. — *Secrétaires généraux :* MM. Maurice Jobit, Léon Salefranque. — *Trésorier :* M. E. Navarre. — *Secrétaires :* MM. Lamane, Charles Letort, Jacques Vavasseur fils).

Les publications du congrès des valeurs mobilières comprennent cinq forts volumes in-8°.

Le tome Ier contient les documents du congrès, les procès-verbaux, le rapport général. Les autres volumes sont consacrés aux 166 mémoires, notes et monographies rédigés par 118 membres du congrès, savoir : tomes II et III, *Statistique* (62 articles) ; — tome IV, *Économie politique* (37 articles) ; — tome V, *Législation civile et fiscale* (67 articles).

III. — SOCIÉTÉ D'ÉCONOMIE POLITIQUE DE PARIS

Agriculture. — Les souffrances de l'agriculture (octobre 1896).

Alcool. — De l'influence de la fiscalité sur la consommation de l'alcool (juin 1899).

Collectivisme. — L'évolution du collectivisme (octobre 1900).

Colonies. — Les aspects nouveaux de la politique coloniale en France (janvier 1898).

Commerce. — Des causes de la stagnation du commerce extérieur de la France et des remèdes à cet état de choses (février 1897).

Concurrence. — Concurrence économique (décembre 1896). Concurrence économique, concurrence politique (septembre 1898). — Coopération ou concurrence (novembre 1899).

Crédit agricole. — Le crédit agricole et les lois récentes qui le favorisent (mai 1899).

Dettes publiques. — De la constitution de la dette publique de la Chine et de ses conséquences économiques (avril 1897).

Douanes. — De l'influence des droits de douane sur les prix (juillet 1900). — Les traités de commerce et les projets d'union douanière (août 1900).

Economie politique. — De la définition de l'économie politique (juillet 1896). — De l'emploi de la méthode historique en économie politique (novembre 1897). — Des rapports du droit et de l'économie politique (août 1897). — Du principe d'utilité (septembre 1899).

Enseignement. — De l'état d'enseignement économique en France (juin 1896).

Etat. — De l'intervention de l'Etat dans le commerce extérieur (décembre 1893). — « L'Etat, écrivait Bastiat le 25 septembre 1848, c'est la grande fiction à travers laquelle tout le monde s'efforce de vivre aux dépens de tout le monde ». En est-il toujours ainsi, et qu'en adviendra-t-il (août 1899) ?

Finances publiques. — L'unité budgétaire (mars 1899). — L'unité budgétaire considérée dans ses rapports avec les services industriels de l'Etat (avril 1899).

Fonctionnarisme. — Du fonctionnarisme (juillet 1899).

Grèves. — Du caractère économique de la grève (janvier 1896).

Impôts. — De la progressivité et de son introduction dans l'impôt successoral (avril 1898). — L'équité dans la réforme des impôts (octobre 1897).

Industrie. — Le développement industriel de l'Extrême-Orient et son influence sur l'industrie européenne (février 1896).

Liberté individuelle. — Y a-t-il, chez les nations dites *latines*, une tendance hostile à la liberté individuelle qui les menace de décadence (août 1898) ?

Machines. — De l'influence du développement des machines sur le sort des ouvriers (février 1898).

Marchés. — De la légitimité et de l'utilité des marchés à livrer (juillet 1898). — Des marchés à terme sur les marchandises (novembre 1900).

Marchés financiers. — De l'organisation actuelle du marché libre (avril 1900). — De la réorganisation du marché financier (juin 1898). — Le marché de Londres en temps de crise (février 1900).

Marine marchande. — Notre marine marchande (février 1899).

Monnaie. — La fin du bimétallisme (juin 1900). — La lutte de l'argent contre l'or aux Etats-Unis (août 1896). — La monnaie d'argent est-elle préférable aux petites coupures de billets de banque (novembre 1896) ? — La question monétaire aux colonies (décembre 1899). — La réforme de la circulation monétaire en Colombie (septembre 1900). — Par quels procédés un pays peut-il passer d'une monnaie dépréciée à une monnaie saine sans léser les intérêts publics et particuliers (septembre 1897) ?

Octrois. — Des moyens de remplacement des octrois (mai 1898).

Paix. — La conférence de la paix à la Haye. La guerre au point de vue économique (octobre 1899). — L'idée de paix chez les économistes (octobre 1898).

Placements. — Y a-t-il lieu de prendre des mesures pour restreindre ou empêcher le placement des capitaux en valeurs mobilières étrangères (mars 1897) ?

Population. — De l'influence de la civilisation sur l'accroissement de la population (mars 1896). — Des lois successorales en France et de leur influence sur l'accroissement de la population (mai 1897). — Du congrès pour protéger et accroître la population en France (janvier 1897).

Richesse. — De la fonction sociale de la fortune (juillet 1897).

Socialisme. — De la lutte contre le socialisme (avril 1896). — Du socialisme municipal, ses conséquences économiques (juin 1897).

Sucres. — Le sucre (décembre 1900).

Syndicats. — De la forme corporative ou de la forme contractuelle dans les syndicats professionnels (mars 1898). — Les syndicats et les comptoirs de vente (mars 1900).

Taux de l'intérêt. — Du taux actuel de l'intérêt et de ses rapports avec la production des métaux précieux et les autres phénomènes économiques (janvier 1899). — N'y aurait-il pas lieu d'abolir en matière civile la limitation légale du taux de l'intérêt comme l'a fait en matière commerciale, la loi du 12 janvier 1886 ? Par quelle mesure la limitation du taux de l'intérêt devrait-elle être remplacée (septembre 1896)?

Transports. — De l'indemnité en matière d'accidents de transport (novembre 1898).

Travail. — De l'influence de la conférence de Berlin de 1890 sur la législation du travail (décembre 1897). — L'organisation commerciale du travail (mai 1900).

Trusts. — Des trusts (janvier 1900).

IV. — SOCIÉTÉ D'ÉCONOMIE SOCIALE

Agriculture. — Les populations rurales en Allemagne et la crise agraire (1898). — Questions agraires (1899).

Assurances. — Caisses départementales d'assurances (1898). — Monopole de l'État en matière d'assurance contre l'incendie (1896). — Projets de transformation des assurances sociales en Allemagne (1896).

Banque de France. — Privilège de la Banque de France 1897).

Coopération. — Coopération (1896). — Coopération et mutualité (1900). — Grèves et coopératives (1899). — Sociétés ouvrières de production (1898).

Credit. — Acclimatation du crédit populaire en France (1898). — Caisse centrale des associations de crédit à Berlin (1897). — Concours des caisses d'épargne au crédit agricole (1898). — Crédit agricole et lois récentes (1898).

Crises. — La crise des capitaux en Russie (1900).

Economie politique. — De la méthode dans les études rétrospectives sur les prix et valeurs (1898). — Progrès et capitalistes (1896). — Salaires et capitalistes (1897).

Etat social. — Causes et conséquences de l'affaiblissement des classes moyennes en France (1899). — L'histoire sociale (1896). — Monographies de communes (1897). — Salaires et budgets ouvriers en 1853 et en 1891 (1897).

Habitations ouvrières. — Ces habitations à Berlin (1899).

Jeu. — Du jeu devant le parlement belge (1899). — Les marchés à livrer fictifs (1897).

Monnaie. — Questions monétaires (1899).

Population. — L'arrêt dans la population française (1897).

Propriété. — De l'indisponibilité et de l'indivisibilité du patrimoine (1898).

Propriété foncière. — Conservation des petits patrimoines (1898). — Constitution et maintien de la petite propriété rurale (1897). — Propriétaires et paysans russes (1896).

Retraites. — Les pensions de retraites aujourd'hui et autrefois (1900).

Salaires. — Participation aux bénéfices (1898).

Situation économique. — Développement industriel et colonial de l'Allemagne (1898). — Essor économique, industriel et commercial de l'Allemagne (1898). — Sur le nombre des meurt de faim (1897).

Socialisme. — Le socialisme au XVIIIe siècle (1890).

Syndicats. — Les syndicats et la loi pénale (1890).

Taux de l'intérêt. — Baisse du taux de l'intérêt (1897).

Travail. — Enquête sur les logements, professions, salaires et budgets dans le quartier de la Pointe-d'Ivry (1899). — La question des retraites ouvrières devant le parlement (1899). — Ouvriers anglais (1896).

COURS DES PRINCIPALES VALEURS

A LA FIN DE CHACUNE DES ANNÉES 1896 A 1900

NATURE DES VALEURS	1896	1897	1898	1899	1900
	fr. c.	fr. c.	fr. c.	fr. c.	fr. c.
Rentes françaises.					
3 %	102,30	103,05	101,85	99,05	101,25
3 % amortissable	101,70	102,60	101,35	99,25	100,50
3 ½ %	105,80	107,00	104,15	101,80	103,00
Fonds d'États étrangers.					
2 ¾ % anglais (consolidés)	112,15	112,80	111,60	101,55	98,15
5 % argentin	426,00	470,00	467,25	406,00	485,00
4 % autrichien	105,00	103,40	103,50	98,00	100,95
Égypte unifiée	106,40	107,00	107,05	103,12	105,20
— Daïra Sanieh	104,90	104,60	103,10	101,80	103,75
4 % espagnol	60,85	60,85	46,65	65,80	69,90
6 % de Cuba	356,00	359,00	191,00	304,00	319,00
4 % des États-Unis	112,50	118,00	115,00	94,00	118,00
5 % hellénique	148,00	171,60	216,00	203,00	198,00
2 ½ % hollandais	91,60	88,45	88,00	86,15	77,35
4 % hongrois	105,80	105,30	103,90	98,50	103,30
5 % italien	93,35	96,20	95,00	93,65	95,60
3 ½ % norvégien	104,20	102,75	102,60	98,00	98,40
3 % portugais	25,22	20,90	24,15	23,00	25,35
5 % roumain, 1892-1893	102,95	103,60	103,75	97,00	90,00
4 % russe 1867	102,70	102,70	101,60	100,20	101,20
3 % tunisien	502,00	505,00	499,75	488,25	494,00
4 % turc. B	32,40	44,50	47,80	46,05	43,50
4 % turc. C	20,85	24,75	27,20	25,65	26,37
4 % turc. D	20,67	21,97	22,80	22,62	23,45

COURS DES PRINCIPALES VALEURS

A LA FIN DE CHACUNE DES ANNÉES 1896 A 1900

NATURE DES VALEURS		1896	1897	1898	1899	1900
		fr. c.	fr. c.	fr. c.	fr. c.	fr. c.
Chemins de fer.						
Actions	Est	982,50	1,080,00	1.048.00	1,000,00	1,047.00
	Lyon	1,845,00	1,828,00	1,895,00	1,800,00	1,775,00
	Midi	1.323,00	1.449,00	1.440,00	1,349,00	1,310.00
	Nord	1,850,00	2,053,00	2.110,00	2,149,00	2.290.00
	Orléans	1.661,00	1.832,00	1,803.00	1,710,00	1,685,00
	Ouest	1,118,00	1,202,00	1,175,00	1,083,00	1.055.00
Obligations	Est (ancien)	476.25	477,00	469,50	461,00	460,00
	Fusion	485,00	484,50	477,00	460,00	468,00
	Midi	479,00	483,00	477,00	456.00	466,75
	Nord	486,00	488,00	478,50	470,00	474,00
	Orléans	485,00	485.00	477,00	464.00	469,75
	Ouest	482,50	484,75	477,00	468,50	466,50
Crédit foncier de France.						
Obligations foncières	1879	502,00	500,00	501.00	497,75	500.00
	1883	467.00	479.00	462,50	441.00	464.00
	1885	502,00	504,00	495.50	452,00	457,00
	1895	489.50	499,50	491,00	452,00	455.00
Obligations communales	1879	507,00	500,00	497.50	473,00	459,75
	1880	508,00	503.00	498,00	492,00	498.00
	1891	401,00	401,50	399,50	385,00	393,00
	1892	513,00	507,00	500,00	468,00	459,50
	1899	»	»	»	473.75	456,00
Ville de Paris.						
Emprunts	1855-1860	605,00	»	»	»	»
—	1865	572,75	574,00	557,00	542,00	552,50
—	1869	434.00	436,00	428,50	418,50	430,00
—	1871	423,25	420,50	420,00	414,00	413,00
—	1875	579.50	580,00	565,50	547,00	555,00
—	1876	580,00	577,50	565,00	548,50	556.00
—	1886	403,00	406,50	399,75	»	»
—	1892	393.00	393,75	392,50	363,75	352,50
—	1894-1896	390,00	401,00	397,50	366,50	346,25
—	1898	»	»	436,25	402,50	409,00
—	1899	»	»	»	398,00	392,00

1901 - 1904

SOMMAIRE

1. — *Il y a trente ans.* — L'emprunt 5 % de 2 milliards.

2. — *Le marché officiel et le marché libre.*

3. — *Comment se répartissent les billets de la Banque de France.*

4. — *La conversion du 3 ½ %.*

5. — *Les charges des dettes publiques en Europe et en France.* — Le crédit de la France et celui de l'étranger.

6. — *Les retraites ouvrières.*

7. — *Les grands emprunts de guerre.*

8. — *La population et les lois économiques.*

9. — *Crédit mobilier et crédit foncier.*

10. — *Les deux emprunts russe et japonais.*

11. — *Cadastre et livres fonciers.* — Les voies et moyens d'une grande réforme.

12. — *Conséquences économiques de la guerre russo-japonaise.*

13. — *Questions économiques et financières de 1901-1904.*

14. — *Cours des principales valeurs mobilières à la fin de chacune des années 1901 à 1904.*

1901-1904

IL Y A TRENTE ANS.

L'EMPRUNT 5 % DE 2 MILLIARDS

Le 6 juin 1871, le ministre des finances déposait à l'Assemblée nationale un projet de loi autorisant le gouvernement à contracter un emprunt pouvant s'élever à 2 milliards 500 millions, destinés à payer 2 milliards au gouvernement allemand et à combler le déficit probable de 1870-1871.

En 1871. Projet d'emprunt déposé le 6 juin 1871.

Le 12 juin, la commission du budget se réunissait à Versailles. Les propositions du ministre des finances étaient approuvées à l'unanimité, moins une voix. M. Casimir-Périer était nommé rapporteur.

Le 20 juin, avait lieu la discussion du projet d'emprunt. Ce projet était voté à l'unanimité de 551 votants.

Le 21 juin, la loi était promulguée : elle décidait un emprunt de 2 milliards nominal dont l'importance réelle devait être de 2,225,999,045 francs. Cet emprunt se réaliserait en rentes 5 %, émises à 82 fr. 50 payables en 16 termes, dont 12 francs par 5 francs de rentes en souscrivant, comme versement de garantie.

Loi promulguée le 21.

Le 27 juin, la souscription fut ouverte et close. La somme demandée par le public s'éleva à 4 milliards 940 millions dont 2 milliards 475 millions pour Paris, 1 milliard 200 millions pour les départements et 1 milliard 100 millions pour l'étranger.

Souscription effectuée le 27.

Pendant la souscription, le 5 % se négocia à 83 fr. 15 au plus haut, à 83 francs au plus bas.

Situation de la bourse.

Le 28 juin, lendemain de la souscription, le 5 % faisait 84 francs, soit 1 fr. 50 de prime.

Voici quelques cours cotés à la bourse de ce jour :

	fr. c.		fr. c.
3 %	52 65	Obligation Nord	312 50
5 % italien	57 95	— Orléans	307 50
Nord	972 50	— Midi	300 00
Est	435 00	— Ouest	297 50
Lyon	845 00	— Lyon	298 75
Midi	623 00	— Est	282 50
Orléans	790 00	— fonc. 4 %	460 00
Ouest	515 00	6 % américain	108 75
Gaz	712 50	3 % Extérieur	32 00
Suez	217 50	5 % turc	47 00
Autrichiens	807 50	Consolidés anglais	91 50
Ville de Paris 1869	274 00		

L'escompte commercial.

Le 20 juin 1871, l'escompte commercial était à 6 % et à 6 1/2 sur avances sur titres, à la Banque de France, et à 2 1/4 seulement en Angleterre. Le taux moyen de l'escompte avait été, en 1871, de 5,71 % en France, 3,39 % en Angleterre, 4,13 % en Prusse, 5,51 % en Autriche, 5 % en Italie, 3,28 % en Hollande, 4,08 % en Belgique.

L'encaisse de la Banque.

Quelques jours avant l'emprunt, l'encaisse de la Banque de France était, le 13 juin, de 732 millions.

Situation du Trésor : un avoir de 500,000 francs.

Il y a trente ans, en juin 1871, tout était à reconstituer à la fois : frontières, armée, crédit, administration. Les caisses du Trésor étaient à sec. Quand M. Pouyer-Quertier fut nommé ministre des finances le 25 février 1871 et accepta, par patriotisme, cette charge dont la responsabilité effrayait les âmes les plus fermes et dont il s'acquitta avec tant d'honneur, il fit appeler le directeur du mouvement général des fonds et lui demanda quelle était l'encaisse du Trésor. — 500,000 fr. ! telle fut la réponse. — Et il fallait payer 5 milliards et demi à l'Allemagne, 7 à 8 milliards de frais divers ! Le tiers du territoire était envahi, les services étaient désorganisés, les recettes compromises, l'administration désagrégée, les caisses vides.

* * *

Aujourd'hui. Le cours des rentes.

Aujourd'hui, les rentes sur l'Etat sont en haut de l'étiage des fonds du monde entier. Avant la guerre de 1870, il avait toujours 15 à 20 points d'écart entre les rentes anglaises et françaises : en 1871, le 3 % consolidé anglais valait 91 à 92, soit 10 francs plus cher que notre rente 5 % ; aujourd'hui, notre 3 % est au-dessus du pair et les consolidés 2 3/4 sont 5 francs au-dessous! Les fonds allemands 3 % sont à 87 et 88 ; c'est-à-dire 12 à 13 francs au-dessous des nôtres ; c'est-à-dire que le crédit de la nation vaincue est plus haut coté que celui de la nation victorieuse.

L'escompte.

L'escompte, à la Banque de France, est plus bas que dans nul autre pays ; nulle part, non plus, on ne trouve des capitaux aussi nombreux. L'encaisse-or de la Banque de France dépasse 2 milliards et demi ; l'encaisse totale, 3 milliards 700 millions.

L'encaisse de la Banque.

Notre reconstitution.

La différence entre hier et aujourd'hui peut se résumer en quelques mots : Nos forces militaires reconstituées, l'instruction publique mise à la portée de tous, le développement de nos voies ferrées assuré, les revenus permanents de l'Etat suffisant à ses dépenses, l'amortissement relevé, le crédit public honoré dans le monde entier et n'ayant jamais brillé d'un aussi vif éclat, les impôts, malgré leur énorme accroissement, se payant par anticipation ; la France commanditant tous les pays étrangers, tels sont les résultats d'une longue série d'efforts continus et, comme le disait M. Rouvier, ministre des finances, dans l'exposé des motifs du budget de 1893, « la nation tout entière semble avoir puisé dans ses malheurs immérités comme un accroissement des qualités de labeur, d'ordre, d'épargne, qui ont fait la grandeur et la force de notre race ».

Aussi, quand on parle de la décadence de notre pays, quand on l'oppose, sans cesse, aux progrès des autres

La France toujours grande et forte.

nations, il faut se rappeler les charges énormes de la guerre, les efforts considérables qu'il a dû surmonter, les lourds impôts qu'il a fallu payer et que nous payons encore. Il fallait reconstituer la France, ranimer et relever la « noble blessée » comme l'appelait M. Thiers. Il faut prendre garde surtout de compromettre un pareil relèvement par des mesures fiscales dangereuses, comme l'impôt sur le revenu qui fut repoussé déjà en 1871, alors qu'on faisait appel cependant à tous les modes d'impôt !

Voilà ce que ne devraient jamais perdre de vue ceux qui, nous citant les pays étrangers comme exemples à suivre, oublient tout ce que notre pays a supporté et souffert et répètent sans cesse que la France se ruine et que tout va de mal en pis !

LE MARCHÉ OFFICIEL ET LE MARCHÉ LIBRE

La Société d'économie politique discutait, le 5 avril de l'année dernière, *l'organisation actuelle du marché libre*, question proposée par M. Emmanuel Vidal.

Non quieta movere.

Au cours de cette discussion, nous rappelions un mot de lord Walpoole : *Non quieta movere.* « Il ne faut pas agiter ce qui est tranquille. » Nous exprimions le vœu que, malgré toutes ses défectuosités, l'accord intervenu depuis 1898 entre le parquet des agents de change et le marché libre subsistât et s'étendît encore.

L'entente de 1898.

En montrant le développement des valeurs mobilières, en en faisant prévoir l'accroissement bien plus considérable dans un avenir prochain, nous ajoutions qu'il fallait se placer au-dessus des luttes et des querelles et envisager le mouvement économique de notre pays, celui de l'Europe, du monde entier, qui nécessitera les plus nombreux concours en capitaux, en banquiers s'occupant d'affaires, en intermédiaires.

Nous disions, en terminant, que les transactions financières et commerciales étaient appelées à prendre sur tous les grands marchés une ampleur de plus en plus vaste et que, pour le bien général de notre pays, les travailleurs, les hommes d'affaires, les financiers, devaient s'y préparer « sans perdre leur temps en disputes et en querelles inutiles ». « Il ne s'écoulera pas beaucoup de temps, ajoutions-nous, avant que le marché de Paris, quel que soit le nombre de ses agents officiels et des membres du marché libre, paraisse trop à l'étroit pour pouvoir traiter, négocier la masse croissante des affaires. Ce jour-là est proche ; la liberté des transactions et des marchés, ce qui ne veut pas dire absence de contrôle et de sécurité, apparaîtra à tous comme une nécessité devant laquelle tout le monde devra s'incliner. »

***

Cette discussion est d'autant plus intéressante à relire aujourd'hui que de nouveaux accords viennent d'intervenir entre le parquet des agents de change et le groupe du syndicat des banquiers du marché libre. Ils *peuvent se résumer en quelques lignes* : la remise sur les courtages de toutes valeurs cotées officiellement est portée de 20 % à 40 % ; une remise de 20 % sur les reports et de 10 % sur les opérations au comptant est attribuée au marché libre ; une remise de 80 % est accordée par les agents de change aux banquiers du marché libre sur les opérations faites sur les valeurs ottomanes et serbes. **Nouveaux accords.**

Les partisans convaincus et les défenseurs du marché officiel blâmeront les agents de change d'avoir concédé quelques avantages au marché libre, à « ces coulissiers » qu'en 1898 on considérait comme des gens dangereux pour le crédit public et privé, et dont on devait se passer. A leur tour, les partisans du marché libre pourront reprocher aux banquiers et intermédiaires qui en font partie d'avoir abandonné la question de principe, d'avoir fait bon marché de leurs droits, pour obtenir des remises de courtages un peu plus élevées et d'avoir ainsi sacrifié de graves intérêts à des gros sous.

Ces accords sont favorables aux affaires.

Nous ne sommes pas de cet avis. Nous croyons, comme nous l'avons toujours soutenu et défendu, que quelles que soient les luttes et les résistances aux idées économiques, l'avenir appartient au marché libre, mais nous pensons aussi que sur une place comme celle de Paris, l'institution des agents de change et des banquiers du marché libre — marché que l'on aurait tort désormais d'appeler « coulisse », car il peut travailler au grand jour, — était une force qu'il fallait s'appliquer à améliorer, à développer et non à détruire. Les agents de change, forts du droit que leur donnent la loi et leur monopole, auraient pu se montrer intransigeants. Les représentants du marché libre, sachant qu'au fond, dans une démocratie comme la nôtre, l'opinion est plutôt favorable à la liberté des affaires qu'à leur restriction et au monopole, auraient pu également se refuser à toute entente, demander plus qu'ils n'ont obtenu et attendre les événements. C'était une politique plus ou moins discutable. A notre avis, les uns et les autres ont bien fait de rester en paix, d'étendre le terrain pratique sur lequel les relations d'affaires peuvent se développer au profit de tous.

* * *

Quelques points discutables.

Le gros du public, nous parlons de celui qui s'occupe bien plus de ses affaires au comptant que de celui qui fréquente la bourse, ne se rendra pas bien compte de plusieurs des clauses de cet accord. Au fond, peu lui importe que les agents de change concèdent des remises plus ou moins élevées à tels ou tels intermédiaires : mais il se demandera, par exemple, pourquoi tous les *intermédiaires de bourse*, les grandes sociétés de crédit, où il a l'habitude de s'adresser, les banquiers qui, sans faire partie du marché libre, occupent cependant la première place dans le monde des affaires. pourquoi tous ceux qui reçoivent et transmettent des ordres d'achats et de ventes de valeurs et donnent, en somme, la vie à un marché, sont presque mis à l'écart.

D'autre part, il ne comprendra pas beaucoup que des avantages spéciaux soient accordés au marché libre pour les négociations des « fonds turcs et serbes ». Il pensera qu'il existe beaucoup d'autres valeurs et d'autres fonds — notamment les fonds russes — qui auraient le plus grand besoin d'avoir un marché plus large : si cette extension du marché pouvait être obtenue au prix de la concession de plus grosses remises de courtages au marché libre, voire même de la création d'un groupe spécial s'occupant des négociations de ces fonds, il faudrait se hâter bien vite de recourir à ce moyen et il y aurait lieu de se féliciter de la mesure adoptée pour les fonds ottomans et serbes.

Nous partageons complètement cette manière de voir du « gros public » ; mais nous reconnaissons aussi que, sous ces réserves, l'entente nouvelle intervenue entre les agents de change et les banquiers du marché libre est un progrès : c'est une première déchirure, consciemment apportée à la loi du 13 avril 1898 : elle montre les imperfections de ce qu'on a appelé la « réorganisation du marché » ; elle prouve que cette réorganisation, que ses défenseurs trouvaient parfaite, était perfectible ; qu'agents de change et coulissiers au lieu de s'entre-déchirer étaient faits pour s'entendre. Il s'agissait seulement de le vouloir et, au lieu d'exciter les esprits, de chercher à les calmer. C'était ce que nous n'avions cessé de dire et d'écrire : les faits nous donnent pleinement raison. Œuvre utile dans l'ensemble.

* * *

Nous en félicitons MM. Caillaux, de Verneuil et Oudin.

A chaque jour suffit sa peine et, en félicitant sincèrement de l'accord intervenu M. de Verneuil, syndic des agents de change, et ses collègues ; M. Oudin, le président du syndicat du marché libre et les membres du comité, nous n'oublions pas le ministre des finances. M. Caillaux a montré, une fois de plus, son esprit de conciliation, sa connaissance étendue et pratique des affaires et des besoins d'un grand marché comme celui de Paris ; il a montré combien il avait souci de voir ce marché prendre et conserver dans le monde la place qui lui est due et acquérir un développement de plus en plus important, au profit des intérêts généraux du pays.

COMMENT SE RÉPARTISSENT LES BILLETS DE LA BANQUE DE FRANCE

Circulation fiduciaire : 4.445,866.325 fr.

Il résulte du relevé ci-après qu'au 31 janvier 1901 la Banque de France avait en circulation 4,445,866,325 fr. de billets de banque, se décomposant ainsi :

QUOTITÉ DES BILLETS	NOMBRE	VALEUR
francs.		francs.
1.000	1.449.498	1.449.498.000
500	603.458	301.729.000
100	21.615.050	2.161.505.000
50	10.813.836	540.691.800
25	15.713	392.825
20	67.679	1.353.580
5	139.224	696.120
TOTAUX	34.604	4.445.866.325

Les billets de 5,000 et de 200 fr.

On voyait autrefois apparaître, dans le relevé de la circulation, des billets de 5,000 francs et de 200 francs. Le dernier billet de 5,000 francs était devenu une véritable rareté ; non moins rares étaient les 2,354 billets de 200 francs. Depuis 1898, ces billets n'apparaissent plus dans les relevés de la Banque; de même aussi 1,213 billets d'anciens types à impression noire. En vertu de la loi du 17 novembre 1897 portant prorogation de son privilège, la Banque de France a dû verser au Trésor (art. 15 de la loi) dans le mois qui a suivi la promulgation de la loi, la somme représentant la valeur des billets de tous les anciens types à impression noire qui n'avaient pas été présentés au remboursement. Ces billets ont été retranchés de la circulation; le Trésor a pris à sa charge le remboursement de ceux de ces billets qui pourraient être ultérieurement présentés aux guichets de la Banque.

Les billets à impression noire.

* * *

Les billets que le public préfère sont ceux de 100 et de 50 francs. Viennent ensuite les billets de 1,000 fr.; les billets de 500 francs semblent les moins recherchés. Quant aux petits billets de 25 francs, 20 francs, 5 francs, créés pendant et après la guerre, on n'en voit presque plus en circulation bien que leur total représente encore une assez respectable somme. Il existe, en effet :

Les préférences du public.

			francs.
15,713 billets	de 25 francs,	soit........	392,825
67,679	— 20	—	1,353,580
139,224	— 5	—	696,120
		Total........	2,442,525

Il faut croire que beaucoup de ces billets sont adirés ou que leurs possesseurs les conservent en portefeuille comme souvenir ou curiosité.

Comme on le remarquera encore, les billets de 1,000 et de 500 francs tendent à rester stationnaires alors que les billets de 100 francs et de 50 francs sont de plus en plus recherchés.

Dans les années de grande activité financière, commerciale et industrielle, les billets de 1,000 francs sont plus demandés parce qu'il est plus facile et plus rapide d'effectuer avec eux de gros payements.

ANNÉES	DATES	NOMBRE ET NATURE DES BILLETS EN CIRCULATION 5.000	1.000	500	200	100	50	25	20	5	Anciens types	TOTAL de la CIRCULATION	TOTAL des ENCAISSES RÉUNIES à la fin des années précédentes	DÉCOMPOSITION de L'ENCAISSE OR	ARGENT
												francs.	francs.	millions de fr.	
1862	30 janv.	12	461.017	183.283	193.913	1.919.176	»	»	»	»	2.971	785.154.900	335.880.000	»	»
1869	28 —	8	826.669	278.924	40.067	3.665.849	775.530	»	»	»	»	1.381.271.400	1.266.800.000	»	»
1872	25 —	7	802.149	424.018	12.211	7.100.801	5.283.089	10.428.836	10.058.859	»	1.809	2.454.079.880	634.030.000	»	»
1875	28 —	6	822.297	431.922	4.094	9.698.075	6.410.499	190.150	14.986.169	1.342.701	1.292	2.641.081.935	1.331.100.000	»	»
1880	29 —	5	1.371.477	716.980	3.009	5.716.919	207.516	27.323	335.635	197.448	1.241	2.321.474.365	1.969.200.000	741.6	1.227.6
1882	26 —	5	1.365.028	688.400	2.823	9.626.952	3.464.329	24.110	233.845	182.700	1.217	2.852.316.700	1.801.700.000	655.8	1.156.9
1885	29 —	5	1.186.638	589.781	2.619	12.446.499	4.981.340	20.859	150.046	167.163	1.200	2.973.072.585	2.029.800.000	1.001.4	1.028.6
1889	31 —	5	1.172.105	230.677	2.580	14.265.266	2.222.596	18.643	104.597	154.842	1.216	2.829.894.100	2.234.000.000	1.006.»	1.228.0
1890	30 —	5	1.292.800	470.314	2.485	15.054.742	3.227.661	18.267	97.531	152.899	1.216	3.198.939.215	2.503.900.000	1.261.7	1.242.7
1895	31 —	5	1.339.502	525.642	2.372	17.657.163	7.561.192	16.919	77.508	144.208	1.214	3.749.721.650	3.298.800.000	2.060.8	1.238.0
1896	30 —	5	1.302.909	532.664	2.368	17.642.046	6.880.476	16.569	74.723	143.063	1.214	3.681.021.075	3.184.900.000	1.950.3	1.234.6
1897	28 —	1	1.276.966	531.602	2.354	18.225.101	7.750.026	16.091	73.109	142.079	1.213	3.756.254.975	3.139.500.000	1.912.0	1.227.5
1898	27 —	»	1.272.008	518.187	»	18.260.747	8.266.154	15.976	71.109	141.040	»	3.784.030.650	3.023.900.000	1.818.4	1.205.5
1899	26 —	»	1.275.540	523.181	»	18.582.788	9.147.246	15.863	69.907	140.342	»	3.855.268.025	3.018.000.000	1.866.4	1.151.6
1900	25 —	»	1.290.647	538.498	»	19.635.571	10.305.891	15.776	68.916	139.796	»	4.056.219.350	3.020.728.000	1.873.6	1.157.0
1901	31 —	»	6.449.498	603.458	»	21.515.050	10.815.836	15.718	67.679	139.224	»	4.445.866.325	3.446.759.100	2.339.0	1.107.6

En se reportant au tableau que nous publions, on verra que c'est pendant les années 1869, 1880, 1882, 1890, 1895, 1900-1901 que la circulation des billets de 1,000 fr. a été la plus élevée.

Les billets de 1,000 fr.

Le montant des billets de banque de 100 francs est tantôt un peu au-dessous, tantôt un peu au-dessus du montant de l'encaisse-or de la Banque de France. On peut en juger par le relevé suivant :

Les billets de 100 fr.

ANNÉES	TOTAL des BILLETS de 100 francs.	MONTANT de L'ENCAISSE-OR
	millions de francs.	*millions de francs.*
1880	671	846
1883	1.244	1.001
1890	1.606	1.201
1895	1.766	2.060
1897	1.822	1.912
1900	1.968	1.873
1901	2.161	2.339

Ces chiffres prouvent que les petits billets de banque de 100 francs remplacent surtout pour le public la monnaie métallique.

Sur une circulation de billets de 4 milliards 445 millions, en chiffres ronds, 1 milliard 750 millions, soit 39 37 %, est représentée par des billets de 1,000 francs et de 500 francs ; 2 milliards 700 millions, au contraire, soit plus de 60 %, sont représentés par des billets de 100 francs et de 50 francs.

Proportion de billets de chaque valeur par rapport à l'encaisse.

Par rapport à l'encaisse-or de 2,340 millions, il y a seulement 1 milliard 750 millions de billets de 1,000 fr. et de 500 francs en circulation, tandis qu'il existe 2 milliards 700 millions de billets de 100 francs et de 50 fr.

* * *

On remarquera que l'augmentation de la circulation est corrélative à celle de l'encaisse. Comme l'a fait jus-

Circulation et encaisse.

tement remarquer le gouverneur de la Banque, dans son dernier compte rendu à l'assemblée générale des actionnaires : « la moyenne de la circulation, pendant l'année écoulée, représentant de l'or et de l'argent, a été de 3,237,300,000 francs. La partie purement fiduciaire de nos billets ne s'est élevée qu'à 796,845,100 fr., soit un cinquième environ de la circulation totale. »

Circulation fiduciaire : 796 millions, 1/5 du total.

On peut donc dire, en toute assurance, que nos billets de banque sont, en réalité, des « certificats métalliques ». A ce point de vue, notre pays jouit, dans le monde entier, d'une situation privilégiée.

Stock métallique.

En effet : le stock métallique de la Banque de France est le plus considérable qui ait jamais existé, tellement considérable, qu'il pourrait, sans aucun inconvénient, diminuer de plusieurs centaines de millions. C'est une des forces du pays ; il lui a donné, avec la sécurité du lendemain, un taux d'escompte stable, aussi réduit que possible, plus bas même que sur aucune place étrangère.

Taux de l'escompte.

Depuis 1890, la moyenne du taux de l'escompte a été en effet :

A Paris, de 2.83 %.	A Berne, de 4.26 %.
A Amsterdam, de 3.34 %.	A Berlin, de 4.38 %.
A Bruxelles, de 3.42 %.	A Rome, de 5.79 %.
A Londres, de 3.88 %.	A Pétersbourg, de 5.86 %.

Ajoutons enfin que l'augmentation de la circulation des billets de la Banque de France a répondu aux besoins et aux goûts du public qui, sachant très bien que cette circulation est gagée presque en totalité par une somme métallique approximativement correspondante, préfère maintenant les billets à l'or et à l'argent. C'est une situation véritablement privilégiée, que l'on ne rencontre dans aucun pays du monde. Elle montre le crédit dont jouit la Banque de France, la confiance qu'elle inspire, grâce à son fonctionnement régulier, à son conseil de régence et à son administration et gouvernement modèles.

Les billets préférés au métal.

LA CONVERSION DU 3 1/2 %

La conversion du 3 1/2 % a été officiellement annoncée le 8 juillet par le dépôt du projet de loi à la Chambre, qui l'a voté dans la même séance. Ce projet, transmis au Sénat le 9 juillet, a été voté le même jour, à l'unanimité. Le lendemain, 10 juillet, le *Journal officiel* promulguait la loi et publiait le décret et l'arrêté ministériel fixant les conditions d'exécution de cette grande opération, qui sera close le 20 juillet.

Projet déposé le 8 juillet. — Loi promulguée le 10.

Opération close le 20.

Il a suffi de trois jours pour présenter la loi de conversion aux deux Chambres, la faire voter et promulguer, alors que ces mêmes formalités avaient exigé neuf jours en 1883, quinze jours en 1887 et quatre jours en 1894. A la Chambre et au Sénat, la conversion a donné lieu à un examen très sérieux et à une complète discussion dans les bureaux et, si le projet de loi a été approuvé avec une telle unanimité, c'est parce que tous les membres du parlement, quelle que soit leur opinion politique, ont considéré qu'il était juste, clair et précis.

La conversion s'est faite en 3 %.

La conversion du 3 1/2 % s'effectue suivant le mode que nous avions fait prévoir, en 3 % inconvertible pendant huit années ; l'inconvertibilité est étendue pendant la même période aux rentes 3 % anciennes ; les porteurs de rentes 3 1/2 sont tout particulièrement ménagés ; ils recevront intégralement les deux coupons trimestriels de 0 fr. 875 chacun échéant les 16 août et 16 novembre, plus une bonification de 1 franc par 3 fr. 50 de rente, plus encore 0 fr. 375, équivalant à un demi-coupon trimestriel sur la rente 3 %, du 16 novembre 1902 au 1er janvier 1903.

A partir du 1er janvier prochain, les arrérages des deux rentes se payeront aux mêmes époques trimestrielles : janvier, avril, juillet, octobre.

* * *

Conversion bien accueillie.

Rarement une conversion de rentes a été accueillie avec autant de faveur par le monde politique et financier et par ceux qui sont les meilleurs juges en pareille matière, car leurs intérêts sont en cause, par les rentiers eux-mêmes. Avant l'annonce de la conversion, le 3 1/2 se négociait aux environs de 102 ; une fois la conversion annoncée, il a atteint et dépassé 102,50.

Le procédé de conversion proposé par le ministre des finances a été considéré par tout le monde comme le plus simple et le plus juste, faisant une part équitable aux nombreux intérêts en présence, ne provoquant ni déclassement sérieux du 3 % ancien ni déclassement de la rente à convertir, imprimant au marché des deux rentes une activité et un entrain qui depuis longtemps leur faisaient défaut.

Le public était depuis longtemps préparé à cette conversion. Il avait été averti, en janvier 1894, que, dès le mois de février 1902, l'Etat recouvrait le droit de procéder à cette opération.

Nous ne parlons pas seulement du grand public qu'intéressent vivement les économies budgétaires que l'Etat peut réaliser, en réduisant le taux de l'intérêt des emprunts contractés à des prix élevés ; nous parlons également des porteurs de ce fonds 3 1/2 % : plus que tous autres, ceux-ci s'attendaient à la conversion, et ils l'avaient fait entrer en compte dans leurs prévisions. Un chiffre suffira pour le prouver.

Si la conversion n'avait pas été admise comme une éventualité réalisable, ce n'est pas entre 102 fr. 50 ou 103 francs que le 3 1/2 % se serait négocié, mais bien au-dessus de 117 francs, puisque 3 fr. 50 de 3 % à 102 fr. coûteraient 117 fr. 66.

Pourquoi cette différence de cours ? Pourquoi, au lieu de se capitaliser, comme le 3 %, à 3 %, le 3 1/2 % rapportait-il 3,43 %, soit environ 0,43 % en plus ? Parce que les rentiers 3 1/2 avaient été avertis qu'ils ne jouissaient là que d'un revenu exceptionnel, temporaire, et que cette situation ne pouvait se prolonger indéfiniment.

car elle aurait consacré une inégalité entre les mêmes créanciers de l'Etat.

* * *

Opération effectuée avec modération et simplicité.

Le ministre des finances aurait pu user de tout son droit : donner l'intérêt le plus réduit et chercher à gagner le plus possible. C'eut été la conversion légale, sans doute, mais dure.

Il a pensé, dût-il en coûter quelques millions au Trésor, qu'il devait agir avec beaucoup de modération et ménager cette grande armée de petits épargneurs qui est restée si constamment fidèle à l'Etat. Il a pensé, en outre, que les premières conditions de succès d'une opération de cette nature devaient être tout à la fois la modération et la simplicité. Il a voulu qu'elle fût « assez claire pour être facilement comprise par tous les intéressés et pour mettre la loyauté de l'administration à l'abri de tout soupçon de surprise ou d'iniquité » (1). M. Rouvier, en homme d'Etat prévoyant et financier pratique, ne pouvait méconnaître aucun de ces principes.

L'Etat doit 100 francs pour 3 fr. 50 de rente. Il offre de conserver ce capital en payant une rente de 3 francs pendant huit ans. Il paye intégralement les coupons trimestriels du 3 1/2 échéant en août et novembre et y ajoute une bonification équivalente à 1 franc par 3 fr. 50 de rentes converties, plus un demi-coupon trimestriel de 0,375 équivalant à la portion d'intérêt courue du 16 novembre au 1er janvier 1903.

Tous les rentiers ont compris immédiatement cette proposition. Ils n'ont, pour se décider, que deux recherches à faire : la première, celle de savoir s'ils doivent demander le remboursement à 100 francs de leurs rentes. La question ne se pose même pas. A moins de vouloir gaspiller son argent de gaieté de cœur ou pour se singulariser, on ne demande pas à être remboursé à

(1) Le marquis d'Audiffret. *Système financier de la France.*

100 francs de ce qui vaut plus de 102 francs en bourse, sans compter les 3 fr. 125 de coupons et bonification à recevoir d'ici le 1er janvier. On ne réclame pas 100 fr. pour un titre qui, avec tous les coupons à recevoir d'ici la fin de l'année, vaut plus de 105. La seconde recherche que feront les rentiers sera celle de savoir s'ils peuvent trouver à placer leur capital de 100 francs dans les mêmes conditions de sécurité et obtenir une rente de plus de 3 francs. Or, la négative est certaine. Dans l'état actuel du crédit, il n'existe, ni en France, ni à l'étranger, aucune valeur assimilable à notre rente, qui rapporte plus de 3 francs %.

Aucune valeur assimilable à notre rente 3 %.

* * *

Comparaison avec les fonds étrangers.

On nous trouvera sans doute bien « chauvin », bien partisan de nos rentes et du crédit de notre pays. Nous n'exagérons rien et les chiffres confirment notre manière de voir.

Un porteur de rentes françaises 3 % qui voudrait obtenir un revenu égal en fonds d'Etat de grands pays, comme la Grande-Bretagne, ne pourrait y réussir. Il en est de même s'il voulait acquérir des rentes tout spécialement garanties par plusieurs puissances, comme le 3 % égyptien 1885 ou le 2 1/2 hellénique. Il ne pourrait avoir qu'un revenu inférieur. Pour se constituer un revenu équivalent, ou à peu près, il lui faudrait acheter des fonds belges, hollandais, suisses ; il aurait des revenus un peu plus élevés avec des fonds allemands, russes, norvégiens, danois, mais ces rentes n'ont pas l'ampleur de marché et de négociations que possèdent les nôtres ; et, en dehors même des garanties qui sont essentielles, elles ne présentent pas les avantages multiples que donnent nos fonds d'Etat.

On peut donc affirmer que nos rentes 3 % donnent un revenu que l'on ne pourrait que très difficilement obtenir sur d'autres fonds, à moins de vouloir courir des risques ou des aventures. « Notre crédit national est resté l'un des premiers du monde » : ces paroles, que le gouvernement inscrivait dans sa déclaration faite aux Chambres, sont profondément vraies.

La valeur de notre crédit.

Le porteur de rentes 3 1/2 % conservera donc son titre et, une fois la conversion effectuée, tous les achats de l'épargne convergeront vers le seul 3 % existant, ce qui facilitera encore l'ascension de ses cours. Le fait s'est toujours produit quand une conversion, comme dans le cas présent, a été loyale, sincère ; quand elle est la résultante, en quelque sorte, pour les emprunts de l'Etat, de l'abaissement général du taux de l'intérêt.

L'Angleterre, par des conversions successives, a ramené ses fonds à 2 3/4 % réductible encore à 2 1/2 % en 1903. Elle a suivi ainsi les diminutions de revenu des capitaux. Pendant la durée de ces opérations qui ont porté sur plus de 25 milliards, le déclassement des rentes a été presque nul, et les rentes converties se négocient plus cher que se négociaient les rentes qu'elle avait à convertir.

Le même fait s'est produit en Suisse, en Belgique, en Hollande, en Suède, en Norvège, en Russie, en Autriche, aux Etats-Unis. Chez nous, sans remonter aux conversions antérieures, nous avons vu que les conversions de 1883, 1887 et 1894 n'avaient provoqué ni déclassement de titres, ni demandes sérieuses de remboursement.

Pas de déclassement.

Il en sera de même aujourd'hui. Il n'y aura ni déclassement sérieux de rentes 3 % et 3 1/2, ni demandes de remboursement et, une fois la conversion effectuée, le marché des rentes 3 % aura une ampleur encore plus grande. Tout le mérite en reviendra à la prudence avec laquelle M. Rouvier a procédé. L'exposé sincère qu'il a fait de la loyauté et de l'utilité de cette opération et de la situation de nos finances, aura grandement contribué au succès de la conversion. M. Rouvier a eu raison de faire remarquer que notre état budgétaire peut souffrir d'embarras passagers, sans que pour cela la richesse publique du pays ait cessé de se développer et de s'accroître. Le seul reproche qu'on aurait pu faire et que quelques personnes font timidement, du reste, aux conditions de la conversion, c'est que le ministre des finances a peut-être un peu trop avantagé les porteurs de rentes 3 1/2 : il aurait mieux fait, dit-on, de ne donner que 0 fr. 50 ou 0 fr. 25 et même de ne donner aucune bonification ; le chiffre de 1 franc est trop élevé.

Tout cela est très facile à dire... après la mise à exécution de l'opération, c'est-à-dire quand on s'aperçoit qu'elle est bien accueillie. Mais on conviendra que ce ne sont pas les rentiers qui se plaindront d'avoir été traités avec ménagements, voire même avec faveur. Un État n'a rien à gagner à être dur avec ses prêteurs habituels.

Inconvertibilité du 3 % nouveau et ancien.

En s'engageant à ne pas procéder à une conversion nouvelle avant huit années, le gouvernement donne au rentier la tranquillité qui lui est nécessaire pour la jouissance paisible de son revenu. Le rentier ne se préoccupera pas outre mesure de l'éventualité de cette conversion future. Il se dira que rien ne prouve qu'à si lointaine échéance cette nouvelle conversion aura lieu. Il acceptera donc la conversion et, une fois nanti de son titre, il fera comme il a toujours fait : il le conservera.

Conversion du 3 1/2 % en 3 % inconvertible pendant huit à dix années; inconvertibilité assurée également au 3 % ancien pour une même période ; tel était, nous l'avons dit, le procédé le plus simple et le plus juste qui devait assurer à cette grande opération un succès éclatant.

La conversion doit être acceptée purement et simplement.

Les porteurs de rentes 3 1/2 % n'ont qu'une chose à faire, répétons-le encore : « Rester tranquilles, accepter purement et simplement la proposition qui leur est faite. »

LES CHARGES DES DETTES PUBLIQUES EN EUROPE ET EN FRANCE

LE CRÉDIT DE LA FRANCE ET CELUI DE L'ÉTRANGER

Nous avons dit ailleurs dans quelles proportions les dépenses publiques des grands États européens s'étaient accrues depuis dix ans, proportions autrement élevées à l'étranger qu'en France. Nos chiffres, extraits de documents officiels, n'ont pu être contestés. Ils ont servi à rectifier bien des opinions inexactes qui ne s'appuyaient sur aucun document précis.

Les arrérages des dettes publiques.

Dans le montant de ces dépenses publiques, se trouvaient compris les chiffres relatifs au service de la dette publique. Or, même sur ce point, malgré les conversions de rentes qui ont eu lieu dans presque tous les pays, le montant en capital des dettes publiques, de même que les annuités nécessaires au payement des intérêts et à l'amortissement ont subi, partout, une forte augmentation, c'est en France seulement, contrairement encore à ce qu'on dit et à ce qu'on croit, qu'on rencontre, non pas un accroissement de charges, mais une diminution.

* * *

Les charges de la dette en Allemagne.

De 1892 à 1902, l'intérêt et l'amortissement des dettes de l'empire d'Allemagne se sont accrus, en chiffres ronds, de 33 millions de marks ; en Saxe, de 10 millions de marks ; au Wurtemberg, de 2 millions de marks ; en Belgique, de 7 millions de francs ; en Suède et en Norvège, de 8 millions 1/2 de couronnes ; en Russie, de 38 millions de roubles ; en Autriche-Hongrie, d'environ 35 millions de francs ; en Suisse, de 2 millions de francs. En Angleterre, au 31 mars 1892, le capital de la dette publique, dette consolidée, annuités, dette non consolidée, était de 677 millions de livres sterling ; en 1895, de 650 millions de livres sterling et de 748 millions de livres sterling en 1902. De 1895 à 1902 seulement, le total des charges annuelles de la dette de la Grande-Bretagne, 2 1/2. 2 3/4 et emprunt fait à la Banque d'Angleterre, s'est accru de 350,000 livres sterling et, depuis 1892, de 892,000 livres sterling.

Voici les chiffres exacts :

FONDS.	31 MARS 1892	1895	1902
2 ½ dette Grande-Bretagne. L. st.....	816.144	806.684	778.643
2 ¾ — —	14.053.100	14.844.879	14.716.540
3 % emprunt à Banque d'Angleterre.	84.463	807.910	312.915
3 ½ annuités........................	7.901	»	»
TOTAL. Liv. st............	14.960.598	16.458.879	16.808.103

Quelle est, au contraire, la situation de la dette publique française pendant la même période ?

En France, les dépenses pour la dette publique et la dette remboursable à terme, y compris la dette viagère, exigeaient :

	millions de francs
1892	1,286,8
1895	993,1
1902	1,003,3

Annuités dans divers pays. Augmentation.

Il résulte de ces chiffres que, depuis 1892, les annuités nécessaires au service de la dette publique se sont ainsi accrues :

	millions de francs
Allemagne......................	41.0
Autriche-Hongrie..............	35.0
Angleterre.....................	22.0
Belgique........................	7.9
Russie...........................	100.0
Saxe.............................	12.5
Suède et Norvège..............	11.0
Suisse...........................	3.0
Wurtemberg....................	2.5

En France, au contraire, les dépenses pour la dette publique et la dette remboursable à terme, malgré l'accroissement de la dette viagère, ont descendu de 1,286 millions, 8 à 1,003 millions, 3, soit une diminution de 283 millions, 5. Diminution en France.

Il est vrai que, depuis 1892, le budget a bénéficié des conversions de la rente 4 1/2, successivement réduite en 3 1/2 et en 3 % ; mais, dans les principaux pays, de grosses conversions de rentes ont eu lieu depuis cette époque : en Allemagne, Prusse, Belgique, Suède et Norvège, Danemark, Russie, Suisse, etc.

Nous pouvons donc dire, en nous appuyant sur les chiffres mêmes des budgets, que, dans tous les pays, on constate une augmentation des charges annuelles de la dette publique : chez nous, au contraire, le service de la dette consolidée et celui de la dette remboursable à terme exige 283 millions de moins qu'il y a dix ans.

Cette constatation, qui résulte de documents officiels, répond d'une façon nette, à ceux qui prétendent, sans apporter aucun chiffre à l'appui de leur opinion, que les dépenses publiques et la dette s'accroissent, en France, dans des proportions démesurées alors qu'elles diminuent dans les autres pays.

Or, c'est le contraire qui est la vérité.

* * *

Depuis deux ans et plus particulièrement dans le cours de l'année 1902, c'est sur de tels arguments, absolument inexacts, que les partis politiques se sont appuyés pour engager le public français à vendre ses rentes et à acheter des fonds étrangers : que de fois, en effet, n'a-t-on pas entendu parler de l'accroissement de notre dette et de nos dépenses publiques et vanter la diminution de celles des autres pays ? De là à conseiller à nos rentiers de vendre leurs rentes et acheter des fonds étrangers, d'envoyer leurs titres et capitaux au dehors, le pas a été vite franchi. On voit maintenant ce Arguments inexacts.

qu'il faut penser de cette argumentation. Nous faisons trop de dépenses ; nous avons des charges fort lourdes et tous les efforts doivent tendre à les réduire et non à les accroître, tout le monde est d'accord sur ce point ; mais les autres pays se trouvent dans une situation qui n'est guère enviable et nous ne changerions pas la nôtre pour la leur.

Fortes charges, mais nombreuses ressources.

Si nous avons de fortes charges, nous disposons aussi de nombreuses ressources ; et, lorsqu'on compare la situation de la France à celle des autres pays, ce n'est pas seulement le poids des charges qu'il faudrait opposer l'un à l'autre, mais aussi le total des revenus publics et privés, l'abondance des disponibilités et des capitaux du public. Or, à ce point de vue encore, la France peut supporter la comparaison avec tout autre pays. Nulle part, l'esprit d'économie et d'épargne n'est plus développé : nulle part, sauf en Angleterre, on ne trouve une pareille quantité de valeurs mobilières appartenant en propre au pays. Et sur ce point encore, nous pouvons citer des chiffres précis. Nous les empruntons au rapport sur la statistique internationale des valeurs mobilières, que nous avons présenté à la dernière session de l'Institut international de statistique à Budapest.

Classement des pays d'après la quantité de valeurs mobilières propres à chacun d'eux.

Les divers pays d'Europe, d'après la quantité de valeurs mobilières appartenant en propre à chacun d'eux, se présentaient, à la fin de 1900 et au commencement de 1901, dans l'ordre suivant :

	milliards de francs
Grande-Bretagne	120
France	90
Allemagne	45
Russie	25
Autriche-Hongrie	20
Pays-Bas	10
Italie	10
Belgique	6
Espagne	6
Suisse	5
Danemark	3
Suède, Norvège, Roumanie, divers	2
Total général	342

L'ensemble des valeurs négociables en Europe pouvait atteindre, au commencement de 1901, 550 à 500 milliards, il faut en déduire les doubles emplois provenant de titres négociables sur plusieurs places. Sur ces 550 à 500 milliards, 342 appartiennent en propre aux divers pays et, sur ces 342 milliards, 120 appartiennent à l'Angleterre, 90 à la France, 45 à l'Allemagne, etc.

On verrait également dans notre rapport comment se subdivisent ces 90 milliards ; quelle est la part faite aux fonds d'Etat et titres étrangers, à qui la France les a prêtés, dans quelles proportions la France a commandité, en quelque sorte, le monde entier.

* * *

Les travaux de la commission de l'impôt sur les revenus.
22 milliards de revenus en France.

Nous pourrions rappeler encore les travaux de la commission extraparlementaire de l'impôt sur les revenus, constituée en 1894 par M. Poincaré, cette commission a évalué approximativement l'ensemble des revenus du pays tout entier, au chiffre énorme de 22 milliards (1).

Aussi, et ce sera notre conclusion, quand, après avoir étudié par le menu la situation financière des divers Etats, comparé leur crédit, leurs ressources, leurs charges, nous en revenons à l'examen du nôtre, nous sommes effrayés par le pessimisme et l'esprit de dénigrement qui dominent, chaque fois que la politique s'en mêle.

Il semble qu'on prenne plaisir à effrayer le public, à lui crier, sur tous les tons, que la France se ruine, qu'elle marche à la banqueroute. Prétendre le contraire, c'est être, dit-on, optimiste ! Nous répondons que, dans des questions aussi graves, il faut s'abstenir de tout parti pris et établir son raisonnement uniquement sur des faits et sur des chiffres : nous ajoutons que lorsqu'il s'agit du crédit de notre pays, on ne saurait trop le défendre et empêcher qu'il ne soit atteint par des critiques et des attaques injustifiées. Nous nous rappe-

(1) Rapport de M. Adolphe Coste.

L'intérêt de nos finances avant tout.

lons une parole, un conseil, de M. Léon Say : « Il faut, disait-il, tout sacrifier à l'intérêt de nos finances, car si les finances de la France étaient détruites, notre pays serait réduit au rang des dernières puissances. » Nous nous inspirons de ce ferme langage, et nous déplorons de voir comment, en matière de finances, on se complaît à dénaturer la situation de notre pays.

Notre situation financière et économique est excellente.

S'il s'agit, en effet, de l'état financier des autres pays étrangers, tout est bien, tout est beau : s'agit-il du nôtre, tout est mal. Les gouvernements étrangers savent cependant à quoi s'en tenir sur ce point. Tous, sans aucune exception, ont besoin de faire appel au crédit, sous une forme ou sous une autre. Tous savent que c'est en France où ils trouveront les capitaux nécessaires parce qu'ils connaissent nos immenses ressources. A l'heure actuelle, les grandes places financières et banques européennes sont débitrices de la nôtre et de nos banquiers de plus de 2 milliards. Rien qu'à Londres, les capitaux français employés sont considérables. Tous les changes nous sont favorables, ce qui explique que partout, au dehors, la France est créditrice et non débitrice. Aussi, avons-nous le droit d'affirmer et de répéter que nous nous calomnions quand nous admirons la situation financière et économique des autres pays et que, de gaîté de cœur, nous discréditons la nôtre.

LES RETRAITES OUVRIÈRES

On peut connaître et dire, d'après les statistiques officielles, combien il existe, en France, de chevaux, d'ânes et de mulets, combien nous possédons de bœufs, taureaux, vaches et moutons ; combien il existe de ruches d'abeilles ; quel est le nombre des machines à vapeur et des chevaux-vapeur employés dans l'industrie ; combien nous récoltons de blé, d'avoine, de colza ou de pommes de terre. Cependant, à d'autres questions fort simples : combien existe-t-il de travailleurs ? Combien existe-t-il de salariés dans l'industrie, dans le commerce, dans l'agriculture ? Quel est leur âge ? Quel est le montant de leurs salaires ? La commission d'assurance et de prévoyance sociales, chargée d'examiner le projet de loi et les diverses propositions de loi sur les caisses de retraites ouvrières et réclamant la création d'une caisse mutuelle de retraites ouvrières, répond, un peu trop vite, peut-être, que c'est l'inconnu. Elle déclare, dans le rapport supplémentaire de M. Paul Guieysse, « qu'en présence de l'ignorance du nombre des travailleurs, de leur répartition suivant la quotité des salaires, de leurs groupements par âge, différents de celui de la population totale ou des groupements spéciaux que l'on a pu étudier, du nombre des invalides ou infirmes, du montant total des versements des ouvriers et des patrons, il ne faut s'avancer qu'avec une très grande prudence... » Elle aurait pu trouver, tout au moins, quelques renseignements utiles sur les salaires, dans les travaux de la commission extraparlementaire de l'impôt sur les revenus, dont nous avions l'honneur de faire partie, et particulièrement dans le rapport général si clair, si documenté de notre collègue et ami M. Coste.

Combien de travailleurs ? Combien de salariés ? Quel est leur âge ? Quels sont leurs salaires ?

Pas de chiffres précis.

Le rapport de M. Coste.

Quoi qu'il en soit, après des déclarations aussi sincères sur le défaut de chiffres précis, il nous semblait que la conclusion logique était le renvoi aux ministres compétents, de tous ces projets et propositions, pour plus ample informé. Il n'en est rien. La commission estime que dès que « le mécanisme administratif et financier » des retraites ouvrières fonctionnera, « on aura les données certaines qui manquent d'une façon si absolue » (1).

Le fonctionnement du système procurerait les renseignements nécessaires.

C'est, pourrait dire la commission, « en forgeant qu'on devient forgeron ». Nous n'en disconvenons pas.

(1) Chambre, *Documents parlementaires*, n° 2333, rapport de M. Guieysse.

Mais quand il s'agit d'une loi dont les principes fondamentaux sont les suivants :

1° Inscription obligatoire pour les travailleurs ;
2° Versements corrélatifs des ouvriers et des patrons ;
3° Capitalisation des versements ;
4° Retraites d'invalidité ;
5° Participation de l'Etat ;

Nous pensons, au contraire, qu'il faut savoir avant.

n'est-il pas de la plus grande imprudence de vouloir légiférer, faire des calculs d'annuités à recevoir et de capitalisations à opérer, de payements à effectuer, sans avoir une base certaine pour appuyer, soit les lois que l'on veut faire, soit les calculs que l'on veut établir ?

* * *

Nous ne sommes pas hostiles au principe des retraites.

Nous ne sommes pas hostiles, en principe, aux idées généreuses qui ont conduit les législateurs et d'excellents et nombreux esprits à demander la création d'une caisse de retraites pour l'homme qui, ayant travaillé toute sa vie, manque du nécessaire pour vivre ses derniers jours. Désirer que les travailleurs, les salariés, après avoir peiné tout le temps de leur existence, aient, au moins, un morceau de pain et quelques ressources assurées dans leur vieillesse, est conforme aux lois de l'humanité et, ajouterons-nous, à celles de l'économie politique, qui, suivant une forte et belle expression de

Opinion de Frédéric Passy.

M. Frédéric Passy, « est une science morale et humanitaire ». Les économistes, que l'on accuse souvent, et bien à tort, de dureté, parce qu'on ne les connaît pas, ne peuvent pas ne pas partager les mêmes sentiments.

Opinion de Turgot.

Turgot, sur ce point, il est utile de le rappeler, a été aussi loin que possible. C'est lui qui a dit que « le soulagement des hommes qui souffrent est le devoir et l'affaire de tous » ; c'est lui qui a dit encore « qu'il ne suffit pas pour l'ouvrier de la campagne ou de la ville de gagner assez ; il faut qu'il gagne un peu trop, car sans ce *trop*, ajoutait-il, il n'y a ni bien-être pour le pauvre, ni sécurité pour le riche » ; il voulait que les ouvriers puissent s'élever sans cesse vers une condition meilleure et, par l'intelligence et l'épargne, trouver accès à la propriété. Mais ce que Turgot repoussait en toutes circonstances et avec énergie, c'était l'intervention de l'Etat, sauf dans des cas tout à fait exceptionnels. Il n'aurait pas admis que l'Etat, être anoyme, impersonnel et irresponsable, eût le droit de puiser dans la poche des uns pour emplir celle des autres ; il n'aurait pas admis que les finances publiques eussent à courir le risque d'être atteintes, voire même compromises, par l'application d'une loi aussi bienfaisante, aussi humanitaire qu'elle soit. Voilà pourquoi les économistes libéraux, tout en approuvant les idées généreuses qui ont motivé la demande de création d'une caisse nationale des retraites ouvrières, en redoutent l'application dans les conditions où elle est proposée, en montrent les dangers financiers et la combattent. Ils redoutent l'intervention de l'Etat ; ils ne demandent qu'une chose, c'est de laisser les salariés et les patrons libres de s'entendre pour créer telle ou telle institution de prévoyance qui assure une retraite aux vieux travailleurs. Et n'est-ce pas, du reste, ce qui existe déjà ? Ne vaudrait-il pas mieux améliorer et développer les sociétés de secours mutuels, de prévoyance, de bienfaisance, encourager la création de nombreuses caisses d'assurances sur la vie, contre la maladie, développer, améliorer et mieux faire connaître le fonctionnement de la caisse nationale de retraites pour la vieillesse qui fonctionne, au lieu de se lancer à la conquête d'un idéal plein de dangers pour les finances publiques ?

L'intervention de l'Etat à écarter.

Problème à résoudre par les sociétés de secours mutuels.

* * *

Ces dangers, en supposant que la loi soit votée et mise à exécution, sont de deux sortes : d'une part, c'est l'accumulation de capitaux énormes qu'il faudra continuellement employer fructueusement, en toute sécurité et capitaliser ; d'autre part, c'est la participation

Énormes capitaux à placer.

de l'Etat à la constitution des retraites avec la garantie d'un taux permanent de 3 %.

500 millions chaque année.

Qu'on suppose — comme le fait la commission, du reste, — un minimum de 10 millions de travailleurs versant chaque jour 0 fr. 10 pendant 250 jours de travail par an. Voilà une première somme annuelle de 250 millions, soit, avec les versements des patrons, un total de 500 millions à employer tous les ans. La caisse des dépôts et consignations pourrait acheter des valeurs de l'Etat ou garanties par l'Etat, des valeurs de toute sécurité et « même des valeurs internationales ». Les valeurs d'Etat, ou garanties par lui, sont très limitées. Ce sont les rentes, les obligations de chemins de fer, les emprunts coloniaux. Tous ces titres sont admirablement classés, répartis à l'infini. Des achats continus, en exhaussant leurs cours, en abaisseraient le rendement. Il existe, en circulation, en obligations de chemins de fer et rentes sur l'Etat, environ 50 milliards. Ces 50 milliards sont déjà immatriculés au nominatif, à raison de 75 % de titres nominatifs et 25 % de titres au porteur. Ils appartiennent à des millions de petits rentiers. Le jour où ces valeurs de tout repos subiraient une hausse hors de proportion avec leurs revenus, un déclassement énorme se produirait. Que feraient nos rentiers détenteurs de capitaux rendus libres et, malgré eux disponibles ? Ils seraient incités à courir après toutes espèces de placements. Ayant besoin d'un revenu pour vivre, ils prendraient, au hasard, les titres qui leur seraient offerts, en France, et à l'étranger surtout. L'épargne modeste et tranquille qui fait la force de notre pays, serait atteinte. Cette épargne, calme et confiante, serait troublée et subirait toutes les aventures.

Influence de ces placements sur les cours et les revenus des valeurs.

Telle serait, par une capitalisation continue de capitaux considérables sur un même groupe de titres, la conséquence de l'application de la loi sur les retraites ouvrières. On objectera que les dispositions sont prises pour empêcher que ces achats produisent ces fâcheux effets. On appliquera « au remboursement ou à la transformation d'une partie de la dette publique » environ 350 millions par an. L'idée est séduisante, mais le résultat, au fond, sera le même.

Les rentiers à qui on aura remboursé 350 millions contre remise de leurs titres 3 1/2 % amortissable, par exemple, qu'ils possèdent, que feront-ils de leur argent? Ils chercheront les placements les plus divers et seront, le plus souvent, les victimes de gens qui leur proposeront et leur feront acquérir de soi-disant rentes, actions ou obligations. Ces prétendus titres ne seront en réalité que des morceaux de papier, ne valant même pas le papier, car « il y a quelque chose d'écrit dessus », comme le disait M. Léon Say.

* * *

Différence du taux d'intérêt obtenu et garanti.

Admettons cependant que ces éventualités ne se réalisent pas. La caisse des retraites ouvrières fonctionne régulièrement : elle trouve facilement à employer 350 à 500 millions par an ; elle achète même des valeurs internationales (ce qui, pour un établissement d'Etat, n'est pas sans inconvénients et sans dangers), mais le taux d'intérêt des capitaux baisse à 2 3/4, 2 1/2, 2 1/4. C'est alors que l'Etat sera obligé d'intervenir avec sa garantie d'un taux permanent de 3 % d'intérêt. Cette garantie sera d'autant plus lourde pour le Trésor et pour les contribuables que le taux de l'intérêt des capitaux s'abaissera. Que si, au contraire, ce taux d'intérêt s'élève à 3 1/2 %, 4 %, 4 1/2 %, 5 %, le danger pour le Trésor ne sera pas moins grand. On ne manquera pas de lui demander d'augmenter le taux de sa garantie ; on lui dira qu'il ne serait pas juste pour lui de bénéficier de l'accroissement de revenus que lui fourniront les capitaux versés par les travailleurs.

* * *

Ce n'est pas le seul danger que l'Etat, le Trésor, c'est-à-dire les finances publiques, aient à courir. Et c'est ainsi qu'apparaît encore l'utilité d'avoir des statistiques qui ont fait défaut à la commission. Tout travailleur âgé de soixante-cinq ans aura droit à une retraite de 360 francs. Sur 38 millions d'habitants, il existerait, d'après le dénombrement de 1896, 3,442,470 personnes âgées de soixante-cinq ans et au-dessus. Supposons, car on ne peut faire que des suppositions, que sur ces 3,442,000 personnes, 2 millions soient des travailleurs; les 360 francs de retraite par personne constitueraient une charge annuelle de 720 millions dont il faudrait déduire les revenus produits par les versements capitalisés des salariés et des patrons; mais à l'heure actuelle, il est impossible de savoir et de dire exactement quelle serait la charge plus ou moins lourde qui accablerait nos budgets.

Nombre des participants.

A un autre point de vue encore, supposons que toutes les idées humanitaires de la commission de prévoyance se réalisent; supposons que tout travailleur reçoive bien, à l'âge de soixante-cinq ans, les 360 francs promis, ne viendra-t-on pas dire que ces 360 francs ne sont, en somme, qu'une maigre pitance de vingt sous par jour et que l'Etat n'a pas le droit de laisser à des malheureux vieillards une rente suffisante à peine pour acheter le pain quotidien. On demandera l'augmentation des pensions. Qui les payera? Le budget, c'est-à-dire les contribuables, nous tous. C'est alors que se vérifieront les prévisions de ceux qui affirment que, dans un avenir prochain, nos budgets actuels de 3 milliards 1/2 seront considérés comme de misérables chiffres. Déjà, au train dont vont les choses, avec les augmentations annuelles des dépenses courantes et imprévues, on peut dire qu'il ne s'écoulera pas beaucoup d'années avant que nos budgets ne s'élèvent à 5, 6, 7 milliards, comme l'a indiqué M. Stourm, bon juge en pareille matière. Comme notre population reste stationnaire et que la richesse publique ne marche pas d'un pas aussi accéléré que les charges et les dépenses,

Appel au budget.

Alors qu'on marche vers 5, 6 et 7 milliards.

le pays tout entier ne finira-t-il pas par succomber sous le fardeau ?

* * *

Ce qu'il faut, c'est encourager les entreprises privées.

C'est là ce qui nous effraie. Mais alors, nous dira-t-on, il ne faut rien faire ? Nous ne disons pas cela. Nous croyons que l'Etat a un rôle à remplir, le seul qui lui appartienne, c'est d'encourager les initiatives individuelles, d'engager les salariés et les patrons à prélever telle somme qu'ils jugeront utile pour se constituer eux-mêmes une retraite. Son rôle ne doit pas consister à forcer chaque citoyen, majeur, à devenir rentier et pensionné malgré lui, car il ne sait pas où une pareille intervention pourrait le conduire, quel trou pourrait être creusé pour nos finances. Le jour où la France serait divisée en deux grands tronçons : d'un côté, ceux qui payent l'impôt et les charges publiques, et de l'autre ceux qui reçoivent des pensions, des traitements, des retraites, la charge énorme tuerait les premiers : quant à ceux que l'Etat aurait voulu secourir, loin d'être plus à leur aise ou moins malheureux, ils seraient encore plus accablés et plus dénués de ressources. « Attaquer le haut, disait M. Thiers, c'est du même coup attaquer le bas. Croyez-vous qu'en frappant l'homme à la tête, vous lui causiez moins de mal qu'en le frappant aux bras et aux pieds? »

La France en deux tronçons.

Une opinion de M. Thiers.

Est-ce que ces paroles ne sont pas la vérité, la sagesse même ?

* * *

Qu'est-ce qu'un travailleur ?

Dans les deux rapports de M. Paul Guieysse sur les caisses de retraites ouvrières, de même que dans les articles du projet de loi qui en résume les dispositions, une expression courante se trouve presque à chacune des pages, c'est le mot « travailleurs ». Cette expression, au point de vue économique, est la cause d'erreurs dangereuses sur les éléments de la production et sur la répartition. Dans une conversation, dans un article de journal, elle peut être employée sans inconvénient grave et parfois nous nous en sommes servi. Quand il s'agit d'un acte législatif, d'une loi, tous les mots ont leur valeur et il faut y apporter beaucoup d'attention. M. E. Levasseur, dont l'autorité ne saurait être trop invoquée en semblable matière, a toujours eu soin, dans ses ouvrages, comme dans ses cours, de se servir du véritable terme : « salariés », terme dont le « salariant » est la contre-partie. Les « salariés » sont une fraction considérable des « travailleurs », mais les patrons, les hommes d'étude, grand nombre de contribuables sont des travailleurs, et parmi eux on en pourrait citer qui travaillent probablement plus que bon nombre de salariés (1).

« Salariés », fraction des travailleurs.

Nous avons dit que les membres de la commission et le rapporteur reconnaissent qu'ils sont dans « l'ignorance complète du nombre des travailleurs ; qu'ils ne connaissent pas leur répartition au point de vue des salaires ; leurs groupements par âge ; le nombre des invalides ou infirmes ; le montant total des versements des ouvriers et des patrons ; c'est-à-dire qu'ils ne connaissent pas la base première, essentielle, indispensable, sur laquelle doit s'appuyer un projet financier, engageant les finances de l'Etat. Ils ne savent même pas ce que coûteront exactement les frais administratifs de l'organisation nouvelle. Le rapporteur les évalue de 10 à 15 millions, soit une différence, entre les évaluations extrêmes, de 5 millions. Excusez du peu ! Les frais d'administration doivent être alimentés par les versements patronaux pour les ouvriers étrangers qu'ils emploient et par les amendes que le personnel pourra encourir. Si l'incertitude existe sur le nombre des « ouvriers » étrangers, à plus forte raison et, inévitablement, elle existe aussi sur le produit des amendes.

Ignorance des données de l'opération proposée.

(1) Emile Levasseur, *la Machine et l'Ouvrier*. Conférence faite à la Société industrielle de l'Est, à Nancy, page 5.

M. Guieysse estime cependant que ces versements « doivent produire » une somme « d'environ » 25 millions (400,000 ouvriers à raison de 250 journées de travail à 25 centimes) et il ajoute que « si l'on a exagéré le résultat des versements patronaux, surtout pour la première période de fonctionnement de la loi, on n'a pas, *par contre, tenu compte des amendes* ».

Et c'est d'après de telles évaluations qualifiées par le rapporteur lui-même d' « exagérées » ou d' « inconnues ou de non déterminées », que l'on établit des calculs, pour augmenter, défalcation faite des « 10 à 15 millions de frais d'administration », la part contributive de 15 millions que le ministre des finances porte au budget pour le compte de la Caisse des retraites « avec affectation au groupe limité des vieux travailleurs de 65 ans ». — On croit rêver.

On ne saurait établir des calculs sur des bases indéterminées.

Nous n'hésitons pas à dire que les évaluations qui ont été faites sont fantaisistes et que les frais d'administration évalués de « 10 à 15 millions », seront dépassés, même en les portant au chiffre le plus élevé de 15 millions. Si la caisse des retraites ouvrières est organisée et fonctionne, comme l'indique M. Guieysse, il n'existera nulle part un travail administratif aussi formidable, aussi compliqué, aussi coûteux, aussi vexatoire. Il suffit de lire les articles 6, 7, 8, 12, 13 du projet de loi que nous résumerons par ces courtes indications :

Évaluations fantaisistes.

Ouverture d'un compte individuel dans les écritures de la caisse des retraites ouvrières à chaque travailleur, c'est-à-dire ouverture de 7 à 10 millions de comptes ; — car la *commission ne sait pas elle-même quel en est le* chiffre ;

Opérations matérielles à effectuer.

Ouverture de comptes aux patrons pour leurs versements ;

Correspondance avec les uns et les autres ;

Formalités et vérifications sans nombre ! Il faudra une armée d'employés pour tenir les écritures, les contrôler, surveiller les comptes divers, faire la correspondance. On prévoit même qu'un décret sera nécessaire pour appliquer un tarif postal réduit. « Voilà des travailleurs, pour employer l'expression de M. Guieysse, qui seraient bel et bien des « salariés » et non des moins coûteux et qui auront le droit de demander, les premiers, à bénéficier de la caisse des retraites ouvrières.

* * *

L'exemple de l'Allemagne.

Nous pouvons, par ce qui se passe en Allemagne, voir immédiatement combien les frais d'administration seront coûteux.

En Allemagne, les assurances ouvrières ont été instituées par la loi du 22 juin 1889, et il est question d'apporter dans leur fonctionnement de profonds remaniements. En 1892, la moyenne des frais d'administration était de 4.17 % ; en 1895, de 4 1/2 % et le système allemand, dont nous ne voudrions pas, du reste, est moins compliqué que celui que l'on propose chez nous. Pour effectuer les versements des salariés et des patrons, on emploie des cartes de quittances sur lesquelles sont collés des timbres mobiles. Le gouvernement allemand n'a pas voulu délivrer un livret ou ouvrir un compte parce que « c'eût été un nouveau livret d'ouvrier avec la circonstance aggravante de pouvoir en induire des notions sur la conduite du porteur (1) ». Ces timbres indiquent la classe du salaire, l'établissement d'assurance ou les achats dans les bureaux de poste. La carte de quittances est remise à la fin de l'année à l'autorité désignée qui annule les timbres, etc. Or, à la fin de 1892, pour donner une statistique rigoureusement exacte, pour un ensemble de recettes de 92,070,764 m. 75, c'est-à-dire environ 95 millions de francs, il a fallu dépenser 4 millions 1/2 de marks, soit 5,625,000 francs, et mettre en œuvre : 31 établissements d'assurances ; — 150 membres de comités-donateurs ; — 834 employés

95 millions de recettes.

5,625,000 fr. de frais.

Une armée d'administrateurs et d'employés.

(1) Lire, sur ce sujet, le rapport si remarquable que M. Maurice Block a fait à l'Institut, en 1895, sur les résultats d'une mission en Allemagne, relative aux assurances ouvrières.

caissiers ; — 618 membres des commissions ; — 58,033 hommes de confiance ; — 289 contrôleurs ; — 613 tribunaux arbitraux ; — 8,293 bureaux de vente de timbres ; — 4,425 caisses de maladies autorisées à percevoir les versements hebdomadaires ; — 2,006 caisses municipales ayant reçu la même tâche.

L'intrusion de l'Etat dans la vie individuelle.

Que serait-ce chez nous, quand il faudrait ouvrir, contrôler et surveiller « 7 millions à 10 millions » de comptes individuels ? Ce serait le cadastre, le dénombrement des salariés ; ce serait mettre en les mains du gouvernement, quel qu'il soit, quelles que soient ses tendances, la liste de tous les salariés et de tous les patrons, l'indication de ce que chacun d'eux reçoit et paie, de la situation de famille du salarié, s'il est marié légitimement ou non, s'il a des enfants reconnus ou non, s'il a travaillé régulièrement, s'il s'est absenté, etc. Ce serait l'intrusion de l'Etat dans la vie individuelle.

500 millions de recettes ; 7 à 10 millions de comptes. 22 millions ½ de frais.

Les « 10 à 15 millions » de dépenses, pour frais d'administration que prévoit M. Guieysse seraient une goutte d'eau. En admettant que cette dépense soit seulement de 4 1/2 % des recettes, comme en Allemagne, et que la recette annuelle soit de 500 millions, les frais s'élèveraient à 22 millions et demi, et nous sommes encore au-dessous de la vérité. Il suffit, du reste, de lire, dans les comptes rendus annuels, ce que coûte le personnel de nos grandes banques et institutions financières qui, toutes réunies, n'ont pas « 7 à 10 millions » de comptes à administrer, pour voir immédiatement que la dépense dépasserait largement, et à bref délai, les « 10 à 15 millions » indiqués. Et alors, si les vieux salariés espèrent que les économies à réaliser sur ce chapitre viendront accroître les 15 millions que donne généreusement l'Etat, ils courent le risque de mourir de faim.

* * *

Il est vrai que l'article 4 du projet de loi dit que « la gestion financière de la caisse nationale des retraites

On compte à tort sur la Caisse des dépôts et consignations.

sera confiée à la Caisse des dépôts et consignations ». On compte, assurément, que cette caisse se chargera d'une notable partie du travail et des frais. Mais ne sait-on pas qu'elle est déjà accablée de travaux et services financiers, et qu'au lieu de lui en confier de nouveaux, le gouvernement agirait sagement en l'allégeant !

Nous avons eu déjà l'occasion de dire que la Caisse des dépôts et consignations était devenue une banque colossale, qui, à un moment donné, en prenant un développement exagéré, pourrait être un danger.

Voici quelques chiffres : au 31 décembre 1899, les totaux des opérations effectives se sont élevés au débit à 1,123,755,915 fr. 11 et à pareille somme au crédit. Avec les opérations d'entrées et de sorties de titres, les totaux généraux s'élevèrent à 12,807,840,371 fr. 28 au débit et à pareille somme au crédit, soit un mouvement total de plus de 26 milliards. Le produit brut de ses profits a été de 21,440,106 fr. 97 ; l'excédent des recettes a été de 5,340,028 fr. 95. Elle a payé 12,008,406 fr. 05 pour intérêts dus et liquidés ; 2,420,923 fr. 18 de frais administratifs, 1,210,105 fr. 83 de taxations, indemnités, commissions et allocations.

Dans les comptes qui sont propres à cette institution, nous trouvons, dans la première section, les consignations, les caisses d'épargne ordinaires, le fonds de réserve et de garantie des caisses d'épargne, les sociétés de secours mutuels, les dépôts divers ; tous ces comptes sont divisés eux-mêmes en une quantité de chapitres et comptes secondaires.

Dans la deuxième section, nous trouvons la caisse nationale des retraites pour la vieillesse, la caisse d'assurances en cas de décès, la caisse nationale d'assurances en cas d'accidents, la caisse des offrandes nationales, la caisse nationale d'épargne, le compte de liquidation de la caisse des chemins ruraux et de la caisse des lycées, collèges et écoles primaires. Enfin, la deuxième partie comprend les emplois et fonds et, la troisième partie, les *comptes relatifs aux recettes et bénéfices réalisés.*

Grave péril.

Et c'est à un tel organisme, aussi développé, que l'on voudrait encore ajouter la gestion financière de la caisse des retraites ouvrières, gestion qui peut comporter plusieurs milliards à recevoir et à placer ! C'est un nouveau *péril s'ajoutant à tant d'autres.*

Une opinion de M. Germain.

Nous engageons la commission de prévoyance sociale et nos députés à relire les discours si fins, si topiques de M. Germain, alors qu'il était au parlement, sur le danger que pourraient faire courir les caisses qui fonctionnent à côté du Trésor ! Qu'ils relisent aussi tout ce qu'a dit et écrit sur le même sujet M. Léon Say, et, en particulier, sur la Caisse des dépôts et consignations, et on sera édifié (1) ! Cette caisse s'appelle : « Caisse des dépôts et consignations. » Or, il suffit de lire ses comptes pour voir que ses opérations, comme caisse de consignations, sont de plus en plus restreintes et minimes, tandis que celles qu'elle effectue, comme caisse de dépôts, grandissent énormément. Elle reçoit, en effet, des dépôts considérables qu'il lui faut employer et faire fructifier, en ayant le souci constant de conserver inactifs des capitaux nombreux pour faire face à de non moins nombreux remboursements.

Une opinion de Léon Say.

* * *

Questions à examiner.

Nous aurions encore bien des observations à présenter : faisons remarquer que le projet de loi, dans une de *ses parties cependant essentielles,* n'a pas envisagé ou précisé plusieurs cas qui se présenteront souvent. Quelle sera, par exemple, la retraite d'un salarié qui devient patron, et, quelques années ensuite, après des revers de fortune, retourne au salariat ? Quelle sera la situation de la veuve et des enfants du salarié, au point de vue des pensions, des retraites d'invalidité ou de vieillesse ?

(1) Henri Germain, *Discours parlementaires* ; — Léon Say, *les Finances.*

Ces retraites seront-elles reversibles et dans quelle proportion ? Mais il faut nous borner.

Projet manquant de bases sérieuses.

Le projet de loi, tel qu'il est conçu, manque de bases sérieuses pour qu'il soit possible de l'adopter.

Il sera un danger permanent pour nos finances publiques. Or, personne n'a le droit, malgré les plus louables intentions au point de vue humanitaire, de leur faire courir l'ombre d'un risque. Nous devons avoir constamment des finances « libres et fortes », suivant l'expression si juste de M. Ribot, si nous voulons que notre pays conserve son rang dans le monde.

Finances libres et fortes.

Si les économistes de toutes les écoles, sont unanimes à recommander la prévoyance, la mutualité, l'assurance, comme moyen de restreindre l'assistance à ceux qui souffrent, de ménager ainsi la dignité du malheureux et d'assurer la tranquillité dans leurs vieux jours à ceux qui ont traversé une vie de labeur, ils repoussent le principe de l'obligation, aussi bien pour le salarié que pour le patron, et surtout l'intervention de l'Etat, qui ne peut remplacer ni la providence divine, ni la prudence, ni la prévoyance, ni l'esprit d'économie, ni le travail, ni l'effort individuel, bien qu'il s'en arroge la mission (1). Le projet de loi viole ces principes ; il mettrait en péril les finances publiques dans le présent et dans l'avenir. Les candidats aux élections législatives départementales et communales auraient une admirable plate-forme électorale : l'augmentation des pensions payables par l'Etat aux salariés.

* * *

La Chambre des députés vient de commencer la discussion de ce projet ; qu'elle y réfléchisse mûrement et ne lance pas le pays dans une aventure dont il est impossible de mesurer les conséquences.

(1) Maurice Block, rapport précité.

Son règlement contient un article 24 ainsi conçu : Ligne de conduite à suivre.

Article 24. — Toute commission spéciale chargée de l'examen d'un projet de loi ou d'une proposition affectant les recettes ou les dépenses de l'État fait un rapport sur l'ensemble du projet, sans pouvoir proposer d'imputations de crédits.

Si les conclusions sont favorables au projet, elle est tenue de les communiquer à la commission du budget. Celle-ci, dans les dix jours donne son avis sur l'imputation des crédits.

Cet avis motivé est imprimé et annexé au rapport principal.

Ces dispositions ne sont pas applicables au cas d'urgence.

Cet article 24 est très sage. Nous demandons que la Chambre l'applique. Elle en aura rarement fait un meilleur usage. La commission du budget sera, nous n'en doutons pas un instant, effrayée des conséquences financières du projet.

LES GRANDS EMPRUNTS DE GUERRE

Depuis un demi-siècle, tous les pays, grands et petits, victorieux ou vaincus, ont été obligés de faire appel au crédit, soit pour se préparer à la guerre, soit pour avoir les ressources nécessaires pour continuer la lutte engagée, soit enfin, quand la paix est conclue, pour acquitter les frais et les charges de ces guerres et en réparer les maux. Appels au crédit.

Depuis 1850, l'Europe et le monde ont assisté à de grandes conflagrations : de 1854 à 1856, guerre de Crimée ; en 1859, guerre d'Italie ; en 1863-1865, guerre de sécession ; en 1864-1867, guerre du Mexique ; en 1866, guerre austro-prussienne ; en 1870-1871, guerre franco-allemande ; en 1876-1877, guerre russo-turque ; en 1895, guerre sino-japonaise ; en 1896, guerre italo-érythréenne et guerre gréco-turque ; en 1898, guerre hispano-améri- Les guerres depuis 1850.

caine ; en 1899, guerre anglo-transvaalienne ; en 1900, guerre entre l'Europe et la Chine ; et nous ne parlons pas des expéditions coloniales entreprises sur tous les points du globe par toute l'Europe ; et nous avons, pour finir, la guerre russo-japonaise qui sera longue et coûteuse.

L'Europe a donc été constamment en guerre ; l'état de paix a été l'exception. Et si les dettes publiques et les emprunts ont augmenté d'année en année, si dans tous les pays les ministres des finances éprouvent les plus grandes difficultés à mettre leur budget sur pied, la préparation à la guerre, la guerre elle-même, les suites de la guerre en sont cause.

Les dettes publiques : 1825-1847-1870.

Au commencement du siècle dernier, les dettes publiques européennes se chiffraient de 20 à 25 milliards ; en 1825, à 40 milliards ; en 1847, à 47 milliards ; en 1870, à 75 milliards (1). Les dépenses militaires annuelles s'élevaient à 3 milliards 117 millions en 1870.

Aujourd'hui, les dettes publiques européennes apparentes, sans compter celles qui se cachent sous des comptes multiples et qui échappent à une évaluation exacte, dépassent 130 milliards : elles réclament annuellement, pour les intérêts, plus de 6 milliards, pendant que les dépenses militaires annuelles ont doublé. Et nous vivons dans ce qu'on a appelé « l'ère pacifique » !

* * *

Guerre de Crimée.

En 1854-1855-1856, lors de la guerre de Crimée, la France emprunta en rentes 3 % et 4 1/2 % environ 2 milliards 200 millions (capital nominal) et 1 milliard 600 millions environ (capital effectif) à des taux variant de 4,89 à 4,57 %. En 1854, elle émit simultanément du 4 1/2 % à 92,50 et du 3 % à 65,25, les 14-25 mars ; en 1855, elle émit du 4 1/2 % à 92 et du 3 % à 65,25 en janvier, puis, en juillet, des mêmes rentes à 92,25 et 65,25.

(1) Voir tome I, page 428.

Pendant la même période, la Grande-Bretagne eut à se procurer environ 1 milliard 750 millions pour frais extraordinaires de guerre; l'emprunt fournit, en chiffres ronds, 1 milliard et l'impôt environ 750 millions. M. Gladstone avait commencé par recourir à l'impôt de préférence à l'emprunt, mais il ne tarda pas à s'apercevoir que ce système manquait de rapidité pour la collection des ressources nécessaires et qu'il était presque impossible de rassembler des sommes considérables, même en accordant des délais, sans écraser le pays et ruiner pendant de longues années le commerce, l'industrie, l'agriculture et les contribuables. Ce fut alors que le chancelier de l'Echiquier se résolut à contracter des emprunts à court terme, système que, quelques années plus tard, les Etats-Unis devaient employer pendant la guerre de sécession.

Il émit des bonds (Exchiquer bills) à plus long terme que les bills habituels. Par l'act 17 Victoria, chapitre 26, il créa trois premières séries remboursables, les unes au bout de quatre ans environ, les autres au bout de cinq ans, les autres au bout de trois ans, pour un capital d'environ 175 millions.

Ce système fut ensuite abandonné comme insuffisant, étant donnés les besoins croissants de la guerre, la nécessité d'attirer les capitaux dormants de la province et de l'étranger, séduits par une opération à plus longue échéance. Trois emprunts publics en rentes consolidées eurent lieu successivement. Plus tard, enfin, la dette publique anglaise, de 1860 à 1869, s'accrut en pleine paix, mais sous le coup des craintes de guerre, par des travaux de fortifications et de casernement ; un capital effectif de 5,555,000 livres fut emprunté sous forme d'annuités terminables devant s'éteindre — et aujourd'hui éteintes — le 5 avril 1885.

Pendant la guerre récente du Transvaal qui bouleversa complètement les finances de la Grande-Bretagne et qui exerce encore aujourd'hui sur elles une lourde Guerre du Transvaal.

influence, tous les moyens possibles furent employés pour se procurer des fonds : émissions de bons du Trésor à longue et à courte échéance, émissions d'annuités, de titres de rentes, suspension de l'amortissement de la dette, accroissements des impôts de toute nature et notamment de l'income-tax qui était de 8 d. la livre en 1888-1889 et qui, avec les nouveaux projets en cours, va atteindre 13 d. par livre, soit 5,20 %.

Guerres d'Italie et du Mexique.

Ce fut encore à l'emprunt, sous forme de rentes 3 % émises les 7-15 mai 1859, à 60,50, que la France eut recours, lors de la guerre d'Italie, pour se procurer un capital effectif de 508 millions. Ce furent également des émissions de rentes 3 % qui permirent de subvenir à la guerre du Mexique.

Lors de la guerre d'Italie de 1859, l'Autriche emprunta à Londres en rente 5 % émise au taux nominal de 5 %, mais le coût des emprunts contractés s'éleva à 7,14 et 7,40 %. En 1866, lors de la guerre austro-allemande, l'Autriche emprunta également au taux nominal de 5 %, mais effectivement à 8,502 %. Le 5 % autrichien 1852 qui valait jusqu'à 85 % en 1865 tombait à 57 1/2 en 1866.

* * *

Guerre de sécession aux États-Unis.

La guerre de sécession, qui dura de 1863 à 1865, fut la plus coûteuse qui ait jamais existé depuis les campagnes de Napoléon Ier. Nous devions malheureusement, en 1870, dépasser encore les chiffres de dépenses et de charges de la guerre américaine et, tout récemment, la Grande-Bretagne, dans sa lutte au Transvaal, devait, à son tour, se rendre compte du poids d'une guerre, même victorieuse.

En 1862, le capital nominal de la dette publique de l'Amérique du Nord s'élevait, en chiffres ronds, à 524 millions de dollars exigeant, comme intérêts annuels, 22 millions de dollars ; en 1863, le capital de la dette s'éleva à 1 milliard 119 millions de dollars et les intérêts à 41 millions ; en 1864, 1 milliard 815 millions de dollars comme capital et 78,853,000 comme intérêts ; en 1865, au 1er août, 2 milliards 844 millions de dollars comme capital nominal de la dette et 150 millions 977 dollars comme intérêts. Ce fut l'apogée de cet accroissement effrayant de la dette.

Traduisons, en francs, ces énormes chiffres.

En 1862, le capital nominal de la dette publique représentait 2 milliards 720 millions coûtant en intérêts annuels 110 millions.

En 1865, le capital nominal de la dette publique s'élevait à 14 milliards 220 millions, exigeant comme intérêts annuels 755 millions. En trois ans, la dette publique avait augmenté de 11 milliards 550 millions et les intérêts annuels de cette dette de 645 millions.

Pour se procurer ces capitaux considérables, les Etats-Unis eurent recours à tous les moyens. Ils émirent, avec cours forcé, des billets — les fameux greenbacks (ainsi nommés à cause de leur couleur, dos verts) jusqu'à concurrence d'abord d'environ 770 millions de francs : puis ils émirent encore 150 millions, puis 175 millions en coupures de 10 et 20 francs. Il fut créé 50 millions de dollars, — 250 millions de francs, — en menu papier pour remplacer les timbres-poste et les timbres de commerce. Les banques qui mettaient en circulation des « billets de banque » furent soumises à l'autorité complète, absolue de l'Etat. Leurs billets leur étaient fournis par l'administration elle-même. Veut-on savoir quelle fut l'influence désastreuse de ces mesures plus que révolutionnaires, anti-économiques, anti-scientifiques ? Le 1er mars 1861, l'or était au pair. En mars 1863, il valait 109 à 120, c'est-à-dire qu'il fallait 109 à 120 dollars en papier pour avoir 100 dollars en or. Au commencement de 1864, l'or faisait 152; le 1er juillet 286; en janvier 1865 il faisait 228. En 1868, il faisait encore 138 environ.

Ce n'est pas tout. Les Etats-Unis durent émettre des emprunts. De ce côté, ils furent mieux inspirés. A l'exemple de Gladstone, pendant la guerre de Crimée, ils créèrent des bons 5/20, c'est-à-dire remboursables dans une période minima de cinq ans et maxima de vingt ans. Les premiers furent émis remboursables de 1862 à 1882 ; les autres de 1864 à 1884. Ces bons rapportaient nominalement 6 %, mais 7 à 8 % d'après le prix auquel ils se négociaient. En 1866, les bons 5/20 valaient 83 % environ ; en 1867, 79 1/2 à 86 1/2 % ; en 1868, 79 3/4 à 87 1/2 ; en 1869 ils atteignaient et dépassaient le pair de 100 % ; en 1870, ils se négociaient à 106 1/2 %, en 1871 à 114 % ; etc. Depuis, ces bons ont été successivement remboursés, convertis en 4 1/2 %, 4 % et 3 %. En 1888, les consolidés 4 %, qui avaient été créés pour racheter et amortir un capital égal de bons 5/20 6 %, se négociaient à 135 %.

Aujourd'hui, la dette publique des Etats-Unis est descendue à un chiffre infime : elle se compose de rentes 2 %, 3 % et 4 % ; les intérêts payés annuellement s'élèvent à environ 30 millions de dollars, soit 150 millions de francs !

* * *

Guerre franco-allemande.

En 1870, au moment de la déclaration de guerre, M. Segris, alors ministre des finances, voulut imiter le système anglais et américain et décida l'émission d'un emprunt sous forme de rentes 5/10, 5/20, c'est-à-dire remboursables au plus tôt dans cinq ans, au plus tard dans dix ou vingt ans. Il pensait que la guerre serait promptement terminée et qu'après la paix, un grand emprunt public permettrait de rembourser, de « consolider » cette dette remboursable à courte échéance. Le public, habitué aux emprunts publics sous forme de rentes perpétuelles, ne répondit que froidement à l'appel du ministre. Aussi, quand, après nos premiers désastres, le ministère Ollivier-Daru-Segris fut remplacé,

Emprunts français.

M. Magne, qui avait reçu le portefeuille des finances, émit, les 23-24 août 1870, un emprunt de 805 millions, capital nominal, en 3 % à 60 fr. 60.

Emprunt Magne.

Nos malheurs nous imposèrent en 1870, 1871, 1872 l'obligation de nouveaux emprunts : on se rappelle ceux faits à la Banque de France qui, pendant toute cette douloureuse période, rendit au pays les plus signalés services ; le gouvernement de la défense nationale négocia à Londres, par l'intermédiaire de M. Laurier, avec la maison Morgan, des obligations trentenaires 6 % dites « Morgan », emprunt qui coûta près de 8 %. Ces obligations furent converties plus tard en 3 % ; il fut créé un nouveau 5 % qui, converti successivement en 4 1/2 % et 3 1/2 %, est devenu aujourd'hui du 3 %.

Emprunt Morgan.

La Prusse émit des emprunts en rentes 5 %, puis 4 1/2 % ; après la proclamation de l'empire, l'Allemagne emprunta en 4 1/2 %, puis en 3 %. Aujourd'hui, la dette de l'empire allemand est constituée en rentes 3 1/2 et 3 %, bons du Trésor, papier-monnaie de l'empire et fonds de guerre.

Emprunts allemands.

* * *

Nous pourrions successivement passer en revue les divers modes d'emprunt auxquels tous les pays ont eu recours pour faire face aux dépenses de guerre. Partout on reconnaîtrait que les systèmes d'emprunt et les prix d'émission ont été d'autant plus variés que les besoins ont été plus pressants. Et c'est malheureusement le cas de s'apercevoir que, dans des circonstances pareilles, « la fin justifie les moyens ».

Moyens financiers variés.

Ces moyens financiers employés depuis un demi-siècle, en Angleterre, en Autriche, en Prusse, en Allemagne, aux Etats-Unis, en France, méritent d'être retenus. Ces pays ont, sans aucune hésitation, plié leur crédit aux goûts et aux dispositions du public. Ils ont eu recours tout à la fois ou séparément aux banques d'Etat, à l'émission de billets de banque, au papier-monnaie, à l'emprunt à court terme, à l'impôt, aux appels au crédit sous forme de rentes perpétuelles, de rentes amortissables, d'annuités terminables, de bons du Trésor ou obligations remboursables à échéance plus ou moins rapprochée.

Nécessité fait loi.

On ne pourrait donc affirmer qu'il y ait des règles scientifiques pour déterminer le meilleur mode d'emprunt. La nécessité fait loi. Quand un État emprunte, le gouvernement doit rechercher trois choses essentielles : la première, c'est le mode d'emprunt qui lui coûte le moins cher et lui fournit le plus de capitaux ; la seconde, c'est la forme de titre qui plaît le mieux au public ; la troisième, la plus importante, c'est le succès.

Opinion de Léon Say : satisfaire le public.

C'est l'opinion que nous avons entendu exprimer bien souvent par M. Léon Say et qu'il répétait un soir, à la Société d'économie politique, d'une façon si pittoresque et d'une exquise finesse :

> On peut soutenir, disait-il, qu'à la veille d'émettre un emprunt, un ministre des finances a devant lui, sur sa table, diverses espèces de titres dont il connaît ou peut connaître la parité. Son devoir est d'offrir au public celui de ces titres que le public payera comparativement le plus cher; c'est une affaire de décision et de précision; le choix peut être bien ou mal fait, mais on ne peut dire qu'il y a dans ce choix une question de principe, à moins qu'on ne prouve qu'il n'existe pas de parité entre les titres différents (1).

* * *

Opérations prochaines en Russie et au Japon.

Tous ces précédents ne sont pas inutiles à rappeler : ils sont d'autant plus d'actualité que la prolongation de la guerre russo-japonaise peut faire prévoir l'éventualité d'opérations de trésorerie, dans un court délai, quelle que soit l'importance des ressources actuelles dont la Russie dispose. Depuis un siècle, l'histoire politique et financière du monde prouve que tous les pays, avant ou aussitôt après une déclaration de guerre, n'ont pas hésité à emprunter et il n'en peut être autrement. « Qui guerre a, dépense a. » Or, jusqu'à ce jour, la

(1) Séance du 5 octobre 1882.

Russie n'a pas cru devoir faire appel au crédit et malgré les charges énormes qu'elle a supportées et les dépenses qu'elle a faites, elle a trouvé dans les propres disponibilités de son Trésor, les moyens d'y faire face. Dans un curieux calcul fait par *le Correspondant* sur les dépenses des armées de terre et de mer, la guerre actuelle coûterait, en six mois environ, 700 millions de francs au Japon et 1 milliard à la Russie.

Le coût de la guerre.

Aussi, est-il probable que le gouvernement russe, à l'exemple de ce que l'Angleterre et les Etats-Unis ont fait pendant la guerre de Crimée et pendant la guerre de sécession, fera une opération de trésorerie en créant des bons du Trésor à courte échéance. La Russie pourra en disposer au fur et à mesure de ses besoins, les rembourser à l'échéance convenue, et les consolider plus tard sous forme de titres de rentes. Elle doit considérer que tous les grands pays n'ont pas hésité à se prémunir de ressources nouvelles venant s'ajouter à celles dont ils disposaient; c'est, pour la Russie, une mesure de précaution et de prudence aussi utile que celle qui consiste à avoir toujours des munitions de guerre toutes prêtes et des arsenaux bien garnis.

Émissions probables de bons du Trésor par la Russie.

LA POPULATION ET LES LOIS ÉCONOMIQUES

I. — IMPORTANCE DE LA QUESTION

La question de la population est une question économique primordiale.

Aussi, à diverses reprises et sous des points de vue différents, la Société d'économie politique de Paris s'en est-elle occupée, soit que son attention ait été appelée sur la doctrine de Malthus, ou qu'elle se soit portée sur l'accroissement ou la diminution de la population, l'émigration des populations des campagnes vers les

Préoccupations de la Société d'économie politique de Paris.

villes, l'influence que peuvent exercer, à cet égard, la liberté ou la protection, la civilisation, le coût de la vie, les lois successorales, les charges fiscales. On y a discuté et proposé bien des remèdes ; on n'a jamais cessé d'envisager la question au point de vue des doctrines.

Préoccupations des économistes.

Dans tous les travaux, dans tous les écrits des économistes, elle occupe le premier rang, et il ne peut en être autrement. Avons-nous besoin de rappeler ce que disait à ce sujet Michel Chevalier ?

Opinion de Michel Chevalier

> La question de la population, déclarait l'éminent économiste, a des points de vue qui offrent une riante perspective ; d'autres, au contraire, qui inspirent la tristesse et provoquent de pénibles et sévères méditations. Aussi quand l'économie politique se trouve en présence de cette question, elle peut dire ce que disait Christophe-Colomb s'adressant à la reine Isabelle pour l'apitoyer sur le sort des malheureux indigènes persécutés du Nouveau-Monde : « Madame, les Indiens sont la première richesse des Indes (1). »

Sans doute, la population est « une richesse » : mais ce n'est pas « la richesse ». La vraie richesse, c'est le travail, c'est la liberté des échanges, c'est le développement des débouchés, c'est l'activité humaine pouvant s'exercer sans entraves. Aussi, pour compléter les paroles de Michel Chevalier, faut-il les rattacher à celles que, sur le même point, prononçait Rossi :

Opinion de Rossi.

> La puissance du travail dépend avant tout des travailleurs et non seulement de leur nombre, mais surtout de leurs forces, de leurs habitudes, de leurs moyens. Ainsi, puissance et liberté du travail — et conséquemment richesse — se trouvent intimement liées à la question de la population (2).

La question est donc excessivement vaste. C'est « tout un monde, car elle réagit par quelque côté sur tous les intérêts vitaux de la société », a écrit M. Cheysson (3). Ce monde a été parcouru dans tous les sens par un de nos maîtres, M. Levasseur, dans son ouvrage, monument de science, de faits et de chiffres, *la Population française*. On ne peut rien dire, rien écrire sur ce sujet

L'ouvrage de M. Levasseur sur *la Population française.*

(1) Cours d'ouverture au Collège de France, 1846-1847.
(2) Cours au Collège de France.
(3) Emile Cheysson, *la Question de la population en France et à l'étranger.*

sans s'y référer, sans lui emprunter des faits, des chiffres, des considérations économiques, politiques, financières ou sociales.

Le sujet a été traité par les économistes, les hommes politiques, les moralistes, les philosophes. Il intéresse l'armée, la finance, le commerce, l'industrie, l'agriculture, la colonisation, les patrons comme les salariés. Il touche à tous les intérêts matériels et moraux de la société. Comme le disait encore M. Cheysson en 1884, avec cette richesse de pensée dont il a le secret, « cette question touche à la constitution même de la famille, à la moralité publique, à tous les problèmes dont se préoccupent le moraliste, le philosophe et l'homme d'État. Rien ne lui échappe et tout vient y retentir ». Opinion de M. Cheysson.

Nous ne saurions aborder, en une fois, tous ces problèmes ; nous choisirons donc les principales questions économiques, sur lesquelles il peut être plus particulièrement utile de chercher à faire la lumière et qui nous paraissent être celles-ci : Quelles sont les lois économiques de la population ? — Quels enseignements peut-on en déduire ? — Quels sont les divers remèdes qui ont été proposés pour combattre la dépopulation ? — Que faut-il faire ? Objet de cette étude.

II. — LOIS ÉCONOMIQUES

Les lois économiques qu'on peut appliquer à la question de la population ont, sans doute, comme toutes les autres, leurs exceptions, parce que des causes secondaires peuvent en modifier momentanément les effets ; mais on peut dire que les principales sont celles-ci : Principales lois économiques de la population.

1° Développement de la civilisation et des progrès d'un pays ;

2° Coût et difficultés de la vie et accroissement des besoins ;

3° Désir d'un plus grand bien-être pour soi et pour les siens ;

4° Recherche d'une situation meilleure pour les siens et pour soi-même ;

5° Influence des crises et des périodes prospères ;

6° Diminution du revenu des capitaux ; la crise de la dot et du revenu ;

7° Augmentation des dépenses publiques et des charges fiscales ; protectionnisme, prohibitionnisme, intervention de l'Etat dans le domaine de l'initiative privée ;

8° Le féminisme et ses conséquences.

Entrons tout de suite dans l'examen de ces divers points.

Civilisation et progrès.

Développement de la civilisation et des progrès d'un pays. — Plus la civilisation se développe, plus les progrès d'un pays grandissent, plus la natalité a tendance à décroître.

M. Levasseur dans son ouvrage sur *la Population* a traduit cette pensée par la formule suivante :

> Quand une population s'enrichit lentement par le travail, elle contracte peu à peu des habitudes de bien-être... Elle n'éprouve pas le besoin de multiplier plus rapidement, puisqu'elle ne trouve jamais qu'il y ait trop de jouissances. Il peut arriver même que, devenant plus exigeante pour la postérité que pour elle-même, elle restreigne le nombre des enfants qu'elle met au jour.

M. Maurice Block, M. Paul Leroy-Beaulieu, M. Cheysson, ont émis une opinion semblable. Cette opinion se trouve vérifiée par ce qui se passe dans tous les pays. En Allemagne, d'après M. Bodio, la natalité, morts-nés non compris, qui était de 40.1 pour 1,000 en 1874, est descendue, vingt ans plus tard, à 36 ; en Angleterre, pendant la même période, la natalité est descendue de 36 à 29 ; en Irlande, la diminution avait été de 26,7 à 22,7. Chez nous, pendant ces mêmes années, la natalité est descendue de 26 à 22,4. « La civilisation réduit

LA NATALITÉ & LA MORTA

LEUR MOUVEMENT, COMPARÉ AVEC L'AUGMENTATION DES RECETTES BUDGÉTAIRES ORDINAI & LA

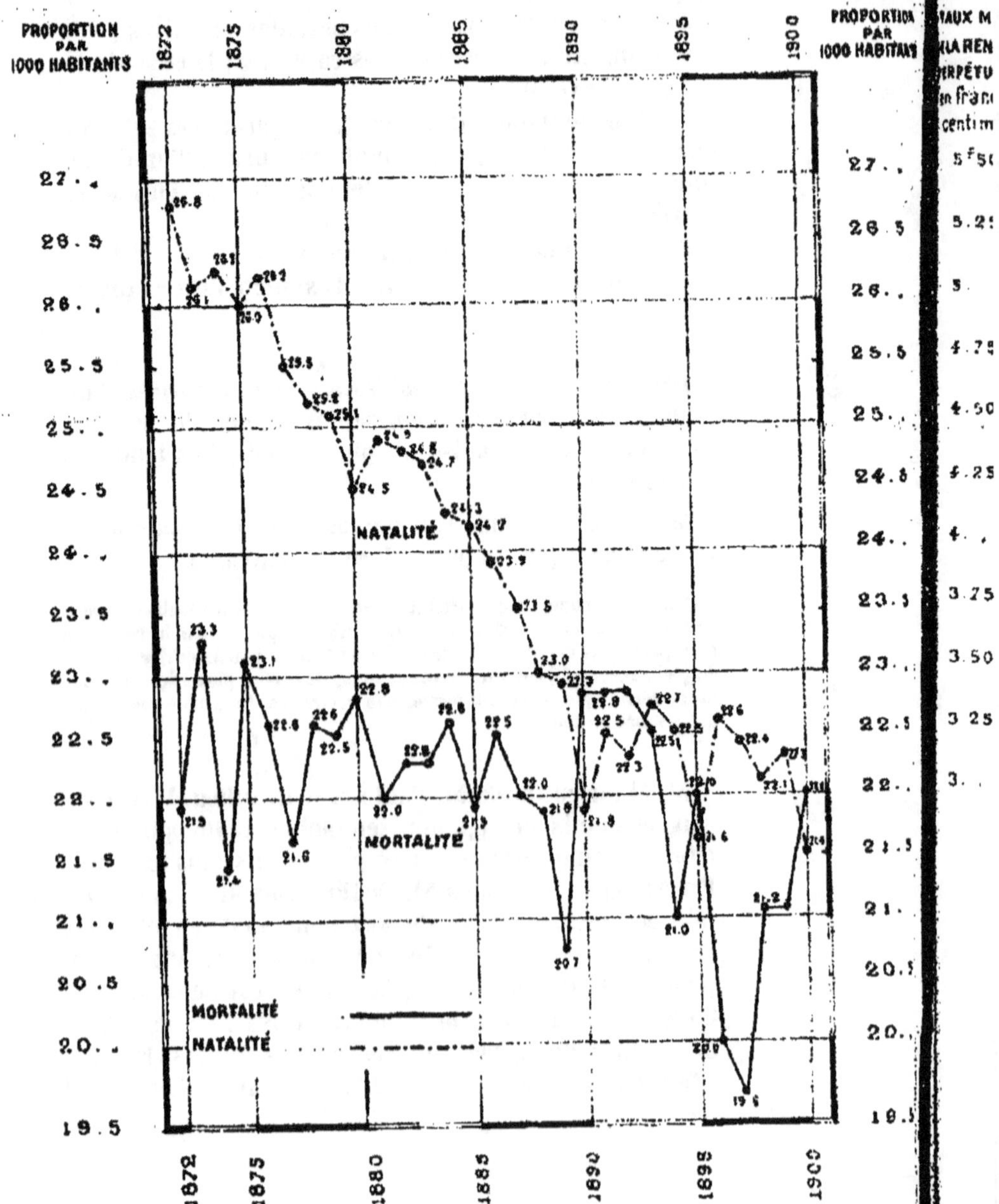

[illegible]ORTALITÉ EN FRANCE

[illegible] & LA DIMINUTION DU REVENU D'APRÈS LE TAUX MOYEN DE LA RENTE 3% PERPÉTUELLE

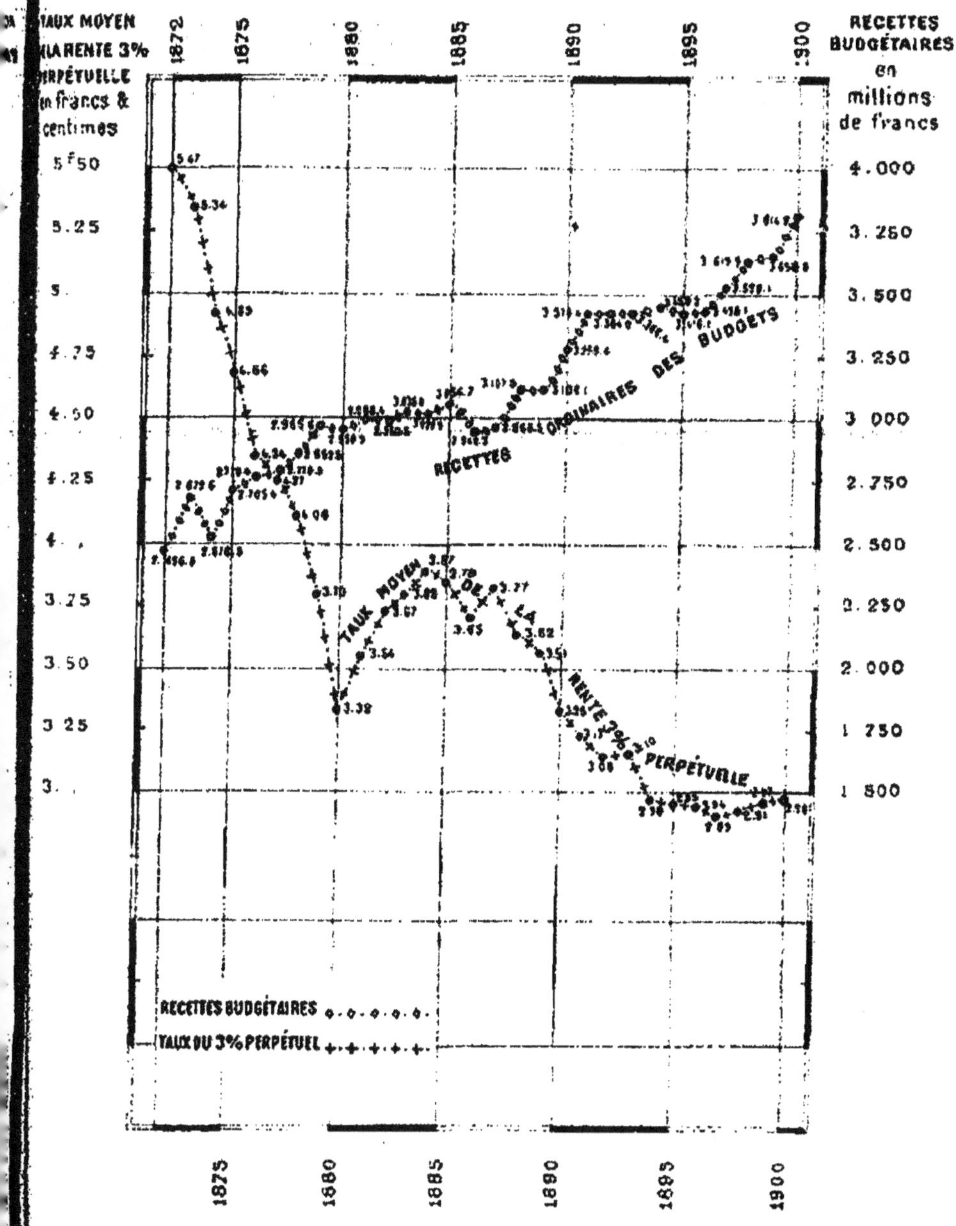

considérablement la natalité ; voilà la vraie loi de la population » (1).

Coût et difficultés de la vie.

Coût et difficultés de la vie, accroissement des besoins. — Il n'est pas, du tout, démontré que, dans son ensemble, le coût de la vie soit plus élevé aujourd'hui qu'autrefois ; mais ce qui est incontestable, c'est que les besoins ont augmenté ! C'est encore là une opinion commune à la grande majorité des économistes. « Lorsqu'on répète en gémissant, a dit M. Levasseur, la vie est si chère, on ne pense pas qu'il faudrait ajouter : C'est que les besoins sont devenus si grands ! » Chacun peut constater que, tous les jours, des besoins nouveaux occasionnent de nouvelles dépenses qui se sont imposées comme une nécessité dans toutes les classes de la société.

Augmentation des besoins.

Nous ne vivons pas comme nos pères et nous ne nous contentons pas de ce qui leur aurait largement suffi ; on veut du « confortable », du « modern style », suivant l'expression à la mode. Qu'on se rappelle ce qu'étaient, il y a trente ou quarante ans seulement, les maisons, les appartements, les hôtels. M. Levasseur a écrit sur ce sujet des pages pénétrantes. On considérait presque comme des maisons luxueuses, confortables, celles sur lesquelles on mettait une enseigne portant ces mots : « eau de Seine à tous les étages » ; aujourd'hui, on met : « eau de source, gaz, électricité, ascenseur, etc. » Ce qui était luxe autrefois est devenu nécessaire aujourd'hui. Un commerçant qui a fait quelque épargne augmente son confortable, son bien-être, son luxe, avant d'augmenter sa famille. On voyage. On se croirait malheureux si on n'avait pas le luxe d'une villégiature à la mer, à la campagne, à la montagne ; si on n'avait pas le loisir d'acheter une invention à la mode, bicycle, tricycle, automobile. Autrefois, on donnait en cadeau à ses enfants des billes, des toupies ou

(1) Paul Leroy-Beaulieu, *Traité d'économie politique*, tome IV, page 613.

des cerfs-volants ; aujourd'hui, on dépense plusieurs centaines de francs dans le même objet.

Ambition dans la fortune à acquérir, mais aussi ambition dans la dépense, restriction dans le nombre de la famille, tels sont les traits caractéristiques des mœurs d'aujourd'hui. Chacun de nous peut constater que la dépense de la bourgeoisie et de ceux qui l'imitent n'est pas toujours conduite selon une saine raison et que l'équilibre des budgets particuliers — et l'accroissement de la famille, — souffrent grandement d'une erreur aussi générale. Nulle part peut-être, l'excès dans les dépenses ne se manifeste plus vivement qu'en ce qui touche le costume féminin. Il faut un solide budget aux pères de famille dont le ménage n'est pas conduit avec sagesse, avec économie, pour subvenir aux besoins de nos si aimables contemporaines : l'exposition universelle de 1900 a montré à cet égard quelques vitrines de couturiers à la mode tout à fait probantes.

Désir de bien-être.

Désir d'un plus grand bien-être. — On a l'habitude de mettre en regard du revenu ou du capital dont on dispose, les charges de famille : ce qu'il en coûtera pour élever plusieurs enfants, payer leur instruction, leur éducation, leur entretien, ce qu'il en coûtera plus tard « pour les établir ». M. Hippolyte Passy disait dans son *Système des cultures* qu'il est rare que l'homme ne porte pas dans ses actes le degré de raison et de sagacité nécessaire à l'amélioration continue de sa position. Mêmes constatations faites par Rossi. On « compte sur ses doigts, a dit le Dr Bertillon, ce que coûtera un enfant ».

Recherche d'une situation meilleure.

Recherche d'une situation meilleure pour les siens et pour soi-même. — On veut établir ses enfants avec toute l'aisance possible, pour les mettre à même de lutter et de vivre dans le rude combat pour la vie. — On a le désir de conserver la richesse acquise et de ne pas la disséminer en la répartissant entre un trop grand nombre d'héritiers. Bastiat a dit que l'habitude d'un certain bien-être, d'une certaine dignité dans la vie était le plus fort des stimulants pour mettre en œuvre la prévoyance. Cette habitude fait à chacun un véritable besoin de bien-être acquis, une « limite inférieure des besoins d'existence », suivant l'expression du même économiste, au-dessous de laquelle personne ne veut voir tomber sa famille.

Et si l'homme, si les futurs époux n'y pensent pas, la famille, les parents et les grands parents ne l'oublient pas.

Rien de plus probant, de plus saisissant que la répartition des successions par nombre d'héritiers établie pour la première fois en 1898 par les soins et sur l'initiative de M. Fernand Faure, alors directeur général de l'enregistrement.

Sur 281,353 successions s'élevant à 3 milliards 469 millions :

197,500	ayants-droit	se partagent	2,130	millions	entre	1 et 2	héritiers.
75,900	—	—	923	—	—	3 et 4	—
10,237	—	—	238	—	—	5	—
18,336	—	—	172	—	—	6 et 7	—

Crises et prospérité.

Influence des crises et des périodes prospères. — Les variations de la prospérité économique, l'influence des crises et des périodes prospères influent sur la natalité. Cette influence, sans doute, ne s'exerce pas immédiatement, pas plus, comme le disait M. de Foville, qu'un consommateur n'achète immédiatement plus de café ou de sucre parce que les droits ont été réduits, mais elle produit une sorte de suggestion.

On ne saurait affirmer, d'une façon absolue, qu'il existe un rapport étroit entre les crises, les périodes de liquidation et les périodes prospères, et les mariages, les naissances, les décès. M. Juglar est convaincu, au contraire, que cette influence est réelle et il a publié sur ce sujet, des travaux, des graphiques très curieux. Il a comparé les mouvements des naissances en France, en Angleterre, en Prusse, dans l'ensemble des pays et dans leurs capitales et il paraît ressortir, d'après lui, qu'il y a, « des périodes en rapport avec la prospérité et la liquidation des affaires, accroissement dans le premier cas, diminution dans le second ». Mais d'autres économistes, en France et à l'étranger, restent un peu sceptiques, entre autres, M. Paul Leroy-Beaulieu, en France, M. Schmoller, en Allemagne.

M. Leroy-Beaulieu fait remarquer, que c'est à peine si, dans les pays les plus riches, où les statistiques sont le mieux établies, on trouve pour les naissances, les décès, même les mariages, des variations sensibles dues aux crises commerciales. Les relevés de l'état civil n'en portent guère la trace (1).

Diminution du revenu. Accroissement des charges fiscales.

Diminution du revenu. — Accroissement des charges fiscales. — La diminution du revenu des capitaux, la crise de la dot et du revenu en même temps que, suivant une marche annuellement progressive, l'accroissement des impôts et des dépenses budgétaires, ont été une des grandes causes de la diminution de la natalité en France.

Plus s'est accru le désir de se donner à soi-même et aux siens une plus grande aisance, plus les besoins de la vie se sont augmentés et, par suite, les dépenses, plus bas est descendu le revenu des capitaux. Il faut travailler aujourd'hui plus longtemps pour gagner moins qu'autrefois ; il faut mettre de côté un capital double de celui qui était nécessaire, il y a trente ans à peine, pour obtenir la même somme de revenus.

Nous avons eu la pensée de rechercher, en chiffres précis, quelle a été, en France, la diminution du taux de l'intérêt des capitaux depuis trois quarts de siècle, pensant que les statistiques établies sur de longues périodes ont une base plus certaine et permettent d'en tirer des conclusions plus approfondies et plus sûres.

Nous avons relevé, tout d'abord, le revenu de la rente française et le taux de l'escompte en France et notam-

(1) Paul Leroy-Beaulieu, *Traité d'économie politique.*

ment à la Banque de France, de 1825 à 1870, puis de 1872 à 1902.

Dans la première période, de 1825 à 1870, soit en quarante-cinq ans, la moyenne du revenu des rentes 3 % a été de 5,32 % au plus haut et de 3,93 % au plus bas, soit 4,05 % comme taux moyen. Le 3 %, pendant cette période, a valu, au plus haut, 86 fr. 10, rapportant 3,48 % et, au plus bas, 32 fr. 50, rapportant 9,14 %. On peut dire, sans crainte de se tromper, que le revenu moyen de la rente, pendant cette longue période de quarante-cinq ans, a très rarement dépassé 5 %, mais a été constamment supérieur à 4 %. La moyenne de 4,62 1/2 % répond à la réalité des faits.

Dans la seconde période, de 1871 à 1902, la diminution du revenu des rentes n'est pas moindre de 2,54 %, en même temps que le taux de l'escompte descend de 6 à 3 %.

Que signifie cette diminution du revenu ? Elle veut dire que le père de famille qui disposait, par exemple, d'un capital de 100,000 francs en 1871-1872, pouvait facilement obtenir, en rentes sur l'Etat, un revenu de 5.500 francs, alors qu'aujourd'hui ce même capital rapporterait 3,000 francs, soit une diminution d'environ 2,500 francs. Pour obtenir le même revenu de 5,500 fr., il faudrait placer environ 85,000 francs de plus qu'il y a trente ans ; c'est-à-dire 85 % de plus.

Celui qui voit ses ressources diminuer, son revenu s'abaisser, ses charges fiscales s'accroître, la « flore fiscale », suivant l'heureuse expression de M. de Foville, s'épanouir et se développer d'année en année, tremble pour l'avenir des siens. Il calcule ce que lui coûtera une famille plus ou moins nombreuse. Il mesure sa postérité à « la hauteur de son égoïsme », comme l'a dit M. Cheysson. C'est pour ce motif que nous sommes intimement convaincu que la baisse du taux de l'intérêt, la diminution du rendement des capitaux, venant s'ajouter à l'accroissement des impôts et des charges budgétaires, ont été des agents puissants de la restriction de la natalité.

Si on établit une comparaison entre le taux d'emprunt de la Restauration, 6,81 % en moyenne, et celui auquel l'Etat pourrait emprunter aujourd'hui, la diminution est de 3,81 % par 3 francs de rentes. Entre le taux de nos emprunts en rentes depuis 1875 seulement, le taux d'emprunt du second empire et le taux actuel, la diminution est de 1,50 par 3 francs de rentes. Et quand on songe que les 26 milliards de rentes consolidées sont tellement morcelées qu'elles sont la propriété de plusieurs millions de détenteurs, on peut dire que cette diminution a dû inévitablement exercer son influence en obligeant ceux qui l'ont supportée à se restreindre.

On peut objecter, sans doute, que la rente est un placement exceptionnel et qu'on peut obtenir davantage en se portant sur d'autres placements.

Mais il y a lieu de constater que, dans tous les genres de placement, la diminution du taux de l'intérêt a été générale et profonde, depuis vingt-cinq ans surtout. Sur les obligations à lots, le revenu est tombé de 4 et 4 1/2 % à 2 1/2 % et même au-dessous. Nos capitalistes en possèdent pour plus de 7 milliards. Les obligations de chemins de fer français rapportent à peine 3 %, alors qu'elles rapportaient couramment 4 1/2 à 5 % avant la guerre et après 1870. Nous en possédons pour plus de 19 milliards. Sur les obligations industrielles de premier ordre, le revenu a également baissé de 5 1/2 et 6 % à 4 % et 3 1/2 %. Nous en avons 2 à 3 milliards.

L'escompte des effets de commerce se fait aujourd'hui à 3 % et au-dessous, alors qu'il n'était pas inférieur, de 1871 à 1880 à 5 %, de 1880 à 1890 de 3 % à 4 %. Le taux moyen des bons du Trésor était naguère de 4 %, 3 1/2 %, 3 % ; il est tombé dans ces dernières années, jusqu'au-dessous de 1 %.

Sur les fonds et titres étrangers, la diminution du rendement n'est pas moindre. Des titres étrangers qui se capitalisaient jadis à 6, 7, 8 et 10 % donnent aujourd'hui de 4 à 5 %.

On pourrait encore multiplier ces exemples : depuis 1870, 1872, 1875, la diminution du revenu des rentiers ayant placé leurs capitaux sur les rentes et titres mobiliers français et étrangers, a été de 25 à 30 % au minimum ; 40 % dans la généralité des cas ; elle a bien souvent dépassé 50 %.

Cet abaissement du taux de l'intérêt est assurément un des faits les plus marquants de la fin du siècle écoulé. Pendant que le revenu des capitaux a baissé, les salaires ont augmenté, phénomène dont on a déjà montré les bons et les mauvais côtés, l'utile et la fâcheuse influence. De là, la crise du revenu, comme l'a appelée M. Cheysson ; de là, la crise de la dot, suivant l'expression de Marcel Prévost ; de là la crise de la famille et de la population. Et cette situation peut se traduire par la formule suivante : Il faut plus de temps qu'autrefois pour mettre de côté la même somme. Il faut gagner le double pour pouvoir dépenser autant. On a moins d'enfants qu'autrefois pour pouvoir donner aux filles la même dot que jadis et aux fils la même situation. On a moins d'enfants, parce que les charges pour les élever sont devenues plus lourdes.

Le revenu des capitaux et la natalité ont subi une marche « régressive » en même temps que les budgets, les charges fiscales, les besoins de la vie éprouvaient une marche progressive ».

Pour contrôler les résultats donnés par cette statistique nous avons dressé un graphique sur lequel, année par année, sont transcrits les cours de la rente et son revenu depuis 1872 et nous l'avons rapproché de celui relatif à la diminution de la natalité depuis 1872.

Ce rapprochement est intéressant : en 1872, le revenu moyen de la rente est de 5,45 % ; en 1880, de 3,55 % ; en 1890, de 3,26 % ; en 1901, de 2,98 % ; en 1872, la natalité est de 27,8 par 1,000 habitants ; en 1880, de 25,6 ; en 1890, de 22,9 ; en 1901, de 22,4.

Conclusion : baisse du revenu, accroissement des charges publiques et privées ; baisse de la natalité.

Dépenses publiques, protectionnisme, étatisme.

Augmentation des dépenses publiques et des charges fiscales, protectionnisme, prohibitionnisme, intervention de l'État dans le domaine de l'initiative privée. — Abordons maintenant la question fiscale. Comme nous venons de le dire, pendant qu'il est de plus en plus difficile pour un père de famille d'avoir les mêmes revenus qu'autrefois, les charges fiscales ont augmenté.

Ce n'est pas impunément qu'en trente ans, un budget passe de 2 milliards à 3 milliards 600 millions, sans compter les charges communales et départementales.

Toutefois, il faut se garder, sur ce point, de toute illusion et de toute réponse hâtive. Se figurer qu'en réduisant tel ou tel impôt on augmentera la natalité serait une erreur. On s'en prend, par exemple, aux impôts directs et on croit qu'en diminuant ou même en supprimant la taxe mobilière ou la contribution des portes et fenêtres, immédiatement la natalité s'accroîtra. C'est l'ensemble des impôts qu'il faudrait examiner ; c'est la distribution des taxes par nature d'impôts et par nature de contribuables qu'il faudrait étudier tout d'abord; et si on voulait rechercher quels sont les impôts les plus lourds pour les familles, on reconnaîtrait que ce sont ceux qui, contraires à la science, aux doctrines économiques, proviennent des lois protectionnistes et prohibitives, car ce sont ces impôts — qu'on ne voit pas — ces impôts « qu'on paye sur la facture », comme le disaient et Bastiat et Léon Say, qui font augmenter le coût de la vie. Si on divise nos impôts en deux grandes catégories, les impôts directs et les impôts indirects, en étudiant la contribution foncière, la personnelle-mobilière, les portes et fenêtres, les patentes, les droits d'enregistrement, les douanes, les contributions indirectes et les sucres, on arrive à cette effrayante constatation : depuis 1869, le produit des contributions directes a augmenté de 50,7 %; celui des contributions indirectes de 128,2 % !

Montrons aussi quelle a été l'influence de la protection, de l'intervention de l'Etat dans les affaires, dans le domaine de l'industrie privée, dans la direction de l'enfant, de l'adulte, de l'individu. L'Etat veut mettre la main sur tout et sur tous ; il ne se rend pas compte du mal qu'il fait et comment il empêche le développement et l'activité de tous. Plus il y aura de travail, dit-il, plus il y aura de débouchés ouverts à l'activité, à l'initiative de tous ; moins il y aura de restrictions apportées à la liberté de chacun, plus la population s'accroîtra sans efforts.

Le féminisme. — Examinons encore une cause de l'affaiblissement de la natalité. Cette cause, c'est l'accroissement du féminisme. D'après une étude récente de l'Office du travail, la population active féminine de la France est égale, sinon supérieure en nombre à la population active masculine. La préoccupation féminine est *bien plus d'accroître ses traitements et salaires que* d'avoir un plus grand nombre d'enfants. Dans grand nombre d'administrations publiques et privées, les femmes sont de plus en plus nombreuses ; les carrières libérales leur sont ouvertes et, chaque année, le nombre des « *confrères* » *féminins* augmente dans ces professions. Quelle est la conséquence ? C'est que la femme, qui peut vivre seule du produit de sa carrière, cherche de moins en moins à se marier ; si elle se marie, elle redoute d'avoir des enfants parce que l'exercice de sa profession pourrait en souffrir. Féminisme.

Pourquoi le féminisme augmente-t-il ? Parce que les besoins de la vie se sont accrus ; parce que les salaires du travailleur, malgré leur augmentation, ne suffisent plus; parce qu'on veut être mieux nourri, mieux habillé qu'autrefois ; parce que les lois de l'offre et de la demande sont faussées par les mesures protectionnistes, les droits de douanes, les barrières fiscales.

Liberté économique nécessaire.

Consommation et natalité.

C'est ainsi, conclurons-nous, que les lois économiques reprennent tout leur empire, apparaissent avec toute leur rigueur scientifique. Elles montrent, jusqu'à la dernière évidence, qu'un régime économique libéral, ennemi des monopoles et des privilèges, cherchant avant tout l'intérêt du consommateur, sera le plus sûr adjuvant au mouvement de la population.

« Une loi de douane, disait Rossi en 1838, une mesure prohibitive, un changement de distribution du travail et du capital, peut altérer en même temps celle de la population. »

Ce qui aurait suffi jadis à faire vivre une famille serait notoirement insuffisant pour satisfaire aux besoins d'un seul. Avant de penser à avoir plus d'enfants, on cherche à accroître ses ressources pour être plus heureux ou moins malheureux, obtenir plus de bien-être, vivre mieux.

Les politiques qui se plaignent du faible accroissement de la population française, dit M. Levasseur, devraient, s'ils étaient conséquents, désirer une forte importation de denrées alimentaires et s'appliquer à enlever tous les obstacles à leur libre entrée; car, s'ils veulent que le nombre des hommes augmente sur le territoire français qui ne suffit pas à les nourrir dans l'état présent, il faut éviter d'exagérer le prix des aliments étrangers qui seraient indispensables à de nouvelles recrues (1).

III. — ENSEIGNEMENT ET CONSÉQUENCE DES LOIS ÉCONOMIQUES

Il n'y a pas un mot à retrancher à ces réflexions qui pourraient servir de conclusion à notre exposé : mais on nous permettra de dégager quelques points qu'il convient, en terminant, de mettre en évidence, car ils répondent à des erreurs répandues d'autant plus facilement qu'elles circulent sans contrôle. Ce sont, en quelque sorte, les conséquences et les enseignements des lois économiques que nous avons énumérées.

(1) Levasseur, *La Population*, tome III, page 55, ch. II. La population et les subsistances.

La population augmente dans tous les pays, mais plus les pays avancent en civilisation, plus la natalité diminue, c'est-à-dire plus l'accroissement de la population est faible. En se reportant au rapport du comité de contrôle du dernier recensement de 1901, on voit que la population européenne, qui était de 175 millions vers 1800, était de 400 millions vers 1900-1905. Elle a donc plus que doublé. Civilisation et natalité.

Il est inexact de dire que la population de la France diminue : elle augmente, mais dans de faibles, trop faibles proportions, parce que sa natalité est faible ; mais, d'après M. Levasseur, M. Bodio, d'après les travaux du ministère du commerce sur la population française, notamment ceux de M. March, la diminution de la natalité est relativement plus forte en Angleterre et en Allemagne qu'en France. Diminution de la natalité en France. Plus forte en Angleterre et en Allemagne.

Au contraire, la diminution de la mortalité est plus grande en France que dans les autres pays : cette diminution qui est due au progrès de la science médicale et à ceux de l'hygiène, vient corriger la faiblesse regrettable de la natalité. Diminution de la mortalité en France.

Il est inexact de dire que la faiblesse de la natalité française soit due à la faiblesse de la race, à son affaiblissement, à son appauvrissement. La vérité, hautement démontrée et affirmée par les professeurs Pinard et Richet dans leurs remarquables rapports à la commission de la population (1), est que notre race n'a rien

(1) Nous voulons parler de la commission extraparlementaire nommée par M. Waldeck-Rousseau pour étudier les multiples problèmes que soulève cette question. La commission extraparlementaire de la dépopulation.

Nous rappellerons les noms de quelques-uns des membres de la commission à laquelle nous appartenons nous-même : MM. Emile Levasseur, Charles Lyon-Caen, de Foville, Yves Guyot, Griolet, Payelle, March, Emile Delamotte, Gide, de la Société d'économie politique; Bertillon, Hennequin, de la Société de statistique

M. Levasseur a présidé la sous-commission chargée de préparer les enquêtes et les documents statistiques et économiques; MM. de Foville et Delamotte se sont occupés des causes fiscales de la dépopulation; le rapport sur les causes économiques nous a été confié de concert avec M. Yves Guyot, qui a traité l'influence du régime protectionniste sur le développement de la population.

Stérilité volontaire.

perdu de sa valeur, de sa force : notre stérilité, disent-ils, ne tient pas à des causes matérielles ou physiologiques, c'est un fait de volonté : on n'a pas d'enfants parce qu'on ne veut pas en avoir et ils ont ajouté que cette stérilité volontaire est cause de graves maladies.

On se préoccupait autrefois de l'accroissement de la population.

On se préoccupe aujourd'hui et surtout depuis 1870, de la diminution de la population. Il y a peu de temps, on se préoccupait de son augmentation ; à l'heure actuelle, dans les pays où la population s'accroît, on recherche les moyens de la diminuer, bien que les guerres, les famines et la misère se chargent, hélas ! de trouver le remède.

La circulaire de M. Dunoyer, préfet de la Somme (1833).

Dans la première moitié du siècle dernier, le gouvernement se préoccupait de l'accroissement de la population. M. Dunoyer, alors préfet de la Somme, écrivit une circulaire aux maires pour les engager à recommander à leurs administrés la prudence conjugale et à ne donner de secours qu'aux malheureux n'ayant pas plus d'un enfant, pour ne pas encourager de fâcheux exemples (1).

L'Economie rurale de la France de M. de Lavergne (1860).

En 1860, M. de Lavergne, dans son ouvrage sur l'*Economie rurale de la France*, félicitait les Normands d'avoir réussi à abaisser le taux de leur natalité. M. Maurice Block écrivait que l'excès et l'insuffisance de la population avaient également « des inconvénients graves pour le bien-être et la richesse des nations ».

IV. — LES REMÈDES

Il convient, en terminant cet exposé, de rappeler et de discuter quelques-uns des remèdes qui ont été proposés pour combattre la dépopulation et d'en montrer l'ineffi-

(1) Le texte original de cette circulaire nous a été communiqué, avec une extrême obligeance, par M. le préfet de la Somme. Elle est datée du 11 novembre 1833. Le préfet, s'adressant aux sous-préfets et maires, dit que les familles pauvres « ne peuvent s'élever qu'à force d'activité, de raison, d'économie, de *prudence surtout dans l'union conjugale*, et en évitant avec un soin extrême de rendre leur mariage plus fécond que leur industrie. »

cacité : impôts sur les célibataires ; — création d'une médaille du mérite civil, donnant droit à une rente, pour les pères de famille ayant plusieurs enfants ; — Mise à la charge de l'Etat d'un ou de plusieurs enfants de familles nombreuses ; — diminution ou abolition de l'impôt mobilier ; — réforme des lois successorales, etc. Remèdes proposés.

Aucune de ces réformes n'a le mérite de la nouveauté; plusieurs ont été appliquées ; elles n'ont jamais rien produit : c'est ce qu'a d'ailleurs constaté M. Levasseur.

Au point de vue fiscal, on peut dire que s'il ne faut de privilège pour personne, il ne faut pas non plus que l'impôt soit une pénalité pour les familles nombreuses : mais quand on étudie l'ensemble de notre système fiscal, on constate que cette pénalité, ce sont les lois de douane, c'est le régime protectionniste, c'est l'intervention de l'Etat qui la créent, mesure dont on ne peut comprendre l'application dans une démocratie républicaine et libérale.

V. — QUE FAIRE? QUE FAUT-IL CRAINDRE? QUE PEUT-ON ESPÉRER?

Qu'y a-t-il donc à faire? Que faut-il craindre? Que peut-on espérer?

La réponse pourrait tenir en trois mots : « augmenter la natalité », c'est-à-dire avoir plus d'enfants ; mais ce serait répondre à la question par la question.

Que faut-il craindre ? Ce qu'il faut craindre.

C'est qu'avec une population stationnaire, alors que les pays voisins s'accroissent, la France, au point de vue numérique, ne perde les premières places dans le rang des nations et que, par suite, sa puissance militaire et la défense nationale ne s'en ressentent.

Que faut-il espérer ? Ce qu'il faut espérer.

C'est que, grâce à l'influence des mœurs, à un de ces revirements subits qui peuvent se produire, la natalité se relève et qu'en même temps, grâce aux progrès de l'hygiène et de la science, la mortalité continue à décroître. Mais il ne faut malheureusement pas se faire d'illusions.

Ces questions redoutables, poignantes, M. Frédéric Passy, M. Levasseur, M. Cheysson, M. Leroy-Beaulieu, tous les économistes, moralistes et philosophes les ont examinées et y ont répondu.

M. Levasseur estime que :

Les conclusions de M. Levasseur.

C'est plutôt à une diminution qu'à une augmentation de la natalité qu'il faut s'attendre. Le luxe et les besoins qu'il développe ne se réduiraient que dans le cas où la richesse diminuerait sensiblement, résultat qui n'est assurément pas désirable : mais on est en droit d'espérer que les progrès de l'hygiène publique et de l'hygiène privée amèneront une certaine réduction dans la mortalité, surtout dans celle de la première enfance; le gain que la nation ferait ainsi, quel qu'il fût, ne serait pas à dédaigner, puisqu'il formerait un appoint et qu'il épargnerait des deuils. L'Europe continuera longtemps encore à croître plus vite que la France... Il y aura en Europe et hors d'Europe des déplacements d'équilibre... Plusieurs nations, probablement parmi les plus denses, verront quelque jour, comme la France, leur population se rapprocher de l'état stationnaire, mais si la France n'est pas au premier rang par le nombre, elle est et restera une des grandes nations du monde, au niveau des plus élevées...

Conseil donné par plusieurs économistes.

M. Levasseur termine en donnant des conseils d'une haute sagesse au point de vue de la conduite à suivre en politique intérieure et extérieure, en politique commerciale et économique.

Plusieurs de ses prévisions se sont déjà réalisées et l'avenir les confirmera encore davantage.

Ce sont des conseils de haute moralité que donnent aussi et M. Frédéric Passy, M. Cheysson, M. Paul Leroy-Beaulieu, et M. Gide, comme l'ont fait aussi nos regrettés confrères Baudrillart, Adolphe Coste, et tous les moralistes et philosophes qui ont écrit sur cet inquiétant sujet.

« Il n'y a rien à faire », affirme Ernest Brelay.

D'autres économistes répondent : « Il n'y a rien à faire. » Tel était l'avis d'Ernest Brelay, qui, avec son esprit charmant, toujours jeune, disait : « Laissez donc suivre le cours naturel des choses ! Voyez ce qui s'est passé au lendemain de la guerre : il y eut une poussée de naissances formidable. »

Laissez suivre le cours naturel des choses ! — Je voudrais que cette espérance de notre cher et regretté ami Brelay se réalisât ; malheureusement, nous nous trouvons en présence d'un véritable péril national, car nous ne devons pas nous consoler en disant que si la natalité diminue chez nous, elle diminue aussi chez les peuples qui nous entourent ; nous devons penser aussi que le nombre total de la population voisine s'accroît alors que la nôtre reste stationnaire. Un pays qui a 60 millions d'habitants et dont la natalité s'accroît de 20 °/₀₀ a, tous les ans, 1,200,000 habitants en plus : un autre pays ayant seulement 40 millions d'habitants devrait avoir une natalité de 30 °/₀₀ pour posséder un même accroissement de population.

D'autre part, comme la question de natalité est avant tout et surtout, d'après les professeurs Pinard et Richet, une « affaire de volonté », on peut répondre encore qu'on ne peut rien contre la volonté ou le non-vouloir. C'est affaire de volonté.

Eh bien, et c'est par là que nous terminerons : « N'y a-t-il pas des causes qui agissent, à leur tour, sur la volonté, dans tel ou tel sens ? »

Et ces causes ne sont-elles pas essentiellement économiques dans cette question de la population ?

« Entre les trois termes : population, production, consommation, il existe un rapport étroit » (1), a écrit encore M. Levasseur. Population, production, consommation.

Ces paroles, profondément vraies, veulent dire que toutes les mesures qui peuvent accroître et développer la production et la consommation, rendre à chacun la vie plus facile, plus libre, faciliteront le plus l'essor de la population.

Laissez, dirons-nous aux législateurs, laissez la liberté s'épanouir, la liberté sous toutes ses formes : liberté politique, liberté commerciale, financière, morale, reli-

(1) Levasseur, *La Population*, tome III, page 27.

gieuse. Ne portez pas atteinte aux « lois de la morale et de la raison », comme le disait autrefois M. Thiers ; n'en portez pas davantage aux grandes lois économiques de l'offre et de la demande. Faites que le commerçant, l'industriel, le consommateur puissent librement s'adresser partout où leurs intérêts les guident. Repoussez l'intervention de l'Etat dans les affaires que les particuliers peuvent mieux faire que lui. Développez le commerce, l'industrie, l'activité nationale, le travail, sous toutes ses formes. Ouvrez des débouchés nouveaux à l'activité de tous. Ne considérez pas le capitaliste, le rentier, tous ceux qui possèdent peu ou beaucoup et qui jouissent du fruit de leur travail, comme des ennemis. Soyez économes et ménagers de la fortune publique et privée. Faites, en un mot, que l'homme, suivant l'expression de Turgot, « ne soit pas, comme les enfants, emmaillotté dans des bourrelets pour l'empêcher de tomber ».

La liberté. La population, nous en sommes convaincu, cessera de rester stationnaire ou du moins d'avoir un faible accroissement. Rassuré sur son avenir, rassuré sur celui des siens, l'homme n'aura plus le souci de limiter sa progéniture « à la hauteur de son égoïsme ». Il aura la « volonté » de l'accroître, comme il a aujourd'hui la « volonté » de la restreindre.

Ce n'est pas le hasard, affirment MM. Pinard et Richet, qui règle le nombre des enfants par famille. Nous savons tous parfaitement que le hasard n'y est pour rien; c'est la volonté même des parents qui détermine le nombre de leurs enfants... *La fécondité est réglée par la volonté.*

La volonté. La volonté ! C'est sur cette parole aussi encourageante que décourageante que nous terminerons. Elle détruit cette fausse idée de la non-fécondité de notre race. La cause de la dépopulation, c'est la stérilité volontaire ; et cette volonté, ce sont surtout des faits et des lois économiques qui la déterminent.

CRÉDIT MOBILIER ET CRÉDIT FONCIER

Développement du crédit mobilier.

Un des faits les plus merveilleux de la seconde moitié du siècle dernier a été le groupement et le développement des capitaux à partir du jour où le législateur a facilité ce groupement et ce développement sous forme de titres cessibles et négociables. Des sociétés puissantes qui, sans le concours de ces capitaux n'auraient pu se fonder, des compagnies industrielles et financières qui, sans eux également, n'auraient jamais vu le jour, ont transformé le pays, le monde entier. Les États ont profité, eux aussi, de ces capitaux et les emprunts qu'ils ont émis sont représentés par des titres de rentes, divisés en grosses et petites coupures pour que l'épargne tout entière puisse s'y intéresser et en acquérir, suivant ses moyens et ressources disponibles, de même que les compagnies ont créé, en échange des capitaux qu'elles ont reçus, des actions, des obligations, des parts d'intérêt, etc.

Valeurs négociables et transmissibles.

La fortune mobilière représentée par des valeurs négociables et transmissibles, par des morceaux de papier qui s'appellent titres de rentes, actions, obligations, parts de fondateur, s'est développée, d'année en année, et s'élève, dans le monde entier, à un chiffre formidable. En Europe seulement, les statistiques les plus récentes permettent d'affirmer que l'ensemble des valeurs négociables sur les divers marchés financiers européens, dépasse 360 milliards ; déduction faite des doubles emplois, les valeurs appartenant en propre aux divers pays européens et négociables se chiffrent par plus de 342 milliards. Sur ces 342 milliards, la Grande-Bretagne en possède en propre 115 à 120; la France, 90; l'Allemagne, 40 à 45 ; la Russie, 25 ; l'Autriche-Hongrie, 20 à 25 milliards (1).

(1) Voir les rapports que nous avons présentés à l'Institut international de statistique au nom de son comité des finances : sessions de Budapest (1901), de Berlin (1903), et de Londres (1905).

Révolution économique due à leur création.

Cet afflux de capitaux a permis d'accomplir les plus grandes modifications dans les affaires commerciales, industrielles, financières, dans la vie sociale, dans les relations internationales. Une révolution économique s'est produite dans le monde.

Les emprunts d'État, les créations et émissions de titres divers par les Compagnies de chemins de fer, sociétés industrielles, etc., les négociations de valeurs mobilières, les arbitrages de place à place, etc., ont établi entre tous les pays des rapports financiers, commerciaux, plus étroits, plus étendus. Grâce à la facilité avec laquelle les capitalistes d'un pays peuvent prêter aux gouvernements, aux capitalistes des autres pays, et recevoir en échange de leurs prêts des valeurs négociables appelées rentes, actions, obligations, bons, parts de fondateur, etc., cette intervention ou plutôt cette internationalisation des capitalistes et des capitaux a produit un résultat auquel on ne s'attendait guère : l'unité financière de l'Europe et des marché sur lesquels se négocient ces titres mobiliers. Dans toutes les Bourses, grand nombre de titres peuvent se négocier, s'échanger. Les payements de place à place s'effectuent avec rapidité et facilité, alors qu'au point de vue politique et commercial, il reste, entre tous les pays, de si nombreuses difficultés à résoudre, alors que tous les États se défendent les uns contre les autres avec des armées puissantes, des forteresses, des canons, du matériel de guerre et des droits de douane.

* * *

La France à la tête de ce grand mouvement.

La France a été le plus ardent champion et l'initiatrice de ce grand mouvement financier de notre époque, de cette internationalisation des capitaux. Elle a prélevé une grosse part de ses épargnes, de ses ressources disponibles, pour les prêter aux autres pays. Elle a été, elle est encore le commanditaire de l'Europe et du monde (1). Nous avons pu dire ailleurs (2) que, pour apprendre la géographie, il suffisait de lire la cote de la Bourse de Paris. On y trouve la liste des emprunts étrangers émis en France, emprunts destinés à la création, à l'étranger, de chemins de fer, de routes, de canaux, de sociétés industrielles, de travaux agricoles, etc. Un document récent, que M. de Verneuil, syndic de la chambre syndicale des agents de change de la Bourse de Paris, a bien voulu nous communiquer avec son obligeance habituelle, indique que le capital des valeurs mobilières et fonds d'État, français et étrangers, évalués au cours du 31 décembre 1902 et cotés et négociés à la Bourse de Paris s'élève à 130,119,932,300 francs. Sur ces 130 milliards, 64 milliards représentent des titres français; 66 milliards des valeurs et fonds étrangers. Ces 64 milliards de valeurs françaises étaient compris, au 31 décembre 1902, dans les grandes subdivisions suivantes :

Documents récents.

	milliards de francs
Rentes françaises, obligations du Trésor, colonies et protectorats..	26,4
Grandes Compagnies de chemins de fer............	19,6
Chemins de fer et tramways............	1,8
Crédit foncier de France............	4,2
Banques et sociétés de crédit............	2,2
Ville de Paris............	2,0
Assurances............	0,7
Canaux............	1,6
Électricité, gaz............	1,0
Forges, fonderies, houillères, mines............	1,8
Docks, eaux, filatures, phosphates, etc............	1,2
Transports, divers, et valeurs en liquidation............	1,5
Total............	64,0

(1) Le gouverneur de la Banque de France, M. Pallain, dans son rapport de janvier 1902 à l'Assemblée générale des actionnaires, s'exprime ainsi : « Nous sommes devenus les banquiers de l'Europe. »

Le conseil d'administration du Crédit lyonnais, dans son rapport du 9 avril de la même année 1902, déclare que : « La fortune mobilière s'accroît sans cesse. »

(2) *Rapport général* au Congrès international des valeurs mobilières de 1900.

Depuis 1869, sans remonter plus haut, l'accroissement du nombre et de la valeur des titres français admis aux négociations et cotés à la Bourse de Paris est considérable.

Le capital de ces titres divers évalué au cours du 31 décembre était le suivant :

Années	milliards de francs
1869	21,6
1880	43,0
1890	53,0
1899	63,0

A ces chiffres, il faudrait ajouter encore ceux que représenteraient les valeurs françaises non cotées officiellement à la Bourse de Paris.

Les valeurs étrangères, fonds d'État et valeurs proprement dites, se répartissaient ainsi et représentaient, au cours du 31 décembre 1900, le capital suivant :

	milliards de francs
Fonds d'État (1)	58,8
Banques	1,1
Chemins de fer	5,0
Divers	1,2
Total	66,1

A ces chiffres, il faut ajouter le montant des valeurs négociables sur le marché en banque et aux parquets des Bourses de province : Lyon, Marseille, Bordeaux, Lille, Toulouse, etc.

Sur le marché en banque, les valeurs négociables, d'après les renseignements fournis par le président de la chambre syndicale des banquiers en valeurs à terme et au comptant, s'élevaient, au 31 décembre 1902, au total de 15 milliards 147 millions dont 7,091 millions se négociant au comptant et à terme, et 8,056 se négociant exclusivement au comptant.

(1) La Russie entre dans ce chiffre pour 11 milliards 3.

Sur les marchés de province, le montant des valeurs négociables dépasse 3 milliards. En groupant ces milliards, on arrive à un total de 148 milliards de valeurs négociables ; mais il est nécessaire de tenir compte, d'un part, des doubles, triples, quadruples emplois, — car une valeur peut être inscrite à la cote et négociable sur plusieurs marchés français et étrangers, — et, d'autre part, le nombre et le capital des valeurs négociables ne doivent être considérés que comme une indication : ce qu'il importe de retenir, c'est la quantité de capital appartenant en propre à notre pays : or, comme nous l'avons déjà dit, la France possède en propre 90 milliards de valeurs dont 65 milliards de titres français et 25 milliards de titres étrangers.

Tel a été le développement du crédit mobilier : mettons-le maintenant en regard de la stagnation du crédit foncier.

* * *

Par un étrange contraste, c'est la terre, le sol fécond de la France qui a été le plus oublié. La terre seule n'a pas profité de cette abondance de capitaux : elle reste gênée, endettée, et ne peut réaliser tous les progrès que l'on peut désirer pour elle, précisément parce que les capitaux lui font défaut. Stagnation du crédit foncier.

En 1840, les petits prêts hypothécaires s'élevaient à 519 millions ; ils dépassaient 968 millions en 1890 et aujourd'hui, ces chiffres doivent être encore plus élevés. Prêts hypothécaires.

En 1841, les petits prêts hypothécaires de 400 francs et au-dessous s'élevaient à 155,220 pour un capital de 36,640,928 francs. En 1890, les petits prêts hypothécaires au-dessous de 100 francs et de 100 francs à 500 fr. s'élevaient à 65,657 pour un capital de 21.475,000 francs.

En 1841, les prêts de 400 francs à 1.000 francs étaient de 89,803 pour une somme de 62,421,267 francs ; en

1890, on comptait 69,200 prêts de 500 francs à 1,000 fr. pour 57 millions.

En 1841, l'ensemble des prêts hypothécaires était de 329,576 pour un capital de 491,576,820 francs. En 1890, on comptait 295,930 prêts pour un capital de 968 millions 475,000 francs.

Exagération de l'intérêt et des frais d'emprunts

Nous n'avons pas besoin de faire remarquer, en outre, que l'exagération de l'intérêt porte principalement sur des prêts minimes, et que, si le plus grand nombre de prêts s'applique à des opérations de faible importance, la somme des prêts d'un certain chiffre l'emporte sur celle des petits prêts.

La petite propriété souffre de l'absence de crédit et se trouve obligée de subir les charges les plus lourdes. Elle paye un intérêt plus élevé et supporte les frais dans une proportion plus forte que la grande propriété.

Aucune institution de crédit, aucune grande banque ne s'occupe des formalités d'emprunt. On trouve des prêteurs à des conditions excessives, il n'existe pas d'organisation financière mettant le crédit à la portée des petits propriétaires fonciers.

* * *

Le Crédit foncier de France n'a pu s'occuper ni de la petite propriété, ni de la terre.

Le Crédit foncier de France a rendu de nombreux services à la grande propriété bâtie et surtout à la grande propriété urbaine. Il n'a pu s'occuper ni de la petite propriété, ni de la terre. La réforme hypothécaire entreprise par la commission du cadastre aura pour résultat de rendre plus facile une organisation meilleure, plus féconde, du crédit à la terre.

Pour le petit propriétaire d'un bien foncier, l'intérêt qu'il doit servir pour les faibles emprunts dont il a besoin est plus élevé que partout ailleurs ; les garanties exigées par son prêteur sont plus nombreuses et plus étroites. Si on réclame de lui des sûretés hypothécaires, les frais absorbent une partie du capital qu'il cherche à se procurer. Ces emprunts ne se font le plus souvent que pour un petit nombre d'années. Chaque renouvellement accroît les frais du dernier emprunt. Le regretté M. Burdeau a pu dire avec raison : « L'impôt est d'autant plus lourd que la somme prêtée est plus faible et le délai de remboursement plus court. C'est une sorte d'impôt progressif à rebours. » Pour remédier à cette situation, il est donc indispensable que la terre jouisse du crédit entre les mains de son possesseur ou passe plus facilement dans des mains capables d'en tirer un meilleur parti.

Opinion de M. Burdeau.

Le prodigieux accroissement de la fortune mobilière mis en regard de la stagnation de la propriété territoriale est un fait indéniable. Le « défaut d'harmonie », la « dissonance » singulière, — suivant les expressions qu'employait, il y a déjà cinquante ans, M. Wolowski, — entre les valeurs mobilières et les valeurs immobilières est démontrée, jusqu'à la dernière évidence par les annuités successorales. L'équilibre est rompu. Les valeurs successorales sur lesquelles les droits de succession ont été perçus en 1826 sur les meubles étaient de 457 millions : elles étaient, à pareille date, de 880 millions pour les immeubles. En 1898, l'annuité mobilière se chiffre par 3 milliards 36 millions dont 584 millions pour les fonds d'Etat français et étrangers ; 1 milliard 207 millions pour les valeurs mobilières françaises et étrangères et 1 milliard 244 millions pour les autres meubles. A pareille époque, l'annuité immobilière est de 2 milliards 659 millions, inférieure de 377 millions à l'annuité mobilière.

Opinion de M. Wolowski.

Est-il exact de dire, comme on l'a fait, que l'affluence des capitaux sur les biens fonciers et immobiliers ne pourrait qu'augmenter les prix de vente de la terre sans en accroître le rendement ? Ce serait une véritable hérésie économique.

Est-ce que les capitaux ne fécondent pas la terre ? Intelligemment employés, n'augmenteront-ils pas son rendement ? Personne ne pourrait soutenir une opinion contraire. Et d'autre part, qui peut affirmer qu'il n'y a plus de nouvelles cultures à faire et que la terre produit tout ce qu'elle peut donner? Notre ami regretté, Adolphe Coste, a démontré que l'agriculture nationale pourrait facilement procurer emploi à 8 ou 10 milliards, sans qu'elle ait encore obtenu tout ce dont elle aurait besoin pour arriver au degré de perfectionnement auquel elle est parvenue dans certains pays voisins (1).

Opinion de M. Adolphe Coste.

On peut répondre avec assurance que la terre n'est pas ingrate : plus on lui donnera, plus elle rendra : Qu'on lui procure demain des centaines de millions à bon marché, elle les rendra amplement au pays. Il y a donc un développement considérable, un accroissement important de produits à attendre de la propriété foncière, le jour où elle trouvera les capitaux dont elle a besoin à bon compte et le plus facilement possible.

Terre et crédit.

* * *

On a dit aussi que toutes ces réformes feront intervenir la spéculation et les spéculateurs sur la terre, c'est-à-dire sur le bien qui doit y rester le plus étranger.

A cette objection on pourrait répondre que la spéculation n'a pas empêché l'accroissement et le morcellement des valeurs mobilières et que, si elle a ses défauts et ses dangers, elle est aussi une des forces indispensables au progrès. On connaît le mot plein d'esprit du célèbre abbé Galiani : « Vous conviendrez, disait-il, qu'un agriculteur est un vrai joueur et un gros parieur ; je le vois prendre des rouleaux de louis, prix de la semence, du labour et du travail et les jeter sur un champ de terre contre les éléments et les saisons qui tiennent la banque. »

Un mot de l'abbé Galiani.

Un de nos statisticiens les plus autorisés a répondu victorieusement aux arguments de ceux qui redoutent

(1) *L'avenir de la richesse agricole et les conditions de son développement.*

l'intervention de la spéculation et des intermédiaires *dans les opérations foncières :* Il ne faut pas craindre la spéculation.

Vouloir commercer sans le concours des intermédiaires, c'est comme si on voulait bâtir sans le concours des maçons ; le commerce des terres n'échappe pas, à cet égard, à la loi commune. L'intervention de ceux qui achètent pour revendre y est aussi utile qu'ailleurs. Au travailleur qui aime la terre pour elle même, comme au spéculateur qui l'achète pour la revendre, *il serait temps de faciliter définitivement l'accès de la propriété* foncière en brisant la double haie de formalités et d'impôts qui en obstrue le seuil (1).

« Briser la double haie de formalités et d'impôts qui obstrue le seuil de la propriété foncière », suivant les expressions si nettes de M. de Foville, c'est l'œuvre que la commission du cadastre a voulu réaliser. Cette œuvre sera éminemment utile et féconde. A l'avenir, lorsqu'un propriétaire vendra ou hypothéquera son immeuble, la désignation, puisée dans le livre foncier d'après le cadastre, sera suffisante. M. de Foville et la propriété foncière.

On évitera, dans la rédaction des actes notariés, ces énumérations surannées, ces explications diffuses dont les parties ne peuvent et ne savent se rendre exactement compte et que le rédacteur ne comprend pas toujours parfaitement. Ce sont de véritables « grimoires », suivant l'expression de M. Bufnoir. Les transactions sur les immeubles deviendraient plus promptes et plus sûres, le crédit immobilier serait favorisé. Le crédit foncier se développerait par cela seul que les prêts hypothécaires seraient affranchis des risques auxquels ils sont exposés. Quand la propriété, dégagée des incertitudes qui l'entourent et des entraves qui arrêtent sa marche, offrira aux transactions une base solide, la facilité des emprunts et le bon marché des capitaux mis à sa disposition viendront par surcroît. Le propriétaire pourrait vendre plus facilement, car l'acheteur saurait mieux ce qu'il fait ; il trouverait plus facilement aussi à emprunter, car le prêteur est naturellement défiant et, lorsqu'on lui offre pour garantie un immeu- Les « grimoires » et M. Bufnoir. Il faut donner aux transactions foncières une base solide.

(1) De Foville. *Le morcellement*, page 20).

ble dont le titre d'acquisition peut être contesté, il aime mieux garder son argent que de se lancer dans une aventure incertaine (1). Ce serait une ère nouvelle qui s'ouvrirait pour les propriétaires fonciers, pour les prêteurs sur hypothèques, pour tous ceux qui apportent et veulent apporter à la terre leur travail, leurs épargnes ou leurs capitaux. Le crédit réel aurait conquis sa véritable base.

La difficulté de réaliser des réformes. — Une boutade de M. Léon Say.

Et aux esprits inquiets qui ont critiqué l'œuvre de la commission du cadastre avant même de connaître l'orientation et la marche de ses travaux, nous répondrons encore par ces paroles de M. Léon Say, que l'on n'accusera pas de témérité ni d'esprit de bouleversement : « Je suis, disait-il, très frappé de la difficulté que nous avons à accomplir des réformes en matière financière. Je me demande si nous ne devons pas ouvrir des voies nouvelles, si nous ne devons pas modifier nos cerveaux, afin d'arriver à réaliser des réformes tangibles dont profiteront les contribuables et la République (2). »

M. Léon Say avait vu juste. La réfection du cadastre, l'établissement des Livres fonciers, — c'est-à-dire l'individualisation de la propriété, dégagée de toute incertitude quant à la contenance et quand à la situation juridique, — les réformes hypothécaires, ce sont là des

Réformes tangibles.

« réformes tangibles » pratiques, dont tous les propriétaires fonciers, dont tous les contribuables ne tarderont pas à reconnaître et les bienfaits et la justice.

---

(1) D'après une statistique des ventes judiciaires et des procédures d'ordre dressée en 1891 par M. Flour de Saint-Genis et qui révèle, selon la pittoresque expression employée par lui, *l'étiage des pertes subies par les prêteurs sur hypothèques*, ces prêteurs risquent, dans la proportion de 3 sur 50, de perdre 44 % de leur argent.

(2) Chambre, *Documents parlementaires*, 18 juillet 1890.

LES DEUX EMPRUNTS RUSSE ET JAPONAIS

Presque simultanément, le Japon et la Russie emploient le même procédé financier pour se procurer les fonds nécessaires à la continuation de la guerre. Ils créent, à l'exemple, que nous recommandions récemment (1), des Etats-Unis et de l'Angleterre, des bons du Trésor à courte échéance. *Procédés identiques.*

La Russie émet des bons remboursables dans cinq ans, *rapportant* 5 % *d'intérêt*, à 99 %. *Le Japon émet* des bons remboursables dans sept ans, rapportant 6 % d'intérêt, à 93 1/2 %, et, en même temps, il émet un emprunt intérieur à 5 %, remboursable dans cinq ans. *Bons russes émis en France; bons japonais, en Angleterre et en Amérique.*

La Russie se sert du concours de banquiers et établissements français. Le Japon se sert du concours de banques anglaises et américaines.

Il n'y a pas de souscription publique en France pour la mise en vente des bons du Trésor russe, qui, du reste, sont accueillis avec la plus grande faveur par la clientèle des établissements financiers. Il y a eu, au contraire, une souscription publique, à Londres et à New-York, pour l'émission des bons japonais, qui ont été recherchés par le public anglais entre 2 et 3 % de prime.

La Russie, fidèle aux saines doctrines financières, n'a *assigné aucune garantie particulière à son emprunt*. Le Japon, au contraire, a assigné le produit des douanes, indépendamment de sa garantie générale. Les douanes japonaises sont évaluées dans le budget de 1903-1904, chiffre provisoire, à 16,570,055 yens, soit 42,752,289 fr. *Le Japon donne en garantie les produits de ses douanes.*

Autres points de comparaison entre les deux appels au crédit de la Russie et du Japon.

C'est la *première fois que* la Russie et le Japon emploient les bons du Trésor comme type d'emprunt.

(1) Voir *supra*, page 773.

Jusqu'à présent, la Russie avait émis des emprunts intérieurs ou extérieurs, sous forme de titres de rente perpétuelle ou amortissable, remboursable par tirages ou non remboursables.

Emprunts antérieurs russes.

La cote de la Bourse de Paris inscrit 28 titres divers d'emprunts russes représentant un capital nominal de *11,323,318,800 francs et un capital effectif, au cours du* 31 décembre 1902, de 11,304.080,150 francs.

Les bons du Trésor russe viendront compléter la variété de ces 28 types de divers emprunts ; leur taux d'intérêt est le plus élevé auquel la Russie ait emprunté depuis près d'un quart de siècle. Depuis 1880, tous les emprunts russes ont été contractés au taux nominal de 4 %, 3 1/2 %, 3 %. L'an dernier, les rentes 4 % avaient dépassé le pair et on pouvait prévoir déjà l'époque à laquelle elles pourraient être converties.

Les rentes 3 % 1891, 1894, 1896 se sont négociées à 98 fr. 20 et 98 fr. 25 au plus haut, rapportant à peine 3,06 %, et on entrevoyait qu'elles pourraient, elles aussi, dépasser le pair et être remboursées par anticipation et converties. Aussi les rentes 3 % les plus recherchées étaient celles de 1896, parce qu'elles étaient remboursables et inconvertibles pendant quinze ans.

Le taux d'intérêt de 5 % nominal accordé par la Russie aux bons du Trésor qu'elle émet doit donc lui paraître d'autant plus lourd qu'elle n'était plus habituée à payer un tel prix.

Emprunts antérieurs japonais.

Il n'en est pas de même pour le Japon qui emprunte à environ 7 %. Ce n'est pas la première fois qu'il consent un taux aussi élevé.

En 1870, le Japon émettait à Londres, par l'entremise de MM. J.-H. Schröder et C°, un emprunt de 1 million de livres sterling, soit 25 millions de francs, en rentes 9 % amortissable, au taux de 98 %. Cet emprunt recevait en garantie les droits de douanes et les recettes du chemin de fer que le gouvernement devait construire.

En 1873, il émettait à Londres, par l'Oriental Bank Corporation, un emprunt 7 % de 2,400,000 livres sterling à 92 1/2, remboursable en vingt-deux ans, de 1876 à 1897. Ces deux emprunts, qui se sont négociés jusqu'à 118 % et 116 %, sont depuis longtemps remboursés ou convertis.

A l'heure actuelle, d'après le *Résumé statistique de l'empire du Japon* de 1904, que nous venons de recevoir comme tous les ans, avec autant de régularité que si ce pays vivait dans une paix profonde, le montant de la dette publique, dette intérieure et extérieure, papier-monnaie en circulation, s'élevait à 561,164,258 yens (1), soit 1 milliard 447 millions en chiffres ronds. Dans ce total sont compris tous les emprunts extérieurs cotés à Londres : deux emprunts à 5 %, dont l'un a été émis en 1897 pour rembourser l'emprunt 7 % de 1873, et qui est lui-même remboursable d'ici 1950 ; l'autre, émis en 1902, doit être remboursé en 1956; le troisième emprunt extérieur est une rente 4 %, émise en 1899, à 90 %, pour la construction de chemins de fer.

Pour ces trois emprunts, le Japon paie environ 5 1/2 %. L'emprunt de guerre que ce pays vient de contracter à Londres lui coûte 1 1/2 de plus que le taux normal auquel il était habitué.

Ainsi, au point de vue financier, les points de ressemblance des deux opérations de crédit que viennent de contracter la Russie et le Japon sont les suivants : même type d'emprunt ; — taux d'emprunt plus élevé que ceux antérieurement accordés et que celui des rentes perpétuelles ou amortissables en circulation ; — période courte de remboursement ; — la Russie n'assigne aucune garantie spéciale à son emprunt, tandis que le Japon aliène tout ou partie du produit de ses douanes comme il l'avait déjà fait lors de l'emprunt de 1873. Caractéristiques des emprunts actuels russes et japonais.

On peut se demander si ce n'est pas avec intention et pour faire concurrence au crédit de son adversaire que le Japon a employé le même système financier que lui,

(1) 1 yen = 2 fr. 58.

en offrant au public des titres rapportant un intérêt plus élevé et coûtant moins cher. C'est, assurément, de bonne guerre, mais les financiers savent faire la différence entre les deux crédits. Ce qu'il importe aux souscripteurs de connaître, ce sont les avantages et les inconvénients de ce type de titres, les bons du Trésor, que l'on oppose aux rentes perpétuelles ou remboursables, auxquelles le public est habitué chaque fois qu'un Etat emprunte.

* * *

Mode d'emprunt plus avantageux au public qu'à l'Etat emprunteur.

Un emprunt en bons du Trésor remboursables à brève échéance est toujours plus avantageux pour le public que pour l'Etat emprunteur.

Ces bons présentent, en effet, pour l'Etat emprunteur, le sérieux inconvénient de l'obliger à rembourser à l'échéance fixée alors que cette échéance peut coïncider, soit avec une nouvelle crise politique, commerciale, financière, intérieure ou extérieure, soit avec la prolongation de la crise qu'on voulait éviter ou atténuer. L'Etat est alors obligé de demander à prolonger l'échéance de remboursement des bons, à des conditions d'intérêt plus lourdes, ou bien de consolider coûte que coûte cet emprunt en rentes perpétuelles et d'offrir aux porteurs de bons des conditions d'autant plus favorables qu'il éprouve plus de difficultés pour les rembourser.

Quand il s'agit d'emprunts modiques, de peu d'importance, il y a peu de risques pour un Etat d'emprunter en bons du Trésor à échéance fixe : mais quand il s'agit de grosses sommes, comme celles dont on parle, 400 millions pouvant s'élever jusqu'à 800 millions pour la Russie ; 500 millions pour le Japon, dont 250 millions en emprunt extérieur et 250 millions en emprunt intérieur, ce procédé financier est moins avantageux pour les Etats emprunteurs que celui des emprunts remboursables par tirages périodiques. Mais, nous l'avons déjà dit, quand, en temps de guerre, un pays a besoin d'argent, il doit se plier aux nécessités du moment et payer les capitaux qu'il emprunte d'autant plus cher qu'il est plus pressé de se les procurer.

Si ce procédé financier est désavantageux pour le Trésor qui y a recours, il est, par cela même, avantageux pour le capitaliste souscripteur et c'est là ce qui explique qu'en France, les bons du Trésor russe et, en Angleterre, les bons du Trésor japonais ont reçu bon accueil.

Une autre particularité de ces emprunts en bons, c'est qu'ils ont toujours procuré des bénéfices sérieux aux capitalistes qui s'y sont intéressés. Bénéfices des intermédiaires.

* * *

Quand il a été question, aussitôt après l'ouverture des hostilités, d'effectuer un emprunt russe en France, on s'est demandé si le fait de placer un emprunt dans un pays neutre, en faveur d'une des parties belligérantes, n'était pas violer la neutralité. Les capitaux sont des marchandises : c'est une vérité économique qui n'a plus besoin d'être démontrée ; or, si un pays neutre ne peut fournir des marchandises de guerre à l'un des belligérants, ne doit-il pas lui refuser les moyens de se procurer les fonds avec lesquels il pourra acquérir les armes et munitions qui lui sont nécessaires ? Une question de droit international.

Au premier abord, la réponse est simple. Ce n'est pas le gouvernement français qui prête au gouvernement russe, ce sont les nationaux de notre pays qui prêtent à ce gouvernement. Il en serait différemment si le Trésor français ou des établissements d'Etat intervenaient « officiellement » pour recueillir des souscriptions en faveur de la Russie. Il en serait différemment encore, si, comme autrefois, la négociation des valeurs étrangères était prohibée en France. Or, depuis le décret du 7 février 1880 qui a supprimé l'autorisation préalable des trois ministres des finances, de l'agriculture et du La neutralité et la souscription aux emprunts des belligérants commerce pour l'inscription à la cote, les chambres syndicales des agents de change ont seules à examiner, pour accorder, refuser ou suspendre la négociation des valeurs étrangères, l'authenticité des actes en vertu desquels elles sont créées dans leur pays d'origine. Il est vrai que le ministre des finances est toujours libre d'interdire la négociation d'une valeur étrangère lorsqu'il le juge utile, mais il ne peut en empêcher la création et la circulation lorsque les titres émis ont acquitté les droits dus au Trésor, conformément à nos lois spéciales sur la matière. On voit, dès lors, combien la situation serait différente si l'introduction d'un titre étranger, quel qu'il soit, dépendait uniquement de la volonté du gouvernement. On voit aussi quelle prudence, quelle circonspection il faut apporter quand on cherche à modifier la législation fiscale d'un pays en ce qui concerne les titres étrangers, ou bien encore quand on veut accroître l'omnipotence de l'État dans des affaires d'intérêt privé. De graves responsabilités, des complications politiques extérieures, auxquelles on ne songe pas, peuvent en résulter au moment où l'on s'y attend le moins.

Dans plusieurs pays étrangers, notamment en Autriche-Hongrie, en Espagne, au Portugal, en Russie, en Turquie, aucune émission, aucune souscription, aucune introduction sur le marché ne peuvent avoir lieu sans l'autorisation gouvernementale. Si cette législation avait existé chez nous, l'emprunt russe n'aurait pu avoir lieu. Si nous avions une guerre à supporter et que nous fussions obligés de recourir à des emprunts extérieurs, nous ne pourrions émettre un emprunt français dans ces divers pays, étant donnée leur législation actuelle.

L'emprunt japonais a soulevé la même question en Angleterre : elle a reçu la même interprétation qu'en France. Le gouvernement anglais n'a fait aucune difficulté et n'avait le droit d'en soulever aucune pour laisser ouvrir une souscription publique à cet emprunt. Il en a été de même aux États-Unis.

Capitalistes français et capitalistes anglais sont libres de porter leurs capitaux là où les conduisent leurs sympathies ou leurs intérêts. Ni le gouvernement français, ni le gouvernement anglais n'ont le droit d'intervenir. Aucun d'eux, officiellement, ne viole la neutralité. Néanmoins, ces questions et plusieurs autres de droit international financier — droit qui, nous l'avons dit souvent, n'existe pas en réalité et dont les principes et les règles auraient grandement besoin d'être définis et formulés — sont extrêmement délicates. Il sera nécessaire d'y revenir, car elles méritent d'être ultérieurement examinées avec le plus grand soin. On admet que la question ne se pose pas.

* * *

Il est enfin une autre question que se posent quelques capitalistes. Les sympathies de notre pays sont tout entières acquises à la Russie ; les sympathies anglaises sont pour le Japon : dès lors, nos capitalistes ont mis en portefeuille des bons du Trésor russe ; les capitalistes anglais ont souscrit plus de 20 fois, dit-on, les bons du Trésor japonais. En supposant que les garanties et la sécurité des titres émis par les deux pays soient égales, ce que nous ne pensons pas, un capitaliste français doit-il mettre en portefeuille des bons du Trésor japonais ? Nous répondons très nettement qu'il ne doit pas plus le faire qu'il ne doit donner son appui à ce qui pourrait affaiblir un pays dont nous sommes les alliés et les amis. Les capitalistes français, même si leurs sympathies les portaient du côté du Japon, même si leurs intérêts pécuniaires étaient lésés, doivent, à leur détriment, mais par pur patriotisme, rester fidèles à l'alliance politique contractée avec la Russie et ne rien faire qui puisse lui être contraire. Sympathies et placements.

CADASTRE ET LIVRES FONCIERS

LES VOIES ET MOYENS D'UNE GRANDE RÉFORME

Utilité de la réforme hypothécaire. Avantages des livres fonciers.

On ne saurait nier l'utilité de la réforme hypothécaire et mettre en doute les avantages que les livres fonciers ont procurés aux pays qui les ont établis et s'en servent. Aussi n'est-ce pas au principe même de l'opération que ses adversaires se sont attaqués, mais à sa durée, à ses difficultés, à son coût.

On a soutenu que pour refaire le cadastre, un demi-siècle, un siècle même serait nécessaire. On a exagéré les difficultés, comme s'il était possible d'admettre, un instant, qu'on ne pourrait, au point de vue technique, exécuter en France les travaux nécessaires avec la rapidité et le degré de perfection que des gouvernements étrangers ont obtenus pour des entreprises de même nature. On a prétendu que les populations seraient effrayées de toutes ces mesures et qu'elles s'opposeraient même par la force à leur exécution.

Arguments des opposants

On a fait facilement justice de ces objections, mais, l'argument principal, sur lequel on n'a cessé de revenir et d'insister, est toujours, est encore l'argument financier.

C'est par milliards qu'il faudrait évaluer le coût d'une telle entreprise ; ce sont des augmentations énormes d'impôts qu'il faudrait prévoir ; c'est l'accroissement indéfini de la dette publique ; c'est le présent et l'avenir de nos budgets compromis.

La question financière.

On comprend, dès lors, que la question financière est ici la plus importante, puisque la solution qu'elle recevra peut assurer ou détruire, et la réforme cadastrale, et la réforme hypothécaire, et l'institution des livres fonciers.

* * *

On se trouve en face d'une évaluation certaine de 600 millions pour la dépense globale ; comment s'échelonnera cette dépense ? par quels voies et moyens ces 600 millions pourront-ils être obtenus ? (1). La dépense globale : 600 millions.

La dépense annuelle dépendra de la durée de l'opération. On a examiné quelle pourrait être cette durée. La mise en train première sera longue, sans doute ; mais, une fois commencés, les travaux marcheront de plus en plus rapidement. Les deux évaluations faites ont varié entre vingt et trente ans.

Les premières données du problème à résoudre se trouvent, dès lors, déterminées. Si le cadastre est exécuté en vingt ans, la dépense annuelle s'élèvera à 30 millions ; si en trente ans, elle sera de 20 millions. La dépense annuelle : 20 à 30 millions.

Quant à la répartition de cette dépense, on prévoit qu'elle incomberait à l'Etat, à concurrence de 60 % des frais, les autres 40 % étant répartis, par moitié, entre les départements et les communes. Répartition : Etat, 60 % ; Départements, 20 % ; Communes, 20 %.

Dans quelles conditions l'Etat, qui devra assumer la plus lourde charge de l'opération, se procurera-t-il les fonds nécessaires ?

Les procédés financiers, les combinaisons les plus diverses ne manquent pas : mais, dans une œuvre comme celle du cadastre qui intéresse le pays tout entier, il est absolument nécessaire d'éviter tout système qui n'aurait pas pour lui l'appui de l'expérience et, de plus, ce système doit être simple, car plus il remplira cette condition, mieux il sera compris de tous. Procédés financiers.

Il y a donc, tout à la fois, des procédés financiers à éviter et des procédés financiers à recommander.

Examinons les uns et les autres.

(1) Cette évaluation est celle de l'opération de réfection du cadastre et de premier établissement des livres fonciers. Quant aux frais annuels de la conservation du cadastre, ils dépendront principalement des modifications apportées dans la consistance des immeubles, on les peut évaluer, en moyenne, à 2 % de la dépense de premier établissement.

I. — RÉALISATION DES CAPITAUX NÉCESSAIRES.

Procédés financiers à éviter. — On ne saurait songer à inscrire dans les budgets de l'Etat une dépense annuelle de 30, de 25 ou même de 20 millions. La situation financière actuelle ne le permettrait pas.

Il ne faut pas davantage penser à emprunter ces ressources à la dette flottante. Cette dette est suffisamment lourde ; on ne peut demander de l'accroître encore quand s'impose la préoccupation constante de la réduire.

Il ne faut pas non plus convier les départements et les communes à demander à l'emprunt les fonds nécessaires, pendant que, de son côté, l'Etat se procurerait, par la même voie, ceux dont il aurait besoin. Ce serait nuire, à la fois, au crédit de l'Etat et à celui des départements et des communes ; ce serait éparpiller les forces, au lieu de les grouper en vue d'un résultat d'ensemble. Ce serait recommencer les fautes qui ont été commises avec la caisse des chemins vicinaux et celle des écoles. De semblables errements sont définitivement condamnés ; on ne saurait y recourir à nouveau pour l'opération qui nous occupe (1).

Opération de crédit effectuée par l'Etat seul.

Principe de l'emprunt contracté par l'Etat, tant pour son propre compte que pour celui des départements et des communes. — N'est-ce pas surtout, d'ailleurs, au point de vue financier, au double point de vue de la réalisation et de la répartition des capitaux empruntés, que se vérifie cette affirmation de l'exposé des motifs de la loi du 18 juillet 1892 qui devait modifier les règles du budget cadastral. « Le cadastre est une œuvre d'Etat, puisqu'il sert de base à l'assiette de l'impôt foncier. Il appartient au Gouvernement d'en assurer la

(1) Quand le parlement a voulu réaliser l'œuvre que *M. Léon Say* appelait autrefois « les palais scolaires », tous les systèmes financiers ont été employés, en effet; on a fait appel à la dette flottante; on a emprunté directement; on a laissé les communes et les départements emprunter, et, finalement, il a fallu mettre de l'ordre là où se trouvait le désordre.

régularité, ce qu'il ne peut faire qu'en conservant le contrôle direct des fonds affectés à sa confection. » Le général Bassot a traduit cette pensée par cette heureuse expression : « L'Etat seul doit être le pourvoyeur général de capitaux. »

Comment se procurer ces capitaux ? Par une opération de crédit réalisée par l'Etat, empruntant pour son compte et pour celui des départements et des communes.

Dès lors, la question financière, qui apparaissait au premier abord compliquée et grosse de difficultés, change totalement d'aspect. Question simplifiée.

Exemples divers d'opérations financières. — Pour rendre cette opération de crédit facilement exécutable et réalisable, il suffit de s'inspirer de l'exemple donné par l'Etat lui-même quand il a voulu assurer l'exécution de grands travaux publics. Opérations identiques déjà réalisées.

M. Cheysson a rappelé, en consultant l'histoire de nos chemins de fer, certaines dépenses auxquelles l'Etat a participé et qui sont de même nature que celles du cadastre. Chemins de fer.

Voici à quels chiffres ces dépenses se sont élevées :

Pour la ligne de Paris à Marseille, 825 millions ;

Pour les lignes de Strasbourg à Paris et de Paris au Havre, 600 millions ;

Pour la ligne de Paris à Orléans, Tours et Nantes, 567 millions.

Il a été dépensé ainsi 2 milliards, dans lesquels la participation de l'Etat et des localités entre pour 665 millions, soit 33 % ; le reste a incombé aux compagnies. Le total de la dépense effectuée par l'Etat en faveur de trois grandes lignes de chemins de fer a atteint 665 millions, chiffre supérieur à celui du coût présumé du cadastre et des livres fonciers. Et cependant, quand, il y a 60 et 70 ans, l'Etat s'est engagé à faire de semblables dépenses, il ne disposait ni d'un crédit, ni de moyens de crédit aussi puissants que ceux qu'il possède aujourd'hui.

Nous pouvons citer encore ce qui s'est fait pour les chemins vicinaux, les écoles et les travaux scolaires et rappeler les rapports faits à la Chambre par MM. Delombre, Poincaré et Merlou (1).

D'autres exemples, plus récents, que nous donne l'industrie privée, peuvent encore être invoqués.

Conventions de 1883.

Les six grandes Compagnies de chemins de fer ont emprunté, depuis les conventions de 1883, plus de 3 milliards et demi. Suivant l'importance des travaux effectués chaque année, elles ont émis 150, 200, 250, 300, 350 millions d'obligations remboursables annuellement jusqu'à la fin de leurs concessions, qui expirent de 1950 à 1960 ; mais elles ne chargent pas leurs comptes annuels du capital de ces emprunts, elles y inscrivent seulement une annuité qui comprend tout à la fois l'intérêt à payer au capital emprunté et la somme nécessaire pour amortir et rembourser ce capital. Cette annuité provient de deux sources différentes : l'excédent net des recettes de l'exploitation sur les dépenses et, en cas d'insuffisance, la garantie d'intérêt de l'Etat. Elle est le gage qui permet de créer les obligations, de placer entre les mains du public ces titres, qui offrent ainsi les plus solides garanties ; les compagnies ont ainsi obtenu tous les capitaux qui leur ont été nécessaires.

Crédit foncier.

C'est le même procédé qu'emploie le Crédit foncier de France. Cette grande institution a en circulation, à l'heure actuelle, près de 4 milliards d'obligations foncières et d'obligations communales. Ces obligations donnent tout à la fois un intérêt fixe, une prime au remboursement et des lots. Comment le Crédit foncier s'est-il procuré ces fonds ? Il a donné en garantie à d'autres prêteurs l'annuité que lui paient ses emprunteurs.

(1) Chambre, *Documents parlementaires*, 1892, n° 2,438 (M. Poincaré) ; 1894, n° 903 (M. Delombre) ; 1899, n° 1136 (M. Merlou).

Les obligations foncières ou communales sont émises en représentation des prêts consentis par la société. Aux termes de l'article 6 de la loi du 6 juillet 1860, les créances provenant de ces prêts sont affectées, par privilège, au paiement des obligations foncières. Elles ont, en outre, pour garanties, le capital social et les réserves du Crédit foncier.

L'annuité qu'il crée comprend tout à la fois l'intérêt du capital, son remboursement et la somme nécessaire pour les lots attachés à ses obligations. De même, l'annuité que lui paient ses emprunteurs comprend tout à la fois l'intérêt du capital et la somme nécessaire pour que ce capital soit complètement remboursé à l'expiration de l'emprunt.

Avec les annuités qui lui sont dues et qu'il reçoit de ses emprunteurs, le Crédit foncier de France a donc créé et émis des obligations qui lui ont procuré tous les capitaux dont il a eu besoin. Lorsqu'on lui demande à emprunter 100,000 francs ou 1 million, ou plusieurs millions, le Crédit foncier retire ces sommes de sa caisse, mais immédiatement après, ou au moment qu'il juge le plus opportun, il émet un certain nombre d'obligations dont le service d'intérêt, d'amortissement et des lots est gagé par les annuités même que lui payent les emprunteurs. Il inscrira bien dans ses comptes le montant total des obligations émises et le capital qu'elles représentent ; mais, pour emprunter, pour obtenir ces capitaux considérables, une simple annuité lui suffit.

Emprunts de départements et de villes.

Les départements, les villes procèdent de façon analogue, quand ils empruntent. Le service de l'intérêt et de l'amortissement de l'emprunt doit être assuré, soit au moyen des ressources ordinaires du département ou de la commune, soit au moyen de centimes extraordinaires inscrits au budget départemental ou communal. C'est ce gage qui permet d'emprunter et de trouver près du public les capitaux demandés.

Câbles sous-marins.

Pour obtenir les 22 millions nécessaires au développement de notre réseau de câbles sous-marins, un projet de loi actuellement soumis aux Chambres prévoit purement et simplement l'inscription au budget d'une annuité de 1 million à 1,100,000 francs. Cette annuité permettra de contracter et gager un emprunt remboursable en trente ans.

C'est encore un système financier analogue qui est employé par plusieurs sociétés particulières.

Bien d'autres exemples pourraient encore être cités, mais ceux qui viennent d'être donnés suffisent pour démontrer que la dépense de 600 millions nécessaire à la réfection du cadastre, à l'établissement des livres fonciers, si importante qu'elle soit, n'est pas et ne peut être une difficulté. Une simple annuité inscrite au budget suffira. Les 600 millions se trouveront réduits d'une façon considérable. On obtiendra ce résultat par l'emploi de ce que nous pourrions appeler une véritable « homéopathie financière ».

Obligations cadastrales.

Mode d'emprunt à adopter. Obligations cadastrales. — Le principe d'une annuité à inscrire au budget pour satisfaire aux dépenses du cadastre étant admis, à quel mode d'emprunt cette annuité pourrait-elle être appliquée ? Conviendra-t-il d'émettre de la rente perpétuelle, de la rente amortissable, des obligations remboursables ?

Il ne paraît pas possible de couvrir la dépense de 600 millions par un emprunt en rentes perpétuelles. On ne peut, tous les ans, ouvrir le Grand-Livre de la dette publique pour une émission de quelques millions de francs en rentes : ce serait émietter le crédit et, pour quelques millions à emprunter, troubler à chaque instant la quiétude des milliers de petits rentiers détenteurs de 26 milliards de rentes françaises. D'autre part, une émission en rentes perpétuelles aurait le grave inconvénient de faire peser perpétuellement sur les budgets une charge de 18 à 21 millions par an, suivant que l'emprunt coûterait 3 à 3 1/2 %. On peut dire, il est vrai, que les générations futures profiteront des travaux que nous aurons faits ; mais on peut répondre que s'il est juste que nous supportions une part des charges, il serait injuste que ces charges fussent éternelles et que les enfants de nos arrières-petits-enfants eussent encore le souci de les payer.

Si, au contraire, la totalité de la dépense est échelonnée sur une période de vingt ou trente ans et que la durée de l'emprunt à contracter dépasse celle que nécessitera la réfection du cadastre ; si cette dépense est couverte par un emprunt réalisé sous forme d'annuités terminables ou bien ce que nous avons dénommé « obligations cadastrales », au même titre que le Crédit foncier émet des obligations foncières ou communales ; les départements, des obligations départementales ; les communes, des obligations communales ; les grandes compagnies, des obligations de chemins de fer ; le Trésor, des obligations du Trésor, l'opération financière devient extrêmement facile et peu coûteuse.

Opération facile et peu coûteuse.

L'émission d'obligations cadastrales pourra se faire, sans doute, aux guichets du Trésor, des trésoriers-payeurs généraux, des receveurs particuliers des finances, de la Banque de France, puisqu'elles seront une véritable valeur d'Etat ; mais, si le Trésor ne voulait pas s'occuper de leur émission, elles auraient immédiatement le concours assuré de toutes les grandes banques et institutions de crédit. La Caisse des dépôts et consignations, le Crédit foncier, mettraient ces obligations en portefeuille avec la même sécurité et le même empressement qu'ils achètent des rentes, des bons du Trésor, des annuités à long ou à court terme, des obligations de départements, de villes, de chemins de fer.

Le public ferait à ces titres un accueil empressé. Où trouver, en effet, un placement plus sûr, plus solide, mieux garanti ?

Titres bien accueillis par les capitalistes.

Sécurité et garantie de ces titres.

Les obligations cadastrales auraient le gage supérieur de l'État, puisque l'annuité nécessaire à leur service d'intérêt et d'amortissement se trouverait inscrite au budget; elles auraient, tout à la fois, la garantie directe de l'État et celle indirecte des départements et des communes, si la part leur incombant est maintenue, et enfin celle des ressources, des recettes éventuelles qui devront résulter de l'opération.

Élasticité du procédé.

Par ce procédé financier, sans nuire à aucun intérêt, sans gêner le marché des fonds publics, sans émietter son crédit, l'État pourra se procurer tous les capitaux nécessaires, au fur et à mesure de ses besoins. Il suffira d'inscrire au budget annuel une annuité qui sera plus ou moins forte, suivant que le montant et le taux de l'emprunt seront eux-mêmes plus ou moins élevés.

II. — CALCUL DES ANNUITÉS.

Quelle sera l'annuité nécessaire ?

Il a semblé qu'il pouvait ne pas être inutile de chiffrer, d'une façon précise, l'annuité nécessaire au paiement des intérêts et du remboursement d'un capital de 100 francs, en un délai déterminé. Nous indiquerons ensuite l'annuité nécessaire pour un capital de 30 millions, en supposant l'emprunt conclu pour une durée de vingt à soixante-quinze ans, et à un taux d'intérêt variant de 3 1/2 à 4 1/2 %.

Pour un capital de 100 fr.

Annuités nécessaires pour rembourser un capital de 100 francs, intérêt et amortissement compris

DURÉE DE L'EMPRUNT	3 ½ %	4 %	4 ¼ %	4 ½ %
1	2	3	4	5
	fr.	fr.	fr.	fr.
20 ans	7 036 108	7 358 175	7 521 993	7 687 614
25 ans	6 067 404	6 401 196	6 571 462	6 743 9[illegible]
30 ans	5 437 133	5 783 010	5 969 825	6 139 154
40 ans	4 682 778	5 052 349	5 241 838	5 434 816
50 ans	4 263 371	4 655 020	4 868 005	5 06[illegible]
60 ans	4 008 882	4 420 185	4 631 178	4 845 426
75 ans	3 786 919	4 222 900	4 446 006	4 672 104

Annuités nécessaires pour rembourser un capital de 30 millions, intérêt et amortissement compris

Pour un capital de 30 millions.

DURÉE DE L'EMPRUNT	3 ½ %	4 %	4 ¼ %	4 ½ %
1	2	3	4	5
	fr. c.	fr. c.	fr. c.	fr. c.
20 ans	2,110,832 40	2,207,452 50	2,252,594 90	2,306,284 20
25 ans	1,820,221 20	1,920,358 80	1,971,435 50	2,023,170 90
30 ans	1,631,139 90	1,734,903 00	1,787,947 50	1,841,746 20
40 ans	1,404,818 40	1,515,704 70	1,572,151 40	1,630,294 50
50 ans	1,279,011 30	1,396,508 00	1,456,801 50	1,518,064 50
60 ans	1,222,658 80	1,326,055 50	1,389,353 40	1,453,627 80
75 ans	1,130,075 70	1,260,870 00	1,333,801 20	1,401,631 20

Il est préférable que les charges annuelles des emprunts à contracter soient réparties sur un plus grand nombre d'années que celui de la durée du cadastre, de telle sorte que les annuités à payer soient faibles pendant les premières années et qu'au fur et à mesure que les opérations du cadastre se développeront, les recettes qui peuvent en être la conséquence arrivent à égaler presque, si même elles ne la dépassent, l'annuité de l'emprunt.

Emprunts répartis sur une période de 50 ans.

Si la durée d'exécution du cadastre est de vingt, vingt-cinq ou trente ans, et si les emprunts contractés à un taux d'intérêt de 3 1/2 ou 4 % sont remboursables en cinquante ans, l'annuité à payer sera la suivante :

DURÉE D'EXÉCUTION du cadastre	DURÉE de L'EMPRUNT	MONTANT de L'EMPRUNT ANNUEL	ANNUITÉ AMORTISSEMENT COMPRIS	
			3 ½ %	4 %
1	2	3	4	5
			fr. c.	fr. c.
20 ans	50 ans	30 millions	1,279,011 30	1,396,508 00
25 ans	50 ans	24 —	1,023,209 04	1,117,204 00
30 ans	50 ans	20 —	852,674 20	931,004 00

Il résulte de ce tableau que, suivant que le cadastre serait fait en vingt ou en trente ans, il suffira d'inscrire

Importance de l'annuité et de la charge du Trésor.

annuellement au budget une annuité variant de 852,674 francs à 1,279,011 francs, si l'emprunt coûte 3 1/2 ; de 931,004 francs à 1,396,506 francs, si l'emprunt coûte 4 %. Nous sommes loin des milliards dont on nous menace, comme dépense totale, bien loin encore des 20 à 30 millions à inscrire tous les ans au budget. Et comme les départements et les communes contribueront pour 40 % à la dépense, c'est donc, en réalité, 60 % seulement de ces annuités qui incomberont à l'Etat.

Ce n'est pas là une charge qui doive inspirer la moindre inquiétude. Dans un budget général qui dépasse 3 milliards et demi, on trouvera toujours place pour une annuité d'un ou de plusieurs millions, tandis que l'ouverture d'un crédit annuel de 20 à 30 millions aurait pu occasionner, à un moment donné, de sérieuses difficultés.

Le système proposé est suivi par les Compagnies de chemins de fer et le Crédit foncier.

On peut dire, il est vrai, qu'avec ce système d'annuités se renouvelant pendant cinquante années, annuités qui, capitalisées, seront transformées en obligations cadastrales, ce sera l'emprunt à jet continu. Tous les ans, il faudra que l'Etat ou les intermédiaires qu'il aura choisis, émettent les obligations cadastrales représentatives de l'annuité créée. L'observation est fondée ; mais on peut y répondre, d'abord en faisant remarquer que les Compagnies de chemins de fer, le Crédit foncier ne procèdent pas différemment. Tous les ans, les grandes compagnies émettent 100, 150, 200 ou 300 millions d'obligations, suivant leurs besoins. De 1885 à 1902, elles ont émis 8,616,372 obligations pour un capital de 3 milliards 656 millions, ce qui représente une moyenne de 478,000 obligations placées tous les ans pour un capital de plus de 200 millions ; d'autre part, le Trésor émet des bons suivant ses besoins également, et à des taux d'intérêt variables. Nous ajouterons que l'Etat n'est nullement obligé de se procurer tous les ans les 20, 25 ou 30 millions nécessaires ; ce serait le mettre dans une sorte d'impasse. Nous pensons, au contraire, qu'il convient de lui laisser et qu'il doit conserver une pleine latitude.

III. — ÉMISSION DES OBLIGATIONS CADASTRALES.

Jeu des émissions.

L'Etat peut avoir intérêt, suivant les circonstances, à emprunter plus ou moins pour les années ultérieures. Il est nécessaire qu'il puisse se procurer immédiatement des capitaux par anticipation.

Dans le mode de procéder à employer au point de vue financier, à l'égard des départements et des communes, nous avons examiné successivement cinq cas qui pourraient se présenter, soit qu'une commune n'ait pas de ressources et soit obligée de recourir à l'emprunt; soit qu'elle puisse immédiatement prélever sur ses ressources disponibles la totalité de sa part contributive ou seulement une partie; soit que, n'ayant aucune ressource disponible, elle se trouve obligée de recourir à un certain nombre de centimes; soit enfin qu'elle veuille se libérer par anticipation. Il est juste que l'Etat, à son tour, ne se trouve pas, en quelque sorte, enchaîné par une formule dont il ne pourrait plus se délier.

Liberté d'action à donner au Trésor.

Sa liberté d'action doit être d'autant plus grande que c'est lui qui doit fournir tous les capitaux : il doit être le seul juge, et du taux d'emprunt, et de son importance, et de l'époque à laquelle il sera opportun de l'émettre. Le ministre des finances peut avoir intérêt, d'après les dispositions du marché, d'après l'état du crédit, à retarder une émission. Il peut juger bon, au contraire, de profiter des cours pour se procurer des fonds par anticipation, c'est-à-dire qu'au lieu d'emprunter 25 ou 30 millions, en capitalisant une seule annuité, il ait la faculté d'en emprunter 100, 150, 200.

Il peut juger aussi que, par suite d'excédents budgétaires ou de ressources inattendues, tout emprunt cadastral soit inutile, et que les disponibilités du Trésor sont, pour une année ou plusieurs, suffisantes pour faire face aux dépenses.

Il peut juger encore qu'à un moment donné tout ou partie des obligations cadastrales émises peuvent être converties, remboursées ou amorties par anticipation. Sa liberté doit rester entière sur ce point.

On voit, dès lors, combien le plan financier que nous venons d'exposer est simple.

Pour emprunter 30 millions par an, il suffira d'une annuité plus ou moins importante suivant que la durée de l'emprunt sera plus ou moins courte et que le taux de l'emprunt sera plus ou moins élevé : 2,100,000 à 2,200,000 francs si l'emprunt est contracté à 3 1/2 pour vingt ans ; 1,270,000 francs si l'emprunt a une durée de cinquante ans ; 1,130,000 francs si l'emprunt est remboursable en soixante-quinze ans.

Contre-partie : recettes procurées par la réforme.

Cette dépense est sans doute importante, puisque tous les ans elle se reproduira pendant la période d'exécution du cadastre et s'ajoutera aux annuités précédentes ; mais il appartiendra au ministre des finances, au Gouvernement, au Parlement, d'apprécier si elle est hors de proportion avec les ressources budgétaires de l'année ou des années qui suivront, d'autant plus qu'à côté de la dépense, l'opération comportera des recettes dont le ministre pourra tenir compte.

IV. — RÉPARTITION DES CHARGES SUR LES DIVERS EXERCICES.

Il convient de remarquer que, dans le système que nous exposons, les annuités relatives aux frais de réfection du cadastre ne porteront pas, d'une manière uniforme, sur les divers exercices.

Si la durée des travaux est de trente ans, la dépense annuelle sera de 20 millions et, la première année, il y aura lieu d'inscrire au budget une annuité de 900,000 francs en chiffres ronds, en supposant une période d'amortissement de cinquante ans.

La seconde année, l'annuité à inscrire sera du double, la troisième année du triple, et ainsi de suite pendant trente ans.

A l'expiration de ces trente ans, lorsque les travaux du cadastre seront achevés, l'annuité aura atteint son maximum et restera constante jusqu'à la cinquantième année à partir du premier emprunt annuel. A ce moment, l'amortissement de ce premier emprunt sera complètement terminé ; l'année suivante, il en sera de même de l'amortissement du deuxième emprunt annuel, et ainsi de suite. Les annuités décroîtront ainsi jusqu'à extinction complète, cinquante ans après le dernier emprunt annuel, c'est-à-dire quatre-vingts ans après le début des opérations de réfection. Durée de l'opération.

Le règlement financier des annuités relatives aux dépenses cadastrales aura porté, de la sorte, sur une période totale de quatre-vingts ans, si on suppose que les dépenses se répartissent sur une durée de trente années et que les emprunts successifs annuels s'amortissent en cinquante ans.

Les grandes Compagnies de chemins de fer, pour les travaux qu'elles ont exécutés et qu'elles exécutent encore, n'ont pas procédé différemment. Il faut deux ans, cinq ans, dix ans pour exécuter les travaux dont elles se chargent, ouvrir les lignes à l'exploitation, alors que les emprunts en obligations destinés à couvrir les dépenses ont tous une durée égale à celle de la concession. Tout au début, les compagnies ont émis des obligations remboursables en 92, 91, 90, 89, 88, 87, 86, 85, 83, 82, 80, 79, 78, 76 ans, de 1950 à 1960, suivant la durée de leurs concessions ; à l'heure actuelle encore, toutes les obligations qu'elles émettent sont remboursables d'après un tableau d'amortissement dont la dernière année expire en même temps ou presque en même temps que la concession, ce qui leur impose des charges d'autant plus lourdes que la durée de l'amortissement est plus courte. Les Compagnies de chemins de fer ont agi de même.

Exemples.

Voici quelques exemples : la concession de l'Est expire en 1954, la période d'amortissement de ses obligations s'étend de 1858 à 1954 ; celle du Nord en 1950 ; les obligations 3 % anciennes qu'elle a émises de 1851 à 1892 seront remboursées de 1926 à 1950, les 3 % nouvelles émises de 1893 à 1901 seront remboursées au plus tard en 1950 ; la concession du Midi expire en 1960 ; celle de l'Orléans en 1956 ; celle du Lyon au 31 décembre 1958, la période d'amortissement des obligations fusions anciennes s'étend du 1er janvier 1861 au 1er janvier 1959 ; celle des fusions nouvelles du 1er octobre 1867 au 1er octobre 1958 ; celle des obligations 2 1/2 % de 1897 et 1899 à 1957 ; celle de l'Ouest en 1956. Les obligations diverses émises par l'Orléans, l'Ouest, le Midi seront remboursées d'ici la fin de leur concession.

En 1837, a été ouverte la ligne de Paris à Saint-Germain ; en 1839, celle d'Asnières à Versailles ; en 1840, celle de Paris à Versailles ; en 1843, 1847, celle de Sotteville au Havre ; du Vésinet à Saint-Germain ; en 1848, celle de Malaunay à Dieppe ; en 1851, celle d'Asnières à Argenteuil ; en 1854, celle des Batignolles à Auteuil ; en 1858, celle de Caen à Cherbourg ; en 1867, celle de Rouen à Clères (pour un tiers), etc. Nous avons choisi, à dessein, des lignes qui depuis près d'un demi-siècle sont terminées, livrées à l'exploitation, connues de tout le public, et rapportent, alors que la compagnie continue toujours à payer l'intérêt et l'amortissement des capitaux empruntés pour l'exécution de ces lignes.

Indépendamment des obligations 3 % anciennes dont la première émission comportant 600,000 obligations, soit un capital nominal de 300 millions, eut lieu en 1856, il y a encore en circulation des obligations 5 % 1853-1854-1855, Ouest 4 %, Rouen au Havre 6 %, Paris à Rouen 4 % 1845, etc., créées ou remises en échange d'anciens titres des compagnies de Rouen à Dieppe et à Fécamp, etc., dont les tirages et le remboursement s'effectuent annuellement.

Nous pourrions citer des exemples semblables avec la compagnie de Paris à Lyon et à la Méditerranée, société portant une dénomination unique de compagnies déjà existantes. Le 30 mars 1844, en même temps que le projet de loi concernant le chemin de fer d'Orléans à Bordeaux, le ministre des travaux publics en déposait un autre relatif à la ligne de Paris à Lyon dont l'exécution était entreprise entre Dijon et Chalon (1). Avec quelles ressources les travaux de ces compagnies furent-ils entrepris et réalisés ? Par voie d'emprunt, sous forme d'obligations dont l'amortissement prendra fin avec la concession de la compagnie.

Un certain nombre d'obligations comme les Orléans 1848 4 %, Orsay 1855 4 %, Ouest 1855 5 % et 4 %, Havre 1845 4 %, 1848 4 %, etc., émises pour la construction de certaines lignes spéciales seront également remboursées d'ici la fin de la concession.

On voit, par ces faits, qu'il y a longtemps déjà que les travaux auxquels ces emprunts ont subvenu sont terminés et livrés à l'exploitation : cependant on continue toujours à payer l'intérêt et l'amortissement du capital emprunté.

Il en est de même au Crédit foncier. Pour ne citer qu'un exemple, le Crédit foncier émit en 1879, 1880, 1883, 1885 des emprunts importants sous forme d'obligations à lots et sans lots, destinés à satisfaire aux demandes de prêts hypothécaires et communaux. Les capitaux ont été immédiatement prêtés aux emprunteurs ; l'opération en vue de laquelle les emprunts ont été faits est close, et cependant, le Crédit foncier continue toujours et continuera jusqu'à la fin de la durée de ces emprunts, à moins d'un remboursement anticipé, le service de l'intérêt, de l'amortissement et des lots.

Même système suivi par le Crédit foncier.

(1) Alfred Picard. *Les Chemins de fer français*, tome I, page 410.

Les opérations financières que nécessitent l'exécution du cadastre et l'établissement des livres fonciers ne pourraient s'inspirer d'exemples plus autorisés.

Analogie avec la rente amortissable.

L'Etat lui-même s'en est inspiré quand, en 1878, il a créé la rente amortissable remboursable par annuité en soixante-quinze ans et dont le produit était destiné à effectuer, en quelques années, de grands travaux publics qui sont depuis longtemps terminés. Or, l'Etat continue toujours à payer l'intérêt et l'amortissement des emprunts contractés. Sur les 175 séries remboursables annuellement par tirage au sort, il a déjà amorti et remboursé 24 séries ; il lui reste 5 séries à amortir d'ici 1907 et 146 séries à amortir jusqu'en 1953.

Opinion de M. Cheysson.

Ce système financier a trouvé dans M. Cheysson un partisan convaincu et qui, par ses explications claires, techniques, précises, par le graphique qu'il a fait passer sous les yeux de la commission du cadastre et qu'il est utile de reproduire ici, a montré, en quelques lignes saisissantes, la marche des travaux et des dépenses, faisant ainsi apparaître notre plan financier avec une grande clarté.

Données du problème.

CROQUIS SCHÉMATIQUE DES DÉPENSES TECHNIQUES DU CADASTRE ET DES CHARGES ANNUELLES DES OBLIGATIONS CADASTRALES.

Dépense : 600 millions.

Durée des travaux 30 ans.	Liquidation	5 ans.
	Pleins travaux	20 ans.
	Préparation	5 ans.

Durée d'amortissement des obligations : 50 ans

Taux d'intérêt : 4 %.

Taux d'intérêt et d'amortissement en 50 ans : 4,67 %.

CROQUIS SCHÉMATIQUE

DES DÉPENSES TECHNIQUES DU CADASTRE ET DES CHARGES ANNUELLES
DES OBLIGATIONS CADASTRALES

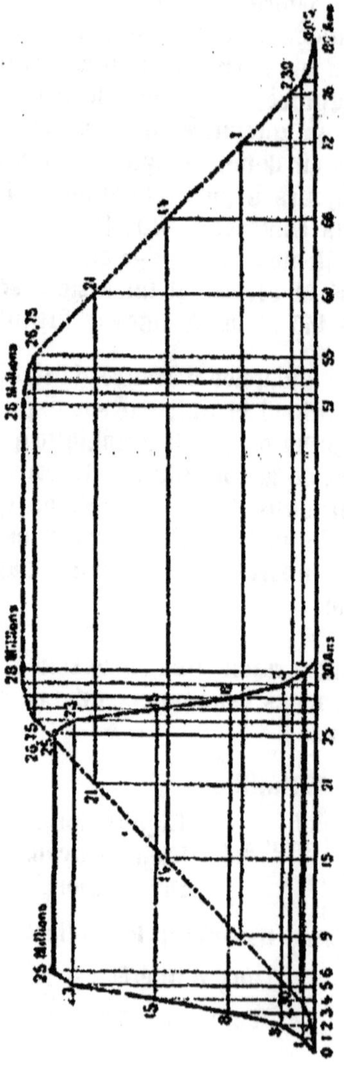

——— Courbe des dépenses des travaux.
-·-·-·- Courbe des charges annuelles des annuités.

Ce plan financier très simple, exempt de toute complication, a cependant soulevé quelques objections qu'il convient de rappeler et auxquelles il est d'ailleurs facile de répondre.

Réponse à diverses objections.

On a fait observer, en effet, que les annuités à inscrire au budget vont se superposer les unes aux autres. Il n'en peut être autrement et il est nécessaire d'insister encore sur ce point pour dissiper toutes les objections et ne laisser subsister aucune équivoque. Pour exécuter des travaux, il faut de l'argent. Il n'y a pas plusieurs façons de s'en procurer : ou bien, il faut, si on possède les ressources nécessaires, payer et ne pas emprunter ; et si on ne les a pas, il faut les emprunter. Or, sur la durée des travaux, le mode et la durée des emprunts à contracter, tels qu'ils ont été exposés, il a été reconnu que le système financier le plus simple et le plus recommandable était celui que nous venons de rappeler.

On ne manquera pas de faire remarquer, — on l'a déjà fait, — que, si on additionnait les unes aux autres toutes ces annuités, leur total dépasserait le chiffre de 600 millions et même le « fameux milliard ». Nous n'en disconvenons pas ; mais un tel calcul serait erroné, bien que l'addition fût juste, car il reposerait sur une confusion.

Pour rembourser, en capital et intérêts, une somme de 100 francs, on a vu, en se reportant au tableau que nous donnons plus haut, qu'il fallait verser chaque année, une somme de 4 fr. 26 si le remboursement s'effectuait en cinquante ans au taux de 3 1/2 %.

Une personne qui aurait contracté un emprunt dans ces conditions devrait effectuer, pour se libérer entièrement, cinquante versements de 4 fr. 26, soit 213 francs. Elle aurait donc versé effectivement, à l'expiration des cinquante ans, plus du double de son emprunt ; mais il n'en est pas moins vrai que la valeur actuelle de ces cinquante annuités de 4 fr. 26 ne sera bien que de

100 francs. L'excédent des sommes remboursées représente les intérêts de l'opération.

Il en est de même pour les annuités cadastrales. Ajoutées les unes aux autres, elles pourront atteindre une somme supérieure à 600 millions, mais intérêts et amortissement compris : quant à leur valeur actuelle, elle sera toujours de 600 millions.

Prétendre, en ajoutant les annuités les unes aux autres, — annuités qui, répétons-le, comprennent et l'intérêt et l'amortissement de l'emprunt contracté, — que le cadastre et les livres fonciers coûteront plus d'un milliard serait une erreur mathématique et une hérésie financière ; ce serait comme si on disait qu'une Compagnie de chemins de fer contractant un emprunt de 100 millions et inscrivant chaque année pendant soixante ans, dans ses comptes une somme de 4 millions pour faire face à l'amortissement de cette opération, aurait effectué une dépense de 240 millions.

On aurait perdu de vue que chaque annuité comprend, en effet, deux parties : l'une le paiement des intérêts ; l'autre le remboursement du capital.

V. — BILAN DE LA RÉFORME CADASTRALE ET HYPOTHÉCAIRE.

Dépenses. — Le plan financier que nous venons d'exposer permettra à l'Etat de se procurer tous les fonds nécessaires, au fur et à mesure de ses besoins, sans fatiguer le crédit public par des émissions répétées de rentes, sans surcharger le budget par des dépenses annuelles importantes qu'il faudrait y inscrire pendant une trentaine d'années, sans faire appel à la dette flottante, sans ouvrir des comptes ou des chapitres spéciaux ainsi qu'on avait procédé pour la caisse des écoles. Capitaux toujours disponibles.

Ce plan financier peut se résumer en deux lignes : inscription d'annuités au budget pendant quatre-vingts années ; création d'obligations cadastrales remboursables en cinquante années.

Répartition des charges de la réforme sur les générations appelées à en profiter.

La génération actuelle ne doit pas supporter seule les frais d'une réforme dont l'avenir recueillera le profit, pas plus que l'Etat, les départements, les communes, n'ont fait supporter tout le poids des travaux exécutés par les Compagnies de chemins de fer, par la génération qui a vu s'exécuter ces travaux. Ce système présente cet avantage inappréciable que la réfection du cadastre sera conduite et l'établissement des livres fonciers sera fait avec une activité d'autant plus grande que les capitaux seront toujours prêts pour les exécuter : mais nous devons dire aussi que, quelle que soit la rapidité avec laquelle cette œuvre sera dirigée, il s'écoulera inévitablement un assez long espace de temps avant que le nouveau régime foncier puisse normalement fonctionner, tienne les promesses et donne tous les résultats qu'on est en droit d'en attendre.

Il suit de là que, s'il est désirable que la réfection du cadastre et l'établissement des livres fonciers soient accomplis rapidement dans les délais les plus courts, il n'est pas cependant indispensable que la durée de l'emprunt à contracter sous forme d'annuités, qui, capitalisées, permettront l'émission d'obligations cadastrales, soit égale à celle des travaux à entreprendre. Aussi paraît-il juste, à tous points de vue, de répartir, entre la génération présente et celle de demain, une dépense qui n'imposera aux budgets actuels que des annuités faibles, au début des travaux. Ces annuités grossiront au fur et à mesure de l'avancement du cadastre, elles atteindront le maximum quand les travaux seront terminés. Alors, commencera la période décroissante de ces annuités jusqu'au jour où elles seront complètement éteintes et, en même temps, se développeront et s'accroîtront, d'année en année, les recettes normales, directes ou indirectes, les bénéfices normaux de cette grande opération.

Recettes. — Dans ce système, nous n'avons voulu, à dessein, envisager jusqu'à présent que la dépense, en laissant complètement de côté les recettes éventuelles que la réfection cadastrale et l'établissement des livres fonciers pourront procurer.

Recettes directes procurées par la réforme.

Ces recettes pourront être fournies notamment :

1° Par la délivrance des extraits du livre foncier toutes les fois qu'il se produira une mutation de propriété ;

2° Par une augmentation sensible de la matière imposable des transmissions à titre onéreux. On sait, en effet, qu'un grand nombre de ventes contractées sans écrit ou par acte sous seing privé, échappent à l'impôt, malgré toute la vigilance de l'administration.

Recettes indirectes.

La pratique dangereuse des mutations secrètes sera enrayée le jour où les transferts sous seing privé seront exclus du livre foncier et où l'acquéreur non inscrit comme tel sur le registre public ne pourra consentir une aliénation ou une affectation hypothécaire valable au regard des tiers. Toutes les mutations seront ainsi soumises au contrôle de l'administration qui, de ce chef, pourra percevoir des droits qui lui échappent aujourd'hui ;

3° Par l'accroissement de produits que ne peut manquer de procurer au Trésor une plus grande circulation des biens, les transmissions étant rendues plus nombreuses et plus faciles avec la sécurité de la possession. Nous ne devons pas, en effet, nous lasser de répéter que la législation existante ne confère aux acquéreurs qu'une demi-sécurité, puisque, si la transcription a pour effet de rendre opposable aux tiers le droit du nouveau possesseur, elle n'efface pas les vices et les causes de résolution qui peuvent affecter le titre du vendeur ;

4° Par la création et la mise en circulation de nouveaux titres mobiliers : les obligations cadastrales.

Il convient cependant d'être très réservé sur ce chapitre des recettes pour deux raisons :

Réserve à garder.

La réforme devrait être réalisée dans tous les cas.

Et d'abord, si même cette opération du cadastre et des livres fonciers ne devait occasionner à l'Etat que des dépenses, l'Etat devrait quand même la réaliser, parce que c'est une œuvre absolument indispensable, utile aux intérêts généraux et particuliers du pays.

D'un autre côté, dans des matières aussi délicates que celles qui touchent au crédit, il convient de se garder de toute illusion. Il vaut mieux pécher par prudence que par témérité. Quand l'Etat engage une dépense en vue d'une recette à réaliser, ce qui est certain, c'est la dépense qu'il doit faire ; ce qui reste probable, c'est la recette, car elle dépend le plus souvent de nombreuses éventualités. Le pays sait, du reste, et il n'y a nul danger à le lui dire, que des réformes de cette nature, réclamées depuis si longtemps dans tous les départements, ainsi qu'en témoignent les vœux exprimés par les conseils élus, sont nécessairement coûteuses ; mais il faut lui dire aussi que leur coût sera moins important que leur utilité, leurs services, leurs avantages. Il est préférable que les contribuables sachent ce que leur coûteront le cadastre et l'établissement des livres fonciers pour que tous soient bien pénétrés de cette pensée que, si la dépense est grosse, c'est que l'œuvre à accomplir est considérable : le bien de l'agriculture, de la propriété rurale, de l'ensemble de la propriété en dépendent et il convient de l'accomplir avec décision et sans crainte.

Si la dépense est forte, l'œuvre à accomplir est considérable.

Nous avons indiqué quelles seraient les quatre sources de recettes que procureraient la réfection du cadastre et l'établissement des livres fonciers. Nous n'en évaluerons cependant le quantum que pour mémoire, bien que toutes les prévisions s'accordent à démontrer que le rendement s'en fixera à un chiffre élevé.

Prévisions de recettes très favorables.

D'après l'*Annuaire de l'Administration des contributions directes et du cadastre* de 1903, le nombre des permutants de propriétés a passé, de 1880 à 1901, comme chiffres extrêmes, de 1,995,010 en 1897 à 2,334,850 en 1899. Celui des propriétaires acquéreurs, pendant la même période, a varié de 1,391,062 en 1888 à 1,214,200 en 1901. Quelques chiffres.

Voilà donc toute une clientèle pour les livres fonciers, clientèle qui s'accroîtra d'année en année, au fur et à mesure de l'achèvement des travaux.

Il n'est pas téméraire de supposer que, tous les ans, un vingtième ou un vingt-cinquième de ces permutants demanderont un extrait du livre foncier. Ce serait donc 175,000 à 200,000 certificats fonciers à délivrer.

A la fin des travaux, il n'y aura certainement pas un propriétaire en France qui ne voudra posséder l'extrait du livre foncier constatant la situation juridique et physique de sa propriété.

Quel sera le coût de ces certificats ? C'est à l'administration qu'il appartiendra de le fixer.

Ce coût pourra être établi soit proportionnellement au nombre des parcelles, d'îlots de propriété ou d'hectares, soit suivant le prix des échanges, de la valeur vénale des propriétés, de même que les droits de transfert sur les valeurs mobilières s'élèvent plus ou moins suivant que le capital des valeurs transférées est plus ou moins fort.

D'après les résultats de l'évaluation des propriétés non bâties, faite de 1879 à 1881, il existerait en France 8,454,000 propriétaires. Le nombre des îlots de propriété a été chiffré à 61 millions et celui des parcelles à 150 millions. En supposant que le vingtième seulement de ces propriétaires demande chaque année un certificat foncier, il en sera délivré plus de 400,000 tous les ans. C'est encore là une recette importante à prévoir.

Quant au produit des transmissions à titre onéreux, on estime que « ce n'est pas trop s'avancer que d'évaluer au cinquième environ du produit actuel des ventes d'immeubles, soit à 20 millions, le préjudice éprouvé de ce chef par le Trésor » (1).

Enfin, en admettant un accroissement dans le mouvement des transactions rendues plus faciles, plus promptes et plus sûres, on peut conclure que le Trésor réalisera, par ce fait, de nouveaux gains.

Non seulement les sacrifices budgétaires que nécessitera cette grande réforme ne tarderont donc pas à être compensés par les recettes qu'elle produira, mais le budget du cadastre et des livres fonciers se trouvera facilement équilibré, nous en avons la conviction, par les trois sources de recettes que nous nous sommes borné, avec intention, à énumérer et à compter seulement pour mémoire.

Comptabilité de l'opération. Les recettes et les dépenses portées au budget général.

Opérations comptables. — Nous avons à peine besoin d'indiquer en terminant que, dans notre pensée et conformément à la règle générale de nos finances, l'État prélèvera sur l'ensemble de ses ressources budgétaires, les annuités cadastrales. Le Trésor effectuera, sur le budget général, toutes les recettes et toutes les dépenses que comportera la réforme ; il récupérera ensuite, purement et simplement, 20 % des dépenses sur les communes et 20 % sur les départements.

---

(1) Emmanuel Besson, *Les livres fonciers et la réforme hypothécaire.*

CONSÉQUENCES ÉCONOMIQUES DE LA GUERRE RUSSO-JAPONAISE

Une question délicate.

Quelles seront les conséquences économiques de la guerre russo-japonaise ? C'est là une question d'un très haut intérêt, mais excessivement grave en même temps, aussi convient-il de se mettre en garde contre une affirmation trop absolue en disant : quelles seront les conséquences des événements qui se passent en ce moment ? Quelles seront les conséquences... probables... possibles ? Les raisonnements les mieux fondés peuvent, en effet, se trouver déjoués par les faits. Nous citerons un seul exemple. Supposons qu'il y a un an, à pareille époque, un financier soit parti en voyage, ne soit revenu qu'aujourd'hui et que, pendant cette période, se soient déroulés les événements qui se sont accomplis ; que, de plus, il n'ait ni lu un journal, ni ouvert une cote de bourse. Son étonnement serait grand, assurément, de constater à son retour que, non seulement les valeurs mobilières n'ont pas baissé, mais qu'au contraire elles sont en hausse et que, dans tous les autres pays, il en est de même qu'en France : après un fléchissement profond, un relèvement est venu et la hausse a été plus forte qu'elle n'avait été avant que les derniers événements aient éclaté.

Valeurs et marchandises. Cote favorable.

Si nous comparons également les cours des mercuriales sur les marchandises, nous pourrons constater le même fait : après un moment d'effarement, il y eut une baisse considérable vers la fin de février, par suite de craintes de complications européennes. Ces complications n'ont pas eu lieu, les esprits se sont rassérénés et on a assisté, on assiste, nous ne dirons pas en spectateurs désintéressés, mais attentifs, aux événements.

Conséquences de la lutte russo-japonaise. Nos hypothèses.

Quelles seront donc les conséquences possibles, probables, de cette grande lutte entre la Russie et le Japon ? Nous le dirons en quelques mots, comme nous le pensons, comme nous le croyons, à notre point de vue français.

En ce qui concerne notre pays, nous estimons qu'on peut envisager ces conséquences aux divers points de vue financier, commercial, industriel, international, politique et démographique.

* * *

Côté financier.

Au point de vue financier, une chose est absolument certaine, c'est qu'il existe des besoins de capitaux énormes, dont on n'a eu encore aucune idée précise. Dernièrement, nous entendions faire l'évaluation et le calcul, par des personnes très compétentes, de ce qu'il faudrait, à l'heure actuelle, à la Russie et au Japon, en supposant que la paix soit faite du jour au lendemain et qu'il n'y ait aucune indemnité à payer, ni d'un côté, ni de l'autre. Rien que pour la Russie, on arrivait au chiffre de 5 milliards ; il en serait à peu près de même pour le Japon. Il faudra, en effet, à la Russie, des capitaux considérables pour refaire sa marine, pour refaire son matériel de guerre ; de même le Japon aura tous ses armements à refaire, sa marine à reconstituer ; il aura à dépenser pour remettre en état et administrer le nouveau pays qu'il a conquis, en supposant que ce pays lui reste. Voilà donc un chiffre de 10 milliards en perspective. Ce n'est pas tout. A côté de cela, on peut envisager une conséquence immédiate : la guerre actuelle ouvre les yeux aux puissances qui ne se sont pas mêlées à la guerre ; on s'aperçoit alors de ce qui fait défaut ; on s'aperçoit que le matériel naval, les armements ne sont pas au niveau du voisin ; on trouve que des progrès restent à accomplir, et ce progrès, ce matériel à améliorer, ce sont des dépenses à faire. Ceci nous rappelle ce que nous disait un jour le ministre des

Grands besoins de fonds.

finances d'une des grandes puissances européennes en causant budget :

Budget, budget... c'est un mot : les budgets sont à la merci d'une découverte au point de vue militaire. Que demain vous appreniez qu'un pays voisin change son artillerie ou son fusil, immédiatement vous trouverez et dépenserez les millions nécessaires pour avoir un fusil ou un canon à la mode, de sorte que lorsqu'on arrive, aussi bien en Angleterre, en Allemagne, en Russie qu'en France, à équilibrer le budget, ce budget peut se trouver brusquement obéré par des centaines de millions ou même de milliards de dépenses imprévues et nouvelles.

Tous les pays vont donc être obligés d'effectuer de grosses dépenses ; malheureusement, au point de vue philanthropique, humanitaire, toutes ces dépenses ne seront faites que pour la guerre et non pour la paix et, malheureusement encore, si tous les milliards que l'on dépense en ce moment et que l'on dépensera plus tard avaient été consacrés à des œuvres pacifiques et productives, quels bienfaits tous les peuples en retireraient ! Au contraire, on ne parle que de canons, de matériel de guerre, de schrapnels, d'obus, de dépenses improductives.

Resserrement des capitaux. Tension du loyer de l'argent.

Quelle sera la conséquence de toutes ces dépenses ? Il est plus que probable qu'il se produira un resserrement des capitaux et une tension du loyer de l'argent. Depuis plusieurs années, nous avons assisté à une baisse continue du taux de l'intérêt, les capitaux ont été excessivement abondants : grâce à cette abondance, des pays de moyen et même de petit crédit ont vu leurs rentes se négocier plus haut que se négociaient nos rentes françaises, avant la guerre de 1870. Des pays concordataires, qui ont fait faillite, qui ont manqué à leurs engagements, renié leur signature, peuvent aujourd'hui négocier leurs rentes plus cher que s'ils avaient respecté les contrats qu'ils avaient signés et payé intégralement leur dette !... La chose est très compréhensible ; elle s'explique par l'abondance des capitaux qui a été tellement grande qu'il a fallu, quand même, leur chercher un emploi et les capitalistes, après avoir acheté des fonds de premier ordre, ont pris ceux de deuxième ordre, de troisième ordre, de quatrième et même de cinquième ordre, et cela sans s'en douter.

A qui demandera-t-on des capitaux ?

Nous disions plus haut qu'il y aurait environ 10 milliards demandés. Où le seront-ils ? Ce sera là une des conséquences de la guerre. S'adressera-t-on aux Etats-Unis ? Certes, une partie se réalisera de ce côté, mais nous croyons que le plus gros morceau reviendra à l'Europe et je dirai même principalement à la France. C'est en effet chez nous que se trouve la plus grande masse de capitaux et la plus forte épargne. Notre pays est un véritable marchand de capitaux. Nous ne sommes plus malheureusement de grands marchands industriels, ni de grands marchands faisant du commerce, créant des industries nouvelles ; non, nous gardons nos capitaux, nous accumulons nos épargnes ; nous les plaçons. Depuis quelques années, par suite des guerres de Chine et du Transvaal, des craintes de complications européennes et aussi des menaces d'impôt sur *le* ou *les* revenus qui ont inquiété les esprits, véritable obsession fiscale, nos capitalistes sont devenus méfiants et l'argent ne s'est pas déplacé, s'accumulant de plus en plus. On en trouve la preuve dans les dépôts faits aux caisses d'épargne, qui s'élèvent à plus de quatre milliards, ou aux sociétés de crédit, qui ont reçu un milliard et demi, sans compter ce qui se trouve dans les caisses des particuliers, car chacun ne dépose pas son argent ou n'achète pas de valeurs. Le petit capitaliste, le rentier français a soin de conserver toujours quelque argent dans son tiroir, dans son bas de laine.

En grande partie à la France.

C'est donc de notre côté, sur notre marché, qu'on viendra chercher des capitaux et alors la France aura un rôle à remplir pour tirer parti des sommes qu'elle pourra prêter. Il ne faudra pas, lorsque se produiront ces événements, que nous fassions du sentiment, au lieu de faire des affaires. Le jour où l'on viendra frapper à notre caisse — nous parlons de la Russie, comme de tous les Etats emprunteurs ; tout à l'heure, nous parlerons du Japon, — nous devrons demander et obtenir certains avantages pour notre commerce et notre industrie.

* * *

Affaires russes.

Nous ne faisons pas, avec la Russie, des affaires commerciales en proportion des appuis financiers que nous lui apportons. Il est vrai que les capitaux que nous lui avons prêtés donnent un bon rendement, mais si la Russie a des travaux à exécuter pour ses usines, pour ses entreprises métallurgiques, il nous semble que la nation qui doit être privilégiée, c'est la France. Nos gouvernants auraient le droit de dire à tous ceux qui s'adressent à nous : « *Notre marché vous reste ouvert, nous vous avons donné un large concours dans la période terrible que vous venez de traverser ; vous avez trouvé à emprunter chez nous à un taux véritablement inespéré de bon marché, il ne serait que trop juste de nous donner certaines compensations.* »

Compensations industrielles à nos souscriptions de capitaux.

On se rappelle parfois à quel taux la France a été obligée d'emprunter : l'emprunt Laurier-Morgan a coûté plus de 8 % en 1870-1871 et les deux emprunts pour la libération du territoire près de 6 % en 1871-72. Nous avons vu notre rente française 5 % émise à 82,50 et 84,50, tandis que la Russie a placé chez nous un emprunt à 4 % et des bons du Trésor à 5 % qui sont cotés au-dessus du pair. Les capitalistes français sont restés fidèles à l'alliance ; ce sont eux qui, par leur attitude, ont fait avoir confiance aux autres marchés en montrant qu'ils conservaient leurs valeurs russes sans désespérer le moins du monde. Le gouvernement russe ne devra pas l'oublier ; si un jour il a des travaux à faire exécuter, la France doit être privilégiée à cet égard, absolument comme les capitalistes français ont privilégié la Russie en lui donnant leur argent sans compter.

C'est là une conséquence nécessaire.

C'est là, certainement, une des conséquences économiques qu'on peut entrevoir ; si nous avons prêté avec confiance nos capitaux, nous devons également attendre avec confiance la récompense, ou plutôt la rémunération de nos services.

C'est en France que la Russie peut encore trouver de l'argent.

Où la Russie peut-elle encore trouver de l'argent ? En Hollande, oui ; en Angleterre, non, et fort peu aux Etats-Unis ; et même, si ces pays voulaient lui en prêter, ils ne trouveraient pas chez eux cette armée de petits capitalistes que nous possédons en France et qui sont la force de notre pays. Il y a bien, en Angleterre et aux Etats-Unis, de grands banquiers, de grandes institutions, mais ceux-ci placent leurs capitaux d'une façon tout à fait différente de la nôtre, de sorte que, nous le répétons, étant à peu près les seuls à pouvoir prêter, nous devons bénéficier de cette situation ; nos gouvernants français devront se le rappeler quand la paix sera signée et même avant, car le gouvernement russe aura encore besoin de faire appel, avant cette échéance, aux capitaux français.

Les besoins du Japon.

Quant au Japon, il a, lui aussi, de très grands besoins de capitaux à satisfaire. Ce pays, il ne faut pas le méconnaître, a un très grand avantage : il a pu trouver des capitaux chez lui par des emprunts intérieurs, ce qui prouve qu'il possède un certain fonds d'épargne. Mais le Japon a commis une grosse faute — il ne pouvait probablement pas faire autrement, — en aliénant ses douanes en garantie des deux premiers emprunts consentis par l'Angleterre, qui ne trouvait pas suffisante la seule signature du Japon. Un deuxième emprunt vient d'être contracté et le Japon a encore été obligé de donner une seconde hypothèque sur ses droits de douane ! Eh bien ! un pays qui aliène une partie de la propriété nationale, montre qu'il n'a pas confiance en lui ; il porte de lui-même atteinte à son crédit. En 1870, lorsque, à bout de ressources, M. Laurier négociait un emprunt avec la maison Morgan, ce dernier demandait comme gage le produit des forêts ; jamais le gouvernement n'a voulu le lui consentir : il aurait préféré tout, plutôt que sacrifier, aliéner, donner en gage quoi que

Ce pays n'aurait pas dû donner ses douanes en garantie.

Lors de l'emprunt Morgan en France.

ce soit qui appartenait à la France. Et c'est en conservant toutes nos ressources intactes, que le gouvernement de la Défense nationale a aidé au relèvement du crédit national. Le Japon a donc commis une faute, mais, comme nous le disions, peut-être n'a-t-il pu faire autrement, peut-être aussi envisage-t-il les affaires d'une façon tout autre que nous. Le Japon s'est adressé aux Anglais, mais ceux-ci ne font pas de sentiment et ils lui ont dit : « Nous voulons bien prêter, mais nous voulons une garantie. »

Différence de situation des deux pays en lutte.

La situation différente des deux pays l'accuse nettement : la Russie peut compter sur la France sans garanties particulières, le Japon sur l'Angleterre, mais seulement en donnant des garanties spéciales. Cependant, ne pouvons-nous pas demander, — et ce n'est pas trop exiger, — nous ne dirons pas d'être favorisés, mais que nos commerçants et industriels aient une large part des commandes qui pourront être faites par la Russie.

Pour se faire actuellement une idée des conséquences commerciales et industrielles qui peuvent se produire, il faut se reporter encore au passé. Quoique bien jeune alors, nous nous rappelons la guerre de 1859 ; nous nous rappelons la guerre du Mexique en 1864, celle de 1866 entre la Prusse et l'Autriche, notre malheureuse guerre de 1870, enfin les guerres de l'époque contemporaine. Après toutes ces guerres, il s'est produit un relèvement considérable dans toutes les affaires métallurgiques, dans toutes les affaires touchant aux minerais comme le fer, le cuivre, le plomb, dans toutes ces entreprises qui, durant la paix, travaillent pour la guerre et qui, après la guerre, travaillent pour réparer les dégâts et les désastres que celle-ci a causés. Il suffirait de citer quelques cours, pour montrer comment, après un fléchissement qui s'est immédiatement produit au moment de la déclaration de la guerre — c'est le fait contraire qui a eu lieu cette fois, — le relèvement a été général. Quand arrive la signature de la

Relèvement des affaires industrielles après les guerres.

A la paix, toutes les valeurs montent.

paix, les cours des valeurs industrielles montent, toutes les industries qui travaillent de la guerre se raniment, elles refusent même des commandes, puis, quand tous les travaux sont terminés, le tassement des cours commence, le fléchissement arrive ensuite peu à peu et on assiste quelquefois à un effondrement. Ce qui s'est passé pendant les dernières guerres se passera également pour celle-ci : aussi peut-on craindre que nos capitalistes aient pris un peu trop les devants en faisant hausser trop vivement toutes les valeurs métallurgiques, en les faisant marcher plus vite que les affaires. Les affaires viendront en leur temps, ce sera alors aux entreprises à en profiter pour faire de larges amortissements, en un mot pour mettre de côté, pendant les périodes de vaches grasses, afin d'attendre tranquillement et de vivre pendant les périodes de vaches maigres. Il est incontestable que nous sommes admirablement outillés en France, outillés pour exécuter rapidement, à bon compte et excellemment, les plus grands travaux possibles, non seulement pour la Russie, mais également pour tous les autres pays qui, eux, ne possèdent pas un outillage aussi perfectionné que le nôtre, outillage qui n'attend que l'occasion d'être mis en œuvre.

Nous sommes outillés pour exécuter tous les travaux demandés par les étrangers.

* * *

Progrès des Nippons. Comment l'Europe les ignore-t-elle ?

Nous arrivons maintenant au côté international. Il y a là une situation excessivement grave. Il semble que la vieille Europe se réveille après un grand sommeil ; que le Japon soit, pour elle, une révélation. Elle s'étonne de voir ce pays victorieux, remportant des victoires sur de vieilles armées comme celles de la Russie ; elle s'étonne de voir son matériel de guerre aussi perfectionné ! Comment donc se fait-il que nous, qui avons au Japon, ainsi d'ailleurs que les autres puissances, des ambassadeurs, des chargés d'affaires, des consuls, nous n'ayons pas été renseignés sur les progrès considérables des Nippons ?

Nous nous rappelons qu'en 1900, au moment où nous nous occupions de la création du congrès des valeurs mobilières et du programme de ses travaux, nous avons adressé un questionnaire à tous les gouvernements, leur demandant de nous faire parvenir les renseignements désirés sous la forme qu'ils croiraient la plus convenable. Le gouvernement du Japon fut un de ceux qui répondirent avec le plus de précision, avec le plus de netteté. Nous n'eûmes pas une seule observation à faire, une seule question nouvelle à lui adresser. Nous avions récemment sous les yeux l'*Annuaire statistique du Japon*, c'est un petit volume admirablement fait qu'il serait désirable de voir imiter par grand nombre de pays. Le pays qui, dans l'ordre intellectuel, dans l'ordre scientifique, accomplit des œuvres semblables, est un pays qui n'est pas resté en arrière et qui a marché avec le progrès.

Prédominance du Japon sur les pays asiatiques. Danger pour l'Europe.

Le danger, pour l'Europe, si le Japon sort victorieux de la lutte actuelle, c'est la prédominance de ce pays sur tous les peuples asiatiques. Voilà le péril jaune : le Japon venant à son tour dominer la Chine et se trouver maître de cette immense population évaluée, sans grande exactitude, il est vrai, à plus de 400 millions d'habitants. Là-bas, les hommes pullulent, ils poussent, suivant l'expression populaire, comme de la mauvaise herbe ; on n'a pas besoin de constituer de commission de la dépopulation, on ne s'y préoccupe que de son accroissement.

Péril jaune.

Quelle sera la situation du Japon se rendant maître de tout cet empire asiatique, l'occupant, l'armant, l'instruisant, le façonnant à sa guise, lui montrant tous les bienfaits et l'utilité des progrès que lui-même a accomplis ! Il y aurait là un grand danger pour l'Europe tout entière, aussi bien pour ceux qui peuvent être avec le Japon que pour ceux qui lui sont indifférents ou pour ses adversaires, dont, quelle que soit notre profonde et sincère amitié pour la Russie, nous ne sommes pas. Nous regardons en réalité avec un certain intérêt ce petit pays qui n'a pas hésité à se mesurer, à lutter contre le colosse russe. Néanmoins, il est à désirer que ce soit la Russie qui l'emporte, et ce, pour les diverses raisons que nous venons de donner. En effet, que pèserait l'Europe en présence de cette agglomération de 45 millions de Japonais et de 400 millions de Chinois ? Que pèserait l'Europe avec toutes ses divisions continentales, empires, royaumes, républiques qui, tous, s'entourent comme d'une muraille de Chine, évitant de faire du commerce à larges portes ouvertes, se complaisant dans des droits de douane, dans des primes, dans toutes sortes de gênes pour le commerce et l'industrie, le jour où elle se trouverait concurrencée par une population puissante qui pourrait se suffire à elle-même et envoyer tous ses produits sur nos marchés ?... Voilà donc quels sont les dangers et quelles peuvent être les conséquences des faits qui s'accomplissent en ce moment.

* * *

Disproportion démographique du Japon et de la Russie.

Il ne serait pas sans intérêt d'envisager maintenant le côté démographique de la question mais nous pourrions être entraîné trop loin : n'en disons que quelques mots. Il y a, dans cette guerre, un élément d'infériorité pour le Japon. La Russie peut supporter de très grandes pertes d'hommes, ayant de 135 à 140 millions d'habitants rien que dans la Russie d'Europe. Le Japon, lui, n'a que 40 à 45 millions d'habitants, de sorte que, lorsque, dans une bataille, les deux armées adverses perdent chacune, cet effroyable chiffre de 40,000 hommes qu'on a cité pour Liao-Yang, la disproportion est considérable ; elle est d'autant plus sensible qu'au Japon on se marie très jeune et on divorce avec une rapidité étonnante. Les Japonais se marient vers 20 ou 21 ans, mais ils divorcent au bout de six mois, huit mois, pour convoler en justes noces. On voit combien les Japonais vont être gênés après une perte aussi con-

veaux mariages, plus de divorces !... Il y a là une très
veaux mariages, plus de divorces !... Il y a là une très
grosse difficulté.

Perte considérable de population pour le Japon.

* * *

Les faits actuels peuvent procurer à la France de sérieux avantages économiques.

Toutes ces guerres sont un grand mal et il est évident que si on eût appliqué à la paix toutes les dépenses qui auront été faites pour la guerre, il y eût eu beaucoup de bien accompli. Nous pouvons déplorer qu'il en ait été autrement ; mais, les circonstances ayant été telles, nous devons envisager la situation au point de vue exclusivement français ; aussi dirons-nous, en terminant, que notre pays peut tirer parti de cette situation, à la condition que nos gouvernants ne considèrent pas uniquement la France comme une immense tirelire où tous les pays du monde peuvent venir puiser, sans leur demander des compensations pour le commerce et l'industrie nationale, c'est-à-dire, en définitive, pour tout ce qui fait vivre et pour tout ce qui enrichit un pays.

QUESTIONS ÉCONOMIQUES ET FINANCIÈRES

DE 1901 A 1904.

I. — ACADÉMIE DES SCIENCES MORALES ET POLITIQUES

Commerce. — Les relations commerciales de la France et de l'Angleterre [M. Emile Levasseur] (14 septembre 1901).

Economie politique. — Des méthodes applicables à l'étude des faits sociaux [M. Liard] (19 juin 1901).

Impôts. — Comment peut-on apprécier les forces contributives d'un pays [M. René Stourm] (17 juin 1903) ?

Initiative. — Le développement de l'esprit d'initiative (13 juillet 1901).

Propriété foncière. — La grande, la moyenne et la petite propriété en France [M. de Foville] (3 août 1901).

Sociétés. — Des assemblées générales dans les sociétés par actions [M. Lyon-Caen] (4 juillet 1903).

Travail. — La responsabilité des accidents du travail [M. Lyon-Caen] (12 juillet 1902).

II. — SOCIÉTÉ D'ÉCONOMIE POLITIQUE DE PARIS

Agriculture. — Du métayage et de la participation aux bénéfices dans l'agriculture (octobre 1901). — Les charges fiscales de l'agriculture (décembre 1903).

Argent. — De la nouvelle baisse de l'argent, de ses conséquences, en particulier au point de vue d'un certain nombre de pays asiatiques et américains (janvier et février 1903).

Capitaliste. — Qu'est-ce qu'un capitaliste (mars et avril 1902) ?

Change. — Le change espagnol. Examen de divers moyens proposés pour y remédier (juin 1902).

Commerce. — De l'accaparement (avril 1901). — Les nouvelles méthodes du commerce international (décembre 1902).

Concurrence. — Les primes à l'exportation ne constituent-elles pas un acte international de concurrence déloyale (avril 1902) ?

Douanes. — De la répercussion des droits de douane (juin 1903). — Le café, le change brésilien et le régime douanier des cafés et autres denrées des colonies françaises (octobre 1902). — Régime douanier du blé (mars 1901).

Economie politique. — De l'influence des idées économiques d'Herbert Spencer (janvier 1904). — La fédération libre-échangiste internationale (novembre 1901). — La session de l'Institut international de statistique à Budapest (novembre 1901).

Etat. — De l'intervention de l'Etat en matière d'hygiène (mai 1902).

Féminisme. — Le féminisme a-t-il quelque chose à attendre ou à redouter des économistes (octobre 1903) ?

Impôts. — Comment rentre l'impôt (mai 1901) ? — Le projet d'impôt sur le revenu (novembre 1903).

Liberté. — La liberté du travail et la liberté de l'échange ne procèdent-elles pas de l'idée de justice (août 1902) ?

Marchés financiers. — L'organisation de la Bourse de Paris, la solidarité des intermédiaires et les crises (avril 1904).

Marine marchande. — Le rapport de la commission d'enquête anglaise sur les subventions accordées à la marine marchande (mai 1903).

Municipalisme. — Ses effets immédiats, ses conséquences pour l'avenir (février 1904).

Population. — La population et les lois économiques (octobre 1904).

Protectionnisme. — L'Angleterre redeviendra-t-elle protectionniste (juillet 1903) ? — Le protectionnisme financier (juillet 1902).

Retraites ouvrières. — Des retraites ouvrières (juin 1901).

Richesse. — Considérations sur l'évaluation de la richesse publique en France (février 1901).

Socialisme. — Quelques expériences socialistes en Australie (novembre 1904). — Solidarité, solidarisme, socialisme (décembre 1904).

Traités de commerce. — Le traité allemand (août 1901). — Le traité franco-américain (janvier 1902).

Travail. — La loi sur les accidents du travail; ses premières conséquences (janvier 1901).

Travaux publics. — Considérations économiques sur les projets d'accès du Simplon. — Percement de la Faucille (septembre 1901). — Les grands travaux publics peuvent-ils conjurer ou provoquer des crises (février et mars 1902)?

Trusts. — Les trusts, d'après des documents américains (novembre et décembre 1902). — Les trusts américains, en particulier ceux de l'acier, du cuivre et du plomb (mars 1904). — Le renouvellement du syndicat de la houille en Allemagne (juillet 1904).

Valeurs mobilières. — Des divers procédés d'émission de ces valeurs (décembre 1901).

Zones franches. — Le projet pendant devant le parlement (mai 1904).

III. — SOCIÉTÉ D'ÉCONOMIE SOCIALE

Agriculture. — Grande exploitation rurale au Tonkin (1902). — La question du blé (1901). — Les taxes douanières et le prix du blé (1901).

Alcool. — L'alcool et son histoire en Russie (1903).

Assistance. — L'assistance aux valides âgés (1903). — L'assistance et les pauvres (1901). — L'assistance par le travail en France (1901). — Le contrôle de l'Etat et les établissements de bienfaisance privée (1903). — L'Etat, le département, la commune et l'initiative privée en matière d'assistance (1904). — Une maison de charité à Paris au XVe siècle (1903).

Assurances. — Assurance contre le chômage involontaire par les syndicats ouvriers (1903).

Brevets d'invention. — Leur rôle social (1904).

Caisses d'épargne. — Le régime des caisses d'épargne (1903).

Colonies. — La famille dans nos colonies actuelles (1903). — La famille et l'expansion coloniale (1903). — Le régime des terres et son influence sur l'établissement des familles françaises aux colonies (1903).

Commerce. — Les nouvelles idées commerciales du peuple anglais (1904).

Crédit. — Le crédit populaire : un précurseur au XVe siècle (1903).

Crises. — La crise industrielle allemande (1903).

Economie sociale. — Autour de l'économie sociale (1901).

Etat. — L'Etat (1901). — L'Etat contre la famille (1902). — L'Etat et l'association (1903).

Etat social. — Comment un ouvrier s'élève (1902). — Création d'un institut international pour l'étude de la situation des classes moyennes (1903). — La contribution sociale (1903). — L'alcoolisme et les classes dirigeantes (1902). — Le progrès (1903). — Les mendiants sous l'ancien régime (1902). — Les problèmes du XXe siècle (1902).

Grèves. — Arbitrages et syndicats (1901).

Homestead. — Le bien de famille et l'action sociale des jeunes (1902).

Industrie. — L'atelier moderne et l'évolution *économique* (1904).

Mutualité. — La mutualité familiale (1901). — Union mutualiste des femmes de France (1902).

Population. — A propos de la dépopulation (1903).

Propriété foncière. — Le rôle social du propriétaire foncier dans les associations agricoles (1902).

Retraites. — Congrès national des retraites pour la vieillesse (1901). — L'évolution des idées et des systèmes de retraites (1902). — L'Etat et les mutualistes. Livrets individuels de retraite et *subvention* (1904). — Sociétés de secours mutuels et retraites pour femmes en Belgique (1901).

Retraites ouvrières. — Encore les retraites ouvrières (1902). — Les projets de retraites ouvrières obligatoires et la solution des mutualistes (1903). — Les retraites mutualistes et les subventions de l'État (1903).

Richesse. — La richesse (1903).

Salaires. — La saisie-arrêt sur les salaires (1903). — Que doit le patron à ses ouvriers en plus du salaire (1901) ?

Situation économique. — Situation économique comparée de la France et de l'étranger (1903). — Les populations rurales (1901).

Sociétés et associations. — La personnalité civile des associations (1901).

Successions. — Influence des lois successorales sur l'expansion de la France (1903).

Syndicats. — Congrès des syndicats agricoles. Action sociale (1904). — Le syndicalisme ouvrier (1904). — Les propriétaires et les syndicats (1902). — Les syndicats ouvriers. Rôle. Action (1902). — Les syndicats professionnels (1904).

Travail. — La corporation sous le Consulat, l'Empire, la Restauration (1902). — La journée de huit heures (1901). — La liberté du travail et les projets de M. Millerand (1901). — Le « droit » de grève et le contrat de travail (1903). — Le passé et l'avenir du contrat collectif de travail (1903). — Les revendications des mineurs (1901).

Trusts. — Les trusts (1903). — Trusts et cartels (1903).

COURS DES PRINCIPALES VALEURS

A LA FIN DE CHACUNE DES ANNÉES 1901 A 1904

NATURE DES VALEURS	1901	1902	1903	1904
	fr. c.	fr. c.	fr. c.	fr. c.
Rentes françaises.				
3 %	100,00	99,60	97,10	97,70
3 % amortissable	100,00	100,25	98,50	98,60
3 ½ %	101,30	»	»	»
Fonds d'États étrangers				
2 ¾ % anglais (consolidés) 2 ½ 1903	95,20	93,95	88,80	89,25
5 % argentin	478,00	509,00	517,50	525,00
4 % autrichien	102,50	103,90	103,40	101,35
Égypte unifiée	108,40	108,80	105,10	106,50
— Daïra Sanieh	105,90	104,65	102,00	101,25
4 % espagnol	77,70	87,25	88,90	90,95
6 % de Cuba	318,00	339,00	365,00	340,00
4 % des États-Unis (5 % 1879)	114,00	111,75	110,10	111,50
5 % hellénique	206,00	222,00	214,75	245,00
2 ½ % hollandais	76,50	93,50	79,15	80,10
5 % hongrois	104,00	105,00	103,60	102,76
5 % italien	102,00	103,95	104,40	105,45
3 ½ % norvégien, 1886	102,00	101,25	101,80	100,75
3 % portugais	27,60	32,00	64,60	65,60
5 % roumain 1892-1893	96,00	101,70	99,90	102,90
4 % russe 1867	101,00	101,75	93,00	89,90
3 % tunisien	494,75	495,00	462,00	475,25
4 % turc. B	50,30	67,35	88,60	88,80
4 % turc. C	27,00	32,20		
4 % turc. D	24,72	29,45		

COURS DES PRINCIPALES VALEURS

A LA FIN DE CHACUNE DES ANNÉES 1901 A 1904

NATURE DES VALEURS		1901	1902	1903	1904
		fr. c.	fr. c.	fr. c.	fr. c.
Chemins de fer.					
Actions	Est	990,00	944,00	918,00	912,00
	Lyon	1.664,00	1.420,00	1,409,00	1,850,00
	Midi	1,325,00	1.262,00	1,176,00	1,187,00
	Nord	1,950,00	1.840,00	1,861,00	1.799,00
	Orléans	1,696,00	1.495,00	1,467,00	1.403,00
	Ouest	1,025,00	939,00	880,00	830,00
Obligations	Est (ancien)	466,75	461,50	448,00	449,75
	Fusion	462,00	471,00	464,75	458,50
	Midi	462,00	466,75	448,50	456,00
	Nord	471,00	474,50	463,00	464,50
	Orléans	467,50	471,25	458,50	467,50
	Ouest	461,75	467,00	449,75	463,50
Crédit foncier de France.					
Obligations foncières	1879	503,00	502,00	505,00	504,50
	1883	456,00	461,50	447,50	446,75
	1885	465,00	483,00	478,00	478,00
	1895	463,50	479,50	476,00	478,50
	1903	»	»	500,00	496,00
Obligations communales	1879	476,75	486,00	476,00	477,00
	1880	501,00	502,50	500,00	503,00
	1891	399,00	400,00	400,00	399,00
	1892	461,50	478,00	467,00	472,00
	1899	455,00	475,50	466,00	470,00
Ville de Paris.					
Emprunts	1865	559,50	561,00	557,00	555,00
—	1869	480,50	449,50	439,00	465,00
—	1871	412,75	413,50	413,00	412,00
—	1875	561,50	567,00	560,00	565,00
—	1876	561,00	566,75	564,00	565,00
—	1892	364,75	382,00	376,00	377,00
—	1894-1896	363,00	380,00	376,00	380,00
—	1898	414,00	416,00	415,00	419,00
—	1899	[illegible]	407,00	402,00	408,00
—	1901	[illegible]	[illegible]	»	438,00

TABLE CHRONOLOGIQUE

1881-1885

1886-1890

1891-1895

1896-1900

1901-1904

TABLE ANALYTIQUE

Abréviations :

Académie des sciences morales et politiques	A. S. M. P.
Société d'économie politique de Paris	S. E. P.
Société d'économie sociale	S. E. S.

D

K

L

M

Q

R

S

T

Imp. PAUL DUPONT, 144, rue Montmartre, Paris 2e arrt. — 711.10.1906 (Cr.)

Imp. PAUL DUPONT. — Paris, 8e Arrt. — 711 bis.10.1905.

www.ingramcontent.com/pod-product-compliance
Lightning Source LLC
LaVergne TN
LVHW020957300926
849160LV00007B/179